Kirchengeschichtliche Abhandlungen Und Untersuchungen, Volume 1

Franz Xaver Funk

Kirchengeschichtliche

Abhandlungen und Untersuchungen

von

F. X. Funk,
Professor der Theologie an der Universität Tübingen.

David S. Schaff

Erster Band.

Paderborn.
Druck und Verlag von Ferdinand Schöningh.
1897.
Zweigniederlassungen in **Münster, Osnabrück und Mainz.**

Imprimatur.

Rottenburgi, die 1. Aprilis 1897.

Gulielmus de Reiser,
Episcopus.

Vorwort.

Die Sammlung von Schriften, die ich hiermit veröffentliche, ist seit vielen Jahren in Aussicht genommen. Meine kirchengeschichtlichen Studien führten mich frühzeitig zu der Erkenntnis, daß bei einer Reihe von Punkten die herkömmliche Auffassung, so fest sie auch zu stehen schien, nichts weniger als wirklich begründet war. Die litterarische Bewegung unserer Tage gab mir ferner wiederholt Anlaß, in Fragen, denen man eine neue Lösung geben wollte, das Unzureichende des Versuches aufzuzeigen oder für die frühere Ansicht einzutreten und dieselbe zugleich mit bisher nicht beachteten Gründen zu stützen. Ich handelte darüber in verschiedenen Zeitschriften. Bei der Bedeutung aber, welche die Abhandlungen für die Wissenschaft haben, indem sie altherkömmliche Irrtümer berichtigen oder neue Irrtümer in wichtigen Fragen abwehren, schien mir eine neue Ausgabe und eine Sammlung der in verschiedenen Organen und Bänden zerstreuten Arbeiten angezeigt. Dazu kommt ein weiterer Grund. Als ich mich zur Herausgabe eines Lehrbuches der Kirchengeschichte entschloß, sah ich es auf eine möglichst bündige Darstellung ab, da nur so dem Bedürfnis des Schülers völlig genügt wird, während eine über das Notwendige hinausgehende Ausführlichkeit, mag sie auch für den einen und anderen als wünschenswert erscheinen, im ganzen dem Anfänger das Lernen erschwert. Ich blieb bei dem Plane auch in den Abschnitten, in denen meine von der herkömmlichen abweichende Auffassung eine eingehendere Begründung hätte nahe legen können. Da es, um solche Punkte gebührend ins Licht zu stellen, in der Regel einer auch über das Maß eines Handbuches hinausgehenden Erörterung bedarf, so zog ich es vor, darüber besondere Untersuchungen in Zeitschriften anzustellen und in dem Lehrbuch auf diese zu verweisen. Dabei schwebte mir aber von Anfang an das Ziel vor, die Arbeiten nach einiger Zeit zu sammeln und für sich zu veröffentlichen, um dem Schüler ihre Benützung zu erleichtern und zugleich

*

eine Anleitung zu ähnlichen Versuchen zu geben. In Rücksicht auf letzteren Punkt gab ich der Sammlung eine etwas größere Ausdehnung. Mochte bei einigen Abhandlungen an sich eine einmalige Veröffentlichung als genügend gelten, so schien ein Wiederabdruck doch aus jenem Grunde gerechtfertigt.

Das Gebiet, auf dem die Arbeiten sich vornehmlich bewegen, ist die sog. innere Kirchengeschichte, die kirchliche Verfassung, der Kultus, die Disciplin und Litteratur. Das Gebiet ist, wenn ihm auch nicht die eingehende und sorgfältige Bearbeitung zu teil wurde wie der äußeren Geschichte der Kirche, in der letzten Zeit nicht gerade vernachlässigt worden. Nicht bloß die encyklopädischen Werke hatten es zu berücksichtigen, sondern es erschienen auch mehrere und zum Teil umfangreiche Monographieen über dasselbe. Den Arbeiten gebricht es aber meistens zu sehr an historischer Methode und Kritik, um befriedigen zu können. Anstatt die überlieferten Ansichten zu prüfen und zu diesem Behufe in erster Linie das Quellenmaterial zu sammeln und zu sichten und dann die sich ergebenden Schlüsse zu ziehen, sind sie mehr oder weniger von dem Bestreben getragen, die alte Auffassung aufs neue zu erhärten. Oder sie kamen auch deswegen nicht zu einem entsprechenden Ergebnis, weil zu ihrer Zeit die für die Untersuchung ins Gewicht fallenden litterar=historischen Punkte noch zu wenig aufgehellt waren oder geradezu falsch aufgefaßt wurden. Nach verschiedenen Seiten hin war eine neue Untersuchung angezeigt, und ich glaube mich dieser Aufgabe nicht ohne Erfolg unterzogen zu haben.

Über die meisten Arbeiten ist schon eine stattliche Reihe von Jahren dahingegangen. Ich habe sie seit ihrem ersten Erscheinen nicht aus den Augen verloren und nicht versäumt, ihnen die etwa nötige Ergänzung und Verbesserung zu teil werden zu lassen. Einige Abhandlungen erschienen schon früher in einer zweiten Bearbeitung, indem die Einwände, die gegen sie erhoben wurden, zu weiteren und eingehenderen Untersuchungen Anlaß boten. Auch die eine Arbeit, die hier zum erstenmal an die Öffentlichkeit tritt, war zum Teil schon von längerer Zeit her vorbereitet. Ich kann demgemäß sagen, daß alles in der Sammlung wohl erwogen ist, und ich hege auch die Überzeugung, daß die Arbeiten die Probe bestehen werden, wenigstens bei denjenigen, die unbefangen an ihre Prüfung herantreten und nicht in der Meinung befangen sind, gewisse Anschauungen seien, weil durch Jahrhunderte gewissermaßen geheiligt, für alle Zeit unantastbar. Meine Studien waren in keiner Weise durch das Streben bestimmt, etwas Neues finden zu wollen. Aber ich stand auch nicht an, wenn mir eine herkömmliche Ansicht als unhaltbar sich darstellte, eine neue sich aufdrängte und in ernster und gewissenhafter Forschung sich bewährte, zu dem Ergebnis meiner Arbeit mich zu bekennen. Der Vorwurf, daß ich Sondermeinungen vertrete, konnte und durfte mich davon nicht abhalten. Wer es zu keiner Sonderansicht bringt, leistet auch nichts für den Fortschritt der Wissenschaft. Das Verfahren sollte als selbstverständlich gelten. Wie die Erfahrung zeigt, ist aber die Einsicht nicht überall vorhanden. Einige nehmen jenes Recht wohl für sich in Anspruch, sind aber wenig geneigt, es anderen einzuräumen, oder man will es wenigstens bei gewissen Punkten nicht anerkennen, ohne daß indessen ein Grund ersichtlich ist, warum es bei ihnen keine Berechtigung haben sollte.

Die Aufgabe, die zu lösen war, brachte es mit, daß ich mich vielfach mit Fachgenossen auseinanderzusetzen hatte. Mit den Thesen waren auch ihre Vertreter zu nennen und zu widerlegen. Dabei war es mir stets nur um die Sache zu thun, und dieses Interesse war auch an den wenigen Stellen maßgebend, in denen man vielleicht eine Überschreitung der richtigen Linie zu finden versucht sein könnte. Nicht jeder Einfall und jede Behauptung hat wissenschaftliche Berechtigung.

Tübingen, im März 1897.

Der Verfasser.

Inhaltsverzeichnis.

I.

Der Primat der römischen Kirche nach Ignatius und Irenäus.[1]

Es sind zwei Morgenländer, denen wir die ersten Zeugnisse für den Primat der römischen Kirche verdanken, der hl. Ignatius und der hl. Irenäus, Männer, die beide, freilich unter verschiedenen Umständen, ins Abendland kamen, der eine am Ende seiner Tage, um in der Welthauptstadt seinen Glauben mit seinem Blute zu besiegeln, der andere in der Blüte seiner Jahre, um sein Leben dem Dienste der Kirche von Lyon zu widmen. Die Worte, in denen sie sich über die Stellung der römischen Kirche aussprechen, sind aber nicht so bestimmt, daß ihr Sinn in jeder Beziehung deutlich zu Tage treten würde. Der Ausspruch des älteren Vaters zeichnet sich geradezu durch eine gewisse Dunkelheit und Doppelsinnigkeit aus. Die Zeugnisse haben daher zu vielfachen Erörterungen Anlaß gegeben und verschiedene Deutungen erfahren. Hat man über einige Punkte allmählich sich auch etwas genähert, so gehen die Anschauungen im ganzen immer noch erheblich auseinander. Die Zeugnisse lauten zum Teil derart, daß eine sichere Erklärung nicht zu gewinnen ist, und bei der Verschiedenheit der Anschauung, welche über die ursprüngliche Verfassung der Kirche besteht, ist eine volle Verständigung noch weniger zu erwarten. Ich gebe mich deshalb, indem ich mich in eine neue Erörterung einlasse, nicht der Hoffnung hin, eine volle Lösung der Frage zu bringen. Aber so viel kann bewiesen werden, daß die Aussprüche der beiden Väter die römische Kirche wirklich in einem höheren Range erscheinen lassen, wie dieser auch näherhin bestimmt werden mag, und daß sie nicht mit Unrecht, wie man nach einigen Aufstellungen glauben könnte, in dieser Richtung in Anspruch genommen werden.

---

[1] Ich handelte über diesen Gegenstand in den Historisch-politischen Blättern Bd. 89 (1882) S. 729—747. Die Abhandlung erscheint hier in durchgängig neuer Bearbeitung.

1.

Der hl. Ignatius von Antiochien erhielt Gelegenheit, über die Stellung der römischen Kirche sich auszusprechen, als er auf seinem Todes=gange jenes denkwürdige Sendschreiben an sie richtete, in welchem er die Römer bat, kein unzeitiges Mitleid mit ihm zu haben und ihn nicht der Gnade des Martyriums zu berauben. Die Aufschrift des Briefes ent=hält eine Reihe von ehrenden Prädikaten der römischen Kirche, und darunter befinden sich einige, welche mehr oder weniger über diejenigen hinausgehen, mit denen die anderen Kirchen bedacht werden, an die er gleichfalls Schreiben richtete. Zweimal wird von ihr ein Vorsitzen oder Vorstehen ausgesagt. Die Stelle lautet: ἥτις καὶ προκάθηται ἐν τόπῳ χωρίου Ῥωμαίων, ἀξιόθεος, ἀξιοπρεπής, ἀξιομακάριστος, ἀξιέπαινος, ἀξιοεπίτευκτος, ἀξιόαγνος καὶ προκαθημένη τῆς ἀγά-πης. Es handelt sich hauptsächlich um den Anfang und Schluß der=selben. Die Satzteile werden sehr verschieden erklärt. Darüber besteht zwar im allgemeinen Übereinstimmung, was προκαθῆσθαι bedeutet. Das Wort ist zu bestimmt, um zu einer erheblichen Differenz Raum zu geben. Um so mehr aber gehen die Anschauungen über die je folgenden Worte auseinander.

Die erste Stelle lautet so eigentümlich, daß Zahn[1] jüngst den Text ändern zu sollen glaubte und τύπῳ statt τόπῳ setzte. Der Sinn wäre hiernach: die römische Kirche steht als ein Musterbild dem Gebiet der Römer vor. Der Vorschlag hat aber keinen Beifall gefunden. Der Text ist nicht zu ändern, da er einstimmig überliefert ist. Die Emendation empfiehlt sich auch sonst wenig, da zum Ausdruck des fraglichen Ge=dankens εἰς τύπον oder ὡς τύπος zu erwarten wäre, nicht ἐν τύπῳ.

Bunsen[2] glaubte schon früher der Schwierigkeit dadurch abhelfen zu sollen, daß er den Ausdruck ἐν τόπῳ in übertragenem Sinne nahm = in dignitate sua seu officio episcopali, und die Worte χωρίου Ῥωμαίων mit προκάθηται verband. Die Auffassung wurde ebenfalls und mit Grund abgewiesen. Die Worte ἐν τόπῳ χωρίου Ῥωμαίων gehören zweifellos zusammen, und τόπος ist demgemäß in eigentlichem Sinn zu verstehen.

---

[1] Ignatius von Antiochien 1873 S. 311. Patr. apost. opera ed. Gebhardt, Harnack, Zahn II (1876), 54.

[2] Die drei echten und die vier unechten Briefe des Ignatius v. A. 1847. Vgl. meine Patr. apost. I, 212.

Geht man davon aus und wird der Text in seiner überlieferten Gestalt belassen, so ist im allgemeinen eine doppelte Erklärung möglich. Die Worte ἐν τόπῳ χ. 'Ρ. können als Ausdruck des Gebietes gefaßt werden, über das die römische Kirche den Vorsitz führt. Und soweit man die Stelle so verstand, glaubte man als das fragliche Jurisdiktionsgebiet auf protestantischer Seite vielfach die suburbikarischen Bistümer betrachten zu sollen. Die Erklärung war früher sehr gewöhnlich; sie wurde auch noch in neuerer Zeit geltend gemacht.[1] Sie beruht aber, da das bezügliche Verhältnis der römischen Kirche zu den Nachbarkirchen erst später hervortritt, zu sehr auf einem Anachronismus, um sich zu empfehlen. Die Worte sind, wenn sie vom Gebiet des Vorsitzes verstanden werden, allgemeiner zu nehmen und entweder auf Italien oder das Abendland oder das ganze Römerreich zu beziehen. Welche Auffassung die richtige ist, entzieht sich einer näheren Bestimmung. Man ist dafür auf allgemeine Erwägungen angewiesen. Lightfoot,[2] welcher der fraglichen Deutung den Vorzug giebt, drückt sich über den Punkt nicht deutlich aus, giebt jedoch zu verstehen, daß er den Umfang des Jurisdiktionsgebietes auf das Abendland beschränkt denkt.

Die Worte können auch lokal gefaßt werden. Ignatius giebt in der Überschrift jedes seiner Briefe genau den Ort der Kirche an, an die er schreibt. So lesen wir im Epheserbrief: τῇ (ἐκκλησίᾳ) οὔσῃ ἐν Ἐφέσῳ τῆς Ἀσίας, und ähnlich in den übrigen Briefen. Den Worten entspricht die angeführte Stelle im Römerbrief, und insofern legt sich die Annahme nahe, daß Ignatius hier ebenfalls eine Ortsangabe machen wollte, jedoch, da an der Stelle des τῇ οὔσῃ in den anderen Briefen hier das ἥτις προκάθηται steht, in der Weise, daß für die römische Kirche zugleich ein höherer Rang ausgesagt wird. Das Wort προκαθῆσθαι wäre in diesem Falle als absolut gebraucht zu denken und der mit ihm angedeutete Vorsitz auf die Gesamtkirche zu beziehen. Dabei könnte es als fraglich erscheinen, ob der Grund des Vorsitzes in dem Charakter der Stadt Rom als Reichshauptstadt oder in der römischen Kirche als der Kirche der Apostelfürsten zu suchen sei. Wenn man aber erwägt, daß Ignatius 4, 3 die Apostel Petrus und Paulus als in einem besonderen Verhältnis zu der römischen Kirche stehend erwähnt, während er von der Reichshauptstadt schweigt, wird man sich für die zweite Auffassung entscheiden müssen.

---

[1] Wieseler, Die Christenverfolgungen der Cäsaren 1878 S. 118.
[2] The Apostolic Fathers p. II 1885 II, 190.

Beide Erklärungen haben ihre Vertreter, und sie halten sich so ziemlich das Gleichgewicht. Der einen kommt der Wortlaut (ἐν τόπῳ) und die Analogie der übrigen Briefe zu statten, Momente, die beide auf eine lokale Bedeutung hinweisen; der anderen der Umstand, daß bei ihr, wie man erwarten kann, das Wort προκαθῆσθαι eine nähere Bestimmung erhält. Gegen die eine spricht, daß dieses Wort an einem Orte, an dem seine Bedeutung nicht ohne weiteres klar ist, absolut gebraucht sein soll, gegen die andere die Konstruktion, indem nicht die Präposition ἐν zu erwarten ist, sondern der Genetiv, dem wir sofort in der folgenden Stelle begegnen.

Unter diesen Umständen ist eine Entscheidung nicht leicht zu treffen. Vielleicht wird man der Stelle noch am ehesten mit der Annahme gerecht, daß die beiden Gesichtspunkte bei ihr in einander spielen. Die Gründe für diese Auffassung sind bereits in der bisherigen Ausführung enthalten. Man wird teils nach der einen, teils nach der andern Seite hingedrängt. Die Sprache bereitet kein ernstliches Hindernis. Ein gedrängter Stil und infolge dessen grammatikalische Unebenheiten sind Ignatius in ausgedehntem Maße eigen. Demgemäß wäre zu übersetzen: welche den Vorsitz führt am Orte des Gebietes der Römer, in dem Sinne, daß damit zugleich der Umfang des Gebietes des Vorsitzes ausgedrückt wäre.

Ist aber προκαθῆσθαι, wenn die folgenden Worte je ausschließlich in lokalem Sinne gefaßt werden, wirklich als absolut gebraucht zu denken? Steht der zu erwartende Genetiv nicht trotz des gegenteiligen Scheines im Text? Die Frage wurde jüngst durch Harnack[1] aufgeworfen und in bejahendem Sinne entschieden. Nachdem bereits Lightfoot zu den Worten προκαθημένη τῆς ἀγάπης bemerkt hatte: There ir doubtless here a reference back to the foregoing προκαθημένη ἐν τόπῳ κτλ., erklärt er:[2] „Wenige Worte nach προκάθηται ἐν τόπῳ κτλ. liest man: προκαθημένη τῆς ἀγάπης. Die Ausleger sehen hier durchweg eine zweite Art des προκαθῆσθαι, das von der römischen Ekklesia ausgesagt wird. Ist das wahrscheinlich? Die sechs dazwischen stehenden, mit ἄξιος zusammengesetzten Worte sind nach Inhalt und Form ein großes asyndetisch eingeschobenes Epitheton ornans. Lautete aber unsere Stelle: ἥτις προκάθηται ἐν τόπῳ χωρίου Ῥωμαίων (καὶ) προ-

---

[1] Das Zeugnis des Ignatius über das Ansehen der römischen Gemeinde, in den Sitzungsberichten der kgl. preußischen Akademie der Wissenschaften zu Berlin 1896 S. 111—131.

[2] A. a. O. S. 117 f.

καθημένη τῆς ἀγάπης — wer würde daran zweifeln, daß es sich hier nicht um einen zweifachen Vorsitz, sondern nur um einen einfachen handelt? Bekanntlich ist die Beisetzung des Participiums zum Verbum finitum desselben Wortes im semitischen Griechisch recht häufig (s. die LXX, Act. Apost. 13, 45: οἱ Ἰουδαῖοι ἀντέλεγον τοῖς ὑπὸ τοῦ Παύλου λεγομένοις ἀντιλέγοντες καὶ βλασφημοῦντες), und Ignatius ist auch sonst in seiner Sprache durch das Semitische bestimmt. Das καί aber vor προκαθημένη war notwendig, um nach der Einschaltung von sechs Worten den Begriff προκαθῆσθαι wieder aufzunehmen. Faßt man dieses καί als ‚und zwar‘, so hat man nicht einmal nötig, auf das semitische Griechisch zu verweisen. Der Schriftsteller hatte die Deter=minierung des Begriffs προκαθῆσθαι unterbrochen durch Einschiebung von Adjektiven; er nimmt nun — und zwar passend vermittelst des Participiums — den Begriff wieder auf und führt ihn zum Abschluß. Diese Erklärung wird durch die Beobachtung gestützt, daß in der Reihe der neun Attribute nach προκάθηται nur vor προκαθημένη ein καί steht. Dadurch charakterisieren sich die sechs Adjektive ἀξιόθεος κτλ. als rhetorische Einschiebungen, während χριστόνομος, πατρώνυμος zu dem das προκάθηται wieder aufnehmenden προκαθημένη τῆς ἀγάπης gehört.“ Die Auffassung kann als möglich gelten. Eine größere Ge=währ besteht aber für sie noch nicht. Die beiden angeblich zusammen=gehörigen Satzteile sind thatsächlich von einander getrennt, und das καί vor προκαθημένη berechtigt noch nicht, die Prädikate ἀξιόθεος — ἀξιόαγνος als rhetorische Einschiebungen beiseite zu stellen. Indessen ist auch der Beweis für die Erklärung noch nicht zu Ende.

Nachdem Harnack zunächst die Frage erörtert, ob das Participium das Verbum finitum einfach wieder aufnehme, oder ob es ihm nicht durch die Wiederaufnahme eine neue Nüance gebe, fährt er fort: „Es giebt in der That eine Beobachtung, die es wahrscheinlich macht, daß der Verfasser bereits bei dem ἥτις καὶ προκάθηται an die ἀγάπη gedacht hat, προκαθημένη τῆς ἀγάπης also nur eine Fortführung des ersten Ausdrucks ist; man beachte nämlich die schöne Steigerung, welche sich in der Adresse ergiebt:

ἐκκλησίᾳ ἠγαπημένῃ,
ἐκκλησίᾳ πεφωτισμένῃ κατὰ ἀγάπην Ἰησοῦ Χριστοῦ,
ἐκκλησίᾳ ἥτις καὶ προκάθηται τῆς ἀγάπης.

Diese Steigerung würde gestört, bezw. verwirrt werden, wenn das προκάθηται ἐν τόπῳ χωρίου Ῥωμαίων ein Glied für sich bilden würde. Im anderen Fall ist die ἀγάπη der römischen Gemeinde das eigentliche Leitmotiv in den Lobpreisungen des Ignatius." Das Argument mag auf den ersten Anblick bestechend wirken. Bei näherer Prüfung hält es aber schwerlich stand. Es soll davon abgesehen werden, ob die beiden ersten Glieder nicht in Wahrheit nur eines bilden, da sie mehr mit einander verbunden als getrennt erscheinen, indem Ignatius schreibt: ἐκκλησία ἠγαπημένη καὶ πεφωτισμένη ἐν θελήματι τοῦ θελήσαντος τὰ πάντα ἃ ἔστιν κατὰ ἀγάπην Ἰησοῦ Χριστοῦ τοῦ θεοῦ ἡμῶν. Es ist aber, wenn wir die drei Glieder belassen, ein anderes zu beachten. Im ersten Glied ist von der Liebe die Rede, die von Gott dem Vater und seinem Sohne, im zweiten von der Liebe, die von Christus, im dritten von der Liebe, die von den Römern ausgeht. Eine Steigerung liegt somit schwerlich vor; das zweite Glied stellt sich dem ersten gegenüber eher in umgekehrtem Verhältnis dar, und noch mehr ist dies in Anbetracht der Verschiedenheit der Liebe bei dem dritten gegenüber den zwei vorausgehenden der Fall. Es bleibt also für die Erklärung nur die Partikel καὶ vor προκάθηται übrig, und von dieser nimmt Harnack allerdings ohne weiteres an, daß sie für das mit ἥτις eingeleitete Charakteristikum gegenüber den bereits angeführten eine Steigerung bedeute.[1] Die Auffassung ist an sich nicht zu beanstanden. Eine steigernde Bedeutung wird dem Wörtchen hier zukommen, wenn auch nicht gerade in besonderem Maße. Fraglich aber wird die Auffassung bei der Deutung, welche Harnack dem gesamten Abschnitt giebt, indem nicht so ohne weiteres anzunehmen ist, daß Ignatius die Liebe des Menschen, und dächte er sich diese auch in höchstem Grade, über die Liebe Gottes und Jesu Christi stellen wollte; und sie wird um so mehr abzulehnen sein, als es weiter fraglich ist, ob das dritte Glied das entscheidende Wort ἀγάπη hat, indem dieses nur auf einem Umweg, der selbst noch einer besseren Begründung bedarf, für das Glied gewonnen wird.

Indessen mag, wenn auch die vorausgehenden Satzteile keinen hinlänglichen Grund dazu ergeben, die Verbindung des ἀγάπης mit προκάθηται nicht unbedingt zu verwerfen sein. Sie kann, wie auch oben anerkannt wurde, auf Grund des Satzteils ἥτις προκάθηται — ἀγάπης wenigstens als möglich gelten. Wenn sie aber angenommen wird, dann fragt sich weiter, welche Bedeutung das Wort ἀγάπη hat, und diese Frage führt uns zu der zweiten Stelle, zu προκαθημένη τῆς ἀγάπης.

---

[1] A. a. O. S. 119 Anm. 1.

Bei Erklärung des Satzteiles handelt es sich aber nicht bloß um das Wort ἀγάπη, sondern auch um das Verbum προκαϑῆσϑαι, mit dem es verbunden ist, und bei diesem wurde neuerdings der Hebel angesetzt, um die Schwierigkeit zu lösen, welche die Stelle der Exegese bereitet.

Faßt man ἀγάπη einfach als Liebe, so nennt Ignatius die römische Kirche Vorsteherin der Liebe oder läßt sie in der Liebe den Vorsitz führen. Lightfoot übersetzt dementsprechend: having the presidency of love, und giebt in seinen Noten die Erklärung: die römische Kirche sei first in love, die erste in der Liebe oder Liebesthätigkeit. Ähnlich die Protestanten im allgemeinen, soweit sie auf eine wörtliche Übersetzung halten. Harnack nimmt indessen daran mit Grund Anstoß, indem er bemerkt:[1] „Vorsitz in der Liebe" sei ein sonderbarer Ausdruck, und „die erste in der Liebesthätigkeit" sei eine kaum statthafte Verallgemeinerung desselben. Er wirft aber auch die Frage auf, ob προκαϑῆσϑαι nicht anders gefaßt werden könne. Ob der Bischof als „Vorsitzender (in) der Wahrheit" bezeichnet werden solle, wenn er im pseudoklementinischen Brief an Jakobus (c. 2 und 17) προκαϑεζόμενος ἀληϑείας genannt werde? Ob hier nicht die Bedeutung „Vorliegen", „Vorstehen" in die andere übergehe: „Schützer (Verteidiger) der Wahrheit", oder: „der für die Wahrheit eintritt"? Ob es an unserer Stelle nicht ähnlich sei? Ob nicht im Verbum finitum das προκαϑῆσϑαι allgemeiner gedacht sei, um dann in dem bereits in das Auge gefaßten Ausdruck προκαϑημένη τῆς ἀγάπης seine Determinierung zu erhalten? Und für den Fall, daß die Wiederaufnahme des Verbum finitum im Participium dem Worte wirklich eine neue Nüance gebe, verweist er die Stelle in die Reihe von Beispielen, die Winer in der Neutestamentlichen Grammatik (7. A. S. 333) zusammenstellte: ὑπακούων σχολῇ ὑπήκουσα, φεύγων ἐκφεύγει, φεύγων ἐκεῖϑεν εἰς τὴν Ταυρέου παλαίστραν κατέφυγε, indem er denselben noch die bereits erwähnte Stelle Apgesch. 13, 45 anreiht.

Hier ist in der That der wunde Punkt der fraglichen Exegese berührt. Aber eine Heilung wurde für die Wunde schwerlich erbracht. Von den Winer entnommenen Parallelstellen fallen zwei unbedingt hinweg, weil in ihnen nicht das Verbum einfach als solches, sondern als Kompositum wiederholt wird, somit in einer Gestalt, in der es bereits an sich eine veränderte Bedeutung hat. Bei ἀντιλέγειν in Apgesch. 13, 45 sodann ist es nicht sicher, daß das Participium eine andere Bedeutung hat

[1] A. a. O. S. 118.

als das Verbum finitum. Harnack redet selbst nur von einer Ver=
stärkung in einer bestimmten Richtung, und man braucht diese Richtung
keineswegs als eine veränderte zu fassen. Zudem sind die Worte ἀντιλέγοντες καὶ textkritisch nicht ganz sicher. Es bleibt somit nur die erste
Stelle, und sie beweist für unseren Fall aus einem anderen Grunde
wenig. Das Wort ὑπακούειν hat eine doppelte Bedeutung, und seine
Wiederholung sollte sichtlich ein kleines Wortspiel begründen, während bei
unserer Stelle davon kaum die Rede sein kann. Was aber den pseudo=
klementinischen Brief an Jakobus anlangt, so ist das Wort προκαθέζεσθαι an den angeführten Stellen in der That in seinem eigentlichen
und gewöhnlichen Sinn zu nehmen. Schon die allgemeine Situation
weist darauf hin. Klemens erzählt in dem Brief seine Erhebung auf
den Stuhl Petri oder zur Würde eines προκαθεζόμενος. Das Wort
wird außer den beiden Stellen noch wiederholt gebraucht, in den Kapiteln 2,
6, 12 (zweimal), 16, und überall bedeutet es Vorsitzen oder Vorsitzender.
In c. 2 folgt auf τὸν ἀληθείας προκαθεζόμενον im nächsten Satz
sofort absolut τὸν προκαθεζόμενον. In c. 17 wird von dem προκαθεζόμενος ἀληθείας noch im gleichen Satz bemerkt, daß er Χριστοῦ
τὴν καθέδραν πεπίστευται. Unter diesen Umständen besteht weder
Grund noch Recht, die fraglichen Worte anders zu übersetzen als „Vor=
sitzender der Wahrheit"; und wenn diese Ausdrucksweise für uns sonderbar
klingt und eine nähere Erklärung fordert, so haben wir diese nicht für
das προκαθέζεσθαι zu geben, dessen Bedeutung nach dem durchgehenden
Gebrauch und nach dem unmittelbaren Kontext unbedingt feststeht, sondern
für ἀληθείας, indem wir dieses Wort nicht abstrakt, sondern konkret
als Reich oder Verein der Wahrheit fassen.

Ähnlich verhält es sich mit dem Ausdruck προκαθημένη τῆς ἀγάπης.
Die Rede von einem „Vorsitz (in) der Liebe" ist wirklich ein so sonder=
barer Ausdruck, daß Harnack mit Recht an ihm Anstoß nimmt. Die
Alten, wie Pearson,[1] haben deshalb, soweit sie unter ἀγάπη unbedingt
Liebe oder Liebesthätigkeit verstehen zu sollen glaubten, das προκαθῆσθαι
als praeeminere gefaßt, als „hervorragen" oder „sich auszeichnen", und
so oder ähnlich muß man verfahren, wenn man bei jener Deutung von
ἀγάπη stehen bleibt. Dem steht aber entgegen, daß προκαθῆσθαι
nirgends jene Bedeutung hat. Obwohl seit der Publikation von Pearsons
Annotationes nun fast zwei Jahrhunderte verflossen sind, so ist es doch

---

[1] Annotationes, in der Ignatiusausgabe von Th. Smith 1709.

noch nicht gelungen, eine Parallelstelle für die Auffassung beizubringen. Auch der pseudoklementinische Brief an Jakobus, auf den Harnack nunmehr verweist, hilft dem Mangel nicht ab. Das Wort προκαθέζεσθαι ist dort im eigentlichen Sinne zu nehmen. Ebenso beweisen die weiteren Parallelstellen nichts, die Harnack aus dem militärischen Sprachgebrauch anführt.[1] Das Wort mag in denselben wohl „beschützen" oder „verteidigen" bedeuten. Es ist aber überall mit dem Begriff eines Ortes oder einer Gesellschaft verbunden, während dieser in unserer Stelle fehlt, wenn man unter ἀγάπη Liebe im Sinne von Liebesthätigkeit versteht. Harnack[2] muß schließlich selbst gestehen, daß für Verbindungen, wie προκαθῆσθαι τῆς ἀγάπης, der klassische Sprachgebrauch seines Wissens kein Beispiel biete.

Wenn wir aber von dieser Seite aus zu einer annehmbaren Erklärung nicht gelangen, da dem Wort προκαθῆσθαι die Bedeutung nicht zukommt, die zu einer solchen erforderlich wäre, so werden wir notwendig zu der Frage gedrängt, ob sich nicht für das Wort ἀγάπη eine Bedeutung gewinnen läßt, bei der die Stelle begreiflich wird. Man hat katholischerseits das Wort mit „Liebesbund" übersetzt, und die Übersetzung ist nach dem Sprachgebrauch des Ignatius nicht unzulässig. Ich habe in meinen Patres apostolici (I, 213) auf Trall. 13, 1, Röm. 9, 3, Philad. 11, 2, Smyrn. 12, 1 verwiesen. Die älteren Protestanten, wie Pearson, wollten in den Worten ἀσπάζεται ὑμᾶς ἡ ἀγάπη Σμυρναίων καὶ Ἐφεσίων (Trall. 13, 1) und den verwandten Sätzen eine bloße Höflichkeitsform oder Redefloskel erblicken. Lightfoot und Harnack lehnen diese Auffassung ab, ohne jedoch die andere anzuerkennen. Und während Lightfoot nur an einer Stelle (Trall. 3, 2) sich näher ausspricht, die weniger ins Gewicht fällt, bemerkt Harnack ausdrücklich, die fragwürdige Bedeutung oder Übersetzung mit „Liebesbund" sei an keiner der angezogenen Stellen gefordert; Philad. 11, 2 (ἀσπάζεται ὑμᾶς ἡ ἀγάπη τῶν ἀδελφῶν τῶν ἐν Τρωάδι) genüge die Bedeutung „Liebe" nicht nur, sondern sie sei Röm. 9, 1 (μόνος αὐτὴν Ἰησοῦς Χριστὸς ἐπισκοπήσει καὶ ἡ ὑμῶν ἀγάπη) sogar gefordert. Letzteres mag zugegeben werden, obwohl die Sache nicht so ganz zweifellos ist. Man braucht aber auf diese Stelle auch kein besonderes Gewicht zu legen. Ich selbst habe sie unter die Belegstellen gar nicht aufgenommen. Man kann zur Not auch einräumen, daß selbst bei den übrigen Stellen die andere

------

[1] A. a. O. S. 119.   [2] A. a. O. S. 120.

Deutung genügt oder möglich ist. Die Sache ist aber damit noch nicht abgethan. Da die Deutung, zu der man im anderen Fall bei προκα-θῆσθαι schreiten muß, nicht etwa nur genügt, sondern nach dem konstanten Sprachgebrauch als ausgeschlossen gelten darf, so darf es wohl als genügend erscheinen, wenn die Erklärung, welche wir für ἀγάπη haben, nur möglich ist. Und die Möglichkeit scheint auch Harnack nicht ernstlich zu bestreiten. Jedenfalls hat er die Unmöglichkeit nicht bewiesen, da die eine Stelle, in welcher er die Deutung ausgeschlossen findet, doch schwerlich für die Erklärung aller übrigen maßgebend sein kann, und die weitere Behauptung: nur der Zusammenhang gestatte (in der Überschrift), das Wort mit „Liebesthätigkeit" zu übersetzen, gar sehr einer näheren Begründung bedarf. Indessen sind wir für den „Liebesbund" nicht etwa auf die bloße Möglichkeit beschränkt. Der Deutung kommt eine gewisse Wahrscheinlichkeit zu. Wenn Ignatius schreibt: „Es grüßt euch die Liebe der Smyrnäer und Epheser" (Trall. 13, 1) und ähnlich, so mag wohl allenfalls einfach die Liebe als Grund des Grußes zu denken sein. Ebenso läßt sich aber auch ein Liebesverein als Ausgangspunkt des Grußes annehmen. Und wenn man berücksichtigt, daß er Magn. 15, 1 schreibt: Ἀσπάζονται ὑμᾶς Ἐφέσιοι, und Trall. 12, 1: Ἀσπάζομαι ὑμᾶς ἀπὸ Σμύρνης ἅμα ταῖς συμπαρούσαις μοι ἐκκλησίαις, Röm. 9, 3: Ἀσπά-ζεται ὑμᾶς τὸ ἐμὸν πνεῦμα καὶ ἡ ἀγάπη τῶν ἐκκλησιῶν, so wird dieser Auffassung der Vorzug einzuräumen sein, da an den zwei ersten Stellen ausdrücklich die Kirchen grüßen, dem ἐμὸν πνεῦμα gegenüber in der dritten Stelle ein Liebesverein näher liegt als eine Liebesgesinnung. Zum mindesten darf man sagen, wie dies Harnack seinerseits bei der Erklärung des προκαθεζόμενος im pseudoklementinischen Brief an Jakobus gethan, daß die eine Bedeutung in die andere übergehe. Dazu kommt, daß auch der Verfasser des Martyrium Colbertinum den Ausdruck ἀγάπη allem nach im Sinne von Liebesbund faßte, wenn Ignatius nach ihm an Puteoli vorbeifährt μακαρίσας τὴν ἐν ἐκείνῳ τῷ τόπῳ τῶν ἀδελφῶν ἀγάπην (5, 3), da die Stellung der Worte ἐν ἐκείνῳ τῷ τόπῳ diese Deutung ebenso empfiehlt als sie die andere ausschließt. Die Akten stammen allerdings nicht aus der Zeit des Ignatius. Ihr Verfasser war aber mit dessen Briefen bekannt, und jedenfalls beweist die Schrift, daß die in Rede stehende Erklärung des Wortes ἀγάπη keineswegs so außergewöhnlich ist, daß sie ohne weiteres abzulehnen wäre.

Das Wort ἀγάπη kann hiernach in unserer Stelle wohl die Bedeutung haben, die ihm nach dem mit ihm verbundenen προκαθημένη zukommt. Dieselbe wird vielleicht noch durch einen weiteren Punkt empfohlen. Bei der eigentümlichen Sprache sind stilistische Kleinigkeiten nicht besonders zu betonen; sie sind aber andererseits nicht ganz außer acht zu lassen, und es darf wenigstens die Frage aufgeworfen werden, ob der Artikel vor ἀγάπη nicht eher für den Liebesbund als für die einfache Liebe oder Liebesthätigkeit spricht, da im letzteren Fall für seine Anwendung kein eigentlicher Grund vorlag und er nach dem Sprachgebrauch des Ignatius bei dieser Deutung eher fehlen sollte. Eine Sicherheit ist freilich darüber nicht zu gewinnen. Indessen entscheidet bereits das προκαθῆσθαι über den Sinn des Wortes ἀγάπη, und wir haben auch nach der neuesten Erörterung der Stelle das Recht, das Wort von dem Liebesbund der Christen zu verstehen.

Wenn aber Ignatius die römische Kirche als die Vorsitzende des Liebesbundes bezeichnet, so beschränkt er sich andererseits auf diese allgemeine Angabe. Er hebt nicht hervor, auf welchen Grund hin er der Kirche den Vorrang zuerkennt, und wir können diesen nur aus Röm. 4, 3, wie bereits oben (S. 3) bemerkt wurde, erschließen. Noch weniger giebt er über den Umfang und die Bedeutung des Vorranges Aufschluß. Nachdem er von der Verwaisung seiner Kirche gesprochen, bemerkt er den Römern 9, 1 allerdings: *Μόνος αὐτὴν Ἰησοῦς Χριστὸς ἐπισκοπήσει καὶ ἡ ὑμῶν ἀγάπη*. Er läßt somit bis zur Wiederbesetzung seines Stuhles nächst Christus die römische Gemeinde über seine Gemeinde den Episkopat führen. Wie er aber sich diesen für den vorliegenden Fall näherhin denkt, zeigt er in dem vorausgehenden Satz, in dem er die Römer bittet, in ihren Gebeten der Kirche Syriens eingedenk zu sein, welche statt seiner nunmehr Gott zum Hirten habe. Und wenn wir diese Andeutung von ihm auch nicht erhielten, so würden uns die anderweitigen Nachrichten, die wir in dieser Beziehung haben, besagen, daß die einfache Erledigung eines bischöflichen Stuhles in der Ferne der römischen Kirche damals keinen Anlaß bot, sich mit der betreffenden Gemeinde zu befassen. Auch der Stelle 3, 1: *Οὐδέποτε ἐβασκάνατε οὐδένα, ἄλλους ἐδιδάξατε· ἐγὼ δὲ θέλω, ἵνα κἀκεῖνα βέβαια ᾖ, ἃ μαθητεύοντες ἐντέλλεσθε*, ist in dieser Beziehung nichts zu entnehmen. Die Worte beziehen sich auf das Martyrium und die Lehren und Ermunterungen, welche die Römer in dieser Hinsicht gaben, und sofern sie weiter zu gehen scheinen, ist zu erwägen, daß Ähnliches auch von anderen Gemeinden (Eph. 10) und insbesondere von Ignatius selbst (Röm. 4, 1) ausgesagt wird.

Wenn aber die Rede des Ignatius von einem ἐπισκοπεῖν der Römer gegenüber seiner Kirche uns auch in dieser Frage im Stiche läßt, so ist sie doch für die Stellung der römischen Kirche im allgemeinen schwerlich bedeutungslos. Wir haben noch sechs Briefe von ihm, und keiner anderen Kirche gegenüber drückt er sich in solcher Weise aus. Er bittet sie wohl auch um das Gebet für die Kirche Syriens, die Epheser 21, 2, die Magnesier 14, die Trallenser 13, 1, während die Bitte in den weiteren in Troas geschriebenen Briefen keine Stelle mehr hat, da ihm inzwischen kund geworden, daß seine Kirche den Frieden wieder erlangte; von einem ἐπισκοπεῖν aber redet er nirgends mehr. Unter diesen Umständen ist auch in Röm. 9, 1, wenn wir nicht ein Spiel des Zufalls annehmen wollen, ein Zeugnis für die höhere Stellung der römischen Kirche zu erblicken, und die Stelle wirft zugleich ein Licht auf das προκαθημένη τῆς ἀγάπης in der Überschrift des Briefes zurück. Auf Grund ihrer hervorragenden Liebesthätigkeit allein hätte Ignatius wohl kaum der römischen Kirche einen wie immer zu denkenden Episkopat über seine Kirche zugesprochen. Es wird ihn, als er das Wort schrieb, das Bewußtsein geleitet haben, daß dieselbe vor den übrigen Kirchen einen Vorrang habe oder unter ihnen die erste Stelle einnehme, mit einem Worte, die Vorsteherin des Liebesbundes sei.

Das Wort προκαθῆσθαι hat hiernach an beiden Stellen dieselbe Bedeutung. Man braucht nicht an zwei Arten des Vorsitzes zu denken, und es geschah auch bereits bisher nicht so allgemein, als man nach der erwähnten Äußerung Harnacks glauben könnte, in der die Auffassung der protestantischen Ausleger ohne weiteres als die aller Erklärer genommen wird. Dem Worte ist an der zweiten Stelle auch nicht einmal die Nüance zu geben, die von Harnack vorgeschlagen wird. Es bedeutet beidemale Vorsitzen, und die Aussage erhält in der zweiten Stelle, je nach der Deutung, die der ersten gegeben wird, eine bestimmtere Fassung oder eine Steigerung. In dem einen wie in dem anderen Fall, besonders aber in dem zweiten, dienen die Prädikate ἀξιόθεος κτλ. dem προκαθημένη τῆς ἀγάπης als Einleitung und Vorbereitung.

2.

Der hl. Irenäus kam auf den Vorrang der römischen Kirche zu sprechen, als er sich die Aufgabe setzte, gegenüber den Ausschweifungen der Gnostiker die einfache apostolische Lehre und deren Erhaltung in der katholischen Kirche festzustellen. Nachdem er im ersten Buch seines Werkes Adversus haereses die Theorieen der Gegner dargelegt und im zweiten Buch die einzelnen Lehrsätze vorzugsweise auf philosophisch=dialektischem Wege widerlegt, bekämpft er sie im dritten Buch vom Standpunkt der Tradition und Schrift aus. Indem er betont, daß wir die Heilslehre durch die Predigt und die Schriften der Apostel haben (c. 1), daß aber die Gegner, wenn man gegen sie darauf sich berufe, beide Quellen als unzulänglich anklagen und dadurch an den Tag legen, daß sie weder mit der Schrift noch mit der Tradition übereinstimmen (c. 2), führt er c. 3 aus: die Tradition der Apostel sei in jeder apostolischen Kirche zu er= fahren, indem die Apostel denjenigen die volle Wahrheit anvertrauten, denen sie die Leitung der Kirchen übergaben, und diese sie hinwiederum ihren Nachfolgern mitteilten (n. 1). Da es aber zu umständlich wäre, bei allen Kirchen Umschau und Nachfrage zu halten, so verweise er ein= fach auf die größte und älteste (bezw. uralte) und allen bekannte Kirche, die von den glorreichen Aposteln Petrus und Paulus zu Rom gegründet und errichtet wurde, maximae et antiquissimae et omnibus cognitae, a gloriosissimis duobus apostolis Petro et Paulo Romae fundatae et constitutae ecclesiae. Es genüge, die Überlieferung darzulegen, die sie von den Aposteln erhalten habe, den Glauben, der ihr verkündigt worden sei und durch die Succession der Bischöfe bis auf die Gegen= wart herabreiche. Ad hanc enim ecclesiam, fügt er bei, propter potentiorem[1] principalitatem necesse est omnem convenire ecclesiam, hoc est eos qui sunt undique fideles, in qua semper ab his qui sunt undique conservata est ea quae est ab apostolis traditio (n. 2). Und da der Beweis auf der apostolischen Succession ruht, wird zuletzt die Reihenfolge der römischen Bischöfe bis auf Eleutherus herab gegeben (n. 3.)

Der Abschnitt wurde, soweit nicht deutsch, lateinisch mitgeteilt. Das Werk des Kirchenvaters ist uns nämlich im griechischen Originaltext ver= loren. Wir besitzen es nur in einer alten lateinischen Übersetzung. Dazu kommen zahlreiche Citate bei griechischen Vätern, namentlich für das erste Buch, das auf diese Weise fast vollständig, etwa zu neun Zehnteln, im Urtext uns überliefert wird. Auch von dem hier in Betracht kommenden

---

[1] So lesen alle Handschriften und Herausgeber, auch die neuesten Editoren, Stieren 1853 und Harvey 1857, mit Ausnahme des Codex Claromontanus (saec. X oder XI), welcher pontiorem, bezw. da n pungiert ist, potiorem hat, eine Lesart, die Massuet in seine Ausgabe 1734 aufnahm.

Abschnitt ist einiges griechisch erhalten, die Ausführungen über die Ent=
stehung der Evangelien und die Reihenfolge der Päpste. Aber die uns
näherhin beschäftigende Stelle liegt uns nur lateinisch vor. Die vier
ersten Kapitel des dritten Buches wurden zwar durch Thiersch in den
Theologischen Studien und Kritiken 1842 ins Griechische zurückübersetzt,
und die Übersetzung ist in der Ausgabe des Werkes von Stieren abge=
druckt. Wir haben uns aber an den alten lateinischen Text zu halten,
und wir können dies um so eher thun, als derselbe bei dem engen An=
schluß der Übersetzung an den Urtext uns das Original annähernd ersetzt.

    Nur wenige Worte bleiben zweifelhaft. So fragt sich namentlich,
welches das dem Ausdruck principalitas entsprechende griechische Wort
war. Man hat vermutet πρωτεῖον (Massuet), πρωτεῖα (Thiersch),
ἀρχή (Grabe, Griesbach, Gieseler), ἀρχαιότης (Stieren), αὐθεντία
(Armellini, Schneemann, Harnack).[1] Da der Übersetzer in dieser Be=
ziehung nicht gleichheitlich verfuhr, sondern verschiedene griechische Worte
mit principalitas (αὐθεντία I, 26, 1; 31, 1; ἐξουσία I, 26, 1;
πλήρωμα IV, 35, 2. 4, wo der griechische Text fehlt, aber das Wort
aus dem Kontext sich ergiebt; πρωτεύειν IV, 38, 3) oder principalis
(καθολικὸς III, 11, 8, ἡγεμονικὸς III, 11, 8, προηγητικὸς V, 27, 2)
wiedergiebt, so ist eine sichere Entscheidung nicht leicht zu treffen. Sofern
nur drei Worte direkt bezeugt sind, unter diesen πλήρωμα wegen seiner
Bedeutung sofort ausscheidet, von den zwei anderen eines den Charakter
der Apostelkirchen gegenüber den übrigen Kirchen glücklicher zum Ausdruck
bringt, die römische Kirche auch, wie Harnack hervorhebt, durch Tertullian
Adv. Valent. c. 4 ecclesia authenticae regulae genannt wird, so er=
giebt sich für αὐθεντία ein nicht unerhebliches Übergewicht. Da aber
die Parallelstellen, wenn auch das Wort zutrifft, inhaltlich weniger nahe
kommen, sofern sie von dem höchsten Wesen (ἡ ὑπὲρ τὰ ὅλα αὐθεντία
I, 26, 1) oder von dem oberen höheren Wesen (ἐκ τῆς ἄνωθεν αὐθεντίας
I, 31, 1) reden, kann man sich bei dem Wort nicht ganz beruhigen. Es ist

---

    [1] Armellini, De prisca refutatione haereseon, vgl. Hagemann, die römische
Kirche 1864 S. 618. Schneemann, S. Irenaei de eccles. Rom. principatu
testimonium 1870 (Appendix zur Collectio Lacensis t. IV). Harnack, Das
Zeugnis des Irenäus über das Ansehen der römischen Kirche, in den Sitzungs=
berichten der kgl. preuß. Akad. der Wiss. zu Berlin 1893 S. 939—955, wo
S. 948—952 die Frage untersucht ist, aber die Stelle IV, 26, 2: successio princi=
palis = apostolische Succession, übersehen wurde. Über die Vertreter der anderen
Auffassungen oder ihre Schriften vgl. die Note Stierens z. d. St.

nicht ausgeschlossen, daß Irenäus auch προωτειον oder προωτεια schrieb. In allen Fällen haben wir hier, wenn wir dem Ausdruck αὐθεντια auch die größere Wahrscheinlichkeit zuerkennen, von dem lateinischen Wort auszugehen, das allein auf Überlieferung beruht.

Ebenso verhält es sich mit dem dazu gehörigen Adjektiv. Das entsprechende griechische Wort ist noch schwerer zu bestimmen. Da der Übersetzer III, 3, 3 ἱκανωτάτην γραφὴν mit potentissimas litteras wiedergab, hat man als das ursprüngliche Wort mehrfach ἱκανώτερος angenommen. In dem Abschnitt III, 3, 4 wird aber ἐπιστολὴ ἱκανωτάτη übersetzt epistola perfectissima. Unter diesen Umständen verschwindet das Licht sofort wieder, das jene Stelle über das Wort zu verbreiten schien, und der Urtext bleibt fraglich. Die weiteren Vorschläge lassen sich noch weniger bewähren. Welches indessen der griechische Ausdruck gewesen sein mag, über seine Bedeutung kann kein beträchtlicher Zweifel bestehen. Das Wort diente zur Steigerung des Begriffes der principalitas.

Das Wort, über dessen Erklärung die größte Verschiedenheit besteht, ist convenire. Es kann „übereinstimmen" bedeuten, und der allgemeine Gedankengang legt diese Auffassung nahe. Da Irenäus die Bewahrung der apostolischen Lehre in der katholischen Kirche und in der römischen Kirche insbesondere nachweisen will, so wird man gewissermaßen zu der Annahme gedrängt, daß er mit den Worten ad hanc ecclesiam omnem convenire ecclesiam von Übereinstimmung der anderen Kirchen mit der römischen rede. Das Wort wurde früher allgemein so verstanden. Nur Grabe machte in seiner Irenäusausgabe (1702) eine Ausnahme und übersetzte das Wort mit „zusammenkommen", begründete aber seine abweichende Deutung in einer Weise, daß dieselbe nach der Widerlegung, die ihr Massuet[1] zu teil werden ließ, auch bei den Protestanten keinen größeren Anklang fand. In der That ist seine Ausführung derart, daß sie keine weitere Beachtung verdient.

Auf der andern Seite erhebt sich aber gegen die herkömmliche Auffassung, sobald die Stelle näher geprüft wird, eine nicht geringe Schwierigkeit. Bezieht man das in qua, das den Schluß des Satzes einleitet, wie es früher ebenfalls allgemein geschah, auf das hanc ecclesiam oder die römische Kirche, so ergiebt sich der eigentümliche Gedanke, in der römischen Kirche sei von den anderen Kirchen oder den qui sunt undi-

---

[1] Dissert. III, art. 4, c. 33—35, in der Ausgabe von Stieren II, 271—274. Die Note Grabes ebd. II, 863—865.

que die apostolische Überlieferung erhalten worden, während man doch, wenn von der Pflicht oder Notwendigkeit die Rede ist, daß die übrigen Kirchen mit der römischen übereinstimmen, die Hervorhebung des Umstandes erwarten sollte, daß die römische Kirche die Überlieferung selbst und von sich aus bewahrte. Die Stelle würde hiernach besagen, die anderen Kirchen oder die qui sunt undique seien es, welche die apostolische Tradition in der römischen Kirche bewahrten, und zugleich eine Übereinstimmung jener Kirchen mit dieser fordern. Ein solcher Gedanke ist Irenäus schwer zuzuschreiben, und doch liegt er bei der fraglichen Übersetzung und Konstruktion vor. Die Konstruktion ist ihrerseits nicht ganz ohne Grund. Die römische Kirche steht nicht bloß am Anfang des Satzes, sondern sie bildet auch den Mittel- und Schwerpunkt desselben, und der Relativsatz scheint um so mehr auf sie zurückbezogen werden zu müssen, als auch sein Inhalt, die Rede von der immerwährenden Bewahrung der apostolischen Tradition, auf die Kirche hinweist. Die Worte ab his qui sunt undique scheinen die Auffassung zu bestätigen; denn sie bilden einerseits den Inbegriff der omnis ecclesia, und sie werden andererseits von der mit den Worten in qua bezeichneten Kirche unterschieden, indem ausgesagt wird, daß in dieser von den qui sunt undique die Tradition bewahrt werde. Man gelangt also auf diesem Wege zu einem Widersinn. Derselbe wurde allerdings Jahrhunderte lang nicht weiter beachtet und entsprechend gewürdigt. Er liegt aber offen vor, und die Wissenschaft darf ihm nicht etwa deswegen aus dem Wege gehen, weil man ihn früher auf sich beruhen ließ, sondern sie hat die Aufgabe, die Schwierigkeit zu lösen.

Man suchte die Stelle zunächst durch Annahme einer unrichtigen Textesüberlieferung oder eines Mißverständnisses seitens des lateinischen Übersetzers ins reine zu bringen. Griesbach[1] vermutete, Irenäus habe statt in qua geschrieben ἐν ᾧ oder ἐφ᾽ ᾧ in dem Sinne, wie Röm. 5, 12 und Hebr. 2, 18 zu lesen ist; die lateinischen Abschreiber haben aber den Gräcismus nicht verstanden und, indem sie nicht wußten, wohin das quo zu beziehen sei, dafür qua gesetzt. Gieseler[2] glaubte, bei Irenäus habe der Relativsatz gelautet: ἐν ᾗ ἀεὶ τοῖς πανταχόθεν συντετήρηται ἡ ἀπὸ τῶν ἀποστόλων παράδοσις, und der Übersetzer habe das τοῖς πανταχόθεν zwar grammatisch richtig, aber dem Sinn

---

[1] Brevis commentatio de potentiore ecclesiae romanae principalitate 1779. Opuscula acad. ed. Gabler II (1825), 165.

[2] Lehrbuch der Kirchengeschichte 3. A. I (1831), 176 Anm.

nach unrichtig für ὑπὸ τῶν πανταχόθεν genommen. Damit wäre
die Schwierigkeit allerdings gehoben. Die Erklärungen leiden aber an
einem anderen Gebrechen. Von dem überlieferten Texte ist nicht so ohne
weiteres abzugehen und auch ein Mißverständnis, wie das in Rede stehende,
nicht so leicht anzunehmen. Zudem empfiehlt sich die zweite Lösung auch
sonst nicht, da das τοῖς πανταχόθεν nicht wohl, wie Gieseler meint,
mit „in Gemeinschaft mit den Gläubigen aller Orten" zu übersetzen ist.
Die Erklärungen fanden auch, soweit ich sehe, keinen größeren Beifall.
Der lateinische Text ist soweit als möglich als adäquater Ausdruck des
griechischen anzusehen.

Geht man von dem überlieferten Text aus, so giebt es nur zwei
Möglichkeiten, um über den angeführten Widersinn hinwegzukommen. Ent=
weder ist convenire anders als bisher zu verstehen, oder dem Relativ=
satz eine andere Beziehung zu geben.

Übersetzt man[1] das Wort mit „zusammenkommen", dann läßt sich
die Stelle folgendermaßen verstehen. Da der römischen Kirche eine
potentior principalitas zukommt, so haben alle übrigen Kirchen, wenn
Zweifel entstehen, die sie allein oder im Verein mit den benachbarten Kirchen
nicht zu lösen vermögen, oder wenn Streitigkeiten ausbrechen, die nicht
anders beizulegen sind, an sie als die Hauptkirche sich zu wenden. So
geschieht es, daß alle Gläubigen in ihr zusammenkommen, und so wird
in ihr von den Gläubigen aller Orten die apostolische Tradition erhalten.
Letzteres nicht insofern, als ob die römische Kirche nicht von sich aus die
Wahrheit besäße; denn als apostolische Kirche ist sie gleich den anderen
auf die Apostel zurückgehenden Kirchen eine Trägerin der Wahrheit, oder
hat sie, wie Irenäus IV, 26, 2 sich ausdrückt, ein charisma veritatis
certum; sondern insofern, als der Glaube der römischen Kirche durch
den regen Verkehr mit den übrigen Kirchen eine neue Gewähr für seine
Wahrheit empfängt, so daß er gleichsam als der Glaube aller apostolischen
Kirchen oder als der Glaube der Gesamtkirche gelten kann.

Der Relativsatz in qua etc. ist hiernach gewissermaßen im Sinne
eines Folgesatzes zu verstehen. Und was das Zusammenkommen anlangt,
von dem in der Stelle bei dieser Deutung die Rede ist, so ist es nicht

---

[1] Die Auffassung vertraten katholischerseits außer mir J. Nirschl, Historisch=
politische Blätter, Bd. 73 (1874) S. 253—266; 333—360; Lehrbuch der Patrologie
und Patristik I (1881), 190; De Rossi, La biblioteca della sede apostolica
1884 p. 21. (Estratto dal periodico Studi e Documenti di Storia e Diritto
1884).

so zu fassen, daß jede Kirche in allen Fällen und zu jeder Zeit mit der römischen zusammenkommen müßte; noch weniger ist es davon zu verstehen, daß einzelne Christen für sich, Kaufleute, Handwerker, Künstler u. s. w. nach Rom kamen. Irenäus will vielmehr sagen, daß die christlichen Kirchen in wichtigen Streit- und Zweifelsfällen den Rat, bezw. die Entscheidung der römischen Gemeinde als der Hauptkirche einzuholen haben. Und daß dieses thatsächlich geschah, zeigt die Kirchengeschichte zur Genüge. Unmittelbar nach unserer Stelle gedenkt der Kirchenvater der Romreise des hl. Polykarp. Finden wir in Rom von auswärtigen Christen nicht auch einen Hegesippus, Tertullian, Origenes und Irenäus selbst, den ersten, um sich über den Glauben zu erkundigen, den letzten, um über eine disciplinäre Streitfrage zu verhandeln? Wie viele andere mögen aus ähnlichen Anlässen dorthin gegangen oder geschickt worden sein? Die Deutung kann hiernach, im Lichte der Kirchengeschichte betrachtet, als begründet gelten. Eher könnte man sich an der gegebenen Erklärung des Relativsatzes stoßen. Dieselbe erblickt, während Irenäus in der römischen Kirche durch die Gläubigen aller Orten die apostolische Tradition bewahrt werden läßt, in dem Zusammenkommen der Gläubigen aller Orten mit der römischen Kirche nur eine Gewähr für die Erhaltung der apostolischen Lehre in dieser Kirche und giebt den Worten des Kirchenvaters somit eine abgeschwächte Bedeutung. Es ist aber zu erwägen, daß eine Hebung aller Schwierigkeiten nicht zu erwarten ist und daß das Bedenken, das hier zurückbleibt, gegenüber dem Widersinn, welcher der Stelle im anderen Fall anhaftet, wenig ins Gewicht fällt.

Die Übersetzung des convenire mit „zusammenkommen" und die dementsprechende Erklärung der Stelle beruht auf der Schwierigkeit, den Relativsatz in qua etc. anders als auf die römische Kirche zu beziehen. Ist aber diese Schwierigkeit unüberwindlich? Läßt sich das in qua nicht auf omnis ecclesia beziehen? Die Konstruktion wurde bereits durch Griesbach vorgeschlagen, und wenn er sie sofort wieder fallen ließ, indem er dem erwähnten Emendationsversuch den Vorzug gab, so wurde sie von Thiersch mit Entschiedenheit wieder aufgenommen. Später bekannten sich zu ihr hauptsächlich Harvey, Hagemann und Harnack. Der Sinn der Stelle wäre hiernach: Mit der römischen Kirche muß jede andere Kirche übereinstimmen, in welcher oder sofern in ihr ($\dot{\epsilon}\nu$ $\dot{\eta}$ = $\kappa\alpha\vartheta'$ $\eta\nu$ $\gamma\epsilon$) die apostolische Tradition bewahrt wurde. Das Müssen ist dabei als ein natürliches oder naturnotwendiges, nicht als ein ethisches zu fassen. Das zeigt nicht bloß das necesse est, dem $\dot{\alpha}\nu\dot{\alpha}\gamma\kappa\eta$ oder $\dot{\alpha}\nu\alpha\gamma\kappa\alpha\tilde{\iota}o\nu$

entſpricht, nicht δεῖ, das der Überſetzer ſtets mit oportet wiedergiebt,[1] ſondern auch der Inhalt, da, wenn man von zwei Faktoren hervorhebt, daß ſie beide die apoſtoliſche Überlieferung bewahrt haben, die zwiſchen ihnen betonte Übereinſtimmung nicht anders gefaßt werden kann.

Iſt aber eine Ausſage, wie ſie ſich bei dieſer Deutung ergiebt, wahrſcheinlich? Irenäus ſoll betonen, nicht, daß die übrigen Kirchen mit der römiſchen übereinzuſtimmen haben, ſondern, wie die Worte unbedingt zu faſſen ſind, daß ſie, ſoweit ſie die Wahrheit bewahrten, mit jener als einer Trägerin der Wahrheit naturgemäß übereinſtimmen. Das iſt ein eigentümlicher Gedanke. Da der Kirchenvater im Vorausgehenden betont, daß in allen apoſtoliſchen Kirchen die Wahrheit zu erkennen ſei und daß er um der Kürze willen auf die römiſche verweiſe als die älteſte u. ſ. w., ſo erwartet man, daß er fortfahre, daß mit dieſer die übrigen apoſtoliſchen Kirchen übereinſtimmen. Wozu ferner die Worte ab his qui sunt undique, da ſie bei der Deutung vollſtändig überflüſſig ſind und der unnötige Beiſatz um ſo ſonderbarer iſt, als die Worte bereits unmittelbar vorher eine Stelle haben? Es drängen ſich hier Bedenken auf, und man begreift es, daß einige eher das convenire vom Zuſammenkommen verſtehen als dieſe Deutung annehmen wollen. In Anbetracht dieſer Schwierigkeiten iſt auch jener Auffaſſung nicht alles Recht abzuſprechen. Doch erſcheinen mir bei erneuerter Prüfung der Stelle die Schwierigkeiten nicht mehr als ſo ſchwerwiegend, daß dieſe Deutung einfach abzulehnen wäre. Irenäus konnte bei ſeiner Argumentation wohl über den Kreis der Apoſtelkirchen hinausgehen, und wenn er dies that, ſo hatte er die Bewahrung der apoſtoliſchen Tradition hervorzuheben, da es Gemeinden gab, welche dieſe nicht hatten, und ſomit nur unter dieſer Bedingung von naturgemäßer Übereinſtimmung mit der römiſchen Kirche zu reden war. Die Worte ab his qui sunt undique ſind wohl überflüſſig; aber ſie ergeben deshalb noch keinen eigentlichen Grund, die mit ihnen bezeichneten Gläubigen als verſchieden von der mit in qua bezeichneten Kirche zu faſſen. Auf der anderen Seite ſteht das in qua der omnis ecclesia am nächſten und iſt inſofern zunächſt auch auf ſie zu beziehen. Das convenire behält die Bedeutung, die man nach dem allgemeinen Gedankengang erwartet. Das necesse est weiſt auf einen Gedanken hin, wie er ſich hier ergiebt. Die Deutung wird überhaupt

[1] Vgl. I, 4, 4; 6, 4; 8, 2; V, 30, 3. Auf der anderen Seite ἀναγκαῖον = necessarium I praef. 2; 6, 2; ἀνάγκη = necessitas I, 6, 1; — necesse est V, 30, 1.

2*

dem Wortlaut der Stelle am einfachsten gerecht. Ich möchte ihr daher jetzt vor der anderen den Vorzug einräumen.

Den Grund, aus dem die übrigen Kirchen mit der römischen über-stimmen, findet Irenäus in der potentior principalitas der letzteren. Die Worte beziehen sich offenbar auf die Prädikate, die nur wenige Zeilen vorher der römischen Kirche zuerkannt werden. Die Merkmale haben alle eine gewisse Bedeutung, und sie bilden zusammen den Grund der potentior principalitas. Aber sie stehen sich sichtlich nicht gleich. Der Altersvorrang kam der römischen Kirche streng genommen nur gegenüber dem Abendland zu. Im Orient gingen ihr in dieser Beziehung einige Kirchen voran. An Größe wird ihr allerdings bereits in der ältesten Zeit keine gleichgekommen sein, und infolge dessen und da sie die Kirche der Reichshauptstadt war, konnte sie auch als die bekannteste gelten. Aber noch wichtiger als diese beiden Momente war in den Augen des Kirchen-vaters sicherlich das vierte, die Gründung durch „die beiden glorreichen Apostel", durch Petrus, der im Kreise der Apostel die erste Stelle ein-nahm, und durch Paulus, der unter den Aposteln die erfolgreichste Wirk-samkeit entfaltete. Dieses Moment war für ihn das entscheidende. Es bildet die Grundlage der übrigen, und so hoch man diese auch an sich anschlagen mag, so treten sie doch gegenüber jenem zurück.

Der Zusammenhang liegt so deutlich zu Tage, daß er fast einstimmig, von Katholiken wie von Protestanten, angenommen wird. Die potentior principalitas hat hiernach einen kirchlichen Grund. Nur einige wenige Protestanten wollten sie auf den Rang der Stadt Rom als Reichshaupt-stadt oder einen politischen Grund zurückführen, und in neuester Zeit schloß sich den Vertretern dieser Ansicht J. Langen an, indem er das convenire zugleich im Sinn von „zusammenkommen" faßte. Er beruft sich für die Erklärung auf die Synode von Antiochien 341, die in analoger Weise anordnete, daß der Bischof der Hauptstadt jeder Provinz Metro-polite sein solle, weil in der Hauptstadt alle um ihrer Geschäfte willen von allen Orten her zusammenkommen (c. 9), und auf Ep. 65 Leos I, wo die Bischöfe der Provinz Arles, indem sie die Gründe entwickeln, weshalb die Kirche der Stadt Arles die Primatialkirche von Gallien sein müsse, sagen: ad hanc ex omnibus civitatibus multarum utilitatum causa concurritur (c. 3).[1] Allein diese Stellen können uns in Er-

---

[1] Langen, Geschichte der röm. Kirche bis zum Pontifikate Leos I 1881 S. 71 Anm. 1.

klärung der Irenäusstelle in keiner Weise bestimmen. Für die Bischöfe der Provinz Arles hatte das angeführte Moment nur eine sekundäre Bedeutung. Als ersten Grund machten sie für ihre Angelegenheit die Gründung der Kirche von Arles durch Trophimus, einen Schüler des Apostels Petrus, geltend. Die Synode von Antiochien stellte für ihre Anordnung allerdings einen politischen Grund auf. Bei Irenäus ist aber davon nichts zu finden. Er deutet mit keiner Silbe an, daß die potentior principalitas auf die Stadt Rom gehe. Im Gegenteil nennt er unmittelbar dabei die römische Kirche, und worauf er für diese die potentior principalitas gründet, giebt er deutlich genug zu verstehen, indem er ihr kurz zuvor die bekannten Prädikate zuschreibt.

Irenäus betrachtet alle apostolischen Kirchen auf Grund der bischöflichen Succession als sichere Bewahrerinnen der apostolischen Lehre, als Trägerinnen eines charisma veritatis certum, und da er an derselben Stelle IV, 26, 2, an der er ihnen diesen Vorzug zuerkennt, die apostolische Succession als successio principalis bezeichnet, so gelten ihm offenbar alle apostolischen Kirchen als ecclesiae principales. Darauf weist auch die Prädicierung der römischen Kirche hin. Der potentior principalitas steht eine einfache principalitas gegenüber, und diese besitzen eben die übrigen apostolischen Kirchen. Die principalitas ist somit eine Eigenschaft, welche die römische Kirche mit einer Reihe von anderen Kirchen gemein hat. Die Eigenschaft kommt ihr aber nicht bloß in demselben Maße zu wie den übrigen apostolischen Kirchen. Irenäus spricht bei ihr von einer potentior principalitas. Harnack[1] hat die Worte neuerdings dahin gedeutet: da das, was der römischen Kirche gegenüber den anderen apostolischen Kirchen allein zukomme, einzig in dem Worte potentior gegeben sei, so seien Erklärungen wie die: „Rom habe den Primat", sei die „Mutterkirche", einfach ausgeschlossen. Die Behauptung bedarf aber einer erheblichen Einschränkung. Es ist einzuräumen, daß die Stelle die römische Kirche nicht als die Mutterkirche erscheinen läßt. Wollte Irenäus dieses sagen, so müßte er die römische Kirche im vollen Sinne des Wortes als älteste bezeichnen, und diesen Sinn konnte er mit dem Prädikat antiquissima nicht verbinden, da ihm nicht unbekannt sein konnte, daß es noch ältere Kirchen giebt. Es liegt auch kein Grund zu dieser Annahme vor. Das Wort kann bedeuten: uralt, altehrwürdig, und nach der Sachlage müssen wir es so verstehen. Man kann auch

---

[1] Sitzungsberichte der Berliner Akademie 1893 S. 948.

zugeben, daß aus der Stelle nicht ein Primat sich ergiebt, wie er der römischen Kirche später nachweisbar eigentümlich ist. Aber ein Primat liegt hier sicher vor. Er wird mit dem Worte potentior bezeichnet, und bei dem großen Gewicht, welches das Wort sowohl nach seiner Stellung als nach dem Kontext hat, ist geradezu zu sagen, daß der Kirchenvater der römischen Kirche den Primat zuerkennt. Wer die Stelle unbefangen würdigt, wird sie nicht anders verstehen. Oder soll Irenäus die römische Kirche etwa auch die potentior principalitas mit einer oder mehreren anderen Kirchen teilen lassen? Eine solche Annahme hat schon an sich alle Wahrscheinlichkeit gegen sich, und wenn man die Worte in Betracht zieht, welche die potentior principalitas als ihre Folge umgeben: ad hanc ecclesiam necesse est omnem convenire ecclesiam, so hat sie unbedingt als ausgeschlossen zu gelten.

Fraglich ist nur, in welchem Umfang der Primat zu denken ist. Harnack[1] läßt Irenäus die römische Kirche als prima inter pares an= erkennen. In der That wird sich aus dem Kirchenvater nicht viel mehr beweisen lassen. Auch Cyprian steht im wesentlichen auf demselben Standpunkt. Denn wenn er dem Primat auch an einigen Stellen einen stärkeren Ausdruck giebt, indem er Ep. 48 c. 3 die römische Kirche matrix et radix ecclesiae catholicae nennt und Ep. 59 c. 14 die ecclesia principalis, unde unitas sacerdotalis exorta est, so betont er andererseits De cath. ecclesiae unitate c. 4, der Herr habe allen Aposteln die gleiche Gewalt verliehen und was Petrus, das seien auch die übrigen Apostel gewesen, pari consortio praediti et honoris et potestatis; er bemerkt ferner Ep. 59 c. 14; 72 c. 3; 73 c. 26, die Bischöfe seien in Verwaltung ihres Sprengels selbständig oder nur Gott verantwortlich; und die Aussprüche sind nicht etwa mit Rücksicht auf seinen Konflikt mit Papst Stephan abzuschwächen, da sie zum Teil schon einer früheren Periode angehören. Bei Irenäus ist daher eine weiter gehende Auffassung um so weniger zu erwarten. Indessen ist zu be= merken, daß man auch keinen eigentlichen Grund hat, den Primat bei ihm auf jene Bedeutung zu beschränken. Denn wenn die principalitas auch zunächst eine Eigenschaft ist, welche die römische Kirche mit anderen Kirchen teilt, und die Rede von einer potentior principalitas insofern zunächst nur zu einer prima inter pares führt, so folgt doch noch keines= wegs, daß Irenäus die römische Kirche in jeder Beziehung als solche

---

[1] A. a. O. S. 942.

ansah. Darüber besagen seine Worte nichts, und wenn ihnen ein Beweis für eine weitere Bedeutung des Primates auch nicht zu entnehmen ist, so schließen sie andererseits eine solche nicht aus.[1]

II.

Die Bischofswahl im christlichen Altertum und im Anfang des Mittelalters.[2]

Für die ersten zwei Jahrhunderte fließen die Nachrichten über die Wahl der Geistlichen äußerst spärlich. Die Litteratur der Zeit bietet nur einige wenige Andeutungen. Der Apostel Paulus erteilt Titus 1, 5 die Weisung, in den Städten Presbyter zu bestellen, wie er ihm aufgetragen habe. Klemens von Rom schreibt im Korintherbrief 42, 4, daß die Apostel, in den Provinzen und Städten (κατὰ χώρας καὶ πόλεις) predigend, ihre Erstlinge, nachdem sie dieselben im Geiste geprüft hatten, zu Episkopen und Diakonen der künftigen Gläubigen bestellten. Ferner bemerkt er 44, 3, daß die kirchlichen Vorsteher von den Aposteln oder inzwischen von anderen erlesenen Männern unter Zustimmung der ganzen Gemeinde (συνευδοχησάσης τῆς ἐχχλησίας πάσης) bestellt worden seien.

Man[3] hat letztere Stelle so gedeutet, als ob die Gemeinde erst in der nachapostolischen Zeit eine Mitwirkung bei der Bischofswahl erhalten habe, indem es ihr zugekommen sei, über die Würdigkeit des Kandidaten Zeugnis zu geben, dagegen in der apostolischen Zeit die Aufstellung der Bischöfe durch die Apostel allein erfolgt sei. Die Annahme ist aber nicht ganz begründet. Die Beteiligung der Gemeinde ist in der fraglichen Stelle nicht auf die Bestellung von Vorständen durch die Apostelschüler zu beschränken und von der durch die Apostel vorgenommenen auszu-

---

[1] Den gleichen Gegenstand behandelte mit Bezug auf die einschlägigen Erörterungen Harnacks neuestens Chapman in der Revue Bénédictine 1895 p. 49—64; 1896 p. 385—400.

[2] Noch nicht gedruckt. Der Gegenstand wird bis zum Aufhören des Wahlrechtes der Gemeinde bezw. der Laien, für die letzte Zeit aber oder das Mittelalter nur in den allgemeinen Grundzügen behandelt.

[3] Hefele, Beiträge zur Kirchengeschichte I (1864), 140; Konziliengeschichte 2. A. I, 383.

schließen. Die Worte συνευδοκησάσης τῆς ἐκκλησίας πάσης beziehen sich vielmehr auf den ganzen vorausgehenden Satzteil. Dafür spricht ihre Stellung wie auch die Natur der Sache. Mochte es auch und zwar nicht selten vorkommen, daß die Apostel in der Angelegenheit allein ent= schieden, so mußte es ihnen doch im allgemeinen die Klugheit empfehlen, sich mit der Gemeinde ins Benehmen zu setzen. Daß die anderen Stellen von dieser Thätigkeit nicht sprechen, beweist nicht gegen das Vorhandensein derselben. Bei ihrer Kürze ist von ihnen eine vollständige Beschreibung des Aktes nicht zu erwarten.. Wahrscheinlich wäre der Anteil der Ge= meinde auch in der dritten Stelle nicht besonders bemerkt worden, wenn Klemens dazu nicht einen besonderen Grund gehabt hätte. Mit Hervor= hebung desselben sollte das Unrecht in ein helleres Licht gestellt werden, das sich die Korinther mit Auflehnung gegen ihre Vorstände zu schulden kommen ließen. In den Klementinen[1] geht allerdings die Bestellung des Bischofs überall von Petrus allein aus. Sie sind aber für kirchliche Zustände im apostolischen Zeitalter keine glaubwürdige Quelle.

Erscheint in jenen Stellen die Thätigkeit der Apostel und Apostel= schüler als die vorwiegende, in einigen dem Wortlaut nach sogar als einzige, so verhält es sich in einer anderen alten Schrift gerade umge= kehrt. Indem die Didache 15, 1 schreibt: Χειροτονήσατε οὖν ἑαυτοῖς ἐπισκόπους καὶ διακόνους, legt sie die ganze Angelegenheit gewisser= maßen in die Hand der Gemeinde. Man würde aber zweifellos ebenso irren, wenn man daraus schließen wollte, die Gemeinde habe sich ganz allein einen Bischof gegeben und ihn nicht etwa nur gewählt, sondern ihm auch die Hände aufgelegt, als es irrig wäre, auf Grund jener Stellen eine Anteilnahme oder Befragung der Gemeinde in Abrede zu ziehen, weil dieselbe in einigen der Stellen nicht erwähnt wird. Der Autor wollte den Gläubigen offenbar die Pflicht ans Herz legen, sich Vorstände zu geben. Wie dies aber näherhin geschehen sollte, sagte er nicht, sondern setzte es als bekannt voraus.

Unter einem neuen Gesichtspunkt stellt die sogenannte Apostolische Kirchenordnung die Bischofswahl dar. Sie schreibt 16, 1[2]: „Wenn Mangel an Leuten (ὀλιγανδρία) besteht und irgendwo nicht eine Zahl von zwölf Personen ist, die über den (zu wählenden) Bischof abstimmen können, soll man an die Nachbarkirchen, wo eine befestigte ist, schreiben,

---

[1] Vgl. Clem. epist. ad Jacobum; Hom. III, 60—73; XI, 36; XIX, 23; Recogn. III, 74; VI, 15; X, 72.

[2] Vgl. Doctrina duodecim apostolorum ed. Funk 1887 p. 58.

damit von dort drei ausgewählte Männer herbeikommen und den, der würdig ist, sorgfältig prüfen" u. s. w. Hiernach fällt also für eine kleine Gemeinde die Entscheidung den Nachbarkirchen zu. Der Charakter der von dort zu berufenden Männer wird nicht näher bezeichnet. Es sind aber ohne Zweifel die Vorstände der benachbarten Kirchen gemeint. Wir dürfen dieses um so eher annehmen, als dem Gewählten zur Befähigung für sein Amt zugleich die Hände aufzulegen waren und dies nur durch Bischöfe geschehen konnte. Oder es ist die Beiziehung eines Bischofs noch besonders anzunehmen. Auf der anderen Seite giebt indessen die Verordnung zu verstehen, daß eine größere Gemeinde die Wahl für sich vollzog. Über der Schrift schwebt übrigens ein großes Dunkel. Harnack[1] glaubte den in Betracht kommenden Abschnitt zuerst auf den Anfang des 3. Jahrhunderts und später in die Zeit Justins zurückführen zu sollen. De Smedt[2] möchte die Kirchenordnung im Alter der Didache ziemlich gleichstellen. Ich sehe keinen Grund, den fraglichen Abschnitt über das 3. Jahrhundert hinaufzurücken. Wenn die Überlieferung der Schrift gebührend berücksichtigt wird, scheint mir eine nähere Zeitbestimmung überhaupt unmöglich zu sein.

In der ersten Hälfte des 3. Jahrhunderts kommt die Apostolische Didaskalia auf die Bischofswahl zu sprechen. Sie handelt aber vorzugsweise von den Eigenschaften, welche der Kandidat der Weihe haben soll. Nur die Bemerkung, daß, wenn in einer kleinen Gemeinde ein geeigneter älterer Kandidat fehle und ein jüngerer vorhanden sei, dieser erhoben werden möge, falls ihm alle das erforderliche Zeugnis geben, wirft einiges Licht auf die Frage, sofern sie zeigt, daß die Wahl der Gesamtheit der Gemeinde zukam. Die Stelle ging in die Apostolischen Konstitutionen über und steht hier II, 1.

Dasselbe erfahren wir gleichzeitig durch Origenes. Indem er In Levit. hom. VI, 3 (ed. Bened. II, 216) von der Bestellung des Hohenpriesters durch Gott in Gegenwart des Volkes spricht, bemerkt er: Requiritur enim in ordinando sacerdote et praesentia populi, ut sciant omnes et certi sint, quia qui praestantior est ex omni populo, qui doctior, qui sanctior, qui in omni virtute eminentior, ille eligitur ad sacerdotium, et hoc adstante populo, ne qua post-

---

[1] Die Lehre der zwölf Apostel 1884 II, 212—217; Die Quellen der sog. Apost. Kirchenordnung 1886 S. 55; in Texten und Untersuchungen zur Gesch. der altchristl. Litteratur II, 1—2; 5.

[2] Revue des questions historiques t. 88 (1888), 362 n. 1.

. modum retractatio cuiquam, ne quis scrupulus resideret; und in=
dem er beifügt: Hoc est autem, quod et apostolus praecepit in
ordinatione sacerdotis, nämlich I Tim. 3, 7, giebt er zu verstehen,
daß an der Bischofswahl zu seiner Zeit die Gesamtheit der Gemeinde
teil nahm.

Nähere Nachrichten erhalten wir nach der Mitte des 3. Jahr=
hunderts durch Cyprian, der in seinen Briefen wiederholt auf die
Angelegenheit zu sprechen kommt. Ep. 44 c. 3 ed. Hartel p. 599
wird Kornelius bezeichnet als episcopus factus et collegarum ac plebis
testimonio et iudicio conprobatus. Ep. 55 c. 8 p. 629 heißt es
von dem Papst: Factus est Cornelius episcopus de Dei et Christi
eius iudicio, de clericorum paene omnium testimonio, de plebis
quae tunc adfuit suffragio, de sacerdotum antiquorum et bonorum
virorum collegio. Ep. 59 c 5 p. 672 bemerkt der Kirchenvater,
indem er von der Pflicht des Gehorsams gegen den Bischof handelt:
Cui si secundum magisteria divina obtemperaret fraternitas universa, nemo adversum sacerdotum collegium quicquam moveret,
nemo post divinum iudicium, post populi suffragium, post coepiscoporum consensum, iudicem se non iam episcopis, sed Deo
faceret etc.; und c. 6 p. 673 berichtet er über die Bestellung des
Bischofs mit den Worten: Populi universi suffragio deligitur. Ep. 67
c. 3 p. 738 schreibt er der Gemeinde (plebs) potestatem vel eligendi
dignos sacerdotes vel indignos recusandi zu; c. 4 p. 738 bezeichnet
er es mit Berufung auf Num. 20, 25—26 als göttliche Anordnung,
ut sacerdos plebe praesente sub omnium oculis deligatur et dignus
adque idoneus publico iudicio ac testimonio conprobetur, und läßt
in jener Schriftstelle Gott zeigen, ordinationes sacerdotales non nisi
sub populi adsistentis conscientia fieri oportere, ut plebe praesente
vel detegantur malorum crimina vel bonorum merita praedicentur
et sit ordinatio iusta et legitima, quae omnium suffragio et iudicio
fuerit examinata. In demselben Brief schreibt er c. 5 p. 739 weiter:
Propter quod diligenter de traditione divina et apostolica obser-
vatione servandum est et tenendum, quod apud nos quoque et
fere per provincias universas tenetur, ut ad ordinationes rite cele-
brandas ad eam plebem, cui praepositus ordinatur, episcopi eiusdem
provinciae proximi quique conveniant et episcopus deligatur plebe
praesente, quae singulorum vitam plenissime novit et uniuscuiusque actum de eius conversatione perspexit; quod et apud vos

factum videmus in Sabini collegae nostri ordinatione, ut de universae fraternitatis suffragio et de episcoporum qui in praesentia convenerant quique de eo ad vos litteras fecerant iudicio episcopatus ei deferretur et manus ei in locum Basilidis imponeretur. Ep. 68 c. 2 p. 745 nennt er Kornelius de Dei iudicio et cleri ac plebis suffragio ordinatus.

Nach diesen Stellen kam die Wahl der betreffenden Gemeinde und den benachbarten Bischöfen zu. In der Gemeinde werden einigemal (Ep. 55 c. 8; 68 c. 2) Klerus und Volk unterschieden, und es läßt sich mit Grund vermuten, daß dem Klerus in der Angelegenheit der hervorragendere Anteil zukam. Da er als Organ des Bischofs schon bisher an der Verwaltung der Kirche teil hatte, so mußte seine Stellung, wenigstens im allgemeinen, auch jetzt zur Geltung gelangen, wo es sich darum handelte, der Gemeinde ein Haupt zu geben. Wir können dies aber auch nur aus der Natur der Verhältnisse erschließen. Cyprian bietet uns dafür keinen Anhaltspunkt dar. Noch weniger ist ihm etwa zu entnehmen, daß der Klerus an der Wahl durch einen besonderen Akt beteiligt war, etwa in der Weise, daß er den Kandidaten bezeichnete oder vorschlug und das Volk zustimmte. Es mag in einzelnen Fällen so gegangen sein. Der Kirchenvater giebt aber darüber keinen Aufschluß. Im Gegenteil, die ganze Gemeinde, Klerus und Volk, erscheint bei ihm als einheitlicher Wahlkörper, wenn Ep. 59 c. 5 die Wahl einfach als populi suffragium oder c. 6 als universi populi suffragium, Ep. 67 c. 5 als universae fraternitatis suffragium bezeichnet wird und nach c. 4—5 einfach plebe praesente sich vollzieht, wenn Ep. 44 c. 3 neben dem Anteil der Komprovinzialbischöfe nur von plebis testimonium et iudicium die Rede ist, Ep. 67 c. 3 der plebs die potestas eligendi zugeschrieben wird. Ep. 68 c. 2 spricht er zwar von cleri ac plebis suffragium, Ep. 55 c. 8 von clericorum testimonium et plebis suffragium. In jener Stelle erscheint aber der Klerus, wenn er auch besonders genannt wird, auf derselben Stufe wie das Volk, indem er gleich diesem das suffragium hat. Aus dieser Stelle kann man in der fraglichen Richtung nichts folgern, weil mit der Specialisierung offenbar nur die Gültigkeit der Wahl des Papstes Kornelius recht betont werden will und weil das testimonium an einer anderen Stelle (44 c. 3) auch dem Volke zuerkannt wird.

Wie verhielten sich aber die Gemeinde und die Komprovinzialbischöfe in der Angelegenheit zu einander? Mit Rücksicht auf Ep. 67 c. 5 nahm

Beveridge[1] an, den Bischöfen sei die Wahl (episcoporum iudicium), der fraternitas aber oder dem Volk und Klerus der Gemeinde nur die Zustimmung und das Urteil über die Würdigkeit des Kandidaten (fraternitatis suffragium) zugekommen. Die Auffassung stützt sich zu ausschließlich auf einen einzigen Ausspruch des Kirchenvaters, und selbst dieser wurde zu einseitig gewürdigt. Hefele[2] lehnte sie mit Recht ab, wird aber auch selbst der Sache nicht ganz gerecht, wenn er der fraternitas eine Art Wahlrecht, näherhin ein Vorschlagsrecht, den Komprovinzialbischöfen dagegen die Entscheidung zuerkennt. Die Stellen lassen in ihrer Gesamtheit keinen Zweifel übrig, daß der Gemeinde nicht bloß ein Vorschlagsrecht, sondern ein Wahlrecht im vollen Sinne des Wortes zukam. Allerdings hatte zu ihrer Wahl auch noch das Urteil oder die Zustimmung der benachbarten Bischöfe hinzuzutreten. Diese Zustimmung oder Genehmigung hindert aber so wenig als die später bei der Bischofswahl üblich gewordene Konfirmation des Papstes, von einer eigentlichen Wahl zu reden. Am einfachsten und bündigsten wird die Sache Ep. 59 c. 5 dargestellt, indem die Besetzung des Bischofsstuhles außer dem iudicium divinum auf populi suffragium (Wahl) und coepiscoporum consensus (Zustimmung oder Genehmigung) zurückgeführt wird. Das Verfahren bestand nicht bloß in Afrika, sondern so ziemlich in der ganzen Kirche, indem Cyprian Ep. 67 c. 5 den spanischen Kirchen von Leon-Astorga und Merida gegenüber bemerkt, es sei fere per provincias universas üblich.

Die Synoden des 4. Jahrhunderts bestimmen hauptsächlich die Beteiligung der Komprovinzialbischöfe an der Besetzung der bischöflichen Stühle. Die Synode von Arles 314 c. 20 verlangt, daß keiner allein einen Bischof ordiniere, sondern sieben andere Bischöfe oder wenigstens drei beiziehe. Die Synode von Nicäa c. 4 fordert die Anwesenheit sämtlicher Bischöfe der Provinz oder wenigstens die Anwesenheit von drei Komprovinzialen und von den abwesenden die schriftliche Zustimmung, und die Forderung bezieht sich ohne Zweifel auf Wahl und Weihe, indem der Ausdruck καθίστασθαι, den sie gebraucht, beide Momente umfaßt,

---

[1] Synodicon sive pandectae canonum 1672 t. II Appendix p. 47.

[2] Beiträge zur Kirchengeschichte I, 141; Konziliengeschichte 2. A. I, 384. Hefele findet die Auffassung bereits bei van Espen, Jus eccles. univ. P. I tit. 13 c. 1 n. 10; ebenso Hinschius, Kirchenrecht II (1878), 512. Van Espen führt aber n. 1—2 nur einige Stellen aus Cyprian an, ohne sie näher zu erörtern, und n. 10 behandelt er einen Ausnahmefall.

in der ältesten Zeit Wahl und Weihe meist auch unmittelbar auf einander folgten. Die Synode von Antiochien 341 c. 16 verbietet die Besteigung eines vakanten Bischofsstuhles durch einen vakanten Bischof ohne eine vollständige Synode oder eine Synode, bei welcher der Metropolite anwesend ist. Die Synode von Laodicea c. 12 verordnet, „daß die Bischöfe durch das Urteil der Metropoliten und der umliegenden Bischöfe für das Kirchenregiment bestellt werden müssen, nachdem sie hinlänglich geprüft sind sowohl in betreff der Rechtgläubigkeit als des geordneten Wandels". Die Apostolischen Konstitutionen, um diese hier anzureihen, schreiben III, 20 vor, der Bischof solle ordiniert werden von drei oder wenigstens von zwei Bischöfen, niemals aber von einem, und wiederholen die Verordnung im ersten Kanon am Schluß des Werkes.

Wenn in diesen Verordnungen nur der Komprovinzialbischöfe gedacht wird, so folgt keineswegs, daß die Bischofswahl ihnen im 4. Jahrhundert allein zukam. Die Erscheinung hat vielmehr darin ihren Grund, daß jene Seite besonders einer Regelung bedurfte. Die Kanones lassen deutlich erkennen, daß bei Besetzung von Bischofsstühlen nicht selten nur ein Bischof mitwirkte, derjenige, der den Gewählten ordinierte, oder daß ihm höchstens noch einer zur Seite stand. Dies schien unangemessen. Bei der wichtigen Handlung sollte eine größere Anzahl von Bischöfen zugegen sein, nach der Synode von Nicäa eigentlich sämtliche Oberhirten der Provinz, wenigstens aber drei.

Daß dabei die Wahl der Gemeinde noch fortbestand, läßt sich schon aus der weitverbreiteten Übung schließen, in der sie bisher stand. Allgemeine Einrichtungen nehmen nicht überall plötzlich ein Ende, und daß sie unter gewissen Umständen nicht erwähnt werden, beweist nicht sofort für ihr Ende. Indessen fehlt es auch nicht an Zeugnissen. Selbst einer jener Kanones wirft auf das Verfahren ein volleres Licht. Indem die Synode von Antiochien 341 c. 16 ihrer Verordnung beifügte, sie solle auch dann gelten, wenn das ganze Volk den Bischof gewählt hätte, läßt sie deutlich erkennen, daß die Wahl der Gemeinde noch fortdauerte. Die Synode von Laodicea verordnete allerdings c. 13 im Anschluß an den bereits erwähnten Kanon, „daß der Menge (τοῖς ὄχλοις) die Wahl derjenigen, welche für das Heiligtum (εἰς ἱερατεῖον) zu bestellen sind, nicht überlassen werden dürfe". Der Kanon ist nicht ganz klar. Meines Erachtens betrifft er die Bischofswahl schwerlich, da sie im vorausgehenden Kanon hinlänglich geregelt ist und die Synode mit dem Ausdruck ἱερατικὸς c. 24 und 42 deutlich den Presbyter und Diakon bezeichnet. Wird

er aber, wie gewöhnlich geschieht, auch auf sie bezogen, so könnte er mit
Rücksicht auf den unmittelbar vorausgehenden Kanon dahin gedeutet werden,
daß die Wahl nicht ganz und ausschließlich der Gemeinde zu überlassen
sei. Oder er will die Masse des niederen Volkes von der Wahl ausschließen und damit eine Ordnung begründen, wie sie uns im 6. Jahrhundert im Orient entgegentritt. Indessen wurde nicht einmal dieses
Ziel, geschweige die völlige Beseitigung des Wahlrechtes des Volkes für
weitere Kreise erreicht. Die Nachrichten, die wir von einigen Bischofswahlen der Folgezeit haben, zeigen das Volk an denselben beteiligt. [1] Die
Apostolischen Konstitutionen um 400 führen in dem Abschnitt über die
Bischofsweihe den Kandidaten als ὑπὸ παντὸς τοῦ λαοῦ ἐκλελεγμένον
auf, und indem die Worte in die abgeleiteten Schriften übergingen, den
Auszug aus dem 8. Buch der Konstitutionen oder die sog. Constitutiones
per Hippolytum, die sog. Ägyptische Kirchenordnung und die sog. Canones Hippolyti,[2] erhellt zugleich, daß die Wahl der Gemeinde auch noch
einige Zeit später bestand. Die Canones Hippolyti fassen, was in den
früheren Schriften nur als Übung erwähnt ist, sogar in einen Befehl,
indem sie c. 2 bemerken: Episcopus eligatur ab omni populo.

　　Bedroht wurde das Wahlrecht der Gemeinde wie die Mitwirkung
der Komprovinzialbischöfe durch das Streben einiger Bischöfe, sich selbst
einen Nachfolger zu geben, dem wir sowohl im Morgenland als im
Abendland begegnen. Dasselbe wurde indessen wiederholt entschieden abgewiesen. Es kommen in Betracht die Synoden von Antiochien 341 c. 23,
Orleans 549 c. 12, Paris 614 c. 3, die Apostolischen Kanones c. 76,
für die römische Kirche besonders der Widerruf, den Bonifatius II (530
—32) leistete, als er, von Felix III (IV) zum Nachfolger ernannt, selbst
den Diakon Vigilius zu seinem Nachfolger bestellte.[3]

　　[1] Sokrates H. E. V, 8 über Nektarius: ἁρπασθεὶς ὑπὸ τοῦ λαοῦ εἰς
τὴν ἐπισκοπὴν προεβλήθη, VI, 2 über Chrysostomus: ψηφίσματι κοινῷ ὁμοῦ
πάντων, κλήρου τέ φημι καὶ λαοῦ, ὁ βασιλεὺς αὐτὸν Ἀρκάδιος μετα
πέμπεται, VII, 7 über Cyrill v. A., VII, 35 über Maximian von Konstantinopel.
　　[2] Über das hier vorliegende litterarhistorische Problem vgl. meine Schriften:
Die Apostolischen Konstitutionen 1891; Das achte Buch der Apost. Konstitutionen und
die verwandten Schriften auf ihr Verhältnis neu untersucht 1893 (auch in der Theol.
Quartalschrift 1893); Hist. Jahrbuch 1895. Die Frage, ob die vier Schriften in
dem angeführten Verhältnis zu einander stehen oder in dem umgekehrten, darf als
entschieden gelten. Man stoße meine Beweise um, wenn man es kann, namentlich
diejenigen, welche die beiden ersten noch griechisch erhaltenen Schriften betreffen.
　　[3] Vgl. darüber K. Holder, Die Designation der Nachfolger durch die Päpste
1892 S. 29—47.

Auch die Kaiser übten, seitdem sie christlich geworden waren, wiederholt auf die Besetzung der Bischofsstühle einen Einfluß aus, bei dem das Wahlrecht der Gemeinde nur uneigentlich bestehen konnte. Manchmal ernannten sie einen Bischof geradezu selbst, und dies nicht bloß der Arianer Konstantius, der sich in dieser Richtung am meisten hervorthat,[1] sondern auch die späteren katholischen Herrscher. So gebot, wie Sokrates H. E. VII, 40 erzählt, Theodosius II beim Tode Maximians den in Konstantinopel anwesenden Bischöfen sofort, bevor noch der Leichnam des verstorbenen Bischofs beigesetzt war, Proklus zu inthronisieren, damit bei der Wahl nicht wiederum, wie im letzten Fall, Streit entstehe und die Angelegenheit in der Kirche Wirren verursache. Doch waren diese Eingriffe im ganzen nur selten; sie waren auch in der Regel durch besondere Verhältnisse veranlaßt, und im allgemeinen war, wie auch aus dem Bericht über den angeführten Fall hervorleuchtet, das Wahlrecht der Gemeinde anerkannt.

Bei der Wahl des Bischofs der Reichshauptstadt fiel naturgemäß der Wille des Kaisers schwer ins Gewicht, und man wird sagen können, daß gegen denselben nicht leicht ein Kandidat erhoben werden konnte. Es handelte sich ja um seinen eigenen Bischof, und bei seiner Stellung als Staatsoberhaupt mußte ihm ein sehr hervorragender, um nicht zu sagen entscheidender Anteil an dem Akt zukommen. Wie er sich dabei näherhin verhielt, wird nicht berichtet. Es läßt sich aber mit Grund vermuten, daß er seine Stimme sofort bei der Wahl geltend machte, indem er einen bestimmten Kandidaten empfahl, und da sein Wort nicht bloß an sich schon schwer wog, sondern auch noch durch zahlreiche von ihm abhängige und ihm ergebene Stimmen unterstützt werden konnte, so wird es meistens auch durchgedrungen sein. Und wenn dem so war, brauchte die Wahl von ihm nicht etwa noch nachträglich bestätigt zu werden. Mag es sich indessen bei der Wahl in der Hauptstadt so oder anders verhalten haben, sicher galt bei der Bischofswahl im allgemeinen die Zustimmung des Kaisers oder eine in Form der Empfehlung sich äußernde Mitwirkung nicht als notwendig. Die Belege, auf die Hinschius[2] diese Annahme stützt, sind in keiner Weise zureichend. Die meisten beziehen sich auf die Kirche von Konstantinopel und kommen eben deshalb für die

---

[1] Vgl. Socrat. H. E. II, 7. 10. Athan. Hist. Arian. c. 51.
[2] Kirchenrecht II (1878), 514. Hinschius lehnt S. 519 die Anschauung von Phillips, Kirchenrecht V (1854), 361 ff., als tendenziös ab, fällt aber hier selbst in den gerügten Fehler, nur nach der entgegengesetzten Richtung hin.

weiteren Kirchen des Reiches nicht in Betracht. Ebenso verhält es sich mit der Wahl des Ambrosius, da Mailand damals Kaiserstadt war. Auch ist dieser Fall aus anderen Gründen nicht zu betonen. Die Zustimmung des Kaisers konnte eingeholt werden, weil es sich um einen Staatsbeamten handelte, und nach dem Berichte des Sokrates H. E. IV, 30 wurde das Eingreifen des Kaisers angerufen, um das Widerstreben des Gewählten zu überwinden. Die Annahme hat zudem alle Wahrscheinlichkeit gegen sich. Bei der Kleinheit der bischöflichen Sprengel im Altertum war es so wenig angezeigt den Kaiser als den römischen Stuhl bei jeder Bischofswahl in Anspruch zu nehmen, und wäre das Außerordentliche je geschehen, so würde uns schwerlich eine hinreichende Nachricht fehlen.

Bestand der alte Wahlmodus im Orient noch im 5. Jahrhundert und im Abendland noch länger, so konnte er auf die Dauer sich doch nicht ganz behaupten. Je größer infolge des Umschwunges, der mit dem Übertritt Konstantins d. Gr. zum Christentum den Anfang nimmt, die Gemeinden wurden, um so größere Schwierigkeiten mußte allmählich die allgemeine Beteiligung des Volkes an der Wahl bereiten. Die beiden Novellen, 123 v. J. 546 c. 1; 139 v. J. 564 c. 2, in denen Justinian I Anordnungen über die Bischofswahl trifft, erwähnen als Wähler nur die Kleriker und die Vornehmen der vakanten Gemeinde. Und gleich dem Wahlbürger beschränken sie auch das Wahlrecht. Die Wähler werden angewiesen, drei, beim Mangel an geeigneten Personen zwei oder auch nur einen Kandidaten unter Ausfertigung von Wahldekreten zu bezeichnen; aus der Reihe der Vorgeschlagenen sollte dann derjenige, dem die Weihe zusteht, den würdigsten ordinieren; wenn die Wähler etwa binnen sechs Monaten ihrer Obliegenheit nicht entsprechen, sollte er selbst den Kandidaten ernennen. Das Wahlrecht erscheint hier wenigstens für die Regel auf ein Vorschlagsrecht beschränkt. Der Komprovinzialbischöfe wird, von dem Metropoliten abgesehen, in den Verordnungen nicht gedacht. Es galt aber damals auf Grund des Kanons IV von Nicäa als selbstverständlich, daß einige bei der Weihe mitzuwirken hatten.

In einigen Jahrhunderten ging der Gemeinde in der griechischen Kirche das Wahlrecht gänzlich verloren, und wie es scheint, führten hauptsächlich die Eingriffe der Kaiser im Bilderstreit und in den Wirren des Photius zu dieser Entwicklung. Indem die siebente allgemeine Synode c. 3[1] mit Berufung auf die Apostolischen Kanones c. 30 die Ernennung

---

[1] Harduin, Acta concil. IV, 487.

eines Bischofs, Presbyters und Diakons durch die Fürsten für ungültig
erklärt, fährt sie fort: es müsse nach dem Kanon IV von Nicäa der
Kandidat des bischöflichen Amtes durch Bischöfe gewählt werden, und giebt
damit dem Kanon einen Sinn, nach dem die Bischofswahl ganz den
Bischöfen zukommt. Und die achte allgemeine Synode c. 22 verordnete[1]:
Promotiones atque consecrationes episcoporum, concordans pri-
oribus conciliis, electione ac decreto episcoporum collegii fieri
sancta haec et universalis synodus definit et statuit atque iure
promulgat, neminem laicorum principum vel potentum semet
inserere electioni vel promotioni patriarchae vel metropolitae aut
cuiuslibet episcopi, ne videlicet inordinata hinc et incongrua fiat
confusio vel contentio, praesertim cum nullam in talibus potestatem
quemquam potestativorum vel ceterorum laicorum habere con-
veniat, sed potius silere ac attendere sibi, usquequo regulariter a
collegio ecclesiae suscipiat finem electio futuri pontificis. Indem
sie beifügt: Si quis vero laicorum ad concertandum et cooperandum
ab ecclesia invitatur, licet huiusmodi cum reverentia, si forte
voluerit, obtemperare se adsciscentibus; taliter enim sibi dignum
pastorem regulariter ad ecclesiae suae salutem promoveat, werden
die Laien noch nicht gänzlich von der Wahl ausgeschlossen. Aber sie haben
kein Recht mehr auf die Wahl; sie dürfen nur auf besondere Einladung
der Bischöfe an deren Beratung teilnehmen. Die Synode schließt den
Kanon mit den Worten: Quisquis autem saecularium principum et
potentum vel alterius dignitatis laicus adversus communem ac con-
sonantem atque canonicam electionem ecclesiastici ordinis agere
tentaverit, anathema sit, donec obediat et consentiat in hoc,
quod ecclesia de electione ac ordinatione proprii praesulis se velle
monstraverit. Bei der Stellung, welche die griechische Kirche zu dieser
Synode einnahm, hatte der Kanon zwar keine größere Wirkung. Er
beweist aber als solcher, daß die Bischofswahl zur Zeit des Konzils in
der Hauptsache allem nach bereits in die Hände der Komprovinzialbischöfe
übergegangen war. Und wenn je damals das Wahlrecht der Gemeinde
noch nicht ganz aufgehört hatte, so nahm es immerhin nach nicht gar
langer Zeit ein völliges Ende. Balsamon kannte dasselbe schwerlich mehr,
wenn er im letzten Viertel des 12. Jahrhunderts zu Kanon IV von Nicäa
bemerkt[2]: „Während vormals die Wahl von der Menge der Bürger

---

[1] Ebd. V, 999.   [2] Migne, PG. 137, 235.

ausging, mißfiel es den göttlichen Vätern, daß das Leben der zum göttlichen Dienst bestimmten Männer (τῶν ἱερωμένων) von Laien erörtert
werde, und sie beschlossen" u. f. w. Ausdrücklich und ausschließlich weist
Simeon von Thessalonich († 1429) in der Schrift De sacris ordinationibus c. 6[1] die Wahl den Bischöfen zu, und zwar in der Weise, daß
die Komprovinzialbischöfe oder wenigstens drei derselben drei Kandidaten
wählen und der Metropolite aus ihrer Reihe den würdigsten ernennt.
Das Vorschlagsrecht, das zur Zeit Justinians I noch der Klerus und
die Vornehmen der Gemeinde besaßen, war demgemäß inzwischen in die
Hand der Komprovinzialbischöfe übergegangen. Der Umschwung hängt
ohne Zweifel mit der strengen Verpflichtung zum Cölibat zusammen, welche
für die Bischöfe im Orient durch Justinian I und das Trullanum 692
eingeführt wurde. Indem es infolge dieser Anordnung üblich und notwendig wurde, die Bischöfe nicht mehr aus dem Weltklerus, sondern aus
dem Mönchtum zu wählen, wurde ein Hauptgrund, auf dem das Wahlrecht der Gemeinde beruhte, über den Kandidaten Zeugnis zu geben,
hinfällig.

Langsamer vollzog sich die Entwickelung im Abendlande, und auch
das Ergebnis, zu dem sie hier führte, war ein anderes. So lange das
Wahlrecht der Gemeinde bestand, verblieb auch dem gesamten Volk ein
Anteil an der Wahl. Der größere und vielfach entscheidende Einfluß
wird wohl dem Klerus und den höheren Klassen zugekommen sein. Allenthalben aber bildet auch das niedere Volk in den Dokumenten einen Bestandteil im Wahlkörper. Im übrigen war die Entwickelung nach Kirchen
und Ländern mehrfach verschieden.

In der römischen Kirche gaben zuerst die Wirren nach dem Tode
Pauls I (767) zum Ausschluß der Laien von der Wahl Anlaß. Die
Lateransynode Stephans III 769 beschloß,[2] ut nulli unquam laicorum,
sive ex manu armata vel ex aliis ordinibus, praesumant inveniri in
electione pontificis, sed a sacerdotibus atque proceribus ecclesiae et
cuncto clero ipsa pontificalis electio proveniat. Die Verordnung drang
aber nicht durch. Die Synode Nikolaus' I 862 (863)[3] erwähnt unter
den Wählern wieder die nobiles. Die Synode Johanns IX 898 c. 10[4]

---

[1] Ed. Morinus, De sacris ordinationibus 1695 p. 105—154; Migne, PG.
155, 398.

[2] Harduin, Acta concil. III, 2013.

[3] Jaffé, Regesta pontif. Rom. ed. II n. 2692.

[4] Harduin VI, 489.

verordnet, ut constituendus pontifex convenientibus episcopis et universo clero eligatur expetente senatu et populo. Erst das Dekret Nikolaus' II 1059 brachte in dieser Beziehung eine wirkliche Änderung, indem es die Wahl den Kardinälen zusprach und dem übrigen Klerus sowie dem Volke nur eine Zustimmung beließ.

Wenn aber das ursprüngliche Wahlverfahren in der römischen Kirche sich ein Jahrtausend erhielt, so machte sich im 6. Jahrhundert bei Besetzung des Bischofsstuhles ein neuer Faktor geltend. Nachdem Theoderich d. Gr. bei dem Hingang Johanns I 526 auf die Wahl Felix' III einen entscheidenden Einfluß ausgeübt[1], nahmen die ostgotischen Herrscher unter Erhebung einer Abgabe fortan bei der Wahl eine Bestätigung in Anspruch. Dasselbe thaten die byzantinischen Kaiser, als sie 555 die Ostgoten überwanden und Rom wieder dem Kaiserreich einverleibten, übten jedoch seit Ende des 7. Jahrhunderts, um die Besetzung des apostolischen Stuhles nicht allzu lange zu verzögern, das Recht nicht mehr persönlich, sondern durch ihren Exarchen in Ravenna aus.[2] Eine ähnliche Mitwirkung fiel nach Erneuerung des abendländischen Kaisertums den fränkischen und späteren Kaisern zu. Einige Kaiser, wie Otto III und Heinrich III, designierten die Päpste geradezu. Mit Beginn des Investiturstreites nahm aber die Beteiligung der Kaiser an der Papstwahl ein Ende.[3]

Im Westgotenreich wählten nach der Synode von Barcelona 599 c. 3[4] Klerus und Volk zwei oder drei Kandidaten, und nachdem sie dem Metropoliten und seinen Mitbischöfen vorgestellt worden waren und die Bischöfe gefastet hatten, entschied zwischen ihnen das Los. Das Verfahren wurde nicht wohl erst durch jene Synode eingeführt. Nach der Art und Weise, wie es erwähnt wird, scheint es schon einige Zeit bestanden zu haben. Auf der anderen Seite erhielt sich die Anwendung des Loses nicht lange. Die vierte Synode von Toledo 633 c. 19[5]

---

[1] Cassiodorus, Varia VIII, 15. Pfeilschifter, Der Ostgotenkönig Theoderich d. Gr. 1896 S. 203—208 (Kirchengeschichtl. Studien III, 1—2).

[2] Vgl. die Vita Benedicti II im Liber pontificalis mit der Note Duchesnes I, 364 n. 4. Über den näheren Hergang orientiert der Liber diurnus c. 2 de ordinatione summi pontificis. Der Abschnitt steht auch bei Hinschius, Kirchenrecht I (1869), 220—224.

[3] O. Lorenz, Papstwahl und Kaisertum 1874, glaubte die kaiserliche Bestätigung zur Gültigkeit der Papstwahl schon für das 4. und 5. Jahrhundert annehmen zu sollen. Vgl. dagegen meine Ausführung in der Theolog. Quartalschrift 1875 S. 330—341.

[4] Harduin III, 537.   [5] Ebd. III, 585.

spricht nur von der Wahl des Klerus und Volkes, der auctoritas metro-
politani vel comprovincialium sacerdotum assensio. Man[1] hat mit
Berufung auf diese Synode erklärt, das Kanonische sei bei Besetzung der
Bischofsstühle gewesen „Wahl des Bischofs durch Volk und Bischöfe der
Provinz und Genehmigung des Königs auf Vorschlag des Metropolitan".
Das ist in zweifacher Beziehung sicher unrichtig. Die Synode läßt die
Komprovinzialbischöfe nicht an der Wahl teilnehmen, sondern schreibt ihnen
eine assensio zu. Sodann steht von der Genehmigung des Königs in
dem fraglichen Kanon keine Spur. Naturgemäß kamen wie in den
anderen Reichen jener Zeit so auch bei den Westgoten Übergriffe von
Fürsten vor. Die Synode von Barcelona 599 c. 3 weist darauf hin,
wenn sie die plötzliche Erhebung von Laien auf Bischofsstühle mit den
Worten verbietet: ut nulli deinceps laicorum liceat ad ecclesiasticos
ordines praetermisso canonum praefixo tempore aut per sacra
regalia aut per consensionem cleri vel plebis vel per electionem
assensionemque pontificum ad summum sacerdotium aspirare. Mehrfach mag auch sonst eine Mitwirkung des Königs eingetreten oder selbst
nachgesucht worden sein. Es liegt aber kein Grund vor, die Bestätigung
der Wahl durch den König als etwas Regelmäßiges zu betrachten. Noch
weniger ist diese Bestätigung mit Berufung auf einen Kanon, der davon
lediglich nichts enthält, für kanonisch zu erklären. Auch die Worte der
Synode von Merida 666 c. 4[2]: Quod si iuxta canonicam sententiam
per voluntatem metropolitani atque informationis eius epistolam
per regiam iussionem ab alio metropolitano aliqui fuerint ordinati,
tempore quo ad metropolitanum suum post suam venerint ordinationem, tale placitum (sc. ut caste, sobrie et recte vivant) non
differant facere, berechtigen nicht dazu, da sie deutlich einen Ausnahmefall, die Weihe durch einen fremden Metropoliten betreffen. Wenn aber
nach jenen Synoden und den anderen gleichzeitigen Berichten von einer
regelmäßigen Bestätigung der Bischofswahl durch den König nicht zu
reden ist, so drängt uns die zwölfte Synode von Toledo 681 wenigstens
zu dem Schluß, daß die königliche Gewalt im Laufe des 7. Jahrhunderts
mehr und mehr in eine nähere Beziehung zur Bischofswahl trat, da
ihr einschlägiges Dekret ohne diese Annahme schwer zu begreifen ist. Die

---

[1] F. Dahn, Die Könige der Germanen VI[2] (1885), 395 f. Eine regelmäßige
Genehmigung des Königs nimmt auch Hinschius, Kirchenrecht II, 516, Dahn
folgend, an.

[2] Harduin III, 1000.

Synode überließ nämlich, um die bei dem bisherigen Modus entstehenden langen Vakanzen mit ihren Übelständen zu beseitigen, die Besetzung der Bischofsstühle dem König und dem Erzbischof von Toledo, indem sie c. 6 verordnete[1]: Licitum maneat deinceps Toletano pontifici, quoscumque regalis potestas elegerit et iam dicti Toletani episcopi iudicio dignos esse probaverit, in quibuslibet provinciis in praecedentium sedibus praeficere praesules et decedentibus episcopis eligere successores. Da der Beschluß mit den Worten salvo privilegio uniuscuiusque provinciae eingeleitet wurde, sollte die alte Ordnung nicht gänzlich beseitigt sein. Indessen hatte die Neuerung auch im übrigen keine größere Bedeutung. Indem Spanien in kurzer Zeit zum größeren Teil unter die Herrschaft der Araber geriet, mußte naturgemäß das Recht der Gemeinde und der Komprovinzialbischöfe wieder in Kraft treten.

Im Frankenreich kam zur Wahl durch die Gemeinde und die Komprovinzialbischöfe frühzeitig die königliche Mitwirkung oder Bestätigung hinzu. Sie tritt uns bereits in der Verordnung der Synode von Orleans 549 c. 10 entgegen[2]: Ut nulli episcopatum praemiis aut comparatione liceat adipisci, sed cum voluntate regis iuxta electionem cleri ac plebis, sicut in antiquis canonibus tenetur scriptum, a metropolitano, vel quem in vice sua praemiserit, cum comprovincialibus pontifex consecretur. Und daß sie wirklich geübt wurde, zeigt Gregor von Tours an zahlreichen Stellen. Man vergleiche namentlich Hist. Francorum IV, 6. 7. 15. 26. Formeln für die Anzeige der Wahl und Bitte um die Erlaubnis der Weihe und für die Erteilung der Bestätigung stehen in Marculfi Formulae I, 5—7[3]. Nicht selten wurden Bischöfe, wie schon früher so auch später, durch den König geradezu ernannt. Das Verfahren wurde wiederholt abgewiesen. Die Synode von Paris 557 c. 8 verordnete[4]: Nullus civibus invitis ordinetur episcopus, nisi quem populi et clericorum electio plenissima quaesierit voluntate, non principis imperio neque per quamlibet conditionem contra metropolis voluntatem vel episcoporum comprovincialium ingeratur; quod si per ordinationem regiam honoris istius culmen pervadere aliquis nimia temeritate praesumpserit, a comprovincialibus loci ipsius episcopus recipi nullatenus mereatur, quem

---

[1] Harduin III, 1722.   [2] Harduin II, 1445.
[3] Rozière, Recueil général des formules usitées dans l'empire des Francs 1859 II, 616—626.   [4] Ebd. III, 339.

indebite ordinatum agnoscunt; si quis de comprovincialibus recipere contra interdicta praesumpserit, sit a fratribus omnibus segregatus et ab ipsorum omnium caritate semotus. Die Synode von Paris 614 c. 1 verwies auf die alten Kanones, bezw. auf die Wahl durch die Gemeinde und die Komprovinzialbischöfe. Ähnlich die Synoden von Reims 624 (625) c. 25 und Chalons 644 (656) c. 10.[1] Die königliche Bestätigung wird dabei nicht erwähnt. Sie bestand aber ohne Zweifel fort. Es sollte nur ein Verfahren abgelehnt werden, das der alten Wahl völligen Abbruch that. Das Ziel wurde indessen nicht erreicht. Als die Karolinger zur Macht gelangten, wurde die Ernennung im Gegenteil immer mehr üblich. Und als dagegen die Reaktion sich erhob, welche unter dem Namen Investiturstreit bekannt ist, und die kanonische Wahl wiederhergestellt wurde, erfuhr der Wahlkörper in Bälde eine erhebliche Verminderung. Die Wahl kam an die Kanoniker der bischöflichen Kirche. Die übrige Geistlichkeit und das Volk gingen des alten Rechtes verlustig. Die zwölfte allgemeine Synode 1215 c. 24 setzt, indem sie einfach von electio capituli redet, die Entwickelung im wesentlichen als abgeschlossen voraus. Der neue Wahlmodus erscheint um dieselbe Zeit, wenn auch hier etwas früher und dort etwas später, in der gesamten abendländischen Kirche in Übung.

Über die Ursachen der Änderung haben wir keine Nachricht. Man hat den Umschwung als eine Folge des Investiturstreites dargestellt, da in der Konsequenz der auf Ausschließung des fürstlichen Einflusses gerichteten Bestrebungen des Papsttums auch die Beseitigung jeden Anteils der Laien an der Wahl gelegen sei.[2] Aber wie erklärt sich dann die erhebliche Beschränkung, welche auch für die Ausübung des Wahlrechtes durch die Geistlichen eintrat? Viel wahrscheinlicher war die Rücksicht auf eine geordnete Wahl maßgebend, da bei der Beteiligung einer und vielfach großen Gemeinde in ihrer Gesamtheit leichter Streitigkeiten und Wirren entstehen konnten. Dabei mochte auch das Vorbild wirksam sein, das die Papstwahl seit ihrer Neugestaltung durch Nikolaus II gab, indem die Domkapitel für die Diöcesen und den Bischof im allgemeinen eine ähnliche Bedeutung haben, wie das Kardinalskollegium für den Papst und die Gesamtkirche.

Die Modifikation, welche das alte Wahlrecht in der abendländischen Kirche erfuhr, entspricht ebenso deren allgemeinen Verhältnissen als das

---

[1] Ebd. III, 551. 574. 949.   [2] Hinschius, Kirchenrecht II, 602.

neue Wahlverfahren in der griechischen Kirche den dortigen Zuständen. Indem der Bischof, wenigstens in der Regel, wie früher so später aus dem Weltklerus und aus dem Klerus der Diöcese zu nehmen war, so gebührte es sich, daß diesem, wenn auch beschränkt auf einen Teil, die Wahl verblieb.

III.

Die Berufung der ökumenischen Synoden des Altertums.[1]

Von der ersten Lateransynode an wurden alle allgemeinen Konzilien durch den Papst berufen. Die Ordnung entsprach der Natur der Dinge. Die Synoden sind kirchliche Versammlungen, und ihre Veranstaltung kommt demgemäß den kirchlichen Oberen zu. Die Provinzialsynoden wurden in der That stets durch die Metropoliten, die Patriarchalsynoden durch die Patriarchen als die kirchlichen Oberen der betreffenden Sprengel berufen. Folgerichtig kommt daher die Berufung der allgemeinen Synoden an sich dem Oberhaupte der Gesamtkirche oder dem Papste zu, und seit dem 12. Jahrhundert fand diese Ordnung, wie bemerkt, auch Ausdruck im Leben. Für die älteren Synoden stand die Sache zwar thatsächlich anders. Unter dem Einfluß der zu seiner Zeit üblichen Rechtsordnung und bei seiner geringen Geschichtskenntnis kam indessen das Mittelalter zu dem Glauben, es sei immer so gewesen. Pseudoisidor läßt bereits P. Pelagius II das Konvokationsrecht für den römischen Stuhl in Anspruch nehmen, indem er ihm die Worte in den Mund legt: Cum generalium synodorum convocandi auctoritas apostolicae sedi beati Petri singulari privilegio sit tradita et nulla unquam synodus rata legatur, quae apostolica auctoritate non fuerit fulta etc.[2] Die Annahme galt für so sicher, daß man, wie das römische Brevier in der Lektion vom 11. Dezember zeigt, sogar das Konzil von Konstantinopel v. J. 381 durch den Papst berufen wähnte, obwohl derselbe lediglich keinen Anteil an der Versammlung hatte, da diese nur den Orient, nicht auch den Occident umfaßte und demgemäß an sich eine

---

[1] Aus dem Historischen Jahrbuch 1892 S. 689—723 etwas erweitert.
[2] Decretales Pseudoisidori ed. Hinschius, S. 721. Harduin, Acta concil. II, 439.

ökumenische Synode gar nicht war. Man schloß also daraus, daß die
Synode später ökumenisches Ansehen erlangte, sie sei bereits auch nach
den Grundsätzen ins Leben getreten, welche für die allgemeinen Konzilien
im Mittelalter maßgebend waren.

Mit dem Fortschritt der Wissenschaft in der neueren Zeit stellte
sich die Anschauung als unrichtig dar. Die Alten lassen die allgemeinen
Synoden stets durch den Kaiser berufen werden. Die Berufungsschreiben,
welche auf die Nachwelt gelangten, gingen alle von den Kaisern aus.
Der Sachverhalt liegt in den alten Berichten und Urkunden so klar und
bestimmt, daß kein Zweifel möglich war. Aber es ließ sich fragen, ob
die Kaiser zu ihrem Vorgehen nicht etwa eines Auftrages oder der Zustimmung des römischen Stuhles bedurften, ob dieser an der Berufung,
wenn sie auch thatsächlich durch den Kaiser vorgenommen wurde, nicht
wenigstens einen Anteil hatte oder bei ihr mitwirkte, und die Frage
wurde katholischerseits bis in die neueste Zeit herein allgemein bejaht.
Bellarmin führt in seinen Disputationen (Ed. Paris. 1608 II, II, 19),
in der Abhandlung De conciliis et ecclesia I, 12, als Ansicht der
Katholiken an: munus convocandi concilia generalia ad Romanum
pontificem proprie pertinere, sic tamen, ut possit etiam alius pontifice consentiente concilium indicere, quia etiam satis sit, si in-
dictionem factam ipse postea ratam habeat et confirmet. In
historischer Beziehung behauptet er (ib. c. 13) weiterhin: nullum esse
concilium generale catholicum a solo imperatore indictum, id est
sine consensu et auctoritate Romani pontificis, und bemüht sich
dann, für die vier ersten allgemeinen Konzilien dies zu erhärten, bezw.
für fünf, da er auch die Synode von Sardika in den Bereich seiner
Untersuchung zieht. Hefele mußte diesen Beweis zwar mehrfach berichtigen. Aber im ganzen vertritt er dieselbe Auffassung. Indem er
in der Einleitung zu seiner Konziliengeschichte (2. A. I, 6) von der Berufung der übrigen Synoden durch die Oberen der bezüglichen kirchlichen
Sprengel spricht, fährt er fort: „Folgerecht und nach der Natur der
Sache muß auch die Berufung einer allgemeinen Synode vom allge-
meinen Oberhaupt der Kirche, dem Papste, ausgehen, und es kann nur
der verwandte Fall eintreten, daß statt des obersten Hirten der weltliche
Schutzherr der Kirche, der Kaiser, mit vorausgehender oder nachfolgender
Billigung und Zustimmung des Papstes, eine derartige Synode beruft".
Und wenn er hier zunächst nur betont, was die natürliche Ordnung der
Dinge anlangt, so spricht er etwas später (S. 8) über die historische

Seite der Frage sich dahin aus: „Die acht ersten allgemeinen Synoden sind von den Kaisern, alle späteren dagegen von den Päpsten angesagt und ausgeschrieben worden: aber auch bei jenen ersten zeigt sich eine gewisse Beteiligung der Päpste an ihrer Konvokation, die in den einzelnen Fällen bald mehr bald minder deutlich hervortritt". Der Satz wird hernach (S. 8—14) im einzelnen zu beweisen gesucht.

Indem der Geschichtschreiber der Konzilien die Theorie Bellarmins im wesentlichen zu der seinigen machte, fand dieselbe allgemeinen Beifall, und ich teilte sie längere Zeit umsomehr, als ich sie aus dem Munde ihres Hauptvertreters selbst empfing. Als ich aber später durch meinen Beruf veranlaßt wurde, den alten Konzilien näher zu treten, stiegen mir allmählich Bedenken gegen sie auf. Die Geschichte der Synoden schien mir im ganzen gegen sie zu zeugen; die einzelnen Beweise stellten sich mir als unzureichend dar. Ich verließ daher zuletzt die Theorie, und zuerst gab ich meiner veränderten Auffassung in der Realencyklopädie der christlichen Altertümer von Kraus (I, 320—21) Ausdruck. Infolge eines Angriffes, den die Darstellung erfuhr, behandelte ich den Gegenstand alsbald aufs neue in der Theol. Quartalschrift 1882 S. 565—574.

Da mir nicht unbekannt war, daß der Fortschritt der Wissenschaft sich bisher nur unter schweren Kämpfen vollzog, daß hunderte von Punkten, welche jetzt als feststehende Wahrheit gelten, erst allmählich Annahme fanden, nachdem sie geraume Zeit als irrtümlich abgewiesen worden waren, konnte ich nicht hoffen, mit meiner Ansicht sofort durchzubringen. Einzelne und zwar hervorragende Gelehrte erklärten mir allerdings ihre Zustimmung. Andere aber glaubten sie ablehnen zu sollen. Während mir die historische Untersuchung ergab, daß die Kaiser die Berufung in einer Weise übten, daß dieselbe als ein ihnen selbständig zustehendes oder, wenn man lieber will, von ihnen beanspruchtes Recht erscheint, daß demgemäß von einer Mitwirkung bei dem Akt oder einer Anteilnahme an demselben seitens der Päpste streng genommen nicht geredet werden könne, erklärte Scheeben im Kirchenlexikon 2. A. III, 790—91, ein derartiges Recht sei theologisch und kanonisch undenkbar. Die Behauptung der Anerkennung eines solchen Rechtes von seiten der Päpste mute diesen eine Absurdität zu. Wohl sei die Berufung oder der Erlaß der Aufforderung zum Zusammentritt bei den ersten acht Konzilien durch den Kaiser vollzogen worden, und es sei dieses geschehen, ohne daß man immer einen förmlichen Auftrag von seiten des Papstes nachweisen könne. Es scheine sogar, daß die Kaiser den Entschluß, das Konzil zusammenzuberufen, zuweilen aus eigener Initiative faßten und namentlich auch den Ort der Zusammenkunft mehr oder weniger selbstständig bestimmten. Es sei aber evident, daß die christlichen Kaiser erlaubter- und vernünftigerweise nicht so handeln konnten ohne vorheriges Einverständnis mit dem Papste oder wenigstens ohne die Präsumtion dieses Einverständnisses. In der That lasse sich bei keinem der ersten acht Konzilien (etwa mit Ausnahme des fünften Konzils, wo aber auch das kaiserliche Verfahren die Rechtmäßigkeit des Konzils in Frage gestellt habe) ein Fall nachweisen, in welchem der Kaiser im förmlichen Widerspruch mit dem Papste die Abhaltung des Konzils habe durchsetzen wollen, wohl aber sei bei den meisten Konzilien, namentlich seit dem Ephesinum, das vorhergehende Einverständnis oder die Präsumtion desselben offenbar. Wenn bei der Berufung des Chalcedonense Kaiser Marcian den Wünschen Leos I in Bezug auf Zeit und Ort des Konzils nicht ganz entsprach, so habe doch weder er damit ein unbedingtes Recht seinerseits geltend machen wollen, noch der Papst ein solches anerkannt, letzterer vielmehr, wie er Ep. 89 und 90 sage, der Verfügung des Kaisers sich nur deshalb accommodiert, weil er das wohlgemeinte Bestreben desselben nicht durchkreuzen wollte. Noch evidenter aber sei, daß die kaiserliche Berufung nicht die Bedeutung haben konnte und thatsächlich auch nicht beanspruchte, aus eigener Machtvollkommenheit die Bischöfe zum Erscheinen auf dem Konzil zu verpflichten (die zuweilen gebrauchten Ausdrücke iubere, κελεύειν bedeuten bekanntlich nicht bloß „befehlen“, geschweige „gebieten“, sondern „heißen, veranlassen, auffordern“) und das Konzil selbst zum konziliarischen Handeln zu auktorisieren. Ein solcher Akt konnte stets nur vom apostolischen Stuhle ausgehen und sei auch stets von ihm ausgegangen, indem er seine Legaten zur Leitung des Konzils deputierte und in diesen auch das Konzil selbst für die betreffenden Zwecke belegierte. In der That habe Kaiser Marcian selbst in seinem ersten Schreiben an Leo I mit den Worten σοῦ αὐθεντοῦντος, te auctore, den Papst als denjenigen bezeichnet, von dessen Auktorisation der Erfolg der projektierten Synode abhänge. Sonach liege das Rechtsverhältnis damals im wesentlichen wie heute, indem der Papst allein der Berufer im juristischen und auktoritativen Sinne gewesen sei.

Die Darlegung läßt an Bestimmtheit nichts zu wünschen übrig, und wenn die Gründe ebenso stark wären, als die Sprache zuversichtlich ist, so wäre wohl schwerlich gegen sie aufzukommen. Diese Voraussetzung trifft indessen in keiner Weise zu. Es wird nicht so fast ein

historischer Beweis, der doch vor allem zu erwarten wäre, als eine dog=
matische oder vielmehr, da ein Dogma nicht in Betracht kommt, eine
dialektische Konstruktion geboten. Die Schwierigkeiten, welche der ver=
teidigten Ansicht sich entgegenstellen, werden einfach mit der Erklärung
beseitigt, sie seien nicht so gar ernst zu nehmen, bezw. es könne ver=
nünftigerweise nicht so gewesen sein, als ob unsere Vernunft, bezw. unsere
moderne Auffassung ein absoluter Maßstab für die Beurteilung der Ver=
gangenheit wäre; und um der These wenigstens einen Schein von Be=
gründung zu geben, wird ein Spiel mit Begriffen getrieben, das an sich
schon verrät, daß ein eigentlicher Beweis nicht zu erbringen ist. Im
Anfang ist, ganz im Einklang mit der Theorie, von einer Beauftragung
oder Bevollmächtigung die Rede, welcher der Kaiser seitens des apostolischen
Stuhles für sein Vorgehen bedurfte. Aus der Bevollmächtigung wird
sodann, da sie eben schlechterdings nicht zu erhärten ist, ein Einver=
ständnis, als ob dieses das gleiche wäre, und da auch dessen Beweis
großen Schwierigkeiten unterliegt, tritt an seine Stelle zuletzt seine bloße
Präsumtion. Auf dieser ruht also endgültig die Anschauung, gegen welche
die geschichtlichen Zeugnisse so sehr sprechen. Die Schwäche des Beweis=
verfahrens liegt hiernach auf der Hand. Mit dem gleichen Grund, wie
von einer Beauftragung durch den Papst, könnte man so von einer Be=
vollmächtigung durch die orientalischen Patriarchen reden, da die in Be=
tracht kommenden Momente im wesentlichen sich auch bei ihnen darthun
lassen. Man muß somit auch diese als notwendig annehmen oder, wenn
man das nicht will, eingestehen, daß jene nicht bewiesen ist.

Eine zweite Abhandlung über den Gegenstand, verfaßt von J.
Blötzer, erschien in der Innsbrucker Zeitschrift für katholische Theologie
1886 S. 67—86. Sie beschränkt sich auf das Konzil von Chalcedon,
dessen Akten am vollständigsten auf uns gekommen sind. Das Ergebnis
wird S. 85 in den Worten zusammengefaßt: „Das Konzil von Chalcedon
wurde vom Kaiser Marcian berufen, aber so, daß derselbe in Überein=
stimmung mit dem Papste zu handeln glaubte, obgleich diese Voraus=
setzung für den damaligen Stand der Dinge objektiv unrichtig war.
Deshalb war es, wenn nicht notwendig, so doch wünschenswert, daß der
Papst sich nachträglich mit der erfolgten Berufung einverstanden erklärte.
Es geschah dieses sowohl durch verschiedene Briefe, die nichts enthalten,
was diese Ansicht in Frage stellen könnte, als auch durch Absendung von
Legaten zur bevorstehenden Synode." Wie man sieht, kann hier, obwohl
die Quellen für das Konzil am reichlichsten fließen, eine Bevollmächtigung

des Kaisers durch den römischen Stuhl nicht nachgewiesen werden. Es
wird nur dargethan, daß der Papst dem Schritt des Kaisers beistimmte,
näherhin, da sich auch die Zustimmung nicht anders beweisen läßt, nicht
widersprach und Gesandte zur Synode abschickte. Das gleiche Verhalten
läßt sich indessen auch bei den anderen Patriarchen nachweisen. Demgemäß
gilt auch hier, was von der Abhandlung Scheebens bemerkt wurde.

Meine Darlegung ist hiernach noch nicht entkräftet. Doch geben
mir jene Abhandlungen Anlaß, auf die Frage zurückzukommen, und ich
wende derselben um so lieber meine Aufmerksamkeit aufs neue zu, als
eine methodische und zugleich erschöpfende Untersuchung überhaupt noch
nicht vorliegt. Bellarmin bietet eine solche nicht. Sein Absehen ging
in erster Linie dahin, den römischen Stuhl gegenüber den Angriffen zu
verteidigen, welche die Protestanten des 16. Jahrhunderts auf das päpst=
liche Berufungsrecht machten, indem sie dieses geradezu bestritten und ein
vom Kaiser berufenes Konzil verlangten, und unter diesen Umständen
erhielt seine Arbeit mehr einen apologetischen als einen historischen Cha=
rakter. Aber auch Hefele ließ sich in eine wissenschaftliche Untersuchung
nicht ein. Er eignete sich vielmehr den Hauptsatz Bellarmins ohne
weiteres an, während derselbe doch vor allem zu prüfen war, und wie
wenig er an diese Aufgabe dachte, erhellt daraus, daß er wohl die Zeug=
nisse und Punkte anführt, welche für seine Auffassung sprechen oder zu
sprechen scheinen, die gegenteiligen aber gar nicht berücksichtigt. Ich selbst
behandelte früher den Gegenstand nicht umfassend genug. Desgleichen
läßt es hieran die seither erschienene Ausführung von Hinschius (Kirchen=
recht der Katholiken und Protestanten III, 1882 S. 233 f.) fehlen. Es
soll darum eine neue und allseitigere Untersuchung angestellt und dabei
die Gesichtspunkte streng beobachtet werden, welche für eine historische
Erörterung in Betracht kommen. Die Worte, mit denen Mabillon
eine Abhandlung in den Acta SS. O. S B. (saec. V, praef. p. LVIII
nr. 87) einleitet, gelten auch hier: Quia haec quaestio (de canoniz-
atione sanctorum etc.) aliquanti momenti est, eam paullo latius
explicare iuvat, et quidem historico, non dogmatico illo modo,
quo usi sunt Bellarminus et alii post eum in tractando hoc ar-
gumento.

Um in der Frage zur Klarheit zu kommen, sind vor allem die
Urkunden zu befragen, und der Natur der Sache gemäß ist mit den
Dokumenten der Anfang zu machen, welche die Berufung der Konzilien
selbst zum Gegenstande haben, den Konvokationsschreiben. Dieselben haben

sich zwar nicht alle, aber doch zum Teil erhalten. Wir besitzen sie zu=
nächst für die dritte und vierte Synode, und zwar für jede Synode in
doppelter Weise, außer dem allgemeinen Einladungschreiben noch ein
besonderes, gerichtet an Cyrill von Alexandrien und an Leo I. Des
weiteren gelangte das Einladungschreiben zur Synode von Ephesus vom
Jahre 449 auf uns, und dasselbe kommt hier ebenfalls in Betracht, da
jene Synode wenigstens als ökumenische berufen wurde, wenn sie sich
auch nicht als solche zu behaupten vermochte. Endlich erhielt sich das
Schreiben, in welchem Papst Hadrian I zur siebenten allgemeinen Synode
eingeladen wurde. Die Synode fällt zwar über die Grenze hinaus,
mit welcher das christliche Altertum gewöhnlich abgeschlossen wird. Sie
ruht indessen auf der gleichen Rechtsordnung, wie die älteren Synoden,
und sie ist deshalb, wie ähnlich auch die achte Synode, für welche im
wesentlichen dasselbe zutrifft, in die Untersuchung einzubeziehen.

Die Schreiben gingen alle von den damaligen Kaisern aus, und
dieser Umstand beweist schon allein, daß die Berufung der allgemeinen
Synoden im Altertum durch den Kaiser vorgenommen wurde. Die Sache
ist nunmehr allgemein anerkannt. Um aber darüber Aufschluß zu er=
halten, wie die Kaiser über die bezügliche Thätigkeit des näheren dachten,
ob sie glaubten, den Akt kraft ihrer Herrscherstellung vollziehen zu können,
oder dazu einer Ermächtigung durch einen Dritten zu bedürfen, dazu sind
die Dokumente näher ins Auge zu fassen. Sie mögen zunächst teils ganz,
teils insoweit, als sie für jene Frage in Betracht kommen, in deutscher
Übersetzung mitgeteilt werden.

Das Einladungschreiben zur dritten allgemeinen Synode lautet
folgendermaßen: „Der Bestand unseres Staates (ἡ τῆς ἡμετέρας πολι-
τείας κατάστασις) ruht auf der Religion, und es herrscht hier enge
Verwandtschaft und Verknüpfung. Denn die Ordnungen hängen mit ein=
ander zusammen, und jede wird durch das Gedeihen der anderen gefördert,
so daß die wahre Religion durch die Gerechtigkeit, der Staat aber durch
beide zusammengehalten blüht. Da wir nun von Gott gesetzt sind, zu
herrschen, und die Verbindung der Religion und des Wohles der Unter=
thanen sind (σύνδεσμοι τε τῆς τῶν ὑπηκόων εὐσεβείας τε καὶ εὐ-
πραγίας τυγχάνοντες), so bewahren wir die Verknüpfung dieser Ord=
nungen unverbrüchlich, indem wir zwischen der Vorsehung und den
Menschen vermitteln. Jener dienen wir zur Beförderung des Staates;
in allem aber tragen wir Sorge für die Unterthanen und geben uns
Mühe, daß sie fromm leben und wandeln, wie es den Frommen geziemt,

auf beides gebührend achthabend; wer sich um das eine bekümmert, muß ähnlich auf das andere bedacht sein. Wir bemühen uns vor allem, daß die Gott geziemende kirchliche Ordnung auch in unseren Zeiten entsprechend bleibe, in der Eintracht aller ohne Störung und bei dem Frieden in kirchlichen Dingen ohne Aufruhr sei, daß die Religion ohne Makel und die im Klerus und hohen Priestertum Wirkenden von allem Tadel im Leben frei seien. Indem wir nun berücksichtigen, daß dies durch die Liebe zu Gott und die gegenseitige Liebe der Gläubigen befestigt wird, hielten wir wegen der Vorfälle in unserer Zeit schon öfter eine gottgefällige Versammlung der heiligsten Bischöfe für notwendig. In Anbetracht der für die Frömmigkeit derselben sich ergebenden Beschwerden standen wir jedoch davon ab. Aber die Untersuchung der jetzigen dringenden kirchlichen und mit ihnen verbundenen staatlichen Angelegenheiten macht sie in hohem Grade nützlich und notwendig. Damit also nicht durch Vernachlässigung der Prüfung der obschwebenden wichtigen Angelegenheiten die Dinge sich zum Schlimmen wenden, was bei der Frömmigkeit unserer Zeiten ferne sei, so wird Deine Heiligkeit (das Schreiben ist an die Metropoliten gerichtet) nach der kommenden heiligen Osterzeit auf den Tag des hl. Pfingstfestes zu Ephesus in Asien sich einfinden und einige tüchtige Bischöfe aus der Provinz mitbringen, so daß es weder den heiligen Kirchen in der Provinz an den erforderlichen Priestern noch der Synode an tauglichen Mitgliedern fehlt. Denn es wurde von unserer Majestät in betreff der vorhin genannten Synode das Gleiche den gottgeliebten Bischöfen aller Metropolen geschrieben, so daß, wenn dieses geschieht, die über die streitigen Punkte entstandene Verwirrung nach den kirchlichen Kanones gelöst, das, was ungebührlich unternommen worden ist, in Ordnung gebracht und die Religion und das Wohl des Staates befestigt wird, indem vor der heiligsten Synode und der von ihr gemeinsam ausgehenden Verordnung von niemandem eine Neuerung veranstaltet werden darf. Wir vertrauen, daß jeder der gottgeliebtesten Priester, erkennend, daß die heiligste Synode durch dieses unser Dekret um der kirchlichen und allgemeinen Angelegenheiten willen versammelt werde, eilends herbeikomme, um an den so notwendigen und das Wohlgefallen Gottes betreffenden Beratungen nach Kräften teilzunehmen. Es ist uns viel daran gelegen; wir werden nicht dulden, daß einer freiwillig fern bleibe; keine Entschuldigung wird bei Gott und bei uns haben, wer nicht zu der oben genannten Zeit an dem bestimmten Orte sich einfindet; denn wer zu der priesterlichen Synode berufen wird und nicht bereitwillig kommt, verrät, daß er kein gutes Gewissen hat. Gott beschütze Euch lange Zeit, heiligster und frömmster Vater. Gegeben am 19. November in Konstantinopel, unter dem dreizehnten Konsulat des Theodosius und dritten des Valentinian, der ewigen Kaiser, unserer Herren" (Harduin, Acta concil. I, 1343).

Das Schreiben, das an Cyrill von Alexandrien noch besonders er=ging, beginnt mit der Bemerkung, daß die Kaiser sich viel um die Religion bekümmern, und indem dem Adressaten Verursachung von Wirren vor=geworfen wird, wird weiter betont, daß die Herrscher für die kirchliche Ruhe Sorge tragen werden. Der zweite Abschnitt wird mit den Worten eingeleitet: „Damit Du also wissest, von welcher Art das Unserige ist, so wisse auch, daß Kirche und Reich in Eintracht stehen und durch unsere Anordnungen unter dem Beistand des Erlösers noch mehr geeinigt werden sollen." Dann wird ausgeführt: die Lehrsätze müssen auf der Synode geprüft werden; Cyrill habe auf derselben zu erscheinen, und er werde nicht eher wieder Gnade erlangen, als bis er von den Unruhen ablasse und zur Untersuchung der streitigen Angelegenheiten sich bereit finde; wenn er anders handle, werde er nicht geduldet werden (Harduin I, 1342).

Das Schreiben, welches zur Synode von Ephesus 449 einladet, beginnt mit den Sätzen: „Es ist allen bekannt, daß die Ordnung unseres Staates und alle menschlichen Dinge durch die Religion zusammengehalten und befestigt werden. Wenn nämlich Gott gnädig gesinnt ist, pflegen die Dinge gut und den Wünschen entsprechend sich zu gestalten und zu ge=deihen. Da wir nun durch die göttliche Vorsehung die Herrschaft erlangt haben, so lassen wir der Frömmigkeit und dem Wohle der Unterthanen notwendig die größtmögliche Sorge angedeihen, so daß sowohl die wahre Religion als auch unser Staat durch reinen Gottesdienst und Frömmig=keit gestärkt und gehoben werde. Da nun in dieser Zeit plötzlich ein Zweifel sich erhob, glaubten wir, zur Bewahrung der katholischen und apostolischen Lehre unseres wahren Glaubens, welcher, durch verschiedene Auffassungen zerrissen, die Seelen der Menschen naturgemäß beunruhigt und verwirrt, eine solche Verfehlung nicht übersehen zu dürfen, um nicht durch solche Nachlässigkeit Gott selbst ein Unrecht zuzufügen zu scheinen. Daher haben wir beschlossen, es solle auf einer Versammlung der hei=ligsten und gottgeliebtesten Männer, denen die meiste Rechenschaft für die Religion und den orthodoxen und wahren Glauben obliegt, jeder der=artige eitle Zweifel in sorgfältiger Untersuchung gelöst und der wahre

und gottgefällige, d. i. der orthodoxe Glaube befestigt werden." An diese
Ausführung reiht sich sodann die eigentliche Berufung an. Dabei wird,
ähnlich wie im Berufungsschreiben zur dritten allgemeinen Synode, erklärt, daß, wer etwa nicht sich einfinde, bei Gott und Kaiser keine Entschuldigung haben werde, da eine priesterliche Versammlung nur der meide,
welcher selbst ein böses Gewissen habe (Harduin II, 71).

Das Berufungsschreiben zur vierten Synode hat folgenden Wortlaut: „Allen Angelegenheiten sind die göttlichen Dinge voranzustellen.
Denn wenn der allmächtige Gott uns gnädig ist, dann dürfen wir hoffen,
daß auch unser Reich wohl bestellt ist und noch besser werden wird. Da
nun über unseren wahren Glauben einige Zweifel entstanden zu sein
scheinen, wie auch der Brief Leos anzeigt, des gottgeliebten Bischofs der
herrlichen Stadt Rom, so hat unsere Milde beschlossen, daß eine heilige
Synode in der Stadt Nicäa in der Provinz Bithynien veranstaltet werde,
damit, indem die Gedanken zusammentreffen, alle Wahrheit erforscht und
der Eifer beseitigt wird, in dem einige mißbräuchlich die heilige und
wahrhafte Religion beunruhigten, der wahre Glaube uns deutlicher kund
gethan werde, so daß in Zukunft kein Zweifel oder Zwiespalt mehr sein
kann. Daher möge Eure Heiligkeit mit einer beliebigen Anzahl von gottgeliebten Bischöfen, welche in den unter der Obhut Eurer Heiligkeit
stehenden Kirchen für würdig und in der Lehre des rechten Glaubens
tüchtig zu erachten sind, auf den 1. September in der genannten Stadt
Nicäa sich einfinden. Es wisse aber Eure Heiligkeit, daß auch unsere
Majestät (θεότης) der ehrwürdigen Synode anwohnen wird, wenn nicht
gewisse öffentliche Geschäfte uns in einem Kriegszug in Anspruch nehmen"
(Harduin II, 46). „Gott erhalte Dich viele Jahre. Gegeben" u. s. w.,
fügt das zweite Exemplar bei, das auf uns gelangte und das speciell an
Anatolius von Konstantinopel gerichtet ist (Harduin II, 46).

Das Schreiben, das Marcian zuvor an Papst Leo I richtete, lautet:
„Deine Heiligkeit zweifelt nicht in betreff unseres Eifers und Gebetes,
daß wir wollen, daß die wahre Religion der Christen und der apostolische Glaube fest bleibe und von allen Leuten mit frommer Gesinnung
bewahrt werde. Denn es ist nicht zweifelhaft, daß die Ruhe und die
Stärke unserer Herrschaft auf der wahren Religion und auf dem Wohl-
wollen unseres Erlösers beruhe. Deshalb haben wir die ehrwürdigsten
Männer, welche Deine Heiligkeit an unsere Frömmigkeit absandte, gern
und mit gnädiger Gesinnung aufgenommen, wie es sich gebührte. Es
erübrigt noch, daß, wenn es Deiner Heiligkeit gefällt, in diese Gegenden

zu kommen und die Synode zu halten (τὴν σύνοδον ἐπιτελέσαι), sie
dieses aus Liebe zu der Religion zu thun sich würdige; denn sowohl
unseren Wünschen wird Deine Heiligkeit entsprechen als auch für die hei=
lige Religion Förderliches beschließen. Wenn dies aber lästig ist, daß Du
in diesen Gegenden dich einfindest, so thue Deine Heiligkeit dies mit eigenem
Schreiben kund, auf daß unsere Schreiben an den ganzen Orient, Thracien
und Illyrien abgeschickt werden, damit alle heiligsten Bischöfe an einem
bestimmten Orte, wo es uns gefällt (ἔνϑα ἂν ἡμῖν δόξῃ) sich einfinden,
und was dem Frieden der Religion der Christen und dem katholischen
Glauben zuträglich ist, wird angeordnet werden (κατατεϑήσονται), wie
Deine Heiligkeit nach den kirchlichen Regeln beschlossen hat" (Harduin
II, 42). Dasselbe, was der Kaiser im letzten Satze aussprach, bemerkte
auch seine Gemahlin Pulcheria in einem Schreiben an Leo. Der Satz
möge daher hier angereiht werden. Er lautet: „Und deshalb möge Deine
Frömmigkeit, auf welche Weise es ihr gut dünkt, eine Erklärung abgeben
(σημᾶναι καταξιώσει), damit alle Bischöfe des ganzen Ostens und
Thraciens und Illyriens, wie es unserem Herrn, dem frömmsten Kaiser,
meinem Gemahl, gefällt, so rasch als möglich aus den östlichen Gegenden
in einer Stadt sich einfinden und dort auf einer Synode sowohl in
betreff des katholischen Glaubens als in betreff der Bischöfe, welche vor=
mals ausgeschlossen wurden, wie der Glaube und die christliche Frömmig=
keit es verlangt, auf Deine Anregung hin (oder: unter Deiner Leitung,
σοῦ αὐϑεντοῦντος) Beschluß fassen" (Harduin II, 43).

Das Schreiben endlich, durch welches Hadrian I zur siebenten
Synode eingeladen wurde und das wir noch in der lateinischen Über=
setzung des Bibliothekars Anastasius besitzen, lautet in der ersten Hälfte
folgendermaßen: „Diejenigen, welche von unserem Herrn Jesus Christus,
unserem wahren Gott, entweder die Würde des Reiches oder die Ehre
des Hohenpriestertums erhalten, müssen das denken und sinnen, was jenem
wohlgefällig ist, und die von ihm ihnen anvertrauten Völker nach seinem
Willen lenken und leiten. Unsere und Eure Pflicht, o heiliges Haupt,
ist also dies: wir sollen untadelhaft denken, was Christi ist, und darin
wandeln, da wir von ihm das Reich haben, Ihr aber die Würde des
Hohenpriestertums. Wir beginnen also hier die Rede. Eure väterliche
Heiligkeit weiß, was in dieser unserer königlichen Stadt in betreff der
verehrungswürdigen Bilder unlängst geschehen ist, wie die früheren Herr=
scher sie zerstörten und ihnen Schimpf und Unrecht zufügten (o daß es
ihnen nicht angerechnet werde; denn es wäre ihnen besser gewesen, ihre

Hand nicht an die Kirche zu legen) und das ganze hiesige Volk, ja den (ganzen) Orient, auf dieselbe Weise verführten und auf ihre Seite zogen, bis Gott uns hier zur Herrschaft erweckte, da wir in Wahrheit seinen Ruhm suchen und halten wollen, was uns von seinen Aposteln und allen seinen Lehrern überliefert worden ist. Daher haben wir beständig in reinem Herzen und wahrer Frömmigkeit mit allen unseren Unterthanen und den hier befindlichen (his) gelehrtesten Priestern die Dinge besprochen, welche Gott betreffen, und in reiflicher Überlegung den Entschluß gefaßt, ein allgemeines Konzil zu veranstalten. Und wir bitten Eure väterliche Heiligkeit, ja vielmehr Gott der Herr bittet, welcher will, daß wir alle selig werden und zur Erkenntnis der Wahrheit gelangen, sie möge selbst ohne Zögern erscheinen und kommen zur Stärkung und Befestigung der alten Tradition über die verehrungswürdigen Bilder. Dies zu thun ist Eure Pflicht. Ihr kennt die Schrift (Jes. 40, 1; Mal. 2, 7; AG. 20, 28). Und als der wahre erste Priester und derjenige, welcher an dem Orte und auf dem Stuhl des heiligen und höchst ehrwürdigen Apostels Petrus den Vorsitz führt, wie gesagt wurde, möget Ihr erscheinen und mit allen hiesigen Priestern zusammenkommen und der Wille des Herrn geschehen: Wo nämlich zwei oder drei in meinem Namen versammelt sind, wie wir durch das Evangelium gelernt haben, da bin ich mitten unter ihnen." Der weitere Abschnitt enthält die Versicherung, der Papst werde mit allen Ehren aufgenommen und mit allem versehen werden, was zur Reise erforderlich sei, sowie für den Fall, daß er etwa nicht selbst kommen könne, die Bitte, geeignete Männer als Stellvertreter zu schicken (Harduin IV, 21).

Dies sind die Berufungsschreiben nach ihrem ganzen oder wesentlichen Inhalt. Sie verbreiten über den Punkt, welcher uns hier beschäftigt, helles Licht. In einem Schreiben wird erwähnt, daß die Kaiser bei Berufung der Synode sich des Rates der Bischöfe bedienten. Die Beratung versteht sich indessen, da es sich bei dem Vorgehen um Bereinigung kirchlicher Angelegenheiten handelte, ganz von selbst. Wir dürfen sie daher auch bei den übrigen Synoden annehmen, und wir dürften sie voraussetzen, auch wenn sie gar nicht bezeugt wäre. Auf der andern Seite erhellt aber auch, daß die Kaiser nur den Rat der kirchlichen Vorsteher einholten, die Entscheidung aber sich selbst zuerkannten oder die Berufung der Synode als ein ihnen selbständig zukommendes Recht ansahen. Im Schreiben an Papst Hadrian I ist das Verhältnis bestimmt angedeutet; bei den übrigen Schreiben ergiebt es sich daraus, daß des

Beirates gar nicht gedacht wird. Und wie die Kaiser an den Rat nicht gebunden waren, so war die Wahl der Ratgeber ganz ihrem Ermessen anheimgestellt. Doch lag es nahe, sich an diejenigen zu wenden, die am leichtesten zugänglich waren und durch Einsicht und Erfahrung sich aus= zeichneten, und nach dem gedachten Schreiben ward es wirklich so gehalten. Daß ein bestimmter Bischof, daß etwa insbesondere der Bischof von Rom notwendig zu befragen gewesen wäre, wird nirgends angedeutet, und das völlige Schweigen beweist, daß die Kaiser bei ihrem Vorgehen die Zu= stimmung des römischen Stuhles oder eine Bevollmächtigung seitens des= selben nicht als erforderlich ansahen. Denn im anderen Falle konnte eine entsprechende Bemerkung in dem Konvokationsschreiben nicht unter= bleiben. Die Zustimmung mußte, wenn auch noch so kurz, angedeutet werden, da auf ihr die Rechtsgültigkeit des Aktes beruhte, und sie wäre auch sicher erwähnt worden, wenn sie als notwendig gegolten hätte, so gewiß, als sie in analogen Fällen immer und überall anzutreffen ist. In dem Schreiben zur vierten Synode wird des Papstes zwar gedacht. Es geschieht dies aber in einer Weise, welche zu einer anderen Annahme keinerlei Anlaß giebt, wie denn die Stelle, soviel ich sehe, bisher noch niemals für eine solche in Anspruch genommen wurde. Es wird nicht bemerkt, daß Leo zu der Berufung seinen Auftrag oder seine Zustimmung erteilt habe. Es wird nicht einmal hervorgehoben, was doch, wie wir sonst wissen, hätte geschehen können, daß der Papst die Veranstaltung einer Synode wünschte oder betrieb. Leo wird lediglich als Zeuge der bestehenden kirchlichen Wirren erwähnt. In dem Konvokationsschreiben ist also von einer etwaigen Zustimmung des römischen Stuhles auch nicht leise die Rede. Indessen verraten die Kaiser nicht bloß durch ihr Schweigen, daß sie dieser nicht zu bedürfen glauben, sondern auch und noch mehr durch die Rede, mit der sie ihre Verordnung einleiten. In den dem 5. Jahrhundert angehörigen Dokumenten stellt sich ihr Vorgehen entweder einfach als Ausfluß ihrer Sorge für die Religion dar; oder es wird ausgeführt, daß die religiösen und politischen Angelegenheiten enge zusammenhängen und daß der Kaiser wie für das Wohl des Staates, so auch für den Frieden der Kirche Sorge zu tragen habe, und die Be= rufung der Synode erscheint als der Akt, durch welchen er seiner bezüg= lichen Pflicht genügt. In dem Schreiben an Hadrian I fehlt zwar der bezügliche Gedanke; in dem Schreiben an Leo I stellt sich die Berufung der Synode wenigstens nicht ausdrücklich als Akt der Herrscherpflicht dar. Die Schreiben sind aber in anderer Beziehung bedeutsam. Marcian

nimmt die Bestimmung des Ortes der Synode so ausschließlich in An=
spruch, wie er es nur thun konnte, wenn ihm die Berufung als eine
Angelegenheit galt, in der er an die Mitwirkung eines anderen nicht
gebunden war. Irene und Konstantin beraten sich über die Veranstaltung
des Konzils wohl mit Priestern. Die Bischöfe aber, welche zu Rat ge=
zogen werden, sind, wie bereits zu bemerken war, Orientalen. Der Papst
insbesondere zählt nicht zu ihnen. Er wird in dem Schreiben erst er=
wähnt, nachdem bemerkt worden, daß der Entschluß zur Veranstaltung
des Konzils gefaßt wurde, und zwar, indem er einfach eingeladen wird,
sich an der Synode, womöglich persönlich, zu beteiligen. Der Sachver=
halt ist also nach allen Dokumenten klar. Er wird überdies noch durch
einen besonderen Punkt bezeugt. Die Kaiser erscheinen auch in den Sätzen
ihrer Schreiben, welche die Berufung eigentlich enthalten, durchaus als
Gebieter, nicht etwa als Ausführer eines fremden Auftrages. Die Schreiben
lauten in dieser Beziehung alle mehr oder weniger bestimmt. Am deut=
lichsten ist das Einladungsschreiben zur dritten Synode gehalten. Theo=
dosius II bemerkt nicht bloß, er werde nicht dulden, daß einer ohne Grund
wegbleibe; er fügt auch bei, daß, wer seiner Anordnung etwa nicht Folge
leiste, bei Gott und bei ihm selbst keine Entschuldigung habe, und indem
er so spricht, zeigt er unzweideutig, in welcher Weise er sich die Be=
rufung zuerkannte. Dabei ist es ganz gleichgültig, wie etwa das Wort
$\varkappa\varepsilon\lambda\varepsilon\acute{\upsilon}\varepsilon\iota\nu$, das in der Erörterung Scheebens einen Platz einnimmt, zu
fassen ist. Dasselbe kommt in den Berufungsschreiben gar nicht vor.[1]

Den Berufungsschreiben reihen sich vier kaiserliche Erklärungen an
die Synoden an, drei Schreiben und eine Rede. Das erste Schreiben
ist das Edikt, welches Theodosius II und Valentinian III zur Aufrecht=
erhaltung der Ordnung an die dritte allgemeine Synode erließen (Harduin
I, 1346). Es beginnt mit den Worten: „Wir tragen für alle das
Gemeinwohl betreffenden Dinge große Sorge, insbesondere aber für die

---

[1] Noch deutlicher erklärt sich Konstantin d. Gr. in dem Schreiben an die Synode
von Thyrus (Eus. V. C. IV, 42). Nachdem er von der Berufung der Bischöfe und
der Bestellung eines Kommissärs für die Synode gesprochen, bemerkt er: „Wenn
jemand, was ich nicht glaube, unseren Befehl auch jetzt noch zu übertreten versucht
und zu erscheinen sich weigert, wird sofort jemand von uns abgeschickt werden, um
ihn kraft kaiserlicher Autorität ins Exil zu schicken und zu zeigen, daß man den im
Interesse der Wahrheit getroffenen Anordnungen des Kaisers sich nicht widersetzen
darf". Die Erklärung bezieht sich zwar nicht auf eine allgemeine Synode. Aber es
bedarf keines weiteren Beweises, daß Konstantin sie auch einer solchen gegenüber ab=
geben konnte, wenn er es für zweckdienlich hielt.

auf die Religion bezüglichen, durch welche den Menschen auch die übrigen Güter zu teil werden. Deshalb (διά τοι τοῦτο) haben wir jüngst das Erforderliche geschrieben, daß Eure Frömmigkeit in der Metropole Ephesus zu einer Synode zusammenkomme." Die Kaiser betonen damit aufs neue ihre Sorge für die kirchlichen Angelegenheiten, die Berufung des Konzils stellt sich hier, wie die Worte διά τοι τοῦτο zeigen, noch bestimmter als Folge jener Sorge dar denn in dem Berufungsschreiben. Ihre Sorge hat aber mit der Berufung noch nicht ein Ende. Das Edikt lautet weiter: „Da aber auch für die gebührende Ordnung und Ruhe bei der Beratung Eurer heiligsten Synode nach Pflicht zu sorgen ist, so haben wir auch das nicht übergangen, damit nirgends eine Störung eintrete. Wir sind zwar überzeugt, daß Eure Heiligkeit keiner fremden Hilfe bedarf, um auch anderen den Frieden zu gewähren. Doch durfte unsere eifrige Sorge für die Religion auch dies nicht vernachlässigen." Der Komes Kandidian sei daher beauftragt, zur Synode abzugehen, zwar nicht, um an den Beratungen über das Dogma sich zu beteiligen, da es Personen, welche nicht zur Zahl der Bischöfe gehören, nicht erlaubt sei, in die kirchlichen Verhandlungen sich zu mischen, aber um Leute fern zu halten, welche etwa nur die Neugierde nach Ephesus treibe, und dafür zu sorgen, daß die Verhandlungen einen geordneten Verlauf nehmen und nicht in Streitigkeiten ausarten, daß kein Synodalmitglied Ephesus vorzeitig verlasse, daß vor Erledigung der dogmatischen Hauptfrage kein anderer Streitpunkt in Untersuchung gezogen werde u. s. w. Die Kaiser bemühen sich also auch um Aufrechthaltung der Ruhe auf der Synode, sie geben selbst Weisungen für den Gang der Verhandlungen, sie thun dies, wie das Schreiben klar zeigt, aus eigener Machtvollkommenheit, und wenn sie zu solchem Vorgehen der Synode selbst gegenüber sich berechtigt glaubten, um wie viel mehr konnten sie dann das Recht in Anspruch nehmen, die Einleitung zur Veranstaltung der Versammlung zu treffen?

Die Rede rührt von Marcian her und wurde von ihm gehalten, als er dem Konzil von Chalcedon in der sechsten Sitzung persönlich anwohnte. Der Kaiser begann mit den Worten: „Von Anfang unserer Regierung an, da wir durch Gottes Ratschluß zu derselben berufen wurden, hielten wir vor allen anderen dringenden Sorgen nichts unseres Rates und Eifers für würdiger, als daß in betreff des rechten Glaubens, der wahr und heilig ist, alle einmütig seien und kein Zweifel bezüglich desselben in den Seelen der Menschen hafte. Nun wurde mittlerweile,

da einige aus Habsucht oder falschem Eifer verschieden dachten und die
Lehre den Völkern im Gegensatz zu dem Glauben der hl. Väter dargelegt wurde, ein weit verbreiteter Irrtum gefunden. Indem wir diesen
heilen wollten, versammelten wir unsere hl. Synode, glaubend, die schönste
Frucht der Beschwerden der Reise werde eine Bekräftigung der wahren
Religion sein, so daß die auf den Herzen der Menschen lagernde Finsternis
beseitigt werde und, wie Gott selbst den Menschen durch eigenen Ratschluß sich offenbarte und wie die Lehre der hl. Väter den in den Herzen
aller erglänzenden reinsten und wahren Glauben begründete, so das
Menschengeschlecht glaube und den Kecken fortan jede Freiheit benommen
werde, über die Geburt unseres Herrn und Erlösers Jesu Christi anders
zu denken und zu reden, als von den Aposteln gepredigt und von unseren
318 hl. Vätern zu Nicäa einmütig überliefert wurde, wie auch der Brief
Leos, des gottgeliebtesten Erzbischofs der Hauptstadt Rom, an Flavian
frommen Andenkens, den Bischof der neuen Hauptstadt Rom, zeigt."
Und nach einigen weiteren Sätzen bemerkte er: „Das Streben unserer
Majestät geht dahin, daß alle Leute eine und dieselbe Anschauung von
Gott haben und die wahre und katholische Religion ehren, welche Ihr
ihnen nach den von den hl. Vätern überlieferten Dogmen erklären werdet"
u. s. w. (Harduin II, 463, Hefele II, 475).[1]

Das zweite Schreiben, das nur in lateinischer Übersetzung erhalten
blieb, erging an die fünfte Synode. Es beginnt mit den Worten:
Semper studium fuit orthodoxis et piis imperatoribus patribus
nostris, pro tempore exortas haereses per congregationem reli-
giosissimorum episcoporum amputare et recta fide sincere prae-
dicata in pace sanctam Dei ecclesiam custodire. Quapropter et
Constantinus piae recordationis Ario blasphemante et dicente, non
esse filium consubstantialem Deo patri, sed creaturam et ex non
exstantibus factum esse, congregavit Nicaeae ex diversis dioe-
cesibus trecentos decem et octo sanctos patres, et cum ipse etiam
concilio interfuisset et adiuvisset eos, qui consubstantialem filium
patri confessi sunt, condemnata Ariana impietate studium habuit
rectam fidem obtinere. Ähnlich wird dann die Berufung der drei
folgenden Synoden dargestellt. Endlich kommt die Rede auf die gegenwärtige Lage, und nachdem Justinian I den Bischöfen bemerkt, daß über

---

[1] Der Kaiser sprach zuerst lateinisch, dann griechisch. Erhalten ist nur der
griechische Text.

die drei Kapitel immer noch Uneinigkeit bestehe, da einige trotz der von ihnen bereits ausgesprochenen Verdammung an denselben festhalten, fährt er fort: Ideo vocavimus vos ad regiam urbem, hortantes communiter convenientes quam habetis pro his voluntatem iterum manifestare. Nachdem er hierauf der bisherigen Verhandlungen des Vigilius gedacht, erwähnt er die Einladung desselben zum Konzil mit den Worten: Mandavimus illi etiam per nostros iudices et per quosdam ex vobis, ut una cum omnibus conveniret et communiter disceptaret de praedictis capitulis, ut forma daretur rectae fidei conveniens (Harduin III, 54—57, Hefele II, 863—66).

Das dritte Schreiben erging an die siebente Synode. Konstantin und Irene sprechen am Eingang von der Menschwerdung des Sohnes Gottes, der Versöhnung der Menschheit mit Gott und dem frieblichen Wandel, welcher uns dadurch ermöglicht worden. Indem sie dann die Seligpreisung der Friedfertigen anführen, fahren sie fort: „Da nun unsere fromme Herrschaft dieser Seligkeit, welche uns den Adel der Kindschaft Gottes gewährt, teilhaftig zu werden wünscht, so bemühen wir uns, unser ganzes römisches Reich zum Frieden und zur Einigkeit zu führen. Insbesondere wollen wir für die gute Ordnung der heiligen Kirchen Gottes sorgen, und wir lassen uns die Einigung der Priester im Osten, Norden, Westen und Süden in allem angelegen sein. Und nach Gottes Wohlgefallen sind sie anwesend in ihren Stellvertretern mit den Schreiben, mit denen sie die von dem heiligsten Patriarchen (von Konstantinopel) ausgegangenen Synodalschreiben beantworteten. Denn das ist von altersher das Synodalgesetz der katholischen Kirche, die von den Enden bis zu den Enden das Evangelium empfangen hat. Deshalb haben wir nach seinem Wohlgefallen und Wink Euch versammelt, seine heiligsten Priester, die Ihr seinen Bund mit unblutigen Opfern haltet, damit Euer Urteil den Entscheidungen der richtig erkennenden Synoden ähnlich werde" u. s. w. (Harduin IV, 35). Das Schreiben ist, wie ähnlich auch die anderen Darlegungen, so klar, daß es keiner Erklärung mehr bedarf.

Endlich kommen hier noch die Äußerungen in Betracht, welche Konstantin d. Gr. in betreff der Synode von Nicäa that. Der Kaiser spricht sich wiederholt über die Berufung aus. In seiner Anrede an die Synode bemerkt er: als er von der kirchlichen Uneinigkeit erfahren, habe er die Angelegenheit nicht vernachlässigt, sondern wünschend, daß auch sie durch sein Bemühen bereinigt würde, habe er alle ohne Zögern zusammenberufen, συμμετεστειλάμην (Eus. V. C. III, 12). Und wenn er hier

nur einfach erklärt, er habe die Berufung vorgenommen, so bemerkt er
in dem Schreiben an die Kirche von Alexandrien weiterhin, er habe sie
vorgenommen auf Eingebung Gottes, ὑπομνήσει θεοῦ (Socr. I, 9).
In keiner dieser Äußerungen wird der Mitwirkung des römischen Stuhles
gedacht. Ebensowenig wird sie in anderen Dokumenten erwähnt, wie in
dem Rundschreiben an alle Kirchen (Eus. V. C. III, 17; Socr. I, 9)
und in dem Schreiben an die Gemeinde von Nikomedien (Theodor. I,
20), und dieselben haben insofern hier gleichfalls eine Bedeutung, wenn
das Subjekt der Berufung in ihnen auch nicht bestimmt ausgedrückt ist.
So oft also der Kaiser auf die Synode zu sprechen kommt, ebenso oft
schweigt er über den Papst, und ein solches Verhalten kann nicht zufällig
sein. Das beständige Schweigen schließt die Annahme aus, er habe sich
in der Angelegenheit an die Zustimmung des römischen Bischofs gebunden
erachtet. Die Annahme unterliegt um so größeren Bedenken, als in
einem Fall ein besonderer Anlaß zum Reden gegeben war. Wenn Konstantin in dem Schreiben an die Kirche von Alexandrien der Eingebung
Gottes gedenkt, dann konnte er unter der fraglichen Voraussetzung den
römischen Stuhl nicht unerwähnt lassen.

Die Kaiser sahen die Berufung der Konzilien hiernach als eine Angelegenheit an, über die sie selbständig zu entscheiden hatten, wenn sie sich
auch des Rates einiger Bischöfe bedienten. Sie rechneten den Akt eben
zu den ἐκτὸς τῆς ἐκκλησίας, und in diesen Dingen betrachteten sie sich
selbst als Bischöfe, wie schon Konstantin d. Gr. ausdrücklich erklärte
(Eus. V. C. IV, 24). Der Gedanke, dazu der Zustimmung eines bestimmten Bischofs, näherhin des Papstes, zu bedürfen, lag ihnen durchaus
ferne. Die angeführten Konvokationsschreiben und anderweitigen Äußerungen zeigen das mit aller Bestimmtheit, und bei diesem Sachverhalt
ist klar, was von der Behauptung Scheebens zu halten ist, es sei evident,
daß die christlichen Kaiser in der Angelegenheit nicht selbständig oder ohne
vorheriges Einverständnis mit dem Papste vorgehen konnten. Die vermeintliche Evidenz der Unmöglichkeit beruht auf einer Annahme, die in
den Quellen keinen Anhalt findet.

Die Berufung der Konzilien wurde aber von den Kaisern als Recht
nicht bloß in Anspruch genommen, sondern ihnen von den Zeitgenossen
auch als solches zuerkannt. Dies ergiebt sich daraus, daß der Akt von
den Alten im ganzen einmütig den Kaisern zugeschrieben wird, näherhin
den Kaisern allein und ohne daß der Mitwirkung eines Dritten oder
des Rechtes eines Dritten, dabei ein entscheidendes Wort mitzusprechen,

gedacht wird. Die Redeweise läßt schwerlich eine andere Deutung zu. Hätte man geglaubt, der römische Stuhl müsse den Kaiser zu seiner Handlung bevollmächtigen, und sollte die Bevollmächtigung etwa auch nur in der Zustimmung bestehen, so konnte die Mitwirkung derselben nicht fast durchweg unerwähnt bleiben. Die Päpste handeln und reden überdies wiederholt selbst so, daß ihre Haltung und ihre Worte eine Anerkennung des bezüglichen Rechtes der Kaiser verraten. Daneben fehlt es allerdings nicht ganz an Stellen, welche anders lauten. Dieselben sind aber nicht derart, um jenen Zeugnissen das Gleichgewicht zu halten, geschweige denn, um ihre Bedeutung zu entkräften. Prüfen wir die Sache für die einzelnen Synoden.

1. Daß die Synode von Nicäa ihre Berufung dem Kaiser verdankt, sagt sie vor allem selbst in ihrem Schreiben an die Kirchen Afrikas, bezw. in dem Synodaldekret (Socr. I, 9; Harduin I, 429). Und daß sie nicht zugleich eine Zustimmung des Papstes als notwendig ansah, verrät sie dadurch, daß sie ihre Veranstaltung außer dem Kaiser auf die Gnade Gottes zurückführt, von dem Papste aber schweigt. Ἐπειδή, lautet der Anfang des Schreibens, τῆς τοῦ θεοῦ χάριτος καὶ τοῦ θεοφιλεστάτου βασιλέως Κωνσταντίνου συναγαγόντος ἡμᾶς. Außerdem kommt als Hauptzeuge der Zeitgenosse Eusebius in Betracht. Nachdem er kurz angedeutet, daß Konstantin die Alexandriner vergeblich zum Frieden ermahnt, fährt er fort: „Hernach berief er, dem Feinde der Kirche gleichsam eine göttliche Phalanx entgegenstellend, eine ökumenische Synode, indem er die Bischöfe von allen Orten durch ehrende Schreiben zum Erscheinen einlud" (V. Const. III, 6). Ebenso berichten Sokrates H. E. I, 8, Sozomenus H. E. I, 17, Theodoret H. E. I, 7, Rufin in der Fortsetzung der Kirchengeschichte des Eusebius I, 1, Gelasius von Cyzikus in der Einleitung zu seiner Geschichte des Konzils (Harduin I, 346). Rufin läßt den Kaiser näherhin ex sacerdotum sententia handeln. Wer die sacerdotes waren, sagt er zwar nicht. Es liegt aber nahe, an die Bischöfe zu denken, welche am Hoflager oder in der Nähe des Kaisers sich befanden. Ob Papst Silvester zu ihnen zählt, läßt sich nicht bestimmen. Es ist sogar unwahrscheinlich, da die Berufung der Synode in die Zeit fällt, wo Konstantin im Orient weilte, und es zweifelhaft ist, ob der Papst dem Kaiser dahin folgte. Wenn es aber je anders sein sollte, so giebt die Stelle immerhin noch keinen Beweis für ein päpstliches Zustimmungsrecht. Denn Rufin spricht erstens nicht von Zustimmung, sondern nur von einem Rat. Zweitens spricht er von mehreren

Priestern oder Bischöfen, nicht vom Papste allein, was doch der Fall sein müßte, wenn die Stelle in unserer Frage etwas beweisen sollte, da sonst auch anderen Bischöfen eine Mitwirkung zuzuerkennen wäre. Die sechste allgemeine Synode that in ihrem λόγος προσφωνητικός allerdings den bestimmten Ausspruch: Konstantin und Silvester versammelten (συνέλεγον) die Synode von Nicäa (Harduin III, 1417), und der Liber pontificalis läßt in der Biographie Silvesters die Synode cum consensu Silvestri zu stande kommen. Die Angaben unterliegen indessen gerechten Bedenken. Das Papstbuch ist, wie die Forschung neuerdings gezeigt, in seinem älteren Teil eine zu unlautere Quelle, die Vita Silvestri insbesondere zu legendenhaft, um für Angaben Glauben zu beanspruchen, welche nicht anderweitig zu erhärten und mehr oder weniger unwahrscheinlich sind. Die Synode von Konstantinopel 680 sodann ist von der Synode von Nicäa zu weit entfernt, um für diese vollgültig zeugen zu können. Zudem bietet die Rede, in welcher die fragliche Angabe vorkommt, in keiner Weise die erforderliche Gewähr. Die Acclamationen der Synoden sind überhaupt nicht wörtlich zu nehmen, und die hier in Betracht kommende erträgt eine strenge Prüfung am allerwenigsten. Läßt sie doch die Synode von Konstantinopel 381 durch Gregor von Nazianz und Nektarius veranstaltet werden, während dieser beim Anfang der Synode noch nicht einmal Geistlicher war und die Berufung, wie wir sofort sehen werden, von Theodosius I ausging! Die Angabe ist daher nicht buchstäblich zu verstehen. Wenn man sie im Lichte der ganzen Rede prüft und erwägt, wie auch bei den folgenden Synoden die Päpste den Kaisern an die Seite gestellt werden, so läuft sie darauf hinaus, daß Silvester zur Zeit der Synode Bischof von Rom war und an der Synode sich beteiligte, derselben näherhin, wie wir durch Eusebius (V. C. III, 7) erfahren, in seinen Legaten anwohnte.

2. Die Synode von Konstantinopel 381 ist an sich nur ein Generalkonzil des Orients. Die römische Kirche war auf ihr demgemäß nicht vertreten. Die Papst wurde nicht einmal zum Erscheinen eingeladen; noch weniger war er an der Berufung beteiligt, und wenn man trotzdem sich lange Zeit bemühte, ihm einen Anteil an derselben zuzuerkennen, so zeigt dies, wie unklar man in der Sache und wie übereifrig man in Verteidigung einer herkömmlichen Anschauung war. Indessen nimmt die Synode hier immerhin insofern eine Stelle ein, als sie gleichfalls durch den Kaiser berufen wurde. Sie sagt dies selbst in ihrem Schreiben an Theodosius I (Harduin I, 807). Weitere Zeugen sind

Sokrates V, 8, Sozomenus VII, 7, Theodoret V, 7. Die Sache begreift sich leicht. Wenn die Synode auch nicht eine ökumenische war, so kam sie einer solchen immerhin nahe, indem sie von den damals bestehenden drei Patriarchalsprengeln wenigstens zwei umfaßte, und sie war demgemäß durch denjenigen zu veranstalten, dem die Berufung der allgemeinen Synoden zukam.

3. Wie die Synoden von Nicäa und Konstantinopel, so bezeugt auch die von Ephesus 431 die kaiserliche Berufung selbst. Sie thut es aber nicht bloß einmal, wie jene, sondern wiederholt, indem sie in jeder Sitzung dem Sachverhalt Ausdruck giebt. So wird sofort am Anfang des Protokolls der ersten Sitzung bemerkt: συνόδου συγκροτηθείσης ἐν τῇ Ἐφεσίων μητροπόλει ἐκ θεσπίσματος τῶν θεοφιλεστάτων καὶ φιλοχρίστων βασιλέων (Harduin I, 1354). Die gleiche Bemerkung findet sich in den folgenden Sitzungen, nur in der dritten nicht gleich im Anfang, sondern etwas später. Eine Ausnahme bildet bloß die fünfte Sitzung. Immerhin wird aber auch hier die Sache bezeugt. In dem Schreiben, das die Synode in der Sitzung an die Kaiser richtete, bezeichnet sie sich als χάριτι θεοῦ καὶ νεύματι τοῦ ὑμετέρου κράτους συναχθεῖσα (Harduin I, 1502). Das Zeugnis findet sich also in jeder Sitzung. In einigen Sitzungen kommt es sogar mehrfach vor, indem die Synode auch außerhalb der fünften Sitzung Schreiben mit derselben oder ähnlicher Selbstbezeichnung erließ, in der ersten drei, in der dritten zwei, in der siebenten eines (das Cirkularschreiben an die ganze Christenheit), oder, wie in der vierten und siebenten, ein derartiges Schreiben entgegennahm. Dazu kommen noch die einschlägigen Schreiben, welche die Synode in ihrem Kampfe gegen die Antiochener erließ und empfing, neun an der Zahl und mehrere mit doppeltem Zeugnis, indem der Sachverhalt wie in der Überschrift so noch besonders im Eingang zum Ausdruck gebracht ist (Harduin I, 1582—1615). Endlich reihen sich auch noch einige Schreiben der Antiochener oder ihres Konziliabulums an (Harduin I, 1535, 1546, 1554; Theodor. Epp. 152, 156, 157 ed. Schulze IV, 1314, 1321, 1323). Indessen mögen diese ganz unberücksichtigt bleiben. Es bleiben immerhin 26 Zeugnisse, und wenn wir die Doppelzeugnisse, wie es doch wohl zulässig ist, auch doppelt zählen, wird die Zahl noch größer. Hiernach wird der kaiserlichen Berufung also etwa dreißigmal an hervorragender Stelle gedacht. Daß aber der Papst bei der Berufung mit seiner Zustimmung u. dgl. mitgewirkt hätte, wird nirgends bemerkt, und diese Thatsache spricht für sich selbst. Die

Synode dachte sich die Berufung nicht durch päpstliche Zustimmung bedingt, da sie über diese sonst nicht durchweg mit Schweigen hinweggehen konnte, sie vielmehr, wenn auch nicht gerade immer, so doch das eine- oder andere-mal erwähnen mußte. Sie giebt ihre Anschauung zudem nicht bloß durch Schweigen zu erkennen, sondern sie spricht sich noch deutlicher darüber aus, sofern sie ihre Berufung einfach auf den Eifer der Kaiser für den Glauben und die kirchliche Ordnung zurückführt. „Eure christliche Majestät", beginnt sie eines ihrer Schreiben, „frömmste Herrscher, zeigte schon von Jugend auf Eifer für den Glauben und die Kanones, weshalb sie auch die Bischöfe des Erdkreises durch ein frommes Edikt nach Ephesus berief." „Eure Majestät", leitet sie ein zweites Schreiben ein, „ließ nicht zu, daß der wahre Glaube durch die Lehre des Nestorius untergraben werde . . .; sondern derartige Ideen gegen Christus verabscheuend, befahl uns Eure Frömmigkeit, aus fast der ganzen Erde in der Metropole Ephesus uns zu versammeln" (Harduin I, 1591, 1598). Das Urteil der Synode ist aber insofern zugleich das des Papstes, als dessen Legaten auf der Ver-sammlung anwesend waren. Indessen sind wir bezüglich der päpstlichen Auffassung auf diesen Punkt nicht allein angewiesen, sondern wir können dieselben auch aus Briefen des Papstes erschließen. Es kommen besonders zwei Schreiben in Betracht, dasjenige, mit welchem Cölestin die Ein-ladung der Kaiser beantwortete, und dasjenige, welches er an die Synode richtete.

Jenes Schreiben ist an Theodosius gerichtet und beginnt folgender-maßen: „Obwohl es genügt, daß der Eifer Eurer Milde für die Ver-teidigung des katholischen Glaubens, der Ihr vermöge der Liebe zu Christus unserem Gott, dem Lenker Eures Reiches, auf alle Weise Euch zu widmen bestrebt seid, denselben unversehrt und makellos bewahrt, den Irrtum der schlechten Dogmen verdammend, indem Ihr darin immer einen Schutz für Euer Reich errichtet, wissend, daß Euer Reich, durch die Beobachtung der heiligen Religion gestärkt, festeren Bestand haben werde: so wenden wir, jeder von uns, vermöge des priesterlichen Amtes, so viel wir vermögen, dieser himmlischen Angelegenheit (huic caelesti curae vel gloriae) doch unsere Mühe zu und wohnen der Synode, die Ihr angeordnet habt (quam esse iussistis), in unseren Abgesandten an" (Harduin I, 1473). Der Papst erklärt sich damit bereit, durch Legaten an der Synode sich zu beteiligen, und indem er einfach bemerkt, daß die Synode durch Theodosius angeordnet wurde, erkennt er zugleich an, daß die Berufung Sache des Kaisers sei. Der Schluß ist unabweisbar und um so weniger anzufechten, als die übrigen Schreiben Cölestins nichts enthalten, was ihm entgegenstände. Es fällt hier namentlich das bereits erwähnte Schreiben des Papstes an die Synode ins Gewicht (Harduin I, 1467). In demselben wird nicht etwa, was doch andernfalls mit Grund zu erwarten wäre, bemerkt oder auch nur angedeutet, daß der Papst den kaiserlichen Akt bestätigen und die Synode so gleichsam seiner= seits berufen wolle. Im Gegenteil. Die Synode gilt ihm so, wie sie berufen ist, als zu Recht bestehend; sie trägt ihre Auktorität in sich selbst, oder sie hat sie vielmehr von dem hl. Geiste, der in ihrer Mitte ist. „Die Synode der Priester", beginnt das Schreiben, „macht die An= wesenheit des hl. Geistes offenbar. Denn wahr ist das Schriftwort, da die Wahrheit nicht lügen kann, der Ausspruch des Evangeliums: Wo zwei oder drei in meinem Namen versammelt sind, da bin ich mitten unter ihnen. Da dem so ist, wenn der hl. Geist nicht einmal einer so kleinen Zahl fehlt, um wie viel mehr ist seine Anwesenheit da anzunehmen, wo eine so große Menge von Heiligen sich versammelt!" Auf der anderen Seite hatte der Papst für die Synode allerdings bestimmte Auf= träge; er hatte sein Urteil über Nestorius schon gefällt, und er wünschte und verlangte, daß die Synode demselben beitrete. Daraus ist aber nicht mit Hefele (I, 10) zu schließen, daß er sie zwar nicht im buchstäblichen, aber in einem höheren, realeren Sinne zu ihren Geschäften berufen oder, wie die Worte zu deuten sind, zu ihrem Handeln bevollmächtigt habe. Der bezügliche Auftrag hat mit der Berufung oder Bevollmächtigung nichts zu thun. Er ist materieller Art; diese ist formeller Natur und aus jenem um so weniger zu folgern, als dem Schluß die angeführte Stelle des Briefes, betreffend die Auktorität der Synode, durchaus ent= gegensteht.

Als weitere Zeugen für den Sachverhalt mögen im Interesse der Vollständigkeit endlich noch Sokrates VII, 34 und Evagrius I, 3 er= wähnt werden.

4. Daß die Synode von Ephesus 449 einfach durch kaiserliche Anordnung zu stande kam, bezeugt Evagrius I, 9. Über die Stellung aber, welche der römische Stuhl zu derselben einnahm, verbreitet sofort das Schreiben Licht, mit welchem Leo I das Einladungsschreiben des Kaisers Theodosius II beantwortete. Das Schreiben beginnt: „Wie sehr die göttliche Vorsehung um die menschlichen Dinge sich bekümmert, zeigt die durch den Geist Gottes angeregte Sorge Eurer Milde, welche in der katholischen Kirche keinen Unfrieden und keine Verschiedenheit

duldet, weil der Glaube, welcher nur einer ist, in nichts sich unähnlich sein kann. Daher schickte ich, obwohl Eutyches, wie die bischöflichen Schreiben kund thaten, überwiesen wurde, unvernünftig und unverständig zu irren, und von seiner verwerflichen Ansicht zurücktreten sollte, da Eure Frömmigkeit, welche zur Ehre Gottes die katholische Wahrheit aufs innigste liebt, zu Ephesus ein synodales Gericht anordnete (constituit synodale iudicium), damit dem unerfahrenen Greis die ihm allzu dunkle Wahrheit offenbar werde, meine Brüder, den Bischof Julius und den Presbyter Renatus, und meinen Sohn, den Diakon Hilarus, welche statt meiner bei der Angelegenheit genügen könnten" (Ep. 29 ed. Ballerini; Harduin II, 15). Leo spricht sich hier über die Berufung der Synode so aus, daß man sieht, wie er in derselben eine dem Kaiser zustehende Angelegenheit erkennt. Dasselbe erhellt aus den einschlägigen Briefen an Pulcheria (Ep. 31 c. 4), an die Synode (Ep. 33; Harduin II, 19), an den Bischof Julian von Cos (Ep. 34), sowie aus weiteren Schreiben an Theodosius, von denen eines (Ep. 37) noch der Synode vorangeht, die anderen aber erst nach der Synode geschrieben wurden und bereits auch für den Sachverhalt bei der nächsten Synode zeugen, die mit der vorigen im engsten Zusammenhang steht, gewissermaßen ihr Gegenstück bildet (Epp. 43—44).

Die Bemühungen für Veranstaltung der Synode von Chalcedon beginnen sofort mit dem Schluß der Räubersynode, und sie gingen hauptsächlich von Leo I aus. Der Papst bat, da zu Ephesus das Unrecht gesiegt hatte, den Kaiser schon am 13. Oktober 449 im Namen der abendländischen Kirchen um Veranstaltung eines neuen Konzils und zwar in Italien. Omnes partium nostrarum ecclesiae, schreibt er (Ep. 44 c. 3), omnes mansuetudini vestrae cum gemitibus et lacrymis supplicant sacerdotes, ut, quia et nostri fideliter reclamarunt et eisdem libellum appellationis Flavianus episcopus dedit, generalem synodum iubeatis intra Italiam celebrari. Die Bitte wurde zweimal erneuert, an Weihnachten 449 (Ep. 54) und am 16. Juli 450 (Ep. 69), zugleich die Unterstützung des abendländischen Kaisers Valentinian III sowie seiner Gemahlin und Mutter (Epp. 55—58) in Anspruch genommen. Aber erst der Thronwechsel im Sommer 450 eröffnete derselben Aussicht auf Erfüllung. Während Theodosius II sie beharrlich abschlug, da, wie er erwiderte, zu Ephesus nichts gegen den Glauben und die Gerechtigkeit unternommen, die Urheber der kirchlichen Unruhen vielmehr nach Gebühr abgesetzt worden seien (Epp. 62—64; Harduin

II, 39), erklärte sich sein Nachfolger Marcian, der Gemahl seiner Schwester Pulcheria, sofort (Ep. 73) bereit, dem Papste zu willfahren. Nur sollte das Konzil, wie er schon in seinem zweiten Schreiben an Leo andeutete, demselben, dessen Wortlaut oben (S. 48—49) mitgeteilt wurde, nicht in Italien, sondern im Orient abgehalten werden, und zwar an dem Orte, der dem Kaiser gefalle (Ep. 76). Diese Abänderung seines Vorschlages bestimmte Leo, da die abendländischen Bischöfe bei den damaligen Kriegsunruhen ihre Kirchen nicht auf längere Zeit verlassen konnten, in dem Schreiben vom 9. Juni 451 zu dem Wunsche, die Synode möchte verschoben werden (Ep. 83). Da aber die Berufung inzwischen (17. Mai) schon erfolgt war, nahm er die Synode hin und schickte Legaten zu ihr ab.

Die Geschichte zeigt, daß Leo an dem Zustandekommen der Synode einen sehr bedeutenden Anteil hatte. Man könnte die Synode gewissermaßen geradezu sein Werk nennen. Auf der anderen Seite erhellt aber auch, daß die Berufung der Synode Sache des Kaisers war und daß dieses selbst von Leo anerkannt wurde. Denn Leo bittet, und zwar wiederholt, daß der Kaiser die Synode anordne. Als dann die Angelegenheit eine ihm nicht gut dünkende Wendung nimmt, bittet er den Kaiser um Aufschub. Da die Synode aber schon vor dieser Bitte berufen war, fügt er sich in das Geschehene, und er thut dies, ohne irgendwie zu bemerken, daß er nicht nach Gebühr gehört worden sei. Er nimmt sogar die ausdrückliche Erklärung des Kaisers, er werde den Ort des Konzils nach seinem Gutdünken bestimmen, ohne ein Wort der Widerrede hin. Ja, er erhebt über etwaige Verletzung seiner Rechte, obwohl das Vorgehen des Kaisers seinen Wünschen so wenig völlig entsprach, nicht nur keine Beschwerde, in dem Schreiben, welches er am 27. Juli 451 an die Synode selbst richtete, spricht er vielmehr von Wahrung des Rechtes und der Ehre des Apostels Petrus, und er findet diese in der Einladung zur Synode, die ihm seitens des Kaisers zu teil geworden. Amplectendum est, schreibt er näherhin, clementissimi principis plenum religione consilium, quo sanctam fraternitatem vestram ad destruendas insidias diaboli et ad reformandam ecclesiasticam pacem voluit convenire, beatissimi Petri apostoli iure atque honore servato, adeo ut nos quoque suis ad hoc litteris invitaret, ut venerabili synodo nostram praesentiam praeberemus (Ep. 93; Harduin II, 47). Daraus ergiebt sich, wie ich schon früher (Theol. Qu. Schrift 1882 S. 568) bemerkte, mit aller Evidenz, daß er für sich kein Zustimmungsrecht beanspruchte, daß er die Berufung der Synode vielmehr einfach als eine kaiserliche Angelegenheit ansah. Man hat zwar (Z. f. k. Th. 1886 S. 82 f.) gegen diese Deutung geltend gemacht, der Nachdruck liege in dem Schreiben nicht auf der Einladung im allgemeinen, sondern auf der Einladung zum persönlichen Erscheinen; denn jene habe sich, da die Einladung überhaupt an alle Bischöfe erging, von selbst verstanden, und wozu die feierliche Formel: beatissimi Petri apostoli iure atque honore servato, wenn nur eine Ehre gemeint wäre, die auch dem gewöhnlichen Bischof zu teil wurde? Der Einwand ist aber offenbar nichtig. Fürs erste legte Leo auf den fraglichen Punkt keineswegs einen solchen Nachdruck. Er bemerkte allerdings im Anschluß an die angeführten Worte, daß er auf der Synode nicht persönlich er= scheinen könne, weil die Not der Zeit und das Herkommen es nicht ge= statten: quod quidem nec necessitas temporis nec ulla poterat consuetudo permittere. Aber er bemerkt auch sofort, daß er in seinen Legaten der Synode vorsitzen und in diesen auf ihr anwesend sein werde: tamen in his fratribus, hoc est Paschasino et Lucentio episcopis, Bonifatio et Basilio presbyteris, qui ab apostolica sede directi sunt, me synodo vestra fraternitas aestimet praesidere, non abiuncta a vobis praesentia mea, qui nunc in vicariis meis adsum, und er verrät damit, daß es ihm nur auf die Einladung überhaupt ankam, da er sich sonst nicht leicht so ausdrücken könnte. Fürs zweite lautete die Einladung bei allen Bischöfen zunächst auf persönliches Erscheinen, und es ist daher schlechterdings nicht einzusehen, wie Leo darin eine besondere Ehre setzen konnte. Die Wahrung der Ehre, von welcher Leo redet, kann also nur von der Einladung überhaupt verstanden werden, und wenn dem so ist, dann bleibt in der obschwebenden Frage auch nicht ein leiser Zweifel mehr übrig. Worte vereinigen sich hier mit Thaten, um die Auffassung Leos völlig klar zu stellen.

Dazu kommen noch die Zeugnisse der Synode, der Päpste und der Kaiser. Die Synode bemerkt, ähnlich der dritten, am Anfang jeder Sitzung, die fünfzehnte ausgenommen, in welcher die Kanones verkündigt wurden, sie sei auf Grund kaiserlicher Anordnung (συνελθούσης δὲ καὶ τῆς ἁγίας καὶ οἰκουμενικῆς συνόδου τῆς κατὰ θεῖον θέσπισμα ἐν τῇ Καλχηδονέων πόλει συναθροισθείσης) oder gemäß der Gnade Gottes und kraft kaiserlicher Verordnung (κατὰ χάριν θεοῦ καὶ ἐκ θεσπίσματος τῶν εὐσεβεστάτων βασιλέων) versammelt, ohne der päpstlichen Mit= wirkung auch nur einmal zu gedenken. Leo redet Ep. 106 ad Anat.

von sancta synodus studio christianissimi principis congregata. Ähnlich stellt sein vierter Nachfolger, Gelasius I, in dem unter dem Titel Gesta de nomine Acacii bekannten Traktat sowohl die Berufung der Synode nach Nicäa als ihre Verlegung nach Chalcedon einfach als Werk des Kaisers Marcian dar, ohne irgendwie der Mitwirkung des römischen Stuhles zu gedenken. Indicit (Marcianus), lauten seine Worte, synodum apud Nicaeam . . . quam synodum transtulit postea Chalcedonem propter palatii vicinitatem (Epist. Rom. pont. ed. Thiel I, 513; Corpus script. eccles. lat. Vindob. vol. 35 p. 444). In dem Edikt vom 7. Febr. 452, in welchem Valentinian III und Marcian die Bewohner von Konstantinopel zum Gehorsam gegen die Synode auffordern (Harduin II, 659), und in dem Edikt vom 13. März 452, durch das Marcian die Beschlüsse der Synode bestätigte (Harduin II, 662), ist ebenso einfach von kaiserlicher Anordnung die Rede, und das Schweigen von der päpstlichen Zustimmung ist auch hier bedeutsam. Da in beiden Aktenstücken die Auktorität der Synode betont wurde, war dieselbe nicht leicht zu übergehen, wenn anders sie als notwendig galt.

Bei diesem Sachverhalt ist es daher ein Verstoß gegen die Gesetze der historischen Kritik, die Worte, welche Leo später (453), in dem Schreiben an die Bischöfe, welche auf der Synode von Chalcedon anwesend waren, schrieb: generale concilium et ex praecepto christianorum principum et ex consensu apostolicae sedis placuit congregari (Ep. 114; Harduin II, 687), dahin zu deuten, als hätte das praeceptum des Kaisers zu seiner Gültigkeit der Zustimmung des Papstes bedurft und diese erhalten. Nach dem Verhalten, welches Leo beobachtete, als die Synode ins Leben trat, und nach der Erklärung, welche er an die Synode selbst abgab, ist die Deutung durchaus unstatthaft. Die Worte wurden überdies, wie das Schreiben klar zeigt, in einer bestimmten Absicht gebraucht. Der Papst verwirft im zweiten Teil des Briefes den Kanon 28, betreffend die Erhöhung des Stuhles von Konstantinopel, und um dieses Urteil recht zu begründen, erklärt er sofort im ersten Teil, in welchem er seine Stellung zu den Glaubensbeschlüssen bezeichnet, nicht bloß, daß diese allein seine Billigung haben, sondern auch, daß das Konzil nach den zwischen dem Kaiser und ihm gepflogenen Verhandlungen überhaupt zunächst nur der Glaubensfrage wegen versammelt worden sei, daß also der consensus apostolicae sedis nur für die Glaubensverhandlungen erteilt worden, jener Beschluß darum schon aus diesem Grunde ungültig sei.

Noch weniger gestattet es die historische Kritik, die Bemerkung der Bischöfe Mösiens in ihrem Schreiben an den Kaiser Leo: zu Chalcedon seien viele Bischöfe zusammen gekommen per iussionem Leonis Romani pontificis, qui vere caput episcoporum (Harduin II, 710), in der vorliegenden Frage zu betonen und zum Beweise eines päpstlichen Zustimmungsrechtes zu verwerten. Fürs erste ist schon nach dem Bisherigen klar, daß von einer iussio Leos nicht eigentlich die Rede sein kann, da nach den Briefen des Papstes selbst die iussio dem Kaiser zukam. Sodann zeigt auch der Zusammenhang, daß die Bemerkung nicht streng zu fassen ist. Auf die angeführten Worte folgt unmittelbar: et venerabilis sacerdotis et patriarchae Anatolii. Man braucht also den Satz nur etwas vollständiger zu nehmen, um zu erkennen, wie wenig mit ihm hier anzufangen ist. Oder will man etwa gar auch noch dem Bischof von Konstantinopel eine iussio in dieser Angelegenheit zuerkennen, da sie nicht einmal für den Bischof von Rom zu halten ist? Die Worte per iussionem Leonis sind daher nur im weiteren Sinne von den Bemühungen des Papstes um die Synode zu verstehen. Daß Leo ferner vere caput episcoporum und Anatolius venerabilis sacerdos et patriarcha genannt wird, ist zwar für das Verhältnis der Bischofsstühle von Rom und Konstantinopel bezeichnend. Dagegen kann den Worten in unserer Frage eine Bedeutung nicht beigelegt werden (Z. f. k. Th. 1886 S. 85 f.).

Endlich ist es unzulässig, die Worte Marcians in seinem ersten Schreiben an Leo: σοῦ αὐθεντοῦντος, te rectore (Ep. 73), hier anzuführen, wie Hefele (I, 12) thut. Die Worte sind überhaupt zu unbestimmt, um ein päpstliches Zustimmungsrecht zu beweisen. Zudem beziehen sie sich nicht, was doch bei dieser Auffassung unbedingt der Fall sein müßte, zu dem vorausgehenden Satzteil, in dem von der Veranstaltung der Synode die Rede ist, sondern zu dem folgenden. Der Kaiser spricht nicht von einer σοῦ αὐθεντοῦντος zu berufenden Synode, sondern er bezeichnet es als seinen Wunsch, daß, nachdem aller gottloser Irrtum durch die zu versammelnde Synode beseitigt worden, auf Anregung oder unter Führung des Papstes der größte Friede unter allen Bischöfen des katholischen Glaubens hergestellt werde: ὥστε πάσης ἀσεβοῦς πλάνης ἀποκινηθείσης διὰ τῆς συγκροτηθείσης ταύτης συνόδου σοῦ αὐθεντοῦντος μεγίστη εἰρήνη περὶ πάντας τοὺς ἐπισκόπους τῆς καθολικῆς πίστεως ὑπαρχθείη, quatenus omni impio errore sublato per celebrandam synodum te auctore maxima pax circa omnes episcopos fidei catholicae fiat.

5. Nicht weniger deutlich als die Geschichte des vierten Konzils ist die des fünften. Die Synode sollte die Wirren lösen, welche die Verurteilung der drei Kapitel in der Kirche hervorgerufen hatte, und Papst und Kaiser verhandelten längere Zeit über den Ort derselben, als der Plan, nachdem er durch das einseitige Vorgehen Justinians durchkreuzt worden war, wieder aufgenommen wurde. Eine Verständigung wurde nicht erzielt. Der Kaiser hielt aber die Synode gleichwohl ab, und Vigilius, der unter diesen Umständen von ihr sich ferne hielt, erhob nie eine Einsprache, als ob seiner Stellung nicht entsprechende Rechnung getragen worden sei, während doch zweifellos eine Rechtsverletzung vorlag, wenn die Berufung der päpstlichen Zustimmung bedurfte. Die vorausgehenden Verhandlungen beweisen diese nicht. Denn Beratungen des Kaisers mit geistlichen Personen verstehen sich, wie bereits zu bemerken war, bei Konzilien von selbst, und daß hier der Kaiser mit dem Papste verhandelte, begreift sich nach dem Gang des Dreikapitelstreites ebenso von selbst.

6. Die Vorgeschichte der sechsten Synode liegt bekanntlich im Dunkeln. Daß die Synode aber durch den Kaiser berufen wurde, bezeugt sie selbst achtzehnmal, indem sie, ähnlich der dritten und vierten Synode, in jeder Sitzung nach Erwähnung des Kaisers und seiner Begleiter fortfährt: Συνελθούσης τῆς ἁγίας καὶ οἰκουμενικῆς συνόδου τῆς κατὰ βασιλικὸν θέσπισμα συναθροισθείσης ἐν ταύτῃ τῇ θεοφυλάκτῳ καὶ βασιλίδι πόλει. Der päpstlichen Mitwirkung dagegen wird auch nicht einmal gedacht, und was dieses zu bedeuten hat, braucht nach der Darlegung, welche bei der Synode von Ephesus gegeben wurde, nicht wieder hervorgehoben zu werden. Zu bemerken ist nur noch, daß der römische Stuhl wie damals so auch jetzt nicht bloß in seinen Legaten sich so aussprach, wie die Synode, sondern seine Auffassung noch weiterhin an den Tag legte. Indem Leo II in dem Schreiben an Konstantin Pogonatus, in welchem er seine Zustimmung zu den Beschlüssen der Synode erklärt, von dieser einfach bemerkt, sie sei μετὰ θεοῦ χάριν τῷ βασιλικῷ προστάγματι, (Harduin III, 1471), bezw. ἐπινεύσει τῆς ὑμετέρας γαληνότητος (Harduin III, 1473), veranstaltet worden, ohne seiner Mitwirkung irgendwie zu gedenken, obwohl die Erwähnung bei der Hervorhebung der Gnade Gottes so ungewöhnlich nahe lag, offenbart er, daß er die Berufung nicht als von seiner Zustimmung abhängig ansah. Ähnlich in dem Schreiben an die Bischöfe Spaniens (Harduin III, 1730). Daß der Papst Agatho Legaten an die Synode

5*

abschickte und dem Kaiser eine ausführliche Darlegung des orthodoxen Glaubens zusandte, kommt hier nicht in Betracht, wie Hefele (I, 12) meint. Die Absendung von Legaten beweist in unserer Frage überhaupt nichts, da sie keineswegs ein Zustimmungsrecht voraussetzt, vielmehr einfach die Folge einer bloßen Einladung sein kann, und hier sollte sie um so weniger betont werden, als der Papst ausdrücklich erklärte, er handle in dieser Beziehung pro oboedientiae satisfactione und führe gehorsam den an ihn ergangenen Befehl aus: nostra pusillitas quod iussum est obsequenter implevit (Harduin III, 1075/78). Aber auch das fragliche Schreiben hat hier nichts zu bedeuten. Es enthält ja nicht, wie vor allem zu erwarten wäre, eine Bevollmächtigung der Synode. Es ist sogar nicht einmal an die Synode gerichtet, sondern an den Kaiser, und man hat lediglich kein Recht, es zugleich auf die Synode zu beziehen, um so weniger, als der Papst zur Zeit des Schreibens noch gar nicht wußte, daß eine allgemeine Synode zu stande kommen werde, da in dem Briefe des Kaisers an seinen Vorgänger Donus, auf welchen er antwortet, von einer Synode ausdrücklich abgesehen und nur von sonstigen kirchlichen Beratungen die Rede war. Wie endlich für die Anteilnahme des Papstes an der Berufung daraus etwa folgen soll, daß die Synode bei ihren Verhandlungen jenes Schreiben berücksichtigte, ist in keiner Weise einzusehen.

7. Bei der siebenten Synode verhält es sich ebenso wie bei der sechsten, bezw. dritten und vierten. Sie leitet das Protokoll bei jeder Sitzung, die achte und letzte ausgenommen, nach Erwähnung der Kaiser und Angabe des Datums mit den Worten ein: Συνελθούσης τῆς ἁγίας καὶ οἰκουμενικῆς συνόδου τῆς κατὰ θείαν χάριν καὶ εὐσεβὲς θέσπισμα τῶν αὐτῶν θεοκυρώτων βασιλέων συναθροισθείσης. Ähnlich bemerkt Tarasius von Konstantinopel in dem Schreiben an den Papst, in dem er über die Synode Bericht erstattete, von der zunächst in der Reichshauptstadt veranstalteten Versammlung: καὶ δὴ συναθροισθέντων πάντων τῶν θεοφιλῶν ἐπισκόπων τῆς ἐνταῦθα διοικήσεως κατ' ἐπίπνευσιν καὶ θεῖον ζῆλον τῶν πιστοτάτων καὶ εὐσεβῶν βασιλέων ἡμῶν καθέδρα συνόδου γέγονεν, und dann von der Zusammenkunft in Nicäa: αὖθις οἱ θεοφιλεῖς ἐπίσκοποι συναθροίζεσθαι ἐν τῇ Νικαέων λαμπρᾷ μητροπόλει τῆς Βιθυνῶν ἐπαρχίας παρὰ τῶν εὐσεβῶν βασιλέων ἡμῶν ἐκελεύοντο (Harduin IV, 509). Es fehlt nur die entsprechende Aussage des Papstes. Hadrian I drückt sich im Gegenteil einmal so aus, daß man glauben könnte, die

Synode sei im Grunde sein Werk, wenn die Berufung auch durch die Kaiser vorgenommen wurde. In seinem einschlägigen Schreiben an Karl b. Gr. bemerkt er nämlich: Et sic synodum istam secundum nostram ordinationem fecerunt (Harduin IV, 818). Die Stelle wurde in der That in unserer Frage in Anspruch genommen. Allein zweifellos mit Unrecht. Der Satz enthält ja, wenn er auf die Berufung bezogen wird, eine so offenbare Unrichtigkeit, daß man auf ihn sich schwerlich stützen kann. Nach dem Schreiben der Kaiser an den Papst, dem hier an sich eine größere Bedeutung zukommt und das zudem noch durch die Aussage der Synode bestätigt wird, verhält es sich, wie der oben mitgeteilte Wortlaut zeigt, im wesentlichen geradezu umgekehrt. Die Kaiser veranstalten die Synode, und der Papst beteiligte sich entsprechend der Einladung an derselben. Man müßte also, wenn dort von der Berufung die Rede wäre, Hadrian einer Entstellung des Sachverhaltes beschuldigen. Die Voraussetzung trifft indessen nicht zu. Der Satz bezieht sich in Wahrheit gar nicht auf die Berufung. Wie der Kontext zeigt, namentlich die unmittelbar folgenden Worte: et in pristino statu sacras et venerandas imagines erexerunt, will der Papst vielmehr sagen, daß die Synode nach der Weisung handelte, welche er in der zu behandelnden Frage gegeben habe. Es steht hier somit ebenso wie bei der dritten Synode, bei der man gleichfalls aus der Instruktion der päpstlichen Legaten auf eine Mitwirkung des Papstes bei der Berufung glaubte schließen zu können.

8. Daß die achte Synode auf Anordnung des Kaisers entstand, erhellt vor allem aus dem Schreiben, welches durch denselben an sie gerichtet und in der ersten Sitzung verlesen wurde. Basilius bemerkt darin: nachdem ihm durch die Vorsehung das Steuer des allgemeinen Schiffes anvertraut worden, sei all sein Streben dahin gegangen, vor den öffentlichen Angelegenheiten die kirchlichen Streitigkeiten zu schlichten, und dementsprechend habe er die erforderlichen Vorkehrungen zur Veranstaltung der Synode getroffen (Harduin V, 765). Daß die Synode durch den Kaiser insbesondere berufen wurde, sagt sie selbst sowohl in ihrem encyklischen Schreiben (Harduin V, 931, 1107) als in ihrem Schreiben an Papst Hadrian (Harduin V, 934). Ihre Aufgabe war, den Frieden nicht bloß im Orient, sondern auch, da die dortigen Wirren die Beziehungen zum Abendland aufs höchste getrübt hatten, in der Gesamtkirche herzustellen, bezw. die Maßregeln zu bekräftigen, welche zu diesem Behufe bereits getroffen worden waren. Basilius hatte ja gleich

nach seiner Thronbesteigung den Grund der Wirren beseitigt, indem er Photius absetzte und Ignatius wieder erhob. Auf sein Ersuchen hatte auch der römische Stuhl sein Urteil gefällt. Dessen Sentenz war also näherhin durchzuführen, und es sollte dies durch das Konzil geschehen. Hadrian schrieb deshalb dem Kaiser: „Wir wollen, daß durch das Be= mühen Eurer Frömmigkeit eine zahlreiche Synode in Konstantinopel ab= gehalten werde" (Harduin V, 768, 1030). Der Bibliothekar Anastasius bemerkt in der Vorrede zu der Übersetzung der Akten dem Papste: Jussisti fieri Constantinopoli synodum (Harduin V, 754). Nach diesen Stellen hat es den Anschein, als ob der Papst die Anordnung getroffen, der Kaiser die Ausführung übernommen hätte, und wenn man die Entwickelung nur von dem Momente ins Auge faßt, wo der Papst sich beteiligte, läßt sich die Sache wirklich so fassen. Geht man aber an den Anfang zurück, so erscheint der Kaiser als der eigentliche Veranstalter der Synode, und nach der angeführten Erklärung, welche er an dieselbe abgab, dachte er über seine bezügliche Stellung schwerlich anders als seine Vorgänger. Im übrigen will ich auf dieser Auffassung nicht be= sonders bestehen. Die Synode hat immerhin einen etwas eigenen Charakter. Auf der anderen Seite kommt ihr in Anbetracht der Zeit hier keine größere Bedeutung mehr zu.

Nach diesen Zeugnissen kann es keinem Zweifel unterliegen, daß die Berufung der alten Konzilien, wie von den Kaisern als Recht in An= spruch genommen, so von den Zeitgenossen als solches anerkannt wurde. Scheeben meint zwar, man mute den Päpsten eine Absurdität zu, wenn man sie so handeln lasse. Andere finden dies nicht, und wenn er den Sachverhalt sorgfältiger erforscht hätte, dann hätte er wohl ebenfalls anders geurteilt. Die fragliche Haltung ist nun einmal Thatsache, und sie wird es bleiben, mag man sie auch noch so zuversichtlich für unge= reimt erklären. Mit solchen Urteilen ist auf dem Gebiete der Geschichte nichts auszurichten. Sie gefährden im Gegenteil die Sache, welcher man dienen will, und statt einer Verteidigung ergeben sie eine Anklage. In der That bedarf es auch einer solchen Abweisung hier nicht. Die kaiser= liche Berufung widerspricht zwar dem Stande des kirchlichen Rechtes der späteren Zeit. Sie ist aber deswegen noch keineswegs ein solches Un= ding, daß sie schlechterdings unbegreiflich wäre.

Die Kaiser erhoben allerdings den Anspruch, die Synoden zu be= rufen, und sie erkannten sich auch das Recht und die Pflicht zu, für die Ordnung auf denselben Sorge zu tragen. Aber sie gingen anderseits nicht weiter. Sie maßten sich in keiner Weise etwa die Vollmacht an, die kirchlichen Fragen ihrerseits zu entscheiden. Im Gegenteil; weil sie sich die Kompetenz dazu absprachen, deshalb beriefen sie die Synoden als die hier zuständigen Organe. In dem Berufungsschreiben zur Synode von Ephesus 449 wird betont, daß den Bischöfen πλεῖστος εὐσεβείας τε καὶ τῆς ὀρθοδόξου καὶ ἀληθινῆς πίστεως λόγος καθέστηκε (Harduin II, 71). In dem Schreiben zur dritten Synode wird bemerkt, die Synode werde berufen, damit die strittigen Punkte κατὰ τοὺς ἐκκλησιαστικοὺς κανόνας entschieden werden (Harduin I, 1343). In dem Edikt an dieselbe Synode wird dem kaiserlichen Kommissär ausdrücklich verboten, sich an den Verhandlungen über den Glauben zu beteiligen, da es Laien nicht zustehe, sich in kirchliche Beratungen zu mischen (Harduin I, 1346). Die Verhandlungen des Konzils sollten also außerhalb des Bereiches des kaiserlichen Rechtes und Einflusses sein. Der Kaiser ließ das Konzil als Organ für kirchliche Beratungen nur ins Leben treten, und er that dieses, weil die kirchlichen Streitigkeiten, die auf dem Konzil geschlichtet werden sollten, die Ruhe des Reiches gefährdeten, zu deren Aufrechterhaltung er sich verpflichtet erachtete. Unter solchen Umständen und bei dieser Begrenzung ist das Vorgehen gewiß nicht widersinnig. Bedenklich wäre es nur, wenn die Berufung, wie sie bisweilen gedeutet wurde, dahin zu verstehen wäre, als hätte das Konzil mit ihr zum Handeln zugleich auktorisiert werden sollen. Allein diese Auffassung lag den Kaisern durchaus fern, wie aus ihren Schreiben klar hervorgeht. An eine Auktorisierung dachte hier im Altertum überhaupt niemand. Das Konzil trug nach der Anschauung der Zeit seine Auktorität in sich selbst. Der römische Stuhl, der etwa allein einen derartigen Anspruch hätte erheben können, sprach sich durch Leo I in dem oben (S. 63) angeführten Schreiben darüber mit aller nur wünschenswerten Deutlichkeit aus. Das erste Schreiben Marcians an Leo (Ep. 73) ist dagegen nicht anzurufen, wie durch Scheeben geschieht. Es kommt hier so wenig in Betracht, wie bei der Frage der Berufung. Die Worte σοῦ αὐθεντοῦντος, te auctore, beziehen sich weder auf die Synode, noch bedeuten sie eine Auktorisation.

Die allgemeinen Synoden beschränkten sich sodann in der ersten Zeit auf den Episkopat des römischen Reiches. Allerdings konnten auch einzelne nichtrömische Bischöfe sich an ihnen beteiligen. Die östlichen Patriarchate gerieten ferner im 7. Jahrhundert unter die Herrschaft der Araber. Aber trotz alledem erschienen die Synoden im ganzen als

Reichssynoden. Die nichtrömischen Mitglieder sind stets ein verschwin-
dender Bruchteil. Die östlichen Patriarchate sind, seitdem sie aufhörten,
zum römischen Reiche zu gehören, immer nur durch einige wenige Personen vertreten. Unter diesen Umständen lag es nahe, daß das Reichs-
oberhaupt die Synoden berief. Die alten römischen Kaiser thaten in
dieser Beziehung im wesentlichen nichts anderes als die abendländischen
Kaiser oder die Könige des Mittelalters, welche gleichfalls die ihrer Herrschaft unterworfenen Bischöfe zu Synoden versammelten. Der Unterschied ist nur ein gradueller. Der Herrschaftsbezirk der alten römischen
Kaiser hatte einen größeren Umfang. Er fiel annähernd mit den Grenzen
der Kirche zusammen, und die Kaiser konnten darum leicht die Einleitung
zu einer allgemeinen Kirchenversammlung treffen.

Die kaiserliche Berufung lag aber nicht bloß nahe, sondern sie war
gewissermaßen geradezu notwendig. Die alten Synoden fallen alle, wie
die Geschichte zeigt, in tief aufgeregte Zeiten. Die Kirche war durch
Streitigkeiten in Parteien gespalten, welche sich heftig bekämpften. Bischöfe
standen gegen Bischöfe, teilweise Patriarchen gegen Patriarchen. Wer
sollte nun bei solchem Gegensatz eine Versammlung zu gemeinsamer Beratung veranlassen? Der Papst war in der damaligen Zeit dazu offenbar
nicht im stande. Man braucht nicht zu fragen, ob seine Auktorität, wenn
ihm auch der erste Rang in der Kirche zuerkannt wurde, damals überhaupt
soweit entwickelt war, daß sein Aufruf die gebührende Beachtung gefunden
hätte. Darüber läßt sich allenfalls rechten. Aber es kommt noch ein
anderer Punkt in Betracht. Die Streitigkeiten, welche eine Lösung er-
heischen, gehörten hauptsächlich dem Orient an. Die Bischöfe, welche zu
einigen waren, waren dementsprechend vorwiegend Orientalen. Es handelte
sich mit einem Wort in erster Linie um Angelegenheiten des Ostens, und
diesen stand der Bischof von Rom auch räumlich zu ferne, als daß sein
Wort unter den obwaltenden Verhältnissen Aussicht gehabt hätte, durch-
zudringen. Die Berufung mußte von einer Stelle ausgehen, welche derselben einen größeren Nachdruck geben konnte. In dem Einladungsschreiben zur dritten Synode wird schwerlich ohne Grund bemerkt, daß
diejenigen, welche dem Aufruf keine Folge leisten, vor Gott und vor dem
Kaiser keine Entschuldigung haben werden. In dem Berufungsschreiben
zur vierten Synode fehlt zwar eine derartige Drohung. Es erhellt aber
aus einem anderen Zuge, wie sehr man das Eingreifen der Kaisergewalt
für notwendig hielt. Die päpstlichen Legaten drangen in den Kaiser, er
möchte der Synode persönlich anwohnen (Harduin II, 49). Die Bitte

hat ihren Grund zweifellos in der Besorgnis, die Ordnung möchte andern=
falls, wenn der Kaiser bloß einen Stellvertreter schicke, nicht aufrecht zu
erhalten sein, und es könnte wieder zu Auftritten kommen, wie man sie
zu Ephesus 449 gesehen hatte. Die Sache wurde bereits von Möhler
richtig erkannt. Er bemerkt über die alten allgemeinen Synoden kurz
und treffend: „Der Kaiser berief dieselben, da sein Wille allein eine
solche Versammlung äußerlich ausführbar machte."[1]

Die Berufung der allgemeinen Synoden des Altertums entsprach
also vollkommen den Verhältnissen der Zeit. Dabei läßt sich allerdings
sagen, daß die Kaiser nicht selbständig vorzugehen brauchten, daß es viel=
mehr genügte, wenn sie der Kirche oder ihrem Oberhaupte die erforder=
lichen Dienste leisteten. Ebenso ist es aber auf der anderen Seite be=
greiflich, daß sie, wenn ohne sie nun einmal ein Konzil überhaupt nicht
möglich war, die Berufung einfach als ihre Angelegenheit betrachteten.
Man kann ferner sagen und hat gesagt, daß eine ökumenische Synode
gar nicht zu stande kam, wenn die römische Kirche die Mitwirkung ver=
weigerte, bezw. nicht nachträglich, wie bei der fünften, die Zustimmung
zu ihren Beschlüssen gab, und man mag noch weiter betonen, wie es
auch geschehen ist, daß die Kaiser die Abhaltung eines Konzils thatsächlich
nie in förmlichem Widerspruch mit dem Papste durchsetzen wollten. Ebenso

---

[1] Vgl. J. Friedrich, J. A. Möhler, der Symboliker. Ein Beitrag zu seinem
Leben und seiner Lehre aus seinen eigenen u. a. ungedruckten Papieren 1894 S. 100.
Ebd. S. 98 bemerkt Möhler: „Wenn die Provinzial= und Patriarchalsynoden von
den Metropoliten oder Patriarchen berufen wurden, so beriefen die ökumenischen
Synoden nicht die Päpste, sondern die Kaiser, die es befehlen konnten, weil der bei
weitem größte Teil der Christenheit in ihrem Reiche damals sich befand." Von einer
Mitwirkung des Papstes ist hier nirgends die Rede. In der von Gams 1867 heraus=
gegebenen Kirchengeschichte heißt es I, 583: „Deswegen wurden sie alle von den
Kaisern berufen, aber nicht, als ob es ihnen so eingefallen wäre, sondern erst nach Kon=
sultation der mächtigsten Bischöfe und besonders des Papstes." Ich lasse es dahin=
gestellt, ob der Abschnitt getreu wiedergegeben ist und nicht etwa ergänzende Zuthaten
erfuhr. Zweierlei ist aber zu bemerken. Die Konsultation beweist noch nicht, daß
die Kaiser die Berufung selbst mit einem Dritten teilten. Die zwei folgenden Sätze
sodann zeigen, ihre Echtheit vorausgesetzt, daß Möhler, als er die Worte sprach oder
niederschrieb, noch keine ganz gründlichen Studien auf diesem Gebiete angestellt hatte.
Sonst konnte er nicht nach jenem Satze fortfahren: „War von dieser Seite die Not=
wendigkeit einer solchen Synode anerkannt, dann berief sie der Kaiser. Daher spricht
sich die erste konstantinopolitanische und die ephesinische Synode dahin aus, daß sie
auf Antrag der Bischöfe und besonders des Papstes zusammengekommen seien."
Letzteres steht in offenem Widerspruch mit dem wirklichen Sachverhalt.

richtig ist es indessen wiederum, daß sich kein allgemeines Konzil ergab,
wenn die orientalischen Patriarchen etwa sich ferne hielten und daß that=
sächlich keines der östlichen Patriarchate auf den alten Konzilien fehlte.
Derartige Argumente haben also keine Bedeutung. Sie treffen den
eigentlichen Fragepunkt gar nicht.

Ähnlich verhält es sich mit einigen alten Aussprüchen, die in unserer
Frage vielfach angerufen wurden. Auf der Synode von Chalcedon erhob
der päpstliche Legat Lucentius gegen den Patriarchen Dioskur die An=
klage: Σύνοδον ἐτόλμησε ποιῆσαι ἐπιτροπῆς δίχα τοῦ ἀποστολι-
κοῦ θρόνου, ὅπερ οὐδέποτε γέγονεν οὐδὲ ἐξὸν γενέσθαι (Harduin
II, 67). Wie uns Sokrates (II, 17) berichtet, sprach Julius I der
Synode von Antiochien 341 gegenüber von einem kirchlichen Kanon des
Inhaltes: μὴ δεῖν παρὰ γνώμην τοῦ ἐπισκόπου Ῥώμης κανονίζειν
τὰς ἐκκλησίας. In jenem Satz wird es allerdings für unerlaubt er=
klärt, ohne die Auktorität des römischen Stuhles eine Synode zu ver=
anstalten. Der Satz enthält aber andererseits, wörtlich verstanden, einen
zweifachen Verstoß gegen die Geschichte. Der Veranstalter der Synode
von Ephesus 449, um welche es sich bei dem Vorwurf handelt, ist,
wie wir sicher wissen, nicht Dioskur, sondern Theodosius II, und der
päpstliche Stuhl fehlte auf der Synode nicht, sondern war auf ihr
durch Legaten vertreten. Wir müssen also dem päpstlichen Legaten
entweder einen doppelten groben Irrtum zuschreiben, oder, wenn wir
dieses nicht wollen, seine Worte im weiteren Sinne nehmen und etwa
mit den Ballerini (Leon. opp. II, 460 n. 15), Hefele (I, 7) u. a.
dahin verstehen, Dioskur habe auf der Synode mit Zurückdrängung der
päpstlichen Legaten sich die führende Stelle angemaßt. In dem einen
Falle verdient die Bemerkung keinen Glauben; in dem anderen hat sie
zu unserer Frage keine Beziehung mehr. Der andere Satz hat aber
schon nach seinem Wortlaut mit der Berufung der Synode nichts zu
thun. Die Deutung des κανονίζειν als Veranstaltung einer Synode
ist offenbar unrichtig, mag das Wort auch von einigen so verstanden
worden sein. Schon der Kontext der Stelle schließt sie aus. Das Wort
bezeichnet an sich nicht einmal, wie es Hefele (I, 8) erklärt, das Auf=
stellen allgemeiner Verordnungen durch und auf Synoden. An unserer
Stelle hat es allerdings diese Bedeutung. Es erhält sie aber durch den
Kontext, und wenn es sie auch hat, so ist der Stelle in der Berufungs=
frage immerhin lediglich nichts zu entnehmen. Es soll nicht betont
werden, daß die Synode, welcher der fragliche Kanon entgegengehalten wird,

einen ökumenischen Charakter weder hatte noch beanspruchte. Es genügt, einen anderen Punkt hervorzuheben. Wie die der Stelle vorausgehenden Worte zeigen, wirft Julius I den orientalischen Bischöfen nicht vor, daß sie einen Akt vorgenommen hätten, der ihm zustehe, die Berufung einer Synode. Seine Beschwerde geht vielmehr dahin, daß sie ihn zur Synode nicht einluden: διότι εἰς τὴν σύνοδον αὐτὸν οὐκ ἐκάλεσαν. Die Veranstaltung der Synode wird damit an sich anerkannt und nur das für gesetzwidrig erklärt, daß man den apostolischen Stuhl dabei gänzlich umgangen habe. Mit dem Kanon hat es also, falls er auf die allgemeinen Synoden bezogen wird, dieselbe Bewandtnis wie mit dem Worte, mit dem auf der siebenten Synode das ikonoklastische Konzil vom Jahr 754 verworfen wurde: Οὐκ ἔσχε συνεργὸν τὸν τῶν Ῥωμαίων πάπαν ἢ τοὺς περὶ αὐτὸν ἱερεῖς, οὔτε διὰ τοποτηρητῶν αὐτοῦ οὔτε δι' ἐγκυκλίου ἐπιστολῆς, καθὼς νόμος ἐστὶ ταῖς συνόδοις (Harduin IV, 327). Beide besagen, daß zum Wesen eines allgemeinen Konzils die Mitwirkung oder Beteiligung der römischen Kirche gehöre. Sie besagen aber nichts weiter. Die Frage insbesondere, ob die Beteiligung bereits bei der Berufung sich zu äußern habe, wird nirgends berührt. Wenn daher wegen dieses Schweigens die eine der Stellen durch Hefele (I, 8) für nicht beweiskräftig erachtet wird, so hat dieses folgerichtig auch mit der anderen zu geschehen.

Keines der Argumente, welche für die Beteiligung des römischen Stuhles an der Berufung der ökumenischen Synoden angeführt zu werden pflegen, hält also bei genauerer Prüfung stand. Auf der anderen Seite erscheint die Berufung vom 4. bis zum 9. Jahrhundert wiederholt unzweideutig als eine und zwar ausschließlich kaiserliche Angelegenheit. Der Sachverhalt ist daher nicht zweifelhaft, und wenn er trotzdem verkannt wird, so rührt dies nur daher, daß man ihn nicht mit der nötigen Sorgfalt und Unbefangenheit durchforschte.

* * *

Vorstehende Abhandlung[1] bewegt sich durchaus auf historischem Gebiete. Es ward erörtert, ob man auf Grund der vorhandenen Dokumente einen Anlaß habe, von einer Mitwirkung der Päpste bei der Berufung der fraglichen Synoden zu reden. Es handelte sich also lediglich um eine Thatfrage. Dabei ließ ich den Leser aber auch nicht darüber

---

[1] Der folgende Teil aus dem Historischen Jahrbuch 1894 S. 505—516 mit einigen Kürzungen.

im Ungewissen, wie ich über die Rechtsfrage denke. Davon ausgehend,
daß die Synoden kirchliche Versammlungen sind und ihre Veranstaltung
demgemäß den kirchlichen Oberen zukommt, bemerkte ich in der Einleitung S. 39 ausdrücklich: „Folgerichtig kommt die Berufung der allgemeinen Synoden an sich dem Oberhaupte der Gesamtkirche oder dem
Papste zu".

Ich konnte nach dieser bestimmten Darlegung annehmen, meine Auffassung werde nicht mißverstanden werden. Die Erwartung wurde gleichwohl getäuscht. Der „Katholik" brachte 1893 I, 318.—37 „Dogmatische
Reflexionen über die Berufung der allgemeinen Konzilien im Altertum"
aus der Feder des Herrn Professor Dr. Schmid in Brixen, die fast
durchweg auf einer Verquickung der rechtlichen und thatsächlichen Seite
in der Frage beruhen. Obwohl dieselben sofort ihre Bedeutung verlieren, wenn die beiden Gebiete gebührend geschieden werden, mögen sie
doch kurz beleuchtet werden.

Die Arbeit Schmids teilt sich in zehn kleine Abschnitte. Ich prüfe
sie in der Reihenfolge, in welcher sie vorgeführt werden.

1. Sch. erkennt an, daß meine Untersuchung ausschließlich oder,
wie er beifügt, wenigstens ganz vorherrschend sich mit der historischen
Frage beschäftigt: wer hat im Altertum thatsächlich die ökumenischen
Synoden berufen? Aber die Ansicht, daß das Dogma hier nicht ins
Spiel komme, will er wenigstens nicht ganz gelten lassen. Werde doch
zugestanden, daß Dogmatiker besten Ranges, wie Scheeben, in dem, was
hier als gesichertes Resultat vorurteilsloser Geschichtsforschung geboten
werde, dogmatische und kanonistische (oder vielmehr, wie Scheeben selbst
sich ausdrückt, kanonische) Unmöglichkeiten erblicken wollen. Bei dieser
Sachlage sei von höchst achtbarer Seite die Aufforderung an ihn ergangen, die dogmatischen Lehrpunkte, die in dieser Sache in Betracht
kommen, zu dem Zwecke einer genaueren Prüfung zu unterziehen, damit
der Geschichtsforscher auf seinem Gebiete sich möglichst frei bewegen
könne. Nicht ohne Zögern habe er sich der Aufgabe unterzogen, jedoch
im Interesse allseitiger Wahrheit den Versuch gewagt.

Ein Zugeständnis, wie hier gesagt ist, habe ich indessen in Wahrheit nicht gemacht. Zu einer solchen Äußerung lag auch kein Grund
vor. Wenn ein Mann nicht bloß auf seinem Arbeitsfeld, sondern auch
auf einem Gebiete Auktorität in Anspruch nimmt, in dem er sich nicht
bewährt hat, so darf er sich nicht beklagen, wenn man ihm auf seinem
eigenen Gebiete mit Mißtrauen entgegenkommt. Und daß dieses Miß-

trauen wenigstens in der obschwebenden Angelegenheit begründet ist, dürfte genügend bewiesen sein. Meine bezügliche Ausführung (S. 41 f.) lautet auch ganz anders als ein Zugeständnis.

2. Im zweiten Abschnitt bemüht sich Sch., meine Auffassung in ihren Hauptpunkten darzustellen. Dabei knüpft er an den Satz: ,die Kaiser leiteten das Recht, die Synoden zu berufen, aus ihrem Herrscher= berufe her, und dieses Recht wurde auch von den Päpsten anerkannt', sofort die Bemerkung: „Will man nicht aus unberechtigter Liebe zur Geschichte und zur ausschließlich geschichtlichen Betrachtungsweise auf jede juridische und dogmatische Reflexion verzichten, so ist man gezwungen, beizusetzen: also ist das fragliche Recht nicht so fast als ein historisch erworbenes, sondern vielmehr als ein angestammtes oder natürliches Recht der christlichen Kaiser anzusehen; sonst könnte es ja nicht schon im ersten christlichen Kaiser wirksam auftreten, noch ein einfacher Hin= weis auf die wesentlichen Herrscherpflichten die genügende Begründung finden" (S. 320). Die Bemerkung ist schwerlich an ihrem Platze, und Sch. scheint das selbst gefühlt zu haben, da er sie nur als Zwischen= bemerkung einschaltet. Man sieht auch nicht recht, wozu sie dienen soll, da ich mit meiner Erklärung über das päpstliche Recht hinreichend an= deutete, wie ich über das bezügliche Kaiserrecht denke. Wenn Sch. es fertig bringt, aus den betreffenden Thatsachen ein anderes Rechtsver= hältnis zu konstruieren, so ist das seine Sache. Ich bin daran durchaus unschuldig. — Indem er dann meine Auffassung weiter darlegt, kommt er zu dem Satze: „Wer dieses Recht (die allgemeinen Synoden zu be= rufen) den Päpsten für die Zeit des Altertums gänzlich abspricht, der wird dasselbe auch für die Folgezeit nicht mehr als ein angeborenes Recht des Primates ansehen können; und wer für die ersten christlichen Jahrhunderte nicht bloß den Gebrauch dieses Rechtes, sondern auch das Recht selbst in Zweifel zieht, dem muß auch die innere Natur dieses Rechtes zweifelhaft bleiben" (S. 321). Es wird nicht gesagt, daß ich die hier bekämpfte Lehre vertrete. Aber nach dem Zusammenhang und der ganzen Haltung des Artikels muß jeder Leser dieses annehmen. Ich frage aber: wo äußerte ich mich in diesem Sinne? Ich selbst finde die bezügliche Stelle nicht. Und wer nur mit einiger Aufmerksamkeit die Einleitung zu meiner Untersuchung las, wird erkennen, daß ich schwerlich Derartiges schreiben konnte. Ich sage ja bestimmt und ausdrücklich, daß das bezügliche Recht an sich dem Papste zukommt. Wie kann man bei diesem Sachverhalt vorwerfen, ich ziehe nicht etwa nur den Gebrauch des

fraglichen Rechtes, sondern das Recht selbst in Zweifel? Da liegt doch
sichtlich eine Konsequenzmacherei vor, die über alles Maß hinausgeht.

3. Indem Sch. sodann untersucht, wie weit man ohne Gefahr für
die dogmatischen Principien auf die Gedanken meiner Darlegung ein=
gehen könne, leitet er aus dem Sachverhalte: daß seit dem 11. oder
12. Jahrhundert der Papst und zwar wenigstens in normalen Verhält=
nissen der Papst allein das Recht besitzt, allgemeine Konzilien zu berufen,
und daß heutzutage kein katholischer Theologe sich findet, der behaupten
möchte, daß auch heutzutage einem katholischen Weltbeherrscher, wenn es
einen solchen gäbe, das Recht zuständе, unabhängig vom Papste, ja gegen
dessen Willen, ein allgemeines Konzil zu berufen, den Satz ab: „Also
ist der Grund, den die römischen Kaiser für ihr angebliches Recht, öku=
menische Synoden zu berufen, anführen, nämlich, daß sie vermöge ihrer
Herrscherpflicht für die allseitige Ruhe des Reiches zu sorgen hätten, für
sich allein jedenfalls nicht ausreichend; sonst müßte derselbe ja auch heut=
zutage noch seine Geltung haben" (S. 322). Es wird wiederum nicht
ausdrücklich gesagt, daß das meine Auffassung ist. Aber ebenso muß
wieder jeder, der nicht zum voraus besser über die Sache unterrichtet ist,
die bestrittene Ansicht für die meinige halten. Wo habe ich aber Der=
artiges gesagt? Ich stelle wohl als Historiker fest, daß die römischen
Kaiser das fragliche Recht auf ihren Herrscherberuf zurückführten. Daß
aber dieser Rechtstitel für sich allein vollkommen ausreichend sei, sagte
ich nirgends. Nur das ist etwa noch aus meiner Darstellung zu folgern,
daß der Rechtstitel der damaligen Zeit als genügend erschien. Ob es
aber wirklich so war, darüber hat in erster Linie der Historiker zu ent=
scheiden. Und wie weit ich entfernt bin, dem Rechtstitel deswegen eine
absolute und für alle Zeit währende Gültigkeit zuzuerkennen, zeigt die
bereits angeführte Erklärung, wem an sich das Recht zur Berufung der
allgemeinen Synoden zustehe.

4. Indem Sch. weiter untersucht, wie etwa das bezügliche Recht
und Vorgehen der Kaiser erklärt werden könnte, kommt er auf die
schweigende Zustimmung der Kirche als die notwendig vorauszusetzende
Rechtsquelle. Dabei stellt er die Behauptung auf: „Das Recht der
Päpste, allgemeine Konzilien zu berufen, darf nicht bloß als ein erwor=
benes oder rein historisches Recht angesehen werden; vielmehr muß man
an der Überzeugung festhalten, daß dieses Recht in der Primatialgewalt
des Papstes von Anfang an wenigstens dem Wesen oder dem Kerne nach
beschlossen war" (S. 324). Aber sagte ich am Anfang meiner Abhandlung,

nur mit anderen Worten, nicht ganz bestimmt dasselbe? Wozu also diese Behauptung?

5. Sch. erörtert ferner die Frage, wie das besprochene Recht des kirchlichen Primates auf Grund des naturrechtlichen Standpunktes aufzufassen sei, ob als ein ausschließliches Recht des apostolischen Stuhles oder als ein kumulatives, dem Kirchenoberhaupt und der christlichen Staatsgewalt gleichmäßig zustehendes. Die Erörterung trifft mich nicht, weil ich die bestrittene zweite Auffassung selbst nicht vertrete. Die bezügliche Frage wurde als Rechtsfrage von mir nicht einmal berührt, und wenn ich sie zu erörtern gehabt hätte, so wäre dies sicherlich nicht in dem von Sch. bestrittenen Sinne geschehen. Wozu also die Auslassung, da ich das, was mir insinuiert wird, entfernt nicht sage?

6. In diesem Abschnitte wird eine Reihe von Fragen aufgeworfen. Zur Erörterung kommt folgende: „Konnte im Altertum der Gesamtepiskopat, mit den Patriarchen und namentlich mit dem Bischofe von Altrom an seiner Spitze, aus eigenem Antrieb und ohne eigentliche Beihilfe oder förmliche Zustimmung des Kaisers rechtlich und erfolgreich eine allgemeine Zusammenkunft zur Beratung religiöser Angelegenheiten veranstalten?“ und Sch. entscheidet: sie „dürfe wohl kaum mit Recht in verneinendem Sinne beantwortet werden“ (S. 326). Ich bejahe die Frage im allgemeinen noch bestimmter und entschiedener als Sch., und wenn dieses geschehen kann, so erhellt, daß mein Gegner sich darüber nicht zur Genüge klar geworden ist, was zwischen ihm und mir in Frage steht. In der That trifft auch die folgende Ausführung meine Auffassung gar nicht. Sch. bemüht sich zu zeigen, die Kirche habe von Anfang an mehrere kleinere oder größere Konzilien gehalten, sie habe also sicher auch allgemeine Konzilien abhalten können; ihre Selbständigkeit dem Staate gegenüber sei nicht bloß als ein erworbenes, sondern als ein angeborenes Recht und als ein angeborener Vorzug anzusehen; schon in den ersten Jahrhunderten habe sie von dieser Selbständigkeit ein sehr lebhaftes Bewußtsein gehabt; dieses Bewußtsein sei mit der Bekehrung Konstantins nicht verschwunden, und in ihm sei auch offenbar das Bewußtsein mit eingeschlossen, aus eigener Initiative und in selbständiger Weise kirchliche Versammlungen jeder Art zu veranstalten; aus meinem eigenen Beweismaterial gehe das hervor und erhelle insbesondere, daß wenigstens gegen Ende der Periode des Altertums die Kirche sich ihres Rechtes ganz deutlich bewußt war, aus eigener Initiative und ohne eigentliche Abhängigkeit von den Kaisern allgemeine Konzilien berufen

zu können (S. 327 f.). Aber wo in aller Welt wurde denn dieses
Recht von mir bestritten? Sch. kämpft offenbar gegen Windmühlen.
Ich untersuche ausdrücklich und überall nur die Frage, ob und inwieweit
nach den vorhandenen Dokumenten eine thatsächliche Mitwirkung des
römischen Stuhles bei Berufung der allgemeinen Synoden anzunehmen
ist. Aber nicht bloß dies; Sch. zeigt auch, daß er für wissenschaftliche
Beweisführung ein geringes Verständnis hat. Wenn man zeigen will,
daß die Kirche zu einer bestimmten Zeit „aus eigener Initiative und in
selbständiger Weise" Synoden veranstalten konnte, so sollte man sich auf
Synoden berufen, die wirklich durch die Kirche allein veranstaltet wurden.
Was thut aber Schmid? Er bringt in erster Linie die drei Stellen,
nach denen der Kaiser Konstantin die Synode von Nicäa ex sacerdotum
sententia oder cum consensu Silvestri oder mit Sylvester berief (vgl.
oben S. 57 f.). Es soll kein Gewicht darauf gelegt werden, daß die zwei
letzten Zeugnisse ohne weiteres so genommen werden, als ob das eine
buchstäblich zu verstehen, das andere zweifellos glaubwürdig wäre. Aber
zu fragen ist, wie mit Zeugnissen, nach denen die Berufung einer Synode
teils vorwiegend, teils mindestens zur Hälfte vom Kaiser ausging, das
selbständige Versammlungsrecht der Kirche soll bewiesen werden können?

7. Indem bemerkt wird, meine Darstellung lege das Hauptgewicht
der ganzen Beweisführung auf die Berufungsschreiben der Kaiser und
die Anerkennung, die diesen Schreiben seitens des Episkopates mit Ein-
schluß des Papstes und seiner Stellvertreter entgegengebracht werde, wird
geltend gemacht: diese Schreiben besagen der Hauptsache nach nichts
anderes, als daß die Berufung der betreffenden Synoden von den Kaisern
ausging und allenfalls auch noch, daß die Kaiser sich zu dieser Berufung
von ihrem Standpunkte aus berechtigt glaubten; über die Frage, ob der
Episkopat sich nicht gegebenen Falles aus freien Stücken zu ähnlichen
Beratungen versammeln könnte, oder ob neben dem Kaiser nicht auch
dem Papste zur Berufung solcher Zusammenkünfte ein gleiches und vielleicht auch ein tiefer begründetes Recht zustehe, werde in den vorliegenden
Dokumenten wenigstens mit direkten Worten nichts gesagt; daher dürfe
auch in die Anerkennung, welche diesen Schreiben kirchlicherseits entgegengebracht werde, nichts Weiteres hineingelegt werden; ja, die römischen
Kaiser haben gelegentlich das freie Versammlungsrecht des Episkopates
offen anerkannt, und wenn dies zunächst auch nur in Bezug auf kleinere
Synoden geschehen sei, so dürfe die Anerkennung doch nicht auf diese
beschränkt werden; die beigegebene Begründung gebe den Worten eine

allgemeine Bedeutung (S. 329 f.). So mein Gegner. Es wird mir vorgeworfen, ich habe zu viel in die Berufungsschreiben hineingelegt. Sch. aber besitzt offenbar nicht das Verständnis, um sie richtig zu würdigen. Sonst hätte er sich nicht auf die zwei Stellen berufen, die er gegen mich glaubt ins Feld führen zu können, um das freie Versammlungsrecht des Episkopates zu beweisen, das ich, nebenbei bemerkt, nirgends geleugnet habe, da ich es als Historiker nur mit den thatsächlichen, nicht aber mit irgend wie möglichen Synoden zu thun hatte. Die eine Stelle bietet ihm Sozomenus H. E. VI, 7 dar. In derselben legen einige Bischöfe dem Kaiser Valentinian I die Bitte vor, er möge ihnen gestatten, im Interesse der Glaubensangelegenheit eine Versammlung abzuhalten, und der Kaiser antwortet: als Laie könne er sich nicht mit dergleichen Dingen befassen; die Priester, denen dieselben obliegen, mögen für sich an einem beliebigen Orte zusammenkommen. Aus diesem Vorgang soll also ein freies Versammlungsrecht folgen. Begreife das, wer es kann! Die in Betracht kommenden Bischöfe faßten sicher ihre Lage anders auf. Sonst hätten sie sich ohne weiteres versammelt und nicht zuvor den Kaiser um die Erlaubnis dazu gebeten. Die andere Beweisstelle giebt Optatus De schismate Donat. I, 23. Sie ist noch unglücklicher gewählt. „Als die Donatisten", wird bemerkt, „in ihrer Angelegenheit vom Kaiser Konstantin überseeische Bischöfe als Richter forderten, antwortete der Kaiser: Petitis a me in saeculo iudicium, cum ego ipse Christi iudicium exspectem. Et tamen dati sunt iudices, fügt der Gewährsmann bei" (S. 329). Ja, so fügt Optatus bei. Aber Sch. scheint nicht bedacht zu haben, was dieser Zusatz eigentlich bedeutet. Er betrifft nichts weniger als eine freie Bischofsversammlung, sondern vielmehr eine vom Kaiser berufene Synode. Wer weitere Belehrung darüber braucht, findet das Berufungsschreiben Konstantins bei Eusebius H. E. X, 5, 18—20, eine nähere Darstellung des ganzen Hergangs bei Hefele, Konziliengeschichte I², 199.

8. Sch. untersucht weiter, ob von einer Notwendigkeit der kaiserlichen Berufung für die ökumenischen Synoden im Altertum zu reden sei. Die Frage gehört in erster Linie und fast ausschließlich dem historischen Gebiete an, und daß auf diesem von Sch. schwerlich eine genügende Belehrung zu erwarten ist, braucht nach dem oben Angeführten nicht weiter bewiesen zu werden. Wenn er aber ferner die Frage aufwirft: „Konnte im Altertum der Papst für sich allein in rechtlicher und wirksamer Weise allgemeine Konzilien berufen"? und dazu bemerkt, dies sei

es, was von mir ernstlich angezweifelt werde (S. 330), so muß ich mich gegen eine derartige Insinuation verwahren. Ich sprach nirgends, auch nur leise, dem Papste das bezügliche Recht ab. Ich sagte nur, daß die Primatialgewalt im Altertum noch nicht soweit entwickelt war, daß der Bischof von Rom die Auktorität besaß, die erforderlich war, um bei der gewaltigen Aufregung der Geister, wie sie gerade zur Zeit der allgemeinen Konzilien bestand, sich in wirksamer Weise geltend zu machen. Und daß diese Auffassung an sich oder in abstracto nicht unzulässig ist, erkennt Sch. selbst an. Wie weit sie aber in concreto richtig ist, ist geschichtlich zu beweisen.

9. Die letzte Frage, die Sch. aufwirft, lautet: „War die Primatial= gewalt des Papstes oder, wenn man lieber will, war das Bewußtsein bezüglich dieser Gewalt, sowie bezüglich der Selbständigkeit der katho= lischen Kirche dem Staate gegenüber im Altertum wenigstens in dem Grade unentwickelt, daß die Kaiser, ohne sich in ihren Augen und in den Augen der Kirche und ihres Oberhauptes einer Rechtsverletzung schuldig zu machen, ganz selbständig, d. h. ohne die Erlaubnis des Papstes einzuholen oder wenigstens ohne der schweigenden und präsumtiven Ein= willigung desselben gewiß zu sein, ökumenische Synoden berufen oder auch vom Papste beabsichtigte Kirchenversammlungen dieser Art verweigern und unterdrücken konnten?" Sie wird mit der Bemerkung, daß das fast auf das Gleiche hinauskomme, sofort folgendermaßen gestellt: „Haben sich wenigstens die Päpste des Altertums bei Berufung ökumenischer Synoden den Kaisern gegenüber im wesentlichen thatsächlich ganz neutral verhalten?" Dazu wird die Erklärung beigefügt: „Dies ist es ungefähr, was im Historischen Jahrbuch neben anderem nicht undeutlich behauptet zu werden scheint", und anerkannt, daß in letzterer Formulierung der in Frage kommende Gedanke nicht absolut unmöglich sei. Ich kann mich bei diesem Urteil beruhigen. Daß Sch. behauptet, in concreto werde man zu einer anderen Auffassung hingedrängt, hat zunächst nicht viel zu bedeuten. In dieser Beziehung kommt es vor allem auf den historischen Beweis an, und dieser wird mit allgemeinen Behauptungen oder Re= flexionen, wie Sch. sie bietet, nicht erbracht.

10. Der letzte Abschnitt enthält eine kurze Zusammenfassung der Hauptpunkte. Da er als Rekapitulation nichts Neues bringt, kann ich ihn auf sich beruhen lassen. Nur ein Punkt darf nicht unwidersprochen bleiben. Nachdem behauptet worden, in den einschlägigen Dokumenten sei das stillschweigende und präsumtive Einverständnis der Päpste bei

dem Vorgehen der Kaiser nicht ausgeschlossen, und es wäre unberechtigt, eine solche Folgerung zu ziehen, wird fortgefahren: „Es ist ein übertriebenes und fast widersinniges Verlangen, daß die Kaiser in ihren Erlassen des consensus tacitus oder praesumtus der Päpste hätten Erwähnung thun müssen. Wenn die Kaiser in ihren Schreiben vom Einverständnis der Päpste reden wollten, so hätten sie sich desselben vorher ausdrücklich vergewissern müssen. Dann wäre aber aus dem consensus tacitus vel praesumtus ein consensus expressus geworden" (S. 336). Ein solches Verlangen ist in der That übertrieben und widersinnig. Aber noch übertriebener und widersinniger ist es, eine derartige Forderung in einem Zusammenhange zur Sprache zu bringen, nach dem sie einer bestimmten Person zugeschrieben werden muß, der sie wohl niemand, auch Schmid nicht, wird nachweisen können. Da, wo ich von der Sache handelte (S. 45—52), meinte ich selbstverständlich nur die vernünftigerweise allein in Betracht kommende ausdrückliche Zustimmung, und der Nachdruck meiner Argumentation beruht darauf, daß, obwohl die Berufungsschreiben der Kaiser in ziemlich erheblicher Anzahl auf uns gekommen sind, in keinem einzigen der Dokumente der päpstlichen Zustimmung gedacht wird. Unter solchen Umständen ist das Schweigen gewiß nicht bedeutungslos. Wenn zur Rechtsgültigkeit eines Aktes die Zustimmung einer dritten Person notwendig ist, muß diese in den darauf bezüglichen Dokumenten erwähnt werden. Das ist ein Grundsatz, der sich von selbst versteht, und wer mit den Verhältnissen vertraut ist, bei denen ein solches Zusammenwirken zweier Faktoren stattzufinden hat, der weiß auch, wie sorgfältig die Regel beobachtet wird. Ich denke hierbei allerdings zunächst an Verhältnisse aus der Gegenwart. Die alten Römer standen aber unserer Zeit in juristischen Dingen nicht nach, und man darf deshalb nicht etwa mit dem Einwand kommen, sie werden es in dieser Beziehung an der erforderlichen Genauigkeit haben fehlen lassen.

Aus dem Angeführten dürfte erhellen, daß die von Schmid vorgebrachten Gegengründe meine Auffassung nicht als unzulässig darthun.

Gleichzeitig mit Hrn. Schmid befaßte sich auch Hr. Domkapitular Dr. Höhler in Limburg in derselben Zeitschrift mit meiner Untersuchung. Er ließ sich zwar auf Einzelnes nicht ein. Es wird im allgemeinen „das dogmatische Kriterium der Kirchengeschichte" erörtert, und wenn zuletzt auch einige besondere Punkte zur Sprache kommen, so bewegt sich die Abhandlung doch immer in allgemeinen Behauptungen.

6*

Vgl. „Katholik" 1893 I, 38—49; 112—30; 249—60; 385—97;
511—36. Unter diesen Umständen fehlt, da meine Beweisführung durch=
aus auf Thatsachen und Dokumenten ruht, zu einer eigentlichen Aus=
einandersetzung der Boden. Doch will ich zum Schluß auch auf diese
Darlegung insoweit antworten, als sie mir bei ihrem Charakter dazu
Anlaß bietet. Ich beschränke mich dabei ausdrücklich auf den hier in
Rede stehenden Punkt, die Berufung der alten allgemeinen Konzilien.
Die anderweitigen Aufstellungen Höhlers über Dogmatik und Kirchen=
geschichte gehören nicht hierher.

S. 511 wird aus der Lehre vom Primate des Apostelfürsten und
seiner Nachfolger geschlossen, „daß dem Papste und nur ihm rechtlich
die Befugnis zustehen kann, allgemeine Konzilien zu berufen, sie zu leiten
und ihren Beschlüssen durch seine Approbation für die gesamte Kirche
bindende Kraft und Gültigkeit zu verleihen", wie dogmatisch feststehe.
S. 513 wird näherhin gesagt, „daß die auktoritative Berufung eines
allgemeinen Konzils als obersten Glaubens= und Sittentribunals
in der Kirche lediglich Sache des Papstes ist, weil er allein aus sich die
höchste Gewalt über die ganze Kirche besitzt und ohne ihn eine solche
Gewalt nicht besteht". Daran schließen sich unmittelbar die Sätze: „Ob
er diese Gewalt bei der Berufung des Konzils direkt ausübt, oder ein
anderer, z. B. der Kaiser, beruft, und der Papst durch seinen Beitritt
die Versammlung als oberstes Tribunal in der Kirche legitimiert, ist
nebensächlich. Anders aber kann ein allgemeines Konzil nicht zu stande
kommen, und eine Bischofsversammlung, wäre dieselbe auch noch so zahl=
reich besucht, ist, so lange der Papst ihr nicht beigetreten, bezw. sie an=
erkennt und ihre Beschlüsse sanktioniert hat, kein ökumenisches Konzil und
kann es nicht sein. Demnach kommt die vielerörterte Frage, wer die
ersten acht allgemeinen Konzilien berufen habe, ob der Kaiser oder die
Päpste, schließlich auf die andere hinaus, ob dieselben ihrem Ursprunge
nach allgemeine Konzilien gewesen sind oder nicht."

Darauf ist zu erwidern, daß ich nichts dagegen habe, wenn man
glaubt, vom dogmatischen Gesichtspunkt aus der Frage diese Wendung
geben zu müssen. Meine Darlegung steht dem nicht entgegen. Ich
sagte nirgends, daß ein Konzil etwa schon einfach auf Grund kaiserlicher
Berufung als ökumenisches zu gelten habe. Und ich konnte das um so
weniger sagen, weil mir die Geschichte des Altertums ein Konzil zeigt,
welches, obwohl es als ökumenisches berufen und durch Sendung von
Legaten zunächst auch vom Papste anerkannt wurde, doch nicht als öku=

menisches sich behauptete, sondern völlig verworfen wurde, und ein zweites, das unter den gleichen Verhältnissen zusammentrat und gleichwohl in der Gegenwart nur von einigen wenigen als ökumenisch angesehen wird. Die Bemerkung thut meiner Ansicht also keinen Eintrag. Im Gegenteil; indem man zu dieser Auffassung sich wendet, gesteht man indirekt zu, daß die Beweise, welche für die ausschließlich kaiserliche Berufung vorliegen, nicht leicht zu widerlegen sind. Bisher sah sich meines Wissens wenigstens noch kein Dogmatiker veranlaßt, eine solche Konsequenz zu ziehen.

S. 514 wird weiter gesagt: „Wären aber die Kaiser wirklich bei ihren Konvokationsschreiben von der Idee ausgegangen, daß sie die kirchenrechtliche Befugnis besäßen, ein allgemeines Konzil mit der Autorität eines obersten Glaubens= und Sittentribunals zu berufen, so wäre das weiter nichts als eine Anmaßung gewesen, zu welcher weder ihr sogen. Schutzrecht über die Kirche, noch ihre Stellung als weltliche Landesherren sie autorisieren konnte." Wenn es sein müßte, könnte ich auch diesen Satz hinnehmen. Selbst meine bisherige Darlegung ist damit nicht völlig unvereinbar. Für mich handelte es sich vor allem darum, zu untersuchen, ob die Kaiser die Berufung der Konzilien für sich in Anspruch nahmen, und ob ein Grund bestehe, in der herkömmlichen Weise von einer Mitwirkung der Päpste bei der Berufung zu reden. Wie der kaiserliche Akt etwa zu qualifizieren sei, war zunächst Nebensache. Doch bin ich auch dieser Frage nicht ausgewichen. Da die Erscheinung auch meines Erachtens der Idee von der kirchlichen Ordnung nicht entspricht, so war sie geschichtlich zu erklären. Meine Ausführung steht S. 70—74. Ich sehe auch jetzt noch keinerlei Grund, dieselbe zurückzunehmen. Eher dürfte Höhler veranlaßt werden, seine Ansicht etwas zu modifizieren, wenn er den Abschnitt allseitig prüft. Er stellt die Sache so dar, als ob die Kaiser mit der Berufung die Synode zugleich auch autorisiert hätten oder autorisiert haben sollten. Diese Auffassung entspricht aber, mag sie nach dem Vorgang von Scheeben auch noch so zuversichtlich vorgetragen werden, wie ich gezeigt habe, in keiner Weise dem Sachverhalt. Das Konzil trug nach der Anschauung der Zeit seine Autorität in sich selbst. Und daß die Kaiser selbst nicht daran dachten, ihm die entsprechende Autorität geben zu wollen, verraten sie zur Genüge durch die von mir angeführte Erklärung, daß es den Laien, somit auch ihnen nicht zustehe, sich in kirchliche Beratungen zu mischen. Oder soll man ihnen den widersinnigen Gedanken zuschreiben, im eigentlichen Sinne zu Beratungen

bevollmächtigen zu wollen, an denen sie nicht einmal teilnehmen dürfen?
Die Berufung ist also nichts anderes als ein äußerlicher Akt, durch den
die Kaiser vermöge ihrer Aufgabe, für den Frieden des Reiches zu sorgen,
bei Ausbruch von kirchlichen Streitigkeiten diejenigen, denen es vermöge
ihres Amtes zukommt, über solche Dinge zu entscheiden, zu einem Zusammentritt veranlaßten. Der Zweck des Zusammentrittes ist dann allerdings weiter die Beratung über die kirchlichen Fragen. Eine Auktorisation zu dieser aber konnte der Kaiser den Bischöfen im eigentlichen
Sinne so wenig geben als die Weihe; die Vollmacht dazu hatten die
Bischöfe in ihrer höheren Sendung. In jener Begrenzung tritt uns
die kaiserliche Berufung in den einschlägigen Quellen entgegen, und bei
diesem Sachverhalt liegt kein Grund vor, sie auf Anmaßung zurückzuführen. Man braucht sie nur richtig zu erfassen und aufzuhören, ein
Bild von ihr sich zurechtzumachen, das in der Geschichte keinen Halt hat,
und die Bedenken schwinden, die sie im ersten Augenblick erregen zu sollen
scheint. Mit einem Worte: man muß nur wirklich historisch zu Werke
gehen und nicht einseitig dogmatisch konstruieren.

    Indessen ist Höhler nicht so weit von meiner Auffassung entfernt,
als man nach einzelnen Sätzen seiner Darlegung glauben könnte. Er
schließt den Abschnitt S. 516 mit den Worten: „Übrigens lagen Gründe
genug vor, welche den Päpsten es nahelegten, die Frage, wem eigentlich
das Berufungsrecht zustehe, damals unerörtert zu lassen. Faktisch konnte
ja nur die kaiserliche Auktorität und Macht Synoden im Orient zu-
sammenbringen. Eine einseitige Berufung von seiten des Papstes würde
schon deshalb schwerlich Erfolg gehabt haben, weil es ihm an den erforderlichen äußeren Mitteln gebrach, die Reise der Bischöfe zum Ver-
sammlungsorte zu ermöglichen, sie dort zu unterhalten und gegen Be-
einflussungen, Kränkungen und Gewaltakte, wie sie bei den aufregenden
Parteiverhältnissen jener Zeiten so zu sagen an der Tagesordnung waren,
sicher zu stellen." Man räumt mir also ein, daß die Kaiser im Altertum allein die Macht hatten, eine allgemeine Synode zusammenzubringen.
Ich habe andererseits nachgewiesen, daß in allen Dokumenten, von denen
ein sicherer Aufschluß in der Frage zu erwarten ist — und dieselben
liegen in großer Anzahl vor — die Berufung allein dem Kaiser zugeschrieben wird. Was daraus folgt, ist klar.

IV.

Die päpstliche Bestätigung der acht ersten allgemeinen Synoden.[1]

In der katholischen Litteratur Deutschlands war in der letzten Zeit die Ansicht herrschend, daß die Bestätigung der allgemeinen Synoden durch den päpstlichen Stuhl stets als notwendig gegolten habe und demgemäß auch stets erfolgt sei, und zwar eine Bestätigung durch einen besonderen nachfolgenden Akt, nicht etwa diejenige, welche bereits in der Beteiligung an der Synode und in der Mitwirkung bei ihren Beschlüssen enthalten war.

Hefele schreibt in der Einleitung zu seiner Konziliengeschichte (1. A. 1855, I, 38; 2. A. 1873 I, 44): „Die Beschlüsse der alten allgemeinen Konzilien wurden von den Kaisern und den Päpsten, die der spätern nur mehr von den Päpsten allein bestätigt", und sucht dann (I², 46—50) die Bestätigung durch einen besonderen Akt bei den acht ersten Konzilien im einzelnen nachzuweisen, während er für die späteren Synoden einen derartigen Beweis für überflüssig erklärt, da es allbekannt sei, daß bei ihnen der Einfluß des Papstes größer, der des Kaisers dagegen kleiner gewesen, indem die Päpste auf ihnen nicht selten in eigener Person präsidierten und dann ihre Approbation der Beschlüsse sogleich mündlich erklären konnten u. s. w.

Der Geschichtschreiber der Konzilien ist aber nicht etwa der Begründer dieser Anschauung. Sie bestand mehr oder weniger ausgebildet schon vor ihm. Walter, um nur einige ihrer namhaftesten Vertreter in Deutschland anzuführen, bemerkt in dem Lehrbuch des Kirchenrechts 2. A. 1823 S. 35 f.: „Sind die Arbeiten des (ökumenischen) Konziliums beendigt, so werden sie durch den Papst feierlich bestätigt und promulgiert." In der 8. A. 1839 schreibt er S. 307: „Die gefaßten Beschlüsse erfordern, um als Aussprüche der ganzen Kirche zu gelten, wesentlich den Beitritt des Papstes"; und wenn er auch beisetzt, es sei gleichgültig und hänge von den Umständen ab, in welcher Form die Zustimmung erfolge, so verrät er durch die beigefügte Anmerkung doch deutlich, daß er die Bestätigung nur als einen der Synode nachfolgenden besonderen Akt

[1] Aus dem Historischen Jahrbuch 1893 S. 485—516 mit einigen Zusätzen.

kennt. Ebenso in der 13. A. 1861 S. 359. Döllinger bemerkt in
dem Lehrbuch der Kirchengeschichte 1836 I, 194 (2. A. 177): es sei
bereits im 4. Jahrhundert ausgesprochen worden, daß die den Glauben
angehenden Dekrete einer Synode nur durch Teilnahme oder Bestätigung
des Papstes ihre volle Kraft und Auktorität erhalten, und S. 198 (186):
man habe es keineswegs für überflüssig gehalten, daß der Papst die Be=
schlüsse einer Synode, obwohl er an deren Abfassung teilgenommen, noch
eigens bestätige. Phillips erklärt in seinem Kirchenrecht II (1846),
261: dem Papst sei es ausschließlich vorbehalten, die Beschlüsse einer
Synode zu bestätigen oder zu verwerfen, und es mache in dieser Be=
ziehung keinen Unterschied, wenn auch die päpstlichen Legaten zuvor dem
Beschlusse beigetreten seien oder nicht; ihm seien daher die Akten einzu=
senden, und erst dann, wenn seine Entscheidung hinzukomme, enthalte
ein Konzilienbeschluß volle gesetzliche Kraft und Gültigkeit für die ganze
Christenheit.   Hefele fand hiernach die Anschauung bereits vor. Indem er aber
derselben beitrat und für die Periode des Altertums einen eingehenden
historischen Beweis für sie unternahm, verschaffte er ihr eine noch größere
Glaubwürdigkeit. In der That beherrscht die Anschauung in der Folge=
zeit die katholische Litteratur in Deutschland. Es dürfte wiederum ge=
nügen, einige Vertreter namhaft zu machen. J. F. Schulte, Das
katholische Kirchenrecht 1860 I, 53, schreibt: „Wie für die Glaubens=
dekrete, so ist aus denselben Gründen für die Disciplinargesetze päpst=
liche Approbation erforderlich. . . . Erst die Approbation des Papstes
giebt der Vorlage die Kraft des Gesetzes. Der Beitritt der päpstlichen
Legaten enthält diese noch keineswegs. . . . Ihre Zustimmung zu einer
Beschlußfassung hat nur den Sinn: den Beschluß als reif zur Vorlage
behufs der päpstlichen Genehmigung anzusehen. Diese päpstliche Appro=
bation ist von den Konzilien selbst bis auf das von Konstanz für not=
wendig erachtet, faktisch angesucht und namentlich vom Konzil von Trient
ausdrücklich anerkannt." Hergenröther, Katholische Kirche und christ=
licher Staat 1872 S. 1012, läßt, wenn der Papst der Synode nicht
persönlich anwohnte, die päpstliche Bestätigung zu den Beschlüssen der=
selben hinzukommen; er bezeichnet sie in diesem Fall noch besonders als
notwendig und fügt bei, daß die Theologen aller Schattierungen dieses
schon längst nachgewiesen haben. In dem Handbuch der Kirchengeschichte
2. A. 1879 I, 397 nimmt er für den Akt überdies Feierlichkeit in An=
spruch. Heinrich, Dogmatische Theologie II (1876), 499, erwartet

von der päpſtlichen Beſtätigung Sanierung etwaiger Mängel in der Be=
rufung und Abhaltung des Konzils, und wenn er ſchon damit ſeine
Auffaſſung deutlich genug zu erkennen giebt, ſo ſpricht er S. 512 noch
ausdrücklich von nachfolgender Beſtätigung. Bering bemerkt in dem
Lehrbuch des Kirchenrechts 3. A. 1893 S. 617 Anm. 16: wenn der
Papſt nicht in eigener Perſon den Vorſitz führe, ſo erfolge die päpſt=
liche Genehmigung und Beſtätigung (ratihabitio, confirmatio) erſt
ſpäter in einer beſonderen Bulle, worin erklärt werde, daß die Legaten
nichts wider ihre Vollmacht vorgenommen hätten. R. v. Scherer,
Handbuch des Kirchenrechtes 1886 I, 668, ſpricht zwar einerſeits von
Approbation durch einen allenfalls ſtillſchweigenden, ſozuſagen ſelbſtver=
ſtändlichen Beitritt des Papſtes zu den Beſchlüſſen des Konzils; zugleich
bemerkt er aber, daß der Beitritt der päpſtlichen Legaten zu den gefaßten
Beſchlüſſen, ſelbſt wenn deren Vollmachten die weitgehendſten wären, nicht
im ſtande ſei, die perſönliche Sanktion des Papſtes zu erſetzen, und er
denkt ſich die Beſtätigung demgemäß als einen nachfolgenden Akt, mag
er ſie des näheren nun ſo oder anders ſich vorſtellen. Scheeben räumt
im Handbuch der katholiſchen Dogmatik 1873 I, 240 und im Artikel
„Concil“ im Kirchenlexikon 2. A. III, 793 ein, daß die allgemeine
Synode nicht bloß dann, wenn der Papſt perſönlich den Vorſitz führe
und ſein Urteil mithin in dem ihrigen ſchon unmittelbar und formell
eingeſchloſſen ſei, einer weiteren formellen Beſtätigung nicht bedürfe,
ſondern daß auch dann, wenn der Papſt durch Geſandte vertreten ſei,
eine formelle oder ausdrückliche nachfolgende Beſtätigung nicht immer
abſolut notwendig ſei, daß ſie vielmehr in gewiſſen Fällen unterbleiben
könne, namentlich wenn, wie das meiſt bei den alten Konzilien der Fall
geweſen, das Urteil des Konzils nur zur Durchführung und wirkſameren
Geltendmachung einer vorausgegangenen päpſtlichen Entſcheidung ergehe.
Daneben betont er aber ſofort, daß in allen Fällen die ausdrückliche
nachfolgende Beſtätigung mehr oder weniger notwendig ſei; ja er ſpricht
geradezu von unbedingter Notwendigkeit einer ausdrücklichen nachfolgenden
Beſtätigung (Kx. S. 796), und wenn ſeine eigentliche Anſicht wegen der
polemiſchen Richtung der Stelle auch hier noch etwas zweifelhaft bleibt,
ſo iſt doch ſo viel ſicher, daß er den angeführten Gelehrten eher anzu=
reihen als von ihnen abzuſondern iſt.

Ich konnte die Anſicht nicht teilen, als ich den Artikel „Concilien“
für die Real=Encyklopädie der chriſtlichen Altertümer von Kraus bearbeitete.
Die Gründe, welche für ſie vorgebracht wurden, erwieſen ſich mir bei

näherer Prüfung alle als unhaltbar, und bei der Sicherheit, die ich gewann, gab ich meiner abweichenden Ansicht unumwundenen Ausdruck.
Der Widerspruch, der naturgemäß nicht ausblieb, veranlaßte mich zu
einer eingehenderen Darlegung in der Theologischen Quartalschrift 1882
S. 575—602. Weitere Einsprache, namentlich die Abhandlung Blötzers
in der Zeitschrift für katholische Theologie 1886 S. 86—106, giebt
mir zu neuer Untersuchung Gelegenheit.

Die erwähnte Gegenschrift macht einen eigentümlichen Eindruck.
Meine Kritik wird in dem Hauptpunkte als richtig anerkannt. Und
trotzdem wird die alte These im wesentlichen selbst gegen mich wieder
verteidigt. Das erweckt zum voraus Bedenken. Oder sollte es so gar
leicht sein, die Approbationstheorie aufrecht zu erhalten, wenn die Hauptstützen für hinfällig erklärt werden, welche der berufenste Vertreter für
sie beizubringen vermochte? Das Nähere wird sich später ergeben. Hier
ist zu bemerken, daß ich der Abhandlung, wenn auch ihr Gesamtergebnis
ein falsches ist, eine wenigstens unter den obwaltenden Umständen nicht
unwichtige Kenntnis verdanke. Ich bemühte mich früher nicht, nach
etwaigen älteren oder neueren Vertretern meiner Ansicht zu suchen. Es
schien mir dies durchaus überflüssig, und bei der Einmütigkeit, welche ich
in der Frage unter den vaterländischen Gelehrten wahrnahm und von
der obige Zusammenstellung Zeugnis giebt, mochte ich auch glauben,
anderwärts nichts Bedeutendes zu finden. Die Annahme war indessen
nicht richtig. Ich erfahre nunmehr, daß ich einen sehr bedeutenden Mann
zum Gesinnungsgenossen habe. Funk, bemerkt Blötzer S. 89, verteidigt
also nur die Ansicht Bellarmins, wenn er erklärt: Was ich bestreite,
ist nur die Annahme, die Synoden des Altertums seien vom apostolischen
Stuhle durch einen nachfolgenden besonderen Akt approbiert worden. Der
große Kontroversist untersuchte zwar die Frage nicht besonders, und
daraus erklärt sich, daß mir, wie übrigens all den oben genannten Gelehrten, von denen wenigstens keiner die Stelle gebührend berücksichtigte,
die einschlägige Ausführung entging. Aber er kommt auf die Angelegenheit bei der Frage nach der Auktorität der Konzilien zu sprechen. Die
Stelle findet sich in den Controversiae christianae fidei in dem Traktat
De conciliis et ecclesia II, 11. Er erklärt hier für den Fall, daß
die päpstlichen Legaten eine Instruktion besitzen und sie befolgen und alle
Mitglieder des Konzils ihr zustimmen (consentientibus omnibus cum
legatis habentibus et sequentibus papae instructionem): Vix dubium
esse potest, videtur enim esse certum, tale concilium non posse

errare; primum enim in tali concilio invenitur expressus consensus capitis et membrorum ac proinde totius ecclesiae, quae sine dubio errare non potest; neque obest, quod instructio illa a pontifice data non videatur definitiva sententia apostolicae sedis; nam quando concilium consentit cum pontificis sententia firmaturque decretum a legatis nomine pontificis, tunc incipit esse sententia definitiva et ultima non solum concilii, sed etiam pontificis, neque potest pontifex eam retractare; nam certo intelligit sententiam suam fuisse a Deo, quando a concilio approbatur, und nachdem er zum Beweis eine Stelle aus dem Briefe Leos I an Theodoret (Ep. 120 al. 63) und einige Punkte aus der Geſchichte des Konzils von Chalcedon angeführt, bemerkt er weiter: Quando ergo concilium definit aliquid sequens expressam sententiam pontificis, idem est ac si confirmatum esset.

Nach einer weiteren Bemerkung könnte man ſogar glauben, die von mir gewonnene Auffaſſung ſei geradezu die vorherrſchende. Da ich bemerkte — und ich glaube in Anbetracht der Haltung der deutſchen Gelehrten damit nicht ſo ganz unrecht zu haben — im theologiſchen Sprachgebrauch werde unter Approbation nicht die päpſtliche Beſtätigung i. w. S. oder die auf der Synode ſelbſt erfolgende Zuſtimmung des Papſtes, bezw. ſeiner Legaten zu den Beſchlüſſen der Verſammlung verſtanden, hält mir Blötzer S. 90 entgegen: allgemein ſei dies nicht der Fall, wenn auch nicht in Abrede zu ſtellen ſei, daß jene Meinung einzelne Vertreter gefunden habe.

Ich will nicht unterſuchen, ob es ſich wirklich ſo verhält, obwohl ſich die Mühe inſofern lohnen würde, als es ſich unter Umſtänden herausſtellte, daß meine vermeintlich neue Anſicht der vorherrſchenden Lehre der Theologen wenigſtens ſehr nahe kommt, wenn auch nicht etwa ganz mit ihr zuſammenfällt. Ich laſſe die Sache auf ſich beruhen. In der Wiſſenſchaft kommt es in letzter Linie ja nicht auf ſogenannte Auktoritäten, ſondern auf Gründe an. Nur eine kurze Bemerkung ſei mir hier geſtattet. In Deutſchland beſtand in der letzten Zeit ſicher das umgekehrte Verhältnis; der gegebene Nachweis läßt darüber keinen Zweifel, und wie ſehr die bezügliche Anſchauung vorherrſchte, zeigt noch weiterhin der Umſtand, daß die andere Auffaſſung meiſt nicht einmal in Erwägung gezogen wird. Ausſchließlich herrſchte freilich die Anſchauung nicht. H. Hurter unterſcheidet ausdrücklich zwei Arten von Approbation und erklärt, ähnlich wie ich that, die in der Mitwirkung mit der Synode liegende unter

Umständen für entbehrlich. Cum enim duo, sind seine Worte in dem Theologiae dogmaticae compendium ed. II 1878 I n. 375 (ed. V 1885 n. 560), sint conciliorum per pontificem confirmationis genera, unum, ut conciliorum decreta ad pontificem delata ipse comprobet atque confirmet, alterum vero, ut ipse primus sententiam promat illamque concilio sequendam proponat, ita ut ab eo discedere integrum eidem non sit: concedere possumus, nonnulla concilia, cuiusmodi fuerunt Ephesinum, Chalcedonense, Constantinopolitanum III et Nicaenum II, hoc posteriori modo firmam auctoritatem esse adepta. Für vier Synoden ist hiernach jedenfalls eine Approbation in dem in Rede stehenden Sinn nicht anzunehmen. Es hätten unbedingt noch zwei weitere hinzugefügt werden können. Für die vierte konstantinopolitanische oder achte allgemeine Synode liegen die Verhältnisse nicht anders als für die genannten Konzilien. Für die erste Synode haben wir allen Grund, dasselbe anzunehmen, wenn wir auch keine Nachrichten darüber haben. Denn es läßt sich kaum denken, der Papst werde seine Legaten ohne die erforderliche Instruktion nach Nicäa entlassen haben, und nach allem, was wir wissen, handelte man hier derselben nicht entgegen. Die zwei weiteren Synoden des Altertums, die zweite und die fünfte, kommen hier nicht in Betracht, weil sie an sich nicht ökumenischen Charakter hatten.

Hurter trifft also im ganzen mit mir zusammen. Die Ausdrucksweise ist freilich etwas verschieden. Er hält sich im Bereiche der Möglichkeit und erklärt die Approbation nur für entbehrlich, ähnlich wie bereits auch Bellarmin sich ausgedrückt hatte. Ich erklärte dagegen für den in Betracht kommenden Zeitraum, daß die Approbation nicht beweisbar, bezw. nicht erteilt worden sei. Der Unterschied ist indessen von untergeordneter Bedeutung. Er rührt im wesentlichen davon her, daß Hurter die Frage als Dogmatiker, ich aber als Historiker behandelte. Im Grunde besteht Übereinstimmung. Um so eigentümlicher ist es, daß meine Auffassung gerade von einem Ordensgenossen Hurters besonders bekämpft wurde. Ich will indessen die Erscheinung nicht weiter untersuchen, sondern gehe sofort zur Aufgabe selbst über.

Dieselbe ist, um Mißverständnissen vorzubeugen, vor allem näher zu bestimmen.

Wie bereits aus dem Bisherigen hervorgeht, läßt sich eine doppelte Approbation denken. Die eine ist schon in der entsprechenden Beteiligung des apostolischen Stuhles an einer allgemeinen Synode enthalten, sei

es, daß der Papst persönlich anwesend ist, sei es, daß er sich durch
Legaten vertreten läßt, wie es bei den alten Synoden stets der Fall
war. Sie ist an sich bei jeder allgemeinen Synode vorhanden, welche
einen ordentlichen Verlauf nimmt, da es ohne Mitwirkung der römischen
Kirche ein ökumenisches Konzil gar nicht giebt. Sie läßt sich insbesondere
bei den ökumenischen Synoden des Altertums annehmen. Die andere
Art besteht in einer besonderen und der Synode erst nachfolgenden Be=
stätigung des Papstes, und nur um diese handelt es sich hier. Sie ist,
da sie die erste stets voraussetzt, an sich nicht notwendig. Sie kann, wie
auch die Dogmatiker anerkennen, fehlen, und Aufgabe des Historikers ist
es, zu untersuchen, ob und inwieweit sie etwa fehlt.

Zum Beweis der Approbation können hiernach nur solche Vorgänge
herangezogen werden, welche hinter der Synode liegen, nicht aber solche,
welche einen Bestandteil der Synode bilden. Hierher gehört auch die
Unterzeichnung der Akten. Der Punkt hat demgemäß in unserer Frage
nichts zu bedeuten. Hefele führt ihn zwar bei allen Synoden des Alter=
tums in erster Linie zum Beweis auf, und bei der Synode von Nicäa
fügt er noch bei, daß die Stellvertreter Roms vor allen andern Bischöfen
unterzeichneten. Ich lasse denselben aus dem angegebenen Grund durch=
weg auf sich beruhen. Er hat mit der in Rede stehenden Approbation
lediglich nichts zu thun, und seine Erwähnung könnte nur verwirrend
wirken. Auch der Umstand fällt nicht etwa ins Gewicht, daß die päpst=
lichen Legaten an erster Stelle unterzeichneten. In der Reihenfolge der
Unterschriften kam einfach die Rangordnung der Kirchen zum Ausdruck
und weiter nichts.

Da die Approbation in dem fraglichen Sinn an sich nicht not=
wendig ist, da nach den folgenden Nachweisen alles dafür spricht, daß
sie in der Periode des Altertums insbesondere nicht als notwendig an=
gesehen und thatsächlich auch nicht erteilt wurde, so ist sie nicht vorschnell
anzunehmen. Der Akt ist vielmehr zu beweisen, und zwar im vollen
Sinne des Wortes. Dazu genügt aber nicht die Anführung von Stellen,
in welchen die Päpste erklären, in der Regel nur gelegentlich und
einem einzelnen gegenüber aussprechen, daß sie die Beschlüsse der Synode
annehmen. In solcher Weise konnten die Päpste sprechen, wenn sie
den Synoden auch nur in ihren Legaten zugestimmt hatten. In der=
selben Weise konnten und mußten auch alle übrigen Bischöfe sprechen,
wenn sie etwa in die Lage kamen, sich über ihre Stellung zu einer
Synode zu erklären, und so wenig man die bezüglichen Worte hier im

Sinne einer Bestätigung wird fassen wollen, so wenig darf dies dort geschehen. Mit derartigen Äußerungen ist nicht mehr und nicht weniger zu beweisen, als daß der römische Stuhl einfach annahm, bezw. nicht verwarf. Nichtverwerfen ist aber noch lange nicht identisch mit Approbieren in dem hier in Rede stehenden Sinn.

Die Sache ist völlig klar. Gleichwohl wurde sie bestritten. Freilich, wandte Blötzer S. 91 dagegen ein, müssen auch die übrigen Bischöfe, ja alle Gläubigen, die Synodalbeschlüsse annehmen; aber wenn zwei dasselbe thun, sei es doch nicht in allen Fällen dasselbe. Mit einem Gemeinplatz wird indessen eine offen da liegende Wahrheit nicht umgestoßen. Annehmen ist nun einmal nicht Bestätigen. Bestätigen heißt einem Beschluß Gültigkeit und Rechtskraft verleihen; Annehmen besagt das entfernt nicht, und das Wort darf hier um so weniger in jenem Sinn genommen werden, als die Sache, welche bewiesen werden soll, wie wir gesehen haben, sich keineswegs ohne weiteres von selbst versteht. Daß es etwa von der Seite gebraucht wird, welcher an sich das Bestätigungsrecht zukommt, hat hier nichts zu besagen. Es handelt sich um einen Beweis, und der wird nicht erbracht, wenn den Worten nicht ihre Bedeutung belassen wird, wenn das zu Beweisende in ein Wort hineingetragen wird, in dem es nicht enthalten ist. So viel über den Einwand an diesem Ort. Im übrigen wird die ganze weitere Untersuchung gegen ihn zeugen.

Indem ich nach diesen allgemeinen Bemerkungen zum einzelnen übergehe, ist noch voranzuschicken, daß vorwiegend kritisch zu verfahren ist. Die Beweislast liegt nach dem Angeführten den Vertretern der Approbationstheorie ob, und es ist daher die hauptsächlichste Aufgabe, die Gründe zu prüfen, welche für die Ansicht vorgebracht zu werden pflegen. Ich werde mich dabei an die Konziliengeschichte von Hefele (2. A.) halten, in deren Einleitung (I, 46—49) die ausführlichste Begründung der Theorie gegeben ist, in der Regel indessen nicht weiter auf sie verweisen, da eine einmalige Verweisung ein für allemal genügen dürfte. Bei der vierten Synode wird auch die neue Beweisführung zu berücksichtigen sein, welche jüngst Blötzer zu Gunsten derselben unternahm.

1. Für die erste allgemeine Synode liegen mehrere Dokumente vor, in denen die päpstliche Bestätigung ausdrücklich bezeugt ist. Dieselben stehen in der Konziliensammlung von Mansi, Bd. II, ebenso, nur das dritte Stück ausgenommen, in der Sammlung von Harduin. In dem

erften (Harduin I, 343) fordern Ofius von Corduba, Makarius von Jerufalem und die römifchen Presbyter Viktor und Vincentius den Papft Silvefter auf, eine Synode zu berufen und die nicänifchen Befchlüffe zu beftätigen (confirmare). Ein zweites (Harduin I, 344) enthält die er= betene Beftätigung. Ein drittes (Manfi II, 721) ift ähnlichen Inhaltes wie das zweite. Ein viertes (Harduin I, 527), die Akten eines weiteren römifchen Konzils von 275 Bifchöfen oder vielleicht eine zweite Redaktion des früheren Konzils, enthält wiederum die Beftätigung des Nicänums und erläßt felbft einige weitere Dekrete. Hier hat man für die Appro= bation alfo einen urkundlichen Beleg. Die Schriften find aber, wie jetzt feftfteht, eine Fälfchung und fallen daher für uns nicht weiter ins Ge= wicht, wenn fie auch geraume Zeit in der Frage in Anfpruch genommen wurden. Sie entftanden am Anfang des 6. Jahrhunderts, in dem Schisma des Gegenpapftes Laurentius.[1]

In der neueren Zeit ließ man die Dokumente als unecht auf fich beruhen. Auch Hefele fah felbftverftändlich von ihnen ab. Obwohl er aber auf ihr Zeugnis verzichten mußte, fo glaubte er es doch für fehr wahrfcheinlich halten zu dürfen, daß die nicänifche Synode von Papft Silvefter nicht etwa bloß durch die Unterfchrift feiner Legaten, fondern noch durch einen befonderen Akt anerkannt und beftätigt worden fei. Drei Punkte follen dies beweifen.

Fürs erfte fei unleugbar, daß die vierte allgemeine Synode die päpftliche Beftätigung ihrer Befchlüffe für durchaus notwendig erachtete, und man habe keinen hinlänglichen Grund zu behaupten, daß diefer Grundfatz damals ein ganz neuer gewefen fei, den man zur Zeit des Nicänums noch nicht gekannt und beobachtet habe.

Zweitens habe im Jahre 485 eine römifche Synode von mehr denn 40 Bifchöfen aus verfchiedenen Gegenden Italiens mit der größten Be= ftimmtheit, und zwar den Griechen gegenüber, ausgefprochen: Quam vocem (sc. Matth. 16, 18) sequentes trecenti decem et octo sancti patres apud Nicaeam congregati confirmationem rerum at= que auctoritatem sanctae Romanae ecclesiae detulerunt (Harduin II, 856).

Drittens habe fchon wenige Jahre nach dem Nicänum Papft Julius I behauptet, daß die kirchlichen Dekrete (Konzilienbefchlüffe) nicht ohne die

---

[1] Vgl. Duchesne, Liber pontificalis I, CXXXIII ff.

Zustimmung des römischen Stuhles aufgestellt werden dürfen, und daß
dies kirchliche Regel und Norm sei (Socr. H. E. II, 17).

Die Approbation scheint hiernach für die erste Synode gesichert zu
sein. Das erste Argument enthält zwar nur einen Wahrscheinlichkeits=
schluß; der Schluß ist aber, wenn richtig, von nicht zu unterschätzender
Bedeutung. In der zweiten Stelle scheint für die Bestätigung ein direktes
Zeugnis vorzuliegen. Die dritte Stelle bietet für die Theorie, wie es
scheint, aus der nächsten Zeit nach dem Nicänum einen festen Untergrund.
In Wahrheit aber ist nichts weniger als ein Beweis erbracht. Die
Argumente sind alle nichtig.

Das erste Argument beruht auf einer falschen Voraussetzung und
fällt mit derselben dahin. Die Synode von Chalcedon hielt die päpst=
liche Bestätigung für ihre Beschlüsse keineswegs für notwendig. Das
betreffende Schreiben beweist vielmehr das Gegenteil. Der Sachverhalt
wird klarzulegen sein, wenn von der Synode selbst gehandelt wird. Es
ist deshalb hier auf die spätere Ausführung zu verweisen.

In der zweiten Stelle sind die bezüglichen Worte der römischen
Synode wohl richtig angeführt. Auch ist die Echtheit des Schriftstückes
nicht zu bezweifeln. Michaud[1] glaubte zwar, demselben jede Glaub=
würdigkeit absprechen zu können, da es zu sichtlich aus der gleichen Quelle
stamme, aus der die vorhin erwähnten Fälschungen hervorgegangen seien.
Aber er brachte keinen Grund für die Annahme vor, und sonst wurde,
soviel ich sehe, das Schriftstück allenthalben als echt angesehen. In der
That besteht zu einem Zweifel in dieser Beziehung kein Anlaß. Wenn
indessen die Stelle auch echt ist, so ergiebt sie in unserer Frage immer=
hin keinen Beweis. Sie bezieht sich gar nicht auf die Bestätigung des
Konzils, und um das zu zeigen, ist vor allem der ganze Satz anzu=
führen. Denn die Worte, die in der Regel von ihm mitgeteilt werden,
passen allerdings in einem gewissen Maße zur Approbationstheorie, und
für sich allein betrachtet, lassen sie sich als Stütze derselben verwenden.
Anders aber verhält sich die Sache, wenn sie im Zusammenhang des
Satzes genommen werden, von dem sie nur ein Glied sind.

Das Synodalschreiben, in dem die Worte stehen, befaßt sich mit
den Wirren, welche durch das Henotikum vom Jahre 482 in der orien=
talischen Kirche hervorgerufen worden waren, und nach Anführung des
Anathems über Acacius von Konstantinopel wird bemerkt, daß in Italien

---

[1] Discussion sur les sept conciles oecuméniques 1878 p. 77.

bei kirchlichen Streitigkeiten die Entſcheidung dem Inhaber des apoſto=
liſchen Stuhles als dem Haupte aller überlaſſen werde, da der Herr zu
dem Apoſtel Petrus ſage: Du biſt Petrus u. ſ. w. (Matth. 16, 18).
Dann folgen die bereits mitgeteilten Worte: quam vocem — detulerunt,
und der Satz, der mit ihnen beginnt, ſchließt folgendermaßen: quam
utramque (sc. confirmationem rerum atque auctoritatem) usque
ad aetatem nostram successiones omnes Christi gratia praestante
custodiunt.   Daran reiht ſich endlich als Schlußſatz des ganzen be=
treffenden Abſchnittes die Erklärung: Quod ergo placuit sanctae synodo
apud beatum Petrum apostolum, sicut diximus per Tutum ecclesiae defensorem, et beatissimus vir Felix, caput nostrum, papa et
archiepiscopus iudicavit (daß nämlich der Patriarch von Konſtantinopel
abgeſetzt und exkommuniziert ſei), in subditis continetur.
    In dem Abſchnitt iſt alſo von der oberſtrichterlichen Gewalt des
römiſchen Stuhles und von einer Sentenz die Rede, die kraft dieſer
Gewalt von dem Papſte und einer römiſchen Synode gefällt worden
war.   Schon ein oberflächlicher Blick auf dieſen Inhalt zeigt, daß die
fraglichen Worte ſchwerlich von der Beſtätigung des Nicänums zu ver=
ſtehen ſind, da eine derartige Bemerkung zur Sache ſchlechterdings nicht
paßt.   Und was ſchon von weitem betrachtet als unwahrſcheinlich ſich
darſtellt, das erſcheint bei näherer Prüfung als unmöglich.   Die Synode
ſagt, die Väter von Nicäa haben der römiſchen Kirche confirmationem
rerum atque auctoritatem übertragen, und ſchon das Wort rerum
ruft einen Zweifel wach, ob hier eine Beſtätigung von Synodalbeſchlüſſen
oder Synodalverhandlungen gemeint ſei; denn dieſe werden mit jenem
Worte nicht bezeichnet, ſondern mit den Worten acta, gesta u. dergl.
Indeſſen mag dies auf ſich beruhen.   Wenn aber, wie man annimmt,
der erſte Teil des Satzes von der Beſtätigung des Nicänums zu ver=
ſtehen iſt, wie paßt dann zu ihm der zweite Teil, in dem geſagt iſt, das
dort Geſchehene oder Angeordnete werde bis zur Gegenwart bewahrt?
Wie paßt dazu der folgende Satz: was alſo der römiſchen Synode ge=
fallen und was der Papſt verordnet habe, das ſei im Beigefügten ent=
halten?   Wie kann man ſagen, die Väter von Nicäa haben ihre Beſchlüſſe
dem apoſtoliſchen Stuhl zur Beſtätigung vorgelegt und dieſe (nämlich
die Beſtätigung, da es ausdrücklich quam utramque heißt, nicht aber
etwa id quod) ſei fortan bewahrt worden?   Iſt es denkbar, die Ab=
ſetzung des Biſchofs von Konſtantinopel ſei mit Hinweis auf die Be=
ſtätigung der Synode von Nicäa oder auf die Übertragung dieſer

Approbation begründet worden? Die Auffaffung ift fchlechterdings un=
haltbar, da fie zu einem förmlichen Widerfinn führt. Der Vorderfatz
muß daher anders verftanden werden, und feine Bedeutung kann nach
dem Nachfatz und dem Kontext des ganzen Abfchnittes nicht zweifelhaft
fein. Die confirmatio rerum atque auctoritas bedeutet höchftrichter=
liche Auktorität. Diefe übt, fagt die römifche Synode, der Inhaber des
apoftolifchen Stuhles dem Herkommen gemäß, fo oft kirchliche Streitig=
keiten in Italien ausbrechen, und diefe kommt ihm auch nach einem
Befchluß der Väter von Nicäa zu. Welches ift aber diefes Dekret von
Nicäa? Die Antwort ift nicht fchwer zu geben. Es ift der Kanon 5
von Sardika, und die römifche Synode 485 bezeichnete denfelben nach
einem beftehenden Sprachgebrauch als nicänifch, indem die Kanones der
Synode von Sardika fchon feit dem Ende des 4. Jahrhunderts, nach=
weisbar zuerft durch die Synode von Konftantinopel 382, mit den
Kanones von Nicäa vermengt wurden.[1]

　　　Die dritte Beweisftelle enthält eine Erklärung des Papftes Julius I.
Diefelbe lautet nach Sokrates H. E. II, 17: μὴ δεῖν παρὰ γνώμην
τοῦ ἐπισκόπου Ῥώμης κανονίζειν τὰς ἐκκλησίας τοῦ ἐκκλησιασ-
τικοῦ κανόνος κελεύοντος. Sozomenus H. E. VIII, 10 giebt fie
folgendermaßen wieder: εἶναι νόμον ἱερατικόν, ὡς ἄκυρα ἀποφαίνειν
τὰ παρὰ γνώμην πραττόμενα τοῦ Ῥωμαίων ἐπισκόπου. Die Stelle
ift uns in der erfteren Faffung fchon früher (S. 74) begegnet. Man
wollte aus ihr einen Anteil des Papftes an der Berufung der allge=
meinen Synoden erhärten. Nunmehr foll fie die päpftliche Beftätigung
darthun. Man will alfo mit ihr fehr viel beweifen, und fchon diefer
Umftand wirft auf ihre Verwertung ein bedenkliches Licht. In der That
befteht der eine Beweis fo wenig die Probe als der andere. Zunächft
mag bemerkt werden, daß Julius die Worte nicht gebrauchte, die ihm
durch die griechifchen Kirchenhiftoriker in den Mund gelegt werden. Der
Bericht geht, wie fchon Couftant[2] fah, auf das Schreiben des Papftes
zurück, das uns durch Athanafius in Apol. c. Arianos n. 21—35 er=
halten wurde, und in der entfprechenden Stelle hält Julius den Eufebianern
vor: Διατί περὶ τῆς Ἀλεξανδρέων ἐκκλησίας μάλιστα οὐκ ἐγράφετο
ἡμῖν; ἢ ἀγνοεῖτε, ὅτι τοῦτο ἔθος ἦν, πρότερον γράφεσθαι ἡμῖν
καὶ οὕτως ἔνθεν ὁρίζεσθαι τὰ δίκαια; (n. 35). Der Bericht des

---

[1] Vgl. darüber Hefele, Konziliengefchichte I², 357 f.; 581 f.
[2] Pontif. Roman. epist. gen. ed. Schoenemann 241 ff.

Sokrates weicht ſomit vom Originaltext nicht unerheblich ab. Das hier berührte Herkommen erhält dort eine ſchärfere Faſſung, und das in Rede ſtehende Richteramt der römiſchen Kirche wird als ein allgemeines ge= faßt, während Julius es nur auf die alexandriniſche Kirche bezieht. In= deſſen ſoll auf dieſe Differenz kein Gewicht gelegt, ſondern die Erklärung in der Faſſung genommen werden, welche ſie bei Sokrates hat. Die Stelle ergiebt aber auch dann keinen Beweis für die Approbation des Nicänums. Sie beſagt nichts anderes, als daß ohne Beteiligung des römiſchen Stuhles keine kirchlichen Beſchlüſſe gefaßt oder keine kirchlichen Kanones aufgeſtellt werden dürfen. Sie berührt ſomit unſere Frage gar nicht. Sie bezieht ſich auf eine Synode, auf der die römiſche Kirche gar nicht vertreten iſt, näherhin auf die Synoden von Tyrus 335 und Antiochien 341, auf denen Athanaſius abgeſetzt wurde, während die öku= meniſche Synode eine Beteiligung derſelben vorausſetzt.

2. Die Synode von Konſtantinopel 381 hatte an ſich gar keinen ökumeniſchen Charakter. Sie umfaßte nur die öſtliche Kirche oder öſtliche Reichshälfte; ſie war, wie man die bezüglichen Synoden zu nennen pflegt, bloß ein Generalkonzil des Orients. Sie kommt daher hier, wo es ſich um ökumeniſche Synoden handelt, gar nicht in Betracht. Später erhielt ſie allerdings ein ökumeniſches Anſehen, als ihr Symbolum durch die römiſche und die ganze abendländiſche Kirche angenommen wurde. Aber dieſe Annahme iſt eben deshalb, weil ſie nicht auf eine Synode geht, welche ſchon von Haus aus eine allgemeine war, nicht eine Beſtätigung in dem Sinne, welcher hier in Frage ſteht. Sie beweiſt ſomit nichts. Und noch weniger haben die andern Momente eine Bedeutung, welche herbeigezogen wurden. Man führte an: der Papſt und die abendländiſchen Biſchöfe haben, noch bevor ſie die Akten der Synode erhalten hätten, über einzelne Schritte derſelben ihre Mißbilligung ausgeſprochen; als jedoch die Akten eingelaufen ſeien, habe Damaſus, wie Photius De synodis erzähle, dem Konzil die päpſtliche Beſtätigung erteilt. Das Zeugnis des Photius giebt hier keine Gewähr. Hefele muß dies ſelbſt an beiden Orten anerkennen, an denen er von der Sache handelt (I, 47; II, 30). Es fragt ſich überdies ſehr, ob die Stelle überhaupt von einer Beſtätigung zu verſtehen iſt. Photius ſagt nur, nachdem er die wichtigſten Mitglieder der Synode aufgeführt: οἷς οὐ πολὺς χρόνος καὶ Δάμασος ὁ τῆς Ῥώμης τὰ αὐτὰ κρατύνων ἐγνωρίζετο σύμφωνος (Biblioth. iur. canon. ed. Voëtius et Justellus II, 1143; Manſi III, 595.) Der

7*

fragliche Tadel ging ferner gar nicht von Damaſus aus. Das bezügliche Synodalſchreiben trägt die Überſchrift: Beatissimo imperatori et
clementissimo principi Theodosio Ambrosius et ceteri episcopi
Italiae (Harduin I, 845). Auch geht es nicht an, Damaſus unter den
ceteri episcopi Italiae zu begreifen. Denn hätte er an der betreffenden
Synode ſich beteiligt, ſo müßte er an der Spitze ſtehen, nicht Ambroſius.
Man ſieht alſo gar nicht, mit welchem Grunde dem Papſte hier eine
Stelle angewieſen wird. Hefele ſcheint den Fehler ſpäter ſelbſt erkannt
zu haben. Bei der Behandlung der Geſchichte der Synode (II, 30)
ſpricht er wenigſtens nur ganz allgemein von einem Konzil der Lateiner,
welches mehrere Schritte derſelben getadelt habe, ohne des Papſtes irgendwie zu gedenken. Übrigens ſoll Damaſus die erwähnte Mißbilligung
mitausgeſprochen und auch, wie Photius wiſſen will, die Synode beſtätigt
haben: was dann? Die Synode vom Jahre 381 war ja noch lange
Zeit keine allgemeine; ſie wurde als ſolche im Abendlande erſt im 6. Jahrhundert anerkannt. Ihre Beſtätigung durch Damaſus wäre ſomit, ſelbſt
wenn ſie ſicher ſtände, was aber entfernt nicht der Fall iſt, nicht die
Approbation einer allgemeinen Synode. Und da dem ſo iſt, ſo hätte
man beſſer gethan, die Synode gar nicht in die Frage hineinzuziehen.
Indem man mit ihrer Geſchichte die Approbationstheorie erhärten wollte,
zeigte man nur zu deutlich, wie wenig man über die Sache ſelbſt ſich
klar geworden war.

3. Für die dritte Synode wird geltend gemacht, daß ihr außer
der in der Unterzeichnung der Akten liegenden Anerkennung die päpſtliche
Approbation durch Sixtus III in vielen Cirkularſchreiben und Einzel-
briefen zu teil geworden ſei, von denen mehrere auf uns gekommen ſeien.
Die Briefe ſtehen in der Ausgabe der Epistolae Romanorum pontificum
von Couſtant 1231—61, bei Manſi V, 374—79, bei Harduin I, 1707—
14. Sie enthalten aber nichts, was einen Beweis für die Approbation
ergeben könnte. Überhaupt findet ſich nur in einem der Briefe eine
Stelle, welche ſich allenfalls hierher beziehen läßt. In dem zweiten
Briefe an Cyrill bemerkt Sixtus: die Gegner ſollen wieder aufgenommen
werden, wenn ſie Buße thun und mit dem eigenen Führer verwerfen,
was die heilige Synode mit unſerer Bekräftigung verworfen hat, ἃ ἡ
ἁγία σύνοδος ἡμῶν ἐπιβεβαιούντων ἠθέτησεν (Harduin I, 1709).
Die Bekräftigung oder Beſtätigung braucht aber, da der römiſche Stuhl
durch Legaten auf der Synode vertreten war und zwiſchen beiden Teilen

vollkommene Übereinſtimmung herrſchte, in keiner Weiſe von einem nachfolgenden Akt verſtanden zu werden. Am allerwenigſten hat man ein
Recht, auf Grund der Stelle von einer feierlichen Approbation zu reden,
wie geſchehen iſt.

4. Von größtem Gewicht iſt in unſerer Frage die Geſchichte der
vierten Synode. Die Akten derſelben ſind ſehr reichlich auf uns gelangt,
und die Approbation ſchien mittelſt derſelben völlig ſicher geſtellt werden
zu können. Man behauptete, es ſei unleugbar, daß die Synode die
päpſtliche Beſtätigung ihrer Beſchlüſſe für durchaus notwendig erachtete,
und man erblickte hier ſo ſehr eine feſtſtehende Thatſache, daß man ſich
ſogar, wie wir bereits ſahen, berechtigt hielt, derſelben eine rückwirkende
Bedeutung zuzuſchreiben, indem man meinte, es liege kein hinlänglicher
Grund zu der Annahme vor, der bezügliche Grundſatz ſei erſt damals
aufgekommen und nicht auch ſchon früher, zur Zeit des Nicänums, gekannt und beobachtet worden. Hier ſcheint alſo alles außer Zweifel zu
ſtehen. Sehen wir indeſſen die in Betracht kommenden Dokumente etwas
näher an.

Das Schreiben, das die Synode an ihrem Schluß an den apoſtoliſchen Stuhl richtete (Harduin II, 655—59), enthält in der That eine
ausgeſprochene Bitte um Beſtätigung, und es ſteht inſofern ganz einzig
da, da in allen anderen ähnlichen Schreiben, welche auf uns gekommen
ſind, ein derartiges Geſuch nicht zu finden iſt. Auf der anderen Seite
zeigt es aber auch ſo klar als nur möglich, daß die Synode eine Approbation nicht für ſich als Ganzes oder für alle ihre Dekrete verlangte,
ſondern nur für den Beſchluß, gegen welchen die römiſchen Legaten
proteſtiert und dem der Papſt ſomit nicht bereits in ſeinen Stellvertretern zugeſtimmt hatte. Man braucht, um dieſes zu erkennen, nur
ſeinen Gedankengang ins Auge zu faſſen. Das Schreiben enthält in
ſeinem erſten und weitaus längſten Teil einen Bericht über die dog-
matiſchen Verhandlungen, namentlich über die Beſtrafung des Patriarchen
Dioskur von Alexandrien, und der Abſchnitt ſchließt mit den Worten:
„Dieſes iſt das, was wir mit Dir, der Du im Geiſte anweſend warſt
und mit uns als Brüdern Rat hielteſt und der Du durch die Weisheit
Deiner Stellvertreter von uns beinahe geſehen wurdeſt, beſchloſſen haben“.
Dann beginnt mit den Worten: „Wir thun aber kund, daß wir im
Intereſſe der kirchlichen Ordnung und zur Befeſtigung der kirchlichen
Kanones auch einiges andere feſtgeſetzt haben, überzeugt, daß auch Eure

Heiligkeit, davon in Kenntnis gesetzt, dasselbe annehmen und bekräftigen wird", der zweite und kürzere Teil; und nachdem die Väter dargelegt, daß sie die seit lange bestehende Gewohnheit, der zufolge der Bischof von Konstantinopel die Metropoliten der Diöcesen Asien, Pontus und Thracien ordinierte, bestätigten und den Kanon 3 von Konstantinopel erneuerten; nachdem sie ferner bemerkt, daß sie diesen Beschluß gefaßt im Hinblick auf die neidlose Güte der römischen Kirche, die von ihrem apostolischen Lichtstrahl bereits so oft auch auf die Kirche von Konstantinopel habe scheinen lassen, fahren sie fort: „Eure Stellvertreter versuchten diesen Beschlüssen heftigen Widerstand entgegenzusetzen, ohne Zweifel, weil sie der Ansicht waren, wie die Erklärung des Glaubens, so solle auch diese heilsame Anordnung von Euch ausgehen. Wir aber glaubten, die Anordnung komme besser der ökumenischen Synode zu, und haben sie vertrauensvoll getroffen, gleichsam als sei sie von Deiner Heiligkeit getroffen, wissend, daß jedes gute Werk, das von Kindern verrichtet wird, auf die Väter zurückgeht." Endlich folgt der Schlußsatz: „Wir bitten also, ehre unseren Beschluß auch durch Deine Zustimmung; wie wir dem Haupte im Guten zugestimmt haben, so möge das Haupt den Kindern das Gebührende gewähren. Denn dies wird auch den Kaisern gefallen, welche das Glaubensurteil Deiner Heiligkeit als Gesetz sanktioniert haben, und der Stuhl von Konstantinopel wird den Lohn erhalten für all den Eifer, welchen er für die Sache der Frömmigkeit entfaltete, und indem er mit Euch sich zur Eintracht verband. Damit Ihr aber erkennet, daß wir nichts aus Vorliebe oder Abneigung gethan haben, sondern geleitet von dem göttlichen Geiste, haben wir die ganze Bedeutung dessen, was wir thaten, Euch kund gethan zu unserer eigenen Rechtfertigung und zur Sicherung und Bekräftigung des Geschehenen." Ἵνα δὲ γνῶτε, sind die eigenen Worte der Synode in dem letzten wichtigen Satz, ὡς οὐδὲν πρὸς χάριν ἢ πρὸς ἀπέχθειαν πεποιήκαμεν, ἀλλ᾽ ὡς θείῳ κυβερνώμενοι νεύματι, πᾶσαν ὑμῖν τῶν πεπραγμένων τὴν δύναμιν ἐγνωρίσαμεν εἰς σύστασιν ἡμετέραν καὶ τῶν πεπραγμένων βεβαίωσίν τε καὶ συγκατάθεσιν. Ihre Bedeutung kann nach dem Gedankengang des Briefes auch nicht einem leisen Zweifel unterliegen. Die Synode bittet um päpstliche Bestätigung für den Kanon 28 und nur für diesen. Genauer gesprochen bittet sie um Annahme des Kanons oder um Zustimmung zu demselben, und sie konnte eigentlich nur darum bitten, da der Kanon vom Papste nicht auf der Synode selbst schon von seinen Legaten anerkannt worden war. Von einer Bitte um Beſtätigung der übrigen Beſchlüſſe iſt in dem Schreiben nichts zu entdecken. Die Synode giebt im Gegenteil unverkennbar zu verſtehen, daß ſie der päpſtlichen Beſtätigung für dieſe nicht zu bedürfen glaube, und zwar aus dem einfachen Grunde, weil ſie die Zuſtimmung des Papſtes in dem Botum ſeiner Legaten ſchon beſaß. Das Schreiben zeugt ſomit nicht für, ſondern gegen die Approbationstheorie. Hätte das Konzil die Anſchauung gehabt, ſeine Beſchlüſſe bedürfen zu ihrer Gültigkeit der päpſt= lichen Approbation, ſo hätte es ſich um die Anerkennung nicht bloß eines Teiles, ſondern des Ganzen bewerben müſſen.

Ebenſowenig wie das Schreiben der Synode ergiebt der Brief des Patriarchen Anatolius von Konſtantinopel an Papſt Leo I, der weiter in Anſpruch genommen wird (Ep. 132), einen Beweis für die Approbations= theorie. Die Konzilsfrage wird in dem Briefe erſt am Schluß (c. 4) berührt. Das Konzil kommt ferner als Ganzes gar nicht zur Sprache. Es handelt ſich nur um den Kanon 28 von Chalcedon, wie ſowohl aus den Anfangsworten des betreffenden Abſchnittes des Briefes: de his autem, quae Constantinopolitanae gratia sedis sancita sunt in Chalcedonensi nuper universali synodo, als aus der folgenden Auseinanderſetzung aufs klarſte hervorgeht. Denn Anatolius erklärt, er ſei in der Angelegenheit frei von Schuld, wie er ja immer in beſcheidener Stellung (humilitate) ſich haltend Ruhe und Stille geliebt habe; aber der Klerus von Konſtantinopel und die orientaliſchen Biſchöfe haben die Sache betrieben, und daran ſchließen ſich die angeblich entſcheidenden Worte: cum et sic gestorum vis omnis et confirmatio auctoritati vestrae beatitudinis fuerit reservata. Das Latein, in welchem der Brief uns allein vorliegt, iſt nicht gut; der Sinn aber iſt nicht zweifel= haft. Schon der Wortlaut zeigt, daß nicht etwa zu überſetzen iſt: dem päpſtlichen Stuhle ſei die Beſtätigung aller Beſchlüſſe der Synode vor= behalten worden; denn es heißt gestorum omnis vis et confirmatio, und nicht gestorum omnium etc. Nach dem Kontext ferner bezieht ſich die Stelle auf den Kanon 28 von Chalcedon oder die ſtrittige Er= höhung des Stuhles von Konſtantinopel. Anatolius beſagt demgemäß: die Geltung und Bekräftigung dieſer Anordnung ſtehe ganz bei dem Papſte. Die Erklärung dient alſo der Approbationstheorie ſo wenig zur Stütze als das erwähnte Synodalſchreiben. Sie ſollte um ſo weniger betont werden, als die Worte vor allem auf Beſchwichtigung und Ge= winnung des Papſtes berechnet und, wie die Geſchichte zeigt, nichts weniger als aufrichtig waren.

Etwas später forderte allerdings der Kaiser Marcian den Papst
zur Anerkennung nicht bloß des Kanons 28, sondern der ganzen Synode
auf (Inter Leon. ep. 110), und damit kommen wir zum dritten
Zeugnis, welches man für die Bestätigung der Synode zu besitzen glaubt.
Allein das Verlangen hatte einen ganz besonderen Grund. Die Monophysiten hatten den Konflikt, der aus Anlaß des Kanons 28 entstanden
war, sowie die Weigerung Leos, den Kanon gutzuheißen, inzwischen zu
ihren Gunsten ausgebeutet, indem sie das Gerücht aussprengten, der
römische Stuhl verwerfe die Synode überhaupt, und diesen Umtrieben
sollte durch eine Erklärung des Papstes gesteuert werden. Aus jener
Forderung kann daher für die Approbationstheorie nichts gefolgert werden,
es sei denn nur, daß man zugleich annehmen wollte, Leo habe sich einer
Pflichtverletzung schuldig gemacht, indem er durch sein Zögern der Sache
der Eutychianer Vorschub leistete. Und die gleiche Bewandtnis hat es
mit dem entsprechenden Schreiben des Papstes (Ep. 114). Leo gebraucht
hier überdies nicht einmal den Ausdruck Bestätigung; er spricht einfach
von Annahme (complecti, περιπλέκεσθαι) der Synode. In dem gleichzeitigen Briefe an Marcian (Ep. 115) bemerkt er noch weiterhin, an
seiner Zustimmung zum Glaubensdekret zu zweifeln, sei gar kein Grund
gewesen, da die Synode einstimmig seinem eigenen Glaubensbekenntnis
beigetreten sei.

Die Sache ist durchaus klar. Daß insbesondere das Synodalschreiben, auf dem das Hauptzeugnis ruht, nicht eine Bitte um Bestätigung der Synode überhaupt enthält, wie man in der letzten Zeit allgemein annahm, sondern nur eine Bitte um Zustimmung zum Kanon 28,
wie ich darthat, wurde inzwischen auch anderwärts ausdrücklich anerkannt.
Blötzer kam, indem er das Schreiben seinerseits untersuchte (S. 94—99),
ganz zu dem gleichen Ergebnis. Wie ich durch seine Arbeit erfahre,
faßte sogar bereits Bellarmin das Schreiben so auf. Nach der oben
S. 90—91 angeführten Stelle, De concil. et eccles. II, 11, fährt
nämlich der Kardinal unmittelbar folgendermaßen fort: Accedit ad haec,
quoniam concilium Chalcedonense in epistola ad Leonem, . . .
dum petit confirmationem decretorum, aperte dicit, se scribere
pontifici et petere confirmationem, quoniam praeter decretum de
fide contra Dioscorum alia etiam quaedam statuerunt sine expressa
pontificis sententia; itaque solum petunt confirmationem eorum,
quae definierant praeter pontificis sententiam. Blötzer findet auch
die Schlußfolgerung, welche ich aus dem Synodalschreiben ziehe, daß nach

demſelben das Chalcedonenſe nicht für, ſondern gegen die Approbations=
theorie zeuge, vollſtändig gerechtfertigt (S. 99). Dabei fügt er allerdings
bei: gegen ſolche Gegner, die immer und unter allen Umſtänden eine
nachfolgende Beſtätigung aller Beſchlüſſe für notwenbig halten; nur werde
weder Bellarmin dadurch betroffen, noch die meiſten anderen Theologen.
Das iſt indeſſen von untergeordneter Bedeutung. Die Hauptſache iſt,
daß das Schreiben, wie eingeräumt wird, gegen die Theorie zeugt.
Meines Erachtens könnte man eher ſogar umgekehrt ſagen: wenn die
Schlußfolgerung gegenüber der von mir angefochtenen Faſſung der Appro=
bation richtig iſt, ſo iſt ſie gegenüber der anderen Faſſung noch begrün=
deter, da bei dieſer eine nachfolgende Approbation überhaupt nicht not=
wenbig iſt, weil und ſoweit ſie in der Mitwirkung mit der Synode ſchon
gegeben iſt. Doch ſoll darauf kein Gewicht gelegt werden. Schon jenes
Zugeſtändnis iſt bedeutſam.[1]

Blötzer erkennt alſo an, daß das Hauptargument, welches den Ver=
tretern der Approbationstheorie in der letzten Zeit zu Gebot ſtand, hin=
fällig iſt. Er räumt ſogar mit der erwähnten Einſchränkung ein, daß
das Chalcedonenſe gegen die Theorie zeuge. Gleichwohl glaubt er an
der Hand derſelben Synode die Theorie erhärten zu können. Folgende
Thatſachen ſollen hier als unzweifelhaft feſtſtehend in Betracht kommen.
Die Synode, wird bemerkt, bitte um Beſtätigung wenigſtens jener Be=
ſchlüſſe, für welche der Papſt ſeinen Konſens noch nicht ausgeſprochen
hatte, und ſie ſei überzeugt, daß die von ihr aufgeſtellten Kanones ohne
die päpſtliche Approbation nicht rechtskräftig ſeien. Dieſelbe Anſicht
teilten Anatolius, der Kaiſer und, wie ſich von ſelbſt verſtehe, der Papſt.
Ja ſelbſt die Häretiker können als Zeugen dafür angeführt werden, wie
allgemein die Überzeugung in der chriſtlichen Welt geweſen ſei, daß ein

---

[1] Ausdrücklich beſtritten wurde, ſoviel ich ſehe, meine Beweisführung in dieſem
Punkte nur von F. X. Kraus. Er fügte meiner Darlegung in der Realencyklopädie
der chriſtlichen Altertümer I, 323 folgende Bemerkung bei: die Redaktion habe hier
den Vorbehalt zu machen, daß ſie die Frage nach der Beſtätigung der erſten acht
Konzilien durch die Päpſte in einem letzteren günſtigeren Lichte ſehe. Zwar könne,
wie Hefele (1, 46) zugebe, dieſe Beſtätigung nicht ſo klar nachgewieſen werden als
die kaiſerliche; allein die unleugbare „Thatſache, daß die vierte allgemeine Synode die
päpſtliche Beſtätigung ihrer Beſchlüſſe für durchaus notwendig erachte", berechtige,
ja nötige zu der Unterſtellung, daß dieſer Grundſatz nicht erſt zu Chalcedon aufkam,
ſondern längſt in der Kirche beſtand. So widerlegt Kraus, indem er einfach die
widerlegte Behauptung dem erbrachten Beweis gegenüber wiederholt!

Synodalbeschluß erst dann verbindende Kraft erhalte, wenn er vom Papste approbiert sei (S. 101 f.).

Thun aber diese Thatsachen meiner These wirklich Eintrag? Die Ausführung Blötzers läuft darauf hinaus, daß ein Synodalbeschluß ohne päpstliche Zustimmung ungültig sei. Der Satz wird aber von mir nirgends bestritten. Im Gegenteil, er bildet für meine Untersuchung die Voraussetzung. Ich gehe ausgesprochenermaßen davon aus, daß Papst und Konzil in Einheit stehen, und ich nehme eben damit den Fall aus, daß etwa ein Beschluß im Widerspruch mit dem Papste gefaßt wird. Zudem lasse ich die Rechtsfrage ganz auf sich beruhen. Ich fasse nur die Thatfrage ins Auge, wie ich denn auch nur die in dieser Richtung für eine nachfolgende Approbation vorgebrachten Argumente einer Prüfung unterziehe. Meine Beweisführung wird also durch die fraglichen Thatsachen nicht berührt. Die Monophysiten hätten überdies zum Beweise gar nicht angezogen werden sollen, da ihre ganze Haltung in der Angelegenheit eine unehrliche war. Sie benützten ja nur den Umstand, daß der Papst den Kanon 28 verwarf, um das Gerücht zu verbreiten, daß er die Synodalbeschlüsse überhaupt verwerfe. Bei diesem Sachverhalte könnte ich auf eine weitere Auseinandersetzung verzichten. Da der Punkt indessen von Blötzer in ein völlig schiefes und falsches Licht gestellt wurde, so ist er noch näher zu beleuchten.

Da die Monophysiten, wie wir bereits sahen, durch ihre falsche Ausstreuung die Annahme der Glaubensbeschlüsse der Synode zu verhindern suchten, so mußte man ihnen mit einer bestimmten Erklärung des Papstes entgegentreten. Marcian wandte sich zu diesem Behufe mit einem Schreiben (Inter Leon. ep. 110) nach Rom, und Leo entsprach seiner Bitte in Ep. 114. Hier liegt nun wirklich eine besondere und nachfolgende Approbation vor. Der Akt beweist aber für eine allgemeine Regel oder die Approbationstheorie nichts, und zwar aus folgenden Gründen.

Erstens wurde das Schreiben nur wegen ganz besonderer und außerordentlicher Gründe erlassen. Blötzer mußte dies selbst anerkennen, indem er schreibt: eine nachfolgende Bestätigung der Glaubensdekrete sei beim Chalcedonense nur infolge besonderer Umstände geboten gewesen (S. 105).

Zweitens hätte der Papst, wenn eine nachfolgende Bestätigung im allgemeinen als notwendig angesehen worden wäre, diese sofort nach der Synode geben müssen, und nicht erst anderthalb Jahre nach deren Schluß, am 21. März 453. Im anderen Falle kann ihm der Vorwurf nicht erspart bleiben, daß er mit seinem Zögern die Umtriebe der Mono= physiten förderte. Die Konsequenz liegt am Tage und sie bleibt bestehen, mag Blötzer sie einsehen oder nicht (S. 103). Der Vorwurf wurde bereits von Marcian erhoben, da er (Ep. 110) schrieb: Miramur supra modum, quod post Chalcedonensem synodum et litteras venerabilium episcoporum ad tuam sanctitatem missas, quibus omnia in ipsa synodo acta significabant, nullo prorsus pacto a tua clementia eiusmodi epistolae remissae sint, quas videlicet in sanctissimis ecclesiis perlectas in omnium oportebat notitiam venire. Der Kaiser hatte zwar zu der Anklage an sich kein Recht. Denn die Synode bat den Papst nur um Zustimmung zu dem Kanon 28, nicht um eine Erklärung über ihre Beschlüsse im ganzen, und es konnte als genügend erscheinen, wenn Leo über jenen sich in einem Schreiben an den Bischof von Konstantinopel aussprach, da dieser sich noch mit einem besonderen Schreiben (Inter Leon. ep. 101) nach Rom wandte, die Sache ihn zunächst anging und die Synode zur Zeit der Erklärung be= reits aufgelöst war. Der Kaiser bekommt aber Recht, wenn man, wie Blötzer (S. 103), behauptet, sein Schreiben „spreche entschieden zu Gunsten der Approbationstheorie". Man muß also entweder diese Deutung auf= geben, oder aber die Berechtigung jenes Vorwurfes zugeben. Ein Drittes ist nicht möglich.

Drittens enthält das Schreiben, in dem am ehesten etwas zu er= warten wäre, das Schreiben Leos an die Synode oder vielmehr, da die Synode nicht mehr bestand, an die Mitglieder derselben, nichts, was die Theorie empfehlen würde. Leo schreibt im ersten Teil: Die Bischöfe wissen zweifellos, daß er die Definition der hl. Synode, welche zur Be= kräftigung des Glaubens in der Stadt Chalcedon abgehalten worden sei, mit ganzem Herzen angenommen habe (fuisse complexum), indem kein Grund ihm gestattete, über die Herstellung der Einheit des katholischen Glaubens sich nicht zu freuen, da er über die Störung derselben durch die Häretiker sich betrübt habe; dies hätten sie nicht bloß ex ipso beatissimae consensionis effectu, d. h. aus der Thatsache der Über= einstimmung der Synode und somit auch der Zustimmung der römischen Legaten, sondern auch aus seinen Briefen entnehmen können, welche er nach der Rückkehr der Seinigen an den Bischof von Konstantinopel ge= schrieben habe, wenn dieser die Antwort des apostolischen Stuhles ihnen hätte mitteilen wollen; damit es also nicht durch böswillige Interpretation

als zweifelhaft erſcheine, ob er billige, was auf der Synode von Chal=
cedon einmütig über den Glauben beſchloſſen worden ſei, ſo laſſe er durch
Vermittlung des Kaiſers dieſes Schreiben an alle Brüder und Mitbiſchöfe
ergehen, welche der genannten Synode anwohnten, damit die geſamte
Brüderſchaft und die Herzen aller Gläubigen erkennen, daß er nicht bloß
durch ſeine Brüder, welche ſeine Stelle (auf der Synode) vertraten,
ſondern auch durch eigene Zuſtimmung zu den Synodalverhandlungen,
per approbationem gestorum synodalium propriam [1], ſeine Anſicht
mit ihnen geeinigt habe, nämlich allein in der Glaubensſache, derentwegen
die allgemeine Synode ſowohl nach Befehl der chriſtlichen Kaiſer als
mit Einwilligung des apoſtoliſchen Stuhles verſammelt worden ſei. Leo
unterſcheidet hier mit klaren Worten eine doppelte Zuſtimmung, eine durch
ſeine Legaten auf der Synode ausgeübte, und eine nachher durch ihn per=
ſönlich vollzogene, und er giebt ebenſo klar zu verſtehen, daß jene eigentlich
genüge, dieſe alſo an ſich nicht notwendig ſei und von ihm nur wegen
der eingetretenen beſonderen Verhältniſſe ausgeſprochen werde.

Dasſelbe erhellt viertens aus den Briefen, auf welche Leo verweiſt,
oder vielmehr aus dem Briefe; denn die Briefſammlung des Papſtes
enthält in der in Betracht kommenden Zeit nur einen einzigen Brief an
Anatolius, Ep. 106, und der Ausdruck ex epistolis meis in Ep. 116
iſt entweder an ſich nur von einem Schreiben zu verſtehen, oder es ſind
in ihn die an den Kaiſer und die Kaiſerin in der gleichen Sache ge=
ſchriebenen Briefe (Epp. 104—105) einzubeziehen. Leo bemerkt, daß
aus jenem Briefe ſeine Zuſtimmung zur Synode zu erkennen ſei. Der
Brief enthält aber keine Stelle, welche als ausdrückliche Beſtätigung der
Synode anzuſehen wäre, da die Worte: Anatolius habe sanctam synodum ad exstinguendam solum haeresim et ad confirmationem
fidei catholicae studio christianissimi principis congregatam zur
Befriedigung ſeines Ehrgeizes benützt, doch ſchwerlich dafür gelten können.
Ähnlich verhält es ſich mit den beiden anderen Briefen. Leo giebt alſo
ſeine Zuſtimmung zu den Glaubensbeſchlüſſen lediglich durch Schweigen
zu erkennen, und er beweiſt damit, daß dieſelben zu ihrer Gültigkeit nicht
noch ſeiner beſonderen Anerkennung bedurften, daß dazu die Zuſtimmung
genügte, welche er durch ſeine Stellvertreter auf der Synode gab.

---

[1] Aus dem Kontext erhellt, daß propriam zu approbationem gehört. Dem=
entſprechend überſetzt auch Hefele II, 559. In der Ausgabe von Ballerini, bezw.
Migne wird das Wort zu dem folgenden sententiam bezogen.

Fünftens ist zu bemerken, daß Leo in dem Schreiben an die Synode den Ausdruck Konfirmation oder Bestätigung nicht gebraucht. Seine Worte sind vielmehr complecti definitionem synodi, consensio, approbare, approbatio, unire sententiam cum episcopis. Die Ausdrucksweise ist nicht ohne Bedeutung. Doch bin ich weit entfernt, auf sie ein besonderes Gewicht zu legen. Da das Schreiben, wie wir gesehen, nur einen zufälligen Charakter hat, so ist der Punkt nebensächlich, und er kann, wenn auch die Art und Weise als verfehlt zu bezeichnen ist, wie man dem complecti die Bedeutung von firmare und confirmare zuerkennen wollte, umsomehr auf sich beruhen bleiben, als schließlich von der Approbation eine Definition gegeben wird, mit der wieder zurückgenommen wird, was mit jenem Beweis dargethan werden sollte. Blötzer bemerkt nämlich: die Approbation des Konzils bestehe im wesentlichen darin, daß der Papst den Synodalbeschlüssen beitrete, und dieser Beitritt allen Völkern und Kirchen kund werde (S. 105).

Es bleibt also nur der Umstand übrig, daß Leo den Kanon 28 der Synode verwarf. Der Kanon hatte infolge dessen keine Gültigkeit, und man kann mit Blötzer (S. 105) sagen, daß derselbe, um Rechtskraft zu erlangen, absolut eine nachfolgende Bestätigung erheischte. Das ist durchaus richtig, und ich habe selbst nie anders gedacht. Die Approbationstheorie erhält aber auch hier keine Stütze. Leo that ja mit der Verwerfung nichts Neues; er wiederholte nur, was seine Stellvertreter schon auf der Synode gethan hatten, und der Kanon wäre ungültig gewesen, auch wenn er durch den Papst nicht noch besonders verworfen worden wäre, da die Ablehnung durch die Legaten bereits völlig hinreichend war. Zu einem nachfolgenden Urteil kam es auch hier nur infolge besonderer Umstände. Die Orientalen hofften bei dem Papste selbst zu erreichen, was sie von seinen Legaten nicht erlangen konnten, und das Schreiben, das zu diesem Behufe an Leo erging, erheischte eine Beantwortung. An sich konnte die nachfolgende Verwerfung hier ebenso unterbleiben, wie im umgekehrten Falle die Zustimmung, nachdem dieselbe bereits auf der Synode erfolgt war.

Die Geschichte des Konzils von Chalcedon ergiebt also keinen Beweis für die Approbationstheorie. Ebensowenig ist dieselbe mit den Worten des Papstes Gelasius zu erhärten, welche von Blötzer zuletzt angeführt werden. Die Stellen: Sicut id, quod prima sedes non probaverat, constare non potuit, sic quod illa censuit iudicandum, ecclesia tota suscepit (Ep. 26, 5 ed. Thiel p. 400); hanc (synodum) sedes

apostolica delegavit factamque firmavit (Tract. de anathem. vin-
culo c. 1 p. 558); totum est in sedis apostolicae positum potestate; ita quod firmavit in synodo sedes apostolica, hoc robur
obtinuit, quod refutavit, habere non potuit firmitatem (l. c. c. 9
p. 565), besagen im wesentlichen nichts anderes, als was wir schon
nach dem Bisherigen mußten, daß bloß die im Einvernehmen mit dem
römischen Stuhl gefaßten Beschlüsse der Synode Gültigkeit haben, nur
daß von Gelasius, entsprechend seinem Verhältnis zu Acacius von Konstantinopel, die Auktorität des apostolischen Stuhles entschiedener hervorgehoben wird. Demgemäß ist auch der Schluß hinfällig, der daran
geknüpft wird, wenn er anders über das Bisherige hinausführen soll.
Indem Blötzer betont, daß Gelasius nur die Überzeugung aussprach,
wie sie seit der Mitte des 5. Jahrhunderts in der ganzen christlichen
Welt herrschend war, daß diese Überzeugung nicht über Nacht entstanden
sei, sondern in den Vorgängen der früheren Synoden und in der Natur
der Sache ihren Grund gehabt haben müsse, und daß vor dem Chalcedonense erst zwei schon in ihrer Berufung ökumenische Synoden gehalten
worden seien, glaubt er, selbst wenn wir keine schriftlichen Dokumente
besäßen, folgern zu dürfen, die allgemeine Stimme der Christenheit habe
auch für die früheren Synoden die Bestätigung des Papstes gefordert
und diese sei somit für dieselben erteilt worden. Es wird also von der
Bestätigung der vierten Synode auf die Bestätigung der früheren Synoden
geschlossen, und dagegen wäre nichts einzuwenden, wenn die auf der
Synode selbst erfolgte Bestätigung gemeint wäre, außer etwa das eine,
daß diese sich von selbst versteht und nicht weiter zu beweisen ist. Da
aber nach dem Zusammenhange an eine nachfolgende Bestätigung zu
denken ist, so stellt sich der Schluß als grundlos dar, und die Sache
verhält sich vielmehr umgekehrt. Die vierte Synode erhielt ja, wie wir
gesehen und wie Blötzer selbst einräumen muß, eine (nachfolgende) Bestätigung nur infolge besonderer Umstände. Ohne diese Umstände wäre
es zu derselben nicht gekommen, und da nun solche Umstände bei den
früheren Synoden nachweisbar nicht eintraten, so bedurften sie naturgemäß einer weiteren Bestätigung nicht. Die Geschichte der Synoden
läßt keine andere Auffassung zu, und wenn Blötzer meiner Ausführung
glaubt mißtrauen zu müssen, so verweise ich ihn auf die Darlegung
seines oben (S. 91—92) erwähnten Ordensgenossen. Wie wir gesehen,
nennt Hurter unter den Synoden, bei welchen eine nachfolgende Bestätigung nicht notwendig anzunehmen sei, da bei ihnen die in der

Beteiligung der römischen Kirche begründete genüge, ausdrücklich die dritte und vierte. Die erste wurde von ihm wahrscheinlich deswegen nicht erwähnt, weil wir über sie, oder näherhin die Aufgabe, welche die römischen Legaten auf ihr hatten, zu wenig unterrichtet sind. Die Vorsicht ist begreiflich. Giebt man aber, wie Blötzer thut, den Analogiebeweis zu, so lautet der Schluß, und zwar mit mehr Grund als bei ihm, weil jetzt zwei Synoden den Ausgangspunkt bilden, folgendermaßen: was bei dem Ephesinum und dem Chalcedonense geschah, das war ohne Zweifel auch bei dem Nicänum der Fall. Freilich sollen auch Dokumente für die entgegengesetzte Auffassung zeugen. Ich habe indessen bereits eingehend gezeigt, wie es sich damit verhält. Es wurde namentlich dargethan, daß das Hauptdokument, auf das man sich für eine nachfolgende Bestätigung des Nicänums zu stützen pflegte, ebenso falsch verstanden wurde, wie das Hauptdokument, auf das man sich für die Bestätigung des Chalcedonense berief. Meine Kritik wurde bisher nicht widerlegt, und sie wird auch fortan schwerlich widerlegt werden. Es genügt deshalb, auf die frühere Ausführung zu verweisen.

5. Mit der fünften Synode hat es eine ähnliche Bewandtnis wie mit der zweiten. Sie war gleich dieser, da die römische und mit ihr fast die ganze lateinische Kirche auf ihr nicht vertreten war, an sich nur ein Generalkonzil des Orientes. Sie könnte und sollte deshalb hier gleichfalls außer Spiel bleiben. Da man indessen auch bei ihr geglaubt hat, von einer päpstlichen Bestätigung reden zu können, so mögen die entscheidenden Gesichtspunkte mit ein paar Worten herausgestellt werden.

Da der Papst Vigilius der Synode, von der er sich absichtlich fern gehalten hatte, nachträglich beitrat, so nahm er allerdings ihre Beschlüsse an. Eine andere Bedeutung aber als die einer bloßen Annahme oder Zustimmung hat sein Schritt aus eben dem Grunde nicht, weil er weder in Person noch durch Legaten auf der Synode anwesend war. Will man denselben je als Bestätigung fassen, so ist der Beweis dafür zu erbringen. Das ist indessen so sehr ein Ding der Unmöglichkeit, daß die Anhänger der Approbationstheorie nicht einmal einen Anlauf dazu machen, sondern einfach die Annahme des Konzils für eine Bestätigung ausgeben, als ob diese beiden Begriffe identisch wären. Und wie hätte Vigilius nach seinen Antecedentien an eine Approbation auch nur denken können? Da er früher den Beschluß der Synode, bezw. die Anathematisierung der drei Kapitel mißbilligt und verurteilt hatte, so hatte er bei

ſeiner Zuſtimmung Mühe genug, auch nur die Annahme zu verteidigen.
Und da er in dem bezüglichen Schreiben an den Patriarchen Eutychius
von Konſtantinopel (Harduin III, 213—18; das folgende zweite Zu=
ſtimmungs= oder Rechtfertigungsſchreiben S. 218—44 kommt hier nicht
weiter in Betracht) für ungültig erklärt, was er ſelbſt und andere zur
Verteidigung der drei Kapitel gethan haben, wie reimt ſich dazu der Ver=
ſuch, das Schreiben zu einem Approbationsſchreiben zu ſtempeln? Iſt
endlich anzunehmen, daß Kaiſer Juſtinian, der auf die Kunde von der
letzten Erklärung des Papſtes zu Gunſten der drei Kapitel, dem Kon=
ſtitutum vom 14. Mai 553, der Synode die Weiſung zugehen ließ, den
Namen des Papſtes aus allen Diptychen zu ſtreichen (Harduin III, 186),
von ihm eine eigentliche Beſtätigung ſich auch nur gefallen laſſen, ge=
ſchweige denn erbeten hätte?

6.   Die ſechſte Synode ſoll ſich, gleich der vierten, in einem be=
ſonderen Schreiben die Beſtätigung des römiſchen Stuhles erbeten haben.
Richtig iſt, daß ſie ein Schreiben an Papſt Agatho richtete (Harduin III,
1631—33). Daß aber dieſes Schreiben die Bitte um Beſtätigung ent=
halte, iſt mit Grund zu bezweifeln. Die Stelle am Schluß des Schrift=
ſtückes, die etwa allein in dieſem Sinne zu deuten iſt, lautet: Et hinc
eorum, qui confundunt et dividunt, turbam sedavimus, et reli-
quarum haeresum igneam tempestatem exstinximus, orthodoxae
autem fidei illustrationem vobiscum clare praedicavimus; quam
etiam rursus per venerandum vestrum rescriptum signare rogamus
vestram paternam sanctitatem. Die Synode wünſcht hiernach eine
neue Erklärung über den orthodoxen Glauben. Daß aber damit ihre
Beſchlüſſe beſtätigt werden ſollen, ſagt ſie nicht, und wenn man zunächſt
vielleicht verſucht ſein könnte, ihre Worte in dieſem Sinne zu nehmen,
ſo muß man in Anbetracht des Kontextes von der Deutung abſtehen.
Die Väter ſagen von ſich: Ita nos sancto spiritu illustrati et a vestra
doctrina deducti impietatis difficilia dogmata repulimus, rectissimam
orthodoxae fidei semitam complanantes; ſie erklären ferner, ihre Be=
ſchlüſſe ſtehen in Übereinſtimmung eximiis et divinis patribus et quinque
sanctis synodis oecumenicis, und führen als Grund dafür an: Deus
erat, qui operabatur et coronabat concilium; ſie betonen in der
Stelle, welche die Bitte um Approbation zu enthalten ſcheint, ſie haben
den richtigen Glauben mit dem Papſte klar verkündigt. Wie konnten
ſie bei ſolcher Anſchauung den römiſchen Stuhl um Beſtätigung angehen,

gleichſam als bedürften ihre Beſchlüſſe dieſer Approbation und wären
ſie ohne dieſelbe ungültig? Hurter hat bei dieſem Sachverhalte gewiß
recht, wenn er die Synode in der Reihe derjenigen aufführt, für welche
eine (nachfolgende) Approbation nicht anzunehmen iſt.

Aber wozu, könnte man fragen, die Bitte um ein Reſkript, wenn
nicht zum Behufe der Beſtätigung? Darauf iſt nicht leicht eine Antwort
zu geben. Die Schwierigkeit kann uns aber in der Auffaſſung nicht
beirren. Nach dem klaren und unzweideutigen Sinn iſt das Schreiben
nicht als Bitte um Beſtätigung anzuſehen. Inſofern könnte man die
Frage als eine von den vielen, die ſich einer ſicheren Löſung entziehen,
einfach abweiſen. Doch ſoll geſagt werden, was ſich nach der Geſchichte
der Synode und des ihr vorangehenden Monotheletenſtreites wenigſtens
vermuten läßt. Eine Antwort ergiebt ſich vielleicht, wenn man die Beſchlüſſe der Synode mit den vorausgegangenen Erklärungen des römiſchen
Stuhles vergleicht. Unter den Urhebern des Monotheletismus verurteilte
unſere Synode auch den Papſt Honorius. Mit welchem Rechte und in
welcher Weiſe kann hier dahingeſtellt bleiben, da für unſern Zweck nur
das Faktum als ſolches ins Gewicht fällt. Die Lateranſynode vom J. 649
aber hatte in der Reihe der von ihr anathematiſierten Monotheleten
(c. 18) Honorius ausgelaſſen (Harduin III, 924). Papſt Agatho hatte
in ſeinem Schreiben an den Kaiſer Konſtantin Pogonatus, das die zu
ſeinen Stellvertretern auf der Synode beſtimmten Männer zu über-
bringen hatten, nicht bloß erklärt, die römiſche Kirche ſei von dem Weg
der Wahrheit nie abgewichen und ſie bleibe, wie ſie die reine Lehre von
Anfang an von den Apoſtelfürſten empfangen habe, bis ans Ende unbefleckt gemäß der Verheißung des Herrn Luk. 22, V. 31, 32, ſondern
auch, ſeine Vorgänger haben immer dem mit jener Verheißung erhaltenen
Auftrag, die Brüder zu ſtärken, entſprochen und, ſeitdem die Biſchöfe
von Konſtantinopel die häretiſche Neuerung einzuführen ſich beſtrebten,
niemals verſäumt ſie zu mahnen und zu beſchwören, daß ſie von der
Häreſie, wenigſtens indem ſie Schweigen beobachten, abſtehen ſollten, damit nicht Zwietracht in der Kirche entſtehe (Harduin III, 1082). Er
führte ferner, wie ähnlich Martin I auf der genannten Lateranſynode, die
monotheletiſchen Neuerer auf, ohne des Honorius zu gedenken (Harduin
III, 1107). Ebenſo verfuhr die römiſche Synode vom J. 680 in ihrem
gleichfalls an den Kaiſer gerichteten Schreiben (Harduin III, 1122), und
wenn man nun daneben hält, was auf der ſechſten allgemeinen Synode
geſchah, ſo drängt ſich von ſelbſt die Vermutung auf: nach den bisherigen

Erklärungen des römischen Stuhles legte sich den Griechen die Besorgnis nahe, die bloße Zustimmung der Legaten zu dem Anathem über Honorius genüge noch nicht, da diese in Rom selbst später verworfen werden könnte; jetzt dagegen, unmittelbar nach dem Schlusse des Konzils, sei ein solcher Schritt noch nicht anzunehmen und es werde ihm daher zugleich auch für die Zukunft vorgebeugt, wenn man den Papst sofort zu einer Er= klärung über die gefaßten Beschlüsse veranlasse. Man kann dies natürlich nur vermuten, und vorstehende Auffassung will auch in keiner Weise mehr als eine Vermutung sein. Wenn aber die Griechen je durch derartige Erwägungen sich bestimmen ließen, so rechneten sie thatsächlich nicht un= richtig; denn Leo II erkannte das Anathem über Honorius an, wenn er es auch zugleich in der Weise modifizierte, daß er die Schuld seines Vorgängers nicht so fast in häretischer Gesinnung, als vielmehr in Mangel an Wachsamkeit über die Reinheit des Glaubens erblickte (Harduin III, 1475. 1730).

Eher als dieses Schreiben könnte dasjenige für die Approbation geltend gemacht werden, mit welchem Leo II das Schreiben des Kaisers Konstantin Pogonatus an seinen Vorgänger Agatho (Harduin III, 1639 —41) beantwortete (Harduin III, 1469—77). Der Papst sagt hier, nachdem er vorausgeschickt, daß die Synode von Konstantinopel den gleichen Glauben bekannte, wie die ihr vorausgegangene römische, und daß sie in allem der apostolischen Regel und der Lehre der Väter folgte: er stimme ihren Beschlüssen bei und bekräftige sie durch die Auktorität des hl. Petrus als solche, die vom Herrn selbst die Festigkeit haben, und wie er die fünf früheren ökumenischen Synoden aufnehme und fest ver= künde, so nehme er auch die jüngst auf Anordnung des Kaisers in der königlichen Stadt gefeierte sechste Synode, da sie jene erkläre und ihnen folge, mit gleicher Verehrung auf. *Διὸ δὴ καὶ ἡμεῖς καὶ διὰ τῆς ἡμετέρας τάξεως οὗτος ὁ προσκυνητὸς καὶ ἀποστολικὸς θρόνος ὁμογνωμόνως τε καὶ ὁμοψύχως τοῖς παρ' αὐτῆς ὁρισθεῖσι συναι= νεῖ καὶ τῇ αὐθεντίᾳ τοῦ μακαρίου Πέτρου βεβαιοῖ, καθάπερ ἐπὶ στερεᾷ πέτρᾳ, ἥτις ἐστὶν ὁ Χριστός, ἀπ' αὐτοῦ τοῦ κυρίου τὴν στερρότητα κομιζομένοις· διὰ ταῦτα οὖν καθὼς δεχόμεθα καὶ κηρύττομεν τὰς πέντε ἁγίας καὶ οἰκουμενικὰς συνόδους . . ., ἅστινας καὶ πᾶσα ἡ τοῦ Χριστοῦ ἐκκλησία κυροῖ καὶ ταύταις ἀκολουθεῖ· οὕτως καὶ τὴν νεωστὶ ἐν τῇ βασιλευούσῃ πόλει εὐσεβεῖ ἐπινεύσει τῆς ὑμετέρας γαληνότητος ἐπιτελεσθεῖσαν ἁγίαν ἕκτην σύνοδον, ὡς ταῦτα ἑρμηνεύουσαν καὶ ταίταις ἐπακόλουθον, τῷ* ὁμοίῳ σεβάσματι κρίνοντες δεχόμεθα καὶ ἀξίως ἅμα ταύταις συναριθμηθῆναι αὐτὴν ψηφιζόμεθα, ὡς καὶ αὐτὴν ὡσαύτως τῇ τοῦ θεοῦ χάριτι συναθροισθεῖσαν (Harduin III, 1473). Die Stelle kann mit mehr Grund als irgend eine andere für die Bestätigung einer alten Synode durch den römischen Stuhl angeführt werden. Es liegen hier wenigstens Worte vor, die eine wirkliche und feierliche Approbation zu enthalten scheinen. Und doch kann auch hier von einer Approbation im Ernste nicht gesprochen werden. Fürs erste wäre, wenn eine Be= stätigung im vollen Sinne des Wortes gegeben sein sollte, am Schluß der Stelle von Leo die Erklärung zu erwarten: deswegen, d. h. auf Grund dieser Approbation ist die jüngste Synode von Konstantinopel als ökumenische anzusehen und in die Zahl der ökumenischen Synoden aufzunehmen; nicht aber die Bemerkung: wir nehmen, wie wir die fünf älteren allgemeinen Synoden angenommen haben, so nun auch die sechste mit gleicher Verehrung auf; denn indem er so spricht, erkennt er der Synode an sich und unabhängig von seiner nunmehrigen Erklärung den ökumenischen Charakter zu, so daß diese nur die Bedeutung eines Bei= trittes, nicht einer Approbation haben kann. Zweitens bemerkt Leo aus= drücklich, daß die Beschlüsse der Synode ihre Kraft von dem Herrn selbst haben. Er erkennt sie damit als in sich selbst gültig an, und es kann nicht seine Absicht sein, ihnen erst kraft der Auktorität des hl. Petrus Gültigkeit zu verleihen. Drittens war es zu einer Approbation gar nicht mehr Zeit. Der Kaiser hatte das Glaubensdekret, wie sein Brief an Agatho zeigt (Harduin III, 1641), bereits publiziert. Die Worte βεβαιοῦν τῇ αὐθεντίᾳ τοῦ μακαρίου Πέτρου sind daher nur ein neuer und vollerer Ausdruck für das vorausgehende συναινεῖν. Jeden= falls sind sie, wie man sie des näheren deuten mag, nach dem Kontext nicht von einer Bestätigung im eigentlichen Sinne zu verstehen.

7. Für die Approbation der siebenten Synode werden die Worte Hadrians I angeführt, die in einem Schreiben an Karl d. Gr. enthalten sind: Et ideo ipsam suscepimus synodum (Harduin IV, 819). Weiter wird der Umstand geltend gemacht, daß der Papst die Akten der Synode ins Lateinische übersetzen ließ, an die Bischöfe des Abendlandes versandte und gegen die Einwürfe des fränkischen Episkopates verteidigte. Jene Worte beweisen aber nur die einfache Annahme, und nicht die Be= stätigung. Ebenso verhält es sich mit dem anderen Punkt. Und wenn man endlich geglaubt hat, der Kaiser von Konstantinopel habe die

Approbation der Synode vom römischen Stuhl verlangt, so wurde in die betreffenden Worte des Papstes zu viel hineingelegt. Hadrian sagt nur: nos vero adhuc pro eadem synodo nullum responsum eidem imperatori reddidimus (Harduin IV, 819), und die Worte setzen allerdings voraus, daß der Kaiser bezüglich der Synode nach Rom schrieb. Aber mehr ist ihnen nicht zu entnehmen. Die Behauptung, es sei um eine Approbation gebeten worden, beruht auf einer petitio principii. Das Schreiben läßt sehr wohl eine andere Erklärung zu. Vor allem liegt die Annahme nahe, der byzantinische Kaiser habe dem Oberhaupt der Kirche für seine Beihilfe zur Synode und zur Herstellung des Kirchenfriedens gedankt. Es ist weiter möglich, daß er über den Verlauf der Synode seinerseits kurzen Bericht erstattete. Und wenn je noch etwas Besonderes vom Papste gewünscht wurde, so läßt sich an die Vorgänge nach der trullanischen Synode vom Jahre 692 denken. Damals wurde der Papst gebeten, seinen Namen an der für ihn leer gelassenen Stelle in den Akten einzuzeichnen (Hefele III, 345). Dasselbe Verfahren mag auch bei dieser Synode beobachtet worden sein, und es braucht kaum bemerkt zu werden, daß diese nachträgliche Unterzeichnung der Akten nicht eine Bestätigung bedeutet, da sie nur darauf beruht, daß der Papst an der Synode nicht persönlichen Anteil nahm.

8. Zum Beweis der Bestätigung der achten Synode beruft man sich wiederum auf die Übersetzung der Akten. Darüber ist nach dem Obigen nichts weiter zu bemerken. Sodann glaubt man zu finden, die Synode habe den Papst ausdrücklich um eine besondere und feierliche Approbation gebeten, und Hadrian II habe ihren Wunsch in der Hauptsache erfüllt in seinem Schreiben an den Kaiser, in welchem er dem dogmatischen Teil der Synode seinen vollen Beifall spendete, in betreff anderer Punkte dagegen über den Kaiser klagen zu müssen erklärte. Das eine ist aber so fraglich als das andere. Das Schreiben der Synode (Harduin V, 933—35) enthält in seinem Hauptteil das Lob der anwesenden römischen Legaten, der Päpste Nikolaus I und Hadrians II sowie des Kaisers von Konstantinopel, und nachdem die Synode noch besonders dem Adressaten ihre Glückwünsche ausgesprochen, schließt sie mit den Worten: Igitur libenter oppido et gratanter imitatrice Dei sanctitate vestra omnium nostrum conventum et universalis huius atque catholicae synodi consensum et consonantiam recipiente, praedica eam magis ac veluti propriam et sollicitius confirma

coangelicis (f. evangelicis) praeceptionibus et admonitionibus vestris, ut per sapientissimum magisterium vestrum etiam aliis universis ecclesiis personet et suscipiatur veritatis verbum et iustitiae decretum. Die Synode fordert hiernach den Papſt allerdings zur Konfir= mation ihrer Beſchlüſſe auf. Zugleich aber zeigt ſie aufs deutlichſte, daß ſie unter dieſem Worte, das im kirchlichen Sprachgebrauch bekanntlich eine verſchiedene Bedeutung hat, nichts weniger als eine Approbation im eigent= lichen Sinne verſtand. Sie ſetzt ja ihre Beſchlüſſe ſchon als gültig und ihre Annahme ſeitens des Papſtes (auf Grund der Zuſtimmung der Legaten) ſchon als gewiß oder als erfolgt voraus; dann fordert ſie Hadrian zunächſt zur Verkündigung und endlich in letzter Linie zur Konfirmation auf, und ſchon dieſe Stellung des Wortes confirma be= weiſt, daß dasſelbe nicht im Sinne von Beſtätigung zu nehmen iſt. Dazu kommt ein Weiteres. Wollte die Synode um eine eigentliche Approbation bitten, ſo mußte ſie dieſe von der Auktorität des apoſtoliſchen Stuhles erwarten. Sie ſpricht aber von der Konfirmation durch engliſche oder evangeliſche Ermahnungen und Ermunterungen, und wenn auch dieſes Moment von Bedeutung iſt, ſo hebt endlich der Finalſatz jeden Zweifel bezüglich des Sinnes der Worte. Hadrian wird von der Synode gebeten, ihre Beſchlüſſe den anderen Kirchen zu verkünden und zur Annahme zu empfehlen, und dieſe Bitte begreift ſich, da die Legaten des Papſtes auf den orientaliſchen Synoden das ganze Abendland zu repräſentieren pflegten. Leo II bezeichnete dieſe Verkündigung in ſeinem Schreiben an den Grafen Simplicius (Harduin III, 1732) ausdrücklich als ſeine Aufgabe.

Iſt hiernach das Schreiben der Synode an Hadrian nicht als Ge= ſuch um Beſtätigung aufzufaſſen, ſo kann von dem Schreiben des Papſtes an den Kaiſer von Konſtantinopel (Harduin V, 938—40) noch weniger geſagt werden, daß in ihm der Wunſch der Synode in der Hauptſache erfüllt ſei. Das Verhältnis iſt ſchon an ſich ſehr fraglich. Das Schreiben der Synode konnte doch nicht ſo ohne weiteres mit einem Schreiben an den Kaiſer beantwortet werden, und wenn dieſes je geſchehen ſein ſollte, ſo hat man alles Recht, eine Bemerkung darüber zu erwarten. Die Andeutung fehlt aber. Das Schreiben enthält überdies auch nicht ein Wort, welches als Approbation der Synode gelten könnte. Das Lob, welches im Anfang des Briefes wegen ſeines Eifers für den kirchlichen Frieden und ſeiner Bemühung um die Synode dem Kaiſer geſpendet wird, mit der einfachen thatſächlichen Bemerkung, daß auf der Synode der Urheber der Wirren beſeitigt, der rechte Glaube und die katholiſche

und väterliche Überlieferung erklärt und die allen Jahrhunderten heil=
samen Rechte der Kirche bestimmt und befestigt worden seien (in quo,
abdicato pravitatis auctore, definitio rectae fidei et catholicae ac
paternae traditionis, atque iura ecclesiae perpetuis saeculis pro-
futura ac satis idonea fixa sunt et firmata), kann doch unmöglich
dafür angesehen werden. Der Sachverhalt ist nicht bloß an sich bedeutsam,
sondern er wirft auch zugleich ein Licht auf das Synodalschreiben zurück.
Es liegt hier ein neuer Beweis vor, daß es nicht im Sinne einer Bitte
um Approbation aufzufassen ist.

Die Untersuchung beschränkte sich bisher auf die Synoden, die jetzt
allgemein als ökumenisch anerkannt sind. Es giebt aber noch einige
Synoden, die zwar als ökumenische berufen wurden, aber nicht als solche
sich behaupteten, sei es, daß sie nirgends, sei es, daß sie wenigstens nicht
überall anerkannt werden, und dieselben mögen ebenfalls noch kurz in
Betracht gezogen werden.

9. Was zunächst die Synode von Ephesus 449, die sogen. Räuber=
synode, anlangt, so könnte man den Umstand, daß sie in Rom sofort
verworfen wurde, zu Gunsten der Approbationstheorie in Anspruch zu
nehmen sich versucht fühlen. Denn die Reprobation, könnte man sagen,
ist nur die Kehrseite der Approbation. Die Auffassung ist indessen so
wenig begründet als diejenige, welche in der bloßen Annahme einer
Synode schon eine förmliche Bestätigung erblickt. Die Verwerfung er=
folgte zudem nicht erst nach der Synode. Sie wurde durch die Legaten
bereits in Ephesus vorgenommen. Im wesentlichen liegen somit die
Dinge hier ebenso wie bei den anderen Synoden, nur in umgekehrter
Richtung. Der Protest wurde endlich von Rom nicht allein erhoben.
Auch viele andere Bischöfe nahmen die gleiche Stellung zur Synode
an, und doch wird niemand bei ihnen die fragliche Folgerung ziehen
wollen.

10. Eine andere hierher gehörige Synode ist die von Sardika,
und sie ist besonders wichtig, nicht so fast, weil ihr von einigen Ge=
lehrten bis in die neueste Zeit herein der ökumenische Charakter zuer=
kannt wird, als vielmehr deswegen, weil das Schreiben auf uns kam,
das sie an ihrem Schluß an Papst Julius richtete, und aus demselben
klar hervorgeht, wie sie ihr Verhältnis zum römischen Stuhl auffaßte
(Harduin I, 653). Dasselbe enthält nicht etwa eine Bitte um Bestätigung,

wie man nach der Approbationstheorie erwarten ſollte. Die Synode
betrachtet im Gegenteil ihre (unter Mitwirkung der päpſtlichen Legaten
gefaßten) Beſchlüſſe unverkennbar als an ſich gültig, und ihr Schreiben
an Julius hat nur die Aufgabe, den Papſt von denſelben in Kenntnis
zu ſetzen und zugleich zu beauftragen, ſeinerſeits den benachbarten Kirchen
die Mitteilung zukommen zu laſſen, mit welchen Männern ſie nach der
Sentenz der Synode Gemeinſchaft unterhalten ſollen, mit welchen nicht.
Demgemäß leitet die Synode, nachdem ſie im Vorausgehenden die Gründe
gebilligt, mit denen der Papſt ſein Nichterſcheinen entſchuldigt hatte, mit
ben Worten ein: Hoc enim optimum et valde congruentissimum
esse videbitur, si ad caput, id est ad Petri apostoli sedem, de
singulis quibusque provinciis Domini referant sacerdotes. Der
Schluß des Schreibens aber lautet: Tua autem excellens prudentia
disponere debet, ut per tua scripta, qui in Sicilia, qui in Sardinia,
qui in Italia sunt fratres nostri, quae dicta sunt et quae definita,
cognoscant, et ne ignorantes eorum accipiant litteras communi-
catorias, quos extra episcopatum iusta sententia declaravit. Das
Schreiben iſt inſofern analog dem oben beſprochenen, das die achte allgemeine Synode an Hadrian II richtete.

Keiner der für die päpſtliche Approbation der alten Synoden üblichen Beweiſe hält hiernach einer wiſſenſchaftlichen Prüfung ſtand. Mit
dem Ergebnis iſt, da die Beweislaſt den Vertretern der Approbationstheorie zufällt, bereits dargethan, daß dieſe Auffaſſung nicht haltbar iſt.
Dasſelbe läßt ſich aber auch noch poſitiv erhärten. Mehrere Synoden
ſprechen ſich über ihre Beſchlüſſe in einer Weiſe aus, daß die Approbation durchaus ausgeſchloſſen iſt. Sie betrachten dieſelben als an ſich
gültig. Bei einer Synode wurde als bedeutſam bereits auch der Umſtand hervorgehoben, daß die Promulgation vor der angeblichen Beſtätigung erfolgte. Der Punkt verdient indeſſen noch eine nähere Erwägung. Er blieb zwar bisher, ſoviel ich ſehe, in der katholiſchen
Litteratur unbeachtet; er entging früher auch meiner Aufmerkſamkeit. Er
iſt aber von der höchſten Wichtigkeit, und wenn meine Ausführung je
noch einen Zweifel übrig ließe, ſo müßte derſelbe nunmehr ſchwinden.

Galt die (nachfolgende) päpſtliche Approbation für die Konzilien-
beſchlüſſe als notwendig, ſo konnte die Promulgation erſt erfolgen, nachdem ihnen jene zu teil geworden war. Der Satz verſteht ſich von ſelbſt
und bedarf keines Beweiſes. Dieſe von der Approbationstheorie vor-
ausgeſetzte Ordnung wurde aber nicht befolgt. Soweit wir die Sache

verfolgen können, wurden die Beschlüsse sofort nach ihrem Zustandekommen oder wenigstens sofort beim Schluß der Synode publiziert, also noch bevor eine päpstliche Bestätigung eingeholt werden konnte, auch ohne daß etwa eine solche vorbehalten wurde. So fand die Publikation des Glaubensdekretes der vierten Synode, welches in der fünften Sitzung am 22. Oktober aufgestellt wurde, sofort in der nächsten Sitzung am 25. Oktober statt (Harduin II, 446—87). Marcian erließ ferner Edikte für das Dekret bereits am 7. Februar und 13. März 452 (Harduin II, 659), somit zu einer Zeit, wo die Akten des Konzils vielleicht noch gar nicht nach Rom gekommen waren, wo hier jedenfalls noch kein Urteil ergangen war, da die ersten bezüglichen Erklärungen Leos vom 22. Mai 452 herrühren. Die sechste Synode bat Konstantin Pogonatus sofort bei ihrem Schluß, ihrem Dekret durch seine Unterschrift Kraft (τὸ κῦρος, robur), näherhin Gesetzeskraft zu verleihen, und nachdem der Kaiser entsprochen hatte, bat sie noch weiter, gleichlautende Abschriften des Dekretes mit seiner Unterschrift zur größeren Sicherheit und Festigkeit des orthodoxen Glaubens den fünf Patriarchalstühlen zukommen zu lassen (Harduin III, 1435). Also zuerst kaiserliche Bestätigung, und dann erst Absendung des offiziellen Textes an die römische und die übrigen Patriarchalkirchen. Der Kaiser selbst bemerkt in dem Schreiben, in dem man ein Gesuch um Approbation erblicken wollte, daß er das Dekret bestätigt und seinem Volke zur Befolgung vorgelegt habe. Divinum autem, lautet die betreffende Stelle des Briefes, et venerandum decretum sancta edidit synodus, cui nos quoque subscripsimus et piis nostris edictis confirmavimus, hortantes universum nostrum Christi amantem populum, ut fidem in eis scriptam sequantur et nullam omnino haereticam inveniant inventionem (Harduin III, 1641). Ähnlich äußert sich Konstantin in dem Schreiben ad synodum sedis apostolicae Romae (Harduin III, 1642). Dagegen ergiebt die einschlägige Stelle in dem Schreiben der Synode an Agatho hier nicht auch einen Beweis, wie Hinschius (Kirchenrecht III, 346 Anm. 2) meinte. Die Worte: definitionem vivifici spiritus ope edidimus (Harduin III, 1439) sind an sich nicht notwendig von einer Publikation zu verstehen, und die Deutung ist um so weniger sicher, als der griechische Text statt edidimus ἐξεφωνήσαμεν bietet, eine zweite lateinische Übersetzung pronuntiavimus (Harduin III, 1632). Die siebente Synode ferner bat in der achten Sitzung die Kaiserin Irene und ihren Sohn, nachdem das Dekret vorher in deren Gegenwart noch einmal vorgelesen worden war und die ganze

Verſammlung die Einſtimmigkeit des Beſchluſſes beteuert hatte, daſſelbe durch ihre fromme Unterſchrift zu beſiegeln und zu befeſtigen, *ἐπισφρα-γίσαι καὶ ἐπιβεβαιῶσαι δι' εὐσεβῶν αὐτῶν ὑπογραφῶν*, und die Bitte wurde ſofort erfüllt (Harduin IV, 486). Ebenſo geſchah es auf der achten Synode (Harduin V, 1106). Das Konzil erließ auch ſofort ein Rundſchreiben an die ganze Chriſtenheit, in dem es ſeine Beſchlüſſe kurz aufführt und zum Gehorſam gegen dieſelben auffordert (Harduin V, 1107).

Die Thatſachen ſprechen für ſich ſelbſt. Das Verfahren beweiſt klar und unwiderſprechlich, daß man die Gültigkeit der Beſchlüſſe nicht von einer folgenden Beſtätigung des römiſchen Stuhles abhängig dachte. Sonſt konnte man die Beſchlüſſe nicht publizieren, und der Kaiſer konnte ſie nicht mit Geſetzeskraft ausſtatten, bevor jene Beſtätigung erteilt worden war.

Die Unterſuchung iſt zu Ende. Blötzer bemerkt, nachdem er für das Chalcedonenſe und in ihm zugleich für die früheren Synoden die Approbation erwieſen zu haben glaubt, am Schluß ſeiner Abhandlung: die folgenden Synoden, auf welche er im beſonderen noch nicht eingehen könne, bieten für unſere Frage ungleich weniger Schwierigkeiten (S. 106). Wie die Behauptung zu verſtehen iſt, kann nach meiner Ausführung nicht zweifelhaft ſein.

———

V.

Cölibat und Prieſterehe im chriſtlichen Altertum.[1]

Die hervorragendſten deutſchen Theologen, welche in der letzten Zeit mit der Frage ſich befaßten, welches die Praxis der Urkirche bezüglich der Prieſterehe geweſen ſei, Möhler[2], Hefele[3] und Probſt[4], kamen übereinſtimmend zu dem Reſultat, daß die Synode von Elvira um 300 in dieſer Beziehung einen Wendepunkt bildet, indem ſie c. 33 dem höheren Klerus, episcopis, presbyteris et diaconibus vel o... clericis positis in ministerio, unbedingte Enthaltſamkeit a...

---

[1] Aus der Theol. Quartalſchrift 1879 S. 208—247; 1880 S... zum größeren Teil neu bearbeitet.

[2] Geſammelte Schriften und Aufſätze 1889 I, 177—267.

[3] Beiträge zur Kirchengeſchichte, Archäologie und Liturgik 1864

[4] Kirchliche Diſciplin in den drei erſten chriſtl. Jahrhunderten 1...

während es bisher gestattet war, eine vor der Ordination eingegangene Ehe auch nach derselben noch fortzusetzen, und die Frage schien bereits abgethan zu sein, als G. Bickell[1] wieder mit dem Versuch hervortrat, den Cölibat auf apostolische Anordnung zurückzuführen. Dabei meint er nicht etwa nur, daß der Cölibat eine biblische Grundlage habe und in den ersten Jahrhunderten von der Geistlichkeit mehrfach beobachtet worden sei. Das bestreiten auch die Vertreter der anderen Ansicht nicht. Sie erkennen vielmehr an, daß die dem Cölibat zu Grunde liegenden Ideen von dem höheren sittlichen Wert der Virginität und deren größerer Tauglichkeit für den Dienst Gottes in der hl. Schrift (Matth. 19, 12; I Kor. 7, 7. 32—34) enthalten sind, und daß ein großer Teil der Geistlichkeit thatsächlich schon im Altertum entweder unverehelicht war oder, wenn er eine Ehe eingegangen hatte, nach der Weihe auf den ehelichen Umgang verzichtete. Während aber sie in der Beobachtung des Cölibates für jene Zeit etwas Freiwilliges sehen, nimmt Bickell bereits ein Gesetz an, indem er folgende Thesen aufstellt[2]:

1. Die Verpflichtung auch der Presbyter und Diakonen zur Kontinenz rührt im Abendland nicht erst vom hl. Siricius, sondern schon von den Aposteln her.

2. Dieselbe Verpflichtung bestand auch im Morgenland von der apostolischen Zeit an, wurde aber hier seit dem vierten Jahrhundert allmählich außer acht gesetzt.

Die Thesen bilden das gerade Gegenteil zu der bisherigen Auffassung, und die Wissenschaft hat sich mit ihnen um so mehr auseinanderzusetzen, als sie mehrfachen Anklang fanden. Der Abhandlung Bickells wurde sofort in einer anderen Zeitschrift[3] bezüglich der Hauptsache volle Zustimmung zu teil. Als ich den Artikel Cölibat für die Kraussche Real=Encyklopädie der christlichen Altertümer schrieb und dagegen die herrschende Auffassung vertrat, fand sich der Herausgeber veranlaßt, zu Gunsten der Bickellschen Ansicht eine Note beizufügen. Die Bemerkung ___ zwar für den, der ihren Ursprung kennt, keinerlei Wert zu bean___ ___, und über ihre Entstehung verbreitet der Umstand hinlängliches ___ß der Bogen, auf dem sie steht, nicht unversehrt, das Blatt ___—308, das sie näherhin enthält, eingeklebt ist. Die Note beruht

___ Cölibat eine apostolische Anordnung, in Zeitschrift für kath. Theologie II
___ 64; III (1879), 792—799.
___ r. f. kath. Theol. II, 32.
___ 1878 II, 528—540.

auf nachträglichem äußerem Zwang und ist nicht ein reiner Ausdruck
wissenschaftlicher Überzeugung. Indessen ist das verräterische Zeichen
wohl kaum von dem einen und andern erkannt und in seiner Tragweite
gewürdigt worden. Manche werden der Note auch nach der gegebenen
Aufklärung noch ein unverdientes Vertrauen entgegenbringen. In den
kirchenhistorischen Werken wird die Abhandlung Bickells immer noch in
einer Weise angeführt, als ob durch sie die frühere Auffassung wirklich
im Ernste in Frage gestellt sei. Kraus[1] verweist noch neuestens ganz
besonders auf seine Note, obwohl er am besten wissen muß, wie es mit
derselben bestellt ist. Die Frage verdient daher eine neue Erörterung,
und dies um so mehr, als durch die früheren Arbeiten nicht etwa nur
die jüngst geltend gemachten Gesichtspunkte noch nicht gewürdigt werden
konnten, der Gegenstand vielmehr auch sonst noch nicht erschöpfend behandelt wurde.

Die Lösung der Aufgabe vollzieht sich in Würdigung der einschlägigen Zeugnisse der Väter, und es soll zuerst die Litteratur des
Morgenlandes in Betracht gezogen werden.

1. Bickell[2] führt aus derselben zuerst zwei Apokryphen oder pseudo-
apostolische Schriften an, die syrische Doctrina Addaei und die sog.
Apostolische Kirchenordnung, und bringt ihnen ein Vertrauen entgegen,
das niemand teilen wird, der auf dem Gebiete der altchristlichen Litteratur
gründlichere Studien angestellt hat. Während jene Schrift offenbar eine
spätere Fiktion ist und nur die nähere Bestimmung ihrer Zeit in Frage
stehen kann, läßt er es dahin gestellt, ob sie nicht etwa ein Werk des
ersten Jahrhunderts ist. So verhält sich die Sache aber keineswegs.
Die Schrift ist sicher späteren Ursprungs, und als Pseudepigraphum
verliert sie in unserer Frage ihre Bedeutung. Selbst wenn sie deutlicher
bezeugen würde, was sie bezeugen soll, müßte sie unbedingt hinter die
anderweitigen Aussagen bekannter Autoren zurücktreten.

Die Apostolische Kirchenordnung, die äthiopisch schon von J.
Ludolf 1691, griechisch zuerst durch J. W. Bickell 1843 und, nachdem
dessen Text wiederholt abgedruckt worden war, auf Grund einer
Vergleichung der Handschrift verbessert durch mich[3] herausgegeben
wird, weil sie bereits von Klemens von Alexandrien citiert we...
erften Hälfte des 2. Jahrhunderts zugewiesen. Seit Auffin...

[1] Kirchengeschichte 4. A. 1896 S. 99.
[2] Zeitschr. f. kath. Th. II, 43—44; III, 793 f.
[3] Doctrina duodecim apostolorum 1887 p. 50—73.

Didache wissen wir aber, was Bickell allerdings früher nicht wissen konnte, daß das fragliche Citat auf diese Schrift geht, und mit Grund wird die Apostolische Kirchenordnung jetzt allgemein dem 3. oder noch richtiger dem 4. Jahrhundert zugeschrieben. Die Zeit kann indessen ganz auf sich beruhen bleiben. Die Schrift selbst beweist in keiner Weise, wofür sie in Anspruch genommen wird. Sie sagt 16, 2 allerdings in betreff des Bischofs: Καλὸν μὲν εἶναι ἀγύναιος, εἰ δὲ μή, ἀπὸ μιᾶς γυναικός, und Bickell übersetzt die Stelle: der Bischof solle wo möglich jungfräulich sein, auf jeden Fall aber mit seiner ersten und einzigen Gattin fortan in Enthaltsamkeit leben. Die Übersetzung unterliegt aber den gewichtigsten Bedenken. Da die dunkeln Worte ἀπὸ μιᾶς γυναικός dem ἀγύναιος gegenüber stehen, so haben sie nicht ohne weiteres die ihnen zugeschriebene Bedeutung; sie können auch besagen, daß der Bischof nicht öfter als einmal geheiratet haben solle, und für diesen Sinn spricht nicht bloß das vorausgehende ἀγύναιος, sondern auch das folgende παιδείας μέτοχος, da diese Worte eher von Erziehung der Kinder als vom Besitze von Bildung zu verstehen sind. Auch ist zu erinnern, daß Epiphanius wiederholt den Worten der Apostolischen Kirchenordnung noch ein ἐγκρατεύεσθαι oder χηρεύειν beifügt, um den Bickellschen Gedanken zum Ausdruck zu bringen. H. 48 c. 9 spricht er von ἀπὸ μονογαμίας ἐγκρατευσάμενοι, H. 59 c. 4 von einem ἀπὸ μιᾶς γυναικὸς ἐγκρατευσάμενος ἢ χηρεύσας, Expos. fidei c. 20 fordert er von den Diakonissen, sie sollen, wenn sie nicht ἀειπάρθενοι seien, χηρεύσασαι ἀπὸ μονογαμίας sein. Wahrscheinlich verordnet die Schrift also nichts anderes als Paulus I Tim. 3, 2. Und wenn man je die Präposition ἀπό in dem Bickellschen Sinne betonen wollte, so kommt man immerhin noch nicht zu dem Bickellschen Schluß von einer gesetzlichen Vorschrift. Denn in diesem Falle ist sicher das καλὸν auch auf den zweiten Satzteil zu beziehen, und dann liegt im ganzen Satze ein Rat, nicht ein Gesetz vor. Doch mag es sich mit dieser Stelle wie immer verhalten, klarer liegt die Sache bei der zweiten, die aus der Schrift angezogen wird. Apostolische Kirchenordnung soll nicht bloß vom Bischof, sondern n den Priestern völlige Enthaltung vom Verkehr mit dem anderen verlangen, indem sie schreibe: Δεῖ οὖν εἶναι τοὺς πρεσ- ... ἀπεχομένους τῆς πρὸς γυναῖκας συνελεύσεως. Da nichts zu erinnern, wenn die Schrift wirklich sich so aus- nur das sagen würde. Diese Voraussetzung trifft aber wurde übersehen, was, wenn die Schrift mit Beziehung auf die obschwebende Frage geprüft wird, gerade die Hauptsache ist.[1] Vor dem ἀπεχομένους stehen und zu ihm gehören die Worte τρόπῳ τινί (18, 3). Die Kirchenordnung verlangt von den Presbytern also nicht völlige, sondern nur eine gewisse Enthaltsamkeit: sie gesteht eben damit den ehelichen Verkehr andererseits in einem gewissen Maße zu und zeugt also für das Gegenteil von dem, wofür man sie in Anspruch nehmen wollte. Die Übersetzung der Worte ist freilich nicht unbestritten. Harnack[2] übersetzt: wie gebührend, naturgemäß, und verweist dafür auf die Apostolischen Konstitutionen II, 1; III, 1, wo die Worte keine andere Fassung zulassen sollen. Letzteres ist aber nicht sicher, und für unsere Stelle muß Harnack selbst einräumen, daß die Übersetzung mit quodammodo, welche die lateinischen Versionen der Apostolischen Konstitutionen bieten, zur Not verteidigt werden könnte. Ich sehe keinen Grund, zu einer so gezwungenen Deutung der Worte zu schreiten.[3] In allen Fällen hat die Schrift schon in Anbetracht ihres Charakters und ihrer Zeit in unserer Frage keine höhere Bedeutung, und als ein unschätzbares Denkmal der ursprünglichen Disciplin der orientalischen Kirche wird sie jetzt wohl auch Bickell nicht mehr ansehen.

In dritter Linie soll Origenes[4] für die These Bickells sprechen. Die 23. Homilie über das Buch Numeri, die früher für sie geltend gemacht wurde, wird zwar als gar nicht zur Sache gehörig preisgegeben, auf die 6. Homilie über den Leviticus aber als ein vollgültiges Zeugnis ein um so größeres Gewicht gelegt. Der Alexandriner findet es daselbst (c. 6) auffällig, daß in der Beschreibung der priesterlichen Kleidung Exod. 28 acht Stücke, in der Beschreibung Levit. 8 nur sieben erwähnt werden, indem die linnenen Beinkleider (femoralia) in der zweiten Stelle fehlen, und er glaubt, die Differenz durch die Annahme erklären zu können, jenes Kleid sei ein Sinnbild der Keuschheit und es habe daher

---

[1] Kraus stützt sein Urteil in der erwähnten Note, Real=Encyklopädie der christl. Altertümer I, 307, hauptsächlich auf die fragliche Stelle. Aber Zeit, um die Stelle selbst einzusehen, nahm er sich nicht. Er führt sie ebenso verstümmelt an wie Bickell.

[2] Die Quellen der sog. Apostolischen Kirchenordnung 1886 S. 12; in den Texten und Untersuchungen zur Geschichte der altchristlichen Litteratur II, 5.

[3] Wer aber die Deutung Harnacks vorzieht, der möge mit ihm auch weiter annehmen, daß nach der Apostolischen Kirchenordnung Bischöfe und Diakonen verheiratet sein dürfen, während die Presbyter des Geschlechtsverkehres sich zu enthalten haben. A. a. O. S. 12.

[4] Zeitschrift für kath. Theol. II, 44—46; III, 794.

am zweiten Orte übergangen werden können, weil die alttestamentlichen
Priester zu dieser nicht immer, sondern nur zur Zeit des Tempeldienstes
verpflichtet gewesen seien.   Auf das neutestamentliche Priestertum will
er diese Auslegung nicht anwenden, indem er sofort bemerkt: sed ego
in sacerdotibus ecclesiae huiusmodi intellegentiam non introdu-
xerim.   Dadurch soll er deutlich zu erkennen geben, daß die christlichen
Priester nicht nur zeitweilige, sondern stete Kontinenz üben mußten.
Deshalb verstehe er die Nichterwähnung der Femoralien bei dem christ=
lichen Priestertum nicht von der leiblichen, sondern von der geistigen
Vaterschaft; „denn auch in der Kirche (sage er) können die Priester und
Lehrer Söhne erzeugen, nämlich so, wie jener, welcher sprach: Meine
Kindlein, für die ich wieder Geburtsschmerzen leide, bis daß Christus in
euch gestaltet werde."   Das Recht der israelitischen Priester, leibliche
Söhne zu erhalten, werde hier den christlichen abgesprochen.   Die Inter=
pretation ist aber schwerlich richtig.   Origenes spricht nirgends von einem
Müssen und einem Gesetz, und wenn die Rede von einer geistigen Vater=
schaft der Priester im Neuen Bunde gegenüber der leiblichen im Alten
Bunde ein Gesetz auch einigermaßen nahe legt, so ist dasselbe noch keines=
wegs bewiesen.   Die Rede begreift sich auch, wenn die Kontinenz als
Ideal galt und von einem Teil des Klerus beobachtet wurde.   Als Ver=
bindung von Allegorie und Analogie ist die Stelle überhaupt mit größter
Vorsicht zu behandeln.   Sie bleibt in unserer Frage mindestens zweifel=
haft, und für die Ermittelung des wirklichen Sachverhaltes sind andere
Stellen zu befragen.   Probst[1] beschränkt sich bei Erörterung derselben
mit Recht auf die Folgerung: „Man sah demnach die Fortführung des
ehelichen Umganges bei verehelichten Priestern nicht gerne, und sie kam
auch nicht häufig vor."

   Ein vierter Zeuge, Eusebius[2], Demonstr. evang. I, 9, soll die
Gründe angeben, weshalb im Neuen Bunde die Virginität allen Gläu=
bigen so eifrig anempfohlen und den Priestern sogar vorgeschrieben werde,
während die Frommen des Alten Testamentes fast alle in der Ehe lebten.
Als einer derselben wird die geringe Zahl der Gerechten zur Zeit des
Alten Bundes bezeichnet, da sonst das Geschlecht der Frommen ausge=
storben wäre.   Im Gegensatz dazu wird dann auf den Andrang zahl=

---

   [1] Kirchliche Disciplin S. 79.   Dagegen findet Kraus in der bekannten Note
sowohl in dieser als in den beiden folgenden Stellen Zeugnisse für ein höheres Alter
des Gesetzes.
   [2] Zeitschr. f. kath. Theol. II, 46—47; III, 794 f.

loser Völker zum Evangelium hingewiesen, so daß die Lehrer und Verkündiger des göttlichen Wortes ihnen kaum genügen können, indem sie sich von allen Fesseln des Lebens und geistverwirrenden Sorgen freimachen; und darauf führt Eusebius wörtlich fort: „Ganz besonders ist es daher für diese jetzt notwendig, wegen der ihnen obliegenden höheren Aufgabe auf Enthaltung von der Ehe bedacht zu sein (μάλιστα δ᾽ οὖν τούτοις ἀναγκαίως τανῦν διὰ τὴν περὶ τὰ κρείττω σχολὴν ἡ τῶν γάμων ἀναχώρησις σπουδάζεται), da sie nur mit der göttlichen und geistlichen Kindererzeugung beschäftigt sind und die Sorge für die Pflege und Erziehung nicht eines oder zweier Kinder, sondern einer vieltausendfachen Menge übernommen haben." Und wenn hier einstweilen wenigstens ein Hinweis auf das Cölibatsgesetz zu erkennen sei, so spreche Eusebius sich bald deutlicher aus, indem er weiter schreibe: „Auch die Gesetze des Neuen Testamentes verbieten nicht gänzlich die Kindererzeugung, sondern verordnen auch in dieser Hinsicht Ähnliches wie für die vormaligen (alttestamentlichen) Gottesfreunde. Denn die Schrift sagt, der Bischof solle eines einzigen Weibes Mann gewesen sein. Jedoch für die Geweihten (ἱερωμένους) und dem Dienste Gottes Obliegenden geziemt es sich (προσήκει), hinfort des ehelichen Umganges sich zu enthalten. Mit denjenigen aber, welche nicht solches heiligen Dienstes (ἱερουργίας) gewürdigt sind, hat die Schrift Nachsicht." Der Schluß hätte wenigstens einen Schein von Berechtigung, wenn die Stelle wirklich so lauten würde. In Wahrheit besagt sie aber das Gegenteil. Schon der Umstand weist ja auf einen ganz anderen Sinn hin, daß das biblische Wort über die Monogamie des Klerus zum Beweis angeführt wird, daß die Kindererzeugung im Neuen Bunde nicht verboten sei, da man so unmöglich verfahren konnte, wenn der eheliche Umgang den Priestern gesetzlich verboten war. Indessen wurde nicht bloß durch das Übersehen dieses Punktes gefehlt. Eusebius wurde überdies falsch aufgefaßt, und das Mißverständnis wiegt um so schwerer, als gerade auf das mißverstandene Wort der Nachdruck gelegt wird. Der Autor soll sagen: der Bischof solle eines einzigen Weibes Mann gewesen sein. Seine Worte lauten aber: χρῆναι γάρ φησιν ὁ λόγος τὸν ἐπίσκοπον γεγονέναι μιᾶς γυναικὸς ἄνδρα. Das Verbum γεγονέναι ist in der Regel soviel als εἶναι, und wenn es bisweilen auch zur Bezeichnung des Präteritums gebraucht wird, so kann es doch an jener Stelle nicht diese Bedeutung haben; denn Eusebius spricht ja nicht aus sich, sondern er führt ein Schriftwort an, und mag dieses I Tim. 3, 2. 12 oder Tit. 1, 6

sein, an allen Stellen finden wir das Präsens, εἶναι oder ἔστωσαν.
Die Perfektbedeutung läßt sich auch durch die Annahme nicht begründen,
sie sei eine Interpretation der paulinischen Stelle im Sinne der kirchlichen Tradition und Praxis.   Denn die Ersetzung des εἶναι durch
γεγονέναι als Perfekt ist nicht eine Erklärung, sondern eine Verfälschung
des Schriftwortes, und wir haben kein Recht, eine solche ohne weiteres
einem Autor zuzuschreiben.   Die Annahme führt zudem nicht einmal zu
dem angestrebten Ziel, sondern sie stellt im Gegenteil die These, welche
sie begründen soll, in Frage.   Denn wenn man zur Rechtfertigung einer
Institution die kirchliche Tradition und Praxis so wie hier zu Hilfe
nehmen muß, so räumt man ja offenbar ein, daß dieselbe nicht apostolischen Ursprunges ist.   Das γεγονέναι ist daher unbedingt im Sinne
von εἶναι zu fassen, und wenn es so ist, dann ist der Sinn der Stelle
nicht im mindesten zweifelhaft.   Eusebius spricht nicht von einem allgemeinen Aufgeben des ehelichen Umganges seitens der Geistlichen. Indem
er den Verzicht auf denselben mit dem Worte προσήκει nur für etwas
Geziemendes erklärt, bezeugt er vielmehr die da und dort stattfindende
gesetzlich nicht unzulässige Fortsetzung desselben.   Daß Papst Siricius in
dem Schreiben an die afrikanischen Bischöfe c. 7 zunächst den Ausdruck
suademus gebraucht, während er später den Übertretern seines Dekretes
mit Strafen droht, rechtfertigt eine andere Deutung des προσήκει nicht.
Denn wenn der Gesetzgeber auch nebenbei in jener milderen Form sich
ausdrücken kann, so ist das Wort andererseits da, wo es allein steht und
nicht etwa der Zusammenhang auf etwas anderes hinweist, in seiner
eigentlichen Bedeutung zu nehmen. Und daß diese Auffassung die richtige
ist, zeigen auch die Worte, die unmittelbar auf die angeführten folgen
und mit ihnen zu Einem Satze verbunden sind: μονονουχὶ διαρρήδην
ἅπασιν κηρύττων, ὅτι δὴ τίμιος ὁ γάμος καὶ ἡ κοίτη ἀμίαντος,
πόρνους δὲ καὶ μοιχοὺς κρινεῖ ὁ θεός (Hebr. 13, 4). Denn wenn
der eheliche Umgang einem ganzen Stand in der Kirche verboten war,
konnte Eusebius nicht leicht sagen, die Kirche verkünde fast ganz offen
allen, die Ehe sei geehrt und das Ehebett unbefleckt. Ob Eusebius bei
dieser Deutung sich etwa seine Argumentation erschwerte, kommt nicht
in Betracht.   Der Einwand, der damit erhoben wird, ist zweischneidig
und trifft ebenso die Gegenthese.   Denn wenn Eusebius einfacher sagen
konnte: „alle Christen ohne irgend eine Ausnahme dürfen im ehelichen
Leben bleiben, nur dürfen die höheren Kleriker nach der Weihe keine
Ehe schließen", so konnte er nicht weniger einfach umgekehrt sagen: alle

Chriſten dürfen heiraten, nur müſſen die Empfänger einer höheren Weihe auf die Ausübung der Ehe verzichten; oder noch einfacher: alle Chriſten mit der einzigen und verſchwindenden Ausnahme des höheren Klerus dürfen in der Ehe leben. Der Beweisführung hätte dieſer Schluß keinen Eintrag gethan, und der Gedankengang hätte an Klarheit nicht wenig gewonnen. Derartige Punkte müſſen auf ſich beruhen bleiben. Ein Schriftſteller iſt zu nehmen, wie er ſich giebt, und wenn wir ſo bei Euſebius verfahren, ſo ſtellt er ſich deutlich genug als Zeuge gegen die fragliche Theſe dar.[1]

In fünfter Linie ſoll Cyrill von Jeruſalem[2] für die Theſe zeugen, indem er Catech. XII, 25 ſchreibe: „Es geziemte ſich für den keuſcheſten Lehrer der Keuſchheit, von reiner Stätte auszugehen; denn wenn derjenige, welcher dem Sohne gut als Prieſter dient, mit keiner Frau verkehrt (εἰ γὰρ ὁ τῷ υἱῷ καλῶς ἱερατεύων ἀπέχεται γυναικός), wie hätte dann der Sohn ſelbſt von Mann und Weib abſtammen können?", und damit ſogar aus der mit dem Prieſtertum verbundenen Kontinenz die Notwendigkeit der Geburt Chriſti von einer jungfräulichen Mutter beweiſe. Das letztere iſt richtig. Im übrigen aber iſt der Schluß hinfällig. Cyrill ſpricht nicht einfach von einem ἱερατεύων, ſondern von einem καλῶς ἱερατεύων, und er ſetzt ſomit die Kontinenz nur für dieſen voraus, nicht für jeden Prieſter. Der Einwand, daß bei dieſer Auffaſſung in der Stelle eine ungerechte Beleidigung der verheirateten Prieſter liegen würde, iſt nicht begründet, ſo wenig, als man darin eine Beleidigung der übrigen Chriſten finden kann, daß man diejenigen, welche die evangeliſchen Räte befolgen, vollkommene Jünger Jeſu nennt. Jedenfalls kann uns dieſer Umſtand nicht abhalten, die Stelle ſo zu deuten, wie ihr Wortlaut es verlangt.

Auf Cyrill von Jeruſalem folgt Epiphanius[3], und dieſer Kirchenvater ſoll die Frage zur Entſcheidung bringen. Es wird anerkannt, daß die bisherigen Zeugniſſe ihre volle Beweiskraft erſt durch ſeine wiederholte Erklärung erhalten, „daß die von jenen älteren Vätern zunächſt als Thatſache bezeugte Kontinenz der Kleriker nicht auf einer freiwilligen Gewohnheit der Kleriker, ſondern auf einem von den Apoſteln

[1] In dieſer Weiſe faßte ihn auch Rauſcher in ſeiner Geſchichte der chriſtlichen Kirche 1829 II, 253 auf. Ebenſo G. Calixt, De coniugio clericorum 1631 II c. 10; ed. Henke 1873 p. 281.
[2] Zeitſchrift für kath. Theol. II, 47; III, 795.
[3] Zeitſchrift für kath. Theol. II, 47—49; III, 795 f.

Funk, Abhandlungen und Unterſuchungen. I.   9

gegebenen und in der Kirche stets aufrecht erhaltenen Gesetz, einem kirch=
lichen Kanon beruhe". Derselbe sage H. 48 c. 9 bei der Widerlegung
der Montanisten: „Christus, das göttliche Wort, ehrt die Monogamie,
obgleich er die Gnadengaben des Priestertums durch solche (?) zierte, welche
sich nach einmaliger Ehe zur Enthaltsamkeit entschlossen oder stets die
Jungfräulichkeit beobachtet hatten, und so von vornherein eine Bestim=
mung traf, dergemäß dann auch seine Apostel die kirchliche Regel (τὸν
ἐκκλησιαστικὸν κανόνα) des Priestertums in angemessener und heiliger
Weise festgestellt haben". Nicht minder klar spreche er sich H. 59 c. 4
gegen die Novatianer aus: „Auch denjenigen, welcher zwar nur eines
einzigen Weibes Mann ist, aber noch fortfährt Kinder zu erzeugen, nimmt
die Kirche nicht als Diakon, Priester oder Bischof, selbst nicht als Sub=
diakon an, sondern nur einen solchen, welcher nach einmaliger Ehe ent=
weder Enthaltsamkeit gelobt hat oder Witwer geworden ist; besonders
da, wo die kirchlichen Kanones genau beobachtet werden (?). Da wirst
du mir nun jedenfalls einwenden, daß in gewissen Gegenden einige noch
als Priester, Diakonen und Subdiakonen Kinder erhalten. Aber dies
geschieht nicht gemäß dem Kanon, sondern infolge des nachlässigen Sinnes
der Menschen jetziger Zeit und aus Mangel an hinreichender Seelsorge
für die Volksmenge. Denn die durch den heiligen Geist wohl geordnete
Kirche sieht stets das Geziemendere und erkannte daher, daß nur Unzer=
streute sich beeifern, den Dienst Gott darzubringen und die geistlichen
Dinge mit ganz wohlgeordnetem Gewissen zu verwalten. Ich sage also,
daß sich der Priester, Diakon und Bischof wegen der unvorhergesehenen
Dienstleistungen und Obliegenheiten ganz Gott hingeben muß (?). Denn
wenn der hl. Apostel den Laien befiehlt, daß sie sich zeitweilig dem Ge=
bete widmen sollen, um wie viel mehr gebietet er dies dem Priester,
nämlich daß er ganz unzerstreut nur für Gott durch Ausübung des
priesterlichen Amtes in geistlichen Dingen thätig sei." Auch in der Ex=
positio fidei c. 21 (20 ed. Oehler) lasse er die höheren Kleriker aus
Jungfräulichen oder Unvermählten oder wenigstens aus solchen genommen
werden, welche Enthaltung von ihren eigenen Frauen gelobt haben oder
nach einmaliger Ehe verwitwet seien. Und diese Aussprüche sollen nicht
bloß für die Praxis des 4. Jahrhunderts ein unanfechtbares Zeugnis
ergeben, sondern auch das klarste Licht auf Lehre und Disciplin der drei
ersten Jahrhunderte zurückwerfen.

　　　Prüfen wir nun, wie es sich mit den Aussprüchen näher und in
Wahrheit verhält.

Was vor allem ihre retrospektive Beweiskraft anlangt, so kann von ihr nicht mehr ernstlich die Rede sein, nachdem wir in Eusebius einen unanfechtbaren Zeugen für die gegenteilige Praxis kennen gelernt haben. Epiphanius beruft sich allerdings auf die Apostel. Soweit er aber auf diese verweist, hält er sich in den Grenzen des Allgemeinen. Er sagt nirgends mit Bestimmtheit, daß die Apostel die Kontinenz förmlich vorschrieben. Und wenn er dieses sagen würde, so brauchten wir ihm noch nicht ohne weiteres zu glauben. Wer in der altchriftlichen Litteratur sich gründlicher umgesehen, der weiß, daß die Väter nur zu leicht von apostolischer Anordnung sprechen und für Institutionen einen apostolischen Ursprung in Anspruch nehmen, für die eine spätere Entstehung mit Sicherheit nachgewiesen werden kann. In der Abhandlung über das Osterfasten wird uns einer dieser Fälle begegnen. Die Sache wird nicht selten übersehen oder zu wenig gewürdigt. Es möge daher das Urteil eines Mannes beigefügt werden, der ebenso wegen seiner Gelehrsamkeit vertrauenswürdig als wegen seines Charakters unverdächtig ist. De Smedt, der ehrwürdige Präsident der Bollandistengesellschaft, bemerkt in dieser Beziehung: Je ne m' appuyerai jamais sur les assertions générales des Pères du IVᵉ siècle et, à plus forte raison, des temps postérieurs, par rapport aux institutions primitives. Les Pères sont des témoins autorisés de la tradition dogmatique pour le temps et la contrée où ils vivent: mais ils n' ont comme tels aucune autorité spéciale quant à la tradition historique, et j'ai apporté ailleurs (Principes de la critique historiques 1883 p. 232) des exemples frappants pour montrer qu' on ne peut avoir une confiance aveugle dans leurs affirmations, même les plus péremptoires en matière d'érudition.[1]

Epiphanius kommt somit nur als Zeuge für seine Zeit in Betracht. Für diese scheinen aber seine Worte vermöge ihrer Bestimmtheit um so schwerer in die Wagschale zu fallen. In den angeführten Stellen spricht er ja ausdrücklich von einem Kanon und einem kirchlichen Kanon, und seine Worte wurden dahin gedeutet, „daß die Kontinenz der Kleriker höherer Weihen auch im Morgenland von der Zeit der Apostel an durch ein Kirchengesetz vorgeschrieben war". Die Auffassung stellt sich indessen bei näherer Prüfung nichts weniger als stichhaltig dar. Die Aussprüche des Kirchenvaters lauten nicht ganz so, wie sie wiedergegeben wurden.

---

[1] Revue des questions historiques 1888 II, 331.

Es wurde bereits durch Beisetzung von Fragezeichen auf die unrichtig übersetzten oder aufgefaßten Stellen hingewiesen. An der ersten Stelle, H. 48 c. 9, sagt Epiphanius nicht einfach und schlechthin, daß Christus die Gnadengaben des Priestertums durch Enthaltsame oder Jungfräuliche zierte, sondern vielmehr, daß er sie zumeist oder hauptsächlich, $\mu\acute{\alpha}\lambda\iota\sigma\tau\alpha$, durch solche zierte. Es fehlt also in dem Ausspruch gerade das, was in unserer Frage die Hauptsache ist, die Allgemeinheit, die allein einen gesetzlichen Charakter erschließen ließe und die von der Gegenthese ohne weiteres, aber auch nur mit Übersehen eines wichtigen Wortes in der Stelle angenommen wird. Freilich mag, wie später bemerkt wurde, das $\mu\acute{\alpha}\lambda\iota\sigma\tau\alpha$ auch „gar sehr" bedeuten. Die andere Auffassung hat aber an sich und nach dem Kontext den Vorzug, und die Stelle bezieht sich auch in diesem Falle auf das in Rede stehende Leben der Geistlichkeit; eine Beschränkung auf die Auswahl der Apostel durch Christus, wie man sie deuten wollte, ist durch nichts angezeigt.

Der zweite Ausspruch, H. 59 c. 4, wurde zwar nicht wie jener um das entscheidende Wort verkürzt. Aber die entscheidenden Worte wurden nicht richtig verstanden. Die erste in Betracht kommende Stelle lautet: $\mu\acute{\alpha}\lambda\iota\sigma\tau\alpha\ \ddot{o}\pi o\nu\ \acute{\alpha}\kappa\rho\iota\beta\epsilon\tilde{\iota}\varsigma\ \kappa\alpha\nu\acute{o}\nu\epsilon\varsigma\ o\acute{\iota}\ \acute{\epsilon}\kappa\kappa\lambda\eta\sigma\iota\alpha\sigma\tau\iota\kappa o\acute{\iota}$, und sie sind zu übersetzen: besonders, wo die kirchlichen Kanones genau sind; nicht aber: wo die kirchlichen Kanones genau beobachtet werden. Jene Übersetzung soll zwar eine unerträgliche Tautologie ergeben. Der Einwand ist aber offenbar unbegründet. Er setzt für das Wort $\kappa\alpha\nu\acute{o}\nu$ eine Bedeutung voraus, die erst in Frage steht; und wenn man bei ihm bestehen will, so hat man sich an den Kirchenvater zu halten, der nun einmal so geschrieben hat. Epiphanius spricht eben nicht von einer vollkommenen Beobachtung der Gesetze, sondern von einer Vollkommenheit der Gesetze, und indem aus seiner Darstellung hervorgeht, daß die vollkommenen Gesetze nicht überall bestanden, giebt er zugleich zu verstehen, daß er ein Gesetz im Sinne der Gegenthese, ein allgemeines Gesetz, nicht kannte. Im weiteren Verlauf drückt er sich allerdings etwas anders aus, indem er einfach sagt: die Fortsetzung der Ehe seitens der Kleriker sei nicht dem Kanon entsprechend, $o\dot{v}\ \pi\alpha\rho\grave{\alpha}\ \tau\grave{o}\nu\ \kappa\alpha\nu\acute{o}\nu\alpha$. Hier scheint auf ein allgemeines Kirchengesetz Bezug genommen zu sein. In Wahrheit hat aber diese Stelle einen anderen Sinn. Das Wort $\kappa\alpha\nu\acute{o}\nu$ bedeutet in der alten Litteratur nicht bloß einen Kanon im heutigen Sinne oder eine für die Gesamtkirche geltende Verordnung, sondern auch Richtschnur, Richtmaß, Idee, und diese Bedeutung weist ihm an unserer

Stelle der Kontext mit aller Beftimmtheit zu. Der Sinn der Stelle
ift: die Fortfetzung der Ehe entfpricht nicht der Idee des Priestertums.
Und fie anders zu deuten, verbietet der folgende Satz, in dem jene Behauptung begründet wird. Epiphanius erklärt den Verzicht auf die Ehe
für das Geziemendere, πρεπωδέστερον, und man hat allen Grund
zu fragen, ob er sich so milde ausgedrückt hätte, wenn der Verzicht durch
die Apostel förmlich und ausdrücklich geboten gewesen wäre. Und wenn
diese Ausdrucksweise mit dem Beftand einer apostolischen Verordnung
allenfalls noch zu vereinbaren wäre, so ift das bei einer folgenden nicht
mehr der Fall. Indem Epiphanius die Angelegenheit weiter verfolgt,
bemerkt er geradezu: ich aber fage, daß es geziemend ift, daß sich die
höheren Geiftlichen ganz für Gott hingeben, indem sie, wie dies nach
dem Kontext näher zu verftehen ift, auf die Ehe verzichten. Mit diesen
Worten ift ein apoftolisches Cölibatsgesetz ausgeschlossen, da der Kirchenvater den verehelichten Klerikern sonst einfach dieses und nicht fein eigenes
Urteil entgegenhalten mußte.

Anders ftellt sich die Sache freilich nach der oben angeführten Überfetzung dar. Die Worte πρέπον ἐστὶ werden dort mit „muß" wiedergegeben. Es genügt aber wohl, der Überfetzung den Urtext gegenüber-
zuftellen, um zugleich deren Unrichtigkeit ins Licht zu rücken. Der Fehler
ift so augenfällig, daß darüber nicht weiter zu reden ift. Und wenn
man glaubte, ihn mit der Erklärung rechtfertigen zu können, die Überfetzung sei, wenn auch formell ungenau, doch sachlich nicht zu beanftanden,
weil zunächft gar nicht vom Cölibat, sondern von der gänzlichen Hingabe an Gott die Rede sei, so wurde überfehen, daß die Differenz, auf
die man sich für die Rechtfertigung ftützt, nur in Worten, nicht auch in
der Sache befteht, indem, wie bereits angedeutet wurde, der Cölibat im
Sinne des Kirchenvaters die unerläßliche Bedingung der vollen Hingabe
an Gott ift. Wenn man weiter meint, die Wendung des Kirchenvaters:
„ich fage alfo", dürfe nicht befonders betont werden, und die Erklärung,
der Kirchenvater habe, soweit er auf die Apostel Rückficht nehme, einfach
die paulinischen Worte von dem höheren Wert der Virginität für den
Dienft Gottes (I Kor. 7) und das paulinische Verbot der Digamie für
den Klerus im Auge, scheitere schon daran, daß Epiphanius in der
erften Stelle, H. 48 c. 9, von einem „kirchlichen Kanon des Prieſter-
tums" rede, das in jenem Kapitel des erften Korintherbriefes mit keiner
Silbe erwähnt werde, so wurde wieder überfehen, daß das Wort zwar
dafelbft sich nicht findet, daß aber die Sache dafelbft sich finden läßt;

und daß ein Schriftsteller wie Epiphanius sie darin finden konnte, verrät er hinlänglich genug in der zweiten Stelle, H. 59 c. 4, wo er wörtlich schreibt: „Wenn der hl. Apostel den L a i e n befiehlt, daß sie sich zeitweilig dem Gebete widmen sollen, um wie viel mehr gebietet er dies dem P r i e s t e r , nämlich daß er ganz unzerstreut nur für Gott durch Aus- übung des priesterlichen Amtes in geistlichen Dingen thätig sei".

Weiter soll C h r y s o s t o m u s [1] ein unanfechtbarer Zeuge für die fragliche These sein, da er in der 10. Homilie über den ersten Brief an Timotheus (c. 2) erkläre: ein Bischof müsse entweder jungfräulich oder Witwer sein oder seine Frau haben, als ob er sie nicht hätte, und eine Anklage gegen den Bischof Antoninus von Ephesus wegen ehelichen Ver- kehres mit der eigenen Gattin angenommen habe. Aus jener Stelle läßt sich aber höchstens ein Wunsch des Kirchenlehrers folgern, nicht aber ein Kirchengesetz. Auch Epiphanius spricht sich ja wiederholt ähnlich aus, und er verrät zugleich deutlich, daß es zu seiner Zeit ein einschlägiges allgemeines Gesetz nicht gab. Chrysostomus trägt überdies die Ansicht nicht einmal als die seinige vor, sondern als die einiger anderer, indem er sie mit den Worten τινὲς μὲν οὖν φασιν einleitet. Endlich äußert er sich wiederholt in einer Weise, daß er eher gegen als für ein Gesetz Zeugnis abzulegen scheint. Nachdem er in derselben Homilie die Worte des Apostels, der Bischof solle Eines Weibes Mann sein, seinerseits dahin erklärt hat: οὐ νομοθετῶν τοῦτό φησιν (ὁ ἀπόστολος), ὡς μὴ εἶναι ἐξὸν ἄνευ τούτου γίνεσθαι, ἀλλὰ τὴν ἀμετρίαν κωλύων, fügt er bei: τινὲς δέ, ἵνα μιᾶς γυναικὸς ᾖ (ὁ ἐπίσκοπος), φασὶ τοῦτο εἰρῆσθαι (ed. Bened. XI, 598), ohne dieser heutzutage für katholische Ohren so anstößigen Interpretation auch nur ein Wort der Widerlegung zu widmen. In der Erklärung von I Tim. 3, 7 läßt er den Apostel gegenüber einer ἠκριβωμένη πολιτεία, d. i. der Virginität oder Enthaltsamkeit, für den Episkopat nur eine μεμετρημένη ἀρετὴ oder die Monogamie fordern (ib. p. 601). Und In I Tim. arg. er- klärt er I Tim. 3, 2. 5 so: οὐ τοῦτό φησιν (ὁ ἀπόστολος), ὡς ἀναγκαῖον καὶ τέκνα ἔχειν καὶ γυναῖκα, ἀλλ' εἰ συμβαίη ποτὲ ἀπὸ κοσμικῶν ἄγεσθαι, ἵνα τοιοῦτοι ὦσιν, ὡς καὶ οἰκίας εἰδέναι προεστάναι καὶ παίδων καὶ τῶν ἄλλων ἁπάντων (ib. p. 548). Und das ist genug, um ihm in unserer Frage seine Stellung anzuweisen. Was aber die Angelegenheit des Erzbischofs Antonin von Ephesus anlangt,

---

[1] Zeitschrift für kath. Theol. II, 30; III, 796.

fo lautete bie gegen ihn erhobene Klage nicht einfach auf Fortfetzung der
Ehe nach ber Weihe; fie ging vielmehr bahin, er habe feine Frau wieber
zu fich genommen unb Kinber mit ihr gezeugt, nachbem er bei ber Orbination fich von ihr getrennt hatte.[1] Man konnte fomit gegen ihn ein-
fchreiten, auch wenn es noch kein Cölibatsgefetz gab.

Auch Hieronymus[2] foll ein Zeuge für die bezügliche Praxis des
Orientes fein, indem er Adv. Vigil. c. 2 bem Cölibatsftürmer Bigilantius zurufe: Quid facient Orientis ecclesiae? Quid Aegypti et
sedis apostolicae, quae aut virgines clericos accipiunt aut conti-
nentes aut si uxores habuerint, mariti esse desistunt? Die Worte
bezeugen indeffen nichts anderes als die vorherrfchenbe Praxis ber orienta-
lifchen Kirche. Mehr ift aus ihnen fchon wegen des Gegenfatzes ber
Theorie bes Bigilantius nicht zu folgern. Da berfelbe fo weit ging,
ben Bifchöfen zu raten, keinen zu weihen, ber nicht zuvor geheiratet habe,
fo wurbe er hinlänglich wiberlegt, wenn er auf die beftehenbe Disciplin
hingewiefen wurbe. Unb hätte wohl Hieronymus feinem Gegner eine
apoftolifche Verorbnung nicht ausbrücklich vor die Augen gehalten, wenn
feine Gelehrfamkeit im ftanbe gewefen wäre, eine folche aufzufinben?

Zuletzt wirb aus bem Bereiche ber griechifchen Kirche noch Ifibor[3]
von Pelufium zum Zeugnis aufgerufen, indem er Ep. III, 75, unb zwar
mit Verweifung auf Kirchengefetze ($\vartheta\varepsilon\sigma\mu\sigma\iota$), fage, baß, wenn die Keufchheit die Laien zu Prieftern weihe, die Unkeufchheit ($\lambda\alpha\gamma\nu\varepsilon\iota\alpha$) die Priefter
entweihe. Der Gebanke bes fraglichen Briefes bezieht fich indeffen auf
unfere Frage nicht fo enge, baß jener Schluß begründet wäre. Ifibor
will nur nachweifen, baß die Worte bes Apoftels Röm. 12, 1 nicht bloß
ben Prieftern, fondern ber ganzen Kirche gelten unb baß infofern jeber
Chrift Priefter feines eigenen Leibes fei, auf baß er den Lüften befehlend
feinen Leib zu einem Tempel ber Keufchheit mache. Bei biefem Sachverhalt ift es boch fehr gewagt, unter ber Wolluft ber Priefter die bloße
Fortfetzung einer vor ber Orbination eingegangenen Ehe zu verftehen;
nach ber alsbald folgenben Bemerkung: wenn die kirchlichen Vorfteher
auch die Reinheit des Leibes bewahren, fo feien fie heiliger als die
Priefter, erfcheint jene Deutung gerabezu unerlaubt. An einer anderen
Stelle, Ep. III, 176, wo Ifibor die Erklärung ber „Schweftern" (I Kor.
9, 5) von Frauen ber Apoftel zurückweift, fpricht er von ber Kontinenz

---

[1] Palladius, Vita s. Chrysostomi. Chrysost. opp. ed. Bened. XIII, 50.
[2] Zeitfchrift für kath. Theol. II, 49; III, 796.
[3] Zeitfchrift für kath. Theol. II, 52 f.

der Apostel. Der von ihm angeführte Beweisgrund soll indessen ebenso
für die der Priester überhaupt streiten, und das energische Pathos seiner
Ausdrucksweise soll deutlich verraten, daß er auch hier einen Seitenhieb
auf die zu seiner Zeit in der orientalischen Kirche beginnende Erschlaffung
der alten Disciplin zu führen beabsichtige. Wenn man aber glaubt, so
vorgehen zu dürfen, welcher Schluß ist dann zu ziehen, wenn wir andere
kirchliche Schriftsteller, wie Klemens von Alexandrien (Strom. III, 9,
52 p. 535) und Eusebius (H. E. III, 30), das eheliche Leben der Apostel
betonen sehen? Man sollte die Dinge doch nicht bloß von der einen,
sondern auch von der anderen Seite ins Auge fassen.

Die Reihe der Zeugen aus dem Orient schließen endlich einige
Syrer.[1] Der hl. Ephräm sagt in seinem Lobgedicht auf den Bischof
Abraham von Edessa[2]: „Wie sehr auch der Priester den Geist läutern,
die Zunge reinigen, die Hände säubern und seinen ganzen Leib rein
bewahren möge, so kann er dies doch nie genug für seine Würde thun,
da er ja den lebenspendenden Leib aufopfert; er muß daher zu jeder
Stunde ganz rein sein, weil er als Mittler zwischen Gott und der
Menschheit dasteht. Gelobt sei der, welcher seine Diener geläutert hat."
Und daß er unter dieser Reinheit auch die Enthaltung vom ehelichen Um=
gang mitverstehe, beweise die sich unmittelbar anschließende erste Strophe
des folgenden Gedichtes, welche mit den Worten beginne: „Du machst
deinen Namen Abraham wahr, indem auch du ein Vater von vielen ge=
worden bist; aber du hast keine Gattin, wie einst Abraham die Sara,
sondern deine Herde ist deine Gattin". Wie aber hier ein Beweis für
„die Fortdauer der alten Disciplin im antiochenischen Patriarchat" vor=
liegen soll, ist nicht zu ersehen. Fürs erste ist es nicht so klar, wie an=
genommen wird, daß unter jener Reinheit auch die Enthaltung vom ehe=
lichen Umgang zu verstehen sei; und das folgende Gedicht darf, da mit
ihm ein neuer Abschnitt und Gedanke beginnt, nicht zur Deutung heran=
gezogen werden, um so weniger, als der Anfang sich nur auf die Person
des Bischofs von Edessa bezieht. Sodann aber haben wir, wenn die
Auffassung je richtig sein sollte, erst die Ansicht des hl. Ephräm. Die
Disciplin und das Gesetz der Kirche ist damit noch keineswegs festgestellt.
Noch weniger kann endlich der Geschichte des Bischofs Rabulas von
Edessa ein Beweis für die Fortdauer des Cölibates im Orient entnommen

---

[1] Zeitschrift für kath. Theol. II, 54 f.
[2] Bickell, Carmina Nisibena 1866 p. 112.

werden. Der Panegyriker[1], auf den man ſich beruft, läßt den Biſchof
ſeinen Klerikern nur das nicäniſche Verbot des Zuſammenlebens mit
Syneiſakten, wenn gleich in überſpannter Faſſung, einſchärfen. Auch in
den Kanones des Biſchofs[2] iſt nur von dieſem Verbote die Rede. Und
daß daraus ein Schluß auf das Verbot der Prieſterehe nicht zu ziehen
iſt, läßt ſich ſchon daran erkennen, daß jene Lebensweiſe allen Klerikern
verboten wird, während das Cölibatsgeſetz anerkanntermaßen ſtets nur
den höheren Klerikern gegolten hat.

Später[3] wurden noch zwei weitere Syrer zum Zeugnis herangezogen. Aphraates ſoll, während er in ſeinen Abhandlungen über die
Kleriker (oder den Ordensſtand, wie Bickell früher überſetzte) und die
Buße die thatſächliche Übung des Cölibats bezeuge, in ſeiner Abhandlung
über die Jungfräulichkeit auf deſſen Pflichtmäßigkeit hinweiſen, indem er
von „dieſem heiligen Klerikalſtande (q' jâmâ) und der Jungfräulichkeit
und Heiligkeit, worin wir leben", ſpreche und den Vorwurf der Juden
gegen den chriſtlichen Klerus anführe: „Frauen nehmt ihr nicht, und den
Männern werden keine Frauen zu teil". Es entzieht ſich meiner Entſcheidung, mit welchem Rechte Bickell die Stellen, die er früher ſelbſt von
dem Mönchtum verſtand, jetzt auf den Klerus bezieht. Ich kann nur
bemerken, daß die neueſten Überſetzer, Bert[4] und Pariſot[5], das in Betracht
kommende Wort von dem Mönchsſtand verſtehen. Pariſot giebt die in
erſter Linie angeführte Stelle, im Anfang der Abhandlung XVIII gegen
die Juden oder über die Jungfräulichkeit und Heiligkeit, näherhin mit
den Worten wieder: de sacro pacto seu de virginitate et castitate,
in qua perstamus. Iſt die Überſetzung richtig, dann gehören die angezogenen Stellen gar nicht hierher, und ſoweit man, von der Sprache
abgeſehen, aus dem Inhalt urteilen kann, ſcheint ſie in der That richtig
zu ſein; denn im anderen Fall oder bei der (ſpäteren) Bickellſchen Auffaſſung müßte man den Cölibat auf den ganzen Klerus ausdehnen und
ihm einen Umfang geben, den er nie und nirgends hatte, weder im

---

[1] Bickell, Ausgewählte Schriften der ſyriſchen Kirchenväter 1874 S. 179; in
Thalhofers Bibliothek der Kirchenväter.

[2] Ebendaſelbſt S. 231.

[3] Zeitſchrift für kath. Theol. III, 797.

[4] Aphraats des perſiſchen Weiſen Homilien aus dem Syriſchen überſetzt 1888,
in den Texten und Unterſuchungen zur Geſch. der altchriſtl. Litteratur herausg. von
Gebhardt und Harnack Bd. III.

[5] Patrologia syriaca ed. Graffin t. I 1894.

Abendland noch im Morgenland. Die Bemerkung gilt auch für den
letzten syrischen Zeugen, den Bickell für seine These in Anspruch nimmt,
Isaak von Antiochien, sofern auch bei ihm das strittige Wort (q' jâmâ)
wiederkehrt. Derselbe gehört überdies bereits einer etwas späteren Zeit
an, da er 459—461 starb. Und wenn die Zeugen selbst besagten, was
man sie sagen läßt, so wäre immerhin noch wenig gewonnen. Die Entscheidung der Frage liegt im Bereich der griechischen und lateinischen
Kirche, nicht der syrischen, und wie dort die Sache sich darstellt, hat sich
bereits ergeben und wird sich noch deutlicher und bestimmter zeigen.

2. Gehen wir vom Orient zum Abendland[1] über, so sieht sich
Bickell selbst zu dem Eingeständnis genötigt, daß er in der lateinischen
Litteratur der drei ersten Jahrhunderte, die hier allein in Betracht
kommen, da uns im 4. Jahrhundert sofort eine neue Disciplin entgegentritt, nur eine einzige Stelle kenne, die er als eigentlichen Beweis für
seine These vorzubringen wage. Gemeint ist der Schluß der Schrift
Tertullians De exhortatione castitatis (c. 13), wo einem be-
freundeten Witwer die Eingehung einer zweiten Ehe mit folgendem Hinweis auf das Beispiel des im Cölibat lebenden Klerus abgeraten wird:
Quanti igitur et quantae in ecclesiasticis ordinibus de continentia
censentur, qui Deo nubere maluerunt, qui carnis suae honorem
restituerunt quique se iam illius aevi filios dicaverunt, occidentes
in se concupiscentiam libidinis et totum illud, quod intra para-
disum non potuit admitti. Es wird zwar eingeräumt, daß der Ausdruck quanti an und für sich eine doppelte Auffassung zulasse, entweder:
wie viele (freiwillig) enthaltsame giebt es unter den Klerikern, oder: wie
viele Kleriker giebt es, die alle enthaltsam sind und sein müssen. Aus
zwei Gründen sei aber nur letztere Auffassung zulässig. Einmal müsse
jedenfalls quanti in gleicher Weise wie quantae verstanden werden; die
von Tertullian erwähnten Frauen seien aber die Witwen, Diakonissen
und gottgeweihte Jungfrauen gewesen und haben also alle in Enthaltsamkeit gelebt. Sodann würde das Argument nach der anderen Auffassung alle Wirkung verlieren, ja sogar in sein Gegenteil umschlagen.
Denn hätte Tertullian nicht sagen wollen: alle Kleriker üben Kontinenz,
sondern nur: viele thun dies, so hätte der Freund, den er durch diesen
Vorhalt vom Heiraten abmahnen wollte, ja erwidern können, er als Laie
sehe sich nicht veranlaßt, nach Enthaltsamkeit zu streben, da selbst der

---

[1] Zeitschrift für kath. Theol. II, 38—42.

Klerus nicht dazu verpflichtet sei und thatsächlich nur ein Teil desselben
sie durchführe. So die Begründung, und es ist einzuräumen, daß die
Stelle so gut, als sie gestattet, für die These verwertet wurde. Daß
aber die Interpretation richtig sei, ist nicht zuzugeben. Der Apologete
von Karthago konnte jene Worte schreiben, auch wenn es kein Cölibatsgesetz gab und der Cölibat nicht in allgemeiner Übung stand. Das kann
man schon fühlen, ohne den Autor selbst näher zu kennen; und wer
weiß, wie wenig Tertullian eine ruhige und gemessene Sprache führt,
wie er fast überall als Rhetor auftritt und weniger im eigentlichen Sinn
zu beweisen als mit rasch hingeworfenen Argumenten seine Ansicht zu
empfehlen und den Gegner zu erdrücken bestrebt ist, der kann darüber
nicht im Zweifel sein. Eine kleine Unebenheit fällt bei ihm nicht ins
Gewicht, und der Punkt hätte von Bickell um so weniger betont werden
sollen, als er auch bei seiner Auffassung bestehen bleibt. Denn das
Cölibatsgesetz galt stets nur für den höheren Klerus, und hier wäre es,
wenn das quanti = omnes sein soll, auch auf den niederen auszudehnen. Die Ungleichheit zwischen den Ausdrücken quanti und quantae
kommt also nicht in Betracht. Und ebenso wenig hat der andere Punkt
eine Bedeutung. Man kann zugeben, daß das Argument wirksamer
war, wenn Tertullian auf die Gesamtheit hinweisen konnte. Man kann
aber nicht sagen, daß er dem Freund nicht auch das Beispiel von vielen
vor Augen halten konnte. Und da er thatsächlich nur von vielen spricht,
da er, wie wir gesehen, von der Gesamtheit nicht einmal reden konnte,
weil diese nicht unter das Gesetz fiel, so läßt sich vielmehr umgekehrt
schließen, daß er ein allgemeines, auch nur den höheren Klerus ver-
pflichtendes Gesetz nicht kannte. Denn im anderen Fall wäre es sicher
noch wirksamer gewesen, ausdrücklich zu sagen: alle Bischöfe, Presbyter
und Diakonen leben so, als die Frage hinzuwerfen: wie viele Kleriker
leben so?

Tertullian zeugt hiernach nicht für ein Gesetz. Er zeugt sogar eher
für das Gegenteil. Doch soll dieses nicht betont werden. Es genügt
der Beweis, daß er bei ernstlicher Prüfung für die fragliche These nicht
in Anspruch genommen werden kann. Und da er anerkanntermaßen der
einzige Zeuge ist, der etwa für das Abendland anzurufen ist, so spricht
die Präsumtion dafür, daß die lateinische Kirche in den ersten drei Jahrhunderten dieselbe Praxis hatte wie die griechische. Wir werden insofern
auf die Zeugen aus dieser Kirche hingewiesen. Einen Teil derselben haben
wir bereits kennen gelernt; ein anderer wird uns später begegnen.

Ein Präskriptionsbeweis, wie ihn Bickell für jene Zeit führen
wollte, indem er schließt: wenn das Cölibatsgesetz in der abendländischen
Kirche seit dem Anfang des 4. Jahrhunderts zu Recht bestand, ohne daß
es den Übertretern desselben je eingefallen sei, ihr Verhalten durch Berufung auf eine frühere gelindere Disciplin zu rechtfertigen, so spreche
alle Wahrscheinlichkeit für sein höheres Alter und seinen apostolischen
Ursprung; ein solches Verfahren unterliegt nicht nur deswegen Bedenken,
weil wir über die Angelegenheit eine viel zu geringe Überlieferung haben,
als daß wir mit Grund behaupten könnten, die fragliche Berufung sei
nie vorgekommen, sondern es wäre überhaupt nur dann zulässig, wenn
nicht gegenteilige Gründe vorhanden wären. Da dem aber nicht so ist,
da keineswegs, wie wir bereits gesehen und noch weiter sehen werden,
jeder Gegenbeweis mangelt, so ist jener Beweis in sich selbst hinfällig.
Auch wird ihm nicht etwa durch den Umstand aufgeholfen, daß gegen
Ende des 4. Jahrhunderts die Enthaltsamkeit des höheren Klerus da und
dort auf apostolische Anordnung zurückgeführt wird oder vielmehr zurückgeführt zu werden scheint. Denn was zunächst das Schreiben des Papstes
Siricius an die afrikanischen Bischöfe[1] anlangt, so wird die apostolica
et patrum constitutio nicht bei dem in Betracht kommenden Kapitel
(9), sondern in der den Kapiteln vorausgehenden allgemeinen Einleitung
erwähnt, und da es sich nicht um ein Kapitel, sondern um neun handelt,
so besteht kein Grund, die Worte gerade auf das einschlägige neunte zu
beziehen. Der Inhalt des Kapitels zeigt im Gegenteil, daß Siricius
von einer apostolischen Anordnung für dasselbe nichts wußte. Denn er
bemüht sich angelegentlich, den verheirateten Klerikern durch Anführung
einer Reihe von Schriftstellen das Unpassende ihres Verhaltens begreiflich
zu machen, während er, ein apostolisches Gesetz vorausgesetzt, nicht unterlassen konnte, sich auch auf dieses zu berufen, da damit seine Forderung
besser begründet wurde als mit den angeführten Schriftstellen. Die Auffassung ist um so berechtigter, als derselbe Papst auch in seinem Schreiben
an den Bischof Himerius von Tarragona (c. 7)[2] nichts von einem derartigen Gesetz erwähnt, obwohl er es hier mit „sehr vielen" verheirateten
Klerikern zu thun hat. Auf der Synode von Karthago 390 c. 2[3] erklärte es allerdings der Bischof Epigonius von Bulla Regia für geziemend,

[1] Harduin, Coll. concil. I, 858.
[2] Harduin l. c. I, 849.
[3] Harduin l. c. I, 951. Im Codex canonum eccles. Afric. c. 3 ibid.
I, 867 ist der Ausspruch dem Bischof Aurelius von Karthago zugeschrieben.

daß die Biſchöfe, Prieſter und Diakonen durchaus enthaltſam ſeien, quo
possint simpliciter quod a Deo postulant impetrare, ut quod apostoli docuerunt et ipsa servavit antiquitas nos quoque custodiamus,
und die übrigen Biſchöfe ſtimmten ihm alle bei. Die Beſtimmung bezieht ſich aber zunächſt nur auf den Antrag, und wenn das ſich nicht
bereits an ſich verſtände, ſo würde es die Acclamation beſagen, indem
ſie lautet: Placuit, ut in omnibus et ab omnibus pudicitia custo-
diatur, qui altari deserviunt. Die Berufung auf die Apoſtel hat alſo
der Biſchof Epigonius zu verantworten, und es läßt ſich vermuten, daß
demſelben die einſchlägigen Stellen in den pauliniſchen Briefen vor-
ſchwebten. Für Weiteres aber brauchen wir ihm aus dem bereits oben
erwähnten Grunde nicht zu vertrauen. Man braucht auch nicht in Abrede zu ziehen, daß ihm und den übrigen Biſchöfen des 4. Jahrhunderts
manche Dokumente zu Gebote ſtanden, die uns jetzt fehlen. Über die
Entwickelung der in Rede ſtehenden Disciplin ſind wir andererſeits durch
die uns gebliebene Litteratur bei all ihren Lücken noch hinlänglich unterrichtet, um mit Sicherheit ſagen zu können, daß der Synode von Karthago
ein apoſtoliſches Geſetz, wie es die Gegentheſe vorausſetzt, nicht vorlag
und nicht bekannt war.

3. Die Gründe, die Bickell für ſeine Theſe vorbrachte, ſind damit
widerlegt. Unſere Aufgabe iſt indeſſen erſt zum Teil vollendet. Die
Kritik der gegneriſchen Gründe führte wohl bereits auch zu einem poſitiven
Reſultat. Indem die Beweisſtellen ſorgfältiger geprüft und einer um-
faſſenderen Betrachtung unterzogen wurden, ſtellten ſich einige als Argumente für das Gegenteil dar. Es kommen hier namentlich Tertullian,
Euſebius, Epiphanius und Chryſoſtomus in Betracht.

Meine Theſe oder vielmehr die in der letzten Zeit herrſchende Anſchauung ſtützt ſich aber auf jene Zeugen keineswegs allein. Bickell[1]
glaubte ſelbſt die bedeutenderen unter den für den ſpäteren Urſprung des
Cölibatsgeſetzes gewöhnlich angeführten Beweisſtellen erwähnen zu ſollen,
freilich auch entkräften zu können. Ich will meinerſeits auf dem aus
dem Briefe des hl. Ignatius an Polykarp 5, 2 gezogenen Beweis, obwohl ich mich in der Ausgabe der Apoſtoliſchen Väter noch zu der bezüglichen Anſchauung bekannte, nicht weiter beſtehen, zwar nicht wegen
der vorgebrachten Gegengründe, aber im Hinblick auf den Brief Polykarps
an die Philipper 4, 2. Auch auf das in zweiter Linie angeführte Zeugnis,

---

[1] Zeitſchrift für kath. Theol. II, 30—32.

das der Geschichte Gregors von Nazianz entnommen zu werden pflegt,
soll kein besonderes Gewicht gelegt werden, obwohl der Gegenbeweis
Bickells wiederum sehr zweifelhafter Natur ist. Gregor läßt nämlich
seinen Vater sagen (Carm. de vita sua v. 512 sq.): Du hast noch
nicht so lange gelebt, als mir Zeit der Opfer vergangen ist (ὅσος διῆλθε
θυσιῶν ἐμοὶ χρόνος), und man hat daraus geschlossen, daß die Geburt
des Kirchenlehrers in die Zeit der bischöflichen Amtsverwaltung seines
Vaters falle, da die θυσίαι im Munde eines Bischofs eher von den
priesterlichen Opfern als von der bloßen Teilnahme an der eucharistischen
Opferfeier zu verstehen sind. Denn wenn letztere Deutung, namentlich
im Hinblick auf eine andere Stelle des Kirchenvaters (ib. v. 414 sq.),
an sich auch nicht unmöglich ist, so hat jene doch die größere Wahrscheinlichkeit für sich, und es ist um so weniger von ihr abzugehen, als
die gegen sie erhobenen Einwendungen alle nur darauf hinauslaufen, daß
sie mit dem Bestande eines Cölibatsgesetzes nicht vereinbar sei, das Verfahren somit auf einer bloßen petitio principii beruht. Indessen soll
das Argument, wie bereits bemerkt wurde, nicht besonders betont werden.
Die These ist auch ohne dasselbe zu sichern. Sie erhält sofort durch
das nächste Zeugnis eine Stütze.

Der 6. Apostolische Kanon, der nach meiner Untersuchung über
die Apostolischen Konstitutionen (1891), wie die Apostolischen Kanones
überhaupt, an sich dem Autor jenes Werkes um 400 zuzuschreiben ist,
in seinen Wurzeln aber in eine frühere Zeit zurückreicht, verbietet den
höheren Klerikern, unter dem Vorwand der Frömmigkeit oder, wie Bickell
übersetzt, der Behutsamkeit, προφάσει εὐλαβείας, ihre Frauen zu verstoßen, und er gilt mit Grund als ein Zeugnis gegen den Bestand eines
Cölibatsgesetzes. Was gegen die Auffassung eingewendet wird, ist teils
an sich nichtig, teils sich widersprechend und hebt sich insofern selbst wieder
auf. Die Erklärung, es sei hier bloß verboten, die Gattin aus dem
Hause zu stoßen und hilflos zu lassen, und vom ehelichen Umgang sei
gar nicht die Rede, scheitert an dem Wortlaut des Kanons, an der als
Grund der Verstoßung angeführten εὐλάβεια. Wenn man andererseits
einräumt, der Verfasser des Kanons habe den ehelichen Umgang den
Priestern und Diakonen wahrscheinlich gestattet, wenn auch nicht den
Bischöfen, so giebt man die Zulässigkeit der Ehe für den weitaus
größeren Teil des höheren Klerus zu, und das ist mehr als genug. Die
Interpretation ist, wie man sieht, derart, daß man auf eine Gegenrede
verzichten darf. Zu bemerken ist nur noch, daß der Brief 167 Leos I

mit der Verordnung (c. 3), die Geistlichen sollten das carnale coniugium in ein spirituale verwandeln und ihre Frauen nicht entlassen, zur näheren Erklärung jenes Kanons nichts beiträgt, da die Praxis der abendländischen Kirche zur Zeit dieses Papstes bereits in ihr späteres Stadium eingetreten war.

Deutlicher noch als jener Kanon sind die Apostolischen Konstitutionen, indem sie VI, 17 verordnen: Zu Bischöfen, Priestern und Diakonen sollen einmal verheiratete Männer genommen werden, mögen ihre Frauen noch leben oder mögen sie gestorben sein; nach der Weihe aber dürfen sie, wenn sie unverehelicht sind, nicht mehr zur Verehelichung schreiten oder, wenn sie verheiratet waren, mit anderen Frauen sich verbinden, sondern sie sollen vielmehr mit der Gattin sich begnügen, die sie bei der Weihe hatten. Die Verordnung ist so klar, daß über ihre Bedeutung nicht weiter zu reden ist. Aber sie konnte früher unter einem anderen Gesichtspunkte als fraglich erscheinen. So lange man von der Entstehung des Werkes keine sichere Kenntnis hatte und so lange das Verhältnis der Didaskalia und der Konstitutionen gerade verkehrt aufgefaßt wurde, konnte man an eine Interpolation denken, und Bickell glaubte in der That die Stelle kurzweg als arianisches Fabrikat in einer bloßen Anmerkung beiseite schieben zu können. Das Verfahren mußte zwar schon früher Bedenken erregen, und dies um so mehr, als Bickell selbst wieder auf das gleiche Kapitel, welches die Stelle enthält, sich beruft.[1] Jetzt stellt es sich als völlig unberechtigt dar. Das Zeugnis steht zwar nicht in der Didaskalia. Aber es stand in den Konstitutionen von Anfang an, und die Didaskalia spricht sich ihrerseits an einem anderen Orte (= C. A. II, 2) über die Angelegenheit in einer Weise aus, daß sie im Einklang mit den Konstitutionen erscheint, nicht im Widerspruch, indem sie die Worte des Apostels Paulus I Tim. 3, 2. 4 einfach und ohne Beschränkung anführt.

Außer jenen Stellen und der Erzählung des Kirchenhistorikers Sokrates über das Auftreten des Bischofs Paphnutius auf der Synode von Nicäa wird nur noch die Geschichte des Bischofs Synesius von Ptolemais, der bei seiner Wahl die Fortsetzung der Ehe sich vorbehalten zu haben scheint, und die Geschichte des Presbyters Novatus von Karthago erwähnt, dem Cyprian (Ep. 52 c. 2) Mißhandlung seiner schwangeren Gattin vorwirft, ohne daß indessen näher auf sie eingegangen wird.

---

[1] Zeitschrift für kath. Theol. II, 52; 29.

Beide Punkte werden in einer Anmerkung abgefertigt.[1] Daß man dem ersten Fall ein Argument gegen die gesetzliche Verpflichtung der Bischöfe zum Cölibat entnehmen wolle, soll geradezu unbegreiflich sein, da man auf die andere Bedingung, welche Synesius bei Übernahme des Episkopates stellte, nämlich seine philosophische Ansicht von der Ewigkeit der Welt, der Präexistenz der Seelen und der Auferstehung, welch letztere er leugnete, beibehalten zu dürfen (Ep. 105), gewiß nicht eingegangen sei. Eine bezügliche Folgerung aus dem anderen Fall soll deswegen unstatthaft sein, weil die in Frage kommende Mißhandlung und Frühgeburt sehr wohl in die Zeit vor der Ordination des Novatus fallen könne. Die Kritik ist schwerlich begründet. Denn wenn der zweite Vorfall je nicht in der Zeit des Presbyterates des Novatus stattgefunden haben sollte, so ist es höchst wahrscheinlich, wenn nicht geradezu sicher, daß er in der Zeit des Diakonates sich zutrug, und das Argument bleibt insofern unversehrt. Nebenbei mag auch an das erinnert werden, was Irenäus Adv. haer. I, 13, 5 über einen verheirateten Diakon und seine Frau mitteilt, sowie an das, was Klemens von Alexandrien Strom. III, 4, 25 p. 522 über den Diakon Nikolaus erzählt. Daß aber die gedachte Konzession dem Bischof Synesius gemacht wurde, wird man nicht mehr so gar unbegreiflich finden, sobald man sich an die stürmischen Auftritte, welche bei den geistlichen Wahlen in der damaligen Zeit nicht selten vorkamen, sowie an den Charakter des Erzbischofs Theophilus von Alexandrien, des Obermetropoliten von Ptolemais, erinnert. Indessen will ich auf diesen Argumenten nicht weiter bestehen. Ich gehe vielmehr sofort zu weiteren Zeugnissen über, und bevor das letzte näher ins Auge gefaßt wird, das Bickell einer eingehenderen Prüfung würdigte, die Geschichte des ägyptischen Bischofs Paphnutius, mögen zunächst einige angeführt werden, die derselbe teils nicht kannte, teils nicht in ihrer vollen Bedeutung zu schätzen wußte.

Vor allem ist hier die Synode von Ancyra v. J. 314 zu nennen. Da sie c. 10 dem Diakon das Recht einräumt, sich bei der Wahl eine allenfalls nach der Weihe noch einzugehende Heirat auszubedingen, so galt der eheliche Verkehr sicher auch denjenigen als erlaubt, die bei der Ordination schon verheiratet waren; denn jene Konzession begreift sich nur auf Grund dieser Voraussetzung. Der Schluß ist unabweislich, und der Umstand, daß die hier gegen die Diakonen bewiesene Nachsicht ganz ver-

---

[1] A. a. O. S. 30; 41.

einzelt dafteht, indem die fpäteren Verordnungen, wie der 26. Apoftolifche
Kanon und die trullanifche Synode 692 c. 6, fie nicht mehr kennen,
thut dem Zeugnis keinen Eintrag; er beweift nur, daß die Disciplin
auch im Orient mit der Zeit ftrenger wurde. Auch bezieht fich die Aus=
nahmeftellung nur darauf, daß die Eingehung einer Ehe einem höheren
Kleriker nach der Ordination noch geftattet wurde, nicht aber darauf,
daß eine früher eingegangene Ehe noch fortgefetzt werden durfte; denn
das war im Orient allgemeine Praxis. Die Verehelichung eines Pres=
byters wird durch die Synode indirekt freilich mit dem Kanon als unzu=
läffig bezeichnet. Das follte aber auch gar nicht betont werden, weil es
fo vielfeitig bezeugt und fo allgemein anerkannt ift, daß es hier gar nicht
in Frage kommt.

Gleich der Synode von Ancyra legt auch die von Gangra um
die Mitte des 4. Jahrhunderts ein Zeugnis in der Sache ab. Sie
anathematifiert c. 4 denjenigen, der behauptet, man dürfe an dem Gottes=
dienft eines verheirateten Priefters nicht teilnehmen; und der verheiratete
Priefter ift ihr ficherlich einer, der die Ehe fortfetzt, nicht einer, der zwar
geheiratet hat, aber Enthaltfamkeit übt; denn ein Rigorismus, wie ihn
diefe Interpretation vorausfetzen würde, ift ohne hinreichenden Grund
nicht anzunehmen, und daß jene Auffaffung die richtige ift, erhellt zur
Genüge aus dem Schreiben, das die Synode ihren Kanones voraus=
fchickte. Bickell[1] ift felbft diefer Anficht. Wenn er aber andererfeits
meint, die Priefterehe fei in Pontus wie in Thrazien, Afien und Armenien
eben erft vor kurzem infolge des Arianismus aufgekommen, fo ift das
eine Anfchauung, die mit feiner Gefamtauffaffung fteht und fällt.

Ebenfo ftellt fich Athanafius als Zeuge dar. Der große Bifchof
von Alexandrien fuchte, als der Mönch Drakontius um 354 zum Bifchof
von Klein=Hermopolis gewählt wurde und fich der Würde, da er durch
fie in dem Streben nach Vollkommenheit gehindert zu werden fürchtete,
durch die Flucht entzog, denfelben zum Gehorfam gegen den an ihn er=
gangenen höheren Ruf zu beftimmen, und er bemühte fich zu diefem Be=
hufe insbefondere darzuthun, daß auch im Epifkopat Ascefe getrieben
werde, während umgekehrt bei den Mönchen bisweilen das Gegenteil ge=
fchehe. Dabei bemerkt er: er kenne Bifchöfe, welche faften, und Mönche,
welche effen; er kenne Bifchöfe, die fich des Weines enthalten, und Mönche,
die trinken; Bifchöfe, welche Zeichen verrichten, und Mönche, welche diefes

[1] Zeitfchrift für kath. Theol. II, 51.

nicht thun; es gebe auch unter den Bischöfen viele, welche niemals ge=
heiratet haben, während andererseits Mönche Väter von Kindern seien,
wie man hinwiederum unter den Bischöfen Väter von Kindern finde
und Mönche antreffe, welche keine Nachkommenschaft haben (Ep. ad
Dracont. c. 9). Es wird in der Stelle zwar nicht gesagt, daß Bischöfe
auch zur Zeit ihres Amtes noch den ehelichen Verkehr pflegten. Aber
auch das Gegenteil wird nicht bemerkt, und jedenfalls ist als sicher anzu=
nehmen, daß es Diakonen und Presbyter thaten.

Sprechen sich die Synoden von Ancyra und Gangra und Athanasius
über die Fortsetzung der Ehe durch die höheren Kleriker nach der Ordi=
nation nur indirekt aus, so ist Klemens von Alexandrien ein direkter
Zeuge dieser Praxis. Derselbe fährt, nachdem er sich über die Worte
des Apostels I Kor. 7, 32 ff. erklärt und I Tim. 5, 14 f. angeführt,
wo Paulus es als seinen Willen bezeichnet, daß die jüngeren Frauen=
zimmer heiraten, Strom. III, 12, 90 p. 552 in unmittelbarem Zusammen=
hang folgendermaßen fort: „Fürwahr, auch den Mann Einer Frau nimmt
die Kirche wohl auf, mag er Priester sein oder Diakon oder Laie, wenn
er von der Ehe nur einen tadellosen Gebrauch macht; er wird des Heiles
teilhaftig werden durch Kindererzeugung"; ναὶ μήν, wie die griechischen
Worte lauten, καὶ τὸν τῆς μιᾶς γυναικὸς ἄνδρα πάνυ ἀποδέχεται,
κἂν πρεσβύτερος ᾖ κἂν διάκονος κἂν λαϊκὸς ἀνεπιλήπτως γάμῳ
χρώμενος, σωθήσεται δὲ διὰ τῆς τεκνογονίας. Die Stelle ist so
klar und so bestimmt, daß man meinen sollte, sie bedürfe einer weiteren
Erläuterung nicht. Bickell[1] war indessen anderer Ansicht, als ich die
Stelle in die Kontroverse einführte.

Während die Worte ἀνεπιλήπτως γάμῳ χρώμενος sich offenbar
sowohl auf πρεσβύτερος und διάκονος als auf λαϊκὸς beziehen, hält
er es für selbstverständlich, daß sie nur zu λαϊκὸς gehören, und er will
aus diesem Grunde und weil „die τεκνογονία nicht auch für die Priester
als der regelmäßige Heilsweg bezeichnet werden solle", nicht weiter auf
sie eingegangen sein. Ob aber seine Auffassung wirklich so gar selbst=
verständlich ist? Schon der Umstand läßt uns dieses nicht gar wahr=
scheinlich finden, daß er unserm Schriftsteller sofort wieder einen falschen
oder schiefen Gedanken unterschoben hat. Denn wo ist in der Stelle
von einem regelmäßigen Heilsweg, wo im Grunde überhaupt von
einem Heilsweg die Rede? Den Schluß unserer Stelle bilden die

---

[1] Zeitschrift für kath. Theol. III, 799.

Anfangsworte von I Tim. 2, 15, und hier kommt allerdings der Ausdruck σωθήσεται vor. Ob aber Klemens damit die τεκνογονία als Heilsweg bezeichnen wollte, dürfte doch noch etwas zweifelhaft ſein. Paulus wenigſtens ſetzt in dem Nachſatz a. a. O. das Heil in Glauben, Liebe und Heiligung mit Mäßigkeit, und ich denke, Klemens werde ähnlich gedacht haben, wenn er die bibliſche Stelle gleich nur mit ihren Anfangs= worten anführte, da es doch zu ſonderbar wäre, wenn er das Kinder= gebären oder Kinderzeugen als Heilsweg betrachtet wiſſen wollte. Wie es ſich aber damit verhalten mag: jedenfalls kann von keinem regel= mäßigen Heilsweg die Rede ſein. Von einer „Regelmäßigkeit“ iſt weder in den angeführten Worten des Alexandriners noch in denjenigen etwas zu finden, die ihnen vorausgehen oder nachfolgen. Da Klemens in der fraglichen Stelle die Anſicht bekämpft, die Ehe ſei Hurerei (und als ſolche ſchlechthin unerlaubt), ſo brauchte er ſie gar nicht als regelmäßigen Heils= weg darzuſtellen; es genügte zunächſt, ihre Erlaubtheit nachzuweiſen, und wenn man dagegen je auf das βούλομαι (νεωτέρας γαμεῖν) in dem unſerer Stelle unmittelbar vorangehenden Schriftcitate (I Tim. 5, 14) ſich berufen wollte, ſo wäre zu erwidern, daß jenem Ausdruck in unſerer Stelle ſelbſt das ἀποδέχεται gegenüberſteht und daß dieſer Ausdruck als der eigene des Autors mehr zu betonen iſt als jener von ihm nur ent= lehnte. Wenn aber die Idee von einem regelmäßigen Heilsweg über= haupt aus unſerer Stelle zu entfernen iſt, ſo noch mehr die von einem regelmäßigen Heilsweg des Prieſters, und Bickell lehnt dieſe Auffaſſung mit Recht ab. Aber er befindet ſich in einem großen Irrtum, wenn er meint, die Stelle ſelbſt ablehnen zu können, und um dies darzuthun, iſt nun, nachdem bisher gezeigt worden, was die Stelle nicht beſagt, ihre wirkliche Bedeutung nachzuweiſen.

Klemens handelt, wie ſchon bemerkt, von der Erlaubtheit der Ehe. Er mißbilligt aber auch im Geiſte der Kirche die zweite Ehe, und des= wegen ſagt er, nachdem er das Wort des Apoſtels Paulus angeführt, er wolle, daß die jüngeren Frauenzimmer heiraten: „Fürwahr, auch den Mann Einer Frau läßt die Kirche zu“, wobei aus dem Zuſammenhang evident hervorgeht, daß er ſich dieſen Mann als den ehelichen Verkehr pflegend, nicht als Enthaltſamkeit übend vorſtellt. Dann aber zerlegt er „den Mann Einer Frau“ in drei Momente, er faßt ihn als Presbyter, als Diakon und als Laien, und er denkt ſie, da ſie nur die Explikation „des Mannes Einer Frau“ ſind, ſelbſtverſtändlich alle als in der Ehe lebend. Doch fügt er den Worten: „mag er Presbyter, mag er Diakon, mag er Laie sein", noch bei: „wenn er einen tabellosen Gebrauch von der Ehe macht", und er schränkt damit das ἀποδέχεται ein. Die Kirche, sagt er, nimmt ihn an oder läßt ihn zu, aber nur dann, wenn er den ehelichen Umgang nach den Gesetzen der Sittlichkeit unterhält. Das ist der Sinn der Stelle, der sich von selbst nahe legt und der ihr nicht erst zu erpressen ist, und wenn Bickell meint, die Worte ἀνεπιλήπτως γάμῳ χρώμενος gehören nur zu λαϊκός, nicht auch zu πρεσβύτερος und διάκονος, und die Stelle komme somit in unserer Kontroverse gar nicht in Betracht, so ist dagegen ein Dreifaches zu bemerken:

Erstens steht der Beziehung des χρώμενος auf alle drei Personen grammatisch und sprachlich nichts im Wege. Denn wenn auch etwa einzuräumen ist, daß Klemens χρώμενοι schreiben konnte, so ist doch unmöglich zu verkennen, daß der Singular ebenso richtig und noch besser am Platze ist. Der Beisatz bezieht sich im Grunde auf den ἀνήρ τῆς μιᾶς γυναικός, als dessen bloße Glieder der Presbyter, der Diakon und der Laie erscheinen, und daß er nicht etwa wie dieser im Accusativ, sondern im Nominativ steht, erklärt sich aus seiner Stellung in oder hinter dem Konzessivsatz, in dem jene Specifizierung vorgenommen wird und in dem die Glieder des ἀνήρ τ. μ. γ. im Nominativ stehen.

Zweitens ist meine Auffassung durch den Kontext unbedingt geboten, weil, wenn die Worte auf λαϊκός allein bezogen würden, sich der Sinn ergäbe: den Laien läßt die Kirche nur zu, wenn er von der Ehe einen tabellosen Gebrauch macht, den Presbyter und Diakon aber auch in dem Falle, daß er die Ehe mißbraucht, ein Gedanke, der dem Alexandriner unmöglich zuzutrauen ist.

Drittens haben die bezüglichen drei Worte für unsere Frage im Grund gar nichts zu bedeuten, indem schon vorher ganz unzweideutig von der Ehe und dem ehelichen Verkehr des Mannes Einer Frau, bezw. des Presbyters, des Diakons und des Laien die Rede ist. Sie mögen also, wenn man will, weggelassen werden: die Sache bleibt die gleiche.

Klemens betrachtet hiernach die Ehe oder die Fortsetzung der Ehe durch die Presbyter und Diakonen zweifellos als erlaubt, und die angeführte Stelle ist allein hinreichend, um die obschwebende Frage zu entscheiden. Sie ist aber nicht die einzige. Die Auffassung des Autors blickt auch noch an einigen anderen Orten deutlich durch, wenn sie an denselben auch nicht mit der gleichen Bestimmtheit zu Tage tritt. Die Art und Weise, wie er Strom. II, 23, 40 über Ehe und Kindererziehung

spricht, wie er Strom. III, 12, 79; 18, 108 die Worte I Tim. 3, 4,
daß der Bischof sein eigenes Haus gut verwalten müsse, in dem Zu=
sammenhang verwendet und Strom. VII, 12, 70 auf das Beispiel der
Apostel verweist, läßt die Gegenthese schwer voraussetzen.

Ein ebenso bestimmter Zeuge ist in späterer Zeit der Kirchenhistoriker
Sokrates. Derselbe kommt in seiner Kirchengeschichte an zwei Stellen
auf den Gegenstand zu sprechen, I, 11 bei der Geschichte der Synode
von Nicäa, und V, 22, wo er von den Verschiedenheiten der kirchlichen
Sitte und Disciplin handelt. Hier bemerkt er, daß der Cölibat in der
orientalischen Kirche auf dem freien Willen der einzelnen beruhe, daß kein
Gesetz die Geistlichkeit zur Enthaltsamkeit nötige, auch nicht die Bischöfe,
und daß viele Bischöfe zur Zeit ihres Episkopates Kinder zeugten. Nur
in Thessalien, Macedonien und Achaja bestehe eine andere Praxis, indem
dort die (höheren) Kleriker zur Enthaltsamkeit verpflichtet werden, und
für Thessalien rühre dieselbe von dem Bischof Heliodor von Trikka her.
Der Bericht kann keiner Beanstandung unterliegen, und es liegt kein
Grund vor, Sokrates zu einem derartigen Urteil die erforderliche
Sachkenntnis abzusprechen[1], da doch wahrlich höchst wenig dazu gehört,
um zu erkennen, ob und inwieweit der Klerus in der Ehe lebt. Auch
ist nicht anzunehmen, daß er hier, wo er von der Gegenwart oder der
nächsten Vergangenheit spricht, absichtlich die Unwahrheit gesagt habe, da
er sich sonst vor seinen Lesern in zu grober Weise bloßgestellt hätte.
Höchstens kann man fragen, ob, wie bereits angedeutet wurde, der Be=
richt bezüglich der verehelichten Bischöfe auf die eigene Zeit des Historikers
oder auf eine etwas frühere Zeit zu beziehen sei. Hefele[2] glaubte sich
in letzterem Sinne entscheiden zu sollen, weil es nach der Geschichte des
Bischofs Synesius schon seit Anfang des 5. Jahrhunderts die Regel ge=
wesen sei, daß ein Bischof den ehelichen Umgang nicht fortsetzen dürfe.
Dabei wird aber übersehen, daß diese Geschichte zunächst nur für Ägypten
zeugt und daß, so lange noch kein eigentliches Gesetz bestand, die Praxis
in dem weiten Orient naturgemäß noch mannigfaltig war. Sokrates
bezieht andererseits den Cölibat in den erwähnten drei Ländern aus=
drücklich auf seine Zeit, und dem gegenüber ist auch der Bericht über die
entgegengesetzte Praxis von der Gegenwart zu verstehen.

An der ersten Stelle erzählt Sokrates, daß auf der Synode von

---

[1] Zeitschrift für kath. Theol. II, 58.
[2] Beiträge zur Kirchengeschichte I, 137.

Nicäa (wahrscheinlich durch Osius von Corduba) der Antrag gestellt wurde, die Bischöfe, Priester und Diakonen sollten sich fortan der Frauen enthalten. Der Bischof Paphnutius aus der oberen Thebais habe ihn aber, obwohl selbst ein Cölibatär, mit dem Hinweis auf die biblischen Worte Hebr. 13, 4 und mit der Bemerkung bekämpft, eine allzu große Strenge werde der Kirche eher Schaden bringen, und gebeten, man möge es bei der alten Überlieferung der Kirche belassen, nach welcher man nach der Weihe nicht mehr heiraten dürfe, und den Geistlichen von der vor der Ordination geehlichten Gattin nicht trennen. Die Synode habe ihm beigestimmt und es dem Gutbünken der einzelnen überlassen, ob sie sich der Frauen enthalten wollten oder nicht. Ähnlich berichten Sozomenus H. E. I, 23 und Gelasius von Cyzikus Hist. conc. Nic. II, 32, nur daß sie den Antrag auch auf die Subdiakonen sich erstrecken lassen. Die Erzählung wurde mehrfach in Zweifel gezogen. Was Baronius Ann. 58, 21 und Valesius in seiner Anmerkung zu Sokrates H. E. I, 11 gegen sie vorbrachten, kann hier auf sich beruhen bleiben, da ihre Ein= wendungen bereits hinlänglich zurückgewiesen wurden.[1] Was aber Bickell[2] neuerdings dagegen geltend machte, ist eigentlich schon durch die ganze bisherige Ausführung widerlegt. Sein Hauptargument läuft nämlich darauf hinaus, die Erzählung stehe im schroffsten Widerspruch mit allen sicheren Nachrichten, und es bleibe so nur die Alternative, entweder die Paphnutius=Anekdote oder alles das für falsch zu erklären, was die Väter der vier ersten Jahrhunderte über die orientalische Cölibatsdisciplin ge= schrieben haben, während die Sache nach dem gegebenen Nachweis gerade umgekehrt sich verhält und das Zeugnis des Sokrates mit anderen Zeug= nissen sowohl vor als nach der Synode von Nicäa in vollem Einklang steht. Es könnte daher einfach auf das Bisherige verwiesen werden. Im Interesse der Vollständigkeit möge indessen auch noch dieser Punkt erörtert werden.

Bickell bemüht sich zunächst, Sozomenus als selbständigen Zeugen zu entfernen, und nachdem er auf das bezügliche Stillschweigen Rufins und Theodorets hingewiesen, setzt er den 115 Jahre nach der Synode von Nicäa lebenden „Advokaten" Sokrates zu dem 65 Jahre älteren heiligen Bischof Epiphanius in Gegensatz. Daß Sokrates ein klarer, ver= ständiger und geschmackvoller Autor sei und für seine Zeit ungewöhnlich

---

[1] Vgl. Hefele, Beiträge I, 128—130; Konziliengeschichte 2. A. I, 433—435.
[2] Zeitschrift für kath. Theol. II, 56—62.

viel kritische Begabung zeige, daher in der äußerlichen Geschichtsdarstellung ziemlich zuverlässig sei, wird bereitwillig anerkannt. Aber anders verhalte es sich mit seinen Bemerkungen über theologische, liturgische und kirchenrechtliche Dinge. Hier fehle ihm als einem Laien nicht bloß vielfach die Sachkenntnis, sondern es mangle ihm als Häretiker auch durchgängig der ernstliche Wille zu einem richtigen Urteil, und von der Häresie könne er durch die angestrengteste Mohrenwäsche nicht gereinigt werden, da er seinen Rettern zum Trotz überall den verbissensten Novatianismus zur Schau trage. Sein Novatianismus sei auch höchst wahrscheinlich die eigentliche Triebfeder zu seiner erbitterten Bekämpfung des Cölibats. Die Quelle aber, aus welcher er sein Geschichtchen von Paphnutius geschöpft habe, sei, wie noch jetzt fast mit Sicherheit nachgewiesen werden könne, eine höchst trübe, der novatianische Presbyter Auxanon, welcher als Jüngling den novatianischen Bischof Akesius zum Konzil von Nicäa begleitet habe. Die Erzählung von dem fraglichen Eintreten für die Klerogamie sei daher für eine Dichtung zu halten.

So Bickell. Indem ich zur Prüfung seiner Ausführung übergehe, kann die Frage nach dem Novatianismus des Sokrates vollständig auf sich beruhen bleiben. Ebenso brauchen seine theologischen, liturgischen und kirchenrechtlichen Kenntnisse nicht näher geprüft zu werden. Aber wenn auch zugegeben wird, daß derselbe ein Laie in der Theologie war und der Sekte der Novatianer zugehörte, was folgt daraus? Gehört denn ein besonderes Studium der Theologie dazu, um festzustellen und zu berichten, ob in einem Lande der Cölibat üblich ist oder die Priesterehe? Die Fähigkeit dazu läßt sich einem Sokrates gewiß nicht absprechen. Und was seine Stellung zu der Frage anlangt, so hält er mit dem Urteil mehr zurück, als von einem Tendenzschriftsteller, zumal in der obschwebenden Frage, zu erwarten wäre. Soweit er urteilt, thut er es im allgemeinen nur, als eben die Erzählung bereits selbst ein Urteil in sich begreift. Bei dem Bericht über die Verhandlungen von Nicäa ist die Sache durchaus klar. Und auch der zweite Bericht (V, 22) nötigt uns nicht zu einer anderen Auffassung. Die Mitteilung über den Bischof Heliodor von Trikka mag eine kleine Bosheit enthalten. Gehässig ist sie aber noch nicht zu nennen, und daß Sokrates als Orientale der Disciplin seiner Kirche den Vorzug giebt, in dem Auftreten des Paphnutius daher eine That πρὸς λυσιτέλειαν τῆς ἐκκλησίας καὶ κόσμον τῶν ἱερωμένων erblickt, ist ihm ebenso wenig zu verargen, als umgekehrt einem Abendländer das entsprechende Verfahren zu gut zu halten ist. Oder

war er etwa schon als vermeintlicher Novatianer ein so erbitterter Feind
des Cölibats, daß auf sein bezügliches Gerede, wie Bickell seinen Bericht
nennt, schlechterdings nichts zu geben sein sollte? Wer die Sache ruhig
erwägt, wird anders denken.

Bevor der angebliche Cölibatssturm des Kirchenhistorikers auf seine
„Häresie" abgeladen werden kann, ist zu beweisen, daß die Novatianer
in dieser Beziehung eine andere Praxis hatten als die Katholiken, und
dieser Nachweis wurde bis jetzt nicht erbracht. Bickell beschränkt sich
selbst auf eine bloße und schüchterne Behauptung. Der Beweis ist über=
haupt nicht zu erbringen. Man[1] hat zwar geglaubt, Epiphanius lasse
H. 59 c. 4 die Novatianer den Lehrsatz aufstellen, in betreff der Ehe
sei den Klerikern dasselbe erlaubt wie den Laien. Aber mit Unrecht.
Die Sache verhält sich vielmehr gerade umgekehrt. Der Kirchenvater
schreibt an dem betreffenden Orte: Τὰ γὰρ εἰς ἱερωσύνην παραδο-
θέντα διὰ τὸ ἐξοχώτατον τῆς ἱερουργίας εἰς πάντας ἐνόμισαν
ἴσως φέρεσθαι. Er läßt demnach die Novatianer nicht die Ordnung
der Laien auf die Kleriker übertragen, er läßt sie vielmehr eine dem
Priestertum mit Rücksicht auf die Erhabenheit des priesterlichen Dienstes
gegebene Ordnung auf alle oder auch auf die Laien ausdehnen, und er
meint, wie aus dem Folgenden erhellt, das Wort des Apostels Paulus
I Tim. 3, 2 von der Monogamie des Bischofs. Die Novatianer ver=
warfen also die zweite Ehe nicht bloß für den Klerus, sondern für die
Gesamtheit der Christen, und wenn sie in Bezug auf die Ehe im allge=
meinen strenger waren als die Katholiken, so ist es nicht wahrscheinlich,
daß sie dem Klerus gegenüber laxer waren als diese. Der Schluß legt
sich von selbst nahe, und wenn man erwägt, wie Epiphanius mit den
Novatianern verfährt, wie er weder H. 59 c. 4 noch später c. 11, wo
er auf den Gegenstand zurückkommt, in dieser Beziehung ihnen eine Ab=
weichung von der kirchlichen Praxis vorwirft, obwohl er nicht Worte
genug finden kann, um die entgegengesetzte Ausschreitung, die Ausdehnung
der klerikalen Monogamie auf die Laien, zu tadeln, so wird er geradezu
notwendig. Wenn man dagegen behauptet[2]: obwohl Epiphanius zunächst
nur von der klerikalen Monogamie spreche, so mochten die Novatianer
doch wohl, um ihre Verwerfung der zweiten Ehe exegetisch zu recht=
fertigen, wirklich die Theorie aufstellen, in Bezug auf die Ehe sei den

---

[1] Hefele, Konziliengeschichte 2. A. I, 434.
[2] Zeitschrift für kath. Theol. II, 60.

Laien alles verboten, was den Klerikern verboten ſei, und daher auch umgekehrt alles den Laien Geſtattete den Klerikern erlaubt, ſo iſt das eine Vermutung, die nicht bloß jeglichen Grundes entbehrt, ſondern auch alle Wahrſcheinlichkeit gegen ſich hat.

Die angeblich novatianiſche Geſinnung des Sokrates bildet alſo keinen Grund, um ſeinen Bericht über die Synode von Nicäa in Zweifel zu ziehen. Man[1] hat dies auch auf einer Seite erkannt, auf der man im übrigen der Bickellſchen Beweisführung zuſtimmte, und den Paphnutius= Bericht darum wenigſtens im weſentlichen aufrecht erhalten zu ſollen geglaubt. Nur ſoll die Angabe, das Nicänum habe es dem Gutbünken der einzelnen Kleriker überlaſſen, ob ſie den ehelichen Verkehr nach der Ordination fortſetzen wollten oder nicht, eine falſche Zuthat ſein, weil nach Epiphanius ein kirchliches Geſetz, nach Siricius und der Synode von Karthago 390 eine apoſtoliſche Verordnung den Klerikern die Kontinenz zur Pflicht mache. Die Gründe für dieſe Anſicht ſind aber nichtig. Es wurde bereits oben gezeigt, wie es ſich mit dem „kirchlichen Geſetz“ bei Epiphanius und mit der „apoſtoliſchen Verordnung“ bei den anderen Zeugen verhält, und wir brauchen darauf nicht mehr zurückzukommen. Es beſteht keinerlei Grund, die Erzählung des Sokrates über die Ver= handlungen zu Nicäa zu teilen. Der Bericht iſt ganz anzunehmen.

Die Gegentheſe ſcheitert ſomit an einer Reihe von ebenſo klaren als unanfechtbaren patriſtiſchen Zeugniſſen, während umgekehrt keines der Zeugniſſe, die man für ſie anzuführen pflegt, einer genauen Prüfung ſtand hält, ſei es daß ſie gar nicht den Sinn haben, den man ihnen zuſchreibt, ſei es daß ihnen aus anderen Gründen eine Beweiskraft mangelt. Aber auch das Schriftwort ſtellt ſie als durchaus unwahr= ſcheinlich dar. Wie bekannt iſt und im Laufe unſerer Unterſuchung mehr= fach zu erwähnen war, lautet eine der Anforderungen, die Paulus an den Biſchof ſtellt, daß er μιᾶς γυναικὸς ἀνήρ ſei. Die Worte nehmen in dem Verzeichnis der biſchöflichen Eigenſchaften, das der Apoſtel I Tim. 3, 2—7 giebt, die erſte Stelle ein. Sie haben bekanntlich eine ver= ſchiedene Deutung erfahren. Im Hinblick auf I Kor. 7, 7. 32—34 ſind ſie ohne Zweifel dahin zu erklären, daß der Kandidat der Weihe nicht mehr als einmal geheiratet haben dürfe. Die Auslegung iſt möglich, und wenn man anderweitige Ausſprüche des Apoſtels berückſichtigt, ſo erſcheint ſie als notwendig. Mit der Gegentheſe ſind die Worte aber

---

[1] Katholik 1878 II, 529 ff.

schwerlich zu vereinbaren; denn es wäre doch im höchsten Grade sonder=
bar, wenn der Apostel sagen wollte, der Bischof müsse sich seiner Frau
oder des ehelichen Verkehres enthalten, und diesen Gedanken in die Worte
kleidete: er sei Eines Weibes Mann. Epiphanius, der, wenn er auch
die zu seiner Zeit bestehende gesetzliche Praxis nicht verleugnen kann, es
doch seinerseits für das Angemessenere erklärt, daß die höheren Kleriker,
falls sie verheiratet sind, auf den ehelichen Umgang verzichten, drückt sich,
wie wir gesehen, in dieser Beziehung ganz anders aus. Bickell erklärt
selbst[1] das paulinische Wort in der angeführten Weise. Wie dasselbe
aber mit seiner weiteren Ansicht zu vereinbaren sei, darüber giebt er
keinen Aufschluß.

Die Auffassung, die in unserer Frage in der letzten Zeit die herr=
schende war, stellt sich hiernach zweifellos als die richtige dar. Sie wird
sich daher auch in Zukunft behaupten. Der Cölibat hat wohl seine
Grundlage in der hl. Schrift, in den Aussprüchen des Heilandes (Matth.
19, 12) und des Apostels Paulus (I Kor. 7, 7. 32—34) über die
Virginität, und thatsächlich wurde er schon in den ersten Jahrhunderten
vom Klerus vielfach beobachtet. Eine gesetzliche Form aber erhielt er
erst im Laufe der Zeit. Im Abendland tritt die Wendung zuerst in
dem Kanon 33 der Synode von Elvira hervor, die in der letzten Zeit
gewöhnlich in den Anfang der diokletianischen Verfolgung, näherhin in
das Jahr 306 gesetzt wurde, nach Duchesne[2] aber der Verfolgung wahr=
scheinlicher vorangeht und rund dem Jahre 300 zugewiesen werden mag,
und die Verpflichtung erstreckte sich hier auf die Bischöfe, Presbyter und
Diakonen, seit Leo I auch auf die Subdiakonen. Im Morgenland ist
Kaiser Justinian der erste, von dem ein Gesetz bekannt ist (Nov. 6
c. 1 § 3—4; 123 c. 1), und ihm reiht sich anderthalb Jahrhunderte
später die trullanische Synode 692 c. 48 an. Das Gesetz hat aber in
der orientalischen Kirche einen geringeren Umfang als in der abend=
ländischen; es beschränkt sich auf den Episkopat. Justinian forderte in=
dessen von den Bischöfen nicht bloß einfach Beobachtung der Kontinenz,
sondern auch völlige Unabhängigkeit von Familienbanden, indem er die=
jenigen von der Weihe ausschloß, die aus der früheren Ehe etwa noch
Kinder hatten, in der späteren Novelle auch diejenigen, deren Frau noch
am Leben war. Die trullanische Synode dagegen hat diese Bestimmungen

---

[1] Zeitschrift für kath. Theol. II, 28.
[2] Mélanges Renier 1886 p. 159—174.

nicht. Doch verlangte ſie immerhin, daß die Frau des Weihekandidaten von dem Gatten nach gemeinſamem Übereinkommen ſich trenne und nach der Ordination desſelben in ein ferne von der biſchöflichen Wohnung gelegenes Kloſter ſich zurückziehe.

VI.

Zur altchriſtlichen Bußdisciplin. [1]

In der letzten Zeit ging die allgemeine Anſchauung [2] dahin, die Bußdisciplin habe, wenigſtens im Abendland, durch den Paſtor Hermä eine Verſchärfung erfahren, indem den Kapitalſündern nach ihm ſeitens der Kirche nicht mehr Verzeihung zu teil geworden ſei wie vor ihm; durch die Päpſte Zephyrin und Kalliſtus ſei ſie aber wieder gemildert worden, indem jener in dem Berichte Tertullians De pud. c. 1 unter dem Pontifex maximus und episcopus episcoporum zu verſtehen ſei, der ein edictum peremptorium des Inhaltes erlaſſen habe: Ego et moechiae et fornicationis delicta paenitentia functis dimitto, dieſer nach den Worten der Philoſophumenen (IX, 12 ed. Duncker p. 458): πρῶτος τὰ πρὸς τὰς ἡδονὰς τοῖς ἀνθρώποις συγχωρεῖν ἐπενόησε, λέγων πᾶσιν ὑπ᾽ αὐτοῦ ἀφίεσθαι ἁμαρτίας, ſämtlichen Kapitalſündern, auch den Idololatren und Mördern und nicht bloß den bereits von ſeinem Vorgänger berückſichtigten Fleiſchesſündern Verzeihung gewährt habe.

Die Anſchauung iſt an ſich wenig wahrſcheinlich. Wohl trat auf dem Gebiete der kirchlichen Disciplin im Laufe der Jahrhunderte eine ziemlich weitgehende Veränderung ein. Bei dem Wandel, der mit der Kirche ſelbſt vor ſich ging, indem ſie aus einer kleinen Geſellſchaft allmählich zu einem großen Reiche ſich erweiterte, konnte es nicht anders

---

[1] Aus der Theol. Quartalſchrift 1884 S. 268—294 erweitert.

[2] Vgl. Döllinger, Hippolytus und Kalliſtus 1853 S. 126—132. Hagemann, Die römiſche Kirche 1864 S. 50-69. Frank, Die Bußdisciplin der Kirche 1867. Theologiſche Quartalſchrift 1872 S. 430—470. Probſt, Sakramente und Sakramentalien 1872 S. 296—350, wo indeſſen die Stellung des Paſtor Hermä zur Bußfrage etwas anders gefaßt iſt. RealEncyklopädie der chriſtl. Altertümer hg. durch Kraus I (1882), 179—181. Auch J. Langen, Geſchichte der römiſchen Kirche bis zum Pontifikate Leos I 1881 S. 222 kommt hier inſoweit in Betracht, als er das von Tertullian erwähnte Bußedikt auf Zephyrin bezieht und nach den Philoſophumenen Kalliſtus ein umfaſſenderes Edikt zuſchreibt.

ſein. Beſtimmungen, die für Hunderte oder einige Tauſende angemeſſen
ſind, ſind es nicht auch, wenn es ſich um Hunderttauſende oder gar
Millionen handelt. Eine Änderung mußte namentlich die Bußdisciplin
erfahren. Aber ein Wechſel, wie er hier für die Zeit von kaum einem
Jahrhundert angenommen wird, ein Umſchlag aus der anfänglichen Milde
in die Strenge und dann nach kurzer Dauer die Rückkehr zu der früheren
Milde, hat in der Geſchichte ſchwerlich ſeinesgleichen. Die Auffaſſung
beſteht auch nicht eine nähere Prüfung.

　　Vor allem iſt die Stellung unrichtig, welche den Päpſten Zephyrin
und Kalliſtus in der Entwickelung angewieſen, oder die Deutung unbegründet, welche den Berichten Tertullians und Hippolyts gegeben wird.
Die beiden Autoren haben allem nach nicht zwei verſchiedene Vorgänge
vor Augen, ſondern nur einen. Hippolyt läßt allerdings, während
Tertullian nur von moechiae et fornicationis delicta ſpricht, Kalliſtus
erklären, daß von ihm allen die Sünden erlaſſen werden, und wenn
man ſeine Worte nur inſoweit ins Auge faßt, kann ſich der Gedanke
nahe legen, der Papſt habe wirklich allen Sündern ohne Ausnahme oder
allen Klaſſen von Sündern Verzeihung gewährt. Die Worte ſtehen indeſſen nicht für ſich allein da; ſie bilden nur einen Teil in einem Satze,
und wenn wir ſie im Lichte des Ganzen betrachten, gelangen wir zu
einer anderen Auffaſſung. Der Satzteil wird durch die vorausgehenden
Worte τὰ πρὸς τὰς ἡδονὰς näher beſtimmt, und da dieſe von den
Fleiſchesſünden zu verſtehen ſind, ſagt der Bericht der Philoſophumenen
nur, daß Kalliſtus allen Unzüchtigen oder allen Arten von Unzuchts-
ſündern Verzeihung verheißen habe. Etwas ſpäter drückt ſich Hippolyt
allerdings noch allgemeiner aus, indem er ſeine Anklage gegen Kalliſtus
Philos. IX, 12 mit den Worten ſchließt: Ταῦτα μὲν οὖν ὁ θαυ-
μασιώτατος Κάλλιστος συνεστήσατο, οὗ διαμένει τὸ διδασκαλεῖον
φυλάσσον τὰ ἔθη καὶ τὴν παράδοσιν, μὴ διακρῖνον, τίσι δεῖ
κοινωνεῖν, πᾶσι δ' ἀκρίτως προσφέρον τὴν κοινωνίαν. Der Satz
iſt aber ſchwerlich zu betonen, da er ſich ſichtlich als eine Übertreibung
darſtellt. Dazu kommt noch ein anderes. Inzwiſchen war noch eine
Reihe von weiteren Klagen gegen das Verhalten des Papſtes Kalliſtus
vorgebracht worden: über die Duldung von ſündhaften Biſchöfen, über
die Aufnahme von Leuten in den Klerus, die in zweiter oder dritter Ehe
lebten, über die Geſtattung der Heirat für die Kleriker und der Verehelichung der Frauen mit Sklaven; und ſo konnte Hippolyt um ſo eher
in der angeführten allgemeinen Weiſe ſich ausdrücken, als er bereits an

dem früheren Orte sich ähnlich aussprach, wo doch der Kontext deutlich
zeigt, daß das Wort πᾶσιν in einem engeren Sinne zu verstehen ist.
Hippolyt und Tertullian gehen also in ihren Berichten nicht auseinander.
Der eine spricht ebenso wie der andere von Unzuchtssünden. Und da
Hippolyt die Milde, die in Behandlung der Sünden eintrat, auf Kallistus
zurückführt, so ist zu schließen, daß dieser auch der Papst ist, den Tertullian bekämpft, ohne ihn zu nennen. Zephyrin hat in dem Entwickelungs-
prozeß keine Stelle. Er verdankt diese nur der Annahme, daß das von
dem Apologeten von Karthago bekämpfte Bußedikt ihm angehöre, und
diese Ansicht mochte sich empfehlen, so lange die Philosophumenen noch
unbekannt waren, da die schriftstellerische Thätigkeit Tertullians hauptsächlich in die Zeit jenes Papstes fällt. Sie wurde auch bereits von
Pamelius in seiner Tertullian-Ausgabe (1579) ausgesprochen und war
auf fast drei Jahrhunderte beinahe allgemein, indem nur einige wenige [1]
das Edikt einem karthagischen Bischof zuschrieben. Mit der Entdeckung
der Philosophumenen aber änderte sich die Lage. Da hier ebenfalls von
einer Milderung der Bußdisciplin die Rede ist, mußte man die beiden
Berichte auf ihr Verhältnis untersuchen, und wenn man zunächst auch
glaubte, sie auf verschiedene Vorgänge und Personen deuten zu sollen, so
kann es bei näherer Prüfung doch schwerlich einem Zweifel unterliegen,
daß sie von einem und demselben Vorgang handeln. Der Sachverhalt
wurde bereits von J. B. de Rossi im Bulletino di Archeologia cristiana
1866 p. 26 erkannt. Die Erklärung des berühmten Katakombenforschers
blieb aber in weiteren Kreisen zunächst unbeachtet, und so wurde die Angelegenheit noch mehrere Jahre unrichtig gefaßt. [2]

Sind die Philosophumenen in der angeführten Weise zu verstehen,
dann wurde die in Rede stehende Milderung der Bußdisciplin durch P.
Kallistus nicht zum Abschluß gebracht, wie man bisher gewöhnlich annahm,

---

[1] Orsi, Della istoria ecclesiastica III (1748), 12. Giefeler, Lehrbuch der
Kirchengeschichte 4. A. I (1844), 287. Vgl. E. Rolffs, Das Indulgenzedikt des
röm. Bischofs Kallist kritisch untersucht und rekonstruiert 1893 S. 1—12 (in den
Texten und Untersuchungen zur Geschichte der altchristlichen Litteratur hg. von Gebhardt und Harnack XI, 3), wo die Geschichte der Frage eingehend behandelt ist.

[2] Es geschah dies auch durch mich in der Kraußschen Real-Encyklopädie I,
179—181. Als der Artikel in das Kirchenlexikon 2. A. II, 1561 ff. überging und
ich inzwischen durch die Dissertationes selectae in hist. eccl. I (1880), 201 von
Jungmann von der richtigen Deutung der Stelle Hippolyts Kenntnis erhalten hatte,
konnte ich bei der Korrektur einiges ändern. Die volle Tragweite des Punktes war
mir aber auch damals noch nicht zum Bewußtsein gekommen.

sondern erst begonnen. Das Bußedikt desselben betraf nur die Unzüch=
tigen, nicht auch die Idololatren und Mörder. Wann diesen die Rekon=
ziliation gewährt wurde, bleibt erst zu untersuchen. Und wenn wir
wahrnehmen, daß der angeblich schon von Kallistus beseitigte Rigorismus
zum Teil noch ein ganzes Jahrhundert sich erhielt, so wird sich uns die
weitere Frage aufdrängen, ob er wirklich dem Pastor Hermä sein Dasein
verdankt oder ob er nicht vielmehr älter ist als diese Schrift.

Der Grund, warum die Milderung der Bußdisciplin mit Vergebung
der Fleischessünden den Anfang nahm, ist leicht zu vermuten. Es
geschah zweifellos, weil diese unter den Kapitalsünden am häufigsten vor=
kamen und weil man es allmählich als zu hart empfand, so viele Per=
sonen für immer aus der Kirche auszuschließen. Die Strenge hatte zwar
in disciplinärer und pädagogischer Hinsicht eine gewisse Bedeutung. Sie
konnte und sollte dazu dienen, die Schwere der Sünde recht zum Be=
wußtsein zu bringen und einen starken und ernsten Bußgeist zu wecken.
Aber sie hatte andererseits auch ihre ernstliche Schattenseite, indem infolge
des immerwährenden Ausschlusses aus der kirchlichen Gemeinschaft manche,
statt zur Buße angetrieben, der Gleichgültigkeit, vielleicht auch dem Un=
glauben und der Zügellosigkeit anheimfallen mußten. Im Laufe der Zeit
und mit dem Wachstum der Kirche mußte die Kehrseite immer mehr
hervortreten, und in Anbetracht dieser Wirkung erließ Kallistus sein
Bußedikt. Ein außerkirchlicher Einfluß ist bei der Neuerung nicht wohl
anzunehmen. Dieselbe erklärt sich hinlänglich aus den Verhältnissen in
der Kirche selbst. Zudem bestand zwischen dem Montanismus, an den
etwa allein zu denken wäre, und der Kirche bezüglich der Bußdisciplin
damals keine nachweisbare Differenz.

Aus demselben Grund, aus dem die Milderung der Bußdisciplin
bei den Unzüchtigen zu beginnen hatte, hatte sie sich in zweiter Linie
auf die Idololatren auszudehnen. Diese Sünde war weit häufiger
als der Mord. Sie ließ sich im ganzen im Vergleich zu diesem als
ein geringeres Vergehen betrachten, und wenn man den Zwang in Be=
tracht zieht, der den Lapsi zumeist angethan wurde, so ließ sich sogar
fragen, ob nicht auch die Fleischessünde schwerer wiege. Tertullian be=
merkte in seiner Polemik gegen das Edikt des Papstes Kallistus (De
pud. c. 22) auf seinem Standpunkt nicht ganz ohne Grund: Quae
iustior venia in omnibus causis, quam voluntarius, an quam in-
vitus peccator implorat? Nemo volens negare compellitur, nemo
nolens fornicatur. Nulla ad libidinem vis est nisi ipsa; nescit

quo libet cogi. Negationem porro quanta compellunt ingenia carnificii et genera poenarum? Quis magis negavit, qui Christum vexatus, an qui delectatus amisit; qui cum amitteret doluit, an qui cum amitteret lusit? Auch Cyprian (Ep. 55 c. 26) bemerkt, das Vergehen des Unzüchtigen sei viel schwerer und schlimmer als das des libellaticus, cum hic necessitate, ille voluntate peccaverit, hic existimans sibi satis esse, quod non sacrificarit, errore deceptus sit, ille matrimonii expugnator alieni vel lupanar ingressus ad cloacam et caenosam voraginem vulgi sanctificatum corpus et Dei templum detestabili conluvione violaverit. Der Schritt vollzog sich in und nach der decischen Verfolgung, und daß er nicht früher gethan wurde, begreift sich aus dem Umstand, daß in der vorausgehenden, durch Maximin nur wenig durchbrochenen Friedenszeit selten ein Abfall vorkam. Wohl bemerkt Origenes De orat. c. 28, daß einige Bischöfe bei Idolo= latrie und Unzucht Verzeihung gewährten. Aber die Milde kann, wie aus dem Folgenden hervorgeht, keine größere Verbreitung gehabt haben. Vielleicht gehört auch die fragliche Schrift des Alexandriners erst einer späteren Periode an. Im ganzen wurden den Lapsi die Thore der Kirche erst in der genannten Zeit eröffnet, und auch jetzt noch nicht auf einmal.

Zunächst wurde den Lapsi nur auf dem Todbette die Rekonziliation zu teil, und dieses Verfahren bildet den naturgemäßen Übergang zu der weiteren Milde, der zufolge sie auch außerhalb der Lebensgefahr aufge= nommen wurden. Die Sünder erhielten so einerseits die kirchliche Ab= solution, und andererseits traten sie doch nicht mehr in weiteren Verkehr mit der Kirche auf Erden, indem sie am Ende ihres Lebens angekommen waren. Zeugen des Verfahrens sind vor allem zwei Briefe, die der römische Klerus während der Sedisvakanz des apostolischen Stuhles nach dem Tode des Papstes Fabian an Cyprian, bezw. die Kirche von Karthago schrieb. In dem einen (Ep. inter Cypr. 8 c. 2. 3) bemerken die Kleriker, sie haben die Gefallenen aus der Kirche ausgeschieden, jedoch nicht aufgegeben, sondern sie ermahnen sie, Buße zu thun, damit sie irgendwie Verzeihung von dem erlangen, der sie gewähren kann, und damit sie nicht, von uns verlassen, noch schlechter werden; die Gefallenen seien in stand zu setzen, bei wiederholter Ergreifung durch ein Bekenntnis ihren Fehler gut zu machen, und denjenigen, welche in eine Krankheit fallen und Buße thun und die Kommunion verlangen, müsse man jeden= falls zu Hilfe kommen. Sie erweisen also den bußfertigen Gefallenen in Todesgefahr Milde, und die Milde wurde wahrscheinlich erst durch sie in der jüngsten Zeit eingeführt, wie aus dem anderen Briefe (Ep. 30 c. 8) hervorgeht. Hier schreiben sie nämlich dem Bischof von Karthago: sie haben im Verein mit einigen benachbarten Bischöfen beschlossen, vor der Wahl eines Bischofs keine Neuerung zu treffen; sie haben aber auf der anderen Seite geglaubt, eine kleine Milderung in Behandlung der Gefallenen eintreten lassen zu sollen, so daß die Sache derjenigen, welche eine Verzögerung ertragen können, bis zur Aufstellung des Bischofs in Schwebe bleibe, denjenigen aber, bei denen wegen des drohenden Todes ein Aufschub nicht statthaben könne, nach verrichteter Buße und nach wiederholter Verabscheuung der Sünden Hilfe zu teil werde, und bei diesem Verfahren werden weder die Schlimmen bei ihnen eine große Willfährigkeit zu loben noch die wahrhaft Bußfertigen eine grausame Härte anzuklagen haben. Ante constitutionem episcopi, lauten in dem Hauptsatze ihre eigenen Worte, nihil innovandum putavimus, sed lapsorum curam mediocriter temperandam esse credidimus, und sie lassen deutlich den Unterschied zwischen der alten und neuen, zwischen der überlieferten und der von den Klerikern erst angeordneten Praxis erkennen. [1]

Wie in der römischen Kirche, so trat die fragliche Milde auch in Karthago erst in dieser Zeit ein, und sie galt hier überdies zunächst nicht allen Lapsi, sondern nur denjenigen, denen die Fürsprache der Bekenner und Martyrer oder ein Libellus pacis zu teil geworden war. Cyprian verweist sie mit ihrem Verlangen nach Rekonziliation anfangs (Epp. 15—17) einfach auf das Ende der Verfolgung, wo ihre Sache geprüft und entschieden werden solle. Erst später (Ep. 18 c. 1) gestattet er in Anbetracht der Krankheiten, welche der heiße Sommer in Afrika im Gefolge hat, die Inhaber eines Libellus pacis im Notfall auch schon vorher zu rekonziliieren. Die übrigen Lapsi werden aber der Konzession nicht teilhaftig, sondern sie werden angewiesen, von der Güte Gottes die Rückkehr des Friedens abzuwarten, wo dann eine größere Beratung über die Angelegenheit stattfinden werde, da es sich hier nicht um die Sache einer Kirche oder einer Provinz, sondern um die Sache der ganzen Erde handle

---

[1] Die Worte nec hoc nobis nunc nuper consilium cogitatum est etc. in c. 2 desselben Briefes, mit denen man (Theol. Quartalschrift 1872 S. 451) beweisen zu können glaubte, daß die Rekonziliation den Kapitalsündern in der römischen Kirche nie vorenthalten worden sei, beweisen vielmehr das gerade Gegenteil, da der Brief hier nicht von der Milde, sondern von der Strenge der Bußdisciplin redet, wie denn auch ausdrücklich gesagt wird: antiqua haec apud nos severitas.

(Ep. 19 c. 2). Und auch von jenem Schritt gesteht Cyprian, daß er ihn nur infolge des ungestümen Verlangens der Gefallenen nach Wiederaufnahme, in gerechter Berücksichtigung der Wünsche der Martyrer und nach Lesung des Briefes des römischen Klerus gethan habe, in dem den bußfertigen Gefallenen auf dem Todbett die Kommunion verheißen werde, und er spricht sich damit in einer Weise aus, daß schwerlich anzunehmen ist, die karthagische Kirche habe bis dahin die Lapsi wieder aufgenommen.

Wahrscheinlich ist die in Rede stehende Praxis auch in Alexandrien nicht älter. Wir haben zwar für Ermittelung ihres Ursprunges in dieser Kirche nicht dieselben deutlichen Anhaltspunkte wie für ihre Feststellung in Rom und Karthago. Die von Dionysius dem Gr. erzählte Geschichte des Pönitenten Serapion (Eus. H. E. VI, 44), die hier in Betracht kommt, spricht nur im allgemeinen von einer Verfolgung. Doch ist schwerlich eine andere Verfolgung als die decische gemeint.

Die Neuerung, die mit Aufnahme der Lapsi in articulo mortis gemacht wurde, genügte indessen dem Bedürfnisse noch nicht, und die Unzulänglichkeit der Maßregel scheint schon von denjenigen empfunden worden zu sein, von denen dieselbe ausgegangen ist. Die zweite der angeführten Äußerungen des römischen Klerus läßt wenigstens ziemlich deutlich die Ansicht durchblicken, daß noch mehr geschehen müsse. Die Milde ward in der That sofort nach der Bischofswahl weiter ausgedehnt. Der neue Papst Kornelius war für größeres Entgegenkommen, und die Synode, die von ihm aus Anlaß der Aufstellung Novatians als Gegenbischof in Rom veranstaltet wurde, bewilligte den Gefallenen ganz allgemein, und nicht mehr bloß auf dem Todbette, die Heilmittel der Buße (Eus. H. E. VI, 43). Kornelius that somit einen ähnlichen Schritt, wie er von Kallistus berichtet wird: er öffnete einer Klasse von Sündern die Kirche, der dieselbe bis dahin verschlossen war, und wie sehr der Schritt, trotz der starken Gründe, die für ihn sprechen, eine Neuerung war, zeigt die Aufnahme, die er bei einem Teil der Zeitgenossen fand. Er veranlaßte ein und zwar weit verbreitetes und lang andauerndes Schisma. Mag auch die Aufstellung des Gegenbischofs in Rom und der Ursprung der Spaltung zum großen Teil auf persönlichen Motiven beruhen: seine Verbreitung und seine Dauer verdankt das Schisma vorwiegend dem Umstand, daß seine Urheber an die bisherige Disciplin anknüpften und sich für die Erhalter derselben ausgaben. Anderwärts führte der Schritt zwar zu keiner Lösung der kirchlichen Gemeinschaft; aber er rief immerhin Widerspruch hervor. Auf dem Konzil von Karthago, auf dem von den afrikanischen Bischöfen über die Angelegenheit verhandelt wurde, kam es zu heftigen Debatten (Cypr. Ep. 55 c. 7), und einzelne Bischöfe beharrten noch länger bei der früheren strengen Praxis (ib. c. 22). Die meisten stimmten zwar für die Milde. Doch gingen sie nicht ganz so weit als die römische Synode. Sie beschlossen, nur die Libellatici nach Prüfung der einzelnen Fälle schon während des Lebens zur Verzeihung zuzulassen; den Sacrificati sollte erst auf dem Todbette die Rekonziliation gewährt werden (ib. c. 17). Noch schwerer konnte Fabius von Antiochien sich zu der Neuerung verstehen, und Dionysius von Alexandrien mußte alles aufbieten, um ihn für dieselbe zu gewinnen. Er verwies ihn auf die Martyrer, die, jetzt Beisitzer Christi, seines Reiches teilhaftig und dereinst mit ihm als Richter kommend, während ihres Erdenwandels Gefallene aufnahmen und in Anbetracht ihrer Bekehrung und Buße sie zur Gemeinschaft im Gebete zuließen, und fragte ihn, ob er nicht ihrem Beispiele folgen oder ob er sich etwa lieber zu ihrem Richter aufwerfen und die von ihnen aufgestellte Regel umstoßen wolle (Eus. H. E. VI, 42); er erzählt ihm ferner zum Beweis der Zulässigkeit der Neuerung die Geschichte Serapions, der von Gott sichtlich so lange am Leben erhalten worden sei, um noch rekonziliert zu werden. Die Neuerung stieß, wie die bezüglichen Briefe Dionysius des Gr. zeigen (Eus. H. E. VI, 46), ferner auch in Armenien und selbst in dem Lande auf Widerstand, in dem sie einen so tüchtigen Vorkämpfer hatte, und wenn sie nach und nach auch in den meisten Kirchen Eingang fand, so wurde sie im Laufe des dritten Jahrhunderts doch nicht überall angenommen. In Spanien wurden die Idololatren mit verschiedenen anderen Sündern noch durch die Synode von Elvira (c. 1. 2) um 300 für immer von der kirchlichen Gemeinschaft ausgeschlossen. Einzelne Überreste der alten Bußstrenge erhielten sich somit so lange, als die Zeit der Idololatrie oder die Zeit der Christenverfolgung dauerte.

Gehen wir endlich zur dritten Klasse der Kapitalsünder, den Mördern, über, so ist vor allem zu bemerken, daß sie in den bisher angeführten Verhandlungen nirgends in die kirchliche Milde eingeschlossen erscheinen. Sie waren demgemäß von ihr ausgeschlossen, und Tertullian bezeugt dies noch bestimmter, wenn er De pud. c. 5 dem Episcopus episcoporum vorhält, daß er, wenn er den Unzüchtigen Verzeihung gewähre, streng genommen die Milde auch auf die Idololatren und Mörder ausdehnen müsse, da er einer derartigen Argumentation gegen seinen Gegner sicherlich nicht sich bedient hätte, wenn dieselbe gegenstandlos war.

Indeſſen beſtand der Ausſchluß nicht etwa nur zur Zeit Tertullians, ſondern noch lange nachher. Zeuge iſt vor allem Origenes, indem er De orat. c. 28 in einer Weiſe von der Rekonziliation der Jdololatren und Unzüchtigen ſpricht, daß man leicht ſieht, daß die dort erwähnte kirchliche Milde ſich noch auf dieſe beiden Klaſſen der Kapitalſünder beſchränkte. Zeuge iſt ferner Cyprian, wenn er Ep. 55 c. 21, um den Biſchof Antonian für den auf der Synode von Karthago bezüglich der Lapſi gefaßten Beſchluß zu gewinnen und von einer Trennung von den übrigen Biſchöfen zurückzuhalten, wohl an das ſtrenge Verfahren einzelner älterer Biſchöfe bezüglich der Ehebrecher erinnert, und die Moechi und Lapſi hinſichtlich der Schwere ihrer Schuld mit einander vergleicht (ib. c. 26), von den Mördern aber gänzlich ſchweigt. Zeuge iſt weiter Gregorius Thaumaturgus, der Ep. can. c. 7 die Mörder nicht etwa in die Reihe der Büßer verweiſt, ſondern ſie gänzlich ausſchließt, freilich zugleich auch eine Neuerung in Ausſicht ſtellt. Zeuge iſt endlich auch die Synode von Ancyra v. J. 314. Dieſelbe läßt zwar den Mörder am Ende des Lebens zur Kommunion zu (c. 22). Aber dieſes Verfahren war wahrſcheinlich nicht das herkömmliche, ſondern ein neues. Die Synode hat nämlich die ausgeſprochene Tendenz, die Bußdisciplin etwas zu mildern. Sie ſetzt dementſprechend bei Abtreibung der Leibesfrucht, die nach ihrer Ausſage vordem mit immerwährender Exkommunikation beſtraft war, eine zehnjährige Kirchenbuße an (c. 21), und ſie ſetzt beim Totſchlag (ἀκού- σιος φόνος) die Bußzeit von ſieben auf fünf Jahre herab (c. 23), indem der δεύτερος ὅρος, von dem ſie ſpricht, ohne Zweifel als ihre eigene Verordnung zu faſſen iſt. Bei dem Kanon über den Mord iſt allerdings eine Milderung der Disciplin nicht angegeben. Indeſſen wird man kaum fehl gehen, wenn ſie auch hier angenommen wird. Denn der Kanon ſteht in der Mitte zwiſchen zwei anderen, in denen die Milderung ausgeſprochen vorliegt, und wenn er näher mit dem vorausgehenden verglichen wird, ſo ſtellt ſich die Annahme geradezu als notwendig dar. Hier heißt es von den Weibern, welche Unzucht trieben und die Leibesfrucht abzutreiben ſuchten, daß ὁ πρότερος ὅρος μέχρις ἐξόδου ἐκώλυσεν, d. h. daß die frühere Ordnung ſie ſelbſt auf dem Todbette von der Kommunion ausſchloß. So ſind jene Worte ohne Zweifel zu verſtehen, und die ältere Disciplin, welche die Synode vor Augen hat, trifft inſofern mit dem Kanon 63 von Elvira zuſammen. An ſich wäre es allerdings möglich, den Kanon auch dahin zu interpretieren, daß den betreffenden Weibern die Kommunion nicht früher als auf dem Todbett zu reichen sei. Die Deutung ist aber weniger wahrscheinlich, und sie hat zudem für unsere Frage nicht viel zu besagen. Denn wenn die Abtreibung der Leibesfrucht früher auch nur in jenem Sinne mit Ausschluß bis ans Ende bestraft wurde, so folgt immer noch mit großer Wahrscheinlichkeit, daß dem Mörder in jener Zeit selbst diese Gnade versagt war, und der fragliche Kanon beweist somit, daß bezüglich des Mordes die alte Bußstrenge bis an den Anfang des vierten Jahrhunderts sich ungeschwächt erhielt.

Welche Stellung die Synode von Elvira zu der Angelegenheit einnimmt, ist weniger sicher, da kein Kanon derselben von dem Mord als solchem handelt. Sie verordnet (c. 5) zwar einerseits: Si qua femina furore zeli accensa flagris verberaverit ancillam suam, ita ut intra tertium diem animam cum cruciatu effundat, eo quod incertum sit, voluntate an casu occiderit; si voluntate, post septem annos, si casu, post quinquennii tempora, acta legitima paenitentia, ad communionem placuit admitti; quodsi infra tempora constituta fuerit infirmata, accipiat communionem; und andererseits (c. 6): Si quis vero maleficio interficiat alterum, eo quod sine idololatria perficere scelus non potuit, nec in finem impertiendam illi esse communionem. Allein in jenem Kanon ist von einem eigentlichen Mord nicht die Rede, da, wenn auch das Wort voluntate auf einen solchen hinzuweisen scheint, die Worte furore zeli accensa dagegen sprechen und da auch das Strafmaß mit einer solchen Annahme sich nicht vereinbaren läßt. Dieser Kanon schließt wenigstens nicht jeden Zweifel aus. Versteht man maleficium im Sinn von Zauberei, wie das Wort allgemein gedeutet wird, und betont man die Verbindung von Idololatrie und Mord, so könnte man folgern, der Mord ohne Zauberei oder Idololatrie oder der einfache Mord sei von der Synode als ein Verbrechen angesehen worden, das nicht mit immerwährender Exkommunikation zu bestrafen sei, dessen Thäter wenigstens auf dem Todbett die Kommunion gereicht werden dürfe. Das scheint sich aus dem Kanon zu ergeben. Und doch ist es sehr fraglich, ob dies wirklich die Anschauung der Synode war. Der starke Rigorismus, dem dieselbe huldigte, spricht unbedingt dagegen. Sie verschloß ja die Kirche noch den Idololatren, denen sie bereits vor einem halben Jahrhundert geöffnet worden war, und sie sollte die Mörder aufgenommen haben, die zu ihrer Zeit noch allenthalben ausgeschlossen waren?

Die Synode von Ancyra ließ die Mörder, wie wir gesehen, auf

dem Todbette zur Kommunion zu, und sie nahm damit zur dritten Kapitalsünde eine ähnliche Stellung ein, wie die römische Kirche in der Zeit zwischen dem Hingang des P. Fabian und der Erhebung des P. Kornelius zur zweiten. Der Ausschluß bis an das Lebensende war aber, wenn das Strafmaß in Betracht gezogen wird, eine zu unbestimmte und zu ungleiche Maßregel, als daß sie auf die Dauer sich hätte halten können. Für den einen konnte die Bußzeit eine sehr lange werden, für den andern ein schnelles Ende nehmen. Der Gedanke konnte daher nicht leicht ausbleiben, ob nicht auch hier ein bestimmteres Strafmaß festzusetzen sei, und dieser Fortschritt ist im dritten kanonischen Briefe des hl. Basilius des Gr. vollzogen. In Kanon 56 wird der Mord mit zwanzigjähriger Kirchenbuße bestraft, während in Kanon 57 für den Totschlag eine zehnjährige Buße angesetzt ist, das Doppelte der von der Synode von Ancyra c. 23 verordneten Strafe, und mit jener Verordnung gelangte die Bußdisciplin in ihrer Entwicklung insofern zum Abschluß, als nunmehr allen Kapitalsündern nach Ablauf einer bestimmten Bußzeit wieder die vollständige kirchliche Gemeinschaft zu teil wurde.

Nachdem wir die Bußdisciplin in der Zeit von Kallistus an abwärts einer Revision unterzogen haben, ist auch noch ihre Gestalt in der älteren Zeit zu untersuchen, und hier verdient vor allen Tertullians Schrift De paenitentia unsere Aufmerksamkeit. Dieselbe wurde früher als ein Zeugnis für die Rekonziliation der Kapitalsünder angesehen: sie gab auch dazu Anlaß, die Richtung der Polemik Tertullians in der Schrift De pudicitia gegen die römische, bezw. katholische Kirche zu bestreiten. Aber beides mit Unrecht. Daß Tertullian in der letzteren Schrift wirklich gegen die Kirche und speciell gegen die römische Kirche ankämpft, braucht nach den bisherigen Ausführungen gar nicht mehr weiter erhärtet zu werden, ist auch heute, wie es scheint, allgemein anerkannt. Der Rigorismus der alten Kirche in der Bußdisciplin, den man glaubte leugnen zu sollen, hat sich uns als evidente und unumstößliche Thatsache dargestellt. Was aber den ersten Punkt anlangt, so spricht Tertullian in der gedachten Schrift c. 7 allerdings von einer secunda spes oder einem zweiten Heilmittel, und er versteht darunter die Buße im Gegensatz zur Taufe als der prima spes. Er schreibt insbesondere mit Rücksicht auf die menschliche Schwäche und die Nachstellungen des bösen Feindes: Haec igitur venena eius providens Deus, clausa licet ignoscentiae ianua et intinctionis sera obstructa, aliquid adhuc permisit patere; collocavit in vestibulo paenitentiam secundam, quae pulsantibus patefaciat; sed iam semel, quia iam secundo; sed amplius numquam, quia proxime frustra. Aber er sagt nirgends, daß mit der Buße eine kirchliche Rekonziliation verbunden sei, und da er diese in der Schrift De pudicitia bestimmt ausschließt, so dürfen wir sie auch dort nicht ohne weiteres annehmen, um so weniger, als ja, wie wir bereits gesehen, die alte Kirche eine Buße ohne Rekonziliation kannte. Er spricht zwar von Rekonziliation (De paen. c. 7 fin.) und Verzeihung (c. 8); er spricht sogar von einer Verzeihung für alle Sünden durch die Buße (c. 4 init.), und man könnte versucht sein, die Verzeihung namentlich auch deswegen als eine kirchliche zu fassen, weil die Buße häufig zur Taufe in Beziehung gesetzt wird. Aber notwendig ist dieser Schluß keineswegs. Der Vergleich konnte gemacht werden, auch wenn keine kirch= liche Verzeihung mit der Buße verbunden war. Die Hauptsache war, daß der Buße ähnlich wie der Taufe die Kraft zugeschrieben wurde, Sündenvergebung zu erlangen oder zu vermitteln, und diese blieb be= stehen, mochte die Verzeihung nur von Gott oder auch von der Kirche ausgehen. Daß aber nur an eine göttliche Verzeihung zu denken ist, deutet Tertullian selbst an, da ihm der Verzeihende stets nur Gott und nicht ein einzigesmal auch die Kirche ist. Es liegt also durchaus kein Grund zu der Annahme vor, daß Tertullian in seiner früheren und katholischen Schrift eine andere Bußpraxis bezeuge als in der späteren, seiner montanistischen Periode angehörigen. Ebenso wenig als die Schrift De paenitentia beweist ferner die Schrift De praescriptionibus c. 30, bezw. die Geschichte Marcions. Tertullian erzählt ja die Vorgeschichte dieses Mannes ganz anders als Epiphanius. Er weiß nichts von der Unzucht desselben und kann also auch nicht die eventuelle Bereitwilligkeit der Kirche bezeugen, einen Kapitalsünder wieder aufzunehmen. Er spricht nur von der Reue Marcions über sein Auftreten als Häretiker und von der Geneigtheit der Kirche, ihm wegen seiner Irrlehre Verzeihung zu erteilen, wenn er auch die von ihm Verführten zurückbringe, und da der Abfall von der Kirche zur Häresie und zum Schisma nirgends in der Reihe der Kapitalsünden aufgeführt wird, so dürfen wir bei ihm nicht die gleiche Behandlung wie bei diesen voraussetzen. Endlich ist auch bei Tertullian selbst in dieser Beziehung nicht eine Änderung seines Stand= punktes anzunehmen. Denn was er in der Schrift De pud. c. 1 von einem Gesinnungswechsel sagt, das bezieht sich nicht speciell auf die Buß= frage, sondern auf sein Verhältnis zur katholischen Kirche, aus der er austrat, nachdem er ihr längere Zeit angehört hatte.

Zunächst vor Tertullian sollen Irenäus (Adv. haer. I, 8, 3; IV, 40, 1), der Verfasser des kleinen Labyrinthes oder der Streitschrift gegen Artemon (Eus. H. E. V, 28) und Dionysius von Korinth (Eus. H. E. IV, 23, 6) ein Zeugnis für die kirchliche Rekonziliation der Sünder abgeben. Aber die beiden ersten handeln nur von dem Rücktritt von der Häresie zur Kirche, der eine von der Bekehrung von Frauen, die sich durch die Gnostiker verführen ließen, der andere von der Bekehrung des Confessor Natalis, der sich zum Bischof der Monarchianer hatte weihen lassen, und die Behandlung der bußfertigen Häretiker war, wie wir bereits gesehen, eine andere als die der Kapitalsünder. Sie mußte schon deswegen eine andere sein, weil die fortwährende Abweisung diese Leute mehr oder weniger wieder in das alte Lager zurückgetrieben hätte. An der zweiten Stelle drückt sich Irenäus zwar allgemeiner aus. Er drückt sich aber zugleich zu allgemein aus, indem er einfach mit Berufung auf Jes. 45, 6—7 von der Bekehrung zu Gott und dem dadurch erlangten Frieden spricht, als daß der Stelle für unsere Frage etwas Sicheres zu entnehmen wäre. Dionysius von Korinth endlich ermahnt die Gemeinde von Amastris in Pontus, sich aller wohlwollend anzunehmen, δεξιοῦσθαι, die von irgend welchem Fall, sei es ein Vergehen, sei es eine Häresie, sich bekehren. Die Stelle wird gewöhnlich von Aufnahme in die Kirche oder von kirchlicher Rekonziliation verstanden. Die Deutung steht aber keineswegs fest. Das Wort δεξιοῦσθαι bedeutet: jemanden bei der Rechten fassen, sich hilfreich annehmen. In dieser Weise bethätigte sich die Kirche bereits, indem sie die Sünder zur Buße zuließ und als Büßer in ihre Obhut und Pflege nahm, und wenn wir zu Rat ziehen, was wir sonst über die Disciplin der Zeit wissen, so haben wir allen Grund, nicht mehr in die Stelle hineinzulegen. Volle Sicherheit besteht freilich darüber nicht. Die Möglichkeit ist nicht zu bestreiten, daß Dionysius nach der Buße auch eine Wiederaufnahme in die Kirche wünschte. Aber immerhin ist jene Auffassung die wahrscheinlichere, und wir haben um so mehr Grund, an ihr festzuhalten, als das Schreiben des Bischofs Dionysius nicht mehr selbst vorliegt, sondern nur ein kurzes Referat durch einen Dritten, zu dessen Zeit die Disciplin schon weithin eine erhebliche Umwandlung erfahren hatte, und der deshalb nicht frei von der Gefahr war, das Dokument im Lichte seiner Zeit zu beurteilen.

Wenn den angeführten Zeugnissen kein Beweis für das Vorhandensein einer anderen Bußpraxis zu entnehmen ist, als wir sie im dritten Jahrhundert angetroffen, werden wir diese eben auch noch für das zweite

Jahrhundert oder wenigſtens für die zweite Hälfte desſelben anzunehmen
haben. Aber zeugt nicht der Paſtor Hermä für eine andere Disciplin,
und iſt auf ſeinen Einfluß nicht andererſeits die Disciplin zurückzuführen,
die wir bisher kennen gelernt? Dieſe Frage iſt nunmehr zu unterſuchen.
Vor allem mögen die wichtigeren der einſchlägigen Stellen des Hirten
zuſammengeſtellt werden.

Hermas kommt ſchon in der erſten Viſion auf Sünde und Buße
zu ſprechen. Seine verſtorbene Herrin wirft ihm, auf den Wolken er‐
ſcheinend, eine ſündhafte Begierde vor, und nachdem ſie noch weiter im
allgemeinen von der Sünde geſprochen, ſchließt ſie ihre Rede mit den
Worten: Aber bete du zu dem Herrn, und er wird heilen deine Sünden
und die Sünden deines ganzen Hauſes und aller Heiligen (Vis. I, 1).
Die Kirche, die ihm darauf unter dem Bilde einer alten Frau erſcheint
und der er ſeinen Schmerz über das Gehörte klagt, bemerkt ihm, daß
ihm Gott nicht ſo faſt wegen jener Sünde zürne, als weil er ſein Haus
nicht vom Böſen zurückgehalten, und ſie giebt ihm ebenfalls die tröſt‐
liche Verſicherung, der Herr werde alle Sünden, die vormals in ſeinem
Hauſe geſchehen, heilen; ſeine Kinder werden, wenn ſie von ganzem Herzen
Buße thun, mit den Heiligen in die Bücher des Lebens eingeſchrieben
werden (ib. c. 3, 1. 2). Aus dem Buche, das die alte Frau dem
Hermas in der zweiten Viſion überreicht, erfahren wir weiter: nach
Verkündigung dieſer Offenbarungen werden den Angehörigen des Hermas
alle Sünden nachgelaſſen werden, welche ſie früher begangen haben, und
ebenſo allen Heiligen, die bis zu dieſer Stunde geſündigt, wenn ſie von
ganzem Herzen Buße thun; (aber auch nur noch jetzt ſolle Verzeihung ge‐
währt werden); denn der Herr habe bei ſeiner Herrlichkeit bezüglich ſeiner
Auserwählten geſchworen: wenn nach Verfluß dieſer Stunde noch geſündigt
werde, ſo werden ſie keine Rettung (σωτηρίαν) mehr haben, da die
Buße für die Gerechten ein Ende habe und die Tage der Buße für alle
Heiligen voll geworden ſeien; für die Heiden aber werde es Buße geben
bis zum letzten Tage; Hermas möge daher die Vorſteher zur Beſſerung
ihres Wandels und zur Standhaftigkeit in der kommenden großen Be‐
drängnis ermahnen; denn der Herr habe bei ſeinem Sohne geſchworen,
daß diejenigen, welche ihn jetzt in den kommenden Tagen verleugnen
werden, des Lebens verluſtig ſeien, während er an denen, welche ihn
früher verleugnet haben, wegen ſeiner großen Barmherzigkeit ſich gnädig
erzeigt habe (Vis. II, 2). In der dritten Viſion ſodann werden beim
Turmbau die Steine, die zunächſt als unnütz weggeworfen wurden, als

bußfertige Sünder gedeutet mit dem Bemerken, daß sie eben deshalb nicht weit hinweggeworfen wurden, weil sie zum Bau brauchbar sein werden, wenn sie Buße thun, so lange der Turm gebaut werde (Vis. III, 5, 5). Und in der fünften Vision, bezw. in der Einleitung zum zweiten Teil der Schrift, den Geboten und Gleichnissen, erklärt der Engel der Buße, dem Hermas inzwischen übergeben worden ist: wenn die Gläubigen die Gebote und Gleichnisse bewahren und in ihnen wandeln, werden sie vom Herrn empfangen, was er ihnen verheißen habe; wenn sie aber nicht Buße thun, sondern zu ihren Sünden noch weitere hinzufügen, werden sie das Gegenteil von ihm erhalten (Vis. V, 7). Im vierten Gebot ferner, in dem von der Ehe und Ehescheidung gehandelt wird, wird der Mann ermahnt, die bußfertige Frau nach dem Ehebruch wieder aufzunehmen, jedoch nicht öfters, da es für die Knechte Gottes nur eine Buße gebe (Mand. IV, 1, 8), und hernach speciell die Frage erörtert, ob es noch eine andere Buße gebe außer derjenigen, da wir ins Wasser hinabstiegen und Vergebung unserer früheren Sünden erhielten. Da Hermas bemerkt, daß er diese Frage von einigen Lehrern habe verneinen hören, so erklärt ihm der Engel der Buße: er habe recht gehört, denn es verhalte sich wirklich so; wer Nachlaß der Sünden erhalten habe, dürfe nicht mehr sündigen. Da er aber alles genau erfahren wolle, thue er ihm auch das kund, den künftig und jetzt Glaubenden keinen Anlaß (zur Sünde) bietend; denn die jetzt oder künftig Glaubenden haben keine Vergebung der Sünden durch Buße ($\mu\epsilon\tau\acute{\alpha}\nuo\iota\alpha\nu$ $\dot{\alpha}\mu\alpha\rho\tau\iota\tilde{\omega}\nu$), wohl aber Nachlaß ihrer früheren Sünden. Denjenigen, welche vor diesen Tagen berufen worden, habe der Herr, die Schwäche der Menschen und die Schlauheit des Teufels voraussehend, in seiner Barmherzigkeit Buße gewährt und ihm (dem Engel der Buße) die Verwaltung dieser Buße übertragen. Er sage ihm aber: wenn einer nach dieser großen und heiligen Berufung sündige, habe er eine Buße; wenn er aber noch ferner sündige und Buße thue, so nütze es einem solchen Menschen nichts mehr; denn er werde mit Mühe das Leben erlangen ($\delta\upsilon\sigma\kappa\acuteο\lambda\omega\varsigma$ $\gamma\grave{\alpha}\rho$ $\zeta\acute{\eta}\sigma\epsilon\tau\alpha\iota$). Und Hermas erwiderte: er lebe nun wieder auf, da er so deutlich belehrt worden sei; denn er wisse nun, daß er werde gerettet werden, wenn er nicht weiter sündige; er und alle, fügt der Engel bei, die so thun (ib. c. 3). Im achten Gleichnis endlich erklärt der Engel, daß die Buße der Sünder Leben gewähre, die Unbußfertigkeit aber den Tod zur Folge habe (Sim. VIII, 6, 6). Dementsprechend fordert er Hermas am Ende (c. 11) auf, alle zur Buße zu ermahnen, damit sie Gott leben,

mit dem Bemerken: Gott habe sich erbarmt und ihn gesandt, um allen
Buße zu gewähren, obwohl einige wegen ihrer Thaten nicht würdig seien,
da der Herr in seiner Langmut wolle, daß die durch seinen Sohn er=
folgte Berufung bewahrt werde; und nachdem Hermas bemerkt, er hoffe,
daß alle Buße thun werden, fügt er bei: nur bezüglich der früheren
Sünden werden sie Heilung vom Herrn erhalten; wer aber ferner sün=
dige und in den Begierden dieser Welt wandle, verurteile sich zum
Tode.

Aus diesen Stellen geht deutlich hervor, daß zur Zeit der Schrift
eine doppelte Auffassung über die Buße bestand, eine strengere und eine
mildere, und Hermas bekennt sich teils zu der einen, teils zu der anderen.
Er redet der Milde das Wort, sofern er den Gläubigen Verzeihung der
früheren Sünden verheißt. Für die Strenge aber tritt er ein, indem
er erklärt, daß es nach der von ihm verkündigten Gnadenzeit Verzeihung
der Sünden nur in der Taufe gebe. Das letztere ist zwar nicht unbe=
stritten. Hilgenfeld[1] behauptete noch neuestens, „die große und heilige
Berufung" sei von der Taufe und die nach ihr noch bleibende $\mu\iota\alpha$
$\mu\varepsilon\tau\acute{\alpha}\nu o\iota\alpha$ demgemäß von der Buße zu verstehen, und er beruft sich für
diese Auffassung auf Klemens von Alexandrien. Dieser hat (Strom. II,
13 p. 459 ed. Potter) die Stelle allerdings so verstanden. Aber er
hat sie zugleich auch, durch Streichen und Hinzusetzen, so mißhandelt,
daß seine Deutung für unsere Interpretation schlechterdings kein Präjudiz
bilden kann. Er ließ namentlich, um das Wort von der Taufe ver=
stehen zu können, nach $\mu\varepsilon\tau\grave{\alpha}$ $\tau\grave{\eta}\nu$ $\varkappa\lambda\tilde{\eta}\sigma\iota\nu$ die nähere Bestimmung $\grave{\varepsilon}\varkappa\varepsilon\acute{\iota}$-
$\nu\eta\nu$ $\tau\grave{\eta}\nu$ $\mu\varepsilon\gamma\acute{\alpha}\lambda\eta\nu$ $\varkappa\alpha\grave{\iota}$ $\sigma\varepsilon\mu\nu\grave{\eta}\nu$ weg, und setzte, um die Buße zu retten,
nach $\mu\acute{\iota}\alpha\nu$ oder vor $\mu\varepsilon\tau\acute{\alpha}\nu o\iota\alpha\nu$ ein $\grave{\varepsilon}\tau\iota$. Ein solches Verfahren muß
uns gewiß abhalten, bei Deutung der Stelle den Alexandriner zu be=
fragen. Indessen brauchen wir zur Ermittelung des Sinnes derselben
überhaupt keine Beihilfe. Die Stelle ist für sich schon ziemlich deutlich,
und wenn man sie vollends im Kontext betrachtet, kann über ihren Sinn
gar kein Zweifel entstehen. Da der Engel der Buße im Anfang des
Kapitels denen Recht gab, welche keine andere Buße oder Sündenver=
gebung als die in der Taufe anerkennen, und da er noch weiter aus=
drücklich erklärte, die jetzt oder noch künftig Glaubenden werden keine
Buße oder Sündenvergebung durch Buße mehr haben, so kann er hier
unmöglich von einer Buße nach der Taufe sprechen. Ein so grober

---

[1] Hermae Pastor 1881 p. 172 sq.

Widerspruch ist auch bei einem Schriftsteller wie Hermas nicht anzunehmen. Der Ausdruck μία μετάνοια ist allerdings etwas verfänglich.
Er weist mehr auf die Buße als auf die Taufe hin. Aber die verfäng-
liche Zweideutigkeit verschwindet, sobald man sich erinnert, daß kurz zuvor
die Frage aufgeworfen wurde, ob es noch eine andere Buße gebe außer
der in der Taufe. Auf diese Stelle bezieht sich Hermas zurück, und
während er den Engel der Buße zuerst nur sagen ließ, es sei so, erklärt
er jetzt bestimmter, daß es „nach dieser großen und heiligen Berufung
nur mehr eine Buße" oder Sündenvergebung gebe, nämlich die in der
Taufe.[1] Die Stelle stimmt also vollkommen mit der Äußerung des
Hermas in der zweiten Vision (c. 2) überein, und dieses Zusammentreffen wäre ein neuer Beweis für die Richtigkeit unserer Interpretation,
wenn es dessen überhaupt noch bedürfte.

So weit ist alles klar. Aber es fragt sich, wie die Buße (nach
der Taufe), die Hermas vorfand und die nach seiner Offenbarung nicht
mehr gelten sollte, des näheren zu fassen ist, ob als Buße mit kirchlicher
Verzeihung oder als Buße ohne diese, und die Frage ist deswegen aufzuwerfen, weil die Buße in ersterem Sinne sich nicht so ohne weiteres
von selbst versteht, da, wie wir gesehen, Tertullian, Origenes und die
römischen Kleriker von Buße in letzterem Sinne reden und diese Buße
im dritten Jahrhundert überhaupt die gewöhnliche war, soweit sie nicht
nach und nach durch Milderung der Disciplin durch jene ersetzt wurde.
Indem wir nun zu diesem Punkt übergehen, ist vor allem zu bemerken,
daß Hermas nirgends von Verzeihung seitens der Kirche, sondern stets
nur von Verzeihung Gottes spricht, wie wir dies ähnlich bei Tertullian
in der Schrift De paenitentia angetroffen haben. Ferner ist an den
Konservativismus und die Abneigung der alten Kirche gegen jede Neuerung
zu erinnern, da unter diesen Umständen die Präsumtion dafür spricht,
daß eine Praxis, welche nicht bloß im dritten Jahrhundert, die hier allmählich eingetretenen Milderungen selbstverständlich ausgenommen, sondern
auch in der zweiten Hälfte des zweiten Jahrhunderts bestand, auch schon
in der früheren Zeit vorhanden war. Endlich kommt die Art und
Weise in Betracht, wie Hermas an einem Orte über die von ihm an-
gestrebte Bußstrenge sich ausspricht. In der zweiten Vision, wo er die
Buße für die Heiden einerseits bis zum letzten Tage fortdauern läßt,
läßt er andererseits Gott bezüglich der Erwählten schwören, nicht etwa,

---

[1] Dieselbe Auffassung vertritt Arnold in der Zeitschrift für Kirchenrecht 1885
S. 452.

daß ſie keine Buße mehr haben, ſondern daß ſie das Heil nicht mehr
erlangen ($\mu\dot{\eta}$ $\ddot{\epsilon}\chi\epsilon\iota\nu$ $\alpha\dot{\upsilon}\tau o\dot{\upsilon}\varsigma$ $\sigma\omega\tau\eta\rho\iota\alpha\nu$), daß ſie, wie wiederholt wird,
des Lebens verluſtig gehen ($\dot{\alpha}\pi\epsilon\gamma\nu\omega\rho\iota\sigma\vartheta\alpha\iota$ $\dot{\alpha}\pi\dot{o}$ $\tau\tilde{\eta}\varsigma$ $\zeta\omega\tilde{\eta}\varsigma$ $\alpha\dot{\upsilon}\tau\tilde{\omega}\nu$),
und dieſer Schwur iſt bedeutſam, indem Hermas, falls er die Buße mit
kirchlicher Verzeihung vorfand, ſchwerlich ſo weit gegangen ſein würde,
die Buße nach der Taufe für die Zukunft als vergeblich darzuſtellen und
den nach der Taufe fortan Sündigenden das Heil abzuſprechen. Im
vierten Gebot drückt er ſich allerdings etwas gemäßigter aus. Er ſtellt
zwar auch noch hier die Buße nach der Taufe in Frage und erklärt ſie
für etwas Nutzloſes ($\dot{\alpha}\sigma\dot{\upsilon}\mu\varphi o\rho o\nu$). Aber er erklärt ſie, wie ſein Beiſatz
zeigt: ein ſolcher Menſch werde nur mit Mühe das Leben haben, doch
nicht mehr für ſchlechthin vergeblich; er giebt noch einiger Hoffnung auf
Rettung Raum. Wenn er indeſſen von der Schroffheit des früheren
Ausdruckes auch etwas zurücknimmt, ſo hält er doch im ganzen ſeine
Theorie aufrecht, daß es eine Sündenvergebung fortan nur in der Taufe
gebe; im achten Gleichnis (c. 11, 3) erneuert er überdies nicht bloß
den früheren Ausdruck, ſondern er überbietet ihn noch wo möglich, indem
er von Verurteilung zum Tode ſpricht; und bei dieſem Sachverhalt iſt
nicht wohl anzunehmen, daß zu ſeiner und in der vorausgehenden Zeit
die erſt ſpäter nachweisbare milde Praxis beſtand, den Kapitalſündern
Buße mit kirchlicher Verzeihung zu gewähren. Alles ſpricht vielmehr
dafür, daß die Buße wohl noch als Rettungsmittel bei dem Fall in
eine Kapitalſünde nach der Taufe angeſehen wurde, die Sünde aber
immerwährenden Ausſchluß aus der Kirche zur Folge hatte, und daß die
Bußdisciplin durch den „Hirten‟ inſofern keine Änderung, bezw. Ver=
ſchärfung erfuhr. Aber auch hinſichtlich des von ihr angeſtrebten Zieles
hat die Schrift keinen eigentlichen Erfolg aufzuweiſen. Der Rigorismus,
der in ihr zu Tage tritt, iſt wenigſtens bei keinem der folgenden kirch=
lichen Schriftſteller anzutreffen. Klemens von Alexandrien fand ihn ſogar
ſo unerträglich, daß er ihn, bewußt oder unbewußt, aus der Schrift
eliminierte und der Theorie von der alleinigen Buße in der Taufe die
allgemeine Anſchauung von der einen Buße nach der Taufe ſubſtituierte.

    Noch weniger als Hermas bezeugt ein anderer kirchlicher Schrift=
ſteller aus der älteſten Zeit eine mildere Bußdisciplin. Klemens von
Rom insbeſondere ſpricht in ſeinem Briefe an die Korinther (c. 7. 8)
von der Buße ſo ſehr im allgemeinen, daß ſeinen Worten für unſere
Frage nichts zu entnehmen iſt. Ähnlich verhält es ſich mit den Ignatius=
briefen und den übrigen Dokumenten der nachapoſtoliſchen Zeit. Juſtin

Dial. c. 44 spricht sich sogar so aus, als ob er nicht einmal eine Buße in dem Sinne wie Hermas kennete. Nachdem er seinen Gegner aufgefordert, der auf die Abstammung von Abraham begründeten Auffassung zu entsagen und zu erkennen, auf welchem Wege die Nachlassung der Sünden und die Hoffnnng auf die Erbschaft der versprochenen Güter zu erlangen sei, fährt er fort: Es ist aber kein anderer (Weg) als dieser, daß ihr diesen Christus anerkennt, die zur Vergebung der Sünden durch Jesaias verkündigte Taufe empfanget und in Zukunft ohne Sünde lebet. Bei der Stellung, welche der Apologet hier einnimmt, ist aus den Worten zwar schwerlich zu folgern, daß er eine Buße nach der Taufe gar nicht anerkannt habe. Aber das dürfte die Stelle immerhin zeigen, daß zu seiner Zeit eine kirchliche Buße oder eine Buße mit kirchlicher Rekonziliation nicht bestand oder nur höchst selten vorkam, da Justin sonst nicht leicht in jener Weise sich ausdrücken konnte.

Ein anderes Verfahren treffen wir allerdings bei den Aposteln. Paulus nahm den Blutschänder von Korinth, den er wegen seines Frevels „dem Satan übergeben zum Untergang des Fleisches, damit seine Seele gerettet werde am Tage des Herrn Jesus" (I Kor. 5, 5), nach erfolgter Besserung wieder auf, damit er nicht allzu großer Traurigkeit anheimfalle (II Kor. 2, 6—8). Ebenso erwies Johannes dem Jüngling Gnade, der unter die Räuber und Mörder gegangen war, indem er ihm, wie Klemens von Alexandrien erzählt (Quis dives c. 42), Verzeihung vom Herrn erbat und ihn in die Kirche zurückführte. Und es mag sein, daß die Kirche auch in der nächsten Folgezeit den schweren Sündern dann und wann Verzeihung erteilte. Aber Beweise dafür sind nicht beizubringen, und häufig kann die Rekonziliation nicht gewährt worden sein, da sonst die Vorenthaltung nicht leicht allgemeine Praxis für längere Zeit geworden wäre. Überdies dürfen jene Fälle nicht allzu sehr betont werden. Bei dem Fall in Korinth handelte es sich ja nicht um bloße Unzucht, sondern um eine, wenn gleich unerlaubte, eheliche Verbindung. Bei dem „geretteten Jüngling" darf die besondere Obhut, in die ihn der Apostel genommen hatte, jedenfalls nicht ganz außer acht gelassen werden, wenn sie seine Rekonziliation allein auch nicht erklären mag.

* * *

Nachdem die Stützen, auf denen die Anschauung über die altchristliche Bußdisciplin in der letzten Zeit ruhte, sich als nichtig erwiesen, möge zum Schluß die Entwickelung der Disciplin noch kurz gezeichnet werden.

Nach den klarsten Zeugnissen, die uns aus der nachapostolischen Zeit zu Gebot stehen, zogen die drei Kapitalsünden, Unzucht, Götzendienst und Mord, im zweiten Jahrhundert Ausschluß aus der Kirche nach sich, und zwar immerwährenden Ausschluß.[1] Über das weitere Los der schweren Sünder oder ihr Schicksal in der Ewigkeit waren nach dem Pastor Hermä die Ansichten zunächst geteilt. In den Augen derjenigen, welche nach dem vierten Gebote (c. 3) eine Buße oder Nachlaß der Sünden nur in der Taufe anerkannten, hatte eine schwere Sünde nach der Taufe ohne Zweifel den ewigen Tod zur Folge. Die Stelle ist kaum anders zu verstehen, und wir dürfen ihren Sinn um so weniger abschwächen, als Hermas wohl eine Gnadenfrist für die Sünder in der Kirche ver=kündigt, für die folgende Zeit aber, wie wir oben gesehen, ausdrücklich erklärt, daß die Christen, wenn sie jetzt noch sündigen, kein Heil mehr haben, des Lebens verlustig gehen (Vis. II, 2, 5. 8), sich den Tod zu=ziehen (Sim. VIII, 11, 3). Neben dieser Anschauung bestand aber, da Hermas sie nur auf „einige Lehrer" zurückführt (Mand. IV, 3, 1), eine andere, welche für die Sünder noch ein Rettungsmittel in der Buße nach der Taufe erblickte, und Hermas erkennt selbst diese Buße wenigstens als außerordentliches Gnadengeschenk Gottes für die Gegenwart an. Im übrigen aber stimmt er der strengen Ansicht zu. Nach Ablauf der von ihm verkündigten Gnadenzeit sollte es keine Buße nach der Taufe mehr geben.

Die strenge Ansicht wurde, nach der Art zu schließen, wie Hermas über den Punkt sich ausdrückt, nur durch einen kleinen Kreis in der Kirche vertreten. Und bald verschwindet sie. Hermas wollte ihr zwar für die Zukunft zu Hilfe kommen. So groß aber das Ansehen war, dessen seine Schrift eine Zeit lang in einem Teil der Kirche sich erfreute, so wurde jenes Ziel doch nicht erreicht. Meines Wissens kommt ein Ausspruch wie ihn nach Hermas einige oder gewisse Lehrer thaten, in der altchrist=lichen Litteratur nicht mehr vor. Wenn später von der Angelegenheit die Rede ist, wird eine Buße nach der Taufe anerkannt. Hermas wurde sogar selbst in Bälde zum Zeugen für die mildere Auffassung in An=spruch genommen, indem Klemens von Alexandrien (Strom. II, 13, 57) die Stelle, in der nach dem Kontext von einer Buße als der Buße in

---

[1] Dies erkannten bereits die gelehrten Jesuiten Petavius, Animadversiones in S. Epiphanii Panarium, ad Haer. 59, abgedruckt im Corpus haereseologicum t. III, cf. p. CC; und J. Sirmond, Hist. poenitentiae publ. 1651, in Opera varia 1728 IV, 324.

der Taufe die Rede ist, von einer Buße nach der Taufe verstand.
Fraglich ist nur, wie die Buße in der nächsten Zeit zu verstehen ist, ob
nur eine Verzeihung durch Gott angenommen oder ob eine Verzeihung
auch durch die Kirche gewährt wurde, und wenn das letztere der Fall
ist, wann die Rekonziliation eintrat, ob erst auf dem Todbett oder nach
Ablauf einer bestimmten Bußzeit schon vorher. Nach dem Gesetz der
historischen Kontinuität ist von dem früheren Stadium möglichst wenig
abzugehen, und wie wir gesehen, nötigen uns auch die Zeugen nicht, die
uns in der nächsten Zeit entgegentreten, Dionysius von Korinth, Tertullian mit der Schrift De paenitentia und Klemens von Alexandrien,
über die Verzeihung durch Gott hinauszuschreiten. Es mag zwar sein,
und da nach allem, was wir wissen, eine völlige Einheit in Anschauung
und Praxis nicht bestand, so ist es sogar nicht unwahrscheinlich, daß da
und dort auch eine Wiederaufnahme in die Kirche vorkam. Sichere
Nachrichten liegen indessen darüber nicht vor. Und wenn eine kirchliche
Rekonziliation stattfand, so wird sie im allgemeinen auf das Todbett sich
beschränkt haben. Wenn wir aber dafür auf bloße Schlußfolgerungen
angewiesen sind, wird uns das strengere Verfahren ausdrücklich bezeugt.
Cyprian schreibt Ep. 55 c. 21: Et quidem apud antecessores nostros
quidam de episcopis istic in hac provincia nostra dandam pacem
moechis non putaverunt et in totum paenitentiae locum contra
adulteria cluserunt. Ebenso beweist Origenes, daß er diese Praxis
kennt, wenn er De orat. c. 28 einige Bischöfe tabelt, daß sie, ihre
priesterliche Würde überschätzend, selbst die Sünden der Idololatrie und
der Unkeuschheit nachlassen zu können sich rühmen. Zugleich aber tritt
jetzt mit Bestimmtheit die Vorstellung hervor, daß man auch bei immer-
währendem Ausschluß aus der Kirche durch die Buße wenigstens bei Gott
Verzeihung erwirken könne. Dieselbe bildet nicht bloß die Voraussetzung
einer Anerkennung der Buße nach der Taufe, sondern sie wird bald auch
ausdrücklich ausgesprochen. In dem oben bereits erwähnten Briefe des
römischen Klerus an Cyprian oder die Gemeinde von Karthago (Cypr.
ep. 8 c. 2) heißt es von den Lapsi: Quos quidem separatos a
nobis non dereliquimus, sed ipsos cohortati sumus et hortamur
agere paenitentiam, si quo modo indulgentiam poterint recipe
ab eo, qui potest praestare, ne, si relicti fuerint a nobis, pe
efficiantur. Im Folgenden (c. 3) wird dann allerdings das Bek
vor der Obrigkeit als ein Mittel genannt, um den Fall wieder
machen: si adprehensi fuerint iterato, confiteantur, u

priorem errorem corrigere. Ohne Zweifel aber wurde dieſes Rettungs=
mittel nur beswegen beſonders hervorgehoben, weil es unter den gegebenen
Verhältniſſen das nächſtliegende war, und andererſeits zeigt die Stelle
zur Genüge, daß der Buße im allgemeinen die Kraft zugeſchrieben wurde,
Verzeihung bei Gott zu erwirken. Derſelbe Gedanke ſchwebte ferner
Origenes vor, indem er De orat. c. 28 von Sünden ſpricht, für deren
Vergebung die Menſchen, bezw. Prieſter eintreten können, und von Sünden,
deren Vergebung Gott vorbehalten iſt. Und da der bezügliche Glaube
auch bei den Novatianern anzutreffen iſt, obwohl dieſelben an der ſtrengen
Disciplin der alten Zeit feſthielten, ſo iſt zu ſchließen, daß er um die
Mitte des 3. Jahrhunderts allgemein war.

Früher oder vor dem Lebensende wurde die Kommunion in der
älteren Zeit im allgemeinen nur erteilt, wenn die Martyrer Fürſprache
für die Sünder einlegten. Tertullian Ad martyres c. 1 bemerkt: Quam
pacem quidam in ecclesia non habentes a martyribus in carcere
exorare consueverunt. Et ideo eam etiam propterea in vobis habere
et fovere et custodire debetis, ut si forte et aliis praestare possitis.
Aber dieſe Verleihung des Friedens bildete naturgemäß mehr oder weniger
eine Ausnahme. Sie konnte häufiger nur zur Zeit einer Verfolgung
eintreten.

Blieb hiernach während der beiden erſten Jahrhunderte die anfäng=
liche Strenge im weſentlichen beſtehen, wenn ſie auch in verſchiedenem
Grade ſich äußerte, in einzelnen Fällen die Regel ſelbſt durchbrochen
wurde, ſo trat dagegen mit dem Bußedikt des Papſtes Kalliſtus am
Anfang des 3. Jahrhunderts in der römiſchen Kirche eine bedeutſame
Wendung ein. Für die Unzuchtsſünder hörte nicht bloß der völlige Aus=
ſchluß, ſondern auch der Ausſchluß auf Lebenszeit auf. Sobald ſie für
ihr Vergehen die entſprechende Buße geleiſtet, wurden ſie nach der Er=
klärung des Papſtes: paenitentia functis dimitto, wieder in die Kirche
aufgenommen. Dasſelbe geſchah drei Jahrzehnte ſpäter durch Papſt
Kornelius mit den Idololatren. Im Laufe des 4. Jahrhunderts wandte
ſich endlich auch den Mördern eine größere Milde zu.

Die nähere Entwickelung des Prozeſſes iſt bereits oben dargeſtellt.
er iſt nur beizufügen, daß die Milde zunächſt bloß dann galt, wenn
ſich frühzeitig und nicht erſt auf dem Todbett zur Buße meldete.
entiam non agentes, ſchreibt Cyprian Ep. 55 c. 23, nec
delictorum suorum toto corde et manifesta lamentationis
fessione testantes prohibendos omnino censuimus a spe

communicationis et pacis, si in infirmitate adque in periculo coeperint deprecari, quia rogare illos non delicti paenitentia, sed
mortis urgentis admonitio compellit, nec dignus est in morte
accipere solacium, qui se non cogitavit esse moriturum. Die
Synode von Arles 314 c. 22 verordnet ähnlich: De his, qui apostatant et nunquam se ad ecclesiam repraesentant, nec quidem
paenitentiam agere quaerunt, et postea infirmitate arrepti petunt
communionem, placuit eis non dandam communionem, nisi revaluerint et egerint dignos fructus paenitentiae. Die Buße war
endlich nur eine einmalige. Der Grundſatz begegnet uns bei Tertullian
De paenit. c. 7, Klemens von Alexandrien Strom. II, 13, 57; Quis
dives c. 39, und Origenes In Levit. hom. 15 c. 2. Noch mehr galt
er früher, als noch die ſtrengere Disciplin herrſchte. Hermas ſpricht
ihn Mand. IV, 1, 8 mit Rückſicht auf das Verhalten, das die Ehegatten im Falle der Sünde des einen Teiles zu beobachten haben, ausdrücklich aus. Wer demgemäß, nachdem er für eine ſchwere Sünde Buße
gethan und Verzeihung erlangt hatte, rückfällig wurde, dem blieb die
Kirche für immer verſchloſſen. Er konnte zwar für ſich Buße thun und
ſo bei Gott Verzeihung zu erlangen hoffen. In die Reihe der von der
Kirche anerkannten Büßer aber wurde er nicht aufgenommen, und ſo
lange der Grundſatz in Kraft ſtand, daß es nur eine (kirchliche) Buße
gebe, konnte es nicht anders ſein. Für die Rückfälligen galt daher eine
ähnliche Strenge, wie ſie früher für die ſchweren Sünder überhaupt be
ſtanden hatte.

Im Laufe des 4. Jahrhunderts begann aber auch in dieſen beiden
Fällen die Disciplin ſich etwas zu mildern. An der bloß einmaligen
Zulaſſung zur Buße wurde zwar noch ſtrenge feſtgehalten. Zeugen ſind
Ambroſius De paenit. II, 10, und Auguſtin Ep. 153 c. 3 n. 7; auch
Papſt Siricius, indem er den Grundſatz zwar nicht direkt ausſpricht,
aber immerhin deutlich genug zum Ausdruck bringt, wenn er in ſeinem
Schreiben an den Erzbiſchof Himerius von Tarragona c. 5 von den
Rückfälligen bemerkt: iam suffugium non habent paenitendi. Aber
es fand wenigſtens kein völliger Ausſchluß mehr ſtatt. Siricius erklärt
nämlich, daß den Rückfälligen, obwohl ſie es nicht verdienen, die Teilnahme am Gebet der Gläubigen und an der Feier der hl. Geheimniſſe,
jedoch ohne Empfang der Kommunion, zu geſtatten ſei, damit ſie wenigſtens
ſo zurechtgewieſen (hac saltem districtione correpti) ihre eigenen Fehler
verbeſſern und andern ein Beiſpiel geben, indem ſie von ihren ſchlimmen

Begierden abgehalten werden, und daß ihnen am Ende des Lebens die Gnade der Kommunion gewährt werde, vorausgesetzt, wie wir seine Worte ergänzen dürfen, daß sie durch ihr Verhalten dieser Gnade sich würdig erweisen. Die Verordnung giebt sich deutlich als eine Neuerung zu erkennen, und da sie mit den Worten eingeleitet wird: id diximus (duximus) decernendum, so ist es wahrscheinlich, daß die Milderung von Siricius selbst herrührt. Jedenfalls aber bestand die Praxis, wenn sie je von ihm bereits vorgefunden wurde, noch nicht lange. Die Neuerung ist eigentümlich. Die Rückfälligen wurden milder behandelt als diejenigen, welche zum erstenmal sündigten, sofern sie, mit der erwähnten Beschränkung, zu einem Gottesdienst zugelassen wurden, von dem diese ausgeschlossen waren. Das Verfahren begreift sich aber aus den gegebenen Verhältnissen. Es war durch den Grundsatz bedingt: es giebt nur eine Buße. So lange man an diesem festhielt, mußte man den Rückfälligen, wenn man sie nicht gänzlich sich selbst überlassen wollte, in jener Weise entgegenkommen. Auf der anderen Seite konnte aber, wenn man so weit ging, die Frage sich nahe legen, ob es nicht besser sei, auf den alten Grundsatz zu verzichten und eine zweite Buße zu gewähren, und dieser Gedanke verschaffte sich in dem Lande Geltung, für welches das Schreiben des Papstes Siricius bestimmt war. Es kamen sogar noch öftere Rekonziliationen daselbst vor. Die Synode von Toledo 589 c. 11, durch die wir davon erfahren, bemerkt geradezu: per quasdam Hispaniarum ecclesias, non secundum canonem, sed foedissime pro suis peccatis homines agere paenitentiam, ut, quotienscumque peccare libuerit, totiens a presbytero se reconciliari expostulent. Ein solches Verfahren konnte nicht ohne Mißbilligung bleiben. Die Synode verurteilt indessen nicht bloß das offenbare Übermaß, sondern sie schärft durchaus die Beobachtung der forma canonum antiquorum ein, indem sie nur eine Buße anerkennt und für den Rückfall ein Vorgehen secundum priorum canonum severitatem verordnet. Der Grundsatz: es ist nur eine Buße, hatte im christlichen Altertum zu feste Wurzeln gefaßt, um so bald aufgegeben zu werden.

　　Daß man ferner auch denjenigen entgegenkam, welche erst auf dem Todbett sich bekehrten und Buße und Kommunion zumal verlangten, zeigt das Schreiben Innocenz' I an den Bischof Exuperius von Toulouse c. 2. Der Papst kennt in diesem Fall eine doppelte Observanz, eine frühere und strengere, eine spätere und mildere. Die ältere gewährte, wie er bemerkt und wie wir bereits wissen, die Buße, verweigerte aber

die Kommunion. Das Verfahren wird aus der Zeit, der Periode der
Verfolgung erklärt, und ebenso wird der Umschwung, die Gewährung
der Buße und Kommunion, auf die Änderung der Zeitverhältnisse, die
Rückkehr des Friedens zurückgeführt, dabei aber auch ein häretischer Gegensatz in Anschlag gebracht. Nam cum, schreibt Innocenz, illis temporibus
crebrae persecutiones essent, ne communionis concessa facilitas
homines de reconciliatione securos non revocaret a lapsu, negata
merito communio est; concessa paenitentia, ne totum penitus
negaretur; et duriorem remissionem fecit temporis ratio. Sed
posteaquam Dominus noster pacem ecclesiis suis reddidit, iam
terrore depulso communionem dari abeuntibus placuit et propter
Domini misericordiam quasi viaticum profecturis, et ne Novatiani
haeretici negantis veniam asperitatem et duritiam sequi videamur.
Tribuitur ergo cum paenitentia extrema communio, ut homines
huiusmodi vel in supremis suis paenitentes miserante salvatore
nostro a perpetuo exitio vindicentur. Die Erklärung ist nicht ganz
zureichend. Wenn nur die Barmherzigkeit Gottes und der häretische
Gegensatz in Betracht kommt, dann konnte die Milde schon früher eintreten. Es wird der allgemeine Entwickelungsgang der Bußdisciplin
außer acht gelassen und nicht berücksichtigt, daß die fragliche frühere
Observanz selbst nicht immer bestand, daß sie erst im Laufe der Zeit
sich bildete und daß man von der alten noch größeren Strenge naturgemäß nur allmählich abging, soweit die Gründe, welche für eine Milderung sprachen, stärker hervortraten. Dagegen dürfte die Angabe über
die Zeit der neuen Observanz wenigstens im allgemeinen richtig sein.
Die Milderung wird, wenn auch nicht sofort, so doch allmählich mit der
neuen Stellung eingetreten sein, welche das Christentum durch Konstantin
d. Gr. erhielt, und von Rom aus, wo wir sie zuerst antreffen, ging sie
nach und nach in die übrigen Kirchen des Abendlandes über.

Über die Zeit des Ausschlusses erhalten wir im 4. Jahrhundert
durch die Synoden von Elvira, Ancyra und Nicäa sowie durch die
kanonischen Briefe Basilius' d. Gr. und Gregors von Nyssa eingehenden
Aufschluß. In der früheren Zeit bietet darüber nur die Apostolische
Didaskalia eine bestimmte Angabe. Dieselbe findet sich in einer Stelle,
die in der Hauptsache unverändert auch in die Apostolischen Konstitutionen
II, 16 überging. Es wird hier verordnet: wenn der Bischof sehe, daß
einer gesündigt habe, solle er ihn schmerzlich bewegt ausstoßen; und wenn
er hinausgegangen sei, sollen sie (die Diakonen, wie die AK. beifügen)

12*

über ihn zürnen und Unterfuchung anftellen und ihn außer der Kirche
fefthalten; und wenn fie wieder eintreten, follen fie für ihn bitten, da
auch der Erlöfer den Vater für die Sünder gebeten habe (Luk. 23, 34).
Dann folle er den Sünder eintreten laffen, und nachdem er geprüft, ob
er bußfertig und der Aufnahme in die Kirche würdig fei, folle er ihm
nach Maßgabe der Sünde ein Faften von zwei oder drei oder fünf oder
fieben Wochen auflegen und ihn fo mit geziemender Ermahnung und der
Weifung entlaffen, er folle demütig für fich bleiben und in den Tagen
des Faftens bitten und beten, damit er der Verzeihung der Sünden
würdig werde, wie Gen. 4, 7 gefchrieben und Num. 12, 14 zu Maria,
der Schwefter des Mofes, gefagt fei. So folle man auch thun, die buß=
fertigen Sünder aus der Kirche ausfchließen und hernach wie ein barm=
herziger Vater wieder aufnehmen. Es wird alfo eine Buße von zwei
bis fieben Wochen angeordnet. Die Beftimmung ift auffallend, da nach
den Dokumenten des 4. Jahrhunderts die Bußzeit ftets auf Jahre, je
nach dem Vergehen fogar auf eine große Anzahl von Jahren fich erftreckt.
Wie ift die Erfcheinung zu erklären? War etwa die Disciplin im
3. Jahrhundert um fo viel milder als in der Folgezeit? Das ift wenig
wahrfcheinlich. Eher läßt fich denken, daß der Autor bei feiner allge=
meinen Ausdrucksweife nicht gerade die fchwerften und felteneren Ver=
gehen, fondern nur die etwas leichteren und häufigeren Unzuchtsfünden
und ähnliche Gebrechen vor Augen hatte. Und wenn auch bei diefer
Annahme in dem Strafmaß noch ein nicht unerheblicher Unterfchied zurück=
bleibt, fo wird der Grund in der Perfon des Autors zu fuchen fein, fei
es, daß ihn der Kampf gegen den großen Gegenfatz, mit dem er es zu
thun hatte, die auf völlige Verftoßung der Sünder drängende Härte,
über die allgemeine Linie hinausführte, fei es daß er überhaupt von
größerer Milde war und auch in den Kreifen, in denen eine Buße ge=
währt wurde, eine Ermäßigung derfelben herbeiführen wollte. Wie es
fich aber damit verhalten mag, die Milde, die in der Didaskalia uns ent=
gegentritt, drang zunächft nicht durch. Im 4. Jahrhundert begegnet
uns allenthalben eine ftrengere Disciplin.

    Es war oben S. 176 von Fürfprache der Martyrer für die
Sünder die Rede. Neuerdings wollte man denfelben ein weiter gehendes
Recht zuerkennen, die Vollmacht zur Sündenvergebung. Die Befugnis
foll Tertullian bezeugen, indem er De pud. c. 22 Kalliftus bemerke:
At tu iam et in martyras tuos effundis hanc potestatem, und fchon
früher die Gemeinde von Lyon-Vienne, da fie unter Mark Aurel von den

Martyrern sage: „Alle verteidigten sie, niemand klagten sie an; sie löften
alle, banden aber niemand ... Leben erbaten sie, und er (der
Vater) gab es ihnen, und sie teilten es den Nächften (d. h. nach dem
Zusammenhang: den Gefallenen) mit" (Eus. H. E. V, 2, 5. 7), wie
auch Apollonius in der Schrift gegen die Montaniften, wenn er frage:
„Wer wird nun dem anderen die Sünden vergeben? Die Prophetin
dem Martyrer seine Räubereien oder der Martyrer der Prophetin ihre
Betrügereien?" (Eus. H. E. V, 18, 7).[1] Und noch später soll Dionyfius
d. Gr. in dem bereits S. 162 erwähnten Schriftftück die Vollmacht anerkennen, da er von Aufnahme der Gefallenen durch die Martyrer und
Zulaffung zur Gemeinschaft im Gebete rede.[2] In der That haben wir
hier Worte, welche auf eine Löfegewalt hinweifen, und zuweilen mag eine
folche von den Martyrern auch in Anspruch genommen und geübt worden
fein. Aber als Regel ift dies schwerlich anzunehmen. Die angeführten
Zeugniffe reichen dazu nicht hin. Sie begreifen sich auch in dem anderen
Fall, da die Fürfprache mit Rückficht auf den erwarteten und namentlich
früher wohl meiftens eingetretenen Erfolg leicht auch als Gewährung des
Friedens oder Vergebung der Sünden bezeichnet werden konnte. Selbft
die Rede Tertullians von potestas macht hier keine Ausnahme. Dem
Apologeten kam es vor allem auf die Erweiterung des Rechtes der
Martyrer an, nicht auf die nähere Beftimmung desselben, auf die Ausdehnung des Libellus pacis auf die Unzüchtigen, während er bisher
naturgemäß wenigftens im allgemeinen auf die Gefallenen sich beschränkte.
Dionyfius d. Gr. endlich spricht einerseits allerdings so, als ob die
Martyrer ganz allein handelten. Daneben kommt aber andererseits doch
auch das Recht des Bischofs zum Ausdruck. Er weift Fabius von Antiochien
nicht bloß auf das Beispiel der Martyrer hin, um ihn zur Milde zu
ftimmen, sondern er fragt ihn auch, ob wir (die Bischöfe) das Urteil
derselben für nichtig erklären wollen ($\tau\dot{\eta}\nu$ $\varkappa\varrho\iota\sigma\iota\nu$ $\alpha\dot{\upsilon}\tau\tilde{\omega}\nu$ $\ddot{\alpha}\delta\varepsilon\varkappa\tau o\nu$
$\pi o\iota\eta\sigma\acute{\omega}\mu\varepsilon\vartheta\alpha$). Wie verschieden man sich in der Angelegenheit ausdrückt,
erhellt namentlich aus den Briefen Cyprians[3], und doch unterliegt es
keinem Zweifel, daß der Bischof von Karthago den Martyrern ein eigentliches Recht der Sündenvergebung nicht zuerkannte.

---

[1] E. Preufchen, Tertullians Schriften De paenitentia und De pudicitia
1890 S. 25 f.

[2] K. Müller, Die Bußinftitution in Karthago unter Cyprian, Zeitschr. f.
Kirchengeschichte 16 (1896) 1—44; 187—219; vgl. S. 26—28; S. 195 f.

[3] Vgl. die Zusammenftellung bei Müller a. a. O. S. 195—197, deffen Schluß
aber anders lautet.

VII.

Die Bußstationen im christlichen Altertum.[1]

Die Bußstationen der alten Kirche erfuhren in der Litteratur eine Behandlung, welche nach verschiedenen Seiten hin Bedenken hervorruft. Es stehen hauptsächlich vier Punkte in Frage: der Ursprung, die Verbreitung und das Ende der Einrichtung, die Stellung der ὑποπίπτοντες beim Gottesdienst.

1.

Es ist traditionelle Ansicht, die vier Büßerklassen, welche uns in der griechischen Kirche in der zweiten Hälfte des 4. Jahrhunderts entgegentreten, seien alle zumal entstanden oder wenigstens schon alle am Ende des 3. Jahrhunderts vorhanden gewesen. In der That erwähnt das Schriftstück, das uns die erste Kunde von der Einrichtung giebt, der kanonische Brief des hl. Gregorius Thaumaturgus, an seinem Schluß (c. 11) alle vier Stationen, und ohne Zweifel bildete sich auf Grund dieses Umstandes jene Anschauung. Der Schlußkanon der Schrift, eine kurze Beschreibung der vier Stationen, ist aber offenbar eine spätere Zuthat. Seine Unechtheit ist seit geraumer Zeit allgemein anerkannt, und indem der Ausgangspunkt der Ansicht als nichtig sich darstellte, wurde diese selbst fraglich. Bereits hat auch Binterim[2] auf ihre Unrichtigkeit hingewiesen. Die Einrede fand aber keine Beachtung. Unsere kirchenhistorischen Hand- und Lehrbücher halten alle an der Ansicht fest, und wenn ihre Verfasser sich einfach an das Herkömmliche anschlossen, wurde in der letzten Zeit von andern Gelehrten die Auffassung auch zu begründen versucht. Ob der Versuch gelungen ist, wird das Nachstehende zeigen.

Da Gregorius Thaumaturgus in seiner Epistula canonica einige Sünder nicht einmal zum Hören zuläßt (c. 7. 8), und zwar einmal mit dem Beisatz: bis es den versammelten Heiligen und vor ihnen dem hl. Geiste gefalle (c. 7), so glaubte man schließen zu sollen, er kenne noch eine niedrigere Bußstation als die Stufe des Hörens, seine Kanones

---

[1] Aus der Theol. Quartalschrift 1886 S. 363—390 erweitert.

[2] Die vorzüglichsten Denkwürdigkeiten der christ=kath. Kirche (1825/41) V, 2, 364—367.

setzen die Existenz von vier Bußgraden voraus. Zwei der Stationen, die ἀκροώμενοι und ὑποπίπτοντες werden mit Namen genannt. Die συστάντες werden wenigstens hinlänglich angedeutet, sofern es einmal (c. 9) heißt, die betreffenden Sünder, die sonst zu den Liegenden verwiesen werden, sollen im Falle ihrer Selbstanklage zum Gebet zugelassen werden. Ähnlich aber soll es sich auch mit der untersten Stufe verhalten. Die schwersten Sünder werden vom Kirchenvater, wie bereits angedeutet, nicht einmal zum Hören (der Predigt) zugelassen. Von einer absoluten Ausschließung, so daß die Betreffenden in gar keiner Verbindung mit der Kirche standen, sei aber, betont man, keine Rede. Das erhelle aus den Worten: bis es den versammelten Heiligen gefalle. So habe Gregor nur schreiben können, wenn der Sünder noch zur Kirche gehörte und von der einen Klasse in die andere ein Übergang stattfand. Eine völlige Absonderung hätte den Montanismus sanktioniert.[1]

Der Schluß ist aber schwerlich begründet. Vor allem ist es unzulässig, die Rücksicht auf den Montanismus als Stütze für die Auffassung in Anspruch zu nehmen. Denn thatsächlich ist ja trotz Montanismus gegen einige Klassen von Sündern völliger Ausschluß aus der Kirche verfügt worden. Aber auch die weitere Begründung ist nicht stichhaltig. Der Beisatz: bis es den versammelten Heiligen gefalle, soll darthun, daß Gregor nicht von einer absoluten Ausschließung rede. In der That ist dem Beisatz nur zu entnehmen, daß die betreffenden Sünder nicht für immer ausgeschlossen sein sollten. Der Ausschluß, der verfügt wird, sollte mit andern Worten ein zeitweiliger sein, und da sich dieser im übrigen sehr wohl als ein vollständiger denken läßt, so besteht weder Grund noch Recht, einen weiteren Bußgrad in die Kanones des Kirchenvaters hineinzutragen. Gregor giebt einmal sogar ziemlich deutlich selbst zu verstehen, daß er den weiteren Grad nicht kenne. In dem zweiten Fall, in dem er auf Ausschluß auch vom Hören erkennt (c. 8), fügt er bei: Wenn aber die Betreffenden sich selbst angeben, sollen sie unter die Büßer und zwar in den Grad der ὑποπίπτοντες aufgenommen werden, ἐν τῇ τῶν ὑποστρεφόντων τάξει ὑποπίπτειν, wie seine eigenen Worte lauten. Hätte er wohl so gesprochen, wenn die vom Hören Ausgeschlossenen ebenfalls noch zur τάξις τῶν ὑποστρεφόντων gerechnet wurden?

---

[1] Probst, Sakramente und Sakramentalien in den drei ersten christl. Jahrhunderten 1872 S. 350.

Dazu kommt ein Weiteres. In unserer Frage ist nicht bloß Gregor zu Rat zu ziehen; auch die Litteratur der nächsten Folgezeit ist zu berücksichtigen, und wenn wir diese befragen, erhalten wir einen neuen Grund, die vierte Bußstation später anzusetzen als die drei andern. Die Synoden von Ancyra, Neocäsarea und Nicäa am Anfange des 4. Jahrhunderts kennen die Station noch nicht, und ihr Schweigen ist zugleich von der Art, daß wir allen Grund haben, es als gewichtiges Zeugnis gegen das Vorhandensein der Station zu betrachten. Bei der beträchtlichen Zahl von Jahren, die nach ihren Verordnungen die ganze Bußzeit nicht selten umfaßt, hätten sie sicherlich ebenso, wie es später geschah, einen Teil der Station der Weinenden zugewiesen, wenn diese damals schon bestanden hätte. Die Synode von Neocäsarea greift in dem einschlägigen Kanon (c. 5) mit ihrem Strafmaß geradezu über die Station der Hörenden hinaus, · aber nicht etwa, um auf Verweisung zu der Station der Weinenden, sondern auf gänzlichen Ausschluß zu erkennen.

Auch nach der ersten allgemeinen Synode begegnen uns die Weinenden noch nicht sogleich. Basilius der Große ist der erste Zeuge der Station, und bei solchem Sachverhalt fällt die Entstehung wahrscheinlich nicht gar weit vor den Pontifikat des großen Bischofs von Cäsarea, jedenfalls nicht früher als die Synode von Nicäa. Und daß die Station erst jetzt, und nicht schon früher entstand, steht auch im Einklang mit der Lage der Kirche in jener Zeit. So lange die Verfolgung der Kirche fortdauerte, konnte den Büßern nicht leicht eine Stelle angewiesen werden, die, wie die der Weinenden, für sie eine beständige Gefahr des Verrates war. Das konnte erst geschehen, als dem Christentum die staatliche Anerkennung zu teil geworden war und über seinen Bekennern nicht mehr das Schwert des Henkers schwebte.

Anders würde es sich freilich verhalten, wenn es richtig wäre, was noch weiter behauptet wird, daß die Weinenden bereits von der Synode von Ancyra, wenn auch unter einem anderen Namen, erwähnt werden. Die χειμαζόμενοι des Kanons 17 von Ancyra sollen nämlich nichts anderes als die Büßer sein, die sonst προσκλαίοντες heißen, und diese sollen jenen Namen erhalten haben, weil sie bei ihrer Verweisung vor die Thüre des Gotteshauses und bei ihrem Aufenthalt im Freien dem Unwetter, χειμών, preisgegeben gewesen seien. Die Auffassung ist in der neueren Litteratur die vorherrschende und daher einer näheren Prüfung zu unterziehen.

Der Kanon lautet[1]: *Τοὺς ἀλογευσαμένους καὶ λεπροὺς ὄντας ἤτοι λεπρώσαντας, τούτους προσέταξεν ἡ ἁγία σύνοδος εἰς τοὺς χειμαζομένους εὔχεσθαι.* Er spricht von Leuten, welche mit Tieren Unzucht trieben und infolge dessen aussätzig sind oder aussätzig waren (oder, wie die alten Lateiner und mit ihnen viele Neuere das *ἤτοι λεπρώσαντας*, m. E. unrichtig, übersetzen: nun andere aussätzig machten), und verweist sie zum Gebet unter den *χειμαζόμενοι.* Es sind, wie man sieht, zwei oder drei Worte in dem Kanon strittig. Uns beschäftigt nur das *χειμαζόμενοι.* Über die Bedeutung desselben waren schon die Ansichten der berühmten griechischen Kanonisten des 12. Jahrhunderts geteilt. Alexius Aristenus erklärte mit Berufung auf den großen Dionysius oder vielmehr, wie es scheint, seinen Kommentator Maximus (In Eccles. hierarch. c. 6; PG. 4, 170), die *χειμαζόμενοι* seien identisch mit den Energumenen. Balsamon verwarf die Deutung, da die Besessenen entweder beständig wahnsinnig seien, in welchem Fall sie niemals beteten (*εὔχονται*), oder nur zeitweise, in welchem Fall sie vollen Anteil am Gottesdienst hätten, ein Recht, das aber Leuten, die mit Tieren Unzucht trieben (*ἀλογευσάμενοι*), unmöglich eingeräumt worden sei, und glaubte im Hinblick auf den vorausgehenden Kanon, in dem dieselben Sünder auf eine bestimmte Anzahl von Jahren zu den zwei oberen Bußstationen verurteilt werden, unter den *χειμαζόμενοι* die niedrigere Büßerklasse der Hörenden verstehen zu sollen. Zonaras hält die Beziehung der *χειμαζόμενοι* auf die Energumenen aus demselben Grunde und weil sie den Kanon 17 mit dem vorausgehenden in Widerspruch bringen würde, für unmöglich, gesteht aber zugleich, das Wort selbst nicht eigentlich erklären zu können.

Die Deutung Balsamons schlug ein. Die Beziehung des Wortes auf eine Bußstation schien vielen richtig zu sein. Nur glaubte man in der Reihe der Stationen eine Stufe weiter herabsteigen und unter den *χειμαζόμενοι* die niederste Klasse der Büßer, die Weinenden, verstehen zu sollen, nicht die Hörenden. Den ersten Anstoß zu dieser Erklärung gab, wie es scheint, die moderne Übersetzung der Worte *εἰς τοὺς χειμαζομένους εὔχεσθαι* mit inter hyemantes orare, wenn nicht etwa umgekehrt die Übersetzung bereits durch die Deutung bedingt war. Wie

---

[1] Der Text ist völlig sicher. Die zahlreichen Handschriften bieten keine irgendwie bemerkenswerte Differenz. Vgl. Bad ham in den Studia biblica et ecclesiastica III (1891), 139—194. Ebd. werden zwei syrische Versionen (S. 195—209) und eine armenische Version (S. 209—216) in lateinischer Übersetzung mitgeteilt.

es sich aber damit verhalten mag, der erste ober einer der ersten, welche die hyemantes ausdrücklich als Büßer faßten, dürfte der Bischof Aube= spine von Orleans († 1630) sein. In seinen Notae in quosdam canones conciliorum Asiae [1] betrachtet er die hyemantes als schwere Sünder, und den Namen führt er darauf zurück, vel quia ab hoc tectulo (sive ab ecclesia) semoti sub dio orare et paenitentiam agere cogerentur, vel certe quia in ecclesiae portam nunquam reciperentur, ut ait Balsamon. Und wenn er die hyemantes noch nicht eigentlich mit den flentes identifiziert, obwohl er gegen Balsamon bemerkt [2], unter den hyemantes, bezw. χειμαζόμενοι lassen sich eher die flentes als die audientes verstehen, so findet sich dieser weitere Schritt in dem Thesaurus ecclesiasticus von Suicer (1682) s. v. χειμαζόμενοι. Die Deutung fand hernach die größte Verbreitung. [3] Doch hatte auch die Interpretation des Alexius Aristenus fortan ihre Vertreter [4], und sie ist zweifellos die richtige.

Einmal spricht für sie, daß die alten Übersetzungen der Kanones das Wort fast durchweg von den Energumenen verstehen. Es kommen in Betracht alle lateinischen Versionen, die armenische und eine syrische [5], und da dieselben jedenfalls zum Teil von Männern herrühren, die, wie Dionysius Exiguus, des Griechischen sehr kundig waren, so fällt der Umstand schwer ins Gewicht. Indessen brauchen wir diese Stütze gar

---

[1] Albaspinaei De vet. eccles. ritibus libri II ed. Helmestad. 1672 p. 370.

[2] L. c. p. 369.

[3] Es seien unter ihren Vertretern nur genannt: Van Espen, Commentarius in canones et decreta ed. Colon. 1755 p. 126; Augusti, Handbuch der christl. Archäologie III (1837), 31; Gieseler, Lehrbuch der KG. 3. A. I (1831), 310; Neander, Allg. Gesch. der christl. Religion und Kirche 3. A. I (1856), 510 Anm. 4; Hefele, Konziliengeschichte 2. A. I (1873), 235; F. Frank, Die Bußdisciplin der Kirche 1867 S. 589—591; Brück, KG. 2. A. 1877 S. 109.

[4] Beveridge, Synodicon II. Appendix p. 72; Bingham, Origines ecclesiasticae III c. 4 § 6; Routh, Reliquiae sacrae ed. II t. IV, 162; J. Mayer, Geschichte des Katechumenats 1868 S. 53; u. e. a.

[5] Die Übersetzung des Dionysius und die Isidoriana in der späteren Gestalt bei Harduin, Coll. concil. I, 278; die Isidoriana in ihrer älteren Gestalt bei Maassen, Geschichte der Quellen und der Litteratur des kanonischen Rechts im Abendland I (1870), 932. Die syrischen Versionen und die armenische in Studia biblica et eccles. III (1891), 206; 216. Die eine syrische Version giebt die Worte εἰς τοὺς χειμαζομένους nach der lateinischen Übersetzung von Backham wieder mit inter eos qui probantur, die andere mit cum iis qui tentantur a daemoniis; die armenische mit inter daemoniacos.

nicht. Es genügt eine prüfende Umschau in der griechischen Litteratur, und zwar schon in dem einschlägigen Hauptwerk, um die Frage mit aller Sicherheit zu lösen. Die Apostolischen Konstitutionen bieten das Wort im achten Buch dreimal, c. 12 (hier, aber auch nur hier mit dem Beisatz ὑπὸ τοῦ ἀλλοτρίου), 35, 37, und zugleich in einer Weise, daß sie allein bereits jeden Zweifel ausschließen. An allen drei Stellen werden die χειμαζόμενοι von den Büßern unterschieden, indem diese als ein neuer Stand nach ihnen erwähnt werden; und an den zwei letzten, wo die frühere Entlassung der Stände erwähnt wird, die nicht dem ganzen Gottesdienst anwohnen durften, der κατηχούμενοι, χειμαζόμενοι, βαπτιζόμενοι, οἱ ἐν μετανοίᾳ, nehmen die χειμαζόμενοι gerade die Stelle ein, die in dem analogen früheren Abschnitt, VIII, 6—7, die ἐνεργούμενοι inne haben, oder die ἐνεργούμενοι ὑπὸ πνευμάτων ἀκαθάρτων, wie sie bei der erstmaligen Erwähnung heißen.[1]

Die Bedeutung des Wortes steht hiernach fest. Nach dem bestimmten Sprachgebrauch der Griechen sind die χειμαζόμενοι die Energumenen. Und daß sie nicht als Büßer zu fassen sind, ergiebt sich weiter aus einem anderen Wort des Kanons. Die Synode von Ancyra sagt nicht, die fraglichen Sünder müssen χειμάζεσθαι. Sie gestattet ihnen vielmehr mit den χειμαζόμενοι zu beten, εὔχεσθαι, und das ist keineswegs identisch mit jenem. Denn von einem εὔχεσθαι ist im Sprachgebrauch der alten Kirche nicht einmal bei der Klasse der Hörenden, viel weniger bei der Klasse der Weinenden die Rede, wie die Bußkanones Basilius' d. Gr. (c. 56. 82) deutlich zeigen.[2]

Die Neuzeit ließ sich nicht bloß eine unrichtige Interpretation zu schulden kommen, sondern sie that noch einen weiteren falschen Schritt. Wenn wir unsere kirchengeschichtlichen Hand- und Lehrbücher[3] aufschlagen,

[1] Vgl. auch das Officium für die Energumenen im Euchologium Graecorum ed. Goar 1647 p. 724—728.

[2] Vgl. Theol. Quartalschrift 1879 S. 275—281: Der 17. Kanon der Synode von Ancyra.

[3] Gieseler 3. A. I (1831), 301. Hergenröther 2. A. III, 84. Brück 3. A. S. 111. Kraus 2. A. S. 107. Vgl. auch Frank, Bußdisciplin S. 589. Brück ließ in der 4. Auflage 1888 S. 112 und wohl auch später den Ausdruck fallen. Kraus fügte zwar ein Anführungszeichen bei, behielt aber in dieser Weise den Ausdruck noch in der 4. Auflage 1896 S. 107 bei, und bemerkte von den χειμαζόμενοι des Kanons 17 von Neocäsarea, sie seien Energumenen, ohne zu bedenken, daß die χειμάζοντες bloß auf diesem Worte ruhen. In der Geschichte der christlichen Kunst I (1896), 282 greift Kraus wieder auf die in der Kirchengeschichte

finden wir nicht den Ausdruck χειμαζόμενοι, sondern den Ausdruck χειμάζοντες. Und woher diese Form? In der altchristlichen Litteratur finden wir sie auch nicht ein einzigesmal, weder im Sinne von Büßern noch im Sinne von Energumenen. Letztere heißen stets χειμαζόμενοι, und sie konnten nicht χειμάζοντες heißen, da bei dem Worte ὑπὸ τοῦ ἀλλοτρίου oder ὑπὸ πνευμάτων ἀκαθάρτων καὶ ἐπηρεαζόντων zu supplieren ist, Beisätze, die von den Alten in der That an einigen Orten gemacht werden.[1] Die Form verdankt ihren Ursprung rein dem Belieben der Gelehrten, die die χειμαζόμενοι des Kanons von Ancyra glaubten von Büßern verstehen zu sollen. Dem Sinn, der dem Worte von ihnen gegeben wurde, schien die Form χειμάζοντες besser zu entsprechen als die vorgefundene, und so fand jener Ausdruck in die theologische Litteratur Eingang. Der Punkt zeigt schlagend, was man sich früher auf dem Gebiete der Bußdisciplin erlaubte, und wie angezeigt es ist, die älteren Aufstellungen einer Prüfung zu unterziehen.[2]

---

für die Bußstationen preisgegebenen χειμαζόμενοι zurück. Stärker kann man sich kaum in Widersprüchen bewegen.

[1] Const. apost. VIII, 12. Euchologium ed. Goar. Paris 1647 p. 724.

[2] Knöpfler, Kirchengeschichte 1895 S. 96 Anm. 3, glaubte, daß Tertullian wohl die Klasse der Weinenden vor Augen habe, wenn er schreibe: Adstitit enim pro foribus eius (sc. ecclesiae) et de notae suae exemplo ceteros admonet et lacrimas fratrum sibi quoque admovet; und verweist weiter auf Apol. c. 39: Si quis ita deliquerit, ut a communicatione orationis et conventus et omnis sancti commercii relegetur. Dabei unterläßt er aber anzugeben, wo die erste Stelle steht. So findet sich De pud. c. 3, ergiebt jedoch so wenig als die andere einen Beweis. Es werden nämlich nicht weniger als drei Punkte übersehen. Fürs erste verstehen sich die Stellen von den Sündern und Büßern überhaupt, wenn über sie ein völliger Ausschluß aus der Kirche verhängt wurde. Man kann sie daher auf eine bestimmte Bußklasse oder die Station der Weinenden nicht beziehen, es sei denn, daß man deren Bestand bereits voraussetzt. Und hier ist der Schluß aus zwei Gründen unstatthaft. Nach allem, was wir sicher wissen, entstand die Station der Weinenden nicht vor dem 4. Jahrhundert. Das 3. Jahrhundert läßt sie nirgends auch nur mit einiger Wahrscheinlichkeit erkennen, und nun soll sie Tertullian ganz am Anfange desselben oder gar noch am Ende des 2. Jahrhunderts vor Augen haben! Sodann aber ist die Stationeneinrichtung überhaupt eine Eigentümlichkeit der griechischen Kirche, und ein Lateiner kann sie auch aus diesem Grunde nicht wohl vor Augen haben, da die Institutionen, die er berücksichtigt, wenn er nicht etwa ausdrücklich das Gegenteil sagt, naturgemäß der lateinischen Kirche angehören. Tertullian wäre demnach nur dann etwa als Zeuge für eine Station anzurufen, wenn er mit aller Bestimmtheit sich aussprechen würde. Ein solches Zeugnis liegt aber weder in den angeführten Stellen noch sonst bei dem Autor vor. Selbst Probst

Ich könnte nun den Punkt verlassen. Der spätere Ursprung der Station der Weinenden dürfte nach dem Vorstehenden außer Zweifel stehen. Doch möge zunächst noch eines Versuches aus der jüngsten Zeit gedacht werden, die frühere Entstehung aufrecht zu erhalten. Um der Nichterwähnung der Weinenden durch die Synoden von Ancyra, Neocäsarea und Nicäa ihre Bedeutung als Zeugnis gegen das Vorhandensein der Station zu benehmen, wurde geltend gemacht: die Station der Weinenden sei den andern Bußstationen nicht gleich, sondern wesentlich anders geartet gewesen; sie sei im Verhältnisse zu diesen nur als eine Vorstation zu betrachten; die auf ihr befindlichen Pönitenten seien noch nicht in die Leitung des Bußpriesters genommen worden, und wie die kirchliche Leitung und Aufsicht mit ihnen sich nicht beschäftigt habe, so habe auch die kirchliche Gesetzgebung nicht für sie Normen fixieren können. Die Sünder seien frei in die Station eingetreten; um die Buße unter den Weinenden zu bitten sei niemanden verwehrt gewesen, und es sei gar nicht einzusehen, wie die Synoden jemanden unter die Weinenden hätten verweisen sollen. Wenn daher jene Synoden der drei oberen Bußstationen allein Erwähnung thun, so rühre dies nur daher, daß sie eben Büßer voraussetzen, welche durch ihr Weinen in der Vorstufe bereits Zulassung zur Leistung der Buße erhalten hätten.[1] So die neueste Verteidigung des Alten. Wie unzulänglich aber dieselbe ist, dürfte aus wenigen Bemerkungen erhellen. Man sagt, es sei für die kirchliche Gesetzgebung gar nicht möglich gewesen, für die Station der Weinenden Normen aufzustellen. Und doch liegen Normen für die Weinenden in den kanonischen Briefen Basilius' d. Gr. ganz ebenso vor, wie für die übrigen Büßer. Man sagt ferner, es sei nicht einzusehen, wie die Synoden jemanden unter die Weinenden sollen verweisen können. Und doch finden sich in den kanonischen Briefen desselben Basilius die fraglichen Verweisungen vor, indem die Sünder in ihnen wie zu den übrigen Stationen ganz ebenso zur Station der Weinenden verurteilt werden, mit genauer Angabe der Zahl der Jahre, die sie auf der Station zuzubringen haben.

----

fand bei ihm nichts darüber, obwohl er nicht leicht etwas zu übersehen pflegt, was irgendwie geeignet ist, einer Institution ein höheres Alter zu sichern. Er bemerkt vielmehr, Sakramente und Sakramentalien S. 345, geradezu: Bei Tertullian darf man über die Büßerklassen keinen Aufschluß suchen, da er bloß eine Klasse von Todsündern kennt, welche wir non modo limine, verum omni ecclesiae tecto submovemus (De pudic. c. 4).

[1] s. Archiv f. kath. Kirchenrecht 51 (1884), S. 38—40.

Die Station der Weinenden soll endlich wesentlich ganz anders geartet gewesen sein als die übrigen Stationen. Und doch stellt sie der Kirchen=vater, dem wir die ersten und ausführlichsten Nachrichten über sie ver=danken, mit den anderen Stationen so sehr auf die gleiche Linie, daß sie, wie man auch die Differenz näher bestimmen mag, jedenfalls in keinen wesentlichen Gegensatz zu den übrigen zu stellen ist. Man fasse nur eine der bezüglichen Verordnungen ins Auge, um sich von dem Sachverhalt mit einem Blick zu überzeugen. Wer die Ehe gebrochen hat, lautet der Kanon 58, wird 15 Jahre der Sakramente nicht teilhaftig sein: vier Jahre weinend, fünf hörend, vier liegend, zwei mitstehend ohne Kommunion.

Nach dem Vorstehenden ist der Ursprung der Station nicht leicht vor das Nicänum zu setzen. Wenn aber die Station am Anfang des 4. Jahrhunderts noch nicht bestand, so war sie doch ohne Zweifel bereits im Werden begriffen. Indem die Kirche bei einzelnen Sündern in ihren Straferkenntnissen über die bestehenden Bußklassen hinausging, ohne den Ausschluß aus ihrer Gemeinschaft gerade für einen immerwährenden zu erklären, war bereits der Grund zu ihr gelegt. Wie der Ernst der Buße stets als ein Moment angesehen wurde, das die Bußzeit abzu=kürzen geeignet war, so mußte die Aufrichtigkeit und die Stärke der Reue auch bei Zulassung zur Buße in Erwägung gezogen werden. Den Sündern ihrerseits mußte es sich nahelegen, durch Bitten und Flehen das Herz der Gemeinde zu erweichen, und da sie aus dem Heiligtum selbst ausgeschlossen waren, so stellten sie sich an dem Eingang zu ihm auf, um die Eintretenden um Gnade und Erbarmen, bezw. um ihre Fürbitte anzuflehen. Das Verhalten war zunächst rein privater Natur; es entstammte nur dem Bußeifer der Sünder, und insofern begründete es noch keine (kirchliche) Bußstation. Diese trat erst ins Leben, als die Kirche zu ihm Stellung nahm, ihm ihre ausdrückliche Billigung und An=erkennung zollte und die Sünder anwies, in diesem Stadium eine be=stimmte Zeit zu verharren, mochte man nun, wie in dem Bußbrief Gregors von Nyssa, von einem gänzlichen, aber zeitlich begrenzten Aus=schluß vom Gebet oder der Kirche reden, mochte man, wie in den kano=nischen Briefen Basilius' d. Gr., den bezüglichen Büßern auch einen be=sonderen Namen geben.

2.

Die zweite und wichtigere Frage ist: War die Bußordnung mit den Bußstationen eine allgemeine kirchliche Einrichtung oder beschränkte sie sich auf den Orient? Die Antwort scheint sehr leicht und einfach zu sein. Die Frage wird wenigstens, von einigen Zweifeln abgesehen[1], gar nicht erhoben, sondern ohne weiteres als selbverständlich angenommen, daß wir es mit einer Institution der Gesamtkirche zu thun haben. Die Sache ist in der That sehr einfach. Nur verhält sie sich nicht so, wie gewöhnlich angenommen wird, sondern umgekehrt.

Für die traditionelle Auffassung läßt sich zwar geltend machen, daß die Synode von Nicäa das Klassenwesen in ihren Bußkanones berücksichtigt, und ohne Zweifel gab dieser Punkt den Hauptanstoß zur Aufstellung der These. Da die Synode einen ökumenischen Charakter hat, so scheint zu folgen, daß auch die Bußordnung, die uns in ihren Kanones entgegentritt, allgemein in Übung war. Ist aber der Schluß konkludent? Man wird sich wohl hüten, die Frage zu bejahen, sobald man Folgendes erwägt.

Obwohl eine allgemeine Synode, war die Synode von Nicäa doch insofern eine griechische, als die weitaus größere Zahl ihrer Mitglieder der griechischen Kirche angehörte und das Abendland auf ihr nur durch einige wenige Abgesandte vertreten war. Es läßt sich daher wohl denken, daß bei der Fassung ihrer Kanones eine Einrichtung zu Grunde gelegt wurde, die nur dem Oriente eigentümlich war. Dazu kommt ein Weiteres. Gerade die Kanones, um die es sich hier allein handelt, die Bußkanones von Nicäa, galten in erster Linie und im wesentlichen nur dem Orient. Die Verfolgung, die zu ihrer Aufstellung den Anlaß bot, beschränkte sich ja auf den Orient, das Reich des Licinius, und bei diesem Sachverhalt hat man allen Grund zu fragen, ob die von der Synode berücksichtigte Bußordnung auch außerhalb des Orientes in Übung war. Der fragliche Schluß ist somit keineswegs fest gegründet, und wenn wir mit den bisherigen Erwägungen nur zum Zweifel gelangen, so führt uns ein anderer Punkt beträchtlich weiter.

---

[1] Frank, Bußdisciplin S. 577, bemerkt mit Rücksicht auf den Umstand, daß die Bußstationen von den abendländischen Bischöfen gar nicht erwähnt werden: „Unwillkürlich wird man da versucht anzunehmen, daß die Einteilung der öffentlichen Kirchenbuße in vier Stationen die Grenzen der morgenländischen Kirche nicht überschritten habe. Es scheint dies in der That der Fall gewesen zu sein." Löning, Gesch. des Kirchenrechts im fränk. Reiche II, 465 f., bemerkt: „Die vier Bußstationen hatten im Abendlande nie allgemeine Geltung; Spuren derselben lassen sich im fränkischen Reiche nicht nachweisen." Ich habe meinerseits bereits früher (Real-Encyklopädie der christl. Altertümer, I, 182 f.; Kirchenlexikon 2. A. II, 1567) auf Punkte hingewiesen, die mich zu einem entschiedenen Widerspruch zu berechtigen schienen.

Die griechischen Namen zur Bezeichnung der Bußstationen lauten bekanntlich *προσκλαίοντες, ἀκροώμενοι ὑποπίπτοντες, σύστάντες* oder *συνεστῶτες*, und wie für die Büßer sich eigene Ausdrücke bildeten, so auch für die Stationen als solche: es begegnen uns die Worte *πρόσκλαυσις, ἀκρόασις, ὑπόπτωσις* und *σύστασις*. Die Namen begegnen uns in der griechischen Litteratur mehr als hundertmal, und die Erscheinung begreift sich, da es sich bei ihnen um eine tief in das Leben eingreifende Institution handelt. Wenden wir aber unsern Blick auf die lateinische Litteratur, was nehmen wir da wahr? Wir dürfen sämtliche Schriften des lateinischen Altertums durchgehen, und nirgends finden wir, von den audientes zunächst abgesehen, die entsprechenden Ausdrücke. Wir stoßen auf keine flentes im Sinne von Büßern, auf keine substrati und consistentes, noch weniger auf eine substratio und consistentia, wie man die betreffenden griechischen Ausdrücke in der neueren Zeit lateinisch wiedergegeben hat. Und wie sollen wir diese Erscheinung erklären? Weist der vollständige Mangel der Ausdrücke nicht ganz schlagend auf das Fehlen der Sache hin?

Der Beweis ist indessen noch nicht zu Ende. Die Lateiner sprechen nicht nur nirgends in ihrer gesamten Litteratur von substrati und consistentes, sei es, daß sie im allgemeinen von der Buße handeln[1], sei es, daß sie specielle Verordnungen über die Buße erlassen, sondern sie legen auch positiv an den Tag, daß ihnen die Bußstationen durchaus fremd waren. Wenn sie nämlich in Übersetzung der Kanones der griechischen Synoden zu den *ἀκροώμενοι* und *ὑποπίπτοντες* Stellung zu nehmen haben, setzen sie an die Stelle der Bußstation die Buße selbst, oder sie greifen zu einer Umschreibung, die eben so deutlich als jenes Verfahren zeigt, daß die Bußstationen in ihrer Kirche keinen Platz hatten, oder sie setzen an die Stelle der Büßer geradezu die Katechumenen. Suchen wir dieses im einzelnen zu beweisen.

Nehmen wir die Übersetzung, die Dionysius Exiguus von den Kanones von Ancyra giebt, in denen wiederholt eine Verweisung zur Station der *ὑποπίπτοντες*, bezw. der *ὑπόπτωσις* vorkommt (c. 4—9. 16. 22. 24): wir finden überall statt der bestimmten Bußstation, von der der

---

[1] Besonders instruktiv ist in dieser Beziehung Isidor von Sevilla mit seiner Schrift De eccl. officiis. Während er II, 21 mit Rücksicht auf die ad fidem venientes einen gradus catechumenorum, einen gradus competentium und einen gradus baptizatorum erwähnt, handelt er II, 17 von den Pönitenten, ohne auf Büßerklassen auch nur anzuspielen, geschweige sie zu nennen.

griechische Text redet, die Buße selbst, die Ausdrücke paenitentes, paenitentia und paenitudo. In Kanon 16 z. B., in dem uns die Ausdrücke ὑποπίπτειν und ὑπόπτωσις je zweimal begegnen, werden die Worte πέντε καὶ δέκα ἔτεσιν ὑποπεσόντες übersetzt quindecim annis exactis in paenitentia, die Worte τὴν μακρὰν ἐχέτωσαν ὑπόπτωσιν ad agendam paenitentiam prolixius tempus insumant. Ebenso verfährt der Verfasser der s. g. isidorischen Version. Das ὑποπεσεῖν in c. 4 wird bei ihm zu einem submittere se paenitentiae, das ὑποπεσόντες in c. 5 zu einem succumbant paenitentiae, das ὑποπεσεῖν in c. 6 zu einem paenitentiae subici u. s. f. Und während er den allgemeinen Ausdruck auch in der Übersetzung der nicänischen Kanones beibehält und ὑποπίπτειν mit inter paenitentes esse wiedergiebt, bedient sich Dionysius hier der Umschreibung. Das ὑποπεσοῦνται in Kanon 11 wird mit den Worten gegeben omni se contritione deiciant, das ὑποπιπτέτωσαν in Kanon 12 mit in afflictione permaneant. Dionysius paraphrasiert aber nicht bloß; er bleibt sich, wie die angeführten Beispiele zeigen, mit seinen Ausdrücken auch in der Paraphrase nicht gleich, und damit legt er aufs neue an den Tag, daß die lateinische Kirche keine Einrichtung besaß, die der Bußstation der ὑπόπτωσις oder ὑποπίπτοντες in der griechischen Kirche entsprochen hätte, da er andernfalls nicht wohl so verschiedener Worte sich bedienen konnte.[1]

Der älteste Übersetzer der nicänischen Kanones, dessen Arbeit uns erhalten blieb, der Bischof Cäcilian von Karthago, der der Synode von Nicäa selbst anwohnte, vermied den angeführten Fehler allerdings. Er übersetzte das ὑποπεσοῦνται in c. 11 mit sub manibus (sc. sint), und das ὑποπιπτέτωσαν in c. 12 mit subiecti sint manibus sacerdotum[2], und bei ihm tritt uns somit das ὑποπίπτειν als eine besondere Art oder als ein besonderer Grad der Buße entgegen. Aber auch seine Version zeugt mehr gegen als für das Vorhandensein der Station der ὑποπίπτοντες in der lateinischen Kirche. Denn wenn er

---

[1] Die beiden Übersetzungen stehen bei Harduin, Acta conc. I, 270 ff., neben dem griechischen Text. Die isidorische Version in ihrer ältesten Gestalt edierte Maassen, Gesch. der Quellen und der Litteratur des kan. Rechts im Abendlande I (1870), 924 ff.

[2] Vgl. die Edition von Maassen, Gesch. der Quellen. Die Übersetzung wurde uns durch Aufnahme in die Akten des Konzils von Karthago 419 erhalten. Der Text bei Harduin II, 1245 ff. hat übrigens einen sehr verschiedenen Wortlaut. Ähnlich wie Cäcilian c. 12 übersetzt Felix II (Ep. 13 c. 3 ed. Thiel p. 263) c. 11: septem vero annis subiaceant inter paenitentes manibus sacerdotum.

die Station auch nicht gleich den anderen Übersetzern in die Buße selbst
auflöst, so fehlt ihm doch ebenfalls ein adäquater Ausdruck. Was er
bietet, ist mehr eine Beschreibung als eine Bezeichnung der Station.

Noch deutlicher spricht in dieser Beziehung die Art und Weise, wie
die Übersetzer mit den Ausdrücken ἀκροώμενοι und ἀκρόασις umgehen.
Dionysius und der Verfasser der sog. isidorischen Version übersetzen zwar
durchweg audientes oder auditores und auditio, und man kann zugeben, daß sie bei ihrer Übersetzung sich bewußt waren, daß die ἀκροώμενοι zu der Zeit, der die fraglichen Kanones angehören, in der
griechischen Kirche eine Bußstation bildeten. Aber weiter wird man nicht
gehen dürfen. Denn bei dem Sinn, den das Wort audiens bei den
Lateinern hatte, konnten sie auch an die Katechumenen denken, und wenn
man je bei dem gelehrten Dionysius einen solchen Verstoß nicht wahrscheinlich finden wollte, so liegt das Versehen bei anderen thatsächlich
vor. Rufin übersetzt die Verordnung des Nicänums (c. 12): τρία
ἔτη ἐν ἀκροωμένοις ποιήσουσιν, ausdrücklich: quinque (st. tres)
annos inter catechumenos faciant.[1] Ebenso faßt die zweite Synode
von Arles (443 oder 452 c. 10) die ἀκροώμενοι des nicänischen
Kanons als catechumeni.[2] Endlich erscheinen die ἀκροώμενοι als catechumeni in zwei weiteren alten Übersetzungen der nicänischen Kanones,
der spanisch-gallischen und der gallischen Version.[3] So werden also die
Büßer der Klasse der ἀκροώμενοι durch die Lateiner einfach zu Katechumenen gestempelt. Läßt sich aber ein solches Verfahren mit der Voraussetzung vereinigen, es habe in der abendländischen Kirche etwas gegeben, was der Bußstation der ἀκροώμενοι in der griechischen Kirche
analog gewesen wäre? Die Frage wird wohl kein Unbefangener zu
bejahen geneigt sein.

Es darf hiernach als gewiß gelten, daß die abendländische Kirche
im Altertum keine Bußstationen kannte. Nur ein Dokument könnte für
sie angerufen werden, die Dicta Gelasii papae, sofern sie sagen, der
Sünder werde zuerst auf eine entsprechende Zeit unter die Katechumenen

---

[1] Hist. eccl. X, 6 (Auct. hist. eccl. ed. Basil. 1544). Die Rufinische Übersetzung der Kanones von Nicäa steht auch bei Harduin I, 324.

[2] Harduin II, 773. Die gleiche Übersetzung liegt vor, wenn dieselbe Synode
(c. 11) im Anschluß an einen Kanon von Ancyra (c. 4) über eine andere Klasse
von Sündern die Strafe verhängt: duobus annis inter catechumenos, triennio
inter paenitentes habeantur a communione suspensi.

[3] Vgl. Maassen, Gesch. d. Quellen I, 912. 919.

geftellt, und dann rücke er in den Stand der Pönitenten ein. Die Pöni=
tenten werden hier alfo gewiffermaßen in zwei Klaffen gefchieden. Und es
mag anzunehmen fein, daß da und dort fo verfahren wurde. Das Zeugnis
fteht aber andererfeits, da der S. 194 A. 2 erwähnte Kanon als Nach=
bildung eines griechifchen weniger in Betracht kommt, für fich allein da. Ein
Mißtrauen ift um fo mehr gerechtfertigt, als auch die Echtheit fraglich ift.[1]

Im Mittelalter fcheint die Sache allerdings anders zu ftehen. Wir
ftoßen im 9. Jahrhundert auf mehrere Bußerkenntniffe, welche in der
Hauptfache mit der Bußordnung der griechifchen Kirche übereinftimmen.
So wird durch Nikolaus I über einen Mörder eine Buße von 12 Jahren
verhängt und in folgender Weife disponiert: in den erften drei Jahren
folle der Sünder, vor den Thoren der Kirche weinend, vom Herrn Barm=
herzigkeit zu erlangen fich bemühen; im 4. und 5. Jahre folle er den
Allmächtigen unter den auditores um Verzeihung bitten, ohne Empfang
der Kommunion; in den 7 weiteren Jahren endlich folle ihm erlaubt
fein, an den Hauptfeften zu kommunizieren, jedoch keineswegs Oblationen
darzubringen, und in der ganzen Bußzeit habe er, die Fefttage ausge=
nommen, in der Quadrages bis zum Abend zu faften und bei Reifen
mit Verzicht auf Fahrzeuge zu Fuß zu gehen.[2] Durch denfelben Papft
wird ferner über die Kirchenräuber erkannt: fie follen uno anno extra
ecclesiam Dei consistere; secundo vero anno ante fores ecclesiae
sine communione maneant; tertio vero anno ecclesiam Dei in-
grediantur et inter audientes adstent sine oblatione: non mandu-
cantes carnem neque bibentes vinum praeter Natalis et Resur-
rectionis dominicae dies; quarto praeterea anno . . . communioni
fidelium restituantur, . . . corpus et sanguinem Domini suscipere
mereantur et usque ad septimum annum, tribus in hebdomade
diebus sine esu carnium et vini potatione, maneant paenitentes.[3]
Durch die Synode von Tribur 895 (c. 55—58) wird der Mord mit
fiebenjähriger Kirchenbuße beftraft, und zwar follte dem Pönitenten 1 Jahr
und 40 Tage lang das Betreten des Gotteshaufes verboten fein; her=
nach follte er in die Kirche zugelaffen, nach Verfluß der 7 Jahre und
nach Verrichtung der ihm für diefe ganze Zeit auferlegten Bußwerte
follte ihm endlich auch wieder die Kommunion zu teil werden.[4] Durch
die achte allgemeine Synode, um endlich auch deren einfchlägige Ver=
ordnungen anzuführen, da fie, wenn fie auch nur Griechen galten, doch

---

[1] Epistolae Rom. pontificum ed. Thiel p. 509.
[2] Harduin V, 350.   [3] Harduin V, 352.   [4] Harduin VI, 455.

hauptsächlich von den Abendländern ausgingen, wurden die falschen An=
kläger des Patriarchen Ignatius zu einer Kirchenbuße von 7 Jahren
verurteilt, von denen sie die zwei ersten sollten extra ecclesiam esse,
die zwei weiteren intra ecclesiam audire divinas scripturas usque ad
catechumenos, non tamen ullo modo communicare, . . . die drei
letzten endlich stare cum fidelibus etc.[1]; die religiösen Spötter am
byzantinischen Hofe erhielten eine dreijährige Kirchenbuße, und zwar sollten
sie ein Jahr außerhalb der Kirche weinen, ein Jahr innerhalb der Kirche
bis zu den Katechumenen stehen, das dritte Jahr endlich bei den Gläu=
bigen stehen und so der hl. Geheimnisse teilhaftig werden.[2]

Die Erkenntnisse beweisen, daß die Abendländer am Anfang des
Mittelalters etwas der alten griechischen Bußordnung Ähnliches anstrebten.
Wir hören ja von Weinen außerhalb des Gotteshauses, von Stehen unter
den auditores, und von Stehen unter den Gläubigen. Es liegen so
gewissermaßen drei von den vier Bußstationen des Altertums vor. Nur
die ὑποπίπτοντες haben in der neuen Bußordnung keine Stelle. Man
könnte daher zu der Annahme versucht sein, die Stationenordnung werde,
da sie, wenn auch mit einiger Modifikation, im 9. Jahrhundert im
Abendland nachweisbar ist, auch in früherer Zeit hier bestanden haben.
Der Schluß wurde neuerdings mit Rücksicht auf die Verordnung der
achten allgemeinen Synode wirklich gezogen[3], und er mag im ersten
Augenblick begründet erscheinen. Bei näherer Prüfung hält er nicht stand.

Vor allem kommt in Betracht, daß die angeführten Erkenntnisse
nicht bloß durch das Fehlen der Station der ὑποπίπτοντες, sondern
auch in anderen Punkten von der Praxis des Altertums abweichen. Die
alte Kirche kennt kein extra ecclesiam Dei consistere neben einem
ante fores ecclesiae manere. Sie ließ ferner die Pönitenten nicht
zum Tische des Herrn zu, so lange die Bußzeit noch währte. Endlich
sind den alten Bußkanones Bestimmungen, wie: während der Zeit des
Stehens vor der Kirche oder unter den audientes dürfe man nicht
kommunizieren, durchaus fremd. Das Nichtkommunizieren auf diesen
Stationen verstand sich ja von selbst. Wir stehen also vor einer ganzen
Reihe von Abweichungen, und die Eigentümlichkeiten der Bußerkenntnisse
des 9. Jahrhunderts sind zugleich von der Art, daß sich mit Notwendig=
keit die Frage aufdrängt, ob sie auf einer wenn auch modifizierten Fort=

---

[1] Harduin V, 891.　　[2] Harduin V, 906.
[3] Schmitz, Die Bußbücher und die Bußdisciplin der Kirche 1883 S. 51 ff.

dauer der alten Stationenordnung beruhen, oder nicht vielmehr eine neue, den alten Kanones freilich in der Hauptsache angepaßte Schöpfung repräsentieren. Die Frage ist um so mehr aufzuwerfen, als die bisherigen Beweise es nicht etwa nur wahrscheinlich machen, sondern sicher stellen, daß die Stationenordnung im Abendlande früher nicht existierte, und ihre Beantwortung kann um so weniger zweifelhaft sein, als uns ausdrücklich überliefert wird, daß man im 9. Jahrhundert auf dem Gebiete der Bußdisciplin eine Neuerung anstrebte, und zwar eine Neuerung im Anschluß an die Bußordnung des Altertums. Da nämlich infolge der Häufung der Bußbücher und der Verschiedenheit der Bußansätze im Abendland im Bereiche der Bußdisciplin eine große Verwirrung eingetreten war, erhob sich im 9. Jahrhundert eine starke Opposition gegen die in der letzten Zeit in Gebrauch gekommenen Pönitentialien. Zugleich machte sich das Bestreben geltend, durch Rückkehr zur Bußordnung der alten Kirche wieder eine bessere Disciplin herzustellen. Die Synode von Chalons 813 (c. 38) verordnet, die Buße solle mit Hintansetzung der Pönitentialbücher, deren Irrtümer ebenso gewiß seien als ihre Verfasser ungewiß, nach den alten Kanones oder nach der hl. Schrift und nach der kirchlichen Sitte aufgelegt werden, und ähnliche Forderungen stellen andere Synoden der Zeit. Ebbo von Reims schreibt, er habe ein Pönitentiale ex patrum dictis, canonum quoque sententiis herstellen wollen, und was ihm bei seiner vielseitigen Beschäftigung nicht gelang, brachte, seiner Aufforderung entsprechend, Halitgar von Cambrai zur Ausführung.[1] Bei der Rückkehr zur Disciplin des Altertums hielt man sich aber nicht bloß an die Verordnungen der lateinischen, sondern auch an die Kanones der griechischen Kirche, und so entstanden Erkenntnisse von der Art, wie wir sie kennen gelernt. Daß die Stationenordnung dem Abendlande früher unbekannt war, wußte man ohne Zweifel nicht. Da man sie mit den alten griechischen Kanones in den gebräuchlichen Kanonensammlungen fand, legte sich die Annahme leicht nahe, man habe hier eine allgemeine kirchliche Institution vor sich.

Es besteht also lediglich kein Grund, die Bußerkenntnisse des 9. Jahrhunderts auf eine im Abendland schon früher bestehende Stationenordnung zurückzuführen. Im Gegenteil weist alles auf eine Neuerung hin, und man kann somit von einer Stationenordnung in der lateinischen Kirche nur während des Mittelalters reden. Aber auch in dieser Beziehung

---

[1] Migne, PL. t. 105, 651 sqq.

wird man sich hüten müssen, eine hohe Vorstellung von der Sache zu hegen. Es mag sein, daß die oben angeführten Bußerkenntnisse in der entsprechenden Weise ausgeführt wurden. Eine wirkliche Einführung der Stationenordnung ist aber, von dem Fehlen der ὑποπίπτοντες ganz abgesehen, schwerlich anzunehmen. Denn die hier in Betracht kommenden Eigentümlichkeiten begegnen uns zunächst nur in den einzelnen Bußerkenntnissen. In den Pönitentialien der Zeit, der Collectio antiqua canonum paenitentialium[1], dem Paenitentialis des Bischofs Halitgar von Cambrai und in dem Liber paenitentium des Rabanus Maurus treten sie uns nur äußerst selten und nur in der abgeblaßten Form entgegen, die sie durch die alten Übersetzer der griechischen Kanones erhielten, so daß sie nicht mehr die Kraft besaßen, ins Leben einzudringen. Die Neuerung beschränkte sich daher in der Hauptsache auf einzelne Fälle, und auch in diesem Umfang behauptete sie sich nicht lange, da die gedachten Bestrebungen des 9. Jahrhunderts sich keiner nachhaltigen Wirkung erfreuten.

Wie ist aber das Fehlen der dritten Bußstation im neunten Jahrhundert zu erklären? Man hat es auf eine Umgestaltung der Bußordnung durch den Patriarchen Nektarius gegen Ende des 4. Jahrhunderts zurückführen wollen.[2] Die Aufstellung ist indessen rein arbiträrer Natur und hat mit den größten Schwierigkeiten zu kämpfen. Sie stützt sich nur auf die Thatsache, daß die ὑποπίπτοντες in den Bußerkenntnissen des 9. Jahrhunderts keine Stelle mehr haben, läßt aber völlig unerklärt, warum bei der fraglichen Umgestaltung der Bußdisciplin gerade diese Station in Wegfall kam, wenn nicht etwa leere Behauptungen für Beweise gelten sollen. Sie beruht ferner, soweit es sich um das Abendland handelt, auf der Voraussetzung, daß die Stationenordnung auch der lateinischen Kirche im Altertum eigentümlich gewesen sei, eine Voraussetzung, die nichts weniger als begründet ist. Sie mutet uns weiter die durchaus unwahrscheinliche Annahme zu, daß eine Maßregel, die vom Bischof von Konstantinopel getroffen wurde, wenn auch nicht etwa an sich, so doch in ihren Folgen für die ganze Kirche, auch das Abendland, maßgebend gewesen sei. Endlich fragt es sich, ob durch die Maßregel des Patriarchen die Stationenordnung überhaupt umgestaltet, und nicht vielmehr aufgehoben wurde, und die Frage ist, wie sich im

---

[1] Herausgegeben von D'Achery, Spicilegium ed. II. t. I p. 510—64. Vgl. Wasserschleben, Die Bußordnungen der abendländischen Kirche 1851 S. 79.

[2] Schmitz, Bußbücher S. 53.

nächsten Abschnitte zeigen wird, entschieden im zweiten Sinn zu beant=
worten. Die Aufstellung ist daher unbedingt abzulehnen. Aber wo ist
dann der Grund der Erscheinung zu suchen? Die Antwort ist nach
unserer bisherigen Ausführung nicht allzu schwer. Wie wir bereits ge=
sehen, haben schon die alten Lateiner in ihren Übersetzungen die ὑποπίπτοντες auf eine Weise behandelt, daß sie als eigene Stationen ver=
schwinden. Sie wußten offenbar mit denselben nichts Rechtes anzufangen,
und wenn schon sie in solcher Verlegenheit sich befanden, so ist von den
Männern des 9. Jahrhunderts um so weniger ein richtiges Verständnis
zu erwarten, als sie ihre Kenntnis der alten Bußordnung vorwiegend
jenen Übersetzungen verdankten.

Die Stationenordnung beschränkte sich hiernach im Altertum auf
den Orient. Aber auch hier bestand sie allem nach nicht in allen Kirchen.

Vor allem ist in dieser Beziehung zu bemerken, daß Gregor von
Nyssa nicht die ganze Einrichtung in seiner Kirche hatte. In seinem
kanonischen Briefe treten uns wohl die drei ersten Stationen entgegen.
Es fehlt insbesondere auch die Klasse der Weinenden nicht ganz. Denn
wenn er auch den Namen nicht gebraucht, so ist der Sinn seiner Worte
doch nicht zweifelhaft. Die von ihm angeführte Bußstation, welche nied=
riger ist als die der Hörenden, kann nur die der Weinenden sein. Auf
der andern Seite kennt er aber nicht eine Vierteilung, sondern eine Drei=
teilung. Ἔστι τοίνυν, heißt es einmal in seiner Ep. can. (c. 4), ὁ
κανὼν τοιοῦτος, ὥστε τοὺς ἐν πορνείᾳ μολυνθέντας ἐν τρισὶ
μὲν ἔτεσι καθόλου τῆς εὐχῆς ἀποβλήτους εἶναι, ἐν τρισὶ δὲ τῆς
ἀκροάσεως μετέχειν μόνης, ἐν ἄλλοις δὲ τρισὶν ἔτεσιν μετὰ τῶν
ἐν τῇ ἐπιστροφῇ ὑποπιπτόντων προσεύχεσθαι καὶ τότε μετέχειν
τῶν ἁγιασμάτων. Ferner (c. 5): Ἐπὶ τούτων τοίνυν ὁ μὲν
φόνος εἰς τριπλασίονα χρόνον παρατείνεται τοῖς δι᾽ ἐπιστροφῆς
θεραπευομένοις τὸ ἑκούσιον ἄγος. Τρισεννέα γάρ εἰσιν ἐνιαυτοὶ
καθ᾽ ἕκαστον βαθμὸν τῆς ἐννεάδος τῶν ἐτῶν ὁρισθείσης, ὥστε
ἐν μὲν τῷ παντελεῖ ἀφορισμῷ ἐνναετῆ χρόνον διαγενέσθαι ἀπ-
ειργόμενον τῆς ἐκκλησίας u. s. w. Bei ihm werden also die Büßer
sofort nach der ὑπόπτωσις der vollen Gemeinschaft der Kirche teilhaftig,
es fehlt m. a. W. die Stufe der σύστασις, des χωρὶς προσφορᾶς
κοινωνεῖν τῷ λαῷ τῶν προσευχῶν, wie die Synode von Nicäa
(c. 11) sie bezeichnet. Bei Beschreibung der Station der Hörenden in
der zweiten Stelle ist zwar von λαοῦ σύστασις die Rede. Der Ausdruck
bedeutet aber bei Gregor keine Bußstation, sondern nur im allgemeinen

das Stehen der Büßer in oder bei der Gemeinde, bezw. ihre Zulassung in das Gotteshaus von der Stufe der Hörenden an gegenüber ihrem Ausschluß aus der Kirche auf der untersten Stufe. Gregor kennt also die vierte Station nicht.[1] Oder die dritte und die vierte Station erscheinen bei ihm, wie seine Worte andeuten, vielmehr mit einander verschmolzen.

Und wenn bei Gregor von Nyssa eine Station fehlt, so scheint die Kirche von Antiochien die ganze Einrichtung nicht gehabt zu haben.[2] Es soll nicht betont werden, daß die Synode von Antiochien 341 keinerlei Bezug auf dieselbe nimmt, obwohl sie wenigstens in einem Kanon (2) hinlänglichen Anlaß dazu hatte. Ist es aber nicht im höchsten Grade auffallend, daß Chrysostomus in seinen zahlreichen Schriften und Homilieen nirgends von einer Station spricht? Muß es ferner nicht ebenso sehr befremden, daß in den Apostolischen Konstitutionen, die doch die ausführlichste Beschreibung von dem Kirchenwesen um das Jahr 400 bieten, keine Spur von der Stationenordnung anzutreffen ist? Das Schweigen ist schwerlich ein zufälliges. Auf der anderen Seite nehmen wir wahr, daß die Synoden und die Väter alle, welche von der Ordnung sprechen, Kleinasien angehören. Wie sollen wir all das erklären? Die Erscheinung drängt zum Schluß, daß die Einrichtung vorzüglich Kleinasien eigentümlich war und wahrscheinlich auch auf die dortigen Kirchen sich beschränkte. Und selbst hier war sie nicht ganz allgemein. Die Synode von Laodicea c. 19 hat für die Katechumenen und Pönitenten die gleiche Ordnung, die wir in den Apostolischen Konstitutionen und bei Chrysostomus[3] antreffen. Die Büßer werden nach dem didaktischen Teil des Gottesdienstes allgemein oder in ihrer Gesamtheit entlassen, während nach der Ordnung der Stationen die Büßer nicht bloß der vierten, sondern, wie wir alsbald sehen werden, auch der dritten Klasse noch dem Gebete der Gläubigen beiwohnen durften.

3.

In der letzten Zeit ging die allgemeine Anschauung dahin, die

---

[1] Frank, Bußdisciplin S. 572, irrt offenbar, wenn er meint, drei Stationen seien in dem Briefe Gregors ausdrücklich genannt und die vierte, die der Weinenden, aus dem Kontext zu erschließen.

[2] Darauf wies bereits auch Duchesne hin in den Origines du culte chrétien 1889 p. 421.

[3] Vgl. Hammond, The ancient Liturgy of Antioch 1879 p. 12. Funk, Die Apostolischen Konstitutionen 1891 S. 159.

Stationenordnung habe gegen Ausgang des 4. Jahrhunderts mit Auf=
hebung des Bußpriesteramtes durch den Patriarchen Nektarius von Kon=
stantinopel[1] ihr Ende gefunden, und die Auffassung ist ohne Zweifel die
richtige. Denn fast nirgends begegnen uns die Stationen fortan mehr
als bestehende Institution, weder in den Kanones der Synoden noch in
der sonstigen griechischen Litteratur, und wenn sie in der Folgezeit auch
nicht gänzlich unerwähnt bleiben, so wird ihrer doch auf eine Weise ge=
dacht, daß sie mehr oder weniger deutlich als eine bereits der Ver=
gangenheit angehörige Einrichtung sich darstellen. Die Hauptstellen sind
folgende.

Der Abt Johannes von Raithu (um 600) macht zu den Worten
des Johannes Klimakus[2]: εἰδόν τινας . . . τὰ τῶν προσαχρωμένων
πένθη ἐλεεινῶς ἐξαφανίζοντας, die Bemerkung: die Hörenden seien
die Büßer. Hernach zählt er fünf Stationen von Büßern auf[3], und
da er dabei sich durchweg des Präsens bedient, erweckt er den Anschein,
die Stationen haben zu seiner Zeit noch bestanden. Die Annahme legt
sich jedenfalls nahe. Doch ist sie nicht notwendig. Der Abt von Raithu
konnte auch dann in der Präsensform reden, wenn er eine bereits ver=
schwundene Sache vor Augen hatte, und daß die Bußstationen in der
That nicht mehr einen Teil des kirchlichen Lebens seiner Zeit ausmachten,
zeigt deutlich eine nähere Betrachtung seiner Worte. Zunächst identifiziert
er die Hörenden mit den Weinenden, indem er bemerkt: unter den
Büßenden gebe es eine Stufe der Weinenden, und von diesen rede der
Vater (Johannes Klimakus). Er läßt sich damit einen Irrtum zu
schulden kommen, den ein Zeitgenosse der Stationenordnung unmöglich
begehen konnte.[4] Dann fährt er fort: es bestehe eine apostolische Tradition
über die Einteilung und Ordnung der Pönitenten, Energumenen und
Katechumenen; der Pönitenten aber seien es fünf Stationen, nämlich
1. locus plorantium, 2. locus qui dicitur audientium, 3. sub=
sequestratio, 4. consistorium, 5. statio cum fidelibus[5], und er verrät

---

[1] Socr. H. E. V, 19. Soz. VI, 16.

[2] Scala paradis. gr. 12. Migne, PG. t. 88 p. 856.

[3] Schol. in Climac. c. 12. Migne ibid. p. 1231.

[4] Denselben Fehler macht der Verfasser der Scholien, die in der Migneschen
Ausgabe den einzelnen Kapiteln der Scala paradisi beigefügt sind.

[5] Der Mignesche Text ist mangelhaft interpungiert. Mit consistorium ist ein
neuer Satz zu beginnen. Vgl. Binterim, Denkwürdigkeiten 5, 2, 370. Jene
Fünfteilung beruht vielleicht auf dem unechten Schluß des kanonischen Briefes von
Gregorius Thaumaturgus. Nur ist hier nicht eigentlich von einer fünften Station

damit aufs neue, daß er das Stationenwesen nicht aus eigener An=
schauung und Erfahrung kannte. Die statio cum fidelibus, bezw. die
Teilnahme an der Eucharistie, wie er sie näher beschreibt, ist ja in Wahr=
heit keine Bußstation mehr, und sie wurde von keinem der älteren Väter
in dieser Weise aufgefaßt. Johannes von Raithu zeugt also nicht für,
sondern gegen den Bestand der Stationenordnung im 6. Jahrhundert,
und ähnlich verhält es sich mit seinem Freunde Johannes Klimakus.
Wenn unter den προσαχροώμενοι der gedachten Stelle je Büßer zu
verstehen sind, was aber trotz der Auffassung des Scholiasten zweifelhaft
sein dürfte, so kennt doch auch er die Stationenordnung nicht mehr; denn
an einem anderen Orte[1] spricht er sich sehr eingehend über Buße und
Büßer aus, ohne derselben auch nur mit einem Worte zu gedenken.

   Die trullanische Synode 692 bemerkt in Kanon 87, in dem sie
von der Ehescheidung handelt, von dem Mann, den seine Gattin grundlos
verläßt, er sei der kirchlichen Gemeinschaft würdig; den Mann aber, der
seine rechtmäßig angetraute Gattin verläßt und eine andere heiratet, er=
klärt sie des Ehebruches schuldig, und zur Begründung der Sentenz führt
sie an, es sei von den Vätern verordnet, daß solche Leute 1 Jahr lang
weinen, 2 Jahre hören, 3 Jahre liegen, im 7. Jahr bei den Gläubigen
stehen und so der Kommunion teilhaftig werden sollen. Sie gedenkt
somit der Stationenordnung. Aber wer möchte aus ihren Worten den
Schluß ziehen, die Stationen haben zu ihrer Zeit noch bestanden? Die
Tendenz des zweiten Satzes, der wörtlich mit dem Kanon 77 Basilius'
d. Gr. übereinstimmt, geht ja offenbar dahin, die Strafwürdigkeit des
bezüglichen Vergehens zu beweisen, und nur zu diesem Behufe wurde der
Bußkanon der Väter aufgenommen.

   Anders steht es zunächst mit den beiden Bußerkenntnissen der 8.
allgemeinen Synode, die wir oben (S. 196) kennen gelernt. Sie be=
stimmen eine Buße auf Grund der freilich um ein Glied verkürzten
Stationenordnung, und man kann, wie dies neuerdings geschehen ist[2],
auf den ersten Anblick versucht sein, aus ihnen den Fortbestand der Ord=
nung bis ins 9. Jahrhundert zu folgern. Bei näherer Prüfung erweist
sich indessen der Schluß als unzulässig. Mit dem gleichen Grund müßten
wir dann die Stationenordnung ja auch der alten lateinischen Kirche zu=
sprechen, und davon kann nach den beigebrachten Beweisen doch schlechter=

die Rede, sondern auf die Beschreibung der vier Stationen folgt noch die Bemerkung:
τελευταῖον ἡ μέθεξις τῶν ἁγιασμάτων.
   [1] Scala paradisi gr. 5.   [2] Schmitz, Bußbücher S. 53.

dings keine Rede sein. Die Sache fordert also eine andere Erklärung, und diese wird ebenso durch die Natur der fraglichen Erkenntnisse wie durch den Charakter der allgemeinen Synode an die Hand gegeben. Die Erkenntnisse stehen in den Grundzügen in so auffälliger Übereinstimmung mit den gleichzeitigen abendländischen Bußsatzungen, daß ihr eigentlicher Ursprung nicht wohl zweifelhaft sein kann. Ebenso weist die Geschichte der Synode auf ihre abendländische Entstehung hin. Die Synode stellt sich als das bloße Organ zur Ausführung der Beschlüsse dar, welche bezüglich der Wirren in der konstantinopolitanischen Kirche bereits zuvor in Rom gefaßt worden waren, und was von ihr im allgemeinen gilt, das bestätigt sich noch besonders bei den einschlägigen Straffentenzen. Ihre Kanones, von denen der sechzehnte das Erkenntnis gegen die religiösen Spötter enthält, erscheinen in erster Linie als das Werk der römischen Legaten.[1] Und wenn hier etwa der dominierende Anteil der Abgesandten des päpstlichen Stuhles noch nicht mit aller wünschenswerten Deutlichkeit hervortreten sollte, so heißt es bei der Sentenz gegen die falschen Ankläger des Patriarchen Ignatius ausdrücklich, sie werde von den römischen Legaten gegeben und sie sei durch sie definiert.[2] Kann man unter solchen Umständen über den Ausgangspunkt der Sentenzen noch Bedenken hegen?

Da die fraglichen Bußerkenntnisse hiernach nur für den gleichzeitigen Stand der Bußdisciplin im Abendland Zeugnis ablegen, so ist ihnen für die Fortdauer der Stationenordnung bis zur Zeit der 8. allgemeinen Synode kein Beweis zu entnehmen. Man kann sich durch sie höchstens zu der Frage bestimmen lassen, ob sie nicht etwa die Einführung der Ordnung im Orient zur Folge hatten, die damals im Abendland entstanden war, und auch dieses nur dann, wenn man über die Schwierigkeiten hinwegsieht, die der Erneuerung einer längst vergangenen Institution im Wege stehen, und das gespannte Verhältnis außer acht läßt, das trotz der 8. allgemeinen Synode zwischen Orient und Occident fortbestand. Wenn man aber diese Punkte in Erwägung zieht, wird man jenen Erkenntnissen eine Bedeutung für die Bußdisciplin der griechischen Kirche in der Folgezeit nicht zusprechen.

In der Vita des Mönches und Bischofs Nicephorus von Milet im 10. Jahrhundert[3] wird erzählt (c. 16), daß derselbe, obwohl er keiner

---

[1] Harduin V, 898 D.
[2] Harduin V, 891 B.
[3] Analecta Bollandiana XIV (1895), 148.

Sünde sich bewußt war und nichts hatte, wofür er Buße thun sollte, und wenn je, nur kleine Fehler, die nicht überliefert wurden, auch dem μέτρον ἁμαρτίας nicht unterliegen, dennoch τὰ τῶν ἐν ὑποπτώσει καὶ δικαίως μετάνοιαν χρεωστούντων ἐπεδείκνυτο. Hier begegnen wir dem Ausdruck, mit dem die dritte Bußstation bezeichnet wurde. Ist diese aber auch mit ihm gemeint? Ich glaube nicht. Schon die Zeit legt uns Vorsicht und Zurückhaltung nahe. Das Wort scheint vielmehr die bußfertige Haltung im allgemeinen zu bezeichnen, wie namentlich auch der Beisatz καὶ δικαίως andeutet.

4.

Während die Namen von zwei Stationen, den ἀκροώμενοι und συστάντες, den Anteil genau bezeichnen, welchen die betreffenden Büßer am Gottesdienst hatten, auch die Stellung keinem Zweifel unterliegt, welche einer weiteren Station, den Weinenden, angewiesen war, giebt uns der Name der übrigen Station, der ὑποπίπτοντες oder der ὑπόπτωσις, nicht durch sich selbst den gleichen Aufschluß. Der unechte Schluß-kanon des Gregorius Thaumaturgus bemerkt darüber: Ἡ δὲ ὑπόπτωσις, ἵνα ἔσωθεν τῆς πύλης τοῦ ναοῦ ἱστάμενος (ὁ ἡμαρτηκώς) μετὰ τῶν κατηχουμένων ἐξέρχηται. Die Erklärung ist aber offenbar unzureichend. Mit den Katechumenen hatten ja auch die Hörenden das Gotteshaus zu verlassen. Dazu bleibt die Hauptsache im Wort, das Liegen, völlig unberührt. Die griechischen Kanonisten des 12. Jahrhunderts, Balsamon, Zonaras und Aristenus Alexius, haben sich zwar bei ihr beruhigt, wie ihre Bemerkungen zu den Synoden von Nicäa c. 11 und Ancyra c. 4 zeigen (PG. 137, 271. 1135). Aber die Späteren fühlten sich mit Grund weniger befriedigt.

Die Erklärung ist nicht leicht, wenigstens dann nicht, wenn man sich nicht vor Augen hält, was sich uns bereits oben ergab, daß die Klasseneinteilung nicht nur dem Abendland fremd, sondern auch im Orient nicht allgemein war, und daß die andere hier bestehende Bußordnung zur Erklärung der Stationenordnung nicht herbeigezogen und mit ihr vermengt werden darf. Suicer[1] meint, die Bedeutung des Wortes sei aus den Kanones der Konzilien kaum zu erschließen; er glaubt jedoch aus der kirchlichen Hierarchie des Dionysius Areopagita c. 5 zu erkennen, die ὑπόπτωσις sei nichts anderes als die γονυκλισία, und fügt dazu

---

[1] Thesaurus ecclesiasticus 1682 p. 1391 s. v. ὑποπίπτω.

die Bemerkung, daß nach dem übereinstimmenden Zeugnis aller Kanones die Büßer des dritten Grades vor den Gebeten der Gläubigen das Gotteshaus zu verlassen pflegten, indem er sich hierfür besonders auf die Synode von Laodicea c. 19 beruft, wo indessen die bezügliche Entlassung für die Büßer im allgemeinen, und nicht gerade für die Klasse der Liegenden angeordnet ist.

Bingham[1] ist der Ansicht, daß es den fraglichen Büßern immer gestattet war, in der Kirche zu bleiben, nachdem die Hörer entlassen waren, und die Gebete zu hören, welche von dem ganzen Volke für sie besonders verrichtet wurden, und die Handauflegung vom Bischof zu empfangen, der noch selbst ein besonderes Gebet für sie gesprochen habe, genannt Handauflegung über die Pönitenten und Segen des Bischofs, und daß sie, wie aus dem Abschnitt über die vierte Station näher erhellt, hernach das Gotteshaus verließen. Er beruft sich ebenfalls auf die Synode von Laodicea c. 19 sowie auf einige andere Zeugen, die aber alle nur von den Büßern im allgemeinen reden.

Augusti[2] bemerkt, daß die Büßenden des dritten Grades die meiste Ähnlichkeit hatten mit der zweiten Klasse der Katechumenen, welche ὑποπίπτοντες oder γονυκλίνοντες hießen und davon den Namen hatten, daß sie bei dem öffentlichen Gebete anwesend bleiben durften, demselben aber knieend beiwohnen mußten.

Frank[3] urteilt in der langen Beschreibung, die er von der Behandlung der Liegenden zu geben weiß, im wesentlichen ebenso wie Bingham. Nur läßt er die Büßer beim Segen des Bischofs auf den Boden sich niederwerfen oder liegen, und denkt sich diese Haltung wohl als den Grund der Bezeichnung.

Dieselbe Ansicht vertrat Hefele in seiner Vorlesung, während er in der Konziliengeschichte sich darüber nicht aussprach, und ich folgte ihm, als ich für die Real=Encyklopädie der christlichen Altertümer von Kraus den Artikel Buße bearbeitete. Als ich jedoch in der Kirchengeschichte des Griechen Diomedes Kyriakos[4] die Erklärung fand, daß die γόνυ κλίνοντες (bezw. ὑποπίπτοντες) mit der Kirche beten durften, nur knieend, stiegen mir allmählich Zweifel über jene Auffassung auf, und die Bedenken mehrten sich mit der Aufmerksamkeit, die ich fortan dem Punkte widmete.

---

[1] Origines ecclesiasticae XVIII c. 1 § 5.
[2] Handbuch der christl. Archäologie 1837 III, 34.
[3] Die Bußdisciplin der Kirche 1867 S. 612—635.
[4] Δοκίμιον ἐκκλησιαστικῆς ἱστορίας 1872 p. 87.

Vor allem ist es an sich unwahrscheinlich, daß eine nur kurze Zeit
während äußere Haltung zu der Schöpfung eines Namens den Anlaß
gegeben haben sollte, und die Unwahrscheinlichkeit wächst, wenn wir erwägen, daß der Ritus der Entlassung, wie die Apostolischen Konstitutionen
VIII, 6—9 zeigen, bei den Büßern der gleiche war, wie bei den Katechumenen, Energumenen und Taufkandidaten, nur daß selbstverständlich
die Gebete, die dabei gesprochen wurden, einen dem Charakter der Stände
angepaßten verschiedenen Inhalt hatten. Die Apostolischen Konstitutionen
reden allerdings nicht von den Liegenden, sondern von den Büßern im
allgemeinen. Der fraglichen Erklärung erwächst aber mit der Beachtung
dieses Unterschiedes keine Stütze. Im Gegenteil wird sie noch unwahr-
scheinlicher. Denn wenn sich schon für die Büßer im ganzen in dieser
Beziehung keine Besonderheit feststellen läßt, wie will man eine solche
für die Liegenden begründen? Die Litteratur bietet dazu keinen irgendwie
sicheren Anhaltspunkt. Und sollten nicht auch die Hörenden vor ihrem
Weggang einen Segen und naturgemäß in gleicher Haltung empfangen
haben? Die Sache läßt sich nicht beweisen, weil es auch dafür an Belegen fehlt. Aber behaupten läßt sich eine Segensspendung für die
Hörenden wenigstens mit dem gleichen Grunde, wie die für die Liegenden,
mit der es hinsichtlich der Bezeugung nicht besser bestellt ist; denn die
Zeugen, die hierfür angerufen zu werden pflegen, reden sämtlich von den
Büßern als einem einheitlichen Stand, nicht von einer einzelnen Klasse
unter denselben. Die Erklärung scheitert also unter allen Gesichtspunkten,
unter welchen man sie betrachten kann. An sich unwahrscheinlich, kam
sie nur dadurch zu stande, daß man einen Zug, der von der Gesamtheit
berichtet wird, auf einen Teil übertrug und der Bezeichnung desselben entsprechend deutete.

Eine andere Deutung legt sich nahe, wenn wir den Blick von der
dritten Station auf die vierte richten. Die Mitstehenden bilden einen
Gegensatz zu den Liegenden. Der Gegensatz ist schwerlich zufällig, und
wenn er einen Grund hat, so fällt von ihm ein Licht auf den dunkeln
Namen ab. Da die Mitstehenden an dem Gebete der Gläubigen teilnehmen durften, jedoch mit Ausschluß von der Kommunion, so wird
ein ähnlicher Anteil auch den Liegenden zugekommen sein, nur mit dem
Unterschied, daß sie bei diesem weiteren Gottesdienst nicht stehen durften,
sondern, wie ihr Name besagt, zu liegen hatten. Die Deutung steht
zwar im Widerspruch zu der herrschenden Ansicht, nach der die Liegenden
ähnlich den Katechumenen und Energumenen vor den Gebeten der Gläu-

bigen sich zu entfernen hatten. Nur Augusti spricht von der Teilnahme
an dem öffentlichen Gebete. Er hat aber die Sache nicht erhärtet und
durch Hereinziehung der Katechumenen wieder verwirrt. Jene Ansicht
entbehrt aber allen Grundes. Sie beruht, wie wir gesehen, auf Ver=
mengung zweier Ordnungen, welche auseinander gehalten werden müssen.
Und eine nähere Prüfung der Bußkanones zeigt, daß das fragliche Recht
den Liegenden wirklich zukam.

Der Kanon 75 von Basilius b. Gr. verordnet für den Blutschänder:
er habe zuerst drei Jahre an der Thüre des Gotteshauses stehend zu
weinen und die Eintretenden um ihre Fürbitte anzuflehen; hernach solle
er bloß zum Hören zugelassen werden, nach Verlesung der hl. Schrift
sich entfernen und der Teilnahme an dem Gebete nicht gewürdigt werden
(καὶ μὴ καταξιούσθω προσευχῆς); für drei weitere Jahre sei ihm
die ὑπόπτωσις zu gewähren; wenn er würdige Früchte der Besserung
zeige, solle er im zehnten Jahre zum Gebet der Gläubigen ohne Kom=
munion aufgenommen werden (εἰς τὴν τῶν πιστῶν εὐχὴν δεχθήτω),
und nachdem er zwei Jahre mit den Gläubigen beim Gebet gestanden
(συστὰς εἰς τὴν εὐχὴν τοῖς πιστοῖς), solle er endlich der Kommunion
gewürdigt werden. Der Kanon ist im zweiten Teile nicht ganz deutlich.
Das Liegen scheint einen Gegensatz zur Teilnahme am Gebet zu bilden.
Aber im ersten Teile bildet es noch bestimmter einen Gegensatz zum
Hören, und da von dem Hörenden gesagt wird, er sei der Teilnahme
am Gebet noch nicht würdig, so muß diese der folgenden Station oder
den Liegenden gewährt worden sein. Und wenn wir hier auf einen
bloßen Schluß angewiesen sind, wird in drei weiteren Kanones aus=
drücklich bemerkt, daß die Liegenden am Gebete teilhatten. Zugleich wird
der Unterschied zwischen ihrem Gebet und dem der vierten Station
deutlich hervorgehoben. Der Kanon 81 hat die Worte: ἐν ὑποπτώσει
δὲ εὐξαμένους ἐν γ΄ ἔτεσιν, καὶ ἐν ἄλλοις γ΄ συστάντας τοῖς
πιστοῖς εἰς τὴν δέησιν. Der Kanon 82 drückt sich so aus: ἐν πέντε
(ἔτεσιν) ἐν ὑποπτώσει εὐξάμενοι, καὶ ἐν δυσὶν ἄλλοις ἄνευ προσφορᾶς εἰς τὴν κοινωνίαν τῆς προσευχῆς παραδεχθέντες. Der
Kanon 56 verordnet für den Mörder: ἐν ἑπτὰ ἔτεσι μετὰ τῶν ἐν
ὑποπτώσει προσευχόμενος ἐξελεύσεται, ἐν τέσσαρσι συστήσεται
μόνον τοῖς πιστοῖς, προσφορᾶς δὲ οὐ μεταλήψεται. Beide Stationen
hatten hiernach am Gebete teil. Der Unterschied betrifft hauptsächlich
die äußere Haltung. Die eine Klasse mußte beim Gebet liegen, die
andere durfte mit den Gläubigen stehen.

Die Sache unterliegt bei Basilius keinem Zweifel. Nicht so klar stellt
sie sich bei den Synoden von Ancyra (c. 4—9) und Nicäa (c. 11—12)
dar. Auf den ersten Blick scheinen dieselben sogar eine andere Ordnung
darzubieten. Der Kanon 4 von Ancyra verfügt gegen die Idololatren:
ἐνιαυτὸν ἀκροᾶσθαι, ὑποπεσεῖν δὲ τρία ἔτη, εὐχῆς δὲ μόνης
κοινωνῆσαι ἔτη δύο, καὶ τότε ἐλθεῖν ἐπὶ τὸ τέλειον. Der Kanon
6 bestimmt: ὑποπεσεῖν τρία ἔτη καὶ μετὰ ἄλλα δύο ἔτη κοινωνῆσαι χωρὶς προσφορᾶς καὶ οὕτως ἐλθεῖν ἐπὶ τὸ τέλειον, und
ähnlich lautet die Formel in den weiteren Verordnungen. Die Stationen
werden hier auf eine Weise beschrieben, daß für die Liegenden die Teilnahme am Gebete ausgeschlossen zu sein scheint. Der Schluß ist aber
schwerlich zu ziehen. Er ist nicht notwendig. Die Stellen lassen sich
im Einklang mit den Worten Basilius' d. Gr. erklären. Die Worte der
Synode von Ancyra c. 4 εὐχῆς μόνης κοινωνῆσαι besagen nicht, daß
erst die betreffende Klasse dem Gebete anwohnen durfte, sondern vielmehr,
daß sie am Gebete allein oder mit Ausschluß der Kommunion teilhatte,
χωρὶς προσφορᾶς, wie es in den folgenden Kanones heißt. Sie
schließen also für die vorausgehende Station eine Teilnahme am Gebete
allein oder χωρὶς προσφορᾶς nicht aus; sie bringen dieselbe nur nicht
zum Ausdruck, und es brauchte dieses nicht zu geschehen, weil den Liegenden
die Beteiligung an der προσφορά schon durch ihre Haltung oder durch
einen weiteren und bald zu erwähnenden Grund verwehrt war. Die
übrigen Stellen bieten noch geringere Schwierigkeit, und die vorgetragene
Erklärung dürfte der Kanon 7 von Ancyra noch besonders empfehlen.
Nach demselben durfte der Bischof den Sünder nach dem ὑποπεσεῖν
unter Umständen sofort ganz aufnehmen. Die Station des Mitstehens
wird also übersprungen, und dieses Verfahren begreift sich eher, wenn
die Liegenden bereits auch bei dem Gebete zugegen sein durften, als wenn
sie von demselben ausgeschlossen waren. Der Schluß ist auch nicht
rätlich. Da die Ordnung, welche die beiden Synoden voraussetzen, im
ganzen mit der Basilius' d. Gr. zusammentrifft, so spricht die Wahrscheinlichkeit dafür, daß auch in dem fraglichen Punkt eine Übereinstimmung bestand.

Wie ist aber jenes Gebet und die Teilnahme an ihm näher zu
verstehen? Die Litteratur läßt uns über diese Frage fast gänzlich im
Stich. Wir sind vorwiegend auf allgemeine Schlüsse angewiesen. Da
das Gebet bei den Mitstehenden im ganzen den zweiten Teil des Gottesdienstes bedeutet und der Ausschluß von der Kommunion, der gegen sie

bestand, sich so denken läßt, daß sie die Eucharistie zwar nicht empfingen, während ihrer Spendung sich aber nicht zu entfernen hatten, so kann man nach der bisherigen Ausführung annehmen, daß auch die Liegenden so lange bleiben durften. Es ist aber auch möglich und sogar wahrscheinlich, daß die Mitstehenden beim Beginn der Kommunion das Gotteshaus verließen, und wenn es so war, dann hatten mit ihnen auch die Liegenden wegzugehen. Sicher scheint, daß diese jedenfalls nicht länger bleiben durften. Denn in dem bereits erwähnten Kanon 56 von Basilius d. Gr. ist nicht bloß von Gebet ἐν ὑποπτώσει, sondern zugleich auch von einem Hinausgehen die Rede, und dieses ist kaum später anzusetzen. Eher läßt sich denken, daß das Gebet, an dem die Liegenden teilnehmen durften, einen noch beschränkteren Umfang hatte, das Gebet für die Gläubigen war, das zunächst nach dem didaktischen Teil des Gottesdienstes und nach Entlassung derer verrichtet wurde, welche dem weiteren Gottesdienst nicht mehr anwohnen durften. Doch dürfte die andere Annahme, die Entfernung beim Beginn der Kommunion, den Vorzug verdienen.

VIII.

Die Katechumenatsklassen des christlichen Altertums.[1]

Es ist die vorherrschende Ansicht der Kirchenhistoriker, Archäologen und Liturgiker, daß es in der zweiten Hälfte des christlichen Altertums oder im vierten und den folgenden Jahrhunderten drei Klassen von Katechumenen gegeben und daß die Mitglieder der einzelnen Klassen die Namen 1. ἀκροώμενοι, audientes, 2. γόνυ κλίνοντες, genuflectentes, 3. φωτιζόμενοι, competentes oder electi geführt haben. Ich verweise nur auf Ducange[2], Augusti[3], Neander[4], Höfling[5], Hefele[6], Zezschwitz.[7]

---

[1] Aus der Theol. Quartalschrift 1888 S. 41—77 verbessert und erweitert.

[2] Glossarium s. v. Catechumeni.

[3] Denkwürdigkeiten aus der christl. Archäol. VII (1825), 54.

[4] Allg. Gesch. der christlichen Religion 3. A. I, 587 f.

[5] Das Sakrament der Taufe I (1846), 153.

[6] Konziliengeschichte 1. A. I (1855), 402.

[7] Der Katechumenat 1863 S. 108 ff. Herzogs Real-Encyklopädie 2. A. VII (1880), 576 ff. Mit Rücksicht auf Kanon 95 des Quinisextum, bezw. Kanon 7

Einige nehmen fogar vier Klaffen an. Hierher gehört in erfter Linie Aubefpine[1], indem er den drei Klaffen eine weitere vorangehen läßt, in die man fofort nach Anmeldung des Entfchluffes, Chrift zu werden, eingetreten und in der man über die Thorheiten des Heidentums unterrichtet worden fei; ferner Bona[2] und Corblet[3], indem fie aus den zur Bezeichnung der dritten Klaffe üblichen verfchiedenen Namen zwei Klaffen machen; endlich Bingham[4], indem er den gewöhnlichen drei Klaffen die ἐξωθούμενοι als vierte oder niedrigfte Klaffe vorausfchickt, und er ftützt fich für diefe Einteilung auf die Verordnung der Synode von Neocäfarea c. 5, der Katechumene folle, wenn er wiederholt fündige, fchließlich ausgeftoßen werden (ἐξωθείσθω), indem er annimmt, die bezüglichen Katechumenen feien nicht ganz zu den Heiden verftoßen, fondern nur in den Stand zurückverfetzt worden, in dem fie vorher waren, als fie durch die erfte Handauflegung Katechumenen geworden feien, in den Stand des Privatunterrichtes, in dem fie fich befunden haben, bevor fie die Erlaubnis erhielten, die Kirche zu betreten. Auch Touttée[5] ift hier anzuführen. Er hält zwar einerfeits die Anficht Balfamons (Adnot. ad can. V concil. Neocaes.) und der übrigen griechifchen Kanoniften, nach der zwei Klaffen, bezw. zwei Hauptklaffen anzunehmen find, die Unvollkommeneren oder ἀτελέστεροι und die Vollkommeneren oder τελειώτεροι, für die am beften begründete. Aber er erklärt auch fofort, daß diefelbe nicht hindere, den Katechumenat in drei oder vier Klaffen zu teilen, und dementfprechend bemerkt er: Prior gradus τῶν ἀτελεστέρων, ubi signationem (σφράγισμα) statum putaris singularem, in altero

---

der Synode v. Konstantinopel 381 werden durch Z. den beiden erften Klaffen außer den Namen ἀκροώμενοι und γόνυ κλίνοντες auch noch die Namen χριστιανοί und κατηχούμενοι beigelegt. Mit welchem Recht, werden wir fpäter fehen. — Ten angeführten Gelehrten könnte auch Martène beigefügt werden, fofern auch er (De antiquis eccles. ritibus. Rotomagi 1700 I, 29) drei Klaffen annimmt. Nur hat er die Reihenfolge, bezw. Namen: 1. audientes, 2. electi, 3. competentes.

[1] Observationes de veteribus ecclesiae ritibus (1623) II, 2, 8; ed. Helmestad. 1672 p. 133—135.

[2] Rerum liturgicarum libri II 1671 I, 16, 4.

[3] Histoire du sacrement de baptême 1881 I, 448.

[4] Origines ecclesiasticae X c. 2 § 2.

[5] In den Prolegomenen zu der Ausgabe Chrills von Jerufalem 1720; in der Ausgabe von Reifchl und Rupp 1858/60 I p. CXXV sq. Hiernach ift die Bemerkung Cabrols in der Étude sur la Peregrinatio Silviae 1895 p. 144 n. 2 zu berichtigen.

absolvitur τῶν ἀκροωμένων loco, während er die beiden Grade, in
die ihm die τελειώτεροι zerfallen, in den γόνυ κλίνοντες und φωτιζόμενοι findet.

Die Annahme von vier Klaffen ift aber entfchieden unrichtig. Das
ἐξωθεῖσθω im Kanon 5 von Neocäfarea hat nicht die Bedeutung, die
ihm Bingham gab. Das Wort ift im Sinne der Erkommunikation
oder eines gänzlichen Ausfchluffes aus der kirchlichen Gemeinfchaft zu
verftehen, und die ἐξωθούμενοι find deswegen unmöglich als eine be=
fondere Klaffe der Katechumenen zu faffen. Ebenfo grundlos ift die An=
ficht Bonas und Corblets. Sie beruht auf einer Verwechslung zwifchen
Klaffen und Namen. Nicht beffer fteht es mit der Theorie Touttées.
Sie hat für die beiden unterften Klaffen nicht einmal befondere Namen.
Die Vierteilung des Katechumenats ift deshalb in der Gegenwart, fo viel
ich fehe, faft allgemein aufgegeben.

Indeffen blieb auch die Dreiteilung nicht unbeftritten. Einige Theo=
logen glaubten nur zwei Klaffen annehmen zu follen, die catechumeni
im engeren Sinne, auch audientes genannt, und die competentes oder
electi, und fie legen dementfprechend dem Worte catechumeni eine
doppelte Bedeutung bei, eine engere und eine weitere, fofern es einer=
feits die Katechumenen der erften Klaffe und andererfeits die Katechumenen
überhaupt und mit Einfchluß der competentes bezeichnen foll.[1] In der
neueren Zeit trat namentlich J. Mayer[2] für diefe Anficht ein, und feine
Beweisführung ift nach ihrer negativen Seite im ganzen überzeugend.
Nach feiner Darlegung konnte fo viel als ficher gelten, daß die Drei=
teilung auf fehr fchwachen Füßen ruht und daß die weitaus größere
Wahrfcheinlichkeit für das Vorhandenfein nur zweier Katechumenatsklaffen
fpricht. Alle Schwierigkeiten wurden aber auch durch ihn noch nicht ge=
löft, und fo begreift es fich, daß der Thefe, die er vertrat, die verdiente
Zuftimmung nicht zu teil wurde. Hefele[3] fchenkte zwar der Erklärung
Beifall, die er von den einfchlägigen Verordnungen der Synoden von
Neocäfarea c. 5 und Nicäa c. 14 gab. Ganz vermochte indeffen auch
er von der früheren Anfchauung fich noch nicht loszufagen, wie er
namentlich durch die Bemerkung zu verftehen giebt, zur Zeit des Nicä=
nums habe es noch nicht mehrere Stufen des Katechumenats gegeben.

[1] Vgl. A. Weiß, Altkirchliche Pädagogik 1869 S. 100.
[2] Gefchichte des Katechumenats 1866 S. 47—66.
[3] Konziliengefchichte 2. A. I (1873), 246. 418.

Andere, wie Brück[1], Hergenröther[2], Kraus[3] und Knöpfler[4], beharrten völlig bei der früheren Ansicht.

Die Frage verdient daher aufs neue untersucht zu werden, und indem ich diese Aufgabe übernehme, unterziehe ich vor allem die Dreiteilung einer erneuten Prüfung. Dieselbe gründet sich im wesentlichen auf Kanon 5 der Synode von Neocäsarea, die zwischen der Synode von Ancyra 314 und der Synode von Nicäa 325 abgehalten wurde[5], und in diesem Kanon kommt insbesondere allein in der gesamten altchristlichen Litteratur der Ausdruck γόνυ κλίνων in einer Weise vor, daß man versucht sein kann, ihn als Bezeichnung eines kirchlichen Standes anzusehen. Was sonst etwa noch zum Beweise für sie herbeigezogen werden kann, hat nur dann eine Bedeutung, wenn die Dreiteilung wirklich auf jenen Kanon gestützt werden kann. Die Untersuchung hat deshalb mit diesem zu beginnen.

Der Kanon lautet[6]: *Κατηχούμενος ἐὰν εἰσερχόμενος εἰς τὸ κυριακὸν ἐν τῇ τῶν κατηχουμένων τάξει στήκῃ, οὗτος δὲ φανῇ ἁμαρτάνων, ἐὰν μὲν γόνυ κλίνων, ἀκροάσθω μηκέτι ἁμαρτάνων· ἐὰν δὲ καὶ ἀκροώμενος ἔτι ἁμαρτάνῃ, ἐξωθείσθω.* Er befaßt sich, wie sein Wortlaut zeigt, mit der Bestimmung der Buße der sündigenden Katechumenen. Darüber besteht kein Zweifel. Die Frage ist nur die, wie die sündigenden Katechumenen bestraft wurden. Näherhin fragt sich, wie die Worte γόνυ κλίνων und ἀκροώμενος, die hier erscheinen, zu fassen sind, ob als Stufen des Katechumenates oder als Büßerklassen. Erstere Deutung ist die gewöhnliche, und ihr zufolge wäre der Sinn des Kanons: Wenn ein Katechumene, der die Kirche bereits betreten hat

---

[1] Kirchengeschichte 2. A. 1877 S. 101.

[2] Kirchengeschichte 2. A. 1879 I, 175.

[3] Kirchengeschichte 2. A. 1882 S. 106.

[4] Kirchengeschichte 1895 S. 91. Protestantischerseits kann als neuester Vertreter der Dreiteilung angeführt werden Herzog, KG. I (1876), 210 Anm. 1.

[5] Daß sich die drei Klassen in den Apost. Konstitutionen finden, wie Kraus (KG. 2. A. S. 106), freilich ohne nähere Bezeichnung der Stelle, behauptet, ist durchaus unrichtig.

[6] Ich gebe den Text nach Routh, Reliquiae sacrae ed. II t. IV p. 182. Vgl. die textkritischen Bemerkungen p. 191. Der Text ist hart. Aber verderbt möchte ich ihn nicht nennen, wie Möller, KG. I, 267, und Holtzmann in der unten zu erwähnenden Schrift S. 90. Die alten lateinischen Übersetzungen geben keinen Grund zum Zweifel, sondern sie dienen ihm im wesentlichen zur Bestätigung; sie stellen insbesondere das am schwersten zu erklärende Wort, das γόνυ κλίνων, sicher.

und in der Reihe der Katechumenen steht, sich als Sünder zeigt, so soll er, wenn er unter den Katechumenen in der Klasse der Knieenden war, in die Klasse der Hörenden versetzt werden und hier verbleiben, falls er nicht mehr sündigt; sündigt er aber auch als Hörender wieder, so soll er ganz ausgestoßen werden.

Die Deutung ist alt. Sie findet sich schon bei den griechischen Kanonisten des zwölften Jahrhunderts, bei Balsamon, Zonaras und Aristenus. Der Hauptsatz des Kommentars, den der erstere zu unserem Kanon giebt, möge hier angeführt werden. Er lautet: Δύο τάξεις τῶν κατηχουμένων εἰσίν· οἱ μὲν γὰρ ἄρτι προσέρχονται καὶ ὡς ἀτελέστεροι μετὰ τὴν ἀκρόασιν τῶν γραφῶν καὶ τῶν θείων εὐαγγελίων εὐθὺς ἐξίασιν· οἱ δὲ ἤδη προσῆλθον καὶ γεγόνασι τελεώτεροι, ὅθεν καὶ τὴν ἐπὶ τοῖς κατηχουμένοις εὐχὴν ἀναμένοντες τὸ γόνυ κλίνουσιν ἐν ταύτῃ· ὅταν δὲ ἐκφωνηθῇ τὸ Οἱ κατηχούμενοι προέλθετε, τότε ἐξέρχονται καὶ οὗτοι. Ähnlich lauten die Erklärungen der beiden anderen. Nur giebt Zonaras mit den Worten: δύο τάξεις ἦσαν τῶν κατ. τὸ παλαιόν, ausdrücklich zu verstehen, was freilich sonst hinlänglich bekannt ist, daß die Ordnung, von der die Rede ist, zu seiner Zeit nicht mehr bestand, und bezeichnet er die Katechumenen der höheren Klasse, die τελεώτεροι, als πιστοὶ ὄντες. Aristenus fügt bei, die Vollkommeneren seien mit den Worten: Οἱ κατηχούμενοι τὰς κεφαλὰς ὑμῶν τῷ κυρίῳ κλίνατε, beim Gottesdienst zum Niederknieen aufgefordert worden. Die γόνυ κλίνοντες und ἀκροώμενοι werden also als Katechumenen gefaßt und zu einander in das Verhältnis von τελεώτεροι und ἀτελέστεροι gesetzt. Was aber die Zahl der Katechumenatsklassen anlangt, so kennen die Kanonisten offenbar nur zwei, und man[1] hat mit Unrecht behauptet, sie weichen nicht von denen ab, welche mit Hinzurechnung der φωτιζόμενοι oder βαπτιζόμενοι drei Stufen des Katechumenats zählen, indem sie die eigentlichen Taufkandidaten nur außer Betracht gelassen hätten, weil sie nicht mehr zu den Katechumenen im engeren Sinne gehörten und weil auch der kommentierte Kanon ihrer nicht erwähne. Denn sie sagen ganz allgemein, daß es zwei Klassen gebe, bezw. im Altertum gegeben habe, und wenn uns je noch der Ausdruck selbst im Zweifel lassen könnte, so giebt die Stellung der Worte volle Klarheit. Die Worte gehen der eigentlichen Erklärung des Kanons voran; sie sind demgemäß für sich zu fassen und ihre Bedeutung

[1] Höfling, Das Sakrament der Taufe I, 153.

darf nicht durch eine Rücksichtnahme auf den Kanon abgeschwächt werden, wenn es auch andererseits als sicher gelten darf, daß ihr Inhalt aus dem Kanon geschöpft ist, m. a. W. daß die Kanonisten für ihre Behauptung keinen anderen Grund hatten als letzteren. Suicer[1] und Augusti[2] lassen sie ganz richtig nur zwei Katechumenatsklassen annehmen. Nur irrte letzterer, wenn er meinte, die Katechumenen der beiden Klassen seien $\dot{\alpha}\tau\varepsilon\lambda\dot\varepsilon\sigma\tau\varepsilon\rho\omega$ und $\tau\varepsilon\lambda\varepsilon\dot\omega\tau\varepsilon\rho\omega$ genannt worden, da diese Ausdrücke von den Kanonisten offenbar nicht zur Bezeichnung, sondern zur Beschreibung der beiden Stufen gebraucht wurden. Und beide irrten mit vielen anderen, die in dieser Beziehung mit ihnen übereinstimmen, in der Annahme, die Aussage der angeführten Kanonisten habe in der vorliegenden Frage für uns eine höhere Bedeutung. Denn die Kanonisten stützen sich für ihre Behauptung offenbar nur auf den Kanon 5 von Neocäsarea, und die Erklärung, die sie von diesem geben, darf um so eher einer ernstlichen Prüfung unterzogen werden, als ihre Kenntnis von dem Katechumenat nachweisbar eine sehr ungenügende ist. Ihr Verfahren beruht ja überhaupt auf einer falschen Voraussetzung. Sie fassen die in unserem Kanon vorkommenden Ausdrücke $\gamma\acute\delta\nu\upsilon$ $\varkappa\lambda\acute\iota\nu\omega\nu$ und $\dot\alpha\varkappa\rho o$-$\acute\omega\mu\varepsilon\nu o\varsigma$ ohne weiteres als Bezeichnung der Katechumenen, während unter denselben zum mindesten ebenso leicht Büßer verstanden werden können, und in diesem Fehler befinden sich mit ihnen zumeist auch die Vertreter der Dreiteilung des Katechumenats, indem sie in jenem Kanon, ohne ihn genauer zu prüfen, Katechumenatsklassen finden. Das Verfahren ist offenbar unzulässig, und schon der Umstand hätte ernste Bedenken gegen dasselbe erregen sollen, daß die Namen $\dot\alpha\varkappa\rho o\acute\omega\mu\varepsilon\nu o\iota$ und $\gamma\acute\delta\nu\upsilon$ $\varkappa\lambda\acute\iota\nu o\nu\tau\varepsilon\varsigma$, audientes und genuflectentes, mit denen nach der fraglichen Deutung des Kanons von Neocäsarea seit dem vierten Jahrhundert zwei Klassen von Katechumenen belegt worden sein sollen, in diesem Sinne außer jenem Kanon nirgends mehr in der Litteratur des Altertums vorkommen (der audiens der Lateiner ist, wie wir später sehen werden, identisch mit catechumenus und bezeichnet also den Katechumenat überhaupt, nicht eine bestimmte Klasse in demselben); denn diese Thatsache fällt bei dem verhältnismäßigen Reichtum an Nachrichten, die wir über den Katechumenat haben, in unserer Frage nicht unbedeutend ins Gewicht.

---

[1] Thesaurus s. v. $\varkappa\alpha\tau\eta\chi\acute\varepsilon\omega$ lit. A.

[2] Denkwürdigkeiten XI (1830), 49. Er änderte demgemäß seine Ansicht im Laufe der Zeit. Vgl. oben S. 209.

Indessen soll dieses Moment nicht einmal besonders betont werden. Der Kanon selbst verbietet uns bei unbefangener Betrachtung eine derartige Auffassung.

Die Synode will, wie wir gesehen haben, das Bußwesen der Katechumenen regeln. Der fragliche Kanon ist daher ein Bußkanon, und unter diesen Umständen ist es an sich wahrscheinlich, daß die Stationen, in die nach ihm die Katechumenen zur Strafe verwiesen werden, Bußstationen sind. Die Analogie der übrigen Bußkanones spricht ebenso für diese Auffassung wie die Natur der Sache. Denn einerseits konnte man den Fehltritt der Katechumenen — wahrscheinlich handelt es sich um Fleischessünden — doch nicht ungerügt lassen. Auf der anderen Seite aber wäre es zu hart und in Anbetracht der Behandlung, die man in ähnlichen Fällen den Gläubigen angedeihen ließ, ungerecht gewesen, hätte man sie sofort gänzlich aus dem Verband mit der Kirche ausgestoßen. Man konnte also nichts Angemesseneres thun, als sie analog den Gläubigen behandeln und in die Reihe der Büßer stellen. Unter dem Ausdruck ἀκροώμενος — von dem γόνυ κλίνων sei vorerst noch abgesehen — ist daher offenbar das auch hier zu verstehen, was sonst mit ihm bezeichnet wird, und wenn über seine Bedeutung je noch ein Zweifel bestehen könnte, so müßte er im Hinblick auf den Kanon 14 von Nicäa schwinden. Dieser Kanon, ein Gegenstück zu dem Kanon 5 von Neocäsarea, lautet: Περὶ τῶν κατηχουμένων καὶ παραπεσόντων ἔδοξε τῇ ἁγίᾳ καὶ μεγάλῃ συνόδῳ, ὥστε τριῶν ἐτῶν αὐτοὺς ἀκροωμένους μόνον μετὰ ταῦτα εὔχεσθαι μετὰ τῶν κατηχουμένων. Die ἀκροώμενοι werden hier in einen derartigen Gegensatz zu den κατηχούμενοι gestellt, daß sie nicht als ein Teil von diesen zu fassen sind; denn ihr Anteil am Gottesdienst beschränkt sich auf das Hören, während für diese auch ein Gebet erwähnt wird. Zu den bereits angeführten Momenten, welche bei Ermittelung des Sinnes des Wortes ἀκροώμενος in Betracht kommen, dem Sprachgebrauch und der allgemeinen Tendenz des Kanons, gesellt sich hier somit noch ein weiteres, die bestimmtere Fassung oder der Kontext des Kanons, und für die Hörenden der Synode von Nicäa giebt es schlechterdings nur e i n e Deutung: sie sind Büßer. Wenn dem aber so ist, so ist auch die Frage entschieden, wie der ἀκροώμενος der Synode von Neocäsarea zu fassen ist. Nach der Analogie des Kanons 14 von Nicäa und aus den anderen namhaft gemachten Gründen kann unter dem Ausdruck nur eine Büßerklasse verstanden werden.

Indem wir nach Feststellung des Sinnes des Ausdruckes ἀκροώμενος zu dem Ausdruck γόνυ κλίνων übergehen, ist vor allem zu
bemerken, daß, so weit mir nach der mir zu Gebote stehenden Litteratur
ein Urteil möglich ist, bezüglich seiner Deutung die Vertreter der Zweiteilung des Katechumenates in der Hauptsache mit den Verfechtern der
Dreiteilung übereinstimmen, indem beide Teile die γόνυ κλίνοντες für
Katechumenen halten, wenn auch die einen dieselben näherhin mit den
Katechumenen überhaupt identifizieren, während die anderen in ihnen
eine bestimmte Klasse der Katechumenen erblicken. Letztere Auffassung ist
hinlänglich bekannt. Bezüglich der ersteren mögen aber einige Stimmen
gehört werden. Martène z. B., der, wie wir gesehen haben, zwar drei
Klassen zählt, aber insofern doch auf dem Standpunkte der Zweiteilung
steht, als seine beiden höheren Klassen in Wirklichkeit nur eine bilden,
bemerkt: Genuflectentes . . . erant catechumeni simpliciter dicti,
qui in poenam commissi alicuius peccati verbum Dei genuflexi
audire cogebantur[1], und nach seiner Auffassung hätten näherhin die
in der Strafklasse befindlichen Katechumenen und zwar beim Anhören
des Wortes Gottes knieen müssen. Mayer[2] läßt die Katechumenen nicht
bei der biblischen Lesung und bei der Predigt, sondern besser beim Gebete knieen. Im übrigen sind dieselben aber auch ihm mit den γόνυ
κλίνοντες identisch, und sie sollen diesen Namen sogar „bekanntlich"
geführt haben. Beizufügen ist nur noch, daß er von dem Momente der
Strafe absieht und demgemäß die Kniebeugenden mit den Katechumenen
schlechthin und nicht bloß den straffälligen identifiziert. Die Ansicht verdient jedenfalls, wenn sie gleich selbst schwerlich richtig ist, vor der anderen
den Vorzug, und sie wurde auch von Hefele[3] adoptiert, indem er bei der
Übersetzung des ἐὰν μὲν γόνυ κλίνων zur Erklärung des Ausdruckes
beifügt: Bezeichnung der Katechumenen, weil sie nach der Homilie, während
der Diakon über sie betete, knieten. Als die ersten aber, die die Ansicht
aufstellten, lassen sich die oben angeführten griechischen Kanonisten be-

---

[1] De antiquis eccles. ritibus I (1700), 30. Ähnlich läßt auch die Isidoriana
die Katechumenen beim Anhören des Wortes Gottes knieen, indem sie unseren Kanon
folgendermaßen übersetzt: Catechumenus, i. e. audiens, qui ingreditur ecclesiam
et stat cum catechumenis, si peccare fuerit visus, figens genua audiat verbum,
(ut) se abstineat ab illo peccato, quod fecit; quodsi in eo perdurat, abici
omnino debet. Vgl. Harduin, Concil. I, 284.

[2] Gesch. des Katechumenates S. 66.

[3] Konziliengeschichte 2. A. I, 246.

trachten, indem sie die Katechumenen der oberen Klasse bei dem Gebete, das ihrer Entlassung voranging, die Kniee beugen lassen. Allerdings führen sie den Namen γόνυ κλίνοντες noch nicht auf diesen Umstand zurück. Ihr Schweigen hat aber in dieser Beziehung nichts zu bedeuten. Die Konsequenz ergab sich bei der Auffassung der Kniebeugenden als Katechumenen von selbst, sobald man nur einmal eine Erklärung des Namens versuchte.

Allein die Auffassung selbst unterliegt den größten Bedenken. Vor allem möge hervorgehoben werden, daß der Grund, auf den sich jene Namensableitung stützt, sehr zweifelhafter Natur ist. Die Katechumenen sollen γόνυ κλίνοντες genannt worden sein, weil sie beim Gebete vor der Entlassung aus dem Gottesdienst knieten, und sie sollen allein diesen Namen erhalten haben, während doch die Energumenen und die Büßer bei dem gleichen Gebete die gleiche Haltung beobachteten! Das ist gewiß nicht wahrscheinlich, und die Auffassung ist um so eher abzulehnen, als, wie bereits erwähnt, das Wort γόνυ κλίνων in der gesamten alten Litteratur, von unserem Kanon abgesehen, nirgends so erscheint, daß es etwa als Bezeichnung eines kirchlichen Standes gefaßt werden könnte. Mayer läßt die Katechumenen zwar „bekanntlich" diesen Namen führen. Er unterließ es aber, Belegstellen für den Sprachgebrauch zu sammeln, und wenn er es je versucht hätte, so würde er alsbald die Unmöglichkeit der Aufgabe eingesehen haben.

Indessen möge jene Schwierigkeit nicht weiter betont werden. Aber auch der Kanon selbst erlaubt nicht, in dem γόνυ κλίνων einen Kate=chumenen zu erblicken. Denn bei dieser Auffassung würde mit dem ἐὰν μὲν γόνυ κλίνων das κατηχούμενος ἐὰν εἰσερχόμενος εἰς τὸ κυρι=ακὸν ἐν τῇ τῶν κατηχουμένων τάξει στήκῃ und zwar mit anderen Worten wieder aufgenommen. Man braucht den Kanon nur unbefangen ins Auge zu fassen, um sofort die ganze Härte und Unerträglichkeit dieser Konstruktion zu erkennen. Zwischen dem κατηχούμενος — στήκῃ und dem ἐὰν μὲν γόνυ κλίνων stehen nur die Worte οὗτος δὲ φανῇ ἁμαρτάνων, und bei diesem kleinen Zwischenglied sollte eine Wieder=holung des κατηχούμενος u. s. w. anzunehmen sein, und dies, obwohl das κατηχούμενος mit allem Nachdruck an die Spitze des Kanons ge=stellt und in den nachfolgenden Worten noch besonders hervorgehoben ist, daß es sich um eine in den Katechumenat wirklich aufgenommene und in der Reihe der Katechumenen stehende Person handelt? Das wäre eine Tautologie, wie wohl in der gesamten Litteratur keine zweite zu finden

ist. Die Deutung ist daher unbedingt abzulehnen. Sie ist ganz uner=
träglich, und da sie gleichwohl die einzige ist, welche die Vertreter der
Zweiteilung des Katechumenats bisher zu geben mußten, so begreift es
sich, wenn eher die ganze Anschauung abgelehnt als jene Erklärung an=
genommen wurde.

Die Erklärung ist aber nicht die einzig mögliche. Sie ist nicht
einmal die zunächst liegende. Da das Wort ἀϰροώμενος im Kanon
zweifellos eine Bußstation bezeichnet und da das Wort γόνυ ϰλίνων,
wie die Einführung mit ἐὰν μὲν und ἐὰν δὲ zeigt, zu ihm in einem
näheren Verhältnis steht, so empfiehlt sich der Schluß, daß auch der erst
näher zu bestimmende Ausdruck von einer Bußstation zu verstehen sei.
Der Sinn des Kanons wäre demgemäß folgender: Wenn ein Katechumene
sich als Sünder zeigt, soll er, wenn er wegen einer Sünde bereits unter
die γόνυ ϰλίνοντες gestellt ist, unter die ἀϰροώμενοι versetzt werden;
sündigt er aber auch als ἀϰροάμενος wieder, so ist er gänzlich auszu=
schließen; m. a. W.: der sündigende Katechumene ist im ersten Fall unter
die γόνυ ϰλίνοντες und im zweiten unter die ἀϰροώμενοι zu ver=
setzen, im dritten ist er gänzlich auszustoßen. Welche Bußstation aber
gemeint ist, kann bei der Deutung nicht zweifelhaft sein. Es kommt
nur die Klasse in Betracht, welche sonst den Namen ὑποϰίπτοντες
führt. Der Schluß liegt so nahe, daß er schon früher, als man den
Kanon von Katechumenatsklassen verstand, gezogen wurde, nur in um=
gekehrter Richtung, indem man die angebliche Katechumenatsklasse der
γόνυ ϰλίνοντες auch den Namen ὑποϰίπτοντες führen ließ[1], oder
den ὑποϰίπτοντες als der dritten Klasse der Büßer den weiteren Namen
γόνυ ϰλίνοντες beilegte.[2] Die Deutung ist allerdings nicht ganz frei
von Bedenken. Die Synode setzt nach ihr die Verweisung des sündigenden
Katechumenen in die Klasse der γόνυ ϰλίνοντες mehr voraus, als sie,
wie man erwarten sollte, von ihr redet. Da indessen die anderen Er=
klärungen alle noch viel größeren Bedenken unterliegen, und sofern unter
dem Ausdruck ἀϰροώμενος im Kanon eine Katechumenatsklasse verstanden
wird, offenbar falsch sind, so könnte man sich bei jener Schwierigkeit
beruhigen, um so mehr, als sich dieselbe im wesentlichen auf die Bedeutung
einer prägnanten Ausdrucksweise reduziert, und ich habe dies früher gethan.[3]

---

[1] Höfling, Das Sakrament der Taufe I, 160. Zezschwitz, Der Katechumenat
S. 122 f.

[2] Neander, Allg. Gesch. der Religion 3. A. I, 588.

[3] Theol. Quartalschrift 1883 S. 53.

Als sich mir indessen ergab, daß auch die herkömmliche Auffassung über die Stellung der ὑποπίπτοντες beim Gottesdienst nicht haltbar ist, daß dieselben nicht unmittelbar nach den ἀκροώμενοι entlassen wurden, sondern liegend auch noch dem weiteren Gottesdienst anwohnen durften, erhob sich für meine Erklärung eine neue und größere Schwierigkeit. Auf Grund jenes Ergebnisses war auch dem γόνυ κλίνων der Synode von Neocäsarea eine Stelle beim eucharistischen Gottesdienst einzuräumen, und das war unmöglich, da die Teilnahme an diesem Gottesdienst den Katechumenen überhaupt versagt war. Unter diesen Umständen konnte der γόνυ κλίνων nicht als ὑποπίπτων gefaßt werden. Der Ausdruck forderte eine andere Erklärung, und er erhielt sie durch Zisterer.[1] Das Wort γόνυ κλίνειν bedeutet auch, wie mit zahlreichen Beispielen aus der altchristlichen Litteratur erhärtet wurde[2], kniefällig flehen, sich reuig zeigen, schuldig bekennen, und wenn es in unserem Kanon so gefaßt wird, lösen sich alle Schwierigkeiten. Die Synode verordnet demgemäß: wenn der sündigende Katechumene sich reuig zeigt oder zur Übernahme der Buße geneigt ist (γόνυ κλίνων, sc. ᾖ, wie auch schon bei dem vorausgehenden ἁμαρτάνων zu ergänzen ist), so soll er hören oder in die Bußstation der Hörenden verwiesen werden; sündigt er aber wiederum oder auch noch in dieser Stellung als Hörender, so ist er gänzlich auszustoßen. Die Erklärung spricht für sich selbst. Das Wort γόνυ κλίνων bedeutet keinen kirchlichen Stand, weder eine Bußstation noch viel weniger eine Katechumenatsklasse; es ist einfach von der Unterwerfung unter die kirchliche Disciplin zu verstehen. Der Kanon spricht mit Bezug auf den sündigenden Katechumenen nur von einer Bußstation, der Stufe des Hörens. Und daß dies sein Sinn ist, zeigt auch die Art und Weise, wie er im Codex Vindobonensis hist. gr. 7 fol. 22ᵛ umschrieben wird. Er wird hier kurz folgendermaßen wiedergegeben: Περὶ κατηχουμένων ἁμαρτανόντων· ἀκρόασις· εἰ δὲ ἐπιμένουσιν, ἐξωθοῦνται.

Erweist sich hiernach die Hauptstütze für die Dreiteilung des Katechumenates als durchaus hinfällig, so ist dieser Theorie selbst der Boden entzogen. Denn der angebliche Kanon 7 der Synode von Konstantinopel 381, bezw. Kanon 95 der Quinisexta, in dem er erneuert wurde, kann nur unter der Voraussetzung in Frage kommen, daß die Theorie zuvor schon

---

[1] Theol. Quartalschrift 1894 S. 353—406.
[2] Vgl. I Clem. 57, 1—2. Herm. Vis. I, 1, 3; II, 1, 2; III, 1, 5. Tert. De paenit. c. 9. Orig. De orat. c. 31. Basil. De spiritu s. c. 66. Greg. Nyss. Epist. can. init. Ambros. De paenit. II, 8, 69; 10, 91.

einen festen Boden hat. Er regelt das Verfahren mit den sich bekehrenden
Häretikern und verordnet bezüglich der Eunomianer und einiger anderen
Sektierer, daß sie so wie die Heiden aufzunehmen und demgemäß am
ersten Tage zu Christen, am zweiten zu Katechumenen zu machen, am
dritten zu exorcisieren, endlich nach der erforderlichen längeren Unter=
weisung zu taufen seien. Der Wortlaut des in Betracht kommenden
Teiles ist: *Καὶ τὴν πρώτην ἡμέραν ποιοῦμεν αὐτοὺς Χριστιανούς,
τὴν δὲ δευτέραν κατηχουμένους, εἶτα τὴν τρίτην ἐξορκίζομεν
αὐτοὺς μετὰ τοῦ ἐμφυσᾶν τρίτον εἰς τὸ πρόσωπον καὶ εἰς τὰ
ὦτα αὐτῶν· καὶ οὕτως κατηχοῦμεν αὐτοὺς καὶ ποιοῦμεν αὐτοὺς
χρονίζειν εἰς τὴν ἐκκλησίαν καὶ ἀκροᾶσθαι τῶν γραφῶν, καὶ
τότε αὐτοὺς βαπτίζομεν.* Zezschwitz[1] will in ihm die drei Kate=
chumenatsklassen wieder finden, indem er meint, unter den Christen
seien die Hörenden, unter den Katechumenen die Kniebeugenden, unter
den Exorcisierten die *φωτιζόμενοι* zu verstehen. Allein offenbar mit
Unrecht. Die Stelle besagt nur, daß die Aufnahme in den Katechumenat
in einem dreitägigen Ritus erfolgte, und daß es sich so verhält, zeigt
namentlich das *καὶ οὕτως κατηχοῦμεν αὐτούς,* indem es klar andeutet,
daß das im Vorausgehenden Bemerkte nur die Bedeutung eines Aufnahme=
ceremoniells hat. Indessen beruht diese Erkenntnis nicht bloß auf jenen
Worten. Es geht auch aus anderen Gründen nicht an, in jener Stelle
eine Dreiteilung des Katechumenates finden zu wollen. Denn sonst müßten
wir annehmen, die Katechumenen seien schon nach zwei Tagen in den
Stand der *φωτιζόμενοι* vorgerückt, und wenn man dieses mit Zezschwitz
je deswegen für wahrscheinlich halten wollte, weil die Häretiker durch ihr
früheres Verhältnis zur göttlichen Wahrheit als besser vorbereitet er=
scheinen konnten als gewöhnliche Heidenproselyten, obwohl es nach der
ausdrücklichen Bemerkung, die Aufnahme erfolge hier wie bei den Heiden,
nichts weniger als wahrscheinlich ist, so erhebt sich eine weitere Schwierig=
keit. Wie die Schlußworte des Kanons zeigen, dauert der Katechumenat
ja thatsächlich längere Zeit, und die Katechumenen würden also fast die
ganze Zeit der Vorbereitung in der Klasse der *φωτιζόμενοι,* dagegen
in der Klasse oder, wenn man will, in den Klassen, in welchen nach der
Regel der Aufenthalt am längsten währte, nur zwei Tage zugebracht
haben. Läßt sich eine solche Verkehrung der gewöhnlichen Ordnung an=
nehmen? Endlich kommen noch sprachliche Bedenken. Ist es glaublich,

---

[1] Der Katechumenat S. 116.

daß man die Mitglieder der ersten Katechumenatsklasse Christen nannte? Ich denke nicht. Wohl kann man sich vorstellen, daß die Katechumenen im ganzen und allgemeinen Christen genannt wurden, da sie, wenn sie auch noch nicht Christen im eigentlichen Sinne waren, immerhin bereits in dem Verbande der christlichen Kirche standen, und so erklärt sich der bezügliche Ausdruck in unserem Kanon. Ähnlich läßt auch Sulpicius Severus[1] Heiden an Martin von Tours die Bitte richten, ut eos faceret Christianos, und erzählt er die Gewährung der Bitte mit den Worten: nec cunctatus . . . cunctos imposita universis manu catechumenos fecit. Daß dagegen einem bestimmten Teil der Katechumenen der Name Christen beigelegt worden sei, ist gegen alle Wahrscheinlichkeit. Ähnliche Bedenken erheben sich gegen die anderen Worte, namentlich gegen das ἐξορκίζειν als Ausdruck zur Bezeichnung der φωτιζόμενοι. Ich glaube sie aber nicht weiter hervorheben zu sollen, da schon das Bisherige genügt, um die fragliche Auffassung als völlig unbegründet erscheinen zu lassen.

Indessen hat nicht bloß Zezschwitz den Kanon mißverstanden. Auch Mayer[2] ist im Unrecht, wenn er meint, die in Frage stehenden Häretiker werden in ihm nicht als Katechumenen, sondern als Büßer behandelt, weil ihnen „nur das ἀκροᾶσθαι τῶν γραφῶν gestattet und dieses das Charakteristikum der audientes sei". Denn das ἀκροᾶσθαι τῶν γραφῶν ist auch den Katechumenen eigen, und hier ist an diese ganz sicher zu denken, da sie zweimal ganz ausdrücklich genannt werden und andererseits nirgends gesagt ist, daß es sich nur um das Hören der Schrift handle. Die Lateransynode 487 c. 6 kann nicht als Stütze für jene Auffassung angeführt werden. Sie verweist allerdings die Katechumenen, die sich von Häretikern taufen lassen, auf drei Jahre unter die audientes.[3] Allein bei ihr handelt es sich eben um ein Vergehen der Katechumenen, während der Kanon 7 der zweiten allgemeinen Synode es mit der Aufnahme der Häretiker in die Kirche zu thun hat. Dort wird demgemäß der Ausdruck audiens an sich ebenso mit Recht von den Büßern verstanden, als hier eine derartige Deutung fehlerhaft wäre.

Wir könnten damit diese Beweisführung schließen. Wir haben nun die Hauptstützen für die Dreiteilung des Katechumenates kennen gelernt,

---

[1] Dialog. II, 6 ed. Halm p. 185.

[2] Gesch. des Katechumenates S. 55.

[3] Die Kanones der Synode sind eine Erneuerung der Verordnungen des Papstes Felix II (III) in Ep. 9 bei Harduin, Conc. II, 832 sqq.

und da ſich dieſelben als durchaus morſch erwieſen, ſo iſt nicht zu er-
warten, daß die Nebenſtützen die Theorie zu halten vermögen werden.
Im Intereſſe der Vollſtändigkeit ſollen indeſſen auch noch dieſe einer
Prüfung unterzogen werden.

Die Mitglieder der vermeintlichen erſten Klaſſe der Katechumenen
heißen ἀκροώμενοι, audientes, und man glaubte dieſen Namen auch
noch außerhalb des Kanons 5 von Neocäſarea zu finden. Für die Mitglieder der zweiten Klaſſe, die γόνυ κλίνοντες, will man ſogar noch
weitere Namen kennen, die Namen εὐχόμενοι und συναιτοῦντες.[1] Die
Namen, könnte man ſagen, ſind ein Beweis für das Vorhandenſein der
Sache. Der Schluß iſt unanfechtbar. Aber um ſo ſchwächer iſt die
Prämiſſe, da die fraglichen Ausdrücke in der altchriſtlichen Litteratur entweder gar nicht vorkommen oder, wenn dieſes der Fall iſt, nicht die
ihnen zugeſchriebene Bedeutung haben.

Was vor allem die Namen εὐχόμενοι und συναιτοῦντες anlangt,
ſo wird ſchwerlich jemand im ſtande ſein, ſie bis ins Altertum zurückzu-
verfolgen. Sie ſind, ſo viel ich ſehe, erſt jüngeren Urſprunges, und ſie
wurden von Späteren mit Rückſicht auf die bekannte falſche Auffaſſung
der Kniebeugenden und ihre liturgiſche Stellung geſchöpft. Die Namen
ſind ſomit weit entfernt, das Vorhandenſein der Katechumenatsklaſſe der
γόνυ κλίνοντες zu beſtätigen. Sie ſind vielmehr ein Beweis für die
Willkür, mit der man in dieſer Angelegenheit zu Werke gegangen iſt,
indem man für eine Sache, die gar nicht exiſtierte, eine ganze Reihe von
Namen ſchuf.

Mit den Namen ἀκροώμενος und audiens ſteht es in dieſer Beziehung allerdings anders. Dieſelben kommen in der altchriſtlichen Litteratur
ziemlich häufig vor, und zwar handelt es ſich, was übrigens, da es ſich
von ſelbſt verſteht, kaum beizuſetzen iſt, um Stellen abgeſehen von denjenigen, die das Bußweſen betreffen. Aber ſie bedeuten nicht eine beſondere Katechumenatsklaſſe. Tertullian, um mit den Lateinern zu beginnen, gebraucht den Ausdruck audiens in der Schrift De paenit. c. 6
dreimal, bezw. viermal, wenn wir die Form auditores dazu rechnen.
Er ſpricht von auditorum tirocinia, von audientis und audientium
intinctio, und wirft die Frage auf: An alius eſt intinctis Chriſtus,
alius audientibus? Ebenſo bedienen ſich Cyprian und der Verfaſſer der

---

[1] Höfling, Das Sakrament der Taufe I, 150. Zezſchwitz, Der Katechumenat
S. 122.

Schrift De rebaptismate des Wortes, jener, wenn er (Ep. 18 c. 2 ed. Hartel p. 524) seinen Geistlichen die Weisung giebt, den audientes in Lebensgefahr die göttliche Gnade nicht zu verweigern, oder wenn er (Ep. 29 p. 548) von einem doctor audientium spricht; dieser, wenn er bemerkt (c. 14): in verbum audientibus martyribus impune aquae baptisma deest, oder wenn er von einem verbum audiens an fidelis (c. 11) oder einem haereticus vel audiens aut audire incipiens (c. 12) spricht. Aber der Zusammenhang, namentlich die Gegenüber= stellung von intinctus und audiens, sowie von audiens und fidelis, zeigt mit aller Bestimmtheit, daß die audientes bei den Lateinern nicht eine besondere Klasse von Katechumenen, sondern die Katechumenen über= haupt sind. Zwei Väter bezeugen überdies mit ausdrücklichen Worten, daß die beiden Ausdrücke synonyme Bedeutung hatten. Augustin wendet sich in Serm. 132 c. 1 neben den baptizati et fideles an solche, qui adhuc catechumeni vel audientes vocantur. Isidor von Sevilla schreibt De eccles. off. I, 20: Is, cui per sacerdotem primum Deus loquitur, catechumenus i. e. audiens nominatur. Der audiens ist also identisch mit catechumenus, und daß die Lateiner den Kate= chumenen auch jenen Namen beilegten, ist in den sprachlichen Verhältnissen begründet. Da für sie catechumenus ein Fremdwort war, so brauchten sie jenen Ausdruck, sobald sie die Sache mit einem eigenen Worte be= zeichnen wollten.

Gehen wir zu der griechischen Litteratur über, so mag vor allem die klementinische Liturgie erwähnt werden, in der der Diakon an zwei Stellen ausruft: Μή τις τῶν ἀκροωμένων. Allein sind damit die Katechumenen oder gar die Katechumenen einer bestimmten Klasse ge= meint? Kein unbefangener Kritiker wird das behaupten. Die erste Stelle, Const. apost. VIII, 5, ist völlig klar. Da mit dem ange= führten Rufe unmittelbar die Worte μή τις τῶν ἀπίστων verbunden werden, und da das Gebet für die Katechumenen und die Entlassung der= selben erst folgt, so sind unter den ἀκροώμενοι die Katechumenen nicht einmal inbegriffen; das Wort bedeutet vielmehr die heidnischen Zuhörer und ist insofern synonym mit ἄπιστοι. Die zweite Stelle, Const. apost. VIII, 12, ist zwar für sich selbst nicht ebenso klar. Da dem μή τις τῶν ἀκροωμένων ein μή τις τῶν κατηχουμένων vorausgeht, so kann das Wort ἀκροώμενοι als ein neuer Ausdruck zur Bezeichnung der Katechumenen angesehen werden. Da aber auch hier ein μή τις τῶν ἀπίστων folgt, so kann es ebenso gut in der gleichen Weise wie in der früheren Stelle gefaßt werden, und wenn wir, wie billig, die eine Stelle im Lichte der anderen betrachten, so müssen wir es so nehmen.

Ähnlich verhält es sich mit den einschlägigen Stellen bei den Alexandrinern. Die ἀκροαταί, die Origenes Contra Cels. III, 51 und In Jerem. hom. 5 c. 13 (ed. De la Rue I, 481; III, 157) erwähnt, sind gar keine Katechumenen und noch weniger Katechumenen einer besonderen Klasse. An der einen Stelle sind sie vielmehr solche, welche zwar in die Kirche eintreten wollten, aber in den kirchlichen Verband, zunächst in den Katechumenat, noch nicht aufgenommen waren. An der anderen Stelle sind sie Zuhörer eines christlichen Redners überhaupt; der Ausdruck umfaßt somit sowohl die Gläubigen als die Katechumenen. Die Sache steht schon nach dem Zusammenhang außer Zweifel. An anderen Orten wird der Begriff der „Hörenden" überdies mit ausdrücklichen Worten klar gestellt. In Jerem. hom. 18 c. 8 lesen wir: Καὶ τῶν ἀκουόντων ταῦτα, εἴτε κατηχουμένων καταλιπόντων τὸν ἐθνικὸν βίον, εἴτε πιστῶν ἤδη προκεκοφότων κτλ., in Num. hom. 3 c. 1: Haec ... diximus propter nonnullos eorum, qui ad **audiendum** nec simplici nec fideli mente conveniunt; de quibusdam dico catechumenis, quibus fortasse nonnulli etiam eorum, qui iam baptismum consecuti sunt, sociantur.[1] Etwas anders steht es mit den ἐπαΐοντες, von denen Klemens v. A. Strom. VI, 11, 89 p. 785 spricht. Das Wort bezieht sich nur auf die Katechumenen, von denen an der Stelle die Rede ist. Aber für einen Klassenunterschied unter den Katechumenen beweist auch diese Stelle nichts. Das Wort ist gleich dem lateinischen audiens nur ein anderer Ausdruck zur Bezeichnung der Katechumenen.

Die Worte ἀκροώμενοι und γόνυ κλίνοντες sind nach dem Angeführten als Namen zur Bezeichnung von Katechumenatsklassen unbedingt zu streichen, die Dreiteilung des Katechumenates demgemäß als unrichtig aufzugeben.

Indessen ist auch die Zweiteilung: 1. κατηχούμενοι, φωτιζόμενοι oder βαπτιζόμενοι, 2. catechumeni, competentes, electi oder auch baptizandi electi, nicht haltbar.[2] Insofern mag sie zwar be-

---

[1] Vgl. Mayer Geschich. des Katechumenats S. 31.

[2] Der gewöhnliche Name für die Taufkandidaten war in der griechischen Kirche, wie die Katechesen Cyrills und die Apostolischen Konstitutionen zeigen, φωτιζόμενοι. Der Ausdruck βαπτιζόμενοι kommt in den AK. VII, 40; VIII, 8. 37 vor; VIII, 8 auch der Ausdruck μυούμενοι. In der lateinischen Kirche war der gewöhnliche Name

hauptet werden, als die Nichtgetauften überhaupt und somit auch die Kompetenten im Gegensatz zu den Getauften oder „Gläubigen" in einem gewissen Sinne als Katechumenen sich bezeichnen und demgemäß als eine besondere Klasse der letzteren sich betrachten lassen. Auf der anderen Seite aber unterliegt die Klassifikation erheblichen Schwierigkeiten. Sie ist schon sprachlich bedenklich; denn sie setzt voraus, daß das Wort catechumenus bald zur Bezeichnung aller Katechumenen, bald zur Benennung eines bloßen Teiles derselben gebraucht worden sei, eine Annahme, die gewiß wenig wahrscheinlich ist. Der Grund ist allerdings für sich noch nicht entscheidend. Aber er steht auch nicht allein. Es läßt sich nachweisen, daß das christliche Altertum den fraglichen Sprachgebrauch nicht kannte, indem es die Kompetenten wenigstens im allgemeinen gar nicht mehr als Katechumenen betrachtete. Eine Reihe von Kirchenvätern, die freilich, so viel ich sehe, bisher gar nicht oder nur sehr ungenügend in unserer Frage berücksichtigt wurden, legen dafür das bestimmteste Zeugnis ab.

Der älteste ist der hl. Cyrill von Jerusalem. Bekanntlich sind die Katechesen erhalten, die derselbe vor den Taufkandidaten in Jerusalem gehalten hat. Ihre Zahl ist, die Prokatechese nicht gerechnet, 23, und die ersten 18, gehalten in der Quadrages, waren an die φωτιζόμενοι oder die eigentlichen Taufkandidaten, die weiteren 5, mystagogische genannt und in der Osterwoche gehalten, an die Neugetauften gerichtet. Das Verhältnis der Taufkandidaten wird hier zwar nicht ex professo besprochen. Auf der anderen Seite konnte es aber auch doch nicht ganz unberührt bleiben, und in der That giebt der Kirchenvater, wenn auch nur in gelegentlichen Bemerkungen so bestimmten Aufschluß über dasselbe, daß zu verwundern ist, daß seine Aussprüche bisher wenig in Betracht gezogen wurden.[1] Er stellt nämlich seine Zuhörer den Katechumenen

---

competentes. Wir begegnen ihm bei Ambrosius Ep. 20 c. 4, Augustinus Sermo 216 c. 1; 228 c. 1; 352 c. 2; De fide et op. c. 6 n. 9; De cura ger. pro mort. c. 12; Retract. I, 17; bei der Synode von Agde 506 c. 13; bei Zeno von Berona, Ferrandus von Karthago, Isidor von Sevilla und Rabanus Maurus an den unten anzuführenden Stellen. In der römischen Kirche begegnen uns vorzüglich die Ausdrücke electi (Siric. ep. ad Him. c. 2. Joann. diac. ep. ad Senarium c. 4—6; vgl. unten S. 228) und baptizandi electi (Leon. ep. 16 c. 5—6).

[1] In der neuesten einschlägigen Schrift (Rochat, Le catéchumenat au IVme siècle d'après les catéchèses de St. Cyrille de Jérusalem 1875) werden die Katechesen Cyrills unter diesem Gesichtspunkte gar keiner Prüfung unterzogen. Der Verfasser geht vielmehr (S. 40) einfach von der Dreiteilung des Katechumenates als feststehendem Axiom aus.

wiederholt als einen verschiedenen kirchlichen Stand gegenüber. Procatech. c. 6 fordert er sie auf, zu bedenken, welche Gnade Gott ihnen
gegeben habe; Katechumenen seien sie genannt worden, da sie von außen
her angesprochen wurden, die Hoffnung hörend und sie nicht verstehend
u. s. w. *Κατηχούμενος ἐλέγου*, sind seine eigenen Worte, *ἔξωθεν
περιηχούμενς· ἀκούων ἐλπίδα, καὶ μὴ εἰδὼς κτλ.* Procatech. c. 12
(und ähnlich Catech. V, 12) ermahnt er die Zuhörer, den Katechumenen
nicht kund zu thun, was sie in diesen Vorträgen hören. Dabei bezeichnet
er den Katechumenen als *τὸν ἔξω*, der diese Lehre nicht zu verstehen
im stande sei, während vom Taufkandidaten gesagt wird, er stehe *ἐν
μεθορίῳ*. Er erinnert ferner die Zuhörer, um ihnen die Pflicht der
Verschwiegenheit recht eindringlich zum Bewußtsein zu bringen, daß die
Geheimnisse auch ihnen nicht geoffenbart wurden, als sie noch Kate=
chumenen waren, und zugleich bemerkt er, daß sie, sobald sie die Ge=
heimnisse kennen gelernt haben, sofort auch einsehen werden, wie unwürdig
die Katechumenen seien, sie zu erfahren. In dem Proslogium der
Prokatechese endlich wird ganz im Einklang mit dem Bisherigen durch
einen Librarius (oder von wem sonst dieser Satz herrührt) die Be=
merkung gemacht, diese für die *φωτιζόμενοι* bestimmten Katechesen dürfen
nur die Taufkandidaten und die bereits Getauften lesen, nicht aber die
Katechumenen und andere Leute, die noch nicht Christen seien. Die
φωτιζόμενοι werden also in der Prokatechese von Cyrill so bestimmt
und so scharf von den Katechumenen unterschieden, daß kaum anzunehmen
ist, jene haben eine Klasse von diesen gebildet, und wenn nach den ange=
führten Stellen je noch ein Zweifel über den Sachverhalt bestehen sollte,
so würde derselbe durch folgende Stellen vollends gehoben. Catech.
V, 1 weist der Kirchenvater die Zuhörer auf die große Würde hin, die
der Herr ihnen verliehen habe, da sie aus dem Stande der Kate=
chumenen in den der Gläubigen versetzt worden seien (*ἀπὸ τοῦ
κατηχουμένων τάγματος εἰς τὸ τῶν πιστῶν μετατιθεμένοις*), und
ähnlich spricht er Catech. VI, 29 von einem Austritt aus der Klasse
der Katechumenen (*σοὶ τῷ ἐκ κατηχουμένων μεταβαλλομένῳ*). Catech.
I, 4 endlich bemerkt er dem Taufkandidaten, er erhalte einen neuen
Namen, den er früher nicht gehabt habe; bisher sei er Katechumene
gewesen, von nun aber werde er Gläubiger heißen.

Nach Cyrill kommt in der griechischen Kirche Chrysostomus in
Betracht. Indem er in Catech. ad illum. II, 1 (ed. Bened. II,
235) den Taufkandidaten bemerkt: *Πιστὸς γὰρ διὰ τοῦτο καλῇ, ὅτι*

πιστεύεις τῷ θεῷ κτλ., nennt er sie Gläubige ähnlich wie jener. Bei der Kürze der Stelle ist seine Auffassung allerdings nicht so ganz klar, und wenn sein Zeugnis allein stände, würde ihm nicht viel zu entnehmen sein. Mit den verwandten Stellen Cyrills zusammengehalten ist es aber doch nicht ohne Bedeutung. Wir dürfen aus ihm schließen, daß wahrscheinlich auch in Antiochien die Taufkandidaten dem Stande der Gläubigen, nicht dem Stande der Katechumenen beigezählt wurden.

Auch auf die koptischen Apostolischen Kanones oder die sog. Ägyptische Kirchenordnung[1] kann verwiesen werden. Sie halten die Katechumenen und Taufkandidaten streng auseinander, indem sie zuerst c. 42—44 von den einen, dann c. 45 von den anderen handeln, und die Anordnung beweist, daß sie die Kompetenten schwerlich noch als Katechumenen, vielmehr ebenso wie Isidor von Sevilla an der bald zu erwähnenden Stelle als einen neuen Stand über denselben betrachteten. Den Namen Gläubige haben sie für die Taufkandidaten nicht. Allein das ist Nebensache. Das Entscheidende ist, daß sie die Kompetenten nicht als Katechumenen fassen. Jene Bezeichnung findet sich auch sonst nicht weiter.

Indessen wollen wir auf diese Schrift wie auch auf Chrysostomus kein größeres Gewicht legen. Die Sache ist schon nach den Aussprüchen Cyrills nicht zweifelhaft. Der Kirchenvater stellt einerseits die Taufkandidaten in einer Weise den Katechumenen gegenüber, daß man leicht sieht, daß jene nicht als Katechumenen oder als eine besondere Klasse der Katechumenen angesehen wurden. Andererseits sagt er mit ausdrücklichen Worten, die Taufkandidaten haben den Stand der Katechumenen verlassen, und zweimal nennt er zugleich den Stand, in den sie eingetreten sind, den Stand der Gläubigen. Letzterem waren sie zwar noch nicht im vollen Sinne des Wortes eingegliedert — das geschah erst durch die Taufe — und der Kirchenvater giebt dieses selbst dadurch zu verstehen, daß er auch ihnen noch nicht die volle Heilslehre anvertraut, sondern nach der Taufe in den mystagogischen Katechesen einen Nachtrag zu den früheren Katechesen giebt. Sie galten m. a. W. noch als Proselyten. Aber immerhin wurden sie, wie aus dem Angeführten erhellt, dem Stande der Gläubigen und nicht dem Stande der Katechumenen beigezählt, und die gewöhnliche Annahme, die sie als Katechumenen faßt, steht daher mit den bestimmten Worten Cyrills von Jerusalem in Widerspruch.

---

[1] Ausgabe von H. Achelis in den Texten und Untersuchungen herausg. durch O. v. Gebhardt und A. Harnack VI, 4. Vgl. S. 87—94.

15*

Gegen dieses Urteil legen aber weiterhin noch mehrere abendländische Kirchenlehrer entschiedenes Zeugnis ab, vor allem der hl. Ambrosius und der hl. Augustinus. Zwar sind ihre Aussprüche nicht so umfassend wie der des orientalischen Kirchenvaters. Sie zählen die Taufkandidaten auch nicht den Gläubigen bei, so wenig als die ägyptische Kirchenordnung und die weiter anzuführenden Zeugen. Aber sie sagen wenigstens mit aller Deutlichkeit, daß dieselben nicht mehr als Katechumenen galten, und das ist hier zunächst genug, wo es sich um die Frage handelt, ob die Annahme von verschiedenen Katechumenatsklassen überhaupt begründet ist. Ambrosius erzählt nämlich Ep. 20 c. 4 seiner Schwester Marcellina, er habe an einem Sonntag dimissis catechumenis symbolum aliquibus competentibus in baptisteriis basilicae übergeben. Augustinus schreibt De fide et op. c. 6 n. 9: Quid autem aliud agit totum tempus, quo catechumenorum locum et nomen tenent, nisi ut audiant, quae fides et qualis vita debeat esse Christiani . . . Quod autem fit per omne tempus, quo in ecclesia salubriter constitutum est, ut ad nomen Christi accedentes catechumenorum gradus excipiat[1], hoc fit multo diligentius et instantius his diebus, quibus competentes vocantur, cum ad percipiendum baptismum sua nomina iam dederunt.

Ein weiterer Zeuge ist Zeno von Verona mit Tractatus 50, wo er das Osterfest catechumenis lucis viam, competentibus remissam omnium peccatorum bringen läßt. Die Stelle ist nicht so bestimmt wie die Aussprüche der eben genannten Väter. Aber immerhin werden die catechumeni und competentes deutlich genug als zwei verschiedene Stände auseinander gehalten. Ähnlich verhält es sich mit einem Ausspruch des Diakon Ferrandus von Karthago im 6. Jahrhundert. Er schreibt in dem Brief an Fulgentius von Ruspe: Hic . . . ad ecclesiam traditur; fit ex more catechumenus; post aliquantum nihilominus temporis propinquante sollemnitate paschali inter competentes offertur, scribitur, eruditur etc. (PL. 65, 378.) Dagegen drückt sich Isidor von Sevilla ein Jahrhundert später wieder mit voller Deutlichkeit aus. Indem er De eccles. officiis II, 21 ankündigt, er wolle jetzt von dem ordo ad fidem venientium handeln, fährt er unmittelbar fort: Quorum gradus primus est catechumenorum, se-

---

[1] So lesen mit Recht die Mauriner nach den Handschriften, während die früheren Herausgeber excipiant haben. Gradus ist daher Singular und Nominativ, nicht Plural und Accusativ.

cundus competentium, tertius baptizatorum; und indem er c. 22 auf die Taufkandidaten übergeht, leitet er den Abschnitt mit den Worten ein: Post catechumenos secundus competentium gradus est (PL. 83, 814 sq.). Die Anschauung begegnet uns noch im 9. Jahrhundert. Rabanus Maurus hält die Katechumenen und Taufkandidaten nicht bloß im allgemeinen auseinander, sondern er erklärt sie auch, mit den Worten Isidors, für verschiedene Stufen, indem er De clericorum institutione I, 26 schreibt: Post catechumenos autem secundus gradus est competentium (PL. 107, 311).

Daneben findet sich freilich auch ein paarmal eine andere Ausdrucks= weise. In der Beschreibung der Vorbereitung auf die Taufe, welche die kürzlich entdeckte Peregrinatio Silviae bietet, läßt die Verfasserin den Bischof von Jerusalem sagen, daß die Zuhörer die mysteria Dei secretiora noch nicht hören durften, weil sie adhuc cathecumini seien (ed. Gamurrini 1887 p. 107), während er doch Taufkandidaten vor sich hat. In der Epistula Joannis diaconi ad Senarium (PL. 59, 399), deren Zeit nicht sicher zu bestimmen ist, die aber vielleicht dem Anfang des 6. Jahrhunderts angehört, wird bei der Beschreibung des Katechumenates c. 4 bemerkt: Dehinc quodam profectu atque pro-vectu ille, qui dudum exsufflatus diabolicis laqueis pompisque renuntiaverat, symboli ab apostolis traditi iam meretur verba suscipere, ut qui paulo ante solum catechumenus dicebatur, nunc etiam vocetur competens vel electus, und c. 6 heißt der Tauf= kandidat electus sive catechumenus. Hier wird also der Ausdruck catechumenus auch zur Bezeichnung der Taufkandidaten angewendet, und man könnte aus diesem Sprachgebrauch schließen, daß zwischen den beiden Ständen doch nicht streng oder überall unterschieden worden sei, daß die Kompetenten auch zu den Katechumenen gerechnet und gleichsam als eine höhere Klasse im ganzen Stande der Katechumenen angesehen wurden. In der That mag man bisweilen oder da und dort so verfahren sein. Die Auffassung war ja nicht unmöglich. Der Ausdruck catechumenus konnte an sich auch in einem weiteren Sinne, zur Bezeichnung der Ge= samtheit der Proselyten angewendet werden, und in der neueren Zeit ist dieser Sprachgebrauch so eingebürgert, daß man Mühe hat, den anderen zu würdigen. Aber eine größere Verbreitung hatte sicher diese Weise nicht. Sonst würden nicht die zuverlässigsten Autoren alle das Gegenteil bezeugen. Zudem ist der abweichende Sprachgebrauch auch in jenen beiden Schriften nicht ganz ausgeprägt oder ausschließlich. Bezüglich der zweiten

Schrift genügt es, auf die angeführte Stelle zu verweisen. In der Peregrinatio Silviae aber klingt die andere Anschauungsweise durch, indem die Katechumenen von der Kirche ausgeschlossen werden, in der die Taufkandidaten unterrichtet werden. Cathecumenus autem, schreibt die Verfasserin (p. 105 ed. Gamurrini), ibi non intrat, tunc quando episcopus docet illos (sc. competentes, cf. p. 104) legem.

Das christliche Altertum kennt hiernach im allgemeinen, da die Ausnahmen nicht ins Gewicht fallen, keine Rangklassen im Katechumenat. Die Kompetenten, die etwa allein als eine besondere Abteilung in demselben in Betracht kommen könnten, bilden ihm einen eigenen Stand neben oder über den Katechumenen; teilweise werden sie geradezu den Gläubigen beigezählt. Der Katechumenenstand galt somit als ein einheitlicher. Der Unterricht mag allerdings da und dort vor verschiedenen Abteilungen und auch von verschiedenen Lehrern erteilt worden sein, wie wir solches aus der Geschichte des Origenes erfahren, der nach dem Zeugnis des Eusebius (H. E. VI, 15) im Laufe der Zeit, als die Zahl der Katechumenen in Alexandrien sich beträchlich mehrte, dieselben in zwei Abteilungen schied und die Unterweisung der Anfänger dem Heraklas übertrug, die der Fortgeschritteneren sich selbst vorbehielt. Allein das war trotz allen Scheines keine Klasseneinteilung in dem Sinn, wie sie hier in Frage steht. Denn nach der Klasseneinteilung, um die es sich handelt, sollten die einzelnen Klassen einen verschiedenen Rang in der Kirche behaupten, insbesondere eine verschiedene Stellung beim Gottesdienst einnehmen, was bei der Klasseneinteilung des gelehrten Alexandriners sicherlich nicht der Fall war. Letztere beruhte überhaupt auf einem mehr oder weniger zufälligen Grund, auf der zeitweilig besonders großen Anzahl der Katechumenen einer Kirche, und sie konnte und mußte daher zu anderen Zeiten und an anderen Orten fehlen.

Wir haben uns bisher vorwiegend auf die Litteratur der zweiten Hälfte des christlichen Altertums beschränkt, und wir gingen von dieser aus, weil sie uns bestimmtere Aufschlüsse über den Katechumenat giebt, als die Litteratur der früheren Jahrhunderte. Nur bei der Untersuchung über die Namen und Ausdrücke wurde bereits auf letztere Rücksicht genommen. Dieselbe ist indessen noch einer weiteren Prüfung zu unterziehen. Denn wenn auch meistens angenommen wird, daß ein ganz bestimmter Nachweis für die Katechumenatsklassen erst vom vierten Jahrhundert an zu führen sei, so will man in der älteren Litteratur mindestens mehr oder weniger deutliche Spuren derselben entdecken. Der

Gelehrte, der sich in der jüngsten Zeit am eingehendsten mit der Ange=
legenheit beschäftigt hat, meinte sogar die Wahrnehmung zu machen, daß
bei Tertullian und den Alexandrinern die Katechumenatsklassen schon mit
aller Bestimmtheit zu Tage treten, während im apostolischen Katechumenat
ein Unterschied unter den Katechumenen wenigstens implicite liege.[1] Die
Sache ist nach unserem bisherigen Resultat sehr unwahrscheinlich. Denn
wenn die Katechumenatsklassen da, wo sie die ausgebildetste Gestalt haben
sollten, bei näherer Betrachtung sich in ein Nebelbild auflösen, so werden
sie da, wo sie mehr oder weniger noch im Werden begriffen sein sollen,
vor einem scharfen Auge noch weniger stand halten. Sehen wir indessen
die einzelnen Beweisstellen näher an!

Während der Klassenunterschied, sagt man, noch gegen Ende des
zweiten Jahrhunderts nicht ausgebildet war, obgleich schon Justin leise
auf ihn hinweise, wenn er von Katechumenen rede, die in den christlichen
Glaubens= und Sittenlehren Unterricht erhalten, und von solchen, die
nach dem Bekenntnisse, diese Lehren zu glauben und ihnen gemäß leben
zu wollen, zum Gebete und zum Fasten verpflichtet werden, so treten
bei Klemens von Alexandrien dagegen die beiden Abteilungen bestimmter
und als förmliche Klassen auf. Denn dieser Schriftsteller rede von
einer ersten Katechese (Strom. V, 8 p. 675). Die erste Katechese setze
aber eine zweite, und die zweite Katechese ihrerseits setze natur= und
sachgemäß zwei Klassen von Katechumenen voraus. In der That er=
wähne Klemens nicht bloß Katechumenen, sondern auch Neokatechumenen,
νεοκατήχητοι (Strom. VI, 15 p. 805) und νεωστὶ κατηχούμενοι
(Paed. I, 6 p. 119). Zwar sei von ihm noch nicht eine so deutliche
Sprache zu erwarten, wie von seinem Schüler Origenes. Aber man
werde auch nicht die Annahme verwerfen können, die Einrichtung des
Katechumenates, die dieser als eine bestehende beschreibe, werde schon
zur Zeit des Lehrers vorhanden gewesen sein. Es seien ja insbesondere
die zwei Arten von Dienern Gottes, die Klemens unter den Gläubigen
und Gnostikern kenne, der Sklave und der Diener (Strom. I, 27 p. 423),
nur auf die beiden Katechumenatsklassen zu beziehen.[2] Das sind die
Stellen bei Klemens, aus denen eine Zweiheit von Katechumenatsklassen
hervorleuchten soll. Man braucht sie indessen nur unbefangen anzu=
schauen, m. a. W. man braucht nur nicht vorauszusetzen, was erst zu

---

[1] Probst, Lehre und Gebet in den drei ersten christl. Jahrhunderten 1871
S. 75—189. Vgl. namentlich S. 108.

[2] Probst a. a. O. S. 108—111.

beweisen ist, daß es nämlich einen Klassenunterschied unter den Kate=
chumenen gegeben habe, um sofort zu erkennen, daß sie einen Beweis
nicht ergeben. Was vor allem die beiden Katechesen anlangt, so erläutert
Klemens die Ausdrücke selbst, indem er von Milchnahrung und fester
Speise spricht. Folgt aber aus solcher Redeweise die Existenz von förm=
lichen Katechumenatsklassen? Gewiß nicht. Man müßte denn nur an=
nehmen, daß ein Fortschreiten in Lehre und Unterricht in einer und
derselben Klasse nicht denkbar sei. Die Erwähnung von Neokatechumenen
sodann beweist ebenso wenig für einen Klassenunterschied unter den Kate=
chumenen, als man aus der Rede von Neopresbytern eine Mehrheit von
Stufen im Presbyterat wird folgern wollen. Die fragliche Beziehung
der Sklaven und Diener endlich auf die Katechumenatsklassen unterliegt
um so größeren Bedenken, als sie in Widerspruch mit der sonst bei
Klemens üblichen Annahme von drei kirchlichen Ständen (1. Katechumenen,
2. Gläubige, 3. Gnostiker) steht.

Nicht besser steht es mit den Katechumenatsklassen bei Tertullian
und Origenes, obwohl dieser sie als eine bestehende Einrichtung be=
schreiben soll. Tertullian bedient sich zwar verschiedener Ausdrücke
zur Bezeichnung der Katechumenen. Außer den audientes und catechumeni spricht er von novitioli (De paenit c. 6), von accedentes
ad fidem und ingredientes in fidem (De idol. c. 24) sowie von
ingressuri baptismum (De bapt. c. 20). Ebenso erwähnt er eine
intellektuelle und sittliche Verschiedenheit unter den Katechumenen (De
paen. c. 6). Aber was thut das, müssen wir aufs neue fragen, zur
Sache? Läßt sich dieselbe Institution nicht mit verschiedenen Worten
bezeichnen? Giebt es nicht auch einen Fortschritt innerhalb einer und
derselben Klasse? Freilich verweist man uns, indem man dieses einzu=
räumen sich veranlaßt sieht, auf drei Untertauchungen und Widersagungen
mit dem Bemerken, daß sie eine derartige Auffassung ausschließen und
die Annahme von verschiedenen Katechumenatsklassen notwendig machen.
Allein auch diese Deutung ist nicht stichhaltig. Die beiden ersten Unter=
tauchungen, die sich allein auf den Katechumenat beziehen können, indem
die dritte die Taufe ist, fallen schon deswegen nicht besonders ins Ge=
wicht, weil sie nicht eigentlich, sondern nur allegorisch zu verstehen sind,
indem die eine in vollkommene Gottesfurcht, die andere in gesunden
Glauben und bußfertiges Gewissen gesetzt wird. Was aber die dreimalige
Widersagung betrifft, so steht sie durchaus in Frage, und sie aus der
dreimaligen Untertauchung abzuleiten, geht schon deshalb nicht an, weil

zwei von den Untertauchungen, wie bereits bemerkt, in Wirklichkeit gar nicht stattfanden. Zu alle dem beweist die dreimalige Widersagung, selbst wenn sie festzustellen ist, für einen Klassenunterschied unter den Katechumenen nichts. Denn die zweite fand dann beim Eintritt in den Stand der Kompetenten statt, und diese gehörten, wie wir schon gesehen, nicht mehr in die Kategorie der Katechumenen.[1]

Das entscheidende Zeugnis des Origenes für die Klasseneinteilung der Katechumenen soll Contra Cels. III, 51 stehen, wo wir lesen: „Die öffentlich lehrenden Philosophen treffen unter den Zuhörern keine Auswahl, sondern es findet sich ein und hört zu, wer da will. Die Christen aber prüfen vorher, so viel in ihren Kräften steht, die Seelen derer, die sie hören wollen, und unterrichten sie privatim, und wenn die Zuhörer (ἀκροαταί) vor ihrer Zulassung in die Gemeinschaft in dem Vorsatz gut zu leben hinlänglich erstarkt zu sein scheinen, dann endlich führen sie sie ein, indem sie eine eigene Klasse aus denen bilden, die eben anfangen und eintreten und das Symbol der Reinigung (die Taufe) noch nicht empfangen haben, sowie eine andere aus denjenigen, die nach Kräften den Entschluß zeigten, nichts anderes zu wollen, als was den Christen gefällt (τὴν προαίρεσιν οὐκ ἄλλο τι βούλεσθαι ἢ τὰ Χριστιανοῖς δοκοῦντα). Unter diesen (παρ᾽ οἷς) sind einige aufgestellt, um das Leben und den Wandel der Eintretenden (τῶν προσιόντων) zu erforschen, damit sie den Sündern den Zutritt in ihre gemeinschaftliche Versammlung untersagen, die anderen aber mit ganzer Seele aufnehmen und sie täglich besser machen." Die Stelle soll das Hauptzeugnis für die Klasseneinteilung des Katechumenates in der vornicänischen Zeit sein, indem die zwei Klassen von Christen, die hier zur Sprache kommen, beide als Katechumenen aufzufassen seien. Es liegt aber auf der Hand, daß diese Deutung unrichtig ist. Origenes giebt ja, indem er die Mitglieder der ersten Klasse als ungetauft bezeichnet, mehr als zur Genüge zu verstehen, daß die Mitglieder der zweiten Klasse getauft seien, und was gegen diese Auffassung bisher vorgebracht wurde, um die zweite Klasse als Katechumenatsklasse ansehen zu können, ist völlig grundlos und nur Ausfluß des Bestrebens, den Alexandriner eben um jeden Preis als Zeugen für die Katechumenatsklassen zu gewinnen. Die Mitglieder der zweiten Klasse, sagt man[2], werden durch Origenes keineswegs als Christen

[1] Vgl. Probst a. a. O. S. 115—117; 151 f.
[2] Zezschwitz, Der Katechumenat S. 111. Vgl. Probst a. a. O. S. 118 f.

oder Gläubige im engeren Sinn, ſondern nur als vollſtändig befähigt
zum Eintritt in die Reihen dieſer bezeichnet. Die Gemeinde ſelbſt habe
mehr als eine προαιρεσις und ein βουλεσϑαι zum Charakteriſtikum;
die Gläubigen ſeien vielmehr die, welche die δοκοῦντα ſelbſt beſitzen
und mit ihrem Namen (Χριστιανοί) normieren. Jene ſeien aber ſo
weit gebracht, daß ſie, was die Chriſten beſitzen, nun ſelbſtändig er=
wählen und im Gegenſatz zu ihrem früheren heidniſchen Stand „nichts
anderes“ begehren. Während vorher bei der erſten Klaſſe das letzte Ziel
objektiv benannt ſei nach dem, was ſie überkommen (dem Symbol der
Reinigung), ſei hier das Ziel ſubjektiv bezeichnet nach der für das ob=
jektive Ziel erlangten geiſtigen Diſpoſition u. ſ. w. Die zweite Klaſſe
ſoll alſo nicht aus den Gläubigen, ſondern nur aus ſolchen (von den
Katechumenen) beſtehen, die zur Aufnahme unter die Gläubigen bereits
vollſtändig reif ſeien. Aber es geht ja, wie bereits angedeutet wurde,
ſchon aus dem Gegenſatz, in den die zweite Klaſſe zur erſten geſtellt iſt,
mit aller Beſtimmtheit hervor, daß dieſe Auffaſſung falſch iſt, und wenn
durch dieſes Moment je noch ein Zweifel zurückgelaſſen würde, ſo müßte
derſelbe durch folgende Erwägung gehoben werden. Der Satz iſt mit
Anführung der beiden Klaſſen oder Stände noch nicht zu Ende. Origenes
ſpricht weiterhin noch von Perſonen, die mit Prüfung des Wandels der=
jenigen betraut ſind, die in die Kirche aufgenommen zu werden wünſchen,
und er läßt dieſe, was die Hauptſache iſt, aus der zweiten Klaſſe ge=
nommen werden. Dieſe Perſonen können aber nur Gläubige geweſen
ſein, da Katechumenen unmöglich mit einer derartigen Aufgabe betraut
wurden, und da ſie, wie das Satzgefüge ganz deutlich zeigt, aus den
Mitgliedern der zweiten Klaſſe gewählt wurden, ſo folgt, daß dieſe ſelbſt
aus Gläubigen oder Getauften beſtand. Der Sinn der Stelle iſt hie=
nach nicht im mindeſten zweifelhaft, und wenn gleichwohl in der Regel
eine andere Auslegung gegeben wurde, ſo iſt das nur ein Beweis von
der großen Befangenheit, mit der man zur Deutung der Stelle ſchritt.
Origenes ſpricht von Katechumenen und Gläubigen, nicht von zwei Klaſſen
von Katechumenen.[1] Und wie er dieſe hier nicht kennt, ſo weiß er von
ihnen auch nichts an anderen Orten. Aus der In Num. hom. 27
c. 1 vorkommenden Unterſcheidung einer dreifachen Nahrung (Milch für

---

[1] Die Stelle wurde ſchon von Haſſelbach in dem mir nicht zugänglichen
Programm De discipulorum, qui primis Christianorum scholis erudiebantur,
seu de catechumenorum ordinibus (1839) richtig erklärt. Vgl. Redepenning,
Origenes (1841) I, 359.

die Kinder, Gemüse für Schwache und Kranke, starke Speise für gesunde und kräftige Personen), bezw. einer dreifachen Lehre bei den Christen folgt bei ihm so wenig als bei anderen kirchlichen Schrift- stellern, die sich derselben oder einer ähnlichen Rede bedienen, ein Klassen- unterschied unter den Katechumenen. Die Stelle ist höchstens ein Beweis für das Vorhandensein der beiden Stände der Katechumenen und Gläu- bigen, und wer sie unbefangen prüft, wird nicht einmal diesen Unter- schied mit Sicherheit in ihr finden, indem die verschiedenen Eigentümlich- keiten, die hervorgehoben werden, sehr wohl auf die Verschiedenheiten unter den Gläubigen sich beziehen lassen. Mit mehr Recht könnte man auf die von Origenes vorgenommene Teilung der Katechumenen in An- fänger und Fortgeschrittenere sich berufen. Aber die Scheidung kann, wie wir bereits gesehen, aus einem anderen Grunde nicht in Betracht kommen.

Unsere Untersuchung ist nunmehr zu Ende. Die weiteren Stellen, die man etwa noch für den Klassenunterschied unter den Katechumenen aus der altchristlichen Litteratur anzuführen pflegt, haben so wenig mit der Sache zu thun, daß wir sie nicht glauben weiter beleuchten zu sollen, nachdem wir die wichtigeren alle einer näheren Prüfung unterzogen haben.

*   *   *

Es war nicht zu erwarten, daß das Ergebnis sofort allgemeine Annahme finden werde. Wer in einer Theorie aufgewachsen oder gar litterarisch mit ihr gleichsam verwachsen ist, entschließt sich nicht so leicht sie aufzugeben, mag auch ihre Unhaltbarkeit noch so klar bewiesen sein. Die Gegengründe sind ihm bei seiner Stimmung schwer verständlich, und wenn etwa untergeordnete Punkte noch einer weiteren Aufhellung be- dürfen oder gar, wie es bei derartigen Problemen geschehen kann, ungelöst bleiben, so hält er sich an sie, um das Ganze zurückzuweisen.

In solcher Lage befand sich J. H. Kurtz. Nachdem er in seinem Lehrbuch der Kirchengeschichte durch acht Auflagen hindurch die Dreiteilung des Katechumenates vertreten hatte, sollte er sie in der neunten Auflage (1885) auf Grund meiner Kritik fallen lassen. Das war ein zu großes Opfer, und Kurtz wollte dasselbe um so weniger bringen, als ihm meine Beweisführung geradezu völlig verfehlt zu sein schien. Vier Gründe sollten unbedingt dagegen zeugen: 1. weil das Bußinstitut das Heraus- fallen aus der Taufgnade zur Voraussetzung gehabt habe; 2. weil der Kanon von Neocäsarea mit seinem κατηχούμενος ἁμαρτάνων, ἐὰν μὲν γονυκλίνων, ἀκροάσθω, mit zwingender Notwendigkeit fordere,

das γονυκλίνειν als Katechumenatsstufe anzusehen; 3. weil diefer Kanon
den Sünder unzweifelhaft schon nach erstmaligem, nicht, wie ich völlig
unbefugt hineindeuten müffe, erst nach zweimaligem Rückfall und zwei=
maliger fruchtlofer Bestrafung (durch vermeintliche Verfetzung in die
vermeintlichen Büßerklaffen der γονυκλίνοντες und ἀκροώμενοι) völlig
ausgeftoßen wiffen wolle; 4. endlich weil das γονυκλίνειν der Kate=
chumenen, wie das der Gemeinde beim Beten, auch fprachlich ein durchaus
anderer Begriff fei als die ὑπόπτωσις der Büßenden.[1]

Die Gegengründe find aber nichts weniger als stichhaltig.   Der
erfte beruht, wie man fieht, auf der Vorausfetzung, das Altertum habe
nur Getaufte zur Buße verwiefen.   Wie unrichtig aber diefe Voraus=
fetzung ift, zeigt der Kanon 14 von Nicäa, wo auch die gefallenen Kate=
chumenen unter die Büßer verwiefen werden.   Oder follten die hier
erwähnten ἀκροώμενοι etwa ebenfalls als Katechumenen zu faffen fein?
Das wird heute wohl niemand mehr behaupten.   Der zweite Einwand
befteht einfach in Wiederholung einer alten Behauptung, nachdem diefelbe
als irrtümlich nachgewiefen worden, und ift daher nicht weiter zu wider=
legen.   Der dritte Einwand ftützt fich auf eine von mir felbft gewürdigte
Schwierigkeit, und er betont diefe Schwierigkeit in ungebührlicher Weife,
um in ihr eine Inftanz gegen meine ganze Interpretation zu gewinnen.
Gegen ein folches Verfahren ift aber an die unendlich größeren Schwierig=
keiten zu erinnern, mit denen die frühere Deutung zu kämpfen hat.   Es
foll hier nur eines hervorgehoben werden.   Nach der von Kurtz ver=
tretenen Anschauung gab es im chriftlichen Altertum Katechumenatsftufen
unter den Namen ἀκροώμενοι und γονυκλίνοντες. Wie follte es nun
denkbar fein, daß eine fo tief in das chriftliche Leben einschneidende In=
ftitution in der gefamten altchriftlichen Litteratur, abgefehen von dem
bekannten Kanon von Neocäfarea, nirgends erwähnt wird? Diefe Frage
muß vor allem ins Auge gefaßt und in befriedigender Weife beantwortet
werden, bevor gegen meine Erklärung der Vorwurf unbefugten Hinein=
deutens erhoben wird.   Im übrigen fällt der ganze Einwand jetzt mit
der neuen Deutung des Wortes γόνυ κλίνων dahin.   Daffelbe trifft
bei dem vierten Gegengrund zu.   Der Einwand konnte aber auch schon
früher nur dann erhoben werden. wenn bei Löfung des Problems ein
fehr wichtiger Punkt außer acht gelaffen wurde.   Γόνυ κλίνειν und
ὑποκλίνειν find allerdings nicht ganz identifche Begriffe.   Aber die

[1] Lehrbuch der KG. 9. A. I, 154.

Worte gehen begrifflich doch auch nicht so weit auseinander, daß sie nicht zur Bezeichnung einer und derselben Sache verwendet werden konnten; und wenn man nun berücksichtigt, daß γόνυ κλίνων als allenfallsiger Ausdruck zur Bezeichnung eines kirchlichen Standes ein ἅπαξ λεγόμενον ist, indem das Wort in dieser Bedeutung außer der fraglichen Stelle in der gesamten altchristlichen Litteratur nirgends vorkommt; wenn man ferner erwägt, daß der γόνυ κλίνων, falls das Wort einen kirchlichen Stand bezeichnet, aller Wahrscheinlichkeit nach als Büßer zu fassen ist, dann konnte es nicht gewagt sein, den nur hier vorkommenden Ausdruck mit dem sonst gewöhnlichen ὑποπίπτων zu identifizieren. Der Schluß wurde ja, wie wir oben gesehen, nur in umgekehrter Richtung, auch schon früher gezogen. Indessen ist der Punkt jetzt anders erledigt, da ich unter dem γόνυ κλίνων nicht mehr eine Büßerklasse verstehe.

Ähnlich wie Kurtz erging es G. v. Zezschwitz, und die Erscheinung begreift sich bei ihm noch mehr, da meine Kritik für ihn in das litterarische Wirken viel tiefer einschnitt als für jenen. Er erkannte zwar an, daß nach meiner Darlegung die historische Untersuchung neu aufgenommen werden müsse. So weit ich aber sehe, hat er diese Aufgabe nicht in Angriff genommen, sondern er ließ es bei der Gegenbemerkung, die er meiner Auffassung sofort widmete.[1] So kurz er indessen meine Ausführung glaubte abthun zu können, so kurz läßt sich seine Kritik widerlegen. Sie beruht auf einem einfachen und vollen Mißverständnis. Da ich nachwies, daß Cyrill von Jerusalem die Taufkandidaten den Gläubigen beizähle, so läßt er mich selbst die Kompetenten den Getauften als Gläubige gleichstellen und nur eine einzige Stufe der Vorbereitung der Proselyten annehmen, während die Kompetenten für mich so gut wie für jeden anderen Proselyten sind, meine dieselben betreffende Ausführung nur dahin ging, daß das Altertum sie nicht als Katechumenen bezeichnete, und ich jene Auffassung selbst Cyrill nicht zuschrieb und nicht zuschreiben konnte, weil der Kirchenvater die Taufkandidaten, wenn er sie bereits auch Gläubige nennt, doch trotz dieser Bezeichnung noch zu deutlich als Proselyten behandelt, als daß darüber ein Mißverständnis möglich wäre.

Einen kleinen Anstoß nahm an meiner Auffassung auch H. J. Holtzmann.[2] Er kann sich wenigstens darein nicht ganz finden, daß

---

[1] Katechetik und Homiletik, in dem Handbuch der theol. Wissenschaften herausg. von Zöckler III (1883), 238; 2. A. IV (1885), 107.
[2] Die Katechese der alten Kirche, in den Theologischen Abhandlungen zu Weizsäckers 70. Geburtstag 1892 S. 59—100. Vgl. S. 86 Anm. 1; 91.

ich, wie er sich ausdrückt, den ganzen Katechumenenstand in der Gruppe
der audientes aufgehen lasse, da die competentes keine eigentlichen
Katechumenen mehr seien. Indessen muß er selbst anerkennen, daß die
Alten, soweit sie sich darüber aussprechen, die Taufkandidaten nicht mehr
zu den Katechumenen rechnen, und mehr behauptete auch ich eigentlich
nicht. Im Grunde stimmt er daher meiner Beweisführung selbst nach
dieser Seite hin zu, von den weiteren Punkten gar nicht zu reden.

Die Darlegung, welche ich von der Stellung des Origenes zu der
Frage gab, fand einen Widerspruch bei Probst. In seiner neuesten
einschlägigen Schrift[1] hält er seine alte Anschauung vollständig aufrecht,
und während er früher bei der Hauptstelle des Alexandriners (Contra
Cels. III, 51) sich auf die Erklärung stützte, welche Zezschwitz von derselben gab, versucht er jetzt eine eigene Beweisführung. Er bemüht sich
darzuthun, daß das Symbol der Reinigung, von welchem Origenes
spricht, nicht von der Taufe, wie ich es deutete, sondern vom Exorcismus
und der Widersagung im Katechumenatsritus zu verstehen sei, und weist
mich darüber zurecht, daß ich die Worte $\pi\alpha\rho'$ $o\tilde{\iota}\varsigma$ mit „unter ihnen"
übersetzte, während $\pi\alpha\rho\grave{\alpha}$ doch „bei" oder „an der Seite" bedeute. Ich
lasse mir diese Berichtigung gefallen. Nur sehe ich nicht ein, wie sie
an der Sache viel ändern sollte. Ich habe deswegen auch oben die alte
Übersetzung beibehalten, derselben indessen, wie schon früher, so jetzt aufs
neue die griechischen Worte beigefügt, um anzuzeigen, daß das Wörtchen
„unter" für mich keineswegs entscheidend ist. Ich sehe auch davon ab,
daß Probst meine Darlegung nicht gerade sorgfältig las, indem er mich
unter den $o\tilde{\iota}\varsigma$ „die Klasse der eben Anfangenden und Eingeführten" verstehen läßt. Ich beziehe das Wort vielmehr ausdrücklich, wie er selbst, auf
den unmittelbar vorhergehenden Satzteil oder die Mitglieder der anderen
Klasse.[2] Nur sehe ich in diesen nicht Katechumenen oder Katechumenen
einer höheren Klasse, sondern Getaufte oder Gläubige. Ich fasse sie in
erster Linie so, weil sie nach dem Kontext oder dem weiter vorausgehenden
Satzteil als Leute zu betrachten sind, welche das Symbol der Reinigung
empfangen haben, und ich halte an dieser Auffassung auch jetzt noch fest,
da die Gründe, die Probst dagegen anführt, offenbar unrichtig sind.
Während der Ausdruck seine Bedeutung klar genug an der Stirne trägt,

---

[1] Geschichte der kath. Katechese 1886 S. 6—9.

[2] Noch besser indessen wird das $\pi\alpha\rho'$ $o\tilde{\iota}\varsigma$ zurückbezogen auf $X\rho\iota\sigma\tau\iota\alpha\nuo\acute{\iota}$ am
Anfang des ganzen Satzes. Für die Sache ist aber diese exegetische Frage ohne
Belang, da auch die „andere Klasse" aus Christen besteht.

will Probst zunächst finden, daß Origenes In Jesu Nave hom. 26 c. 2
das Symbol auf die Widersagung beziehe. Und da das Wort „empfangen"
für die Widersagung allein nicht paßt, indem sie nicht empfangen wurde,
so bemerkt er weiter, daß die Katechumenen den Exorcismus durch Handauflegung des Bischofs empfingen, mit der die Widersagung verbunden
war, und daß durch den Exorcismus auch die Seele gereinigt wurde,
wie namentlich Cyrill von Jerusalem Procat. c. 9 bezeuge. Ist aber
damit die Sache bewiesen? Gewiß wurde dem Exorcismus eine reinigende
Kraft zugeschrieben. Allein die eigentliche und volle Reinigung vollzog
sich nicht durch diese Ceremonie. Das Symbol der Reinigung schlechthin
war die Taufe, und von dieser redet auch Origenes ausdrücklich in der
Stelle, welche für Probst den Ausgangspunkt seines Beweises bildet. Die
Stelle lautet nämlich: Quid prodest ambulare per eremum, hoc
est, quid nos iuvat in baptismo saeculo renuntiasse et morum
nostrorum pristinas sordes ac vitiorum carnalium immunditias
retinere? Neben der Taufe spricht die Stelle allerdings auch von der
Widersagung. Es war aber auch mit der Taufe eine Widersagung verbunden, und Origenes kann nach seinen Worten nur diese, nicht eine
etwaige frühere gemeint haben. Die Stelle führt uns also in unserer
Frage nicht von der Taufe hinweg, sondern zu ihr hin, und dies mit
aller Sicherheit, da der Autor unmittelbar weiterfährt: Oportet ergo
post digressionem rubri maris, id est post gratiam baptismi au-
ferri a nobis etc. Meine frühere Ausführung über Origenes bleibt
in voller Kraft daher bestehen.

So entschieden ich indessen in diesem Punkte Probst widerspreche,
so besteht doch im übrigen zwischen uns keine gar große Differenz. In
einem Hauptpunkt, in Verwerfung der Dreiteilung des Katechumenats,
stimmen wir vielmehr überein. Er bezieht[1] die Worte ἀκροᾶσθαι und
ἀκροώμενος im Kanon 5 von Neocäsarea, von deren Deutung diese
Frage ja fast völlig abhängt, ausdrücklich auf das Bußwesen, und wie
in ihnen so findet er auch in dem γόνυ κλίνων keine Katechumenatsklasse. Die Deutung, die er diesem Worte mit Mayer[2] oder vielmehr
mit Hefele[3] giebt, indem er die Worte wiederholt, mit denen dieser Gelehrte die Mayersche Erklärung wiedergiebt: es sei eine Bezeichnung der

---

[1] Katechese und Predigt vom Anfang des 4. bis zum Ende des 6. Jahrhunderts 1884 S. 39—43.

[2] Gesch. des Katechumenats S. 66.

[3] Konziliengeschichte 2. A. I, 246.

Katechumenen, und diese rühre daher, weil die Katechumenen nach der
Homilie, während der Diakon über sie betete, knieten, ist freilich unrichtig.
Sie scheitert ebenso an der Fassung unseres Kanons wie an dem Um=
stand, daß, wie die Apostolischen Konstitutionen VIII, 6—9 zeigen, das
fragliche Knieen auch bei dem Gebete für alle anderen kirchlichen Stände
üblich war, und sie verdankt, wie die früheren Erklärungen überhaupt,
nur der großen Schwierigkeit ihre Entstehung, welche der Kanon der
Interpretation bereitete.   Der Punkt kommt aber hier nicht weiter in
Betracht, da er die Frage nach der Zahl der Katechumenatsklassen nicht
berührt.   Ebenso sind die weiteren Differenzen von keinem größeren
Belang.   Probst nimmt nämlich zwei Katechumenatsklassen an, indem er
auch die Kompetenten zu den Katechumenen rechnet oder den Katechumenen
der niederen Klasse als höhere anreiht, und den zwei Klassen läßt er
überdies noch eine Vorbereitungsstufe vorausgehen.   Von dieser erklärt
er aber ausdrücklich, daß sie keine eigentliche Klasse sei. Jener Punkt ist
mehr formeller als sachlicher Art, da beide Auffassungen Katechumenen
und Kompetenten haben und nur das in Frage ist, ob die Kompetenten
nach der Anschauung des Altertums ein besonderer Stand neben oder
über den Katechumenen oder eine besondere Klasse derselben sind. Mein
Urteil darüber ist bekannt.   Was aber die Vorbereitungsstufe anlangt,
die im ganzen eine Schöpfung von Probst ist, so ist so viel richtig, daß
die Kirche die Proselyten vor der Aufnahme in den Katechumenat einer
strengen Prüfung unterzog, Beseitigung etwaiger Hindernisse verlangte
und mit der Zulassung zuwartete, bis jene Hindernisse gehoben waren. Den
eingehendsten Aufschluß geben darüber die Apostolischen Konstitutionen
VIII, 32.   Eine Prüfung ist aber keine Vorbereitung, und eine Vor=
bereitungsstufe ist um so weniger wahrscheinlich, als der Katechumenat
selbst eine Zeit der Vorbereitung ist und die Probstsche These somit zu
einer Vorbereitung für die Vorbereitung führt.   Doch mag man über
die Wahrscheinlichkeit denken, wie man will.   Bewiesen ist die These nicht.

    Aus den kirchenhistorischen Werken ist in den letzten Jahren die
alte These von der Dreiteilung des Katechumenats größtenteils ver=
schwunden.   Kurtz[1] ließ sie, nachdem er sie zunächst noch so zuversichtlich
verteidigt hatte, alsbald fallen.   Er spricht später nur mehr von zwei
Stadien, verrät aber im übrigen, da er jetzt die Kompetenten auch den
Namen $\gamma o \nu \nu \varkappa \lambda i \nu o \nu \tau \varepsilon \varsigma$ führen läßt, immer noch sehr geringes Ver=

---

[1] Lehrbuch der KG. 10. A. 1887 I, 1, 155.   Der Abschnitt steht auch noch
wörtlich in der 12. nach dem Tode des Verfassers erschienenen Auflage 1892.

ständis von der Sache. Ebenso lassen es Brück und Kraus neuestens bei der Zweiteilung bewenden.[1] Nur fügt jener noch in einer Anmerkung bei, daß die Dreiteilung ungewiß sei, während dieser in seine Darstellung die Bemerkung einflicht, daß durch mich die Annahme eines festen Klassen= unterschiedes für gänzlich unbegründet erklärt werde. Der Kirchenhistoriker, der eigentliche Sachkenntnis in der Frage bekundet, W. Möller[2], giebt die Klasseneinteilung sogar ganz auf, indem er die Kompetenten als eigene Klasse neben die Katechumenen stellt. Nur in zwei bemerkenswerten Ar= beiten ist, so viel ich sehe, die Dreiteilung noch neuestens beibehalten. Die eine ist die zweite Auflage der Kirchengeschichte von J. J. Herzog[3], die andere ist dem Verzeichnis der Namen S. 212 zu entnehmen. Dem Bearbeiter jenes Werkes dient aber zu einiger Entschuldigung, daß ihm bei seiner Lage die Litteratur schwerer zugänglich war. Von dem Ver= fasser des anderen Werkes läßt sich annehmen, er werde zu einer anderen Auffassung gelangen, sobald er dem Problem ein gründlicheres Studium zuwendet, und wenn nicht, so darf man wohl hoffen, die alte Fabel werde mit ihm aussterben.

IX.

Die Entwickelung des Osterfastens.[4]

Als die letzten eingehenderen Untersuchungen über das Osterfasten, bezw. seine Ordnung im christlichen Altertum, in Deutschland angestellt wurden, durch H. Liemke[5], F. Probst[6] und A. Linsenmayer[7], war man über die einschlägige Litteratur noch nicht so weit im Klaren, um bereits zu einem richtigen Ergebnis gelangen zu können. Eine Schrift,

[1] Brück, KG. 4. A. 1888 S. 102. Kraus KG. 4. A. 1896 S. 106.
[2] Lehrbuch der KG. I (1889), 265—267; 497—498.
[3] Abriß der gesamten KG. 2. A. von Koffmane I (1890), 151.
[4] Aus der Theol. Quartalschrift 1893 S. 179—225 erweitert.
[5] Die Quadragesimalfasten der Kirche 1853.
[6] Kirchliche Disciplin in den drei ersten christlichen Jahrhunderten 1873 S. 269—281.
[7] Entwickelung der kirchlichen Fastendisciplin bis zum Konzil von Nicäa 1877 S. 19—63.

welche in der Frage eine große Bedeutung hat, die Apostolische Didaskalia, kam erst nach der Arbeit Liemkes an die Öffentlichkeit. Als die
beiden anderen Untersuchungen erschienen, war sie wohl bereits gedruckt,
aber noch nicht zu einer weiteren Kenntnis gelangt. Infolge dessen
bestand über eine zweite wichtige Schrift eine falsche Vorstellung. Die
Apostolischen Konstitutionen galten in den ersten sechs Büchern als ein
Produkt aus der zweiten Hälfte des 3. Jahrhunderts, während der Teil
eine Überarbeitung jener Schrift ist, die, wie seit Veröffentlichung der
Grundschrift feststeht, frühestens um die Mitte des 4. Jahrhunderts,
allem nach sogar erst am Anfang des 5. Jahrhunderts vorgenommen
wurde. Ebenso schrieb man eine dritte Schrift dem 3. Jahrhundert zu,
die Canones Hippolyti, während dieselbe nach meinen Nachweisen eine
die Apostolischen Konstitutionen voraussetzende ziemlich späte Kompilation,
jedenfalls, wenn sie je von Hippolyt herrühren sollte, für die Zeit desselben eine sehr unsichere Quelle ist, da in diesem Falle unbedingt spätere
Interpolationen anzunehmen sind. Eine Schrift, und zwar eine sehr
bedeutsame, blieb so bei der Untersuchung des Osterfastens in der vornicänischen Zeit außer Betracht, und umgekehrt wurden zwei andere in
Anspruch genommen, welche für eine spätere Zeit zeugen. Unter diesen
Umständen konnten Fehler nicht ausbleiben. Der Gegenstand bedarf daher,
dem heutigen Stand der patristischen Wissenschaft entsprechend, eine neue
Behandlung. Eine kurze Darstellung findet sich bereits in meiner Kirchengeschichte (2. A. S. 62, 176, 262). Ich gab sie hier, da die Geschichte
der kirchlichen Disciplin von großer wissenschaftlicher Bedeutung ist und
von den Kirchenhistorikern nicht so stiefmütterlich bedacht werden sollte,
als bisher meistens geschehen ist.[1] Da der Punkt indessen Jahrhunderte
lang eine andere Auffassung erfuhr, ist er noch ausführlicher zu erörtern.

Es handelt sich vornehmlich um das Osterfasten in den ersten drei
Jahrhunderten. Aber auch die weitere Entwickelung bedarf einer neuen
Behandlung. Die Aufgabe vollzieht sich hauptsächlich in Würdigung der
einschlägigen Zeugnisse.

1.

Die erste Nachricht erhalten wir durch Irenäus. Derselbe kommt
auf die Angelegenheit in dem Briefe zu sprechen, den er aus Anlaß des

---

[1] Hergenröther geht in seiner umfangreichen Kirchengeschichte auf das vornicänische Osterfasten gar nicht ein. Ähnlich Kraus. Brück beschränkt sich KG.
4. A. S. 118 auf die Bemerkung: „Hinsichtlich der Quadragesimalfasten herrschte
große Verschiedenheit", mit der im Grunde nichts gesagt ist.

Ofterfeierftreites an Papft Biktor (189—198) richtete und den uns Eufebius KG. V, 24, 11—18 zum Teil überliefert. Indem er anerkennt, daß das Geheimnis der Auferftehung des Herrn nur am Sonntag zu feiern fei, bittet er Biktor, nicht ganze Gemeinden, welche eine von den Vorfahren ererbte Sitte beobachten, von feiner Gemeinfchaft auszufchließen, und nachdem er mehreres in diefer Richtung vorgebracht, fährt er wörtlich fo fort: „Denn es handelt fich nicht bloß um den Tag, fondern auch fogar um die Art des Faftens; die einen glauben nämlich nur einen Tag faften zu müffen, die anderen zwei, andere noch mehrere; andere nehmen 40 Stunden des Tages und der Nacht zu ihrem Tage zufammen — οἱ δὲ τεσσαράχοντα ὥρας ἡμερινάς τε καὶ νυκτερινὰς συμμετροῦσι τὴν ἡμέραν αὐτῶν“. Das Ofterfaften dauerte hiernach zur Zeit des Kirchenvaters teils einen Tag, teils zwei, teils noch länger; teils umfaßte es einen Zeitraum von 40 Stunden. Drei der vier Angaben lauten ganz genau. Nur die dritte bedarf einer näheren Beftimmung. Wie weit ift über die Frift von zwei Tagen, der fie gegenüberfteht, hinauszugehen? Die Frage ift nicht ganz beftimmt zu beantworten. Als ficher darf aber gelten, daß das Mehr nicht erheblich war. Nach der Stelle felbft war das Ofterfaften im allgemeinen kurz, und wir brauchen dem Eindruck, den fie macht, um fo weniger zu mißtrauen, als er durch die folgenden Zeugniffe beftätigt wird. In keinem Fall darf man über die Karwoche hinausgehen. Vielleicht begann das Faften in den bezüglichen Kreifen erft am Donnerstag oder Mittwoch. Die Praxis war naturgemäß nicht erft damals aufgekommen, fondern fie beftand fchon länger. Irenäus hebt dies felbft hervor, indem er unmittelbar fortfährt: „Und eine folche Verfchiedenheit in der Beobachtung ift nicht erft zu unferer Zeit entftanden, fondern viel früher zur Zeit unferer Vorfahren, welche, wie es fcheint, gegen die genaue Form die Sache fefthaltend die aus Einfalt und Unkunde entftehende Gewohnheit für die Folgezeit gebildet haben. Und nichts defto weniger haben alle diefe den Frieden bewahrt, und bewahren wir ihn unter einander, und die Verfchiedenheit im Faften empfiehlt die Einheit im Glauben.“

Die Stelle ift im ganzen durchaus klar, und fie bedarf keiner weiteren Erläuterung. Nur über den Schlußfatz, der oben auch im griechifchen Wortlaut mitgeteilt wurde, ift einiges beizufügen. Rufin überfetzte denfelben fo: nonnulli etiam quadraginta, ita ut horas diurnas nocturnasque computantes diem statuant. Er bezieht demgemäß τεσσαράχοντα zu dem Vorausgehenden, bezw. ἡμέραν, nicht zu dem

folgenden ὥρας, und läßt die bezüglichen Christen so 40 Tage fasten.
Die Auffassung hat lange Zeit mehrfache Beistimmung gefunden. Neuer=
dings bekannte sich noch Probst zu ihr. Auch Weitzel[1] vertrat sie, ohne
indessen eine Begründung zu geben.   Sonst aber scheint sie heutzutage
allenthalben aufgegeben zu sein. Unter diesen Umständen könnte sie mit
Rücksicht auf das allgemeine Urteil ohne weiteres einfach abgelehnt werden,
zumal kein unbefangener Exegete über ihre Unhaltbarkeit auch nur einen
Augenblick im Zweifel sein kann.   Doch sollen die Gründe nicht unge=
prüft gelassen werden, welche der neueste Verteidiger für sie noch glaubte
anführen zu können.   Nicht alle sind in der Lage, die Sache rasch zu
durchschauen, und nach verschiedenen Anzeichen ist die falsche Deutung
noch heutzutage nicht ganz überwunden.

Probst[2] meint, Irenäus spreche im Anfang der Stelle von einem
Zweifel nicht bloß über den Tag des Fastens, sondern auch über die Art
des Fastens, also von zwei verschiedenen das Fasten betreffenden Gegen=
ständen, und demgemäß müsse in den folgenden Worten auch von diesem
doppelten Gegenstande die Rede sein.   Wirklich handle der Kirchenvater
zuerst von den Tagen des Fastens; weil er aber eine Verschiedenheit
der Speisen, Xerophagien u. s. w. nicht erwähne, müsse sich die Art des
Fastens auf die Stunden des Tages und der Nacht beziehen. Dieses
habe auch einen Artunterschied im Fasten gebildet, sofern einige nach
Ablauf des Tages aßen, wie dieses bei den Juden üblich gewesen sei,
die nach gehaltenem Tagesfasten bei Nacht selbst Gastmahle hielten,
während andere auch die Nacht fastend zubrachten.   Dieses vorausgesetzt,
müssen die Stunden, weil die Art des Fastens bezeichnend, von den Tagen
geschieden werden.   Die Worte οἱ μὲν μίαν ἡμέραν bis οἱ δὲ τεσσαράκοντα gehören daher zusammen: denn die Art des Fastens, ob bloß
bei Tag, oder auch bei Nacht, sei in einem eigenen Satze bezeichnet, der
darum nicht durch οἱ δὲ mit dem vorausgehenden verbunden sein könne,
sondern für sich bastehe.   Die Ausführung unterliegt jedoch einer Reihe
von Bedenken.   Es genügt eines hervorzuheben.   Irenäus soll von der
Art des Fastens im Unterschied von der Zeit desselben sprechen wollen,
und dies soll aus dem Anfang der Stelle erhellen.   Der Anfang wurde
aber völlig mißverstanden.   Der dort erwähnte Tag ist nicht als Tag
des Fastens zu verstehen, wie Probst übersetzt.   Wie die einleitenden
Worte οὐδὲ γὰρ μόνον περὶ τῆς ἡμέρας deutlich anzeigen, bezieht er

---

[1] Die christliche Passafeier 1848 S. 93, 217.
[2] Kirchliche Disciplin S. 273 f.

sich auf das, was bereits im Vorausgehenden behandelt ist, und wenn
wir dieses berücksichtigen, so stellt er sich als Tag der Osterfeier dar.
Irenäus will also gar nicht, wie Probst annimmt, von der Art des
Fastens im Unterschied von der Zeit handeln; er will nur von der Art
des Fastens sprechen, und was er unter dieser versteht, zeigt die nach=
folgende Darlegung, in welcher die verschiedene Dauer des Fastens in
verschiedenen kirchlichen Kreisen angeführt wird. Die Voraussetzung, von
der Probst ausgeht, ist also unrichtig, und mit ihr fällt die ganze Aus=
führung dahin.

Ferner liege, wie Probst[1] weiter bemerkt, indem er eine Bemerkung
von Beveridge wiederholt, in der Angabe der Fasttage von Einem bis
vierzig eine Steigerung, die innerhalb der Worte οἱ μὲν und οἱ δὲ
verlaufe und aufgehoben werde, wenn man vierzig auf Stunden beziehe.
Die Bemerkung ist indessen durchaus grundlos. Fürs erste ergiebt sich
auch bei der fraglichen Deutung keineswegs mit Sicherheit eine fort=
laufende Steigerung, da die πλείονες nicht notwendig weniger sind als
die τεσσαράκοντα und diese nicht notwendig mehr als jene. Zweitens
ist es überhaupt nicht notwendig, die Steigerung bis auf den Satz οἱ
δὲ τεσσαράκοντα κτλ. auszudehnen. Es ist sehr wohl denkbar, daß
Irenäus zunächst von denjenigen sprach, welche ihr Fasten nach Tagen
berechneten, und dann zuletzt noch solche erwähnte, welche eine gewisse
Anzahl von Stunden fasteten. Drittens zeigt der Wortlaut, daß die
Stelle wirklich so zu verstehen ist. Da vor πλείονας ein καὶ steht und
nicht vor τεσσαράκοντα, so erhellt deutlich, daß die Steigerung dort
ein Ende hat. Rufin hat das wohl gefühlt und demgemäß das etiam
vor quadraginta gesetzt. Wollte man zuletzt von 40 Tagen sprechen,
so konnte man nicht anders verfahren, und sicher hätte auch Irenäus
sich so ausgedrückt, wenn er ein 40 tägiges Fasten zu erwähnen gehabt
hätte. Dazu kommt ein anderes. Indem Irenäus im letzten Satzteil
das bestimmte Verbum gebraucht, verrät er, daß er hier etwas Neues
anführen wollte, also eine Praxis, die das Fasten nicht nach Tagen,
sondern nach Stunden berechnete. Andernfalls mußte er συμμετροῦντες
schreiben, nicht συμμετροῦσι.

Es folgen noch einige weitere Bemerkungen[2], und dieselben sollen
die Deutung indirekt begründen, indem sie die andere als unmöglich
darthun. Es wird erklärt: der Satz, daß die Christen den Tag ihres

---

[1] Kirchliche Disciplin S. 274.

[2] Probst, Kirchliche Disciplin S. 274 f.

Faftens nach 40 Stunden des Tages und der Nacht meffen, könne bei
diefer Deutung nichts anderes ausdrücken, als daß fie Tag und Nacht
faften. Wenn dem aber fo fei, wozu diene dann das Wort vierzig? Es
verftehe fich doch von felbft, daß, wenn fie 40 Stunden ununterbrochen
fafteten, diefes Tag und Nacht gefchehen mußte. Die 40 Stunden feien
daher neben der Angabe, fie faften Tag und Nacht, überflüffig und ftörend.
d. h. vierzig dürfe nicht mit Stunden verbunden werden. Überhaupt
fei es eine Ungereimtheit, den Zeitraum von 40 Stunden einen Tag zu
nennen. Die Argumente beftehen aber die Prüfung nicht beffer als die
früheren. Es verftehe fich von felbft, wird bemerkt, daß, wenn man
40 Stunden ununterbrochen fafte, diefes Tag und Nacht gefchehen müffe.
Freilich verfteht fich diefes von felbft. Die felbftverftändliche Bemerkung
wäre aber wohl auch unterblieben, wenn berückfichtigt worden wäre, daß
die ununterbrochene Fortdauer des Faftens bis auf 40 Stunden durch
den Kirchenvater eben durch die Zufammenfaffung von Tag und Nacht
angedeutet wird. Die 40 Stunden follen neben der Angabe, man fafte
Tag und Nacht, überflüffig und ftörend fein. Als ob „Tag und Nacht"
nur fo ohne weiteres = 40 Stunden wäre? Als ob die Worte nicht
ebenfowohl mehr als weniger bedeuten könnten? Es foll ungereimt fein,
den Zeitraum von 40 Stunden einen Tag zu nennen. Die Stelle fagt
diefes aber auch gar nicht oder wenigftens nicht in folcher Weife. Irenäus
fpricht nicht fchlechthin von einem Zeitraum von 40 Stunden, fondern
er hat einen ganz beftimmten, nur einmal im Jahre eintretenden Fall
vor Augen. Er nennt diefen 40 ftündigen Zeitraum auch nicht fchlechthin
Tag, fondern er bezeichnet ihn als den Tag, bezw. den Fafttag gewiffer
Leute. Und das ift fchwerlich ungereimt. Der Kirchenvater konnte bei
der fraglichen Praxis von einem Tag reden, da der in Betracht kommende
Zeitraum nicht auf zwei Tage fich erftreckte, wenn er auch über Einen
Tag hinausging. Er wollte vielleicht auch ein Wortfpiel bilden, indem
er, da er im Vorausgehenden von einer verfchiedenen Zahl von Tagen
des Faftens redete, bei der Erwähnung der Stundenpraxis zugleich auf
den Ausdruck Tag zurückgriff. Mit dem $\alpha\dot{v}\tau\tilde{\omega}\nu$ nach $\tau\grave{\eta}\nu$ $\dot{\eta}\mu\acute{\epsilon}\rho\alpha\nu$ wird
zudem angedeutet, daß der Tag nicht im engeren oder phyfifchen Sinn
zu verftehen. Die Ausdrucksweife ift alfo in keiner Weife zu beanftanden.
In ihrer prägnanten Kürze läßt fie fich fogar als fchön bezeichnen. In=
deffen mag man diefes Urteil ablehnen und, wenn man will, die Aus=
drucksweife etwa eigentümlich oder fonderbar finden. Das ergiebt aber
noch keinen Grund, fie für unmöglich zu erklären und zu verwerfen. Das

Satzgefüge schließt ebenso die Beziehung des τεσσαράκοντα auf das Vorhergehende aus, als es seine Verbindung mit dem Folgenden fordert, und dieses Moment giebt bei der Erklärung der Stelle den Ausschlag. Ob uns ein einzelner Ausdruck mehr oder weniger mißfällt, ist dabei von durchaus untergeordneter Bedeutung.

Indem die fragliche Deutung widerlegt wurde, waren bereits auch die Hauptgründe zu berühren, welche die andere Erklärung bedingen. Sie liegen in dem καὶ vor πλείονας und in der Form des Verbums im letzten Satzteil. Es kommen aber auch noch die Schwierigkeiten in Betracht, denen die fragliche Deutung unterliegt. Probst ließ dieselben wohlweislich auf sich beruhen. Sonst hätte er seine Deutung auch nicht einen Augenblick halten können. Es genügt, einen Punkt hervorzuheben. Was soll, muß man fragen, wenn in der Stelle nur von einem Fasten nach Tagen die Rede ist, was soll dann der Schlußsatz bedeuten: ihren Tag bemessen sie nach den Stunden des Tages und der Nacht? Die Antwort giebt uns Probst selbst. Seine oben erwähnte Erklärung bezieht sich allerdings auf die von ihm bekämpfte Deutung. Sie gilt aber offenbar auch für seine eigene Deutung. Der Satz kann auch in diesem Falle nichts anderes ausdrücken, als: sie fasten Tag und Nacht, d. h. ununterbrochen. Die Deutung führt also zu einem ununterbrochenen 40 tägigen Fasten, und man braucht nur diese Konsequenz herauszustellen, um den letzten Zweifel in der Sache zu heben.[1]

Irenäus erwähnt hiernach ein 40 tägiges Fasten nicht. Das Osterfasten umfaßt ihm höchstens zwei Tage oder etwas mehr. Indessen schweigt er über die Quadrages nicht bloß einfach, sondern er schweigt unter Umständen, welche sein Schweigen zum Beweis erheben, daß dieselbe noch gar nicht bestand oder ihm wenigstens unbekannt war. Seine Absicht war, Viktor in der Angelegenheit der Feier des Osterfestes von einem Bruch mit den Vertretern der abweichenden Praxis zurückzuhalten, und er wollte dieses erreichen, indem er den Papst auf eine andere und mit jener in Verbindung stehende Verschiedenheit hinwies. Das Interesse erheischte es also, diese Differenz in ihrer ganzen Größe zur Darstellung zu bringen, und daß Irenäus sich dessen wohl bewußt war, zeigt die oben angeführte zweite Stelle, wo mit Nachdruck von der so großen Verschiedenheit die Rede ist. Eine 40 tägige Übung konnte demgemäß nicht unerwähnt bleiben, wenn eine solche bekannt war. Sie läßt sich

---

[1] Es kann bemerkt werden, daß auch die armenische Übersetzung der Kirchengeschichte des Eusebius von 40 Stunden redet, nicht von 40 Tagen.

auch nicht etwa unter die Worte *καὶ πλείονας* subsumieren, da die Steigerung, welche sie enthalten, nicht so weit auszudehnen ist. Sie mußte ausdrücklich erwähnt oder wenigstens sicher angedeutet werden, und wenn weder das eine noch das andere geschieht, so folgt eben, daß die Übung dem Kirchenvater unbekannt war, näherhin, da er ebensowohl im Morgenland als im Abendland zu Haus war, daß sie noch nicht bestand.

Der zweite Zeuge ist Tertullian. Er bezeichnet De ieiun. c. 2 als die Zeit des kirchlichen Osterfastens die Tage, in quibus ablatus est sponsus, und er fügt bei: hos (dies) esse iam solos legitimos ieiuniorum Christianorum. Die Sprache ist so deutlich als möglich, und die Glaubwürdigkeit erleidet nicht etwa dadurch einen Eintrag, daß Tertullian die Worte erst schrieb, nachdem er mit der Kirche gebrochen hatte. Im Gegenteil. Tertullian tritt in der Schrift De ieiunio als Anwalt für seine neue religiöse Gesellschaft und als Polemiker gegen die alte Kirche auf, und so machte es ihm schon die bloße Klugheit zur Pflicht, sich in Angaben über thatsächliche Verhältnisse keine Blöße zu geben. Dazu kommt ein zweites. Die Montanisten, zu denen er über= getreten war, hatten die Fasten nicht verringert, sondern verlängert, und da es galt, die Neuerung gegenüber der Kirche zu verteidigen, so konnte er sich allenfalls versucht fühlen, die Zahl der in der Kirche üblichen Fasttage zu vergrößern, aber nicht, sie zu vermindern. Es ist deshalb unbegreiflich, wie man neuerdings[1] behaupten konnte, sein Schweigen über die Quadrages beweise, daß dieselbe in der römischen Kirche be= standen habe, da er dies als Montanist und scharfer Ankläger sonst den dortigen Gläubigen gewiß zum schweren Vorwurf gemacht hätte. Der Sach= verhalt wird damit geradezu auf den Kopf gestellt. Da Tertullian gegen= über dem kurzen kirchlichen Fasten das längere der Montanisten zu recht= fertigen hatte, so mußte er auf eine längere Übung hinweisen, wenn eine solche irgendwo bestand, und sicher hätte er die römische Kirche als die Hauptkirche der katholischen Christenheit nicht unerwähnt gelassen, wenn sie das 40 tägige Fasten damals schon gehabt hätte; denn so konnte er die Gegner am einfachsten und schnellsten zu Paaren treiben, indem er ihnen bemerkte: die Praxis der Montanisten, die sie als ungerechtfertigte Neuerung anfechten, gehe ja nicht so weit, als die Praxis der Kirche, welche sie als Hauptkirche anerkennen, da ihr Fasten nur zwei Wochen dauere, das Fasten der Römer aber 40 Tage umfasse. Die Sache ist

---

[1] Katholik 1892 I, 457.

völlig klar. Die Angabe Tertullians über das kirchliche Osterfasten unterliegt keinem Bedenken. Sein Schweigen über die Quadrages kann nur dahin gedeutet werden, daß er die Übung noch nicht kannte. Und wenn über die Zulässigkeit der Folgerung je noch ein Zweifel obwalten könnte, so müßte er durch die Berücksichtigung des Zeugnisses des Irenäus gehoben werden. Dasselbe giebt zwar eine eingehendere Darstellung der Praxis, indem es die bestehenden Verschiedenheiten hervorhebt. Aber darin trifft es mit der Angabe Tertullians zusammen, daß es im ganzen nur eine kurze Übung kennt, und das ist hier die Hauptsache. Das kirchliche Osterfasten dauerte zur Zeit Tertullians im allgemeinen zwei Tage. Die Praxis bestand näherhin in dem lateinischen Afrika. Bei dem engen Verhältnis, welches zwischen der dortigen Kirche und der römischen bestand, ist sie aber mit Grund auch für diese Kirche anzunehmen.

Indem Tertullian die Zeit des Osterfastens bezeichnet als die dies in quibus ablatus est sponsus, deutet er den Grund an, auf welchem die Übung sich aufbaute, bezw. das Schriftwort, das in der ersten Zeit für sie maßgebend war. Es ist das Wort, das der Herr zu den Jüngern des Täufers sprach, als sie ihn fragten, warum sie und die Pharisäer häufig, seine Jünger aber nicht fasten. Es wurde denselben Matth. 9, 15 erwidert: „Können die Söhne des Bräutigams trauern, solange der Bräutigam bei ihnen ist? Es werden aber Tage kommen, da der Bräutigam von ihnen wird hinweggenommen werden, und dann werden sie fasten."

Der Karfreitag und der Karsamstag erscheinen bei Tertullian als in der Kirche allgemein gültige Fasttage. Aus den Worten De ieiun. c. 14: Cur . . . dicamus et ieiuniis parasceven? erhellt, daß mehrfach sogar nur jener Tag beobachtet wurde. Der Autor spricht aber andererseits auch von weiteren Fasttagen an oder vor Ostern. Da die Katholiken gegenüber der Neuerung der Montanisten bemerkten, daß sie die durch Schrift und Überlieferung bestimmte Sitte festhalten, zu der kein Zusatz zu machen sei, erwiderte er ihnen De ieiun. c. 13: State in isto gradu, si potestis; ecce enim convenio vos et praeter pascha ieiunantes citra illos dies, quibus ablatus est sponsus etc. Das Osterfasten wurde also auch über den Karfreitag hinaus ausgedehnt. Wie weit, wird nicht gesagt. Alles aber spricht dafür, daß es der weiteren Tage nur wenige waren. In keinem Fall hat man über die Karwoche hinauszugehen. Im anderen Fall hätte Tertullian, da ihn sein Interesse trieb, das kirchliche Fasten so lang als möglich darzustellen,

sich bestimmter ausgedrückt, und wir dürfen bei der Karwoche um so
eher stehen bleiben, als nicht bloß der nur ein paar Jahrzehnte früher
schreibende Irenäus, sondern auch die beiden folgenden Zeugen noch kein
längeres Osterfasten kennen. Die Übung beschränkte sich außerdem auf
gewisse Kreise in der Gesamtkirche, und sie war wenigstens in den Kirchen,
in denen die beiden letzten Tage der Karwoche als die alleinigen gesetz=
lichen Fasttage galten, etwas Freiwilliges. Doch mochte sie in einigen
Kirchen bereits auch mehr oder weniger allgemein beobachtet worden sein
und einen gewissen verpflichtenden Charakter gewonnen haben.

In dritter Linie giebt uns über die Disciplin die Apostolische
Didaskalia Aufschluß. Die Schrift, die Grundschrift der sechs ersten
Bücher der Apostolischen Konstitutionen und, abgesehen von der hier vor=
liegenden Überarbeitung, nur syrisch und etwa zur Hälfte lateinisch er=
halten, entstand in Syrien und noch vor der Mitte des 3. Jahrhunderts,
ziemlich wahrscheinlich noch in dem ersten Viertel des Jahrhunderts, wie
sich mir bei der Untersuchung der Zeit[1] näherhin ergab. In ihr er=
scheint zum erstenmal bestimmt die ganze Karwoche als Fastenzeit. Doch
ist das Fasten nicht an allen Tagen der Woche dasselbe. An den vier
ersten Tagen, vom Montag bis Donnerstag, war um die neunte Stunde
der Genuß von Brot, Salz und Wasser gestattet; am Freitag und
Samstag aber sollte gar nichts genossen werden. Es blieb also die alte
Ordnung mit den zwei strengen Fasttagen; aber sie erscheint zugleich
mit vier Tagen leichteren Fastens erweitert. Die betreffende Stelle lautet
in der lateinischen Übersetzung, welche ich in Bälde veröffentlichen werde:
A decima (sc. luna), quae est secunda sabbati, diebus paschae
ieiunabitis atque pane et sale et aqua solum utemini hora nona
usque ad quintam sabbati. Parasceven tamen et sabbatum integrum
ieiunate, nihil gustantes. Die Apostolischen Konstitutionen V, 18
bieten die Stelle überarbeitet. Doch blieb die Sache im wesentlichen
unverändert. Nur werden als erlaubte Speise auch Kräuter angeführt.

Die Schrift stellt nicht eigentlich, wie Irenäus und Tertullian, eine
bestehende Praxis dar. Die Apostel, von denen sie herrühren will, ordnen
das Fasten an, und es läßt sich denken, daß der Autor, was er den
Aposteln in den Mund legte, nicht bereits vorfand, sondern erst einge=
führt wissen wollte. Doch läßt sich dieses nur für den ersten Teil der
Fastenordnung annehmen, und auch für diesen nur insoweit, als etwa

---

[1] Funk, Die Apostolischen Konstitutionen 1891 S. 50—54.

eine bereits da und dort bestehende Übung zu einer allgemeinen und gesetzlichen gemacht werden sollte. Gewißheit besteht aber auch darüber nicht. Es ist andererseits möglich, daß die Ordnung in der Umgebung des Autors bereits vorhanden war und daß derselbe sie einfach in seine Schrift herübernahm, ohne durch die Zurückführung auf die Apostel für sie eine weitere Verbreitung zu erstreben, oder ohne daran zu denken, daß dies die Folge sein mußte, wenn die Fiktion für Wahrheit genommen wurde. Trifft aber auch ersteres zu, so hatte die Schrift für die Ent= wickelung der Disciplin immerhin keine hervorragende Bedeutung. Die Neuerung, die sie etwa herbeiführte, war, wie Irenäus und Tertullian zeigen, bereits vorbereitet.

Als vierter Zeuge kommt Dionysius d. Gr. von Alexandrien um die Mitte des 3. Jahrhunderts in Betracht. Derselbe wurde von einem Bischof Basilides gefragt, zu welcher Zeit das Osterfasten zu beendigen sei, ob schon am Abend des Samstags oder in der Frühe des folgenden Tages, beim Hahnenruf am Sonntag, wie es in Rom der Fall sei, und indem er seine Ansicht über die verschiedenen Endtermine aussprach, fügte er eine Bemerkung bei, aus welcher sich die Dauer des Osterfastens er= kennen läßt. Er schreibt: „Auch die sechs Tage der Fasten verhalten sich nicht alle gleich noch ähnlich; denn die einen bringen sogar alle Tage fortgesetzt ohne Speise zu, andere aber zwei, andere drei, andere vier, andere aber keinen; und denjenigen, welche sich in dem fortgesetzten Fasten sehr abgemüht haben und dann vor Erschöpfung beinahe vergehen, ist das schnellere Genießen zu verzeihen; wenn aber manche in den voraus= gegangenen vier Tagen nicht bloß nicht ununterbrochen, sondern über= haupt nicht gefastet oder sogar geschwelgt haben, und dann bloß mehr zu den zwei letzten Tagen kommen und an diesen, am Freitag und Samstag, ununterbrochen fasten und dann glauben, etwas Großes und Herrliches zu leisten, wenn sie bis zum Morgen aushalten, so meine ich, daß diese nicht den gleichen Kampf bestanden haben wie jene, welche mehrere Tage vorher sich geübt haben" (PG. 10, 1278). Die Stelle beweist, da einfach von „den sechs Tagen der Fasten" die Rede ist, daß in Alexandrien damals die ganze Karwoche im allgemeinen als Fasten= zeit galt. Sie zeigt aber auch, daß die Übung sehr verschieden war und der größten Strenge ein gewisser Laxismus zur Seite ging, indem einige an allen oder doch an mehreren Tagen gar nichts genossen, während andererseits einige selbst an den beiden Haupttagen, am Freitag und Samstag, das Fasten nicht ganz oder ohne Unterbrechung beobachteten,

an den früheren Tagen es gar nicht hielten. Wie aber die Karwoche
im allgemeinen als Fastenzeit erscheint, so erhellt aus der Stelle noch
weiterhin, daß das Osterfasten sich auf die Woche beschränkte. Dionysius
wollte ja sichtlich die Leistung einzelner so stark als möglich hervorheben.
Gleichwohl erwähnt er ein Fasten nur innerhalb der Karwoche. Seine
Darstellung drängt also zum Schluß, daß er ein längeres Fasten oder
die Quadrages noch nicht kannte.

Die Bemerkung des Dionysius gründet sich naturgemäß zunächst
auf die Praxis seiner Kirche. In Alexandrien, bezw. Ägypten galt demnach um die Mitte des 3. Jahrhunderts die ganze Karwoche als Fastenzeit, und die Ordnung wurde von den frömmeren Personen auch beobachtet. Die gleiche Praxis bestand nach der Apostolischen Didaskalia in
Syrien. Sie läßt sich auch für Palästina annehmen, da das Land
zwischen jenen beiden Ländern in der Mitte liegt. Man darf sogar noch
weiter gehen und die Ordnung im allgemeinen auf die ganze Kirche ausdehnen. Die Art und Weise, wie Dionysius von der Sache redet, macht
durchaus den Eindruck, als ob die Einrichtung schon eine allgemeine gewesen sei, und wir dürfen demselben um so eher vertrauen, als bereits
Irenäus und Tertullian ein über den Karfreitag hinausgehendes Osterfasten kennen. Zudem war die Ordnung, wie Dionysius verrät, noch
nicht streng ausgebildet. Er spricht von Leuten, welche in den ersten
vier Tagen der Karwoche gar nicht fasten, und wenn dieses Verhalten
auch in keiner Weise seine Billigung finden konnte, so enthalten seine
Worte andererseits auch keinen ausdrücklichen Tadel.

Ein fünftes Zeugnis liegt in der 10. Homilie des Origenes über
den Leviticus vor. Nachdem in derselben das jüdische Fasten als für
die Christen nicht verbindlich nachgewiesen und zu diesem Behufe zuletzt
das Wort des Herrn Matth. 9, 15 angeführt worden, wird fortgefahren:
Illi (sc. Iudaei) ergo ieiunent, qui perdiderunt sponsum; nos
habentes sponsum ieiunare non possumus. Nec hoc tamen ideo
dicimus, ut abstinentiae christianae frena laxemus. Habemus enim
quadragesimae dies ieiuniis consecratos. Habemus quartam et
sextam septimanae dies, quibus solemniter ieiunamus. Est certe
libertas Christiano per omne tempus ieiunandi, non observantiae
superstitione, sed virtute continentiae (PG. 12, 528). Die Stelle
gilt gewöhnlich als sicheres Zeugnis für den Bestand der Quadrages zur
Zeit des Origenes. Die Auffassung unterliegt aber den gewichtigsten
Bedenken. Vor allem bietet die Überlieferung in keiner Weise die

erforderliche Gewähr. Rufin war kein getreuer Übersetzer. Er erlaubte
sich, an seinen Vorlagen Änderungen vorzunehmen. In der Vorrede zur
Übersetzung des Periarchon des Origenes und in der Peroratio zu der
Übersetzung des Kommentars über den Römerbrief spricht er sich darüber
ausdrücklich aus. An dem zweiten Orte bemerkt er von seinem Ver=
fahren näherhin: Supplere cupimus ea, quae ab Origene in auditorio
ecclesiae ex tempore non tam explanationis quam aedificationis
intentione peroratae sunt, sicut in homiliis sive in oratiunculis in
Genesim et in Exodum fecimus, et praecipue in his, quae in
librum Levitici ab illo quidem perorandi stilo dicta, a nobis vera
explanandi specie translata sunt; quem laborem adimplendi quae
deerant idcirco suscepimus, ne pulsatae quaestiones et relictae,
quod in homiliatico dicendi genere ab illo saepe fieri solet, latino
lectori fastidium generarent. Er bezeichnet also gerade die Schrift,
welche hier in Frage steht, als diejenige, welche unter seiner Hand die
meisten Veränderungen erfuhr. Hiernach kann, was in den Homilieen
über den Leviticus steht, nicht ohne weiteres als Aussage des Origenes
gelten. De la Rue, der gelehrte Herausgeber des Alexandriners, bemerkt
vielmehr von denselben mit Recht: Ex eius (Rufini) licentia factum
est, ut, qui legat has homilias, incertus sit, utrum legat Origenem
an Rufinum (PG. 12, 395). Soll daher ein Wort dem Alexandriner
zuerkannt werden, so muß es sich als solches bewähren, und dies vermag
die fragliche Stelle am allerwenigsten. Wenn irgendwo, läßt sich bei ihr
ein Eingriff annehmen.

Nach allem, was wir wissen, bestand die Quadrages zur Zeit des
Origenes noch gar nicht. Sie war namentlich in den beiden Kirchen
unbekannt, an welchen Origenes wirkte. Für Alexandrien haben wir ein
Zeugnis, das der letzten Lebenszeit des Gelehrten angehört, vielleicht sogar
schon über sein Leben hinausfällt. Das Zeugnis für Palästina=Syrien
ist zwar wahrscheinlich älter, und da Origenes die Homilieen über den
Leviticus allem nach erst in der letzten Zeit seines Lebens und somit in
Palästina hielt, so könnte man sich zunächst etwa zu der Annahme ver=
sucht fühlen, daß die Disciplin dort eben inzwischen in ein weiteres
Stadium vorgerückt sei. Bei reiflicher Überlegung wird man aber da=
von abzustehen haben. Der Fortschritt ist für die unter Umständen auf
wenige Jahre zusammenschrumpfende Zeit zu gewaltig, der Zeuge zu
wenig glaubwürdig, als daß wir uns bei seinen Worten beruhigen könnten.
Das Zeugnis des Dionysius hat überdies auch für Palästina eine gewisse

Bedeutung. Ein Mißtrauen gegen Rufin ist endlich insbesondere in dieser
Angelegenheit gerechtfertigt. Wie wir oben (S. 243) gesehen, trug der=
selbe in den Brief des Irenäus an Viktor, bezw. die Kirchengeschichte
des Eusebius fälschlich ein Fasten von 40 Tagen ein, und wenn er bei
einem Dokument, wie jener Brief es ist, so verfuhr, wird er dann bei
einer Schrift, die ebenso und vielleicht noch mehr einen erbaulichen als
einen wissenschaftlichen Charakter hatte, sich ängstlicher an den Wortlaut
gehalten haben, wenn die inzwischen fortgeschrittene Disciplin eine Ände=
rung so unmittelbar nahe legte? Die Antwort kann nicht zweifelhaft
sein. Die Stelle scheint zudem selbst einen Eingriff seitens des Über=
setzers zu verraten. Der einschlägige Hauptsatz besagt nicht, daß die
Christen in der Quadrages fasten, wie dieses bei den Stationstagen im
folgenden Satz hervorgehoben ist. Er sagt vielmehr, daß die Tage der
Quadrages durch Fasten geheiligt seien. Oder sollte etwa zu übersetzen
sein: den Fasten gewidmet? Das ist sicher weniger wahrscheinlich. Es
ist also von einer Heiligung der Tage der Quadrages die Rede. Die
Heiligung weist auf einen bekannten Zug im Leben des Heilandes hin.
Es läßt sich daher vermuten, daß in der Vorlage von dem 40tägigen
Fasten des Herrn die Rede war und dort demgemäß τεσσαράχοντα
stand, nicht τεσσαραχοστή. Wie es sich aber verhalten mag, als ein
Zeugnis des Origenes für die Quadrages kann die Stelle aus den an=
geführten Gründen nicht gelten. Zum mindesten ist sie in hohem Grade
verdächtig. Ein Zweifel an ihrer Echtheit ist völlig begründet, und wer
denselben so ohne weiteres glaubt abweisen zu können, wie es noch jüngst[1]
geschehen ist, der beweist nur, daß er die obwaltenden Schwierigkeiten
auch nicht zur Hälfte gebührend erwogen hat.

Kann man hiernach auf das Origeneszeugnis wenigstens nicht mit
Sicherheit bauen, wenn man sich vielleicht auch nicht entschließen mag,
dasselbe völlig abzulehnen, so kommt dagegen ein anderes Zeugnis, auf
das noch in den letzten Untersuchungen großes Gewicht gelegt wurde, für
die vornicänische Zeit unbedingt in Wegfall, das der Apostolischen
Konstitutionen V, 13. Das betreffende Kapitel gehört als Zuthat
des Interpolators der Didaskalia einer späteren Zeit an.

Ebenso ist von einer weiteren in der letzten Zeit verwerteten Schrift
für die Feststellung der ältesten Disciplin abzusehen, den nur arabisch
und erst durch Handschrift des 14. Jahrhunderts überlieferten Kanones

---

[1] Katholik 1892 I, 458.

Hippolyts. Die Schrift steht mit dem achten Buch der Apostolischen Konstitutionen in Zusammenhang. Doch ist die Verwandtschaft keine unmittelbare; die Beziehung ist vielmehr vermittelt durch eine zweite und kürzere Recension, die wir vom achten Buch der Apostolischen Konstitutionen haben, und durch das zweite Buch der koptischen Apostolischen Kanones oder die Ägyptische Kirchenordnung, wie man das Buch neuestens zu bezeichnen beliebte, und diese Mittelglieder setzen uns in stand, das Verhältnis näher zu bestimmen. Da dieselben zweifellos von den Apostolischen Konstitutionen abhängig sind, so folgt, daß die Kanones Hippolyts noch später fallen, nicht aber, wie Achelis[1] annahm, als entferntere Quelle vorangehen. Das Verhältnis unterliegt keinem Zweifel. Jedenfalls muß die Schrift in der hier in Rede stehenden Angelegenheit auf sich beruhen bleiben, bis die Beweise entkräftet sind, welche ich[2] gab. Und wenn ein Gegenbeweis je erbracht würde, so wäre immerhin noch die Frage, ob der Kanon XX, näherhin die die Quadrages betreffende Stelle echt ist. Denn davon kann ja schlechterdings keine Rede sein, daß die Schrift ganz so, wie sie vorliegt, von Hippolyt herrühre, und jene Stelle erweckt wie irgend eine andere Verdacht. Achelis erklärte sie für eine spätere Zuthat. Was zur näheren Begründung der Interpolation von ihm angeführt wurde, daß sie mit dem Kanon XXII in Widerspruch stehe, trifft freilich nicht zu.[3] Immerhin aber bleibt die Stelle unhaltbar. Die Geschichte des Osterfastens giebt hier den Ausschlag. Dieselbe ist uns besser bekannt als irgend ein anderer Punkt der altchristlichen Disciplin. In der bis zur Mitte des 3. Jahrhunderts zu verfolgenden Entwickelung hat die Quadrages keinen Platz, und bei diesem Sachverhalt kann das Urteil über eine Schrift nicht schwanken, welche, bereits sonst schon höchst verdächtig, die Einrichtung für jene Zeit erwähnt, und zwar schon als fertig und abgeschlossen und nicht etwa als noch in der Ausbildung begriffen.

Das Ergebnis ist auch für das Endurteil über das Origeneszeugnis

---

[1] Die Canones Hippolyti 1891 (Texte und Untersuchungen zur Geschichte der altchristlichen Litteratur hg. von O. v. Gebhardt und A. Harnack VI, 4). Zeitschrift für Kirchengeschichte XV (1894) S. 1—43.

[2] Die Apost. Konstitutionen 1891 S. 265—280. Das achte Buch der Apost. Konstitutionen und die verwandten Schriften auf ihr Verhältnis neu untersucht 1893 (Theol. Quartalschrift 1893 S. 594—666). Histor. Jahrbuch 1895 S. 1—36; 473—509.

[3] Vgl. Funk, Die Apost. Konstitutionen S. 273.

von Belang. Bisher glaubte man die Bedenken, denen es unterliegt, mit dem Hinweis auf die Zeugnisse der Apostolischen Konstitutionen und der Kanones Hippolyts überwinden zu können, sofern diese bereits die gleiche Einrichtung kennen sollten, die eine Schrift in der nächsten Folgezeit, die andere sogar etwas früher. Nunmehr stellt sich die Sache umgekehrt dar. Die beiden Stützen sind hinfällig. Eine wendet sich sogar nach der entgegengesetzten Seite. An die Stelle der Apostolischen Konstitutionen tritt die Didaskalia. Die Schrift kennt gleich den anderen, welche für die Zeit in Betracht kommen, nur die Karwoche als Fastenzeit. Um so weniger ist daher anzunehmen, daß Origenes bereits ein sechsmal längeres Fasten gekannt habe.

Die bisher gewürdigten Zeugnisse gingen alle von Kirchen aus, in denen Ostern am Sonntag, näherhin an dem ersten Sonntag nach dem 14. Nisan, gefeiert wurde. Sie beziehen sich auch alle auf die betreffende Feier. Das Zeugnis des Irenäus erstreckt sich wohl zugleich auch auf die quartodecimanische Praxis. Doch tritt die Beziehung nicht bestimmt hervor. Dementsprechend wurde bisher von dieser Praxis abgesehen. Bevor wir aber weiter gehen, ist auch das hier übliche Fasten noch kurz zu untersuchen.

Da die Quartodecimaner das Passah bereits am Todestag des Herrn, am 14. Nisan, feierten, mochte derselbe welcher Wochentag nur immer sein, nicht am folgenden Sonntag. hatte das Moment, welches nach Tertullian für das Osterfasten des größeren Teiles der Kirche bestimmend war, die dies in quibus ablatus est sponsus, für sie keine Bedeutung. Indem sie am Abend jenes Tages ihr Fest begingen, brachen sie naturgemäß zugleich das Fasten ab. Eusebius bemerkt KG. V, 23, 1 in dieser Beziehung ausdrücklich: die Kirchen von ganz Asien (Asia proconsularis) glaubten zufolge einer älteren Überlieferung den 14. Mondtag für das Fest des heilbringenden Passahs beobachten zu sollen, an dem auch den Juden das Lamm zu opfern geboten war, so daß durchaus an diesem (κατὰ ταύτην), auf welchen Tag der Woche er nur immer fiel, der Schluß der Fasten zu machen war. Die Stelle wurde zwar in der neueren Zeit anders gefaßt. G. K. Mayer[1] bemerkt: Eusebius sage nicht: an, sondern: nach oder gemäß diesem Tage sei nach der Meinung der Asiaten das Fasten zu beendigen; d. h. nach dem 14. Nisan richte sich auch der Auferstehungstag und somit das Ende des Fastens.

[1] Die Echtheit des Evangeliums nach Johannes 1854 S. 394.

Die Deutung fand zwar mehrfachen Beifall. Sie wurde, nachdem sie durch Schürer[1] bereits widerlegt worden war, noch von Lechler[2] wiederholt. Sie liegt auch den Darstellungen der Kirchenhistoriker zu Grunde, welche für die Asiaten nicht ein einheitliches Passahfest annehmen, sondern dieselben den 14. Nisan als Todestag des Herrn und dann den 16. Nisan als Auferstehungstag feiern lassen.[3] Sie ist aber sicher unrichtig. Das κατὰ ταύτην kann heißen: an diesem Tag; es wurde früher auch immer so verstanden, und daß es an unserer Stelle wirklich diese Bedeutung hat, zeigt der Zusammenhang. Mayer bemerkt zwar weiter: sobald Eusebius im folgenden Satze von dem Tage spreche, an welchem das Fasten beendigt werde, gebrauche er richtig die entsprechende Redeweise: an keinem anderen Tage (μηδ' ἑτέρᾳ) als an dem der Auferstehung. Aber gerade dieser Satz beweist gegen ihn. In demselben wird die Fastenpraxis der übrigen Kirche gezeichnet; dieselbe wird zugleich in Gegensatz zu der Praxis der Quartodecimaner gestellt, und dieser Sachverhalt verbietet die Annahme, letztere haben ihr Fasten nicht mit ihrer Passahfeier am 14. Nisan abgebrochen, sondern noch bis zum 16. Nisan als dem Tag der Auferstehung fortgesetzt. Denn in diesem Fall war ja keine Differenz von Bedeutung vorhanden; in beiden Kreisen fastete man dann bis zum Tag der Auferstehung; nur war dieser meistens ein verschiedener Wochentag. Und wenn man vollends von dem ersten Satz ausgeht, dann verschwindet der Gegensatz geradezu gänzlich. Eusebius soll sagen: die Asiaten berechnen ihren Fastenschluß nach dem 14. Nisan, und das soll etwas Besonderes sein, während der gleiche Tag doch auch für die Berechnung der übrigen Kirche den Ausgangspunkt bildete. Der Kontext entscheidet also unbedingt gegen die Deutung. Die Form kommt nicht in Betracht. Die Präposition κατὰ wird nicht selten, worauf schon Hilgenfeld[4] aufmerksam machte, ganz einfach von der Zeit gebraucht. Vgl. Matth. 27, 15; AG. 16, 25.

Aber wann begann hier das Fasten oder wie lange dauerte es? Sicherlich währte es nur kurze Zeit, da das Osterfasten damals allent-

---

[1] De controversiis paschalibus 1869 p. 12; Zeitschrift für historische Theologie 1870 S. 196.

[2] Das apostolische und das nachapostolische Zeitalter 3. A. 1885 S. 563 Anm. 11.

[3] Hergenröther, KG. 2. A. 1879 I, 187. Brück, KG. 4. A. 1888 S. 116. Kraus, KG. 4. A. 1896 S. 112.

[4] Der Paschastreit der alten Kirche 1860 S. 287.

halben nur über wenige Tage sich erstreckte. Allem nach beschränkte es
sich, wenigstens in den meisten Kirchen, auf den 14. Nisan. Epiphanius
berichtet H. 50, 1 von einem Zweig der Quartodecimaner seiner Zeit
ausdrücklich, daß er an einem und demselben Tage faste und die Mysterien
feiere, und es spricht alles dafür, daß dies die ursprüngliche Praxis der
Quartodecimaner war. Eine kürzere Dauer gab es für das Osterfasten
überhaupt nicht, und die Übung hatte, wie wir gesehen, im allgemeinen
die Tendenz nach Verlängerung, nicht nach Abkürzung. Demgemäß ist
die Bemerkung des Irenäus, daß die einen nur einen Tag fasten, wohl
hauptsächlich auf die Asiaten zu beziehen, wenn gleich zugegeben werden
muß, daß auch einige andere Kirchen damals das Fasten auf einen Tag
beschränkten. Doch mochten einige Kirchen auch in Asien das Fasten
etwas früher beginnen. Die Zeit war ja mannigfaltig verschieden, und
es liegt kein Grund vor, einige Verschiedenheit nicht auch bei den Quarto-
decimanern anzunehmen.

2.

Das erste sichere Zeugnis für die Quadrages bietet uns die
Synode von Nicäa. Dieselbe bestimmt c. 5 für die eine der beiden
Provinzialsynoden, welche jährlich abgehalten werden sollen, die Zeit πρὸ
τῆς τεσσαρακοστῆς. Man könnte zwar einigermaßen zweifeln, ob die
Lesart richtig erhalten sei. Die Worte, welche zur Begründung des
Termines beigefügt werden, passen nicht ganz zu dem Vorausgehenden.
Die Synode soll vor der Quadrages abgehalten werden, damit nach
Beseitigung aller geringen Gesinnung Gott eine reine Gabe dargebracht
werde. Aber warum, läßt sich in diesem Falle fragen, vor der Quadrages? Könnte es nicht auch ebenso gut und noch besser heißen: während
der Quadrages? Die Darbringung der reinen Gabe bezieht sich doch
wohl eher auf das heilige Opfer und die Kommunion als das Fasten.
Es drängt sich daher die Frage auf, ob statt τεσσαρακοστῆς nicht zu
setzen sei πεντεκοστῆς, und die Vermutung läßt sich um so eher wagen,
als durch die Synode von Antiochien 341 c. 20 als die Zeit der fraglichen Synode wirklich die Pentekoste bezeichnet wird, näherhin die vierte
Woche derselben, und dieser Termin später überall erscheint, wo die Zeit
der Synode näher angegeben wird. Auch läßt sich bemerken, daß im
anderen Fall der Zwischenraum zwischen der Herbstsynode und der Früh-
jahrssynode fast zu gering ist. Ein Zweifel an der Richtigkeit der Lesart
ist somit nicht ganz unbegründet. Indessen will ich auf den Bedenken

in keiner Weise bestehen. Dieselben haben hier wenigstens keine sachliche
Bedeutung. Die Quadrages wird um dieselbe Zeit oder in der nächsten
Folgezeit so häufig bezeugt, daß sie unbedingt bereits auch für die Zeit
der ersten allgemeinen Synode anzunehmen ist. Eusebius schreibt De
solemn. pasch. c. 4: wir feiern Ostern, indem wir zur Vorbereitung die
40 tägige Übung auf uns nehmen, und c. 5: die Zeit vor Ostern stärken
wir uns in sechs Wochen durch 40 tägige Ascese (Migne PG. 24, 697.
699). Athanasius gedenkt der Quadrages in seinen Osterbriefen v. J. 330
an sowie in Encycl. ad episc. ep. c. 4 und Apol. ad Constant. c. 15.
Als weitere Zeugen mögen noch angereiht werden Cyrill von Jerusalem
347 Procatech. c. 4; Catech. IV, 3; die Synode von Laodicea um 360
c. 49—54; Epiphanius um 375 Expos. fid. c. 21. Die Bedenken, welche
der Kanon V von Nicäa erregt, können hiernach vollständig auf sich
beruhen bleiben. Die Quadrages bestand sicher bereits zur Zeit der
Synode, und es erhebt sich nur noch die Frage, wie lange sie damals
schon bestand oder in welche Zeit ihr Ursprung fällt. Über Dionysius
den Gr. † 264/65 ist, wie sich uns bereits ergab, nicht zurückzugehen.
Die Übung mag daher in der Friedensperiode gegen Ende des 3. Jahrhunderts aufgekommen sein. Vielleicht entstand sie aber auch erst am
Anfang des 4. Jahrhunderts. Daß sie in dem Kanon V von Nicäa
bereits als eine bekannte Einrichtung sich darstellt, beweist nicht gegen
letztere Annahme. Bei dem großen Umschwung, der in den Verhältnissen
der Kirche durch Konstantin herbeigeführt wurde, konnte die Neuerung
wohl so rasch sich verbreiten, daß der Ausdruck der Synode von Nicäa
sich begreift.

Duchesne[1] ist geneigt, indem er die unter Philos Namen erhaltene
Schrift De vita contemplativa mit Lucius[2] dem Ende des 3. Jahrhunderts zuweist und unter den in ihr geschilderten Asceten, den Therapeuten, die ersten christlichen Mönchsgesellschaften in Ägypten erkennt,
das hier c. 4—8 erwähnte siebenwöchentliche Fasten gewissermaßen als
Vorstufe der kirchlichen Quadrages zu betrachten, sofern, was zunächst
durch Personen geübt wurde, die nach einer besonderen Vollkommenheit
strebten, allmählich unter den Gläubigen eingeführt und zuletzt dur[...]
kirchlichen Gesetze vorgeschrieben worden sei. Die Auffassu[...]
nicht stichhaltig. Es soll nicht betont werden, daß die U[...]
fraglichen Schrift nicht nur nicht feststeht, das Gegenteil[...]

[1] Origines du culte chrétien 1889 p. 231.
[2] Die Therapeuten 1879.

erwiesen gelten kann.[1] Aber das ist zu beachten, daß nicht von einem
siebenwöchentlichen Jahresfasten, sondern vielmehr von einem immer=
währenden Fasten die Rede ist, das hauptsächlich nur durch den siebenten
Tag und insbesondere das Freudenfest am Schluß der siebenten Woche
unterbrochen wurde. Die Ascese beginnt ja, wenn jenes Fest vorüber
ist, wieder von neuem. Nach den Gebeten, heißt es am Schluß der
Schrift c. 11, zieht sich ein jeder in sein Heiligtum zurück, um sich
wiederum der gewohnten Philosophie zuzuwenden und ihrer Pflege sich
zu widmen.

Die angeführten ältesten Zeugnisse gehören alle der griechischen Kirche
an. Daraus dürfte hervorgehen, daß die Quadrages ihren Ursprung im
Orient hat. In der lateinischen Kirche wird sie zuerst durch Ambrosius
De Noe et arca c. 13; De Elia et ieiun. c. 10 erwähnt, etwas
später durch Hieronymus und Augustinus. Von dem Bischof von Hippo
haben wir eine Reihe von Reden auf die Zeit. Der Umstand fällt zwar
insofern weniger ins Gewicht, als die lateinische Litteratur hinter der
griechischen in der einschlägigen Zeit, in den Jahren 325—375, beträcht=
lich zurücksteht. Aber immerhin ist er bemerkenswert. Daß die Synode
von Nicäa, die erste Zeugin, einen ökumenischen Charakter hat, beweist
nicht etwa, daß damals auch schon das Abendland die Einrichtung hatte.
Die Synode bestand wenigstens zum größten Teil aus Orientalen. Auch
legte sie ihren Bußkanones die Stationenordnung zu Grunde, obwohl
dieselbe eine Eigentümlichkeit des Orientes und dem Abendland unbe=
kannt war.

Leo d. G. nennt die Quadrages einmal (Serm. 42 c. 1) eine
göttliche Anordnung, zweimal (Serm. 44 c. 2; 49 c. 1) eine aposto=
lische Institution, und die Auffassung ist insoweit richtig, als sie das
Osterfasten im allgemeinen betrifft. Dasselbe gründet sich, wie schon
Tertullian De ieiunio c. 2 hervorhebt, auf das Wort des Herrn Matth.
9, 15: „Es werden Tage kommen, da von ihnen (den Jüngern) der
Bräutigam wird hinweggenommen werden, und dann werden sie fasten";
und ohne Zweifel wurde es von Anfang an geübt. Aber weiter läßt sich
Wort nicht bewähren, und es darf um so weniger betont werden,
einer Zeit stammt, wo die Quadrages schon so weit einge=
daß sie leicht als eine bis in die apostolische Zeit zurück=
angesehen werden konnte. Auf Hieronymus kann man

, Die Therapeuten und die philonische Schrift vom beschaulichen
her für klassische Philologie, 22. Supplementband).

sich in dieser Beziehung nicht berufen. Derselbe spricht Ep. 41 c. 2 wohl von apostolischer Tradition. Aber er ruft sie nicht so fast für die Quadrages als dafür an, daß die katholische Kirche nur eine Quadrages feiere und nicht drei, wie die Montanisten. Seine Worte lassen darüber keinen Zweifel. Nos unam quadragesimam, schreibt er, secundum traditionem apostolorum toto nobis orbe congruo ieiunamus; illi tres in anno faciunt quadragesimas, quasi tres passi sint salvatores. Nicht unwahrscheinlich war bei der Auffassung auch eine falsche Überlieferung von Einfluß. Zwar ist nicht anzunehmen, daß Leo durch die Apostolischen Konstitutionen irre geführt wurde, da das Werk zu seiner Zeit wohl schon bestand, aber dem Abendland noch unbekannt war. Wohl aber kommt die lateinische Übersetzung der Kirchengeschichte des Eusebius hier in Betracht, in welcher, wie wir gesehen, aus dem Fasten von 40 Stunden, von dem Irenäus redet, ein 40 tägiges Fasten gemacht war.

Die Neuerung hatte allem nach einen biblischen Grund. Die Quadrages sollte ein Abbild des 40 tägigen Fastens des Herrn sein. Und wenn dem so ist, dann bildet das Fasten den Ausgangspunkt und die Grundlage der Einrichtung. Es dürfte deshalb nicht so sehr zu betonen sein, als es durch Duchesne[1] geschieht, wenn das Fasten in den ersten Berichten nicht immer besonders hervortritt. Daß Cyrill von Jerusalem insbesondere die Quadrages nur als Zeit des Katechumenenunterrichtes und als Zeit der Buße für die Katechumenen bezeichnet oder vielmehr berührt, da er ja nur vorübergehend davon spricht, erklärt sich hinlänglich aus seiner Aufgabe. Er hatte es in seinen Vorträgen nur mit der Vorbereitung der Katechumenen zur Aufnahme in die Kirche zu thun, nicht mit der Disciplin der Gläubigen. Eusebius spricht, wie wir gesehen, schon früher von der Quadrages ganz allgemein als einer Zeit der Vorbereitung und der Ascese der Gläubigen, und unter der Ascese versteht er sicher das Fasten.

Die Quadrages umfaßte sechs Wochen. Die Zeit war aber nicht überall völlig die gleiche. In der lateinischen, bezw. römischen Kirche war die Karwoche in sie inbegriffen, und dieselbe Praxis bestand nach Sokrates KG. V, 22 in Illyrien, Griechenland und Ägypten, nach Sozomenus KG. VII, 19 auch in Palästina. Die übrigen Kirchen des Orients, von Konstantinopel bis nach Phönizien, wie Sozomenus den

---

[1] Origines du culte chrétien p. 232.

Bereich dieser Observanz beschreibt, ließen die Quadrages der Karwoche
vorangehen. Die eine Ordnung wird in der älteren Zeit noch weiterhin
bezeugt durch Eusebius De solemnit. pasch. c. 5 und durch Cyrill von
Jerusalem, indem er in der am Karsamstag gehaltenen Katechese XVIII
von „diesen verflossenen Tagen der Quadrages" spricht, die Karwoche
also in die Quadrages einbezieht; sie läßt sich für Ägypten aus den
Osterbriefen von Athanasius, Theophilus und Cyrill feststellen, in denen
überall zwischen dem Beginn des Fastens und dem Osterfest ein Zeit=
raum von sechs Wochen angesetzt wird. Für die andere Ordnung zeugen
ferner Basilius d. Gr. Hom. XIV in ebriosos c. 1 (ed. Bened.
II, 122), Epiphanius Expos. fid. c. 21, Chrysostomus Hom. XXX in
Gen. c. 1, der Verfasser der Apostolischen Konstitutionen V, 13 und
Pseudoignatius im Philipperbrief 13, 3. Die gesamte Fastenzeit um=
faßte also in einem beträchtlichen Teil des Orientes, in Kleinasien und
den angrenzenden Ländern, sieben Wochen, indem zu den sechs Wochen
der Quadrages noch die Karwoche hinzukam. Die Zahl der Fasttage
war aber nicht größer als wenigstens in der römischen Kirche. Hier
war sie, da an dem Sonntage nicht gefastet wurde, $6 \times 6 = 36$, dort,
da im Orient auch die Samstage, der Karsamstag allein ausgenommen,
in Wegfall kamen, $7 \times 5 + 1 = 36$. Cassian bespricht das Ver=
hältnis, den Unterschied der Wochen und die Gleichheit der Tage, in
Coll. XXI, 27, 28 und verweist zur Erklärung der Bezeichnung der
36 Fasttage als Quadrages auf die biblischen Beispiele von dem 40tä=
gigen Fasten.

Die Zahl der 36 Fasttage ergab sich übrigens für den Teil des
Orientes, welcher die sechswöchentliche Observanz hatte, nur dann, wenn
in demselben auch am Samstag gefastet wurde. Diese Voraussetzung
traf indessen jedenfalls nicht lange zu. Es wurde im Orient bald allent=
halben üblich, am Samstag nicht zu fasten. Johannes Cassianus spricht
Instit. III, 9 in dieser Beziehung bereits von einer allgemeinen Sitte
und erwähnt c. 10 das Samstagsfasten nur in der römischen und
einigen anderen abendländischen Kirchen. Die Apostolischen Kanones ver=
bieten c. 66 das Samstagsfasten geradezu unter Androhung von Strafen,
und bei der Anerkennung, die ihnen zu teil wurde, hörte dasselbe natur=
gemäß mit der Zeit allenthalben auf. Sicherlich war es, wenn je nicht
schon früher, zur Zeit des Trullanums 692 bereits überall im Osten
außer Brauch, da die Synode c. 55 die römische Kirche, und nur sie,
sonst nicht wohl wegen desselben tadeln konnte. Die Folge der Aus=

dehnung dieser Praxis war, daß sich die Zahl der Quadragesimalfasttage
innerhalb jener Observanz um fünf verminderte. Die Observanz wich
aber andererseits allmählich selbst der siebenwöchentlichen Fastenzeit, so
daß die Gleichheit wiederhergestellt wurde. Der Wandel erhellt aus den
Zeugnissen, welche der Schrift oder dem Brief des hl. Johannes von
Damaskus über das Fasten angehängt sind (Migne, PG. 95, 71—78).
Drei derselben geben für den Bereich, in welchem früher das sechswöchentliche Osterfasten herrschte, ein siebenwöchentliches Fasten an. Eines gehört dem Patriarchen Petrus von Jerusalem (524—544) an; ein anderes
einem Bischof Johannes von Athen, vielleicht demjenigen, der dem Konzil
von Konstantinopel 680 anwohnte (Harduin, Conc. III, 1427) und
der unter den Bischöfen von Athen als Träger jenes Namens uns allein
bekannt ist. Das dritte Zeugnis ist überschrieben: Bon dem heiligen
Anastasius, Patriarchen von Konstantinopel, aus der Encyklika. Es bezieht sich auf die 11. Indiktion, und Ostern wird auf den 20. April
angesetzt. Das Fragment unterliegt mehreren Bedenken. Hier ist aber
auf dieselben nicht näher einzugehen; es genügt zu bemerken, daß der
erste Patriarch von Konstantinopel Namens Anastasius der ikonoklastische
Nachfolger des Patriarchen Germanus ist und daß in dessen Zeit, freilich
nicht in der 11., sondern in der 15. Indiktion, im J. 732, Ostern auf
den 20. April fiel. Wenn daher das Fragment von jenem Anastasius
herrührt, so bezeugt es den fraglichen Umschwung für die Kirche von
Konstantinopel. Derselbe ist aber auch sonst kaum zweifelhaft. Aus dem
Nachdruck, mit welchem das Trullanum c. 56 in anderer Beziehung die
Einheit im Fasten fordert, dürfte hervorgehen, daß die Dauer der Quadrages zur Zeit des Konzils bereits überall die gleiche war.

Da die Kirche von Mailand, wie Ambrosius De Elia et ieiunio
c. 10 zeigt, am Samstag auch in der Quadrages das Fasten unterließ,
so erhebt sich die Frage, ob sie etwa nur 31 Fasttage oder aber gleich
einem Teil des Orientes ein siebenwöchentliches Fasten vor Ostern hatte.
Erstere Annahme ist nicht unmöglich, da einige Kirchen, wie wir alsbald
sehen werden, in jener Zeit ein noch kürzeres Fasten hatten. Auch verdient bemerkt zu werden, daß sich für Mailand selbst Spuren einer
siebenwöchentlichen Observanz nicht erhalten haben. Doch dürfte die
andere Annahme den Vorzug verdienen. Die siebenwöchentliche Fastenzeit läßt sich wenigstens für weitere Kirchen im Abendland nachweisen.
Die Synode von Orleans 511 c. 24 verordnet, daß vor Ostern nicht
eine Quinquages, sondern eine Quadrages gehalten werde. Die Synode

von Orleans 541 c. 2 wiederholt das Verbot, indem sie auch von einer Sexages spricht, und da sie noch weiter an den Samstagen der Quadrages zu fasten gebietet, so verrät sie zugleich, daß die von ihr bekämpfte Quinquages mit der Unterlassung des Fastens am Samstag zusammenhing.

Die Neuerung drang naturgemäß nicht mit einem Schlage ins Leben ein. Es bedurfte vielmehr einer gewissen Zeit, bis sie sich einbürgerte. Das Zeugnis des Dionysius hat uns gezeigt, wie schon die Ausdehnung des Osterfastens auf die ganze Karwoche Schwierigkeiten begegnete. Um so weniger ist zu erwarten, daß die neue und viel größere Erweiterung sich sofort Geltung verschafft haben werde. Für Ägypten läßt sich die Entwickelung an der Hand der Osterbriefe des hl. Athanasius einigermaßen verfolgen. Als die eigentliche Fastenzeit erscheint zunächst die Karwoche. Im ersten Brief v. J. 329 wird die Quadrages gar nicht erwähnt und der Beginn des heiligen Fastens auf den Montag in der Karwoche angesetzt. Da der vierte und der fünfte Brief 332/333 dieselbe Verordnung bieten, während in den zwei vorausgehenden Briefen neben oder vor der Karwoche bereits auch die Quadrages eine Stelle hat, so läßt sich aus dem ersten Briefe nicht etwa schließen, daß die Quadrages in Ägypten damals noch unbekannt gewesen sei. Wohl aber verrät die Erscheinung, daß man noch im Stadium des Überganges von der alten Ordnung zur neuen sich befand. Und wie es in Wirklichkeit mit dem Fasten in der Quadrages stand, zeigt der Brief an Serapion, der dem elften Festbrief angehängt ist und von Athanasius 340 in Rom geschrieben wurde. Der Bischof von Thmuis, der für die Zeit der Abwesenheit des Bischofs von Alexandrien mit der Oberaufsicht über die Kirchen Ägyptens betraut war, wird darin angewiesen, „den Brüdern das 40 tägige Fasten zu verkündigen und ihnen die Überzeugung vom Fasten beizubringen, damit nicht, wenn alle Welt fastet, wir allein, die wir in Ägypten leben, wegen Nichtfastens verspottet werden, vielmehr uns in diesen Tagen der Freude hingeben". Im 19. Brief v. J. 346 wird die Beobachtung der Quadrages als Bedingung einer würdigen Osterfeier erklärt, indem Athanasius schreibt: „Wer die Beobachtung des 40 tägigen Fastens gering achtet, wer gleichsam unbedachtsam und unrein ins Allerheiligste eintritt, der feiert das Passahfest nicht". Duchesne[1] macht die Bemerkung, daß Athanasius im Anfang von der Zeit der

[1] Origines du culte chrétien p. 232.

Quadrages und der Woche des Fastens, später aber von dem Fasten der Quadrages und der hl. Osterwoche. rede. In der mir zu Gebote stehenden Übersetzung der Festbriefe von Larsow 1852 läßt sich in dieser Beziehung ein Unterschied und eine Entwickelung nicht erkennen. Die Verordnung lautet hier (S. 69) schon im zweiten Brief: Wir beginnen das 40 tägige Fasten am 13 ten des Monats Phamenot (9. März); darnach, wenn wir das Fasten der Reihe nach abgewartet, beginnen wir die Woche des hl. Osterfestes am 18. d. M. Pharmuthi (13. April), und wenn wir uns erquickt haben am 23. desselben Monats Pharmuthi (18. April) und darauf den Sonntag am 24. (19. April) gefeiert, dann reihen wir diesen Tagen die sieben Wochen des großen Pfingstfestes an.

An einigen Orten bildete sich zunächst die Praxis, nur die Hälfte der Quadrages zu fasten, und zwar teils in drei getrennten Wochen, teils in den drei Wochen vor Ostern nach einander. Die Ordnung kommt im Bereiche sowohl der sechswöchentlichen als der siebenwöchent= lichen Observanz vor, und sie erhielt sich ziemlich lange, da Sokrates und Sozomenus in ihren Kapiteln über die Verschiedenheit der kirchlichen Gebräuche sie als noch bestehend erwähnen. Sokrates läßt insbesondere die römische Kirche die drei Wochen vor Ostern fasten. Da er beifügt: ausgenommen Samstag und Sonntag, so stellt er die Mitteilung selbst in Frage, da gerade die römische Kirche es hauptsächlich war, in welcher am Samstag gefastet wurde, wie einige Zeilen später auch von ihm be= merkt wird. Zu der Angabe stimmen auch nicht die Homilieen Leos I über die Quadrages. In der ersten (Serm. 39)· erscheint sofort der Anfang der Quadrages zugleich als der Anfang der Fastenzeit. In der zehnten (Serm. 48) wird das Fasten vor Ostern ausdrücklich als ein Fasten von 40 Tagen bezeichnet, eine Redeweise, die sich mit einem Fasten von drei Wochen oder 18 Tagen sicher schlecht zusammenreimt. Es liegt also wohl irgend ein Versehen vor. Vielleicht wurde das Fasten in Rom in drei Wochen strenger beobachtet als in der übrigen Zeit. Vielleicht wurde der Brauch einer anderen abendländischen Kirche auf die römische übertragen. Der Umstand, daß die Bemerkung durch Cassiodor in der Historia tripartita IX, 38 wiederholt wird, verleiht derselben keine größere Glaubwürdigkeit. Es wird auch der zweifellose Irrtum von dem Nichtfasten am Samstag erneuert.

Da die Quadrages sechs Wochen umfaßte, so begann sie mit dem sechsten oder nach der anderen Observanz mit dem siebenten Sonntag vor Ostern, das Fasten näherhin mit dem folgenden Montag. In den

Osterbriefen des hl. Athanasius ist der Anfang des Fastens stets je auf den bezüglichen Montag angesetzt. Die Ordnung war allgemein. In der Kirche von Mailand[1] besteht sie noch heute, da das Fasten daselbst erst mit Montag nach dem ersten Sonntag der Quadrages anfängt. Ähnlich beginnt in der griechischen Kirche die strenge Fastenzeit noch heute mit dem siebenten Sonntag vor Ostern, der *Κυριακὴ τῆς τυροφάγου*, so genannt, weil von da an der Genuß nicht bloß von Fleisch, sondern auch von Käse und Milchspeisen überhaupt aufzuhören hat. Daß die Ordnung ehemals auch in Rom bestand, zeigt Gregor d. Gr., indem er in Hom. XVI in Evang. n. 5 die Zahl der Fasttage auf 36 bestimmt. Im römischen Missale klingt dieselbe noch heute durch. Die Sekret des ersten Sonntags der Quadrages beginnt mit den Worten: Sacrificium quadragesimalis initii solemniter immolamus.

Die Ordnung erhielt sich in der römischen Kirche, wie das angeführte Zeugnis Gregors d. Gr. zeigt, bis um d. J. 600. Zwar scheint bereits der Autor des Liber pontificalis eine Erweiterung der Fastenzeit angestrebt zu haben. Derselbe schreibt wenigstens dem Papst Telesphorus die Verordnung zu, ut septem ebdomadas ante pascha ieiunium celebraretur. Das Vorhaben drang aber, wenn es bestand, nicht durch. Dagegen trat im Laufe des 7. Jahrhunderts eine weitere Entwickelung ein. Das Fasten wurde um vier Tage verlängert, der Anfang auf den Mittwoch vor dem ersten Sonntag der Quadrages vorgerückt. Das Motiv der Neuerung liegt am Tage. Die Zahl der Fasttage des Herrn sollte voll gemacht werden. Infolge dieser Entwickelung wurden dann wohl auch die Stationsmessen für die drei der Quadrages vorausgehenden Sonntage angeordnet, für die Sonntage in Septuagesima, in Sexagesima, in Quinquagesima. Die Zeit der Vorbereitung auf Ostern erstreckte sich so auf neun Wochen. Der Anfang, die Zeit bis auf den Mittwoch vor der Quadrages, hatte indessen keine weitere Eigentümlichkeit, als daß gewisse Gebete oder Gesänge unterlassen wurden, namentlich das Alleluja (Ratramn. C. Graec. opp. IV, 4). Das Sakramentarium Gelasianum, der erste Zeuge der vier Fasttage vor der Quadrages, führt bereits auch jene drei Sonntage besonders auf. Es läßt sich handschriftlich bis an den Anfang des 8. oder das

---

[1] Das Provinzialkonzil von Mailand v. J. 1565 (Harduin, Conc. X, 655) setzt den Anfang der Quadrages für die Kirchenprovinz zwar auf den Aschermittwoch, nimmt aber die Stadt Mailand und die Teile der Diöcese, welche noch den ambrosianischen Ritus haben, von der Verordnung aus.

Ende des 7. Jahrhunderts zurückverfolgen und geht inhaltlich, wenigstens
in der überlieferten Gestalt, nicht über das 7. Jahrhundert zurück. Etwas
später findet sich die Ordnung im Sakramentarium Gregorianum, das
in seiner überlieferten Gestalt die römische Liturgie unter Hadrian I
(772—795) repräsentiert. Früher schloß man aus den beiden Sakramentarien auf ein höheres Alter der Ordnung. Nilles[1] äußerte sich
noch neuerdings in diesem Sinne. Der Schluß ist aber durchaus unrichtig. Die Sakramentarien stellen die Liturgie in einem späteren
Stadium dar, als durch ihre Namen angezeigt wird. Die Sache ist
für jeden zweifellos, der nur einigermaßen auf diesem Gebiete bewandert
ist. Durch Duchesne[2] wurde die Zeit der beiden Sakramentarien auch
näher bestimmt, und sein Beweis fand in dieser Beziehung selbst auf
einer Seite Anerkennung, auf welcher man seiner Ausführung in anderer
Richtung glaubte entgegentreten zu sollen. Probst[3] hat gegen die Datierung des Gregorianum nichts einzuwenden. Er nimmt auch eine ziemlich weitgehende spätere Änderung des Gelasianum an[4] und giebt zu
verstehen, daß die Erweiterung des Osterfastens auf 40 Tage erst nach
Gelasius eintrat. Auf der anderen Seite meint er aber alle Gebete und
Officien von der Weichnachtsvigil bis zum ersten Fastensonntage, den
Ordo allein ausgenommen, somit auch die Officien für die Sonntage
Septuagesima, Sexagesima und Quinquagesima und für den Mittwoch,
Freitag und Samstag in der Woche Quinquagesima, als Bestandteile
des ursprünglichen Gelasianum betrachten zu können. Demnach gab es
schon seit Gelasius Fasttage in der Woche vor der Quadrages. Nur
sollen dieselben keinen Bestandteil des Osterfastens gebildet haben, sondern
vielmehr ein Stationsfasten, bezw. ein Quatemberfasten gewesen sein.
Nachdem schon Leo I, wird bemerkt, das früher übliche wöchentliche
Stationsfasten in ein vierteljähriges verwandelt habe, gehalten im 4., 7.
und 10. Monat, sei zur Zeit des Gelasius oder durch diesen Papst das
im Frühjahr oder vor der Quadrages noch gebliebene Stationsfasten zu
einem Quatemberfasten und das Officium des bezüglichen Sonnabends
dem der übrigen Quatembersonnabende gleichförmig gemacht worden. Das
Osterfasten selbst zählte hiernach im 6. Jahrhundert noch 36 Tage. Aber
es gingen ihm bereits einige weitere Fasttage unmittelbar voraus, und

[1] Kalendarium manuale II (1881), 91.
[2] Origines du culte chrétien p. 114—127.
[3] Zeitschrift für kath. Theologie 1891 S. 210.
[4] Die ältesten römischen Sakramentarien und Ordines 1892 S. 143—295.

wenn diese streng genommen auch einen anderen Charakter hatten und
nicht zur Vorbereitung auf das hohe Fest dienten, so bildeten sie doch
insofern mit ihm ein Ganzes, als sie eben zeitlich mit ihm verbunden
waren. Das Osterfasten in dem späteren Umfange war in der Haupt=
fache gegeben, und es bedurfte nur noch einer kleinen Änderung und Er=
weiterung, um es vollends zum Abschluß zu bringen. Die Auffassung
ist für die Entwickelung des Osterfastens nicht ohne Bedeutung. Aber
sie ist nicht stichhaltig. Es genügt, auf ein paar Punkte zu verweisen.
		Die Eigentümlichkeiten, welche die Messen an den Quatembersams=
tagen des 4., 7. und 10. Monats im Gelasianum haben, zwölf Lektionen
und fünf, bezw. sechs Orationen, finden sich auch bei der Messe am
Samstag nach dem ersten Sonntag der Quadrages (Migne, PL. 74,
1069). Dem Sakramentar gilt demgemäß die erste Woche nach jenem
Sonntag als die Quatemberwoche im Frühjahr oder ersten Monat, und
es ist ebenso überflüssig wie unzulässig, ein Quatemberfasten in der vor=
ausgehenden Woche zu suchen. Andererseits ist dem Fasten vor dem
ersten Sonntag der Quadrages im Gelasianum der Charakter als Oster=
oder Quadragesimalfasten unzweideutig aufgedrückt. Die Freitagsmesse
spricht ausdrücklich von ieiunia paschalia, und zwar nach dem Kontext
deutlich so, daß die ieiunia paschalia bereits als begonnen, nicht erst
als bevorstehend erscheinen. Dasselbe ergiebt sich aus den Kollekten der
Messe am Samstag, da das hoc sollemne ieiunium in der zweiten
Kollekte bei der Rede von paschales actiones in der ersten wieder nur
als Osterfasten zu fassen ist. Drittens ist auch die observantia paschalis,
welche in der Sekret der Mittwochsmesse erwähnt wird, nicht anders
zu verstehen. Endlich ist in dem vorausgehenden Abschnitt XVI oder
dem Ordo agentibus publicam paenitentiam (PL. 74, 1064) von
caput quadragesimae die Rede. Probst glaubt freilich den Abschnitt
als ein späteres oder nach den folgenden Messen veranstaltetes Ein=
schiebsel betrachten zu können. Ein Grund dazu liegt aber in keiner
Weise vor, und wenn die Annahme je richtig wäre, so würden ja die
anderen Punkte vollständig zur Entscheidung der Frage genügen. Das
Gelasianum enthält also die Quadrages bereits in ihrem erweiterten Um=
fang, und es ist das erste Dokument, welches uns darüber Kunde giebt.[1]

[1] Ausführlicher ist die Frage erörtert in Theol. Quartalschrift 1893 S. 219—
221; 1894 S. 126—142. Über das angebliche Zeugnis des Maximus von Turin
Hom. 36 für den Beginn des Osterfastens am Aschermittwoch vgl. Theol. Quartal=
schrift 1895 S. 687 f.

Das Gelasianum ist nicht frei von Bestandteilen des altgallischen Ritus.[1] Im ganzen aber ist es römisch, und so spricht alles dafür, daß die Erweiterung der Quadrages auf 40 Fasttage von Rom ausging. Äneas von Paris (Adv. Graec. c. 175) führt die Neuerung ausdrücklich auf die römische Kirche zurück. Sie drang aber bald auch in weitere Kreise, hauptsächlich infolge der Bemühungen Karls d. Gr. für die Verbreitung des römischen Ritus. Die Provinzialsynode, welche durch den Erzbischof Arno von Salzburg 799 nach Riesbach berufen, in Freising fortgesetzt und 800 in Salzburg beendigt wurde, verordnete in den an letzterem Orte erlassenen Statuten c. 11: der Mittwoch vor Anfang der Quadrages, von den Römern Caput ieiunii genannt, solle feierlich mit Litanie und Messe nach der neunten Stunde begangen werden.[2] Auf der Synode von Meaux-Paris 845/46 c. 76 und in dem auf der Synode von Soissons 853 von Karl dem Kahlen erlassenen Kapitulare erscheint c. 8 der Mittwoch vor dem Anfang der Quadrages bereits als Gerichtstermin. Amalarius von Metz bezeugt die Ordnung De eccles. offic. I, 7 im J. 820. Etwas spätere Zeugen sind Ratramnus Contra Graecorum opposita IV, 4, und Äneas von Paris Adv. Graec. c. 175. Die Auffassung Hergenröthers[3], als ob die Ordnung zuerst im Frankenreich bestanden und erst von da aus weiter sich verbreitet habe, ist nicht haltbar. Bei den bestimmten Zeugnissen, welche für den früheren Bestand in der römischen Kirche vorliegen, sind die Worte des Papstes Nikolaus I von den decimae carnis, welche die Christen in der Quadrages geben (Resp. ad consulta Bulg. c. 9), nicht als strenge Angabe über die Zahl der Fasttage zu fassen. Und wenn es je so sein und die von Hergenröther angeführten weiteren Worte: Sunt autem totius anni decimae dies sex et triginta, Nikolaus angehören sollten, so müßte man annehmen, daß die Vergleichung der Quadrages mit dem Zehnten Anlaß gab, dieselbe im älteren Sinne zu verstehen und die Weiterbildung außer acht zu lassen, welche sie in der letzten Zeit erfahren hatte. Noch weniger kann Ratramnus für jene Auffassung angerufen werden. Derselbe bemerkt C. Graec. opp. IV, 4 wohl zweimal: Romani sex hebdomadas continenter ante pascha praeter dominicam ieiunant, und er fügt das zweitemal noch die Zahl 36 für die Fasttage bei. Wir lesen aber andrerseits in demselben Kapitel: tam romana

[1] Duchesne, Origines du culte chrétien p. 125.
[2] Hefele, Konziliengeschichte 2. A. III, 732.
[3] Photius, Patriarch von Konstantinopel III (1869), 190.

quam occidentalis ecclesia faste sechs Wochen superadditis quattuor diebus hebdomadis septimae; vel Romani vel Occidentales oder, wie er sich etwas später ausdrückt, Romani seu Latini fasten 40 Tage vor Ostern. Das 40 tägige Fasten wird also auch den Römern zugeschrieben, und zwar mit solcher Bestimmtheit, daß der Widerspruch nicht so ohne weiteres mit der Erklärung sich beseitigen läßt, in den bezüglichen Stellen sei von der Observanz anderer Kirchen, namentlich der fränkischen, die Rede. Es ist vielmehr eine andere Lösung zu suchen, und sie ist nicht schwer zu finden. Der Ausdruck Romani ist in jenen beiden Stellen im weiteren Sinne zu nehmen; die Sätze beziehen sich auf die Kirchen des Abendlandes, welche noch an der älteren Praxis von 36 Fasttagen festhielten. An der zweiten Stelle ist dies auch sonst noch deutlich. Sie leitet, nachdem im Vorausgehenden eine Rechtfertigung des 40 tägigen Fastens der Romani vel Occidentales gegeben worden ist, eine Begründung der 36 Fasttage der Romani ein. Der Nachdruck liegt auf der Zahl, und die Romani sind gleich den Romani vel Occidentales der vorausgehenden Stelle Römer als Lateiner oder Abendländer, wie denn zwischen beiden Stellen auch der Ausdruck Romani vel Latini vorkommt. Der Sprachgebrauch tritt in dem Werke noch weiterhin zu Tage. Es sei besonders auf IV, 6 verwiesen.

Wie im Abendland so erfuhr das Fasten auch im Orient noch eine Erweiterung. Der treibende Grund war derselbe: man wollte dem Fastenbeispiel des Herrn möglichst nahe kommen. Gleich der bisherigen weicht aber auch die neue Ordnung von der abendländischen ab. Da am Samstag im Orient nicht gefastet wurde, brauchte man acht Wochen, um auf 40 Tage zu kommen. Und da der Samstag in der Karwoche ausnahmsweise ein Fasttag ist, so ergeben sich streng genommen 41 Fasttage. Der Überschuß wurde indessen gewöhnlich nicht weiter beachtet, und man konnte ihn um so mehr auf sich beruhen lassen, als die Ascese in der jetzt aufkommenden neuen Fastenwoche weniger streng war als in den alten. In derselben waren die Milchspeisen noch erlaubt. Nur der Genuß von Fleisch war verboten. Der Sonntag, welcher diese Ordnung einleitet, erhielt darum den Namen *Κυριακὴ τῆς ἀπόκρεω*, während der folgende Sonntag, von welchem an auch die Milchspeisen verboten sind, *Κυριακὴ τῆς τυροφάγου* heißt.

Die Anfänge der Entwickelung reichen weit zurück. In Jerusalem treffen wir die Ordnung bereits gegen Ende des 4. Jahrhunderts. Die Peregrinatio Silviae (ed. Gamurrini 1887 p. 84 sq.) giebt die Zahl der Fastenwochen daselbst auf acht, die Zahl der Fasttage auf 41 an. Die Ordnung dürfte aber, da nach den Berichten von Sokrates und Sozomenus das Osterfasten in Palästina nur sechs oder sieben Wochen umfaßte, auf die heilige Stadt sich beschränkt haben, und da der Patriarch Petrus von Jerusalem in der ersten Hälfte des 6. Jahrhunderts, wie wir oben (S. 263) gesehen, ein siebenwöchentliches Fasten ankündigt, so hatte sie auch dort wahrscheinlich noch keinen dauernden Bestand. Während aber Jerusalem im Anfang des 6. Jahrhunderts im Osterfasten allem nach der übrigen katholischen Kirche im Orient sich anbequemt hatte, tritt uns die neue Ordnung in jener Zeit im Kreise der Monophysiten entgegen. Den der Schrift des Johannes von Damaskus über das Fasten angefügten Zeugen sind auch zwei Monophysiten mit je zwei Fragmenten angeschlossen, und beide verkünden ein Fasten von acht Wochen (PG. 95, 75). Der eine ist Severus von Antiochien, der andere der koptische Patriarch Benjamin von Alexandrien, ein Zeitgenosse des Kaisers Heraklius (610—641). In derselben Zeit aber, welcher der letztere Zeuge angehört, erscheint die Neuerung bereits auch wieder auf der katholischen Seite. Der Archimandrit Dorotheus von Palästina, der von einigen dem Ende des 6. Jahrhunderts zugewiesen wird, wahrscheinlich aber in der ersten Hälfte des 7. Jahrhunderts lebte, erwähnt in Doctrina XV einerseits noch ein siebenwöchentliches Fasten oder ein Fasten von 36 Tagen als dem Zehnten des Jahres von 360 Tagen. Er fügt aber andererseits bei: „Diesen Wochen gedachten unsere Väter noch eine andere beizufügen, teils als Vorübung und zur Vorbereitung auf den Eintritt in die Beschwerde der Fasten, teils um das Fasten durch die Zahl der heiligen Quadrages zu ehren, welche unser Herr fastete; denn die acht (wie offenbar statt sieben zu lesen ist) Wochen ergeben bei Abzug der Sabbathe und Sonntage 40 Tage, indem das Fasten des heiligen Sabbaths für sich geehrt wird, da es das heiligste Fasten ist und das einzige, welches unter allen Sabbathen des Jahres gehalten wird" (PG. 88, 1787). Um das Jahr 700 erwähnt die Übung sodann Anastasius Sinaita. Während aber Dorotheus sie billigt, bekämpft sie dieser, indem er in Quaest. 64 schreibt: „Man soll wissen, daß man nicht acht Wochen in der großen Quadrages fasten darf, wie die Arianer thun, indem sie die von dem Herrn uns gegebene Zahl von 40 Tagen dadurch über= schreiten, daß sie eine Woche beifügen und nicht auf Moses hören, der sagt: Du sollst das Wort bewahren, das ich dir auftrage, ohne Zusatz und ohne Schmälerung" (PG. 89, 662). Die Stelle zeigt, wenn anders

die Worte richtig überliefert sind und statt Arianer nicht vielleicht zu
lesen ist Severianer, daß die Praxis außerhalb der katholischen Kirche
noch weitere Verbreitung fand, daß sie auch auf katholischer Seite be=
obachtet wurde, hier aber zugleich auf Widerspruch stieß. Man machte
gegen sie das Herkommen geltend; man mißbilligte sie auch, weil sie
häretischen Ursprunges zu sein schien. Der Widerstreit bestand noch in
der ersten Hälfte des 8. Jahrhunderts. Aus dem Schreiben des heiligen
Johannes von Damaskus über das Fasten (PG. 95, 63—71) geht
hervor, daß einige nur sieben, andere aber acht Wochen fasteten (c. 3).
Ein gewisser Kometas fühlte sich beunruhigt, daß der Kirchenvater sich
für letztere Übung ausgesprochen haben sollte. Johannes sah sich des=
halb zu einer näheren Erklärung veranlaßt, und er entspricht seiner Auf=
gabe, indem er beide Teile vom Streit abmahnt, dabei aber der längeren
Ascese den Vorzug giebt, sie sogar Gesetz und Regel der Kirche nennt,
jedoch nicht mit Zwang und Gewalt aufgelegt, vielmehr durch Überredung
empfohlen wissen will (c. 6). Aus der Folgezeit ist mir kein Wider=
spruch mehr bekannt. Theodor Studita († 826) kommt in seinen Schriften
wiederholt auf das Fasten zu sprechen, ohne einer Differenz zu gedenken.
Jedenfalls war die Entwickelung um die Mitte des 9. Jahrhunderts ab=
geschlossen. Unter den Vorwürfen, welche Photius in seiner Encyklika
an die morgenländischen Patriarchen (Ep. 13, 5) gegen die Abendländer
erhebt, befindet sich auch der, daß sie die erste Woche der Fasten von dem
übrigen Fasten abtrennen und sie noch zum Genuß von Milch und Käse
und zu anderen Völlereien ziehen (PG. 102, 723). Nikolaus I (Ep. 70)
formuliert die Anklage näher dahin, daß die Abendländer nicht in acht
Wochen vor Ostern des Genusses von Fleisch und in sieben Wochen des
Genusses von Käse und Eiern sich enthalten.[1] Ähnlich läßt Ratramnus
C. Graec. opp. IV, 4 die Griechen sagen: quod non ieiunemus
sicut illi octo hebdomadas ante pascha a carnium et septem heb-
domadibus a casei et ovorum esu suo modo non cessamus. Der
Kampf setzt voraus, daß die neue Ordnung in der griechischen Kirche
allenthalben eingebürgert war.

Das Osterfasten dehnte sich so in der griechischen Kirche auf acht
Wochen aus. Dazu kommen noch, ähnlich wie im Abendland, zwei
weitere Wochen als Zeit einer entfernteren Vorbereitung auf Ostern.
Die Sonntage, welche dieselben einleiten, heißen nach den evangelischen
Perikopen der eine, der zehnte vor Ostern, Κυριακὴ τοῦ τελώνου

---

[1] Harduin, Conc. V, 303. Vgl. Hergenröther, Photius I (1867), 643.

καὶ τοῦ φαρισαίου, der andere Κυριακὴ τοῦ ἀσώτου. Ihre An=
ordnung folgte der Erweiterung der Quadrages bald nach. Der erste
Sonntag oder die ἑβδομὰς προσφωνήσιμος oder τῆς προσφωνῆς
wird bereits von Theodor Studita Catech. chron. c. 8 (PG. 99,
1698) erwähnt. Der andere scheint dagegen nach der weiteren Aus=
führung damals noch nicht bestanden, jener vielmehr die neunte Stelle
vor Ostern eingenommen zu haben. Die ganze Zeit der zehn Wochen
erhielt später den Namen Τριῴδιον, während die Zeit von Ostern bis
zur Oktav von Pfingsten Πεντηκοστάριον, die übrige Zeit des Kirchen=
jahres Ὀκτώηχος heißt.

Die acht Fastenwochen stehen selbst nicht auf gleicher Stufe. Die
erste Woche gilt, wie bereits aus den angeführten Zeugnissen erhellt, als
ein Vorfasten, indem wohl der Genuß von Fleisch verboten, alle übrigen
Speisen aber noch gestattet waren. Johannes von Damaskus De ieiu=
niis c. 5 nennt sie προνήστιμος ἑβδομάς, Theodor Studita Catech.
chron. c. 8 τυροφάγος ἑβδομάς. Die Quadrages im eigentlichen
Sinne beginnt mit der zweiten Woche und umfaßt sechs Wochen. Theodor
Studita geht, nachdem er von der ersten Woche gesprochen, zu den folgenden c. 9 mit den Worten über: Τὴν δὲ ἁγίαν καὶ μεγάλην τεσ-
σαρακοστήν. Ebenso unterscheidet er hernach die Leidenswoche oder
Karwoche, indem er, nachdem er die Quadrages beschrieben, fortfährt:
Τὴν δὲ ἁγίαν μεγάλην ἑβδομάδα. Die Gliederung ergab sich aus der
historischen Entwickelung, indem nach derjenigen der beiden früheren Ord=
nungen, welche mit Überwindung der anderen die Herrschaft gewann, der
Karwoche zunächst die Quadrages sich ansetzte und zu dieser endlich noch
in der weiter vorausgehenden Woche ein Vorfasten kam. Sie fand
auch Ausdruck in der Verschiedenheit des Fastens in den einzelnen Zeit=
abschnitten.

Johannes von Damaskus De ieiuniis c. 5 beschreibt, indem er
zugleich die Verschiedenheit der gottesdienstlichen Feier in der Zeit berück=
sichtigt, das Fasten folgendermaßen: „So kennen wir also die kirchliche
Sitte aus der ungeschriebenen Überlieferung: eine Woche Vorfasten, in
der nur Enthaltung von Fleisch stattfindet und bis zum Abend gefastet
wird, die Terz, Sext, Non und die Präsanktifikatenmesse (ἡ τῆς τῶν
ἁγίων προηγιασμένων τελετή) nicht gehalten wird; sechs Wochen, in
denen diese Officien stattfinden, aber auch Enthaltung von Eiern, Käse und
dergleichen Speisen sowie von Fleisch. Für die Leidenswoche aber wurde
Xerophagie angeordnet, jedoch nicht die Feier der Präsanktifikatenmesse;

am Gründonnerstag indessen, an dem sie auch angefangen haben, werden die Geheimnisse gefeiert. Am Karfreitag sodann bis zum Abend des Samstags ist vollständiges Fasten. Und am Abend des Samstags darf alles genossen werden, ausgenommen Fleisch; am heiligen Sonntag der Auferstehung aber darf auch Fleisch essen, wer will" (PG. 95, 70). Hiernach wurde in der Zeit an den einzelnen Tagen bis zum Abend gefastet. Der Endtermin ist zwar nur für die erste Woche angegeben; er galt aber naturgemäß auch für die folgenden. Am Abend durfte man essen; aber die Speisen, die gestattet waren, waren nach den drei Zeiten verschieden. Zuletzt wurde zwei oder anderthalb Tage ununterbrochen gefastet. Theodor Studita Catech. chron. c. 8—9 erwähnt als Ende des täglichen Fastens die neunte Stunde (drei Uhr nachmittags). Viel= leicht war inzwischen eine kleine Änderung eingetreten. Wahrscheinlich aber war die Praxis in den einzelnen Ländern nicht ganz gleich. Der Bericht Theodors läßt noch einige weitere Verschiedenheiten erkennen. Nachdem derselbe von dem Vorfasten gesprochen, bemerkt er weiterhin: „In der heiligen und großen Quadrages genießen wir einmal des Tages zur neunten Stunde trockene Speisen oder auch Gemüse ohne Öl, keinen Wein, außer am Samstag und Sonntag; wir essen auch ohne Bedenken alle knochenlosen und eingesalzten Schaltiere (ὀστρακοδέρματα πάντα ἀνόστεά τε καὶ ταρίχια); Fische aber essen wir in der heiligen Fasten= zeit nicht, außer am Samstag und am Palmsonntag, zu Ehren des= jenigen, der vom Fasten kam und bei der Auferweckung des Lazarus am Gastmahl teilnahm. In der heiligen großen Woche aber fasten wir, wenn möglich, gänzlich, weder Öl noch Wein genießend, nur daß wir in der Nacht des heiligen Leidens wegen der Beschwerde nach Bedarf etwas trinken. Ähnlich setzen wir das Fasten bis zum Abend des großen Sabbaths fort, und zwar an ihm allein und an keinem anderen im ganzen Jahre" (PG. 99, 1699). Bei dieser Schilderung ist indessen zu beachten, daß sie eine Klosterordnung betrifft. Für das gewöhnliche Leben ist daher bei ihr ein Abzug zu machen. Die Xerophagie, welche nach der Stelle wenigstens zum Teil bereits in der Quadrages i. e. S. beobachtet wird, galt im allgemeinen, wie auch die Bemerkung des hei= ligen Johannes von Damaskus zeigt, erst in der Karwoche. Die Synode von Laodicea c. 50 verlangte allerdings ihre Beobachtung bereits für die ganze Quadrages. Aber die Forderung konnte nicht durchdringen. Ebenso war der Wein nicht verboten. Die Stellen, auf die man sich in dieser Richtung zu berufen pflegt, ergeben keinen Beweis. Sie

bezeichnen teils die Enthaltung von Wein nur im allgemeinen als eine
Art von Fasten (Cyrill. Catech. IV, 27; Hieron. In Dan. 10, 3);
teils sind es Wünsche von Predigern, die aber keineswegs die Bedeutung
von verbindlichen Normen erlangten (Bas. De ieiun. I, 3—5). Der
Wein fehlte zudem auch den Mönchen des Klosters Studium in der
Quadrages nicht ganz; er war ihnen am Samstag und Sonntag ge=
stattet. Etwas strenger wurde es mit den Fischen gehalten. Ein eigent=
liches Verbot bestand aber auch für diese wohl nicht. Dagegen galt das
Verbot des Genusses von Fleisch, Eiern und Käse für die ganze Dauer
der Quadrages, auch für die Samstage und Sonntage, obwohl diese im
übrigen keine Fasttage, sondern nur Abstinenztage waren, wie die trulla=
nische Synode 692 c. 56 gegenüber Armenien und andern Ländern, in
denen an diesen Tagen wenigstens Eier und Käse genossen wurden, be=
sonders einschärfte.

Dieselbe Ordnung bestand im Abendland; nur daß der Samstag
hier zugleich ein eigentlicher Fasttag war und die Quadrages deshalb
einen kleineren Umfang hatte. In einigen Kreisen scheint man auch
Wein und Fische als verboten angesehen oder über die Erlaubtheit des
Genusses derselben Zweifel gehegt zu haben. Wenigstens ist in einem
Schreiben, das Gregor I an den Bischof Augustin nach England erlassen
haben soll und das Gratian in sein Dekret (c. 6 Dist. IV) aufnahm,
davon die Rede. Die Entscheidung lautet indessen auf Zulässigkeit, und
wie hier so ist auch sonst von einem Verbot in dieser Beziehung nicht
die Rede. Eine Verschärfung der Abstinenz war für das Abendland
am allerwenigsten angezeigt. Für einen Teil desselben war schon die
bisherige Ordnung kaum durchführbar. Die Schwierigkeit machte sich
namentlich für die nördlichen Länder geltend, und in der That wurden
hier die Eier und Lacticinien noch längere Zeit in der Quadrages ge=
nossen. Für England erhellt die Übung aus einer Mitteilung von Beda
Venerabilis H. E. III, 23, welche das 7. Jahrhundert betrifft, und sie
bestand ohne Zweifel auch noch zur Zeit des Autors, da dieser den
Vorgang sonst schwerlich ohne eine entsprechende Bemerkung erzählt hätte.
Für Deutschland bezeugt sie Äneas von Paris im 9. Jahrhundert, indem
er Adv. Graecos c. 175 schreibt: Germania a lactis et butyri ac
casei et ovorum esu per totam quadragesimam generaliter non
abstinet, excepto quem spontanea attrahit voluntas (PL. 121, 742).
Indessen fehlte es nicht an Bemühungen, die strenge Disciplin überall
durchzuführen. Die Synode von Quedlinburg 1085 c. 7 erließ in

dieſer Richtung eine Verordnung, und ſpäter galt das Geſetz als überall verbindlich. Wie weit es freilich wirklich beobachtet wurde, iſt eine andere Frage. Dieſer Punkt iſt aber nicht mehr zu unterſuchen, da hier nur die Entwickelung der Faſtenordnung dargeſtellt werden ſoll. Dagegen mag zum Schluß noch eine andere Seite an der Quadrages kurz berührt werden, um das Bild von derſelben zu vervollſtändigen.

Sobald die Quadrages in die Geſchichte eintritt, ſtellt ſie ſich ebenſo als Zeit der Buße wie als Zeit des Katechumenenunterrichtes oder der näheren Vorbereitung auf die Taufe dar. Die beiden Momente ſtehen in innerem Zuſammenhang, da die Vorbereitung auf die Taufe nicht bloß in Unterweiſung über die chriſtliche Lehre, ſondern auch in Werken der Buße ſich vollzog. Die Aufforderung zur Buße galt der geſamten Chriſtenheit und insbeſondere der Klaſſe der Pönitenten. Im Laufe der Zeit erhielt die öffentliche Buße für die Quadrages eine eigene Ordnung. Dieſelbe mag in den Grundzügen etwas weiter zurückreichen. Zu Tage tritt ſie zuerſt um das Jahr 900 in der Schrift Reginos von Prüm De ecclesiasticis disciplinis I, 291. Hiernach hatten am Anfang der Quadrages alle Pönitenten, welche die öffentliche Buße übernehmen ſollten oder übernommen hatten, im Bußgewand vor dem Portale der Kirche dem Biſchof der Stadt ſich vorzuſtellen; ebenſo hatten die Dekane oder Erzprieſter der Pfarreien mit den Zeugen oder den Presbytern der Pönitenten, die deren Wandel genau zu erforſchen hatten, ſich einzufinden, und der Biſchof legte nach dem Maße der Schuld die Buße in den beſtimmten Graden auf. Dann führte er die Pönitenten in die Kirche, ſang mit dem ganzen Klerus auf dem Boden liegend für die Losſprechung derſelben die ſieben Bußpſalmen, und nachdem er ſich vom Gebet erhoben hatte, legte er ihnen die Hände auf, beſprengte ſie mit Weihwaſſer, beſtreute ſie mit Aſche, bedeckte ihr Haupt mit einem Cilicium und erklärte ihnen, daß, wie einſt Adam aus dem Paradies, ſo ſie wegen ihrer Sünden aus der Kirche ausgeſtoßen würden. Hernach hatten ſie die Kirche zu verlaſſen, am Gründonnerstag aber an ihrer Schwelle ſich wieder einzufinden (PL. 132, 245). Das Supplement zu dem dritten Teil der Summa des hl. Thomas, das den gleichen Bericht giebt, fügt Quaest. 28 art. 3 bei, daß den Pönitenten dann bis zur Oktav von Oſtern das Gotteshaus zugänglich war, jedoch ſo, daß ſie weder kommunizierten noch das Brot (die Eulogien) erhielten, und daß es jedes Jahr ſo gehalten wurde, ſo lange die Exkommunikation dauerte.

Die Buße äußerte ſich hauptſächlich im Faſten. In dieſer Übung

kam aber der Ausdruck des Charakters der Quadrages noch nicht zum
Abschluß. In der griechischen Kirche wurde, wie wir bereits oben
(S. 273) erfuhren, in der Zeit die Liturgie beschränkt. Die trullanische
Synode 692 c. 52 verordnet ausdrücklich, daß an allen Tagen der
Quadrages, ausgenommen der Samstag und Sonntag und das Fest
Mariä Verkündigung, (nur) die Liturgie der Präsanktifikaten stattfinde,
d. h. eine bloße Kommunion, nicht die Feier der Eucharistie im eigent=
lichen Sinne. Die Synode von Laodicea c. 51 verbot die Abhaltung
von Martyrerfesten an den Fasttagen und ließ sie nur an den Sams=
tagen und Sonntagen zu. Dieselbe Synode c. 52 verbot die Feier
von Hochzeiten und Geburtsfesten. Der Nomokanon von Photius (tit. 7
c. 1) enthält auch ein Gesetz gegen die Veranstaltung von Schauspielen
in der Quadrages.

Im Abendland wurde die Feier der Liturgie durch die Zeit nicht
so stark berührt. Die Missa praesanctificatorum beschränkte sich in
Rom auf den Karfreitag. Auf der anderen Seite aber wurde in der
Messe ausgelassen oder abgeändert, was zu dem Charakter der Zeit nicht
zu passen schien. Ratramnus C. Graecorum opp. IV, 4 bemerkt, in=
dem er auch die der Quadrages bis zum Sonntag Septuagesima vor=
ausgehende Zeit berücksichtigt: Cantica sollemnia videlicet Alleluia
seu martyrum sollemnitates novem ante pascha septimanis occidentalis ecclesia nequaquam sollemni more frequentat, sed ab
omni celebri glorificatione, quam per totius anni spatium fre-
quentare consuevit, sese continet (PL. 121, 320). Bezüglich der
weiteren Ordnung kommen zunächst die oben angeführten Zeugnisse über
den Aschermittwoch als Gerichtstermin in Betracht, indem in ihnen die
Abhaltung von Gerichtstagen während der Quadrages verboten wird.
Das Kapitulare Theodulfs von Orleans 797 c. 42 mahnt ferner zum
Verzicht auf den ehelichen Verkehr, den indessen auch schon Cäsarius von
Arles fordert.[1] Den ausführlichsten Aufschluß geben uns aber in dieser
Beziehung die Responsa ad consulta Bulgarorum von Nikolaus I.
Darin werden als verboten bezeichnet der eheliche Umgang (c. 9), Hoch=
zeiten (c. 48), Gastmähler und Lustbarkeiten überhaupt (c. 47), die Jagd
(c. 44), die Abhaltung von Gericht und Verurteilung zum Tode (c. 45),
endlich, Notfälle ausgenommen, das Kriegführen (c. 46).

Damit war das Osterfasten zur Vollendung gekommen. Es ent=

---

[1] Vgl. Malnory, Saint Cesaire 1894 p. 301.

wickelte sich, wie aus der Ausführung erhellt, in vierfachem Stufengang. Zuerst hielt sich die Übung im allgemeinen innerhalb der Grenzen, welche durch das Wort des Herrn Matth. 9, 15 gegeben waren. Dann dehnte sie sich im 3. Jahrhundert auf die Karwoche aus. Im 4. Jahrhundert erscheint die Quadrages mit 36 Fasttagen, im Orient diese Zahl zunächst wenigstens da, wo die Karwoche als ein besonderer Teil der Fastenzeit zur Quadrages hinzukam, nicht in dieser inbegriffen war. Vom 7. Jahrhundert an dehnte sich die Übung endlich allmählich auf 40, bezw. 41 Tage aus. Und was die Zeit betrifft, so behauptete sie sich in diesem Umfang bis zur Gegenwart. Im Fasten aber oder vielmehr in der Abstinenz ist in der Neuzeit eine mehrfach weitgreifende Änderung eingetreten. Von derselben wird später gehandelt werden.

——— · ———

X.

Die Abendmahlselemente bei Juftin. [1]

Die Feier des Abendmahls mit bloßem Wasser, ohne Wein, findet sich im Altertum nicht bloß bei mehreren Sekten von gnostischer oder falscher ascetischer Richtung, sondern auch in einigen kirchlichen Kreisen. Cyprian erwähnt die Praxis in Ep. 63 für einige Kirchen Afrikas. Jüngst schien ihr aber ein Zeuge erstehen zu sollen, der, wenn er aussagte, was man meinte, der Praxis eine weite Verbreitung sichern und uns zu einer erheblichen Revision der herkömmlichen Anschauung von der altchriftlichen Abendmahlsfeier Anlaß geben würde.

Die „Texte und Untersuchungen zur Geschichte der altchriftlichen Litteratur" VII, 2 S. 115—144 (1891) enthalten unter der Überschrift: „Brot und Wasser, die eucharistischen Elemente bei Juftin", eine Abhandlung von A. Harnack. Der Verfasser glaubt nicht bloß nachweisen zu können, daß man allen Grund hat zu fragen, ob Juftin bei seiner Schilderung der Abendmahlsfeier nicht lediglich Brot und Wasser als die eucharistischen Elemente bezeichnet, sondern er ist auch der Überzeugung, daß die Frage mit der höchsten Wahrscheinlichkeit bejaht werden könne (S. 125).

---

[1] Aus der Theologischen Quartalschrift 1892 S. 643—659 verbessert und erweitert.

Den Anlaß zu der Untersuchung gab die Wahrnehmung, daß der Wein an einigen Stellen in die Schriften Justins durch einen Späteren eingetragen wurde. Die These bestimmte mich, als ich in der letzten Zeit die große Apologie in meiner Vorlesung zu behandeln hatte, dem Punkte eine besondere Aufmerksamkeit zuzuwenden. Ich gelangte aber zu dem entgegengesetzten Schlusse. Und bei der Bedeutung der Sache und dem Ansehen des Vertreters der anderen Ansicht glaube ich meine Beobachtungen nicht für mich zurückhalten zu sollen. Es handelt sich ja nicht etwa nur um eine Sondermeinung Justins. Der Abschnitt in der ersten Apologie, in welchem der christliche Gottesdienst beschrieben wird, enthält eine Schilderung der kirchlichen Praxis, soweit sie dem Kirchenvater bekannt war, und wenn Harnack recht hätte, wäre anzunehmen, daß die Abendmahlselemente damals wenn auch nicht durchweg, so doch im allgemeinen Brot und Wasser gewesen wären.

Es handelt sich außer der eingehenden Darlegung in Apol. I, 65—67 um neun Stellen, von denen sieben in dem Dialoge, zwei in der größeren Apologie enthalten sind. Ich bespreche sie in der Reihenfolge, in welcher sie von Harnack erörtert wurden.

Die Stellen in Dial. c. 41 und 117 kommen nicht weiter in Betracht. In der einen wird zunächst nur Brot erwähnt. Im weiteren Verlauf wird zwar, was Harnack nicht bemerkte, neben dem Brot auch der Kelch genannt; der Inhalt des Kelches wird aber nicht näher bestimmt. Die andere Stelle spricht von $\tau\rho o\phi\grave{\eta}\ \xi\eta\rho\acute{\alpha}\ \tau\varepsilon\ \varkappa\alpha\grave{\iota}\ \acute{\upsilon}\gamma\rho\acute{\alpha}$. Aber auch hier wird nicht angegeben, worin die „feuchte Speise" näherhin bestand.

Eine dritte Stelle steht in Dial. c. 70. Das Wort Jes. 33, 16: „Es wird ihm Brot gegeben werden, und sein Wasser ist treu", wird hier als eine Weissagung auf das Abendmahl angeführt, und zwar ohne jede nähere Erklärung. Das ist auffallend. Aber drei Gründe verbieten uns, der Stelle in unserer Frage eine größere Bedeutung beizumessen. Vor allem ist zu beachten, daß Justin, indem er die Stelle, nachdem er sie angeführt, selbst von der Eucharistie erklärt, wohl ausdrücklich von dem Brote spricht, nicht aber auch von dem Wasser, statt dessen vielmehr den allgemeinen Ausdruck Kelch gebraucht. Sodann ist zu erwägen, daß es Justin bei seinen Weissagungsbeweisen keineswegs besonders genau nimmt. Es genügt ihm, wenn das Wort des A. T. nur im allgemeinen und einigermaßen mit dem zu beweisenden Punkte übereinstimmt. In Apol. I, 49 findet er sogar in den Worten des

Jesaias 5, 20: „Wehe denjenigen, welche das Süße bitter und das Bittere süß nennen", eine Vorhersagung der bekannten groben Beschuldigungen der alten Christen. Unter solchen Umständen konnte jenes Wort sehr wohl auf das Abendmahl bezogen werden, auch wenn in diesem nicht bloß Wasser, sondern auch Wein gebraucht wurde. Es enthält von den drei Bestandteilen, welche hier in Betracht kommen, wenigstens zwei. Drittens ist nicht zu übersehen, daß die Stelle zunächst nicht wegen des Abendmahles, sondern wegen eines anderen Punktes angeführt wurde. Im Anfang des Kapitels zeigt Justin, daß der Mythus von dem Ursprung des Mithras aus einem Felsen und die Feier der Mithrasmysterien in einer Höhle auf einer Nachahmung der Worte der Propheten Daniel 2, 34 und Jesaias 33, 13 --19 ruhen. Jene zwei Punkte sollten also vor allem bewiesen werden. Das Abendmahl kommt erst in zweiter Linie und gleichsam nur nebenbei zur Sprache, und den Anlaß zu seiner nachträglichen Erwähnung gab der Umstand, daß bei Jesaias auf die Worte: „Er wird in der hohen Höhle eines starken Felsen wohnen", sofort die fragliche Stelle von Brot und Wasser als seiner Speise folgt. Die Stelle wird somit von Justin nicht etwa als eine auf das Abendmahl besonders passende hervorgesucht. Sie legte sich ihm vielmehr aus einem anderen Anlaß nahe, und er benützte die Gelegenheit, sie auf das Abendmahl zu beziehen, dessen Bestandteile wenigstens zum größeren Teile in ihr angegeben sind.

An sechs Stellen kommt Justin ferner auf den Segen Jakobs über Juda zu sprechen: Apol. I, 32. 54; Dial. c. 52—54, 63, 69, 76. In Betracht kommen die Worte Gen. 49, 11: „Er wird sein Füllen an einen Weinstock binden und das Füllen seines Esels an eine Weide; er wird sein Kleid im Weine waschen und sein Gewand im Blute der Traube". Justin versteht den ersten Teil von dem Einzug des Herrn in Jerusalem; in dem zweiten Teil sieht er eine Vorhersagung des Leidens, indem der Herr durch sein Blut sein Gewand oder die an ihn Glaubenden erlösen wollte, und in den Worten „Blut der Traube" zugleich eine Ankündigung seiner höheren Abstammung, da er wohl Blut haben werde, aber nicht aus menschlichem Samen, sondern aus der Kraft Gottes. Später wurde die Stelle von den Kirchenvätern auf das Abendmahl gedeutet. Harnack meint, diese Beziehung liege so nahe, daß man nicht verstehen könne, wie sie irgend jemand in der alten Zeit verkannt haben könne, und findet es in hohem Grade auffallend, daß Justin bei Anführung des Schriftwortes nirgendwo auf den Wein im Abendmahl

Bezug genommen habe. Das Befremden ist aber schwerlich begründet.
Mag man die Erklärung Justins im einzelnen beurteilen, wie man will;
im ganzen hat sie vor den anderen sicher den Vorzug. Der erste Teil
der Stelle war naturgemäß auf den Einzug des Herrn in Jerusalem
zu beziehen, und wenn dieses geschah, dann liegt es nahe, den zweiten
Teil von dem an den Einzug sich anreihenden Werk des Herrn oder
seinem Leiden zu verstehen. Wurde aber das Schriftwort so gedeutet,
dann schloß sich die Beziehung auf das Abendmahl von selbst aus. Es
liegt also lediglich kein Grund vor, an den fraglichen Stellen eine Be=
zugnahme auf das Abendmahl zu erwarten. Dazu kommt, daß das
Schriftwort auf das Abendmahl im allgemeinen und den eucharistischen
Wein insbesondere mit Grund überhaupt kaum zu beziehen ist, mag das
durch die allegorische Exegese der späteren Zeit noch so oft geschehen sein.
Denn vom Brot ist, vom Wasser ganz zu schweigen, in der Stelle gar
nicht die Rede, und auf den Wein führt nichts anderes als das bloße
Wort, näherhin der Umstand, daß der Wein im zweiten Satzteil Blut
der Traube genannt wird, keineswegs aber der Sinn und Zusammen=
hang. Und bei diesem Sachverhalt begreift es sich, daß die Stelle keines=
wegs so einstimmig und allgemein auf das Abendmahl bezogen wurde,
wie man nach Harnack glauben sollte. Klemens von Alexandrien ver=
steht Paedag. I, 5, 15 unter dem Anbinden des Füllens an den Wein=
stock die Erfüllung der Menschen mit dem Logos, der mit dem Weinstock
gemeint sei. Indem er dann beifügt: der Weinstock bringe Wein, wie
der Logos Blut, und beide seien für die Menschen ein Trank zum Heile,
der Wein für den Leib, das Blut für den Geist, scheint er allerdings
auf den ersten Blick auch auf die Eucharistie Bezug zu nehmen. Bei
näherer Prüfung der Stelle aber ergiebt sich, daß der Wein ihm nur
die Nahrung für den Leib ist, das Blut die geistige Nahrung oder die
Nahrung des Logos für die Seele. Paed. I, 6, 41 erklärt derselbe
Autor Gen. 49, 11 dahin: mit seinem Geiste schmücke der Herr oder
Logos einerseits seinen Leib, andererseits nähre er mit ihm diejenigen,
welche nach dem Logos hungern. Hippolyt ferner bezieht, indem er
De Antichristo c. 7—12 Gen. 49, 8—12 erklärt, das Waschen des
Kleides im Weine auf die Taufe im Jordan, bezw. auf die bei der
Taufe vom Himmel gekommene Stimme, und das Waschen des Gewandes
im Blute der Traube auf die Anheftung des Fleisches an das Kreuz,
bezw. auf die aus der Seite geflossenen Quellen von Blut und Wasser,
durch welche die Völker abgewaschen und gereinigt worden (c. 11). In

dem Fragment 31 (Lagarde S. 130) deutet er das Waschen des Gewandes im Weine auf die Reinigung des Fleisches durch den hl. Geist
und das Wort der Wahrheit, den zweiten Teil des Verses, indem er
unter dem Blut der Traube das Fleisch des Herrn versteht, auf die
Reinigung der zum Heil berufenen Heiden. Tertullian Adv. Marc. IV,
40 und Novatian De trinitate c. 21 (al. 16) beziehen die Stelle auf
die Menschwerdung Christi, und erst in einem Nachsatz denkt jener wegen
der Parallele von vinum und sanguis auch an die Eucharistie, indem
er beifügt: Ita et nunc sanguinem suum in vino consecravit, qui
tunc vinum in sanguine figuravit. Cyprian führt sie Testim. I, 21
zum Beweise an, quod gentes magis (quam Iudaei) in Christum
crediturae essent, während er sie im folgenden Abschnitt (22), wo er
von der Gnade der Eucharistie handelt, übergeht. Augustin Contra
Faustum XII, 42 deutet sie ähnlich, indem er in den Worten Johannes
des Täufers Matth. 3, 2 die Erfüllung des ersten Teiles erblickt, während
er den zweiten Teil vom Leiden Christi versteht. Eusebius erklärt Dem.
evang. VIII, 1, 76 (Dindorf III, 512) die Stelle ganz wie Justin
vom Leiden Christi. Andere deuten sie zwar auf die Eucharistie, wie
Theodoret Dialog. I, ed. Schulze, IV, 24—26, oder auf Taufe und
Eucharistie, wie Origenes In Gen. hom. 17 c. 8 ed. Bened. III, 109.
Daneben aber haben sie noch eine andere Erklärung. Origenes findet
In Ioann. t. III, 37 ed. Bened. IV, 155 ähnlich Justin in der Stelle
eine Weissagung des Leidens Christi. Theodoret deutet sie Dialog. I
p. 59 ebenso, während er Haer. fab. V, 12 einen Beweis für die
wahre Menschennatur Christi in ihr erblickt. Es liegt somit lediglich
kein Grund vor, die Deutung Justins in der Frage nach den Abendmahlselementen in Anspruch zu nehmen. Was Harnack als unbegreiflich
zu finden geneigt ist, das stellt sich bei näherer Untersuchung als sehr
begreiflich dar.

An zwei Orten, Apol. I, 54 und Dial. c. 69, wurde freilich durch
einen Späteren der „Wein" in die Darlegung Justins hineingetragen.
Die Sache verhält sich so. Nachdem Justin in der Apologie seinen
Weissagungsbeweis zum größeren Teil vorgetragen, fährt er c. 54 fort:
die Dämonen haben, um dem christlichen Glauben Schwierigkeiten zu
bereiten, die heidnischen Mythen aufgebracht, indem sie hofften, man werde
wie diese so auch jenen für eine bloße Fabel halten, und zu diesem Behufe die Prophetenworte, die sie jedoch mißverstanden, verwertet; da sie
nun die Worte Gen. 49, 10--11 hörten, haben sie verbreitet, Dionysus

sei ein Sohn des Zeus und Erfinder des Weinstockes, und sie führen
den Esel in dessen Mysterien auf, καὶ ὄνον ἐν τοῖς μυστηρίοις αὐτοῦ
ἀναγράφουσι, u. s. w. Ähnlich Dial. c. 69. Statt ὄνον bietet nun
die Handschrift an beiden Orten οἶνον. Die Lesart ist sicherlich falsch.
Die weitere Darlegung Justins zeigt das mit aller Bestimmtheit. Bei
der zweiten Stelle giebt auch eine Randbemerkung die richtige Lesart
an. Es liegt also hier zweifellos ein Eingriff in den Text vor. Aber
was beweist er? Wie stellt sich überhaupt der Thatbestand dar?

Harnack bemerkt (S. 129): „Justin ist zweimal auf die Parallele
Dionysus und Jesus zu sprechen gekommen. Das tertium comparationis
bildete der Spruch im Segen Jakobs über Juda, in welchem Wein er=
wähnt wird. Beidemal hebt Justin deshalb hervor, Dionysus sei der
Erfinder des Weinstocks, und in seinen Mysterien spiele der Esel eine
Rolle. In der Parallele aber denkt er bei Christus nur an das Esels=
füllen, auf dem Christus eingeritten, und an den Weinstock, an welchem
dasselbe angebunden war. An Christus aber, der in seinem Mysterium
auch Wein verwendet hat, denkt er gar nicht. In den Christusmysterien
kommt der Esel vor, in den Dionysusmysterien auch! Wie viel näher
lag doch — zumal der Weinstock erwähnt wird — der Wein im Abend=
mahl! Aber Justin schweigt; erst in der Überlieferung ist er eingetragen
worden. Nun dürfen wir auch sagen — absichtlich eingetragen; denn
daß die Handschrift an beiden Stellen die Korrektur bietet, kann un=
möglich ein Zufall sein.“

Ich glaube nicht, daß man so weit zu gehen hat. Einem späteren
Abschreiber konnte das Mysterium des Dionysus und die Verwendung
des Esels in ihm sehr wohl unbekannt sein, und da in Verbindung mit
demselben vom Weinstock die Rede war, so legte sich ihm die fragliche
Änderung, zu der nur ein einziger Strich notwendig war, unmittelbar
nahe. Auch der Umstand kann nicht auffallen, daß die Korrektur in
beiden Stellen sich vorfindet. Sie empfahl sich das einemal so leicht
als das anderemal, und bei der Eigentümlichkeit der Sache, um die es
sich handelt, mußte ein Abschreiber im Wiederholungsfall fast mit Not=
wendigkeit des früheren Verfahrens sich erinnern. Es soll indessen eine
Absicht obwalten. Was beweist sie aber? Doch wohl nur, daß ein
Unbekannter das Bedürfnis empfand, οἶνος an die Stelle von ὄνος
zu setzen, nicht aber, daß Justin so hätte schreiben sollen, wenn er den
Wein im Abendmahl kannte, oder daß des Weines sonst zu gedenken
war. Ob dazu ein Anlaß vorlag, ist eine Frage für sich, und sie ist

nicht mit Harnack zu bejahen, sondern vielmehr zu verneinen. Der
Segen Jakobs ist in der Parallele Dionysus und Jesus nicht das tertium
comparationis. Er ist der Ausgangspunkt oder Quell der Parallele,
da die Dämonen aus ihm die Dionysusmythe bildeten. Das tertium
comparationis bilden vielmehr der Esel und der Weinstock, die einerseits
in der Geschichte Jesu oder in der Weissagung auf ihn vorkommen,
andererseits auch in der Mythe und dem Mysterium des Dionysus eine
Stelle haben. Der Wein ist allerdings ein Erzeugnis des Weinstocks.
Er wird auch im Segen Jakobs erwähnt. Aber zu der fraglichen
Parallele gehört er nicht, und an der zweiten Stelle, Dial. c. 69, wird
er mit Recht gar nicht berührt. Mit welchem Grunde erwartet man
also eine Erwähnung des Abendmahlsweines? Müßte man, wenn Justin
denselben hier zur Sprache brächte, nicht vielmehr den Vorwurf gegen
ihn erheben, er habe etwas hereingezogen, was nicht eigentlich zur Sache
gehört?

Die neun Stellen lassen also die Frage völlig offen. Keine erwähnt
zwar im ursprünglichen Texte den Wein. Andererseits giebt aber auch
keine einen wirklichen Grund zu der Vermutung, Justin habe den Wein
als Abendmahlselement nicht gekannt. Die Entscheidung ruht somit ganz
auf dem Abschnitt Apol. I, 65—67, welcher die kostbare Schilderung
des eucharistischen Gottesdienstes enthält.

In dem Abschnitt werden die Abendsmahlelemente an fünf Stellen
erwähnt. Die beiden Stellen in c. 66 geben keinen Aufschluß, indem
in der einen außer Brot nur von Trank, πόμα, in der anderen im
Anschluß an die Abendmahlsberichte der hl. Schrift vom Kelch, ποτήριον,
die Rede ist. Die drei übrigen Stellen lauten, c. 65 p. 178 ed. Otto
1876: ἔπειτα προσφέρεται τῷ προεστῶτι τῶν ἀδελφῶν ἄρτος
καὶ ποτήριον ὕδατος καὶ κράματος — c. 65 p. 180: οἱ καλού-
μενοι παρ' ἡμῖν διάκονοι διδόασιν ἑκάστῳ τῶν παρόντων μετα-
λαβεῖν ἀπὸ τοῦ εὐχαριστηθέντος ἄρτου καὶ οἴνου καὶ ὕδατος
— c. 67 p. 186: ἄρτος προσφέρεται καὶ οἶνος καὶ ὕδωρ. Zwei
nennen also außer Brot und Wasser οἶνος, eine und zwar die erste
κρᾶμα. Der letztere Ausdruck ist neben ὕδωρ eigentümlich, sofern er,
wenigstens in der klassischen Sprache, Mischung bedeutet, näherhin eine
Mischung von Wein und Wasser, und das Wasser demgemäß bereits in
sich begreift; die Worte καὶ κράματος fehlen überdies in der Handschrift, die uns für den Abschnitt weiterhin zu Gebot steht, und dieser
Sachverhalt bestimmte Harnack, nicht bloß sie, sondern auch die Worte

καὶ οἶνος in den beiden anderen Stellen für eine Interpolation zu er=
klären. Seine Kritik lautet vollständig so:

„An der erſten Stelle c. 65 (p. 178) heißt es: ποτήριον ὕδατος
καὶ κράματος. Das iſt eine wunderliche Redeweiſe. Κρᾶμα iſt doch
ſchon mit Waſſer gemiſchter Wein! Wie widerſinnig iſt alſo der Aus=
bruck: „ein Becher mit Waſſer und mit Wein, der mit Waſſer gemiſcht
iſt!“ Dieſes καὶ κράματος ſieht doch ganz ſo aus, wie ein Gloſſe, die
an den Rand geſetzt worden iſt, um das anſtößige ὕδατος zu korrigieren.
Wir wiſſen ja ſchon, wie man den „Wein“ zweimal in die Schriften
Juſtins eingeſetzt hat. Nun — zum Glück — brauchen wir uns hier
nicht mit einer wenn auch noch ſo wahrſcheinlichen Vermutung zu be=
gnügen. Für die capp. 65 — 67 der Apologie des Juſtin beſitzen wir
bekanntlich eine zweite Handſchrift, den Ottobonianus, der vom Pariſinus
an ca. 20 Stellen abweicht und jedenfalls unabhängig von ihm iſt. In
dem Ottobonianus fehlt καὶ κράματος Es heißt einfach: Ἔπειτα
προσφέρεται τῷ προεστῶτι τῶν ἀδελφῶν ἄρτος καὶ ποτήριον
ὕδατος, καὶ οὕτως (l. οὗτος) λαβὼν ὕμνον καὶ δόξαν τῷ πατρὶ
τῶν ὅλων . . . ἀναπέμπει. An einen Zufall (Homöoteleuton) wird
hier niemand denken mögen, da, wie gezeigt worden, die LA. καὶ κράμ=
ατος neben ὕδατος an ſich faſt unerträglich iſt. — Iſt aber Dial.
c. 69 und Apol. I, 54 οἶνος eingeſchmuggelt und Apol. I, 65 καὶ
κράματος, ſo ſcheint mir das οἶνος in Apol. I 65 p. 180 und 67
nicht mehr gehalten werden zu können. Statt ἄρτος καὶ οἶνος καὶ
ὕδωρ iſt an beiden Stellen einfach ἄρτος καὶ ὕδωρ zu leſen.“

So möchte man allerdings ſchließen, wenn der zweite Texteszeuge
ſtets nur vom Waſſer redete. Er ſpricht aber an zwei Stellen von
Wein und Waſſer. Wir haben ſomit für den Wein zwei von einander
unabhängige Zeugen, und dieſer Umſtand fällt hier ſchwer ins Gewicht.
Wir dürfen nicht leicht auf Interpolation erkennen. Jedenfalls dürfen
wir uns dafür nicht auf den Fall ὄνος: οἶνος berufen. Die bezügliche
Korrektur iſt an ſich zu unbedeutend und zu nahe liegend, um etwas zu
beweiſen. Zudem hat ſie ſicherlich nicht den Zweck, die Abendmahls=
praxis bei Juſtin in ein verändertes Licht zu ſtellen; denn der Wein,
der durch die Korrektur eingeführt wird, bezieht ſich ja auf die Myſterien
des Dionyſus. Auch iſt es nicht gerechtfertigt, die Annahme, daß die
Worte καὶ κράματος in dem Ottobonianus infolge eines Verſehens
ausgefallen ſind, ſo ohne weiteres abzuweiſen. Die Endungen ὑδ—ατος
und καὶ κράμ—ατος treffen zu ſehr zuſammen, als daß der Ausfall

zunächst nicht auf diesen Punkt, das Homöoteleuton, zurückzuführen wäre, und wer die Stelle, bezw. die Handschriften für sich allein betrachtet, wird diese Erklärung als die begründetere erkennen. Freilich soll die Lesart καὶ κράματος neben ὕδατος an sich fast unerträglich sein. Aber die Schwierigkeit, die hier vorliegt, wird mit Annahme einer Interpolation nicht so fast gehoben, als vielmehr hinausgeschoben. Wenn der Ausdruck so gar widersinnig ist, warum gebrauchte ihn dann der Interpolator? Warum wählte derselbe nicht das Wort οἶνος, das er in dem Abschnitt noch zweimal eingesetzt haben soll? Die Schwierigkeit bleibt also. In= dessen ist die Ausdrucksweise so gar widersinnig nicht. Die Partikel καὶ vor κράματος läßt sich mit Otto epexegetisch fassen, und dann be= sagt die Stelle: ein Becher Wassers und zwar mit Wein gemischten Wassers oder Weines mit Wasser gemischt. Als schön läßt sich die Aus= drucksweise allerdings auch bei solcher Deutung nicht bezeichnen. Aber Schönheit der Darstellung ist überhaupt nicht Justins Stärke, und wir müssen von diesem Gesichtspunkt bei der Kritik absehen. Es genügt, wenn ein Ausdruck nur einigermaßen zu ertragen ist, und von absoluter Unerträglichkeit redet auch Harnack nicht. Ferner kann der Ausdruck κράμα, wie Zahn[1] mit Recht betont hat, etymologisch nicht bloß den durch die Mischung hergestellten Mischtrank, sondern auch die Beimischung, den Zusatz von Wein bedeuten. In der griechischen Vulgärsprache be= deutet, wie Duchesne[2] bemerkte, das Wort κρασί überhaupt einfach Wein. Der Ausdruck ist also nicht unerklärlich, und da er auf eine Weise überliefert ist, daß er nach den Grundsätzen einer besonnenen Kritik nicht zu beanstanden ist, so müssen wir uns auf die eine oder die andere Art mit ihm zurechtfinden. Welcher der angeführten Erklärungen wir den Vorzug geben, hat für die Sache nichts zu bedeuten. Beizufügen ist nur noch, daß der Ausdruck von seiner Härte nicht wenig verliert, wenn man die Zeitverhältnisse berücksichtigt. Justin gebrauchte ihn allem nach mit Vorbedacht, um gegenüber den schlimmen Gerüchten, welche bei den Heiden über die Eucharistie der Christen im Umlauf waren, den un= schuldigen Charakter der Feier hervorzuheben.

Indessen kommt noch eine weitere Stelle in dem Abschnitte in Be= tracht. Justin läßt die Dämonen wie an der Geschichte oder Person Jesu so auch an seinem Mysterium sich vergreifen und bei den Heiden

---

[1] Brot und Wein im Abendmahl der alten Kirche 1892 S. 14. Neue kirch= liche Zeitschrift 1892, wo S. 261—292 die Abhandlung zunächst erschien, S. 274.

[2] Bulletin critique 1891 p. 282.

eine Nachahmung desselben einführen. In den Mithrasmysterien werde, erzählt er c. 66 p. 182, ἄρτος καὶ ποτήριον ὕδατος ἐν ταῖς τοῦ μυουμένου τελεταῖς μετ' ἐπιλόγων τινῶν vorgesetzt. „Brot und ein Becher mit Wasser," betont Harnack, und er meint, hier müsse auch ein Skeptischer von seinem Zweifel ablassen (S. 131). Mein Zweifel wird aber auch hier nicht überwunden. Die Stelle scheint mir in der Frage nicht einmal eine besondere Bedeutung zu haben. Aus einer Nachahmung ist ja doch noch keineswegs auf eine volle Identität zu schließen. Justin nimmt es mit den bezüglichen Beweisen, wie ähnlich mit den Weis= sagungsbeweisen, überhaupt nichts weniger als ängstlich genau, wie sofort das dem Abschnitt unmittelbar vorausgehende Kapitel (64) zeigt. Da= selbst wird die Mythe der Proserpina, bezw. die Aufstellung des Bildes der Göttin an Wasserquellen, auf Gen. 1, 1—2 zurückgeführt. Indem die Dämonen das Wort: der Geist Gottes schwebte über den Wassern, nachahmten, haben sie Proserpina eine Tochter des Zeus genannt. Wer so verfährt, konnte gewiß auch in dem Brot und Wasser der Mithras= Mysterien ein Analogon des Abendmahles erblicken, wenn in diesen auch noch weiter Wein gebraucht wurde.

Die von Harnack aufgeworfene Frage ist hiernach wirklich mit höchster Wahrscheinlichkeit, ja sogar mit Sicherheit zu entscheiden, aber nicht im bejahenden, sondern vielmehr im verneinenden Sinn.

Gleich Justin sollen noch einige weitere Zeugen für den Gebrauch des bloßen Wassers beim Abendmahl dienen. Sie nehmen nur eine untergeordnete Stellung ein, und die Ausführung, die Harnack über sie giebt, zieht zum großen Teil ihre Kraft sichtlich aus der Anschauung, die er von jenem Kirchenvater sich gebildet hat. Doch mögen auch ihnen einige Zeilen gewidmet sein.

Die Akten des Martyrers Pionius von Smyrna erzählen c. 3, daß er und seine Leidensgenossen gefangen genommen wurden, προσευ= ξαμένων αὐτῶν καὶ λαβόντων ἄρτον ἅγιον καὶ ὕδωρ, oder wie der lateinische Text bei Ruinart lautet, facta oratione solemni, cum die sabbato sanctum panem et aquam degustavissent. Die Worte weisen entschieden auf ein heiliges Mahl hin, und ich war früher selbst geneigt, Pionius neben den quidam episcopi Afrikas bei Cyprian als Zeugen für die fragliche Praxis gelten zu lassen. In der That kann kaum ein Zweifel darüber bestehen, daß es sich bei dem Vorgang um eine Eucharistie handelt und daß bei derselben nicht Wein, sondern nur Wasser gebraucht wurde. Aber es fragt sich, ob hier eine eucharistische

Feier im vollen Sinne des Wortes vorliegt. Es ist aus Tertullian
(Ad uxorem II, 5; De oratione c. 19) bekannt, daß den Christen
das Abendmahlsbrot zum Genuß nach Haus gegeben wurde, und an eine
derartige Kommunion haben wir in der Geschichte des Pionius allem
nach zu denken. Dafür spricht nicht bloß die allgemeine Situation, die
Beschränkung der Feier auf ein paar Personen und die Veranstaltung
in deren Haus vor ihrer Ergreifung, sondern auch und noch mehr der
Umstand, daß, was namentlich im griechischen Text hervortritt, wohl das
Brot als ein heiliges bezeichnet wird, nicht aber das Wasser, während
dieses, wenn es die Stelle des eucharistischen Weines einnehmen sollte,
ebenso wie jenes zu prädizieren war. Man hat daher allen Grund, die
Stelle von der Haus- oder Privatkommunion der Christen zu verstehen,
und da diese auf den Genuß des eucharistischen Brotes sich beschränkte,
wenn dazu auch Wasser genommen wurde, so ergeben die Akten des
Pionius in der fraglichen Richtung keinen Beweis.

Der Verfasser der pseudoklementinischen Briefe De virginitate berichtet II, 2, 1 von der Lebensweise der Seinigen, daß sie, wenn sie auf
der Reise von Brüdern genötigt werden, bei ihnen zu bleiben, ut vigilias
cum ipsis agamus et ut audiant sanctum Dei verbum et faciant
atque alantur Domini verbis, ut memores eorum sint, et offerant
nobis panem et aquam aut id, quod Deus praeparaverit, einwilligen
und bei ihnen übernachten.[1] Es ist also von panis et aqua die Rede,
und die einleitenden Worte scheinen auf einen eucharistischen Akt hinzuweisen. Wenn man aber erwägt, daß die offerentes nicht die Fremd-
linge sind, welche das Wort Gottes verkünden, sondern diejenigen, welche
ihnen Gastfreundschaft erweisen; wenn man berücksichtigt, daß diese, wie
die weitere Ausführung zeigt, unter Umständen Frauen sind; wenn man
endlich in Betracht zieht, daß die Leistung der Brüder in den beiden
folgenden Versen (II, 2, 2—3) mit den Worten bezeichnet wird: quae
nobis necessaria sunt, und daß es sich nach anderen Stellen (II, 1, 2;
II, 3, 2) einfach um manducare und bibere handelt, so kann über die
Bedeutung der Stelle kein Zweifel obwalten. Der Autor spricht von
einem gewöhnlichen, wenn auch von heiligen Gesprächen begleiteten Mahl.

Kommen diese beiden Zeugen in Wegfall, da sie von der Eucharistie
gar nicht oder wenigstens nicht von der eigentlichen Feier derselben reden,
so steht es mit den Akten der Apostel Thomas und Petrus und Paulus

---

[1] Vgl. meine Patres apostolici II, 16.

inſoweit anders, als in ihnen wiederholt eine euchariſtiſche Feier in Brot und Waſſer erwähnt wird.[1] Aber die Dokumente beweiſen nichts für die Praxis der katholiſchen Kirche. Harnack behauptet allerdings, daß wir in den in Betracht kommenden Stellen keineswegs überall nur gno=ſtiſche Zeugniſſe zu erblicken haben, daß die Akten zum Teil aus kirch=lichen Kreiſen ſtammten und jedenfalls in denſelben zur Erbauung geleſen wurden.[2] In der That ſpricht ſo viel für den gnoſtiſchen Urſprung, daß man ſich in einer Sache, in der es ſich um Beweiſe handelt, bei jener Behauptung unmöglich beruhigen kann, und wenn man je zwiſchen gnoſtiſchen und katholiſchen Beſtandteilen unterſcheiden will, ſo gehören die einſchlägigen Abendmahlsſchilderungen ſicher zu den erſteren, da ſie dem gnoſtiſchen Gedankenkreis ebenſo ſehr entſprechen, als ſie von der bekannten katholiſchen Praxis abweichen. Daß die Schriften zur Er=bauung auch in katholiſchen Kreiſen geleſen wurden, hat in unſerer Frage ſo wenig zu bedeuten, als man gegenwärtig daraus, daß von Proteſtanten auch katholiſche Erbauungsſchriften geleſen werden, für Einrichtungen der proteſtantiſchen Kirche etwas folgern wird.

Freilich ſoll in letzter Linie kein Geringerer als der Apoſtel Paulus für die neue Theſe zeugen, wenn er Röm. 14, 21 abſolut ſage, es ſei gut, kein Fleiſch zu eſſen und keinen Wein zu trinken, da er, wenn er die Enthaltung vom Weingenuß rühme, die Enthaltung beim Herrnmahl einſchließe. Der Sinn der Stelle ſoll ſo ſicher ſein, daß eine andere Auffaſſung geradezu eine nichtswürdige Ausflucht genannt und als „katho=liſches, bezw. modernes" Urteil ohne weiteres abgelehnt wird.[3] In Wahrheit iſt die Auffaſſung Harnacks vom wiſſenſchaftlichen Standpunkt aus unbedingt abzuweiſen. Der Apoſtel ſpricht in der Stelle nicht abſolut; er empfiehlt die Enthaltung von Fleiſch und Wein nur mit Rückſicht auf das Ärgernis, das ſchwache Brüder an ihrem Genuß nehmen, und bevor der Abendmahlswein unter ſeine Worte zu beziehen iſt, muß man nach=weiſen, daß auch an ihm Anſtoß genommen wurde. Er ſpricht ja über=haupt nicht bloß von Fleiſch und Wein, ſondern von allem, an dem ein Bruder ſich ſtoßen kann; er hätte ebenſo gut wie jene Speiſen das Brot nennen können und ſicher auch genannt, wenn ſein Genuß einen Gegen=ſtand des Ärgerniſſes gebildet hätte, und doch wird man wohl ſchwerlich

[1] Lipſius, Die apokryphen Apoſtelgeſchichten I, 265. 339. 341. 520; II, 1, 175. 267.
[2] Texte und Unterſuchungen VII, 2 S. 118 Anm. 3.
[3] Texte und Unterſuchungen VII, 2 S. 137.

wagen, das Brot unter den Abendmahlselementen zu streichen oder als
gleichgültig für die Eucharistie zu bezeichnen. Und wenn ihm der Wein
für diese wirklich gleichgültig war, warum deutet er dann I Kor. 11, 21,
wo er von einem Mißstand spricht, den der Weingenuß bei der Agape
und dem Abendmahl zur Folge hatte, auch nicht mit einem Worte an,
daß das gefährliche Element durch ein ungefährliches und eben so brauch=
bares zu ersetzen sei? Oder sollen wir etwa annehmen, er habe dieses
bei den Anordnungen gethan, die er v. 34 für die Zeit seiner Ankunft
in Korinth sich vorbehielt? Das ist nach allem, was wir darüber wissen,
nicht gerade undenkbar. Jenes aber ist auffallend, und begründet ist
nur eine Annahme: der Apostel nahm zum Wein im Abendmahl nicht die
Stellung ein, die ihm Harnack zuschreibt.

   Es bleibt demgemäß als sicheres Zeugnis für den Gebrauch des
Wassers statt des Weines bei dem Abendmahl innerhalb der Kirche nur
der angeführte Brief Cyprians. Das Zeugnis gehört der Mitte des
3. Jahrhunderts an und bezieht sich auf das lateinische Afrika. Bei
diesem Sachverhalt fällt von selbst dahin, was Harnack weiter ausführt.
Die fragliche Praxis, meint er[1], reiche in die apostolische Zeit zurück;
in der Zeit von 64—150 habe sie zugenommen und am Ende sich so
eingebürgert, daß Justin bei der Schilderung der Feier des Herrnmahls
vom Gebrauch des Weines absehen konnte. Aber sehr bald nach 150
sei im Zusammenhang mit der großen Auseinandersetzung mit dem
Gnosticismus (der dualistischen Ascese) und der Reception des Buchstabens
der apostolischen Schriften als eines heiligen ein Umschwung eingetreten.
Da viele Parteien außerhalb und innerhalb der großen Christenheit den
Wassergenuß forderten und den Weingenuß als diabolisch verwarfen
(Marcioniten, Tatian, Enkratiten, Gnostiker), sei eine Reaktion der Kirche
erfolgt; man habe den Gnostikern und Enkratiten die ausschließliche Wasser=
kommunion vorgeworfen und ihnen gegenüber den Wein verlangt, aller=
dings mit einer gewissen Absichtlichkeit (vielleicht geradezu als Kompro=
miß?) Wein und Wasser betonend (Irenäus, Cyprian). Eine sorgfältige
Prüfung der Dokumente ergiebt aber ein ganz anderes Resultat. Wenn
man auch einräumt, daß die Wasserkommunion nicht gerade auf die engen
Grenzen sich beschränkte, welche das Zeugnis Cyprians zunächst nahe legt,
sondern auch noch an einigen weiteren Orten in Übung kam, so kann
es doch keinem Zweifel unterliegen, daß sie weder in zeitlicher noch in

---

[1] Texte und Untersuchungen VII, 2 S. 139 f.

örtlicher Hinſicht eine größere Ausdehnung hatte. Sonſt hätte ſie nicht bereits Klemens von Alexandrien Strom. I, 19, 96 einfach als häretiſch bezeichnen können.

Die erwähnte Abhandlung Zahns gab Harnack Anlaß, in der Theologiſchen Litteraturzeitung 1892 S. 373—378 ein zweites Mal über die Angelegenheit ſich zu äußern. Er hält ſeine Anſicht in allen Punkten aufrecht. Stärkere Gründe aber werden nicht beigebracht. Ich habe deshalb meinerſeits nur ein paar Bemerkungen beizufügen.

Bezüglich des καὶ κράματος macht er geltend: er habe dieſe Worte mit höchſter Wahrſcheinlichkeit als ſpäteren Zuſatz dargethan; Zahn habe die „Möglichkeit" der Ausdrucksweise ποτήριον ὕδατος καὶ κράματος erwieſen; wenn aber von zwei unabhängigen Zeugen der eine einen eben nur möglichen Ausdruck nicht biete, ſo pflege man, wenn nicht zwingende Gründe vorliegen, ihm zu folgen. Der Grundſatz mag gelten, obwohl er keineswegs unanfechtbar iſt und Harnack ſelbſt ihn ſchwerlich in allen Fällen befolgen wird. Aber er trifft hier nicht zu. Es ſteht keineswegs einfach Wahrſcheinlichkeit gegen Möglichkeit. Die fragliche Stelle darf nicht ausſchließlich für ſich allein betrachtet werden. Bei ihrer Würdigung ſind auch die beiden anderen Stellen zu berückſichtigen, in denen ſelbſt der Zeuge den Wein bietet, welcher die Worte καὶ κράματος nicht hat, und wenn dieſes geſchieht, dann ſtellt ſich das Verhältnis ganz anders dar. Man kann dem Zeugen nicht ohne weiteres an der einen Stelle folgen und an den beiden anderen Stellen denſelben ſamt dem weiteren Zeugen verlaſſen. Zu einem ſolchen Verfahren bedurfte es in der That zwingender Gründe, und daß dieſe hier vorliegen, wagt auch Harnack nicht zu behaupten.

Zu der in Apol. I, 66 ſtehenden und oben Seite 287 angeführten Stelle wird jetzt bemerkt: wenn Juſtin im Vorhergehenden vom Wein geſprochen hätte, warum er dann nicht die Dionyſusmyſterien als Parallele genommen habe? Bevor aber dieſe Frage geſtellt wurde, hätte gezeigt werden ſollen, daß die Dionyſusmyſterien ebenſo wie die Mithrasmyſterien eine Parallele zu dem Abendmahlsritus bieten. Es handelt ſich ja nicht bloß um Wein oder Waſſer; Juſtin ſpricht auch von Brot und Gebet, und mir iſt nicht bekannt, daß auch dieſe beiden Momente und zwar verbunden mit dem Wein im Dionyſuskult eine Stelle hatten. Und wie hier, ſo unterliegt die Ausführung Harnacks auch noch in einem weiteren Punkte einem Anſtand. Es wird ferner hervorgehoben: nicht etwa ein Weiſſagungsbild, wie Zahn meine, ſondern die Handlung des Abendmahles

19*

selbst sei nach Justin nachgeahmt und zwar vollkommen, nämlich in den
drei Stücken Brot, Wasserbecher und Gebet; wer so schreibe, müsse auch
im Abendmahl diese drei Stücke anerkannt haben, Brot, Wasserbecher
und Gebet. Der letztere Satz ist richtig. Die drei Momente begründen
die Ähnlichkeit und wurden eben deshalb genannt. Aber daraus folgt
noch nicht, daß das Abendmahl nicht noch ein weiteres Moment enthielt.
Von einer Nachahmung konnte bereits gesprochen werden, wenn von vier
Momenten auch nur drei angenommen wurden, und mehr als Nachahmung ist bei Justin nicht zu finden. Die vollkommene Nachahmung
wurde lediglich von Harnack beigefügt, und bei der Art und Weise, wie
der Kirchenvater die Nachäffung der Dämonen faßt, ist der Beisatz nichts
weniger als begründet, wie zur Genüge bereits aus dem Obigen hervorgeht.

Es begreift sich, daß man eine These, für die man glaubt eine eingehende und sichere Begründung gegeben zu haben, nicht auf den ersten
Angriff hin aufgiebt. Harnack mochte sich dazu um so weniger entschließen,
als der scharfe Ton, den Zahn gegen ihn anschlug, nicht gerade geeignet
war, ihm die Würdigung der gegnerischen Argumente zu erleichtern. Zur
Steuer der Wahrheit muß man aber auch sagen, daß er die Polemik
selbst herausforderte, indem er bei einem Punkt, wie wir gesehen, die
abweichende Auffassung als nichtswürdige Ausflucht zum voraus gewissermaßen an den Pranger stellte. Wahrscheinlich hätte er seine These zunächst noch in allweg aufrechterhalten, auch wenn sie in völlig ruhiger
Weise bekämpft worden wäre. Bei der Zuversicht, mit der er sie vorlegte,
war er von ihrer Festigkeit offenbar zu sehr eingenommen, um für ihre
Schwächen in Bälde ein Verständnis zu gewinnen. Vielleicht hält er
auch jetzt noch an ihr fest. In weiteren Kreisen wird dieselbe aber
schwerlich Anklang finden. So weit inzwischen eine nähere Prüfung vorgenommen wurde, fiel sie meines Wissen zu deren Ungunsten aus. Es
kommen noch die Arbeiten von A. Jülicher[1] und E. Grafe[2] in Betracht.

---

[1] Zur Geschichte der Abendmahlsfeier in der ältesten Kirche, in den Theologischen
Abhandlungen zu C. von Weizsäckers 70. Geburtstage 1892 S. 215—250.

[2] Die neuesten Forschungen über die unchristliche Abendmahlsfeier, in der Zeitschrift für Theologie und Kirche V (1895), S. 101—138.

XI.

Der Kommunionritus.[1]

Der Kommunionritus erfuhr im Laufe der Jahrhunderte nach zwei oder drei Seiten hin eine bemerkenswerte Veränderung. Während das eucharistische Brot dem Empfänger ursprünglich in die Hand gegeben wurde, wurde es später in den Mund gereicht. Während die beiden Gestalten ferner etwa ein Jahrtausend lang getrennt gespendet wurden, bildete sich in der griechischen Kirche der Brauch, sie mit einander verbunden darzubieten, und die Weise bestand kurze Zeit auch in einigen Teilen der lateinischen Kirche. Endlich wurde es im Abendland üblich, die Eucharistie unter der Gestalt des Brotes allein zu spenden. Die Sache steht im allgemeinen fest. Da aber die Nachrichten über den Wandel sehr dürftig sind, gehen die Ansichten über die Zeit der Entwickelungsstadien mehrfach auseinander.

Die alte Praxis wird sehr häufig bezeugt. Sie tritt uns vor allem in der altchristlichen Sitte entgegen, das eucharistische Brot den Gläubigen zum Genuß mit nach Hause zu geben[2], es auf Reisen mitzunehmen[3], den Kranken im Notfall die Kommunion durch Laien zu reichen.[4] Das Verfahren läßt schließen, daß das eucharistische Brot auch beim Gottesdienst den Gläubigen in die Hand gegeben wurde. Wir haben aber dafür noch bestimmtere Zeugnisse. Die Väter sprechen wiederholt von der Sache, indem sie jene Ordnung vor Augen haben. Es kommen in Betracht Tertullian De idolol. c. 7; Klemens von Alexandrien Strom. I, 1, 5 p. 318; Origenes In Exod. hom. 13 c. 3; Cyprian De lapsis c. 16. 22. 26; Ep. 58 c. 9; Dionysius d. Gr. von Alexandrien, Eus. H. E. VII, 9; Cyrill von Jerusalem Catech. myst. V, 21—22; Gregor von Nazianz Adv. mulieres se nimis ornantes v. 299 (PG. 37, 906); Basilius d. Gr. Ep. 93 (al. 289), Ambrosius, Theodor.

---

[1] Ich handelte darüber im Historischen Jahrbuch S. 331—343 mit Bezug auf das Alter des Codex Rossanensis. Die Arbeit erscheint hier, da jener Gesichtspunkt zurücktritt, umgestaltet und erweitert.

[2] Tert. Ad uxorem II, 5; De oratione c. 14. Cypr. De lapsis c. 26. Ps. Cypr. De spectac. c. 5. Hieron. Ep. 50 c. 15. Basil. M. Ep. 93.

[3] Ambros. De excessu Satyri I, 43.

[4] Eus. H. E. VI, 44.

H. E. V, 18; Augustinus Contra litteras Petil. II, 23 n. 53; Chry= sostomus Ad populum Antioch. hom. 20 c. 5. 7 u. ö. Die syrische Evangelienhandschrift des Mönches Rabulas von Edessa v. J. 586, die jetzt im Besitz der Laurentiana in Florenz ist, bietet uns mit einer Zeichnung der Einsetzung des Abendmahles eine bildliche Darstellung des Ritus. Christus reicht das Brot dar, und der empfangende Apostel streckt die Hand aus. Das Bild wurde in dem Katalog der Laurentiana von Bandini=Assemani auf Tafel 20, in der Storia dell'arte cristiana von Garrucci auf Tafel 137², im Repertorium für Kunstwissenschaft 14 (1891), 453 veröffentlicht. [1]

Den ausführlichsten Bericht verdanken wir Cyrill von Jerusalem. Während die übrigen Zeugen nur im allgemeinen davon reden, daß das eucharistische Brot mit der Hand empfangen wurde, giebt er eine ein= gehende Beschreibung des Ritus. Er ermahnt Catech. myst. V, 21—22 seine Zuhörer, nicht mit ausgebreiteten Händen und auseinanderstehenden Fingern zur Eucharistie heranzutreten, sondern so, daß man die Linke unter die Rechte halte, die den König empfangen solle; in die hohle Hand empfange man den Leib Christi, indem man Amen antworte, und nach= dem man behutsam die Augen durch Berührung mit dem heiligen Leibe geheiligt habe, solle man ihn genießen, acht habend, daß nicht etwas von ihm zu Grunde gehe; nach dem Empfang des Leibes Christi solle man dann zum Kelch des Blutes herantreten, nicht die Hände ausstreckend, sondern sich neigend und in anbetender und verehrender Haltung (τρόπῳ προσκυνήσεως καὶ σεβάσματος) das Amen sprechend geheiligt werden, indem man auch vom Blute Christi nehme; und wenn von der Flüssig= keit noch etwas an den Lippen hänge, solle man mit den Händen es

---

[1] Dobbert, Das Abendmahl Christi in der bildenden Kunst, im Repertorium für Kunstwissenschaft Bd. 13—15; 18, hält Bd. 14 S. 452 das Gefäß, welches Christus in der Linken hält, während er mit der Rechten das Brot reicht, für eine Trinkschale und schließt daraus, es sei wohl das Brot zuvor in diese Trinkschale ge= taucht zu denken, im Hinblick auf einen alten Gebrauch der orientalischen Kirche, nach dem Brot und Wein durch das Eintauchen des ersteren in den letzteren gemeinsam genossen wurden. Die Auffassung ist aber schwerlich begründet. Das Gefäß ist eher eine Schüssel als eine Trinkschale. Bei der fraglichen Praxis erfolgte, so viel wir wissen, die Spendung ferner nicht mit der Hand in die Hand, sondern mittelst eines Löffelchens in den Mund. Endlich taucht dieser Ritus erst erheblich später auf und ist ohne zwingenden Grund auf ein Bild v. J. 586 nicht zu beziehen. Der von Sophronius SS. Cyri et Iohannis mirac. XII (Mai, Spicil. Rom. III, 175), er= zählte Vorgang beweist nur für die Krankenkommunion, nicht für den ordentlichen Ritus.

berühren und die Augen, die Stirne und die übrigen Sinne heiligen.
Die Ausführung bezieht sich zunächst auf die Kirche von Jerusalem. Die
Hauptzüge fanden sich wohl aber auch anderwärts. Die erwähnte Haltung
der Hände dürfte in der ganzen griechischen Kirche üblich gewesen sein.
Sie ist ohne Zweifel gemeint, wenn die trullanische Synode 692 c. 101
und Johannes von Damaskus De fide orthod. IV, 13 bemerken, daß
der Kommunikant die Hände in Kreuzesform bringe. Sie begegnet uns
deutlich in den Abendsmahlsbildern des Chludoff=Psalters von Moskau
aus dem 9. Jahrhundert und des Psalters Nr. 61 des Athosklosters
Pantokratoros aus dem 9. oder 10. Jahrhundert, der Apsis der Sophien=
kirche zu Kiew aus der ersten Hälfte des 11. Jahrhunderts und der
Kirche zu Nekresi im Kaukasus.[1] Die Höhlung der rechten Hand war
überhaupt durch die sich von selbst verstehende und auch sonst wiederholt
bezeugte Sorgfalt bedingt, zu verhindern, daß etwas von dem heiligen
Brote zu Boden falle. Da Cyprian De lapsis c. 26 von Öffnung der
Hand spricht, wird es ferner üblich gewesen sein, die Hand nach Empfang
des Brotes zunächst zu schließen und unmittelbar beim Genuß sie wieder
zu öffnen. Wahrscheinlich hatte auch die von Cyrill erwähnte Berührung
und Heiligung der Sinne eine weitere Verbreitung. Doch scheinen dar=
über bestimmte Nachrichten nicht vorhanden zu sein.[2]

Das Brot wurde aber nicht überall allen unmittelbar in die Hand
gegeben. Die Synode von Auxerre 585 (578) c. 36 erklärt es für
unerlaubt, daß die Frauen die Eucharistie mit der bloßen Hand (nuda
manu) empfangen. Cäsarius von Arles († 542) spricht in einer Homilie,
die früher Augustin zugeschrieben und als Sermo de tempore 252
gedruckt, von den Benediktinern aber als Arbeit jenes Kirchenvaters er=
kannt und der Appendix operum S. Augustini als Sermo 229 zu=
geteilt wurde, von einem Linnentuch, in das die Frauen die Eucharistie

---

[1] Abbildungen im Repertorium für Kunstwissenschaft 15 (1892), 507—509;
517—519.

[2] Probst, Liturgie der drei ersten christl. Jahrhunderte 1870 S. 140, findet
eine Anspielung auf den Brauch bei Klemens v. A. Paedag. II, 12, 129 p. 248;
indessen ohne hinreichenden Grund. Heuser, Kirchenlexikon 2. A. 3, 719, verweist
auf Gregor d. Gr. Dialog. III, 3, Peters, Real=Encyklopädie der christl. Alter=
tümer hg. von Kraus 1, 316 auf Chrysostomus In Hebr. hom. 17, wo aber nichts
davon steht. Dobbert, Repertorium f. Kunstw. 15, 509 f., glaubt den Zug im
Athosbild, daß einige Apostel die Hand an den Mund halten, in jenem Sinn deuten
zu sollen. Mir scheint die Gebärde Ausdruck des Verlangens nach der heiligen Speise
zu sein.

empfangen, indem er c. 5 bemerkt: Omnes viri, quando ad altare
accessuri sunt, lavant manus, et omnes mulieres exhibent linte-
amina, ubi corpus Christi accipiant. Vielfach wird auch die Verordnung der Synode von Auxerre c. 42: Ut unaquaeque mulier,
quando communicat, dominicalem suum habeat; quod si qua non
habuerit, usque in alium diem dominicum non communicat, hierher
bezogen und das fragliche Linnentuch unter dem Ausdruck dominicalis
(oder dominicale) verstanden. Die Deutung ist aber nicht sicher. Die
Synode kann hier auch die Verschleierung gemeint haben, und da im
anderen Fall die Verordnung wohl mit dem früheren einschlägigen Kanon
(36) verbunden worden wäre, da in einer alten Kanonensammlung beim
Konzil von Macon[1] das dominicale als Schleier erscheint, den die
Frauen bei der Kommunion auf dem Haupte trugen, so hat jene Erklärung sogar den Vorzug. Die Zeugnisse stammen aus Gallien und
aus dem 6. Jahrhundert. Das Zeugnis des hl. Cäsarius von Arles
hat wohl auch noch für das 5. Jahrhundert Bedeutung. Ob der Brauch
aber noch weiter zurückgeht und ob er auch anderwärts bestand, ist
zweifelhaft. Neuerdings hat man[2] geglaubt, ihn auch für Syrien annehmen zu sollen, da Ephräm Adv. scrutatores sermo 10[3] sage:
Vom Becher des Lebens empfangen einen Tropfen Lebens in einem
Schleier seine Mägde. Der Schluß erscheint mir aber bei erneuerter
Prüfung nicht begründet. Die Anwendung des Linnentuches beschränkte
sich auf den Empfang des eucharistischen Brotes, und dieses hat Ephräm
in der angeführten Stelle schwerlich besonders vor Augen, da er sonst
nicht leicht vom Kelch oder Becher des Lebens reden konnte; er spricht
vielmehr von der Kommunion überhaupt, und da er unmittelbar vorher
bemerkt: Idem rursus instas (Salomon), quis colligaverit aquas in
velo (Prov. 30, 4); iam fontem conprehensum velo, Mariae sinu,
contemplare, so scheint es, daß ihm velum so viel ist als sinus oder
Leib. Wie aber die dunkle Stelle näher zu deuten sein mag, sicher dürfte
sein, daß die fragliche Kommunionpraxis in ihr nicht zu finden ist. Letztere
ist somit nur für Gallien eigentlich nachzuweisen. Bei der Dürftigkeit
der Nachrichten, die wir für die nähere Ordnung des Ritus haben, wird
aus dem Mangel von weiteren Zeugnissen nicht gerade zu schließen sein,
daß sie nicht auch anderwärts bestand. Auf den Orient dürfte sie aber

---

[1] Vgl. Bingham, Origines XV, 5, 7.
[2] Probst, Liturgie des vierten Jahrhunderts 1893 S. 316.
[3] Opp. ed. Assemani III, 23.

nicht auszudehnen sein. Dagegen spricht der Bericht Cyrills von Jerusalem, in dem bei seiner Ausführlichkeit das Linnentuch nicht leicht übergangen werden konnte, wenn es in der Kirche von Jerusalem bei der Kommunion eine Stelle hatte, und noch mehr der Kanon 101 der trullanischen Synode 692, in dem die in der letzten Zeit aufgekommene Neuerung, Gefäße aus Gold oder anderen Stoffen statt der Hand zu gebrauchen, um das heilige Brot aufzunehmen, mit dem Bemerken untersagt wird, daß sie den unbelebten und niedrigen Stoff dem Bilde Gottes vorziehe, Worte, die auch die Anwendung eines Linnentuches ausschließen.

Nach der angeführten Verordnung der trullanischen Synode bestand der alte Ritus noch gegen Ende des 7. Jahrhunderts, und soweit er durch jene Neuerung zum Teil verdrängt worden war, wird er wohl an den meisten Orten wiederhergestellt worden sein. Das Zeugnis gilt bei der Zusammensetzung der Synode für die Gesamtkirche und insbesondere für den Orient. Bei dem Nachdruck, mit dem die Beobachtung der alten Ordnung eingeschärft wurde, beweist es auch die Erhaltung derselben in der nächsten Folgezeit. Es steht uns aber in dieser Beziehung für die griechische Kirche noch ein weiteres Zeugnis zu Gebot. Johannes von Damaskus kennt die ursprüngliche Praxis noch um die Mitte des 8. Jahrhunderts, indem er De fide orthodoxa IV, 13 bemerkt: Die Hände (τὰς παλάμας) in Kreuzesform haltend, nehmen wir auf (ἀποδεχώμεθα) den Leib des Gekreuzigten. In der Kunst spiegelt sich dieselbe sogar noch länger wider. Wir treffen sie in den oben S. 295 erwähnten Darstellungen des Abendmahles des Herrn. Nur das zweite Bild ist wohl auszunehmen. Auch das Malerbuch vom Berge Athos (S. 236 Schäfer) kommt hier in Betracht, sofern es die Apostel die Hände unter das Brot ausstrecken läßt, welches Christus hält. Unter diesen Umständen ist die Darstellungsweise für das Mahl des Herrn wohl überhaupt geblieben, und die Bilder tragen zur Lösung der Frage, wie lange der bezügliche Ritus in der Liturgie sich erhalten oder wann er ein Ende genommen habe, nichts Erhebliches bei. Der letzte sichere Zeuge der alten Ordnung ist Johannes von Damaskus.

Für das Abendland haben wir noch spätere Zeugnisse. Der Klosterbruder, dessen Tod Beda Venerabilis H. E. IV, 24 erzählt, empfing die Eucharistie in die Hand. Der in Betracht kommende Tod fällt an das Ende des 7. Jahrhunderts. Das Zeugnis gilt aber auch noch für den Anfang des 8. Jahrhunderts, da Beda († 735), wenn inzwischen der Kommunionritus sich geändert hätte, die ältere Weise nicht leicht ohne eine entsprechende Bemerkung erwähnen konnte. Noch später kennen den alten Ritus die Statuta quaedam S. Bonifatii, indem sie c. 32 verordnen, daß den Sterbenden die Eucharistie in den Mund gelegt werden solle.[1] Die Weisung setzt voraus, daß den Gesunden das Brot noch in die Hand gegeben wurde. Die Zeit der Statuten ist nicht unbestritten. Aber sicher ist, daß dieselben nicht älter sind als Bonifatius († 754). Selbst der Heliand[2], der um 830 gedichtet wurde, dürfte mit der Schilderung des letzten Mahles des Herrn noch für die alte Praxis sprechen. Judas empfängt das Brot in die Hand. Und wenn dieser Zug für sich allein auch nicht als ein ganz sicheres Zeugnis für den Abendmahlsritus der Zeit gelten mag, so ist es doch nicht allzugewagt, den Heliand hier anzuführen, da die bisherige Zeugenreihe nahe an ihn heranreicht.

Bildliche Belege liegen für den Ritus aus noch späterer Zeit vor. Dobbert führt in seiner Untersuchung über das Abendmahl in der bildenden Kunst[3] aus dem 9.—11. Jahrhundert eine Reihe von Darstellungen auf, in denen Judas den Bissen von dem Herrn in die Hand empfängt: Sakramentar des Bischofs Drogo von Metz († 855), Goldrelief am Altarvorsatz in Aachen (10. Jahrh.), Sakramentar von Göttingen, Missale A II, 52 von Bamberg, Antiphonar Nr. 390/91 von St. Gallen, Evangelistar im Berliner Kupferstichkabinett (11. Jahrh.); und er faßt sein Urteil über die abendländische Kunst in den Worten zusammen: bis um die Mitte des 11. Jahrhunderts sei die Darstellungsweise die häufigste, bei welcher der links am ovalen Tisch sitzende Christus dem Judas den Bissen in die Hand reicht. Die Bilder fallen aber weniger ins Gewicht, da sie vielfach auf älteren Vorlagen und fremdem Einfluß beruhen und demgemäß nicht unbedingt für den Ritus ihrer Zeit in Betracht kommen. Man würde deshalb fehl gehen, wenn man aus jenen Darstellungen folgern wollte, der in ihnen zum Ausdruck kommende oder sich widerspiegelnde Ritus habe zu ihrer Zeit noch bestanden. Es wird sich zeigen, daß dem wirklich nicht so ist.

Während die alte Weise im Abendland bis an das Ende des 8. Jahrhunderts und vielleicht noch in das 9. Jahrhundert hinein nachweisbar ist,

[1] Harduin, Acta conciliorum III, 1945.

[2] Übersetzung von Grein 1869 S. 131; K. Simrock 3. A. 1882 S. 168.

[3] Repertorium für Kunstwissenschaft 18 (1895), 337—379; vgl. besonders S. 373. Die Bilder werden nicht bloß beschrieben, sondern größtenteils auch reproduciert.

findet sich eine Spur von der neuen bereits im 6. Jahrhundert. Gregor I erzählt Dialog. III, 3 von Papst Agapet (533—36), man habe zu ihm auf seiner Reise nach Konstantinopel in Griechenland einen Menschen, der stumm und lahm war, zur Heilung gebracht, und er habe, nachdem er das hl. Opfer gefeiert, den Kranken durch Darreichung der Hand zuerst auf seine Beine gestellt, dann auch, cum ei dominicum corpus in os mitteret, seine Zunge gelöst. Der Fall ist aber von so außerordentlicher Art, daß man offenbar fehlgehen würde, wollte man ihm für die gewöhnliche Praxis etwas entnehmen.[1] Es handelt sich um einen Menschen, der in hohem Grade gebrechlich ist, und es begreift sich schon unter diesem Gesichtspunkt, daß demselben die Eucharistie nicht in die Hand gegeben wurde. Die Kommunion sollte ferner sichtlich als Mittel dienen, dem Stummen die Zunge zu lösen, und insofern empfahl es sich noch besonders, ihm das hl. Brot auf die Zunge zu legen. Zudem wissen wir aus anderen Zeugnissen zur Genüge, welches der herrschende Kommunionritus der damaligen Zeit war. Die Erzählung beweist nur, daß die Art und Weise, wie nach den sogen. Statuten des hl. Bonifatius die Kommunion den Kranken gespendet wurde, allenfalls schon einige Jahrhunderte früher üblich war.

Ähnlich verhält es sich mit dem Kanon 11 der Synode von Toledo 675. Die Synode knüpft an den Kanon 14 der Synode von Toledo 400 an: Si quis acceptam a sacerdote eucharistiam non sumpserit, velut sacrilegus propellatur, und mildert ihn, indem sie bemerkt: Solet humanae naturae infirmitas in ipso mortis exitu praegravata tanto siccitatis pondere deprimi, ut nullus ciborum illationibus refici, sed vix tantumdem illati delectetur poculi gratia sustentari; zugleich verordnet sie einerseits: Quicunque ergo fidelis inevitabili qualibet infirmitate coactus eucharistiam perceptam reiecerit, in nullo ecclesiasticae damnationi subiaceat; und anderseits: Iam vero quicunque aut de fidelium aut infidelium numero corpus Domini absque inevitabili (ut dictum est) infirmitate proiecerit, si fidelis est, perpetua communione privetur; si infidelis, et verberibus subdatur et perpetuo exilio relegetur.[2] Hefele[3] übersetzt die erste Hälfte des zweiten Satzes: „Wer aber, gesund, den Leib des Herrn wieder aus dem Munde nimmt, soll

---

[1] Die Verwertung der Stelle in der Real-Encyflopädie der christl. Altertümer von Kraus I, 316 ist daher nicht richtig.

[2] Harduin, Acta conciliorum III, 1028.

[3] Konziliengeschichte III², 116.

auf immer exkommuniziert werden"; und da die Worte: „den Leib des Herrn wieder aus dem Munde nehmen", voraussetzen, daß derselbe den Kommunikanten in den Mund gelegt wurde, so schloß jüngst Probst[1], daß der Kanon insofern das erste sichere Zeugnis der neuen Praxis wäre. Die Sache erregte ihm zwar Bedenken, da Hefele, wie der vorstehende lateinische Text zeigt, die Verordnung der Synode nicht so fast übersetzte als frei nach deren Inhalt wiedergab. Doch hält er die Auffassung im wesentlichen fest, indem er bemerkt: die Worte reicere und proicere, in Verbindung mit dem Satze: non possunt eucharistiam deglutire, laffen kaum eine andere Annahme zu, als daß der Kranke die Eucharistie aus dem Munde nahm, in welchen sie ihm gelegt wurde. Der Schluß ist aber jedenfalls, wie die Worte Probsts selbst anzeigen, nicht notwendig. Das eucharistische Brot konnte den Kommunikanten sehr wohl in die Hand gegeben, und von diesen dann, wenn der Genuß auf Schwierig= keiten stieß, aus dem Munde genommen werden. Indessen will ich darauf nicht bestehen. Jene Deutung mag hingenommen werden, soweit es sich um die Kommunion der Kranken handelt, und auf diese wird sie, wie wir gesehen, von Probst selbst eingeschränkt. Damit ist es aber für unsere Frage nicht gethan. Es kommt hier weniger auf die Art und Weise, wie die Eucharistie den Kranken, als darauf an, wie sie den Ge= sunden gespendet wurde, und daß die Synode von Toledo in letzterer Beziehung schon den neuen Modus kannte, ist ihrer Verordnung nicht zu entnehmen. Hefele spricht in seiner Übersetzung allerdings von Ge= sunden. Der lateinische Text rechtfertigt aber diese Auffassung nicht. Wer in der Weise absque inevitabili infirmitate ist, daß er Brot ge= nießen kann, braucht nicht schon gesund zu sein. Es giebt auch Kranke, denen der Genuß des eucharistischen Brotes nicht unmöglich ist, und solche Personen scheint die Synode nach der ganzen Haltung des Kanons hauptsächlich vor Augen zu haben. Die angedrohte Strafe gilt freilich, weil überhaupt allen, denen nicht die inevitabilis infirmitas zur Ent= schuldigung dient, auch den Gesunden, wenn sie die gerügte Handlung begehen. Daß aber etwa auch diesen bereits das eucharistische Brot in den Mund gelegt worden wäre, geht aus dem Kanon in keiner Weise hervor, und eine Folgerung ist in dieser Richtung umsoweniger ange= zeigt, als zur Zeit der Synode noch alles für das Gegenteil spricht.

Als frühester Zeuge des neuen Ritus ist mir die Synode von

---

[1] Die abendländische Messe vom 6. bis zum 8. Jahrh. 1896 S. 476.

Cordova 839[1] bekannt, indem sie von den Casianern, einer damaligen spanischen Sekte, bemerkt, sie wollen die Eucharistie nur in die eigene Hand nehmen und gehen daher nicht anderwärts zur Kommunion, weil dort das hl. Brot in den Mund gelegt werde. Die Bemerkung dürfte zugleich zeigen, daß die Neuerung sich erst jüngst vollzogen hatte, da die Casianer im andern Fall sie nicht wohl abgelehnt hätten. Weiter bezeugen dieselbe die Kanones einer fränkischen Generalsynode in Rouen unter König Hlodoveus. Die Synode wurde zwar mehrfach der Zeit Chlodwigs II oder der Mitte des 7. Jahrhunderts zugewiesen. Aber allem nach mit Unrecht. Hefele[2] bemerkt, daß einige Kanones auf eine spätere Zeit hinweisen, c. 16 insbesondere auf die bischöflichen Sendgerichte in der Zeit der Karolinger. Außer den von ihm angeführten Kanones gehört auch die strenge Verordnung über den Zehnten (c. 3) hierher, und ebenso das Dekret über den Empfang der Eucharistie (c. 2). Die Synode ist daher mit Grund in die Regierung Ludwigs des Stammlers († 879) zu setzen. Sie will, daß der Priester den Diakon und Subdiakon als Diener des Altares propria manu communicet, nulli autem laico aut feminae eucharistiam in manibus ponat, sed tantum in os eius.[3] Die Verordnung läßt den neuen Ritus ebenfalls noch als einen jungen erscheinen, und zwar unter einem doppelten Gesichtspunkt. Der Diakon und der Subdiakon kommunizieren noch nach alter Weise, während später die neue Praxis auch auf sie sich ausdehnte. Selbst Laien wird die Eucharistie noch nach altem Brauch gespendet. Dies wird zwar durch die Synode sofort verboten, und es mag auch schon einige Zeit als unzulässig gegolten haben. Lange aber hat das Verbot schwerlich bestanden, da es sonst nicht wohl hätte eingeschärft werden müssen.

Weitere litterarische Zeugnisse für den neuen Ritus sind mir aus dem 9. Jahrhundert und der nächsten Folgezeit vorerst nicht bekannt. Dagegen haben wir einige bildliche Belege. In dem dem Anfang des 10. Jahrhunderts zugeschriebenen Psalter in Stuttgart und in dem Evangelienbuch des hl. Bernward von Hildesheim aus dem Anfang des 11. Jahrhunderts[4] erhält Judas den Bissen in den Mund, und diese Darstellung ist nur erklärlich aus dem Wandel, der inzwischen mit dem Kommunionritus

---

[1] Hefele, Konziliengeschichte IV², 99.
[2] Konziliengeschichte III², 96 f.
[3] Harduin, Acta concil. VI, 205.
[4] Abbildungen im Repertorium für Kunstwissenschaft 18 (1895), 365/67.

vor sich gegangen war. Ein Vorbehalt, wie er oben bei der älteren
Darstellungsweise angebracht wurde, ist hier naturgemäß nicht zu machen.
Die Bilder gehören einer schon etwas vorgerückten Zeit an. Sofern
sie aber einen Bruch mit der Vergangenheit bedeuten, ist ihre Beweis=
kraft um so stärker. Sie setzen eine gewisse Dauer des neuen Ritus
voraus. Das Stuttgarter Bild weist, wenn anders seine Zeit richtig
bestimmt ist, mehr oder weniger weit in das 9. Jahrhundert zurück.

Der Wandel macht sich hiernach in der Litteratur und Kunst nicht
sehr stark bemerklich. Er ist aber doch hinlänglich verbürgt. Und das
Schweigen dürfte selbst Zeugnis ablegen. Es ist wohl kaum anders zu
deuten, als daß der Wandel in kurzer Zeit im ganzen Abendlande sich
vollzog. Die Zeugnisse führen uns ins 9. Jahrhundert. Ebendahin
weist ein anderer Gesichtspunkt. Man wird wohl kaum fehlgehen, wenn
man den Umschwung mit der gesteigerten Verehrung des Altarssakra=
mentes in Verbindung bringt, zu der Paschasius Radbertus und der durch
seine Schrift De corpore et sanguine Domini (831) angeregte Abend=
mahlsstreit Anlaß gab. Der Wandel reicht zwar, soweit man sieht, in
seinen Anfängen über diese Erscheinung etwas hinaus; er mußte aber
naturgemäß durch sie befördert und beschleunigt werden. Auch der Ein=
führung der Hostien oder Oblaten bei der Kommunion mag, da sie um
dieselbe Zeit erfolgte, hier gedacht werden. Doch ist in dieser Neuerung
weniger ein treibender Grund als eine Folge der anderen oder eine Be=
gleiterscheinung zu erblicken. Der Wechsel fällt hiernach für das Abend=
land im allgemeinen ins 9. Jahrhundert. An einigen Orten mag er
wohl etwas früher begonnen oder später sich vollzogen haben. Das Nähere
entzieht sich aber unserer Kenntnis.

Daß die Neuerung auch im Orient Eingang fand, ist meines
Wissens der Litteratur nicht zu entnehmen. Ein oder zwei bildliche
Zeugnisse dürften aber in die Lücke eintreten. Das eine bietet dasjenige
der drei Abendmahlsbilder des Kodex von Rossano, auf dem die Dar=
reichung des Brotes durch den Herrn dargestellt ist.[1] Wie mir scheint,
ist das Bild so zu verstehen, daß der Heiland dem vor ihm stehenden
Apostel das Brot in den Mund reicht und der Apostel seine Hände unter
die Hand des Herrn hält, nicht, um darin das Brot aufzunehmen, sondern

---

[1] O von Gebhardt und A. Harnack, Evangeliorum codex graecus
purpureus Rossanensis 1880. Taf. IX. Eine Reproduktion des Bildes bieten E.
Dobbert im Repertorium für Kunstwissenschaft 14 (1891), 452; V. Schultze,
Archäologie der altchristlichen Kunst 1895 S. 367.

um zu verhindern, daß etwas von dem heiligen Brote zu Boden
falle. Die spendende Hand ist dem empfangenden Apostel wenigstens
ganz an den Mund gerückt. Das Bild wurde indessen, worauf mich
Hr. Harnack aufmerksam macht, auch anders gedeutet. Dobbert meint,
der Apostel, der gebeugt vor dem Herrn steht und an dessen Mund die
Hand des Herrn gerückt ist, küsse diese zunächst und empfange das Brot
in seine Hand, nicht in den Mund.[1] Die Deutung ist nicht unmöglich.
Der sechste römische Ordo (PL. 78, 994) erwähnt, daß die Subdiakonen
vor Empfang der Kommunion die Hand des Bischofs küssen. Die Clunia-
censer küßten alle vor der Kommunion die Hand des Priesters, und nach
einem um die Mitte des 11. Jahrhunderts im nördlichen Frankreich geschriebenen Meßritus (PL. 78, 254) hatte der Brauch noch eine weitere
Verbreitung.[2] Die Zeugnisse betreffen aber die lateinische Kirche. Und
soweit man nach dem Stand der Abbildungen urteilen kann, scheint
mir die andere Auffassung den Vorzug zu verdienen. Vielleicht bringt
eine neue und genaue Prüfung des Originals mehr Licht in die Sache.

Das andere Zeugnis liefert das Abendmahlsbild des bereits erwähnten Athospsalters.[3] Auch hier ist die das Brot reichende Hand an
den Mund oder näherhin an die Wange des empfangenden Apostels gerückt. Auf der anderen Seite ist die Hand zwar nach unten gewendet,
so daß der Schein entsteht, das Brot werde dem Apostel in die Hand
gegeben. Indessen liegt hier vielleicht eine Unbeholfenheit in der Zeichnung vor, und es dürfte dieses um so eher anzunehmen sein, weil, da
ein Küssen der Hand nicht wahrscheinlich ist, sonst nicht ersichtlich ist,
warum die Hand des Herrn so ganz an den Kopf des Apostels hinan-
reicht. Ich finde diese Haltung außer unseren zwei Bildern vorerst
nirgends.[4]

Wäre meine Auffassung unrichtig und würde jene Prüfung etwa im
Sinne der Dobbertschen Deutung ausfallen, so hätten wir für den fraglichen Ritus im Orient kein Zeugnis. Dann wäre es auch möglich, daß
der Ritus daselbst gar nicht in Übung kam, die Entwickelung vielmehr sofort
in das weitere Stadium eintrat, dem wir dort begegnen und das darin
besteht, daß die beiden Gestalten in der Eucharistie nicht mehr je für sich

---

[1] Repertorium für Kunstw. 14, 455.
[2] Vgl. J. Hoffmann, Geschichte der Laienkommunion 1891 S. 114.
[3] Repertorium für Kunstwissenschaft 15, 509.
[4] Ich bemerke, daß mir Rohault de Fleury, La messe, nicht zugänglich ist.

und getrennt, sondern mit einander verbunden in der Weise gereicht
werden, daß das Brot in den Wein eingetaucht mittelst eines Löffels
(λαβίς, λαβίδιον) dargeboten und dem Empfänger in den Mund gegeben wird.

Die Weise begegnet uns zuerst, wie es scheint, bei Sophronius
(† 638), indem er SS. Cyri et Iohannis mirac. XII erzählt, daß die
Martyrer Cyrus und Johannes den Kelch trugen, angefüllt mit dem
Leib und Blut des Herrn.[1] Sie wurde allem nach zunächst bei der
Krankenkommunion eingeführt, und von einem Kranken handelt auch der
Bericht jenes Kirchenvaters. Später wurde sie aber auch für die gewöhnliche Kommunion üblich. Der Schritt erfolgte, wie die trullanische
Synode 692 c. 101 und Johannes von Damaskus zeigen, nicht vor
der Mitte des 8. Jahrhunderts.[2] Daß er aber um die Mitte des
11. Jahrhunderts geschehen war, zeigt Humbert von Silva Candida,
indem er in seinem Dialogus c. 33 die Praxis bekämpft als Neuerung
der Griechen oder des Patriarchates Konstantinopel, wie wir seine Worte
näherhin zu verstehen haben, da er zugleich berichtet, daß die Kirche von
Jerusalem noch den alten und echten Ritus habe.[3] Die Neuerung bestand demgemäß um die Mitte des 11. Jahrhunderts in einem großen
Teile des Orientes, und da drei Jahrhunderte früher noch der alte Ritus
vorhanden war, so fällt ihr Ursprung in die Jahre 750—1050. Für
eine nähere Zeitbestimmung sind wir auf allgemeine Erwägungen angewiesen. Da nach dem Zeugnis der trullanischen Synode schon im 7. Jahrhundert einige, aus frommer Scheu, wie es scheint, sich weigerten, die
Eucharistie in die bloße Hand zu nehmen, und da diese Stimmung wohl
auch durch die Verordnung der Synode nicht ganz überwunden wurde,
könnte man zu dem Schluß versucht sein, der alte Ritus werde, wenn
er zunächst auch noch eingeschärft wurde, nicht mehr lange bestanden haben.
Von größerer Bedeutung dürfte aber der Umstand sein, daß die Kirche
von Jerusalem um 1050 die Neuerung noch nicht hatte, während dieselbe später in der ganzen griechischen Kirche anzutreffen ist. Demgemäß

---

[1] Mai, Spicil. Rom. III, 175. Mirac. XXXIX p. 437 bezeugt derselbe die
alte oder ordentliche Praxis, indem er vom Waschen der Hände vor dem Empfang
der Eucharistie redet. Ebenso wohl auch Mirac. XXXVII p. 413.

[2] So lange das Brot in die Hand gegeben wurde, wurde es auch getrennt von
dem Wein gereicht. Dies übersieht Heuser, Kirchenlexikon 2. A. 2, 721, wenn er
bemerkt, daß die beiden Gestalten jedenfalls noch zur Zeit des Chrysostomus für sich
gespendet wurden. Die Praxis läßt sich 3½ Jahrhunderte weiter herabverfolgen.

[3] Will, Acta et scripta de controversiis ecclesiae gr. et lat. 1861 p. 109.

wird der Wandel eher in der zweiten als in der ersten Hälfte jener Zeit, vielleicht erst gegen Ende des 10. Jahrhunderts sich vollzogen haben.

Die spätere griechische Praxis fand auch in einigen Teilen der lateinischen Kirche Eingang. Sie wird bereits durch die Synode von Braga 675 c. 2 unter der Bezeichnung intincta eucharistia erwähnt und mißbilligt. Das Verbot scheint von Erfolg gewesen zu sein. Der Brauch verschwindet in den nächsten Jahrhunderten wieder. Dagegen treffen wir ihn aufs neue im 10., 11. und 12. Jahrhundert. Die weiteste Verbreitung scheint er in England gefunden zu haben, wo der Bischof Ernulf von Rochester (1115—24) mit Rücksicht auf die Unzukömmlichkeiten, welche die Kelchspendung oder die bisherige Darreichung des Weines mit sich führte, ihn nachdrücklich verteidigte.[1] Die Synode von Clermont 1095 c. 28 gestattete ihn wenigstens per necessitatem et cautelam, Papst Paschalis II für die Kommunion der Kinder und Schwerkranken. So sind die Worte des letzteren in dem Briefe an den Abt Pontius von Clugny: Novimus enim per se panem, per se vinum ab ipso Domino traditum; quem morem sic semper in sancta ecclesia conservandum docemus atque praecipimus, praeter in parvulis ac omnino infirmis, qui panem absorbere non possunt[2], zu verstehen, nicht aber, wie Bona[3] meint, in dem Sinne, als ob in diesem Falle nur Wein gereicht werden solle. Burkhard von Worms Decretum V, 9 und Ivo von Chartres Decretum II, 19 führen das Dekret einer Synode von Tours an, in dem der Brauch für die Krankenkommunion geradezu empfohlen wird, ut veraciter presbyter possit dicere infirmo: Corpus et sanguis Domini nostri Jesu Christi proficiat tibi in remissionem peccatorum et vitam aeternam. Die Beschränkungen zeigen, daß man im allgemeinen die alte Praxis beibehielt oder beobachtet wissen wollte. Die Synode von Clermont und Paschalis schärfen dieselbe für die Regel auch geradezu ein. Der Micrologus c. 19, bezw. Bernold von Konstanz († 1100), von dem die Schrift wahrscheinlich herrührt[4], bezeichnet andererseits die neue Weise als nicht authentisch; Burkhard Decret. V, 1, Ivo Decret. II, 11 und Gratian c. 7 de consecratione dist. II sprechen sich gegen sie aus, indem sie den erwähnten Kanon von Braga als Dekret Julius' I in ihre Rechtssammlungen

[1] D'Achery, Spicilegium ed. nova 1723 III, 470—74.
[2] Harduin, Acta concil. VI, 1796.
[3] Rerum liturg. lib II, 18, 3.
[4] Vgl. Revue Bénédictine 1891.

aufnehmen. Die Synode von London 1175 c. 16 verbietet sie ganz allgemein mit dem Bemerken: Intinctum panem aliis Christum praebuisse non legimus, excepto illo tantum discipulo, quem intincta buccella magistri proditorem ostenderit, non quae sacramenti huius institutionem signaret. Bei dieser Stimmung konnte die Weise sich nicht behaupten. Sie mußte um so mehr ein Ende nehmen, als man seit dem 12. Jahrhundert anfing, den unmündigen Kindern die Kommunion nicht mehr zu geben, den erwachsenen Laien sie nur mehr unter der Gestalt des Brotes zu reichen, und damit zwei Gründe hinfällig wurden, auf denen sie beruhte, die Schwierigkeit, welche bei der alten Praxis für die Kinderkommunion bestand, und die Besorgnis, bei der früheren gesonderten Darreichung möchte der Wein verschüttet werden. Es blieb also nur mehr die Rücksicht auf die Kranken, und dieser wurde jetzt entsprochen, indem man das heilige Brot in einfachen Wein oder Wasser tauchte.

Was die Spendung des Abendmahles unter einer Gestalt anlangt, so sind ihre ersten Zeugen der Abt Rudolf von St. Trond in der Diöcese Lüttich (um 1110), dessen Stimme wir durch Bona Rer. liturg. lib. II, 18, 1 erfahren, und Robert Pulleyn (um 1140) Sententiae VIII, 3. Sie empfehlen sie wegen der Gefahr der Verschüttung, die bei der Kelchspendung vorhanden war, jener auch noch aus dem weiteren Grunde, weil sonst der einfältige Gläubige meinen könnte, es sei nicht in jeder Gestalt Christus ganz enthalten. Sie stehen aber mit ihrem Zeugnis im 12. Jahrhundert allein. Die übrigen Schriftsteller der Zeit kennen alle noch die Kommunion unter beiden Gestalten, so namentlich Petrus Lombardus Sentent. IV, 11 und Gratian, der c. 2 de consecratione dist. II die Stelle von Gelasius Ep. 37 c. 2 aufnimmt, in welcher der Papst es für unerlaubt erklärt, sich des Kelches zu enthalten, und vorschreibt, das Sakrament ganz zu empfangen.[1] Daß die Leute, von denen Gelasius redet, sich durch abergläubische Motive bestimmen ließen, hat hier nichts zu bedeuten. Es handelt sich nicht um Not- und sonstige Ausnahmefälle, in denen die Beschränkung auf das Brot von jeher gestattet war, sondern um die Kommunion im allgemeinen und namentlich bei der Feier der Eucharistie, bei welcher der Empfang des Kelches damals regelmäßig war. Selbst noch im 13. Jahrhundert haben wir entschiedene Zeugnisse in dieser Richtung. Die Synode

---

[1] Epistolae Rom. pontif. ed Thiel 1868 I, 451.

von Durham 1220 spricht noch ganz allgemein von der Kommunion unter beiden Gestalten[1], und die Synode von Exeter 1287 c. 4 erließ eine Instruktion, welche vollständig auf der Voraussetzung der alten Praxis beruht.[2] Albertus Magnus De sacramento eucharistiae III, 2, 5 erkennt zwar an, daß Christus mit dem Blute auch unter der Gestalt des Brotes ist, verweist aber auch auf Christi actio als nostra instructio und erklärt die Sakramentsspendung ohne den Kelch ratione sacramentali für unvollständig.[3] Dagegen reden die übrigen Schriftsteller des 13. Jahrhunderts alle der neuen Weise das Wort, Alexander von Hales Summa (Sentent.) p. IV qu. 53 membr. 1, Bonaventura Sentent. lib. IV, dist. 11, p. 2, art. 1, qu. 2, Thomas von Aquin Summa III, 74, 1; 76, 1—2; 80, 12, um nur die bedeutenderen zu nennen. Die Erscheinung beweist ein Doppeltes. Die neue Weise hatte damals bereits in weiteren Kreisen Eingang gefunden, und indem allmählich die hervorragendsten Männer für sie eintraten, mußte sie noch größere Verbreitung erlangen. Das Generalkapitel der Cistercienser 1261 verordnete ausdrücklich, daß die Mönche, Konversen und Nonnen, ausgenommen die Altardiener, den Kelch wegen der mit seiner Spendung verbundenen Gefahren nicht mehr in der gewohnten Weise empfangen sollen.[4] Die Synode von Köln um 1179 c. 7 und die Synode der Provinz Canterbury zu Lambeth 1181 c. 1 setzen sie bereits voraus, indem die eine verordnet, daß nach Empfang der Eucharistie den Kommunikanten Wein mit Wasser zu reichen sei, die andere erwähnt, daß den Laien Wein gereicht werde, damit sie das heilige Brot leichter schlucken.[5]

Da Alexander von Hales a. a. O., indem er bemerkt: bene licet sumere corpus Christi sub specie panis tantum, beifügt: sicut fere ubique fit a laicis in ecclesia, so könnte man meinen, der Umschwung sei im wesentlichen bereits zu seiner Zeit oder in der ersten Hälfte des 13. Jahrhunderts erfolgt. Indessen ist die Äußerung schwerlich streng wörtlich zu nehmen. Schon die angeführten entgegenstehenden Zeugnisse müssen uns zur Vorsicht mahnen, und ihnen gesellt sich Thomas bei, der, obwohl er einige Jahrzehnte später lebte, über die Verbreitung der neuen Praxis Summa III, 80, 12 sich gemäßigter ausdrückt, indem er bemerkt:

[1] Wilkins, Conc. Magnae Britanniae I, 548.
[2] Harduin, Acta concil. VII, 1076.
[3] Opera ed. Jammy 1651 XXI, 62.
[4] Martène, Thesaurus anecdot. IV, 1418.
[5] Harduin, Acta concil. VII, 826. 862.

20*

Est multarum ecclesiarum usus, in quibus populo communi-
canti datur corpus Christi sumendum, non autem sanguis, und
etwas später: Provide in quibusdam ecclesiis observatur, ut populo sanguis sumendus non detur. Dagegen laſſen die Zeugniſſe im
ganzen keinen Zweifel aufkommen, daß in der zweiten Hälfte des 13. Jahrhunderts die Neuerung den Sieg errang. Die Orden der Franziskaner
und Dominikaner traten, da ihre großen Theologen sie empfahlen, ohne
Zweifel allenthalben für sie ein, und bei ihrer Ausdehnung mußte ihre
Entscheidung von bedeutendem Einfluß auf weitere Kreise sein. Im
14. Jahrhundert hat die Kommunion unter beiden Gestalten keinen Verteidiger mehr; auch erscheint sie beim Volke nirgends mehr in Übung.
Nur gewiſſe Überreste der alten Praxis haben sich noch etwas länger
erhalten. Durandus († 1296) berichtet im Rationale divin. off. IV,
42, 1: an einigen Orten werde nach dem Genuß des Leibes und Blutes
Chriſti von dem Blute etwas im Kelche zurückbehalten und reiner Wein
dazu gegoſſen, damit die Kommunikanten davon nehmen, da es nicht geziemend wäre, so viel Blut zu bereiten, und auch kein Kelch so viel
faſſen würde. Das Verfahren hat auch eine Stelle im dritten römischen
Ordo (PL. 78, 982), nur mit dem Unterschied, daß der Reſt des
konsekrierten Weines aus dem Kelch des Priesters in einen größeren Kelch
mit bloßem Wein eingegoſſen wird. Astesanus berichtet es in Comm.
in Sent. IV tit. 17 qu. 3 am Anfang des 14. Jahrhunderts faſt mit
den gleichen Worten, wie Durandus, insbesondere von den Ciſterciensern.
Und in diesem Sinne ist es wohl zu verstehen, wenn noch am Anfang
des 16. Jahrhunderts die Kommunion unter beiden Gestalten als in
jenem Orden üblich erwähnt wird.[1]

XII.

Titus Flavius Klemens Christ, nicht Bischof.[2]

Wenn dem Klemens der Klementinen kaiserliches Geschlecht zugeschrieben wird, so liegt dabei zweifellos eine Bezugnahme auf den Konsul
Flavius Klemens, den Vetter Domitians, vor und insofern stellt sich,

---

[1] Manriquez, Anal. Cisterc. 1642 I, 53.
[2] Aus der Theol. Quartalschrift 1879 S. 531—563.

wie ein Blick in den Liber pontificalis und das römische Brevier zeigt, in der römischen Tradition der Konsul Klemens zugleich als der Papst dieses Namens dar. Denn der Name Fauftinus, der in beiden Doku= menten seinem Vater beigelegt wird, während er in Wahrheit Titus Flavius Sabinus heißt[1], ist sicherlich mit dem des Fauftus[2] oder Fau= ftinian[3] des pseudoklementinischen Romans identisch, und wenn je die kleine Differenz des Namens einen Zweifel erwecken könnte, so würde derselbe durch den Umstand gehoben, daß im Liber pontificalis der Papst Klemens und Sohn des Fauftinus als Verfasser des pseudoklemen= tinischen Briefes an Jakobus aufgeführt wird. Die gleiche Identifizierung ist zu erkennen, wenn Eucherius von Lyon[4] den Papst Klemens vetusta prosapia senatorum atque etiam e stirpe Caesarum, omni scientia refertus omniumque liberalium artium peritissimus nennt, oder wenn Nilus (Ep. II, 49) ihn als römischen Philosophen rühmt, der die Süßig= keit der ihm wohl bekannten menschlichen Wissenschaften nicht mit der Kraft der Lehre der Apostel vermengen wollte, um von Nicephorus Kallifti, der (H. E. II, 35) bei Darstellung der Personalien des Papftes Klemens einfach die Klementinen ausschreibt, gar nicht zu reden.

Die Tradition wurde aber in der Neuzeit sofort über Bord ge= worfen, als das Geschichtsftudium einen höheren Aufschwung nahm. Schon Baronius (Ann. 93 n. 1. 6) spricht von zwei Klemens, dem Papft und dem Konsul, indem er sie unverkennbar als zwei verschiedene Personen faßt, und Tillemont[5] bekämpft die fragliche Verwechslung oder Ver= mengung ausdrücklich. Die katholischen Theologen scheinen fortan aus= nahmslos diesen Standpunkt eingenommen zu haben, und daß auch die Proteftanten lange Zeit der gleichen Ansicht waren, zeigen u. a. Schröckh[6],

---

[1] Genealogische Tafeln für die Flavische Familie stellten auf de Rossi, Bulletino III (1865) 21, abgedruckt von Kraus, Roma Sotterr. 2. A. S. 42, Aubé, Histoire des persécutions de l'église 1875 p. 428, u. Mommsen C. I. L. VI. n. 948. Eine Hauptdifferenz in denselben betrifft die Mutter unseres Klemens oder die Gattin des Flavius Sabinus, des Bruders des Kaisers Vespasian. Mommsen betrachtet sie als Flavia Domitilla, die schon vor dem Jahr 70 gestorbene Tochter Vespasians (s. Suet. Vespas. c. 3), de Rossi nennt sie mit Beisetzung eines Fragezeichens Plautia, Aubé läßt sie gänzlich unentschieden.

[2] Clem. Hom. XII, 8.

[3] Clem. Recogn. IX, 35.

[4] Ep. ad Valerianum de contemtu mundi. Migne, PL. 50, 718.

[5] Mémoires. Ste Flavie Domitille avec son oncle Clément und St. Clé= ment pape et martyr, art. I. Ed. Bruxell. II, 57. 68.

[6] Kirchengeschichte 2. A. II, 267. 278.

Gieseler[1], Hase[2]. Erst in der neuesten Zeit wurden in den Kreisen der
letzteren auch einige abweichende Stimmen laut. Lipsius[3] meinte schon
in seiner Abhandlung über den Klemensbrief, daß nichts der Annahme
entgegenstehe, der Bischof Klemens oder der Verfasser des Briefes an
die Korinther sei identisch mit Flavius Klemens, dem Vetter Domitians,
der ganz zu derselben Zeit als Christ in Rom gelebt habe, und was er
noch mit einer gewissen Zurückhaltung aussprach, das stand für Volkmar[4]
schon im Jahr darauf ganz sicher und fest. Derselbe betrachtet die
Jdentität der beiden Klemens als etwas völlig Zweifelloses und führt
die spätere Unterscheidung einfach auf die Unfähigkeit der Epigonen zurück, „einen römischen Konsul und einen römischen Bischof identisch, oben-
drein einen papa, gar von Rom, beweibt zu denken". „Die beiden Eigenschaften des einen Klemens, einerseits Konsul und beweibt, andererseits
Christ und Presbyter oder Bischof von Rom, zu vereinigen, war, wie
er meint, die fixe Bischofsidee der Folgezeit gar nicht im stande; sie
mußte aus den beiden Eigenschaften des einen zwei machen". Auch
Hilgenfeld bekannte sich in seiner Ausgabe der Klemensbriefe[5] zu dieser
Ansicht, während er früher[6] sich darauf beschränkte, in der Verwandtschaft
des Helden der Klementinen mit dem kaiserlichen Hause einen an den
Konsular Fl. Klemens erinnernden Zug zu finden, und selbst die Abfassung des Briefes an die Korinther durch Klemens einigermaßen in
Zweifel ließ, weil es nicht sicher sei, daß derselbe gerade unter Domitian
römischer Bischof gewesen. Aber bald darauf wurde gegen sie der entschiedenste Protest erhoben. Zahn[7] glaubte nicht bloß zwei Klemens annehmen, sondern dem Konsul sogar das Martyrium und das Christentum
absprechen zu sollen, und die Gründe, die er vorbrachte, verfehlten nicht,
Eindruck zu machen. Als Lipsius später[8] noch einmal mit der Frage
sich befaßte, stellte er nur mehr die Alternative auf: „Entweder war
Flavius Klemens ein Heide, und dann ist der von ihm verschiedene, aber

[1] Lehrbuch der KG. 3. A. I, 114. 122.
[2] Kirchengeschichte 9. A. S. 39 f.
[3] De Clementis Rom. ep. ad Cor. priore 1855 p. 184—186. Den Grund
zu der bezüglichen Theorie hat übrigens schon Baur, Paulus, der Apostel J. Christi
1844 S. 472 f., gelegt.
[4] Theolog. Jahrbücher 1856 S. 304.
[5] Nov. Testamentum extra can. recept. Fasc. I. 1866.
[6] Die apostolischen Väter 1853 S. 97. 99.
[7] Der Hirt des Hermas 1868 S. 44—58.
[8] Chronologie der röm. Bischöfe 1869 S. 160.

frühzeitig mit ihm identifizierte Bischof eine wirklich geschichtliche, aber in ihren wahren Lebensverhältnissen sonst völlig unbekannte Person; oder der Bischof ist erst in der kirchlichen Sage aus dem Konsul hervorgewachsen, und dann war dieser, trotz des Schweigens der späteren Tradition über ihn, wirklich ein Christ", und er fügt bei, daß bei unserer lückenhaften Kunde die Entscheidung wohl niemals mit Sicherheit getroffen werden könne und daß auch die neuesten Ausgrabungen in S. Clemente hier nichts helfen. Bestimmter hielten an der Ansicht trotz jenes Protestes einige andere Gelehrte fest. Harnack[1] hält die Identität der beiden Klemens wenn auch nicht für völlig gewiß, so doch für sehr wahrscheinlich. Hilgenfeld geht in seiner zweiten Ausgabe der Klemensbriefe (p. XXXII —XXXV) von derselben als einer feststehenden Thatsache aus, da der Bischof Klemens, wie er meint, niemals einen sicheren und ruhigen Platz bekomme, wenn er nicht auf den Konsul zurückgeführt werde. Endlich glaubte Erbes[2] sie neuestens mit unanfechtbaren Gründen beweisen zu können, obwohl noch kurz zuvor Wieseler[3] darzuthun vermeinte, daß der Konsul Klemens der christlichen Gemeinde in Rom nicht einmal angehört habe, geschweige denn ihr Bischof oder Presbyter gewesen sei.

Der in den letzten dritthalb Jahrhunderten allgemein herrschenden Ansicht, daß der Konsul Klemens Christ und Martyrer, aber vom Papst Klemens verschieden sei, traten so jüngst zwei andere gegenüber, und hiernach bestehen heutzutage über Titus Flavius Klemens drei Anschauungen. Nach der einen ist er identisch mit dem Bischof Klemens, und da diese auch in die römische Tradition Eingang fand, so sehen wir hier Männer als Verfechter der letzteren, die ihr sonst zumeist aufs schroffste gegenüberstehen. Nach der anderen war er nicht einmal Christ, geschweige denn, wie man früher allgemein annahm, christlicher Martyrer. Nach der dritten und schon lange bestehenden endlich war er Christ und Martyrer, ohne mit dem Bischof gleichen Namens identisch zu sein. Ich habe mich in meiner Ausgabe der Apostolischen Väter zu der letzteren bekannt und gemäß dem Charakter jener Arbeit im wesentlichen auf ein Bekenntnis mich beschränkt. Die Frage ist indessen interessant genug, um eingehend geprüft zu werden, und so seien ihr nachstehende Zeilen gewidmet. Wir beginnen mit der Untersuchung, ob der Konsul Klemens Papst war.

[1] Patr. apost. fasc. I p. LXXXVIII. Ed. II p. LXII sq.
[2] Jahrb. f. protest. Theol. IV (1878), 690—750.
[3] Jahrb. f. deutsche Theol. XXII (1877), 375. 397—405.

1.

Es sind hauptsächlich zwei Momente, die sich für die Identität des Bischofs und des Konsuls Klemens anführen lassen, die Klementinen, bezw. die durch sie vorgenommene Übertragung der Lebensverhältnisse des einen auf den anderen, und ihre Gleichzeitigkeit. Was zunächst jenes anlangt, so hat bereits Cotelier[1] bemerkt, die geschichtliche Grundlage der Erzählung der Klementinen über den Bischof Klemens sei der Konsul Flavius Klemens. Neuere haben die Punkte besonders herausgehoben, bezüglich deren der Verfasser der Klementinen an die Geschichte des Konsuls Klemens hauptsächlich angeknüpft zu haben scheint. Lipsius[2] z. B. bemerkt, nachdem er auf die Gleichzeitigkeit der Personen hingewiesen: „Wie der Konsul ein Christ, so ist der Bischof nach dem klementinischen Reisebericht ein Verwandter des Kaiserhauses. Flavius Klemens ist der Vaterbrudersohn Domitians, seine Gattin Flavia Domitilla eine Nichte des Kaisers, die Tochter seiner gleichnamigen Schwester: seine beiden Söhne wurden als Knaben von Domitian adoptiert und Vespasianus und Domitianus genannt (Suet. Domit. c. 15). Ganz ähnlich ist der Klemens des judenchristlichen Romans durch Vater und Mutter dem Kaiserhause verwandt (Clem. Hom. IV, 7; XII, 8. Recogn. VII, 8); statt der beiden Söhne des Konsuls Klemens erhält er zwei Brüder, von denen ebenfalls ein Namenswechsel berichtet wird (cf. Hom. II, 19; XII, 8: XIII, 7. Recogn. VII, 8. 32 sq.). Wenn die pseudoklementinische Sage ihren Klemens zu einem Anverwandten der Claudier macht, so war diese Änderung einfache Konsequenz des Bestrebens, ihn in die Zeit des Apostels Petrus hinaufzurücken; die Namen der Familienglieder stammen dagegen, wie schon Hilgenfeld (Apost. Väter S. 297) sah, aus dem Hause der Antonine, welches damals, als die klementinische Überarbeitung der petrinischen Kerygmen entstand, in Rom regierte. Sieht man von diesen Umbildungen ab, so befinden wir uns durchaus auf geschichtlichem Boden, und nur das eine bleibt auffällig, daß die verwandtschaftlichen Verhältnisse, in welchen der Konsul Flavius Klemens gestanden hat, nicht auf den Bischof Klemens selbst, sondern auf seinen Vater übertragen sind, den die Sage ebenfalls gegen Ende seines Lebens zum christlichen Glauben bekehrt werden läßt. In der späteren Tradition, wie sie in den Akten

---

[1] Note zu Recogn. VII, 8.
[2] Chronologie der röm. Bischöfe S. 153 f. Ähnlich Erbes, Jahrb. f. prot. Theol. IV, 718.

der angeblichen Petrusſchüler Nereus und Achilleus erhalten iſt (Act.
SS. Mai III, 6—13), iſt der Biſchof Klemens der Brudersſohn des
Konſuls."

Wie man ſieht, beſteht zwiſchen der Erzählung der Klementinen und
der Geſchichte des Flavius Klemens eine ſolche Verwandtſchaft, daß dar=
über kein Zweifel beſtehen kann, daß der Verfaſſer von jenen aus dieſer
geſchöpft hat. Nur über das Maß ihrer Verwertung läßt ſich ſtreiten,
und wie mir ſcheint, heißt es zu weit gehen, wenn man auch den Namens=
wechſel der Brüder des Klemens in den Klementinen auf den hiſtoriſchen
Namenswechſel der Söhne des Konſuls zurückführen will. Der Autor
des Romans mag an dieſen gedacht haben. Aber andererſeits verſtand
ſich ein Namenswechſel für ſeine Zwecke ſo ſehr von ſelbſt, daß er ihn
eintreten laſſen konnte, ohne jenen vor Augen zu haben. Sein Roman
beruht ja zum großen Teil auf dieſem Kunſtgriff, da anders ein Wieder=
erkennen, ἀναγνωρισμός, nicht möglich war, und er muß darum den
Vater und die Mutter ſeines Helden ihre Namen wenigſtens zurückhalten,
Mattidia ihren und der Ihrigen Namen einmal (Hom. XII, c. 19)
geradezu auch ändern laſſen. Sicher iſt daher in dieſem Punkte die An=
lehnung des Romans an die Geſchichte nicht, wenn ſie ſich auch ver=
muten laſſen mag, und andererſeits iſt es in meinen Augen nicht ſonderlich
auffallend, daß die verwandtſchaftlichen Verhältniſſe des Konſuls nicht
auf den Biſchof ſelbſt, ſondern auf ſeinen Vater übertragen werden;
denn der Unterſchied iſt ja doch nicht gar groß, und er läßt ſich leicht
aus der Anlage des Romans erklären.

Wenn aber die Klementinen bei der Schilderung ihres Helden ſich
unzweifelhaft an die Geſchichte des Konſuls Klemens anlehnen, folgt
daraus, daß dieſer, wie ſie wollen, mit dem Biſchof Klemens wirklich
eine und dieſelbe Perſon iſt? Offenbar iſt ein ſolcher Schluß nicht be=
gründet, da der Roman ſchwerlich ſo viel Glauben verdient. Bei ſeinem
in der Hauptſache völlig fabelhaften Charakter hat derſelbe vielmehr nur
ſo weit einen geſchichtlichen Wert, als ſeine Angaben durch anderweitige
Berichte beſtätigt werden; m. a. W. er dient uns nicht zur Eruierung,
ſondern höchſtens zur Beſtätigung von Thatſachen. Es wird ſich daher
fragen, ob die von ihm angenommene Identität der beiden Klemens ſich
auf anderem Wege beweiſen läßt. Oder ſollen wir ihm in dieſem Punkte
glauben, da er bezüglich der Beſtimmung der Zeit des Klemens eine
große Willkür ſich erlaubt, indem er ihn ſtatt zu einem Angehörigen der
Familie der Flavier zu einem Verwandten der Claudier macht und indem

er ihm unter den Nachfolgern Petri den ersten Platz einräumt, während
er nach den durch ihn nicht beeinflußten Nachrichten die dritte Stelle
einnimmt? Lipsius hat diese Differenz allerdings einfach mit dem Bestreben des Autors zu erklären geglaubt, Klemens in die apostolische Zeit
hinaufzurücken. Allein eine volle Erklärung ist damit schwerlich gegeben.
Denn da an sich ebenso Linus zum Träger des Romans gemacht werden
konnte wie Klemens, so müssen noch weitere Motive im Spiele gewesen
sein, wenn diesem der Vorzug gegeben wurde, und die Annahme wird
kaum unrichtig sein, der Autor der Klementinen habe sich deswegen für
Klemens entschieden, weil dessen Name einen höheren Klang hatte als
der seines zweiten Vorgängers und weil er insbesondere ein Mann von
litterarischem Rufe war und so eine Eigenschaft besaß, die auch seinem
Doppelgänger zukommen sollte. Wenn aber schon diese äußerlichen Momente die fragliche Abweichung von der Geschichte veranlaßten, konnte
man dann nicht noch weiter gehen und den Bischof mit einer gleichnamigen Person im Kaiserhaus identifizieren, um ihn auch mit den Vor-
zügen einer hohen Geburt auszustatten und seiner Geschichte noch mehr
Reiz und noch mehr Spannkraft zu verleihen? Die Versuchung lag
einem Dichter gewiß äußerst nahe, und so ist aus den Klementinen für
die Identität der beiden Klemens nichts zu folgern, wenn sie auch selbstverständlich noch weniger ein gegenteiliges Indicium geben.

Mehr Gewicht hat man neuerdings auf die Gleichzeitigkeit der beiden
Klemens gelegt. Erbes hat sogar nachweisen wollen, daß der Bischof
Klemens im J. 95 oder 96, somit ganz zu derselben Zeit wie der
Konsul Klemens gestorben und so sicherlich eine und dieselbe Person mit
ihm sei. Das Verfahren, das er dabei einschlägt, ist folgendes. Obwohl
er selbst den Fall setzen zu müssen glaubt, daß aus dem Bedürfnis, die
Reihe der Bischöfe bis auf die Apostelzeit zurückzuführen, beliebige Namen
darin aufgenommen und mit ebenso willkürlichen Amtsjahren berechnet
wurden, so giebt er doch der Vermutung Raum, daß eine einheitliche
Überlieferung wie in den Namen so auch in ihrer Ordnung und in der
Zahl der Jahre sich bildete, m. a. W. daß unseren Papstkatalogen eine
bestimmte Quelle zu Grunde liege, und er glaubt, diese Urquelle in der
Chronik des Eusebius nachweisen zu können. Dabei zieht er indessen
nur die den einzelnen Namen beigefügte Amtsdauer, nicht auch ihre synchronistische Berechnung oder ihre Datierung nach Jahren Abrahams in
Betracht, da letztere offenbar eigene Arbeit des Historikers ist und nicht
auf Überlieferung beruht, und so kommt er zu dem überraschenden Schluß,

daß Klemens gegen Ende des J. 95 oder im Anfang des J. 96 gestorben
sei. Die Amtszeit seiner Vorgänger und seine eigene beträgt nämlich
14 + 8 + 9 Jahre, und diese Zahlen, zu dem Jahr 64, der Zeit
der Neronischen Verfolgung und dem Todesjahr Petri hinzugefügt, er=
geben 95.[1] In der Kirchengeschichte bietet Eusebius zum Teil zwar
andere Zahlen dar. Linus und Anenkletus haben hier je zwölf Jahre,
während Klemens seine neun behält (H. E. III, 13. 15. 34). Aber
auch diese Daten weiß Erbes mit dem gewonnenen Resultat in Einklang
zu bringen, und er zieht zu diesem Behuf den Liberianischen Papstkatalog
herbei, an den sich Eusebius bei Abfassung seiner Kirchengeschichte ange=
schlossen zu haben scheint. Da derselbe außer dem Anenkletus oder, wie
hier der Name lautet, Anakletus einen Kletus mit sechs Jahren hat, so
wird vermutet, die Jahre des letzteren gehören eigentlich dem ersteren
an und sie seien überdies durch irgend ein Versehen um zwei zu kurz
gekommen, so daß die Amtszeit des Anenkletus in Wahrheit acht Jahre
betragen würde. Die drei ersten Pontifikate nach Petrus haben somit
die Jahre 12 + 8 + 9, und diese führen, da hier mit Eusebius vom
Jahr 68, bezw. 67, als dem Todesjahr des Apostels Petrus auszugehen
und diese Zahl nach der üblichen Weise schon mitzuzählen sei, wieder
zum Jahr 95 als dem Todesjahr des Klemens.[2]

Die Chronologie ist bestechend, und wenn sie ebenso richtig wäre,
als sie zuversichtlich vorgetragen wird, so würde sie der Identifizierung
der beiden Klemens ein größeres Maß von Berechtigung verleihen. Aber
ich konnte nicht, wie Erbes, finden, daß diese Auffassung sich selbst trägt
und sich selbst bewährt. Ich konnte mich im Gegenteil des Gedankens
nicht erwehren, daß sie durch das Bestreben getragen ist, um jeden Preis
zu dem Jahr 95 als Todesjahr des Bischofs Klemens zu gelangen, daß
sie ohne diese Tendenz schwerlich zu stande gekommen wäre, und so viel
Geist auch aufgewendet wurde, um die Vertauschung und die Vergrößerung
der Zahlen zu begründen, so bleibt doch immer der Eindruck einer nicht
geringen Willkür zurück. Ich will nicht von der Art und Weise reden,
wie die Jahre des Anenkletus zuerst von 12 auf 6 reduziert und dann
sofort wieder auf 8 erhöht wurden, obwohl auch sie schon schweren Be=
denken unterliegt, noch das Wagnis betonen, die Zahlen, mittelst deren
Eusebius in der Chronik auf das Jahr 94 u. Z. oder das Jahr 2110

---

[1] Jahrb. f. prot. Theol. IV, 730—732.
[2] A. a. O. S. 732—740. Lipsius, Jahrbücher f. protest. Theol. 1880 S. 253,
setzt die Angabe der alten Chronik = 100 u. Z.

Abrahams[1], in der Kirchengeschichte (III, 34) auf das dritte Jahr Tra-
jans oder das Jahr 100 u. Z. gelangte, mit voller Sicherheit auf das
Jahr 95 dirigieren zu wollen: aber hervorheben muß ich, daß die Verschiedenheit des Ausgangspunktes der Berechnung gar nicht begründet ist.
Bei der Chronik wird das Jahr 64 als das Todesjahr Petri oder das
Jahr 65 als das erste Jahr des Linus zum Ausgang genommen, obwohl Eusebius selbst den Amtsantritt des Linus auf das Jahr 66, den
Tod des Apostels Petrus auf das Jahr 68 ansetzt, und wenn hier das
Datum des Eusebius verlassen und auf das Jahr 64 als das vermeintlich
wirkliche Todesjahr Petri zurückgegriffen wird, so ist bei der Kirchengeschichte konsequent ebenso zu verfahren, und es ist schlechterdings kein
Grund einzusehen, warum hier ein anderer Ausgangspunkt zu nehmen
sein sollte, wenn nicht etwa der, daß dann das Jahr 95 entweder gar
nicht oder nur auf noch größeren Um- und Schleichwegen zu erreichen
ist. Die Kirchengeschichte kann daher jedenfalls nicht für das Jahr 95
als Todesjahr des Bischofs Klemens in Anspruch genommen werden.
Die Chronik läßt sich möglicherweise dazu gebrauchen, und Erbes ist ein
Beweis dafür, daß es Leute giebt, die ihren bezüglichen Angaben so viel
Glauben schenken, daß sie nicht anstehen, gewichtige Folgerungen aus ihnen
zu ziehen. Mir fehlt, ich gestehe es, ein so fester Glaube, und zu meinem
Troste stehe ich mit dem Zweifel nicht allein. Wenn übrigens das Zusammentreffen des Todes des Bischofs Klemens mit dem Tode des
Konsuls auch zu erweisen wäre, so wäre, so auffallend man die Erscheinung auch finden mag, die Identität der beiden Personen doch noch
nicht erwiesen. Denn das Auffallende beruht vorwiegend in der Dürftigkeit unserer Nachrichten über jene Zeit, während es an sich doch nicht so
gar befremden darf, daß in der schon damals nicht mehr so kleinen
Christengemeinde von Rom zwei Männer gleichen Namens, und waren
es selbst Männer von hervorragender Bedeutung, zu derselben Zeit gestorben sein sollten.

　　Indessen haben wir bisher erst gesehen, daß kein hinreichender Grund
vorliegt, die beiden Klemens zu identifizieren. Andererseits sind aber
Gründe vorhanden, sie auseinanderzuhalten. Ich will mich, indem wir
zu diesen übergehen, nicht darauf berufen, daß die Ämter eines Bischofs
und Konsuls sich nicht leicht mit einander vertrugen, da man entgegnen
könnte, daß ihre Inkompatibilität für jene Zeit erst zu erweisen wäre,

---

[1] Ich halte mich bei diesen Angaben selbstverständlich an die Ausgabe von Schöne.

zumal das Konsulat nur ein vorübergehendes Amt gewesen sei. Auch der Umstand soll nicht besonders betont werden, daß der Brief der römischen Gemeinde an die Gemeinde von Korinth, dessen Abfassung durch den Bischof Klemens schwerlich zu bestreiten sein wird, nach Inhalt und Form sich so sehr an das Alte Testament anlehnt, daß man in dem Verfasser einen gebornen Juden zu erblicken versucht sein könnte.[1] Denn so viel auch für diese Anschauung spricht, so ist sie doch nicht sicher und, wie mir scheint, könnte auch ein Heidenchrist so schreiben, der frühzeitig in die Kirche eintrat und, wie in unserem Fall ohne Zweifel anzunehmen ist, in ihrem Dienste und namentlich in der Lesung der heiligen Schriften ergraute. Allein die Frage darf aufgeworfen werden, ob Klemens so frühzeitig zum Christentum übertrat, und wenn dieses je der Fall gewesen sein sollte, ob ein Mitglied des kaiserlichen Hauses sich soweit dem Kirchendienst hingeben konnte, daß er, wie unser Brief zeigt, seine Erziehung und Bildung beinahe gänzlich zu verleugnen und eine Abhandlung zu schreiben im stande war, die man von einem geborenen Heiden schwerlich erwarten würde, und sie ist sicherlich viel eher zu verneinen als zu bejahen. Das ist ein Grund, den Konsul von dem Bischof zu unterscheiden.

Ein zweiter liegt in dem Schweigen der Alten — Pseudoklemens selbstverständlich ausgenommen — über die kaiserliche Abkunft des Bischofs. Wir haben es also mit einem argumentum ex silentio zu thun, und ich verkenne die Berechtigung des Mißtrauens nicht, mit dem man diesem Beweisverfahren im allgemeinen begegnet. Aber mit seiner gänzlichen Verwerfung würde man sicherlich ebenso fehl gehen wie mit seinem zu leichten und zu häufigen Gebrauch, und das Recht seiner Anwendung wird eben je von der Beschaffenheit des einzelnen Falles abhängen. Es gilt also einfach, seine Zulässigkeit in unserem Fall zu prüfen, und nach meinem Dafürhalten dürfte sie kaum bestreitbar sein. Denn daß ein Mitglied des kaiserlichen Hauses gegen Ende des ersten Jahrhunderts Vorstand der römischen Christengemeinde gewesen sein sollte, ist ein so bedeutsames und auffallendes Ereignis, daß es nur äußerst schwer zu begreifen ist, wie es mit Ausnahme der Klementinen und der von ihnen abhängigen Schriftsteller in der gesamten christlichen Litteratur des Altertums gänzlich unerwähnt bleiben konnte, und dieses Stillschweigen wird noch unbegreiflicher, wenn man erwägt, daß die in Betracht kommende

---

[1] So Lightfoot, S. Clement of Rome 1890 I, 58—61. Renan im Journal des Savants 1877. Janvier p. 13 sq.

Persönlichkeit den ältesten und glaubwürdigsten kirchlichen Schriftstellern, einem Irenäus (Adv. haer. III, 3, 3), einem Dionysius von Korinth (Eus. H. E. IV, 23, 13) und sicherlich auch einem Hegesippus (cf. Eus. H. E. III, 16; IV, 22, 1) wohl bekannt war. Sie sehen sich veranlaßt zu erwähnen, daß der Brief der Römer an die Korinther entweder von ihm oder wenigstens unter seinem Pontifikat geschrieben wurde, und wenn dem so ist, sollten dann seine nahe Verwandtschaft mit dem Kaiserhaus und sein Konsulat, Dinge, die noch bekannter und sicherlich auch in den Augen der ältesten Christen noch bemerkenswerter waren als die Abfassung jenes Briefes, keiner und auch nicht der leisesten Erwähnung wert gegolten haben? Dionysius von Alexandrien (Eus. H. E. VII, 10) gedenkt des bloßen Gerüchtes, daß einige früheren Kaiser, vermutlich Alexander Severus und Philippus Arabs, Christen gewesen seien, und die in christlichen Kreisen offenkundige Thatsache, daß ein Vetter des regierenden Kaisers und überdies derjenige Mann, dessen Söhne durch Domitian (Suet. Dom. c. 15) schon öffentlich zu seinen Nachfolgern bestimmt waren, nicht bloß Christ, sondern Vorsteher der ersten Christengemeinde war, sollte in der glaubwürdigen Litteratur auch nicht die geringste Spur hinterlassen haben? Ich gestehe, daß dieses Schweigen in meinen Augen viel beredter ist als die Sprache des pseudoklementinischen Romans und eines künstlich aufgerichteten Zahlensystems, und ich halte daher die seit Baronius lange Zeit allgemein herrschende Ansicht, daß der Bischof Klemens nicht im Konsul Klemens zu suchen sei, für viel begründeter als die neuerdings ausgesprochene, daß beide nur e i n e Person seien.

Überdies sind wir für diese Anschauung keineswegs auf bloße wenn auch unanfechtbare Gründe angewiesen. Die Verschiedenheit der beiden Persönlichkeiten hat in der Litteratur wenigstens einigen Ausdruck gefunden. In den Akten der Domitilla (c. 2. n. 9) ist von einem doppelten Klemens die Rede, dem Bischof und dem Konsul, der als Oheim und näherhin als Vatersbruder des Bischofs bezeichnet wird[1], und die Annahme, daß hier ein Nachklang der Geschichte und der in ihr begründeten Unterscheidung der beiden Klemens zu erkennen ist, ist jedenfalls ebenso beachtenswert als die Erklärung, die Erbes von der fraglichen Stelle giebt, indem er meint, es liege hier einfach eine Kombination eigenen Wissens mit der Erzählung der Klementinen vor.[2] Auch Eusebius (H.

---

[1] Act. SS. Mai III, 8.
[2] Jahrb. für prot. Theol. IV, 725.

E. III, 18; cf. III, 16) spricht in einer Weise von dem Konsul, daß er ihn unmöglich für eine Person mit dem Bischof gehalten haben kann, und da er (H. E. III, 30) mit Klemens von Alexandrien (Strom. III, 6 p. 535) die Apostel und selbst Petrus in der Ehe leben läßt, so hat die „fixe Bischofsidee" Volkmars wohl schwerlich schon damals aus dem beweibten Konsular=Bischof eine doppelte Persönlichkeit gemacht. Höchstens kann man sagen, er habe den Konsul nur durch die heidnische Litteratur kennen gelernt, und das scheint in der That sich so zu verhalten. Wollte man aber aus dem Schweigen der christlichen Litteratur schließen, der Konsul sei mit dem Bischof eben identisch gewesen, so würde man offenbar zu weit gehen, da er als einfaches Mitglied der Christen= gemeinde viel leichter in Vergessenheit geraten konnte denn als deren Vorstand. Eher könnte man aus demselben folgern, er sei gar kein Christ gewesen, und ob dieser Schluß richtig ist, wird die weitere Unter= suchung zeigen.

2.

In der That ist einer der Gründe, auf die sich Zahn, der erste Bestreiter des Martyriums und des Christentums des Konsuls Klemens, stützt, das Stillschweigen des Eusebius sowohl in seiner Chronik als in seiner Kirchengeschichte, und dasselbe ist um so auffallender, als er an beiden Orten Domitillas, wie er meint, der Nichte des Konsuls, gedenkt und somit allen Anlaß hatte, auch sein Martyrium zu erwähnen. Es ist daher nur ein Doppeltes denkbar, entweder daß er von demselben nichts in Erfahrung brachte, oder daß er die bezügliche Nachricht nicht für glaubwürdig erachtete und darum in seinem Berichte ausließ. Ob das eine oder das andere zutrifft, hängt hauptsächlich von der Frage ab, ob er Dio Cassius benützte.

In der Kirchengeschichte (III, 18) bemerkt er, daß zur Zeit Do= mitians das Christentum bereits so in Blüte gestanden sei, daß auch nichtchristliche Schriftsteller kein Bedenken getragen haben, der Verfolgung und der Martyrien in ihren Geschichtswerken Erwähnung zu thun, und daß sie auch die Zeit der Verfolgung genau angegeben, indem sie be= richten, daß im fünfzehnten Jahr der Regierung Domitians Flavia Domitilla, die Schwestertochter des Flavius Klemens, des einen der da= maligen Konsuln in Rom, zugleich mit sehr vielen anderen wegen des Bekenntnisses Christi auf die Insel Pontia verbannt worden sei. In der Chronik erzählt nach dem Texte des Hieronymus ein Historiker

Bruttius dasselbe, während es nach dem armenischen Texte den Anschein
hat, als ob Bruttius oder Brettius, wie hier sein Name lautet, nur
die zahlreichen Martyrien überhaupt bezeuge, für das Martyrium Domitillas aber Eusebius selbst einstehe. Zahn[1] glaubte die Stelle in
letzterem Sinn verstehen zu sollen, da die größere Zuverlässigkeit der
armenischen Übersetzung der Chronik gegenüber der Arbeit des Hieronymus
außer Zweifel stehe und ihre Angabe überdies noch durch den Bericht
oder Text des Chronographen Syncellus bestätigt werde. Erbes[2] stimmte
ihm in diesem Punkte bei, und er hätte wohl recht, wenn der Stand der
Frage ganz so wäre, wie er ihn dargestellt hat, und wenn man im
ganzen nur zwischen dem Armenier und Hieronymus sich zu entscheiden
hätte. Allein dem ist nicht so. Vor allem kann man nicht behaupten, daß
der Armenier durch Syncellus eine Bestätigung erhalte; denn dessen
Worte[3]: πολλοὶ δὲ Χριστιανῶν ἐμαρτύρησαν κατὰ Δομετιανόν,
ὡς ὁ Βρέττιος ἱστορεῖ, ἐν οἷς καὶ Φλαυία Δομετίλλα ἐξαδελφῇ
Κλήμεντος Φλαυίου ὑπατικοῦ ὡς Χριστιανὴ εἰς νῆσον Ποντίαν
φυγαδεύεται, lassen schon an sich auch die andere Deutung zu, und man
wird diese als die etwa minder nahe liegende um so weniger ohne weiteres
beiseite schieben dürfen, als der zweite Teil der Stelle dem Texte des
Hieronymus: scribit Bruttius plurimos Christianorum sub Domitiano
fecisse martyrium, inter quos et Flaviam Domitillam Flavii Clementis
consulis ex sorore neptem in insulam Pontianam relegatam, quia
se Christianam esse testata sit, näher kommt als dem des Armeniers.
Sodann aber stehen nicht bloß Hieronymus und der Armenier einander
gegenüber; auch die Kirchengeschichte kommt in Betracht, und sie giebt
ihre Stimme gegen den Armenier ab. Denn da hier ganz dasselbe,
was Hieronymus den Bruttius sagen läßt, wie wir oben gesehen, heidnischen Historikern in den Mund gelegt wird, so dürfen und müssen wir,
so lange das Gegenteil nicht erwiesen werden kann, einerseits auch Bruttius
zu den letzteren rechnen, wenn er nicht geradezu etwa mit diesen gänzlich
zusammenfällt, indem vielleicht im volleren Redestrom der Kirchengeschichte
der eine zu einer Mehrheit sich erweitert hat; anderseits ist der zweifel-
hafte Bericht in der Chronik nach dem bestimmteren in der Kirchengeschichte zurechtzulegen. Ferner verdient die armenische Übersetzung in
unserem Fall deswegen weniger Glauben, weil die in Betracht kommende

---

[1] Der Hirt des Hermas S. 49—56.
[2] Jahrb. f. protest. Theol. IV, 710—714.
[3] Chronographia ed. Bonn. p. 650.

Stelle korrupt ist.[1] Endlich läßt sich die Entstehung der Lesart des Armeniers zu leicht erklären, als daß sie gegen alle andern Zeugen aufrecht zu erhalten wäre. Es liegt einfach ein selbständiger Satz gegenüber einem abhängigen vor, und die bezügliche Verwechslung konnte um so eher eintreten, wenn der abhängige Satz im Griechischen, wie zu vermuten ist, mit einem ὅτι eingeleitet war, weil in diesem Fall der zweite Satz ganz gleich lautete, mochte er als selbständiger oder als abhängiger gefaßt werden. Der Bruttius der Chronik ist also einer der heidnischen Historiker der Kirchengeschichte[2], und da der Bericht über das Martyrium der Domitilla von ihm herrührt, so haben wir kein Recht zu behaupten, Eusebius habe den Konsul Klemens als Martyrer gestrichen, da wir nicht wissen, ob er ihn bei seinem Gewährsmann als solchen gefunden hat.

Anders stände die Sache, wenn unter seinen heidnischen Quellen auch das Geschichtswerk des Dio Cassius sich befunden hätte, und es ist daher auch diese Frage zu untersuchen. Bereits Volkmar[3] glaubte bei Vergleichung der Stellen Eus. H. E. IV, 2 und Dio LXVIII, 30 sich berechtigt, sie zu bejahen, und Erbes[4] wollte Dio (LXVIII, 1; LXXI, 8) außerdem noch in H. E. III, 20 und V, 5, 3 so sichtlich benützt finden, daß er die Frage geradezu für völlig entschieden erklären zu dürfen meinte. Ich konnte bei sorgfältiger Vergleichung der Stellen dies nicht finden. In der ersten Stelle scheint allerdings dem κατώρθωσε bei Dio ein κατόρθωμα bei Eusebius zu entsprechen, und in der zweiten finden wir bei beiden Historikern das Wort καθαιρεῖσθαι. Wie aber daraus die Abhängigkeit des einen von dem andern bis zur Evidenz soll bewiesen werden können, ist nicht zu begreifen; denn das Wort καθαιρεῖσθαι ist so gewöhnlich, daß auf sein Dasein allein schlechterdings

---

[1] Sie lautet: refert autem Brettius, multos Christianorum sub Domitiano subisse martyrium: Flavia vero Dometila et Flavus (für et Fl. lege Flavii) Clementis consulis sororis filius (l. filia) in insulam Pontiam fugit, quia se Christianum (l. Christianam) esse professus (l. professa) est.

[2] Volkmar (Theolog. Jahrb. 1856 S. 301), Erbes (Jahrb. f. prot. Th. IV, 715) u. C. Müller (Fragmenta histor. graec. 1851 IV, 352) machen ihn zu einem christlichen Geschichtschreiber des dritten Jahrhunderts, weil er als Heide in der Chronik des Eusebius eine seltene Ausnahme machen würde. Allein gegen diese Ansicht spricht, daß er uns weder bei Eusebius noch bei Hieronymus näher entgegentritt, während bei einem christlichen Schriftsteller zu vermuten wäre, daß beide oder wenigstens einer von ihnen ihn auch sonst noch genannt hätte.

[3] Theol. Jahrb. 1856 S. 305.

[4] Jahrb. f. prot. Theol. IV, 715.

nichts zu bauen ist, und das Zusammentreffen von κατορθοῦν und κατόρθωμα kann, wenn es je etwas bedeuten soll, ebenso gut in einer dritten gemeinsamen Quelle seinen Grund haben. Bei der dritten Stelle aber ist nicht einmal ein Schein dafür vorhanden, daß Eusebius gerade Dio vor Augen gehabt haben sollte, wenn man nicht etwa annehmen will, die bekannte auffallende Rettung des römischen Heeres im Marko- mannenkrieg sei nur durch diesen Schriftsteller berichtet worden. Ähnlich verhält es sich mit der für unsere Frage selbst in Betracht kommenden Stelle, in der Erbes ebenfalls eine Abhängigkeit des Eusebius von Dio erblicken will. Vergleiche man, meint er, beide Berichte mit einander, so könne man selbst noch aus dem Excerpt bei Xiphilin das Excerpt des Eusebius nach allen Momenten zusammensetzen, und es ist einzuräumen, daß man hier sogar noch eher als dort eine Benützung des Dio durch Eusebius anzunehmen versucht sein könnte. Dem ἐν τῷ αὐτῷ ἔτει ἄλλους τε πολλούς des einen entspricht ziemlich genau das ἐν ἔτει πεντεκαιδεκάτῳ μετὰ πλείστων ἑτέρων des andern. Aber gleich- wohl ist der Schluß auch hier nicht konkludent. Denn die angeführten Ausdrücke (die andern, auf die sich Erbes noch stützt, beweisen, wenn überhaupt, gegen ihn) sind zu allgemeiner Art; sie verstanden sich für jeden Historiker, der einerseits die Zeit der Verfolgung angeben und anderseits nur die Hauptopfer derselben nennen wollte, von selbst, und wenn man je durch ihre Ähnlichkeit sich täuschen lassen könnte, so müßte einem die sonstige Differenz der Stellen die Augen sofort wieder öffnen. Denn sie ist so groß, daß zu der Annahme, der Bericht des Eusebius beruhe auf dem Dios, auch nicht das geringste Recht vorhanden ist. Die Art und Weise, wie bei beiden von dem Konsul Klemens die Rede ist, soll dabei gar nicht betont werden, da man trotz der größeren Berechtigung der gegenteiligen Anschauung immerhin mit einigem Schein erwidern könnte, daß Eusebius in diesem Punkte seinem heidnischen Gewährsmann auf Grund seiner christlichen Kenntnis das Konzept zurechtgerichtet habe. Aber zu beachten ist, daß Domitilla bei Eusebius in ganz anderem Verhältnis zu Klemens als bei Dio erscheint, daß jener ihre Verwandtschaft mit Domitian gar nicht berührt und daß er als Ort ihres Exils die Insel Pontia bezeichnet, während dieser von der Insel Pandataria redet, und wie man in Anbetracht dieser Differenzen auch über die Glaubwürdig- keit der Berichte urteilen mag: von einer Abhängigkeit des Eusebius von Dio kann keine Rede sein. Es gilt daher auch jetzt noch, was schon Zahn gegen Volkmar bemerkt hat, daß die Abhängigkeit des Eusebius

von Dio nicht bewiesen ist, und wenn man es auffallend finden wollte,
daß der Vater der Kirchengeschichte diesen Historiker nicht benützte, so ist
zu erinnern, daß derselbe gegen das Christentum eine solche Gleichgültigkeit an den Tag legte, daß ihn ein Christ wohl auf sich beruhen lassen
konnte. Erwähnt er ja die Neronische Verfolgung auch nicht mit e i n e m
Wort und nennt er, wenn ich recht sah, die Christen nur ein einziges
Mal mit ihrem eigentlichen Namen, nämlich da (LXXII, 4), wo Marcia
als ihre bei Kommodus einflußreiche Gönnerin bezeichnet wird! Berührt
er auch die Domitianische Verfolgung sichtlich nicht aus irgend welchem
Interesse für die Religion, sondern allein aus dem Grunde, weil er
zeigen wollte, daß der grausame Domitian nicht einmal seine nächsten
Anverwandten verschonte!

Es ist somit nicht nachweisbar, daß Eusebius das Martyrium des
Konsuls Klemens nicht anerkannte, weil nicht nachzuweisen, daß er von
ihm erfahren hatte, und wenn auch nicht nachgewiesen werden kann, daß
es nicht zu seiner Kenntnis gelangte, so spricht dafür nach dem Stand
der Frage doch die Vermutung. Gegen das Christentum desselben läßt
sich also zunächst nur so viel einwenden, daß die altkirchliche Überlieferung
von einem Martyrer Klemens nichts wisse[2], und der Einwand ist thatsächlich richtig. Daß aber das bezügliche Schweigen, näherhin das
Schweigen eines Eusebius und Hieronymus, wie Wieseler meint, gar
nicht zu erklären wäre, wenn Klemens wirklich das Martyrium erlitten
hätte, kann ich nicht zugeben. Ich erinnere nur daran, daß die Kirche,
von ein paar Ausnahmen abgesehen, die Namen der Hunderte von Christen
überhaupt nicht bewahrte, welche unter Nero und Domitian des Glaubens
wegen gestorben sind. Diese Thatsache allein entkräftet hier das argumentum ex silentio zur Genüge. Die Frage, ob der Konsul Christ
war, ist daher einfach nach den einschlägigen Zeugnissen der Alten zu
entscheiden.

Der Hauptzeuge ist in dieser Beziehung Dio Cassius (LXVII, 14),
und seine durch den Epitomator Xiphilinus wahrscheinlich nicht veränderten
Worte sind folgende: κἀν τῷ αὐτῷ ἔτει (wo nämlich die Straße von
Sinuessa nach Puteoli gepflastert wurde) ἄλλους τε πολλοὺς καὶ τὸν
Φλάβιον Κλήμεντα ὑπατεύοντα, καίπερ ἀνεψιὸν ὄντα καὶ γυναῖκα
καὶ αὐτὴν συγγενῆ ἑαυτοῦ Φλαβίαν Δομιτίλλαν ἔχοντα, κατέσφαξεν
ὁ Δομετιανός. Ἐλήχθη δὲ ἀμφοῖν ἔγκλημα ἀθεότητος, ὑφ' ἧς

---

[1] Der Hirt S. 56.
[2] S. Zahn, Der Hirt S. 53. Wieseler, Jahrb. f. deutsche Theol. XXII, 400.

καὶ ἄλλοι ἐς τὰ τῶν Ἰουδαίων ἤθη ἐξοκέλλοντες πολλοὶ κατε-
δικάσθησαν. Καὶ οἱ μὲν ἀπέθανον, οἱ δὲ τῶν γοῦν οὐσιῶν
ἐστερήθησαν· ἡ δὲ Δομιτίλλα ὑπερωρίσθη μόνον εἰς Πανδατέρειαν.
Die Stelle wurde beinahe einstimmig als ein Zeugnis für den Martertod
des Konsuls aufgefaßt. Zahn sah sich, um seine These festzustellen, zu
dem Versuch veranlaßt, den Schriftsteller der Unzuverlässigkeit zu überführen: so klar ist ihr Sinn. Nur Wieseler[1] machte meines Wissens
eine Ausnahme, indem er mit Hinweis auf die damals häufigen Ver-
urteilungen wegen Majestätsverbrechen erklärte, die ἀθεότης des Klemens
sei sicher nichts anderes als maiestatis crimen, das Verbrechen, die
Majestät des Gottes Domitian, des göttlichen Repräsentanten der heiligen Roma, verletzt zu haben, wenn sie auch bei seiner Gattin Domitilla
etwa in dem Bekenntnis des Christentums oder Judentums bestanden
haben möge, und ihm mag insofern Aubé angereiht werden, als er das
Wort ἀθεότης, und zwar schon früher[2], ähnlich interpretierte, wenn
er auch durch den Blick auf die ganze Stelle sich abhalten ließ, dieselbe
weittragende Konsequenz wie Wieseler zu ziehen. Sehen wir zunächst,
ob jene Erklärung begründet ist.

Aubé[3] suchte den Sinn des Wortes nach dem Sprachgebrauch der
Zeit festzustellen, und da er bei Plin. ep. I, 5; VII, 33 zu finden
glaubte, daß dort unter pietas einfach die Liebe zum Kaiser und seinen
Freunden, bezw. unter impietas das Gegenteil zu verstehen sei, so hielt
er sich für berechtigt, in der ἀθεότης des Klemens bei Dio Cassius
ohne weiteres ein Majestätsverbrechen zu erblicken. Wieseler[3] sieht seine
Interpretation darin begründet, daß Dio kurz vor unserer Stelle (c. 13)
den Empörer Celsus durch die oft wiederholte Anrede Domitians als
Herr und Gott dessen Gunst unerwartet gewinnen läßt und in dem
Berichte über die nach dem Tode Domitians unter Nerva beschlossene
Aufhebung seines Schreckensregimentes (LXVIII, 1) die Anklagen wegen
ἀσέβεια und Ἰουδαϊκὸς βίος unterscheide, indem es hier von Nerva heißt:
τοῖς δὲ δὴ ἄλλοις οὔτ᾿ ἀσεβείας οὔτ᾿ Ἰουδαϊκοῦ βίου καταιτιᾶσθαι

[1] Jahrb. f. d. Th. XXII, 399 f.

[2] Zunächst in seiner Studie: De la légalité du christianisme dans l'Empire
romain pendant le premier siècle, in den Sitzungsberichten der Académie des
inscript. et belles-lettres 1866 II, 184 sqq., und sodann in seiner Histoire des
persécutions de l'église jusqu'à fin des Antonins 1875 p. 163 sq. Jene Studie
befindet sich auch im Anhang (p. 407—439) dieser Schrift.

[3] Histoire etc. p. 164. 424.

[4] Jahrb. f. deutsche Theol. XXII, 400.

τινας συνεχώρησε, und es ist richtig, daß das Wort ἀθεότης an sich eine andere Deutung als die ihm bisher gewöhnlich gegebene zuläßt. Allein in unserem Falle scheint mir jene Deutung nicht gerechtfertigt zu sein, und was zunächst die Wieselerschen Gründe anlangt, so ist der erste doch zu gesucht, als daß er einen eigentlichen Beweis ergeben würde; der zweite aber wird durch Dio selbst widerlegt, indem er an derselben Stelle da, wo er von der Aufhebung der Anordnungen Domitians spricht, ohne jene Unterscheidung bemerkt: καὶ ὁ Νερούας τούς τε κρινομένους ἐπ᾽ ἀσεβείᾳ ἀφῆκε, und somit hier, wie aus dem Vorausgehenden zu erschließen ist, unter der ἀσέβεια den ἰουδαϊκὸς βίος entweder mitbegreift oder einfach ganz darunter versteht. Aubé hat allerdings bewiesen, daß man unter ἀθεότης oder impietas am Anfang des zweiten Jahrhunderts bisweilen nichts anderes als ein pures Majestätsverbrechen verstand. Aber er hat nicht zugleich bewiesen, daß das Wort eine religiöse Bedeutung nicht auch hatte, und da diese vielmehr die eigentliche und näher liegende ist, so dürfen wir sie überall, wo nicht das Gegenteil zu erweisen ist, als die zutreffende voraussetzen.

Fassen wir nach diesen Bemerkungen die Stelle nun noch einmal ins Auge, so dürfte es keinem Zweifel unterliegen, daß das Wort ἀθεότης in religiösem Sinn zu nehmen und, wie der Zusammenhang andeutet, näherhin als der Rechtstitel zu fassen ist, auf Grund dessen die εἰς τὰ τῶν Ἰουδαίων ἤθη ἐξοκέλλοντες angeklagt und verurteilt wurden. Denn Dio sagt ausdrücklich, daß gegen beide, gegen Klemens und seine Gattin, das ἔγκλημα ἀθεότητος vorgebracht wurde, eine Anklage, auf Grund deren auch viele andere zu der jüdischen Lebensweise Abirrende verurteilt wurden, die einen zum Tode, die andern zum Verlust ihres Vermögens. Der Sinn der Stelle ist hiernach so deutlich als möglich, und insbesondere ist klar, daß die ἀθεότης bei Klemens und Domitilla die gleiche Bedeutung haben muß und unmöglich, wie Wieseler wollte, bei jenem im Sinn von Majestätsverbrechen, bei dieser im Sinn von christlichem oder jüdischem Bekenntnis verstanden werden kann. Ebenso ist klar, daß, wenn je die bestrittene Interpretation von ἀθεότης richtig sein sollte, damit die Antithese noch keineswegs gesichert wäre. Es handelt sich nicht bloß um dieses Wort allein, sondern, was Aubé anerkannt, Wieseler aber völlig übersehen hat, auch um die nachfolgenden, und wenn nicht schon jenes, so lassen sie den Konsul Klemens und seine Gattin als Martyrer erscheinen; denn da mit ihnen auch andere zu den jüdischen Sitten Abirrende und auf Grund der ἀθεότης

Verurteilte aufs engfte verbunden find, fo müffen wir auch fie, wenn wir die Worte unbefangen interpretieren, unter die Kategorie der letzteren fubfumieren. Aubé[1] bemerkt auf feinem Standpunkt ganz richtig: Lorsque Dion rapporte que *l'accusation d'impiété* fit condamner Clemens, Domitilla et beaucoup d'autres, et que la cause de ces condamnations fut la chute dans les superstitions judaïques, il est, en effet, assez vraisemblable qu'il veuille indiquer des condamnations prononcées contre les Chrétiens. Mais c'est alors la seconde expression (ἐς τὰ τῶν Ἰουδαίων ἤδη ἐξοκέλλοντες) qui a ce sens, et non la première, laquelle exprime seulement le genre d'accusation auquel ce fait donna lieu, c'est-à-dire *l'accusation de lèse-majesté.* Ces deux expressions, réunies ou rapprochées, signifient que l'adhésion au christianisme fut taxée *d'impiété,* c'est-à-dire de crime de *lèse-majesté.* C'est-à-dire qu'on regarda ceux qui s'étaient laissés affilier à la secte nouvelle, comme ayant forfait à l'honneur et outragé la majesté du prince représentant de l'Etat, gardien de ses institutions, patron et rival des dieux, et qu'on les punit à ce titre. Es kann fich fomit nicht um den Sinn der Stelle, fondern höchftens um ihre Glaubwürdigkeit handeln, und damit kommen wir auf den Zahnfchen Verfuch[2], den einfchlägigen Bericht

---

[1] Histoire etc. Appendice p. 424. In der Gefchichte der Verfolgungen felbft, S. 166, drückt er fich fkeptifcher fo aus: „Der Hiftoriker fügt bei, daß fie fich zur jüdifchen Lebensweife verführen ließen. Diefer zweite Punkt fcheint den erften aufzuklären und geftattet vielleicht, das Wort ἀθεότης in feinem eigentlichen Sinn zu nehmen oder als Urfache der Anklage auf Majeftätsverbrechen ein religiöfes Vergehen zu bezeichnen. Aber diefe That, nämlich der Übertritt zum Judentum, wird dem Flavius Klemens, der Domitilla und dem Glabrio (der aber nach meinem Dafürhalten hier beffer wegbliebe) nicht ausdrücklich zugefchrieben. Und war fie ungefetzlich? War die Propaganda den Juden unterfagt? Wurden ihre Profelyten durch die Gefetze aufgefucht und verfolgt? Man kann nichts dergleichen behaupten. Und wenn unter Annahme der jüdifchen Sitten das Bekenntnis des chriftlichen Glaubens zu verftehen ift, fo darf man es nicht als Princip auffteilen, daß dasfelbe als Verbrechen qualifiziert wurde; denn das ift eben zu beweifen. Der Kaifer, es ift wahr, war der Herr. Er beftimmte, was verboten und erlaubt war; er erklärte für Impietät das, was ihm mißfiel. Aber u. f. w." Gleichwohl kommt er S. 182 zu dem Schluß, es fei wahrfcheinlich, daß der Konful, feine Gattin und felbft Glabrio wenn auch vielleicht nicht entfchieden fich zum Chriftentum bekannten, doch wenigftens offene Sympathie für den neuen Glauben zeigten.

[2] Der Hirt S. 56 f. Die Bemängelung Dios, weil er von der Mißhandlung der Chriften unter Nero nichts fage, beweift fo wenig für Zahn, daß die Argumentation eben fo gut auch umgedreht werden könnte, und was Glabrio anlangt, fo

Dios der Unzuverläffigkeit zu überführen, oder da von den beigebrachten Gründen nur der eine Beachtung verdient, daß der glaubwürdigere Sueton hier gegen Dio ftehe, auf Sueton zurück.

Sueton (Domit. c. 15) bezeichnet Klemens als einen Mann contemtissimae inertiae, und man hat in diefer Charakteriftik feit Baronius (Ann. 98, 1) beinahe allgemein eine Andeutung feiner Hinneigung zum Chriftentum gefehen. Auch Zahn[1] will die Richtigkeit diefer Auffaffung nicht beftreiten. Er meinte aber fofort, Sueton habe die religiöfe Richtung des Mannes jedenfalls nicht für den Grund feiner Hinrichtung gehalten; denn man könne nicht in einem Federzug diefelbe Sache als einen notorifchen und fehr tabelnswerten Fehler eines Mannes und als Gegenftand eines ganz unbedeutenden Verdachtes des Kaifers bezeichnen — Sueton fährt nämlich fort: Domitian habe feinen Vetter repente ex tenuissima suspicione tantum non in ipso eius consulatu hinrichten laffen — und fo könne man höchftens zugeben, daß dem Konful möglicherweife Nachficht gegen die religiöfe Stellung feiner Frau bei dem Kaifer gefchadet und bei anderen den Vorwurf einer unrömifchen Schwäche zugezogen habe. Die Interpretation ift indeffen fchwerlich richtig; denn die unrömifche Schwäche fchließt eine Hinrichtung wegen leichteften Argwohns nicht aus. Der Grund des Argwohns ift nicht angegeben. Es ift aber zu vermuten, daß Domitian von feinem Vetter, deffen Söhne er fchon zu feinen Nachfolgern beftimmt hatte, für feinen Thron fürchtete, und diefer Argwohn erfcheint dem Berichterftatter als ein völlig unbegründeter, weil dem Mann bei feiner großen Trägheit das fragliche Wagnis nicht zuzutrauen fei.[2] Man darf ferner vermuten, daß das Chriftentum des Konfuls, die Zurückhaltung, die ihm fein religiöfes Bekenntnis bei Ausübung feines vielfach vom Heidentum berührten Amtes auferlegte, vielleicht auch fein nicht ganz offener Verkehr mit feinen Glaubensgenoffen und der nächtliche Befuch ihrer gottesdienftlichen Verfammlungen der Grund des Argwohns des Kaifers war, und Sueton fteht fomit nicht im Widerfpruch mit Dio; feine dunkeln Worte erhalten durch deffen beftimmten Bericht vielmehr erft einen eigentlichen Sinn, und es ift daher kein Grund vorhanden, die Erzählung Dios als unglaubwürdig zu verwerfen.

---

fpricht Dio ja ausdrücklich von mehreren Befchuldigungen, und man darf deshalb zwifchen feinem und dem Suetonfchen Berichte fchwerlich einen unlösbaren Widerfpruch finden wollen.

[1] A. a. O. S. 57.　　　[2] Vgl. Erbes a. a. O. S. 705.

Wir sind indessen noch nicht zu Ende. Dio spricht von jüdischer
Lebensweise, und unter diesem Ausdruck wurde im Bisherigen das Christen=
tum verstanden, manchmal auch unentschieden gelassen, ob an diese Religion
oder die jüdische zu denken sei. Da aber der Wortlaut für letztere Auf=
fassung spricht und Klemens in der That zu einem jüdischen Proselyten
gemacht werden wollte[1], so haben wir unsere Auffassung noch zu recht=
fertigen, und hier ist vor allem zu bemerken, daß auf den bloßen Aus=
druck in unserer Frage kein zu großes Gewicht zu legen ist. Dio be=
greift die Christen auch anderwärts (XXXVII, 17) unter dem Ausdruck
Juden, und an unserer Stelle ist das Wort um so weniger im eigent=
lichen Sinn zu nehmen, weil wir, da unter Domitian unbestreitbar eine
Christenverfolgung stattfand und Dio nur von Verfolgung der jüdischen
Lebensweise spricht, sonst annehmen müßten, der Historiker habe nur die
Judenverfolgung erwähnt, die — wenn von jener als einer religiösen
Verfolgung überhaupt die Rede sein kann — sicherlich beträchtlichere
Christenverfolgung aber mit gänzlichem Stillschweigen übergangen. Zu=
dem kann jene Ausdrucksweise im Munde eines Mannes, der, wie Dio,
sich um das Christentum so wenig kümmerte, überhaupt nicht befremden.
Findet sich dieselbe ja auch bei Sueton, sofern unter den in der Geschichte
Domitians (c. 12) erwähnten qui vel improfessi iudaicam vivebant
vitam sicherlich Christen zu verstehen sind, und nennt selbst Tertullian
einmal (Ad nat. I, 15) die Christen iudaicae religionis propinquos!
Wenn aber die Sprache Dios kein Hindernis bildet, Klemens als Christ
zu betrachten, so legt der Gesamtinhalt der bezüglichen Stelle diese Auf=
fassung nahe. Denn man darf gewiß fragen, ob es zur Zeit Domitians,
nachdem schon seit mehreren Decennien das Christentum die Heidenwelt
an sich zu ziehen begonnen hatte, noch viele jüdische Proselyten gab,
und ebenso ist fraglich, ob die jüdische Religion als solche wie die christ=
liche verfolgt wurde. Gegen die Juden selbst wurde nie die Anklage auf
ἀθεότης erhoben; ihre Religion war seit Julius Cäsar gesetzlich aner=
kannt[2], und wenn auch Septimius Severus den Übertritt zu ihr verbot[3],
so ist es doch wenig wahrscheinlich, daß Domitian die jüdischen Proselyten
mit dem Tode bestraft haben sollte. Was aber in unserer Frage den
Ausschlag giebt, ist die Stellung, in der Domitilla zu Klemens erscheint.
Sie war sicherlich eine Christin, da ihr Christentum sowohl durch Eusebius

[1] Grätz, Gesch. des Judentums IV (1853), 507 f.
[2] Ioseph. Antiqu. XIV, 10, 8.
[3] Spartian. Severus. c. 17.

als durch ein römisches Cömeterium bezeugt wird, und da ihr Gatte ihr von Dio in religiöser Beziehung ganz gleichgestellt wird, so ist auch dieser für einen Christen zu halten. So ist zu schließen, nicht umgekehrt. Ich gehe dabei von der Voraussetzung aus, daß die von Eusebius erwähnte Domitilla mit der bei Dio vorkommenden identisch und daß in den Eusebschen Bericht durch irgend ein Versehen statt der Frau eine Nichte gekommen ist.[1] Die Sache wird aber nicht wesentlich anders, wenn auch zwei Domitillen anzunehmen sein sollten. Denn die Thatsache bleibt immerhin bestehen, daß unter den nächsten Anverwandten des Konsuls Klemens sich Christen befanden, und sie verbreitet über den in dieser Beziehung einigermaßen zweifelhaften Bericht Dios hinreichendes Licht.[2]

[1] Ich neige mich dieser Ansicht zu, 1. weil überall in der Litteratur nur eine Domitilla erscheint, wenn sie auch das eine Mal als Gattin, das andere Mal als Nichte des Konsuls bezeichnet oder, wie es in ihren Akten der Fall ist, zu ihm in kein bestimmtes Verhältnis ausdrücklich gesetzt wird; 2. weil die Inseln Pontia und Pandataria leicht mit einander verwechselt werden konnten, da sie nur wenig von einander entfernt sind und da beide als Verbannungsorte viel gebraucht wurden; 3. weil die Gattin des Konsuls die Schwestertochter Domitians war und der Eusebsche Bericht auch insofern eine Erklärung findet, da er immerhin eine Schwestertochter hat, wenn er sie gleich statt zum Kaiser zum Konsul in Beziehung setzt. Für zwei Domitillen sind u. a. Kraus, Roma Sotterranea 2. A. S. 41 ff., wo übrigens auf die bezügliche Kontroverse nicht eingegangen wird, und Wieseler, Jahrb. f. d. Th. XXII, 404. Erbes (a. a. O. S. 702) glaubt, daß aus der Witwe die Jungfrau hervorgewachsen sei. Flavius Philostratus (Vit. Apoll. VIII, 25) erwähnt nämlich, Domitian habe am dritten oder vierten Tage nach dem Tode des Konsuls dessen Gattin (die er des Kaisers Schwester nennt) aufgefordert, wieder zu heiraten, und es wird angenommen, daß sie als treue Gattin und als Christin diesen Antrag zurückgewiesen und deshalb verbannt worden sei. Es mag so sein. Aber der Verfasser der Akten Domitillas konnte der Gattin auch ohne weiters eine Jungfrau substituieren.

[2] Inzwischen widmete den Fragen eine eingehende Erörterung Lightfoot, The Apostolic Fathers Part. I S. Clement of Rome 1890 I, 42—63. Das Resultat der neuen Untersuchung stimmt mit dem unserigen überein. Es werden zwei Klemens unterschieden und der Konsul als Christ betrachtet; auf der anderen Seite wird ebenfalls nur eine Domitilla angenommen. Ebenso Gsell, Essai sur le règne de l'empereur Domitien 1893 p. 296—304. Nur ist Lightfoot S. 44—49 geneigt, den Historiker Bruttius nicht als Heiden, sondern als Christen anzusehen.

XIII.

Hadrians Reſkript an Minucius Fundanus. [1]

Das Edikt Ad Commune Asiae, das den Namen des Kaiſers Antoninus Pius an ſeiner Spitze trägt und das ſich im Anhang zu Juſtins erſter Apologie und in der Kirchengeſchichte des Euſebius IV, 13 findet, wurde, ſeitdem es Haffner in ſeiner Abhandlung De Edicto Antonini Pii pro Christianis ad Commune Asiae (Argentorati 1781) einer eingehenden Kritik unterworfen, beinahe allgemein als unecht angeſehen, oder wer nicht ganz ſo weit gehen wollte, zog ſeine Echtheit wenigſtens in Zweifel oder erklärte es für interpoliert. Doch fehlte es auch nicht an Verteidigern. Wieſeler [2] trat wieder für dasſelbe ein. Ebenſo L. Ranke. [3] Und nachdem noch Allard [4] über dasſelbe erklärt hatte: Le charactère apocryphe de cette pièce n' a pas besoin d'être démontré; il est évident, verteidigte B. Schultze [5] ſeine zweite Hälfte, A. Harnack [6] nahm einen echten Kern in ihm an.

Im J. 1856 verſuchte Th. Keim [7] den Nachweis zu liefern, daß auch das Hadrianſche Reſkript an Minucius [8] Fundanus nicht der Erlaß eines heidniſchen Kaiſers, ſondern das Elaborat eines Chriſten ſei, der „unter den zunehmenden Bedrückungen und Verfolgungen unter Antoninus Pius die Lage der Glaubensgenoſſen durch Hinweiſung auf ein älteres Reſkript eines Kaiſers meinte erleichtern zu können" [9], indem dasſelbe nicht, wie man bisher in der Regel angenommen, das Verbot eines ungeregelten Verfahrens gegen die Chriſten durch Volksjuſtiz, ſondern das Verbot, einen Chriſten als ſolchen oder wegen ſeines bloßen Glaubens

---

[1] Aus der Theol. Quartalſchrift 1879 S. 108—128 erweitert.

[2] Die Chriſtenverfolgungen der Cäſaren bis zum dritten Jahrhundert 1878 S. 18—24.   [3] Weltgeſchichte III, 1, 323 f.

[4] Histoire des persécutions pendant les deux premiers siècles 1885 p. 293.   [5] Neue Jahrbücher für deutſche Theologie II, 131 ff.

[6] Texte und Unterſuchungen zur Geſchichte der altchriſtlichen Litteratur XIII (1895), 4.

[7] Theol. Jahrbücher XV, 387—401: Bedenken gegen die Echtheit des Hadrianſchen Chriſten-Reſkripts.

[8] Der Name lautet richtiger Minicius. Ich behalte aber die altherkömmliche Schreibweiſe bei.   [9] Theol. Jahrb. XV, 399.

zu verfolgen, enthalte und sich damit mit dem Rechtsstandpunkt in Wider=
spruch setze, der in dem bekannten Edikt an Plinius durch den Kaiser
Trajan geschaffen und von keinem seiner Nachfolger im zweiten Jahr=
hundert verlassen worden sei. Die Bedenken wurden nicht umsonst aus=
gesprochen. Wenn auch Overbeck[1] klagt, daß sie bis jetzt fast allgemein
überhört worden seien und daß zu den nichttheologischen Schriftstellern
überhaupt noch keine Kunde von der bezüglichen Abhandlung gedrungen
zu sein scheine, so konstatiert Keim selbst[2] mit Befriedigung, das Reskript
sei infolge seines Angriffes von Baur, Hase, irgendwie auch von Hagen=
bach, sodann von Hausrath, Lipsius, Overbeck, neuerdings auch ganz un=
abhängig durch den Franzosen Aubé[3] im Stich gelassen worden. Der
Erfolg scheint um so größer, wenn man in Betracht zieht, daß diejenigen,
die seine Bedenken nicht teilten, sie wenigstens auch nicht widerlegten,
wenn man nicht etwa in den wenigen Zeilen, die Wieseler[4] dem Gegen=
stand widmete, eine Widerlegung sehen will, und da man, wie er selbst
einräumt[5], denselben „zur Not immer noch mit der Pliniusschen Hu=
manität und mit der Trajanschen Rechtsvorschrift si deferantur et
arguantur nicht ohne Schein begegnen könnte". Der Sieg, meint er
freilich, werde schließlich sicher auf seiner Seite bleiben, da den Gründen,
die er ins Feld geführt, sich höchstens Scheingründe gegenüberstellen lassen.
Und auch Overbeck[6] ist der Ansicht, daß eine Widerlegung schwerlich ge=
lingen werde.

So vollständig ist indessen nach meinem Dafürhalten der Kampf
noch nicht entschieden. Wenn die Gegner des Reskripts bisher siegreich
das Feld zu behaupten schienen, so rührt dies zum nicht geringen Teil
daher, daß die Verteidiger noch nicht Zeit fanden, ihnen in geordneter
Schlachtlinie entgegenzutreten, und so mögen im Folgenden die Erwä=
gungen ausgesprochen werden, die mich bisher hinderten, den Bedenken

---

[1] Studien zur Geschichte der alten Kirche 1875 S. 136. Die zweite Studie
S. 93—157 handelt „über die Gesetze der römischen Kaiser von Trajan bis Mark
Aurel gegen die Christen und ihre Auffassung bei den Kirchenschriftstellern".

[2] Aus dem Urchristentum. Geschichtliche Untersuchungen in zwangloser Folge
von Dr. Th. Keim I (1878), 181.

[3] Histoire des persécutions de l'église jusqu' à la fin des Antonins 1875.
Derselbe beschränkt sich S. 273 schließlich auf einen starken Zweifel an der Echt=
heit des Reskripts.

[4] Die Christenverfolgungen S. 18.

[5] Aus dem Urchristentum S. 181 f.

[6] Studien zur Gesch. der alten K. S. 137.

gegen die Echtheit des Reskripts mich anzuschließen. Ich erhebe damit
nicht den Anspruch, die Echtheit evident zu beweisen. Aber so viel dürfte
immerhin gezeigt werden können, daß die Antithese noch keineswegs fest=
steht, und das genügt zunächst, da die Beweislast in dieser Frage den
Gegnern obliegt.

Das Reskript steht am Schluß der ersten Apologie Justins und
wurde von dem Apologeten im lateinischen Wortlaut aufgenommen.
Eusebius, der uns dies bezeugt (H. E. IV, 8), übersetzte es für seine
Kirchengeschichte (IV, 9) ins Griechische, und seine Übersetzung verdrängte
später in der Justinschen Apologie den Originaltext; denn die Hand=
schriften, in denen uns diese Schrift jetzt noch vorliegt, enthalten das
Reskript griechisch, und ihr Text stimmt so durchweg mit dem Eusebschen
überein, daß er notwendig auf diesen zurückzuführen ist. Rufin bietet
das Reskript selbstverständlich in lateinischem Text, und Gieseler[1], Ne=
ander[2], Kimmel[3], Otto[4], Overbeck[5], Aubé[6] haben in ihm den Original=
text wieder finden zu dürfen geglaubt. Kimmel giebt auch Gründe für
seine Ansicht an. Er will nicht bloß finden, daß die Sprache des Edikts
ebenso sehr von der sonstigen Diktion Rufins abweiche, als sie mit der
Sprache der Zeit Hadrians übereinstimme, wie die bei Rufin sonst nicht
mehr vorkommenden, aber bei den Juristen üblichen Ausdrücke hoc exsequi non prohibeo, si quis postulaverit reum und vindicare be=
weisen, sondern er glaubt auch, der Übersetzer gebe selbst zu verstehen,
daß er aus der Justinschen Apologie das Original aufgenommen habe,
da er die Worte des Eusebius wegließ, er habe das Reskript so gut als
möglich aus dem Lateinischen ins Griechische übertragen. Die Auslassung
dieser Bemerkung verstand sich indessen für einen lateinischen Übersetzer
von selbst, zumal für einen Übersetzer von der Art Rufins, der im all=
gemeinen genug gethan zu haben glaubte, wenn er nur den Sinn ge=
troffen, und was jene sprachliche Differenz betrifft, so hätte sie nur dann
die ihr zugeschriebene Bedeutung, wenn für die entgegengesetzte Ansicht
gar nichts spräche. Allein dem ist nicht so. Die beiden Texte stehen in
einem Verhältnis zu einander, daß dem lateinischen nur sehr schwer die

[1] Lehrbuch der KG. 3. A. I, 142 f.
[2] Allg. Gesch. der christl. Religion. 3. A. I, 56.
[3] De Rufino Eusebii interprete 1838 p. 175 sq.
[4] Corpus Apologetarum christ. ed. III. 1876. I, 190 sq.
[5] Studien S. 135.
[6] Histoire des persécutions p. 262.

Originalität oder die Priorität vor dem griechischen zuzusprechen ist, und Keim hat in Anbetracht dieses Umstandes schon bei Abfassung seiner „Bedenken" jenen für eine Rückübersetzung aus diesem erklärt. Overbeck meint zwar, seine „oberflächlichen Einwendungen" können sich gegen Kimmels Nachweisungen nicht halten. Keim hielt aber trotzdem sein Urteil noch neuestens[1] aufrecht, und ich kann ihm nur recht geben. Die Vergleichung der Texte hat auf mich von jeher und bevor mir Keims bezügliche Ansicht bekannt wurde, den gleichen Eindruck gemacht. Die Texte selbst mögen daher zeigen, auf welcher Seite Oberflächlichkeit herrscht, ob auf Seite Kimmels, dem nicht einmal der Gedanke kam, ihr gegenseitiges Verhältnis näher ins Auge zu fassen, oder auf unserer Seite, und ich stelle sie zur leichteren Vergleichung neben einander, indem ich die Stellen, wo der lateinische Text über den griechischen hinausgeht oder ihn nur sehr frei wiedergiebt, mit liegender Schrift hervorhebe.

Μινουκίῳ Φουνδάνῳ.

'Επιστολὴν ἐδεξάμην γραφεῖσάν μοι ἀπὸ Σερηνίου Γρανιανοῦ, λαμπροτάτου ἀνδρός, ὅντινα σὺ διεδέξω. Οὐ δοκεῖ οὖν μοι τὸ πρᾶγμα ἀζήτητον καταλιπεῖν, ἵνα μήτε οἱ ἄνθρωποι ταράττωνται καὶ τοῖς συκοφάνταις χορηγία κακουργίας παρασχεθῇ. Ἂν οὖν σαφῶς εἰς ταύτην τὴν ἀξίωσιν οἱ ἐπαρχιῶται δύνωνται διϊσχυρίζεσθαι κατὰ τῶν Χριστιανῶν, ὡς καὶ πρὸ βήματος ἀποκρίνεσθαι, ἐπὶ τοῦτο μόνον τραπῶσιν, ἀλλ' οὐκ ἀξιώσεσιν οὐδὲ μόναις βοαῖς. Πολλῷ γὰρ μᾶλλον προσῆκεν, εἴ τις κατηγορεῖν βούλοιτο, τοῦτό σε διαγινώσκειν. Εἴ τις οὖν κατηγορεῖ καὶ δείκνυσί τι παρὰ τοὺς νόμους πράττοντας, οὕτως διόριζε κατὰ τὴν δύναμιν τοῦ ἁμαρτήματος· ὡς μὰ τὸν Ἡρακλέα, εἴ τις συκοφαντίας χάριν τοῦτο προτείνοι, διαλάμβανε ὑπὲρ τῆς δεινότητος καὶ φρόντιζε, ὅπως ἂν ἐκδικήσειας.

Exemplum Epistolae Imperatoris Adriani ad Minucium Fundanium.

Accepi literas ad me scriptas a decessore tuo Sereno Graniano, clarissimo viro: et non placet mihi *relationem* silentio praeterire, ne et *innoxii* perturbentur et calumniatoribus *latrocinandi* tribuatur occasio. Itaque si evidenter provinciales huic petitioni *suae* adesse valent adversus Christianos, ut pro tribunali *eos in aliquo arguant*, hoc eis exsequi *non prohibeo*, precibus autem *in hoc* solis et adclamationibus uti *eis non permitto*. Etenim multo aequius est, si quis volet accusare, te cognoscere *de obiectis*. Si quis igitur accusat et probat, adversum leges quicquam agere *memoratos homines*, pro merito *peccatorum etiam supplicia* statues. Illud mehercule magnopere curabis, ut, si quis calumniae gratia *quemquam horum postulaverit reum*, in hunc pro *sui* nequitia *suppliciis severioribus* vindices.

---

[1] Aus dem Urchristentum S. 185.

Wie mir scheint, braucht man die beiden Texte nur mit einander zu vergleichen, um mit ziemlicher Sicherheit zu erkennen, welcher aus dem andern geflossen ist. Oder ist etwa anzunehmen, Eusebius habe an Stelle des kräftigen innoxii das allgemeine ἄνϑρωποι gesetzt; er habe das bestimmte eos in aliquo arguant und quemquam horum postulaverit reum mit dem unbestimmteren ἀποκρίνεσϑαι und τοῦτο προτεῖναι wiedergegeben; er habe das non prohibeo, das eis non permitto, das de obiectis und das memoratos homines einfach ausgelassen? Spricht nicht, die Frage bloß textkritisch betrachtet, alles für das umgekehrte Verhältnis, und ist dieses nicht um so wahrscheinlicher, da Eusebius nach der ganzen Stellung, die das Reskript einnimmt, bei seiner Übersetzung sich eher wohl veranlaßt fühlen konnte, etwas mehr in dasselbe hineinzulegen, als es an sich enthielt, schwerlich aber, etwas von seinem Inhalt zu übergehen?

Ich halte den Rufinschen Text daher für eine Übersetzung aus dem Eusebschen, und wenn die beiden Texte sich wirklich so zu einander verhalten, so folgt, daß der Originaltext für uns verloren ist. Die Sache ist aber nicht so ganz gleichgültig, wie Overbeck[1] will. Wie man leicht sieht und wie Keim[2] ganz richtig hervorgehoben hat, ist der lateinische Text ziemlich schärfer oder, wenn man lieber will, zu einer Interpretation zu Gunsten der Christen beträchtlich tauglicher, und wenn das Reskript nun in der Hand des einen Übersetzers so umgestaltet wurde, sollte es aus der Hand des andern ganz unversehrt hervorgegangen sein? Wie dem aber sein mag: wir dürfen uns nur an den griechischen Text halten, da ihm wenn auch nicht die Originalität, so doch die Priorität zukommt, und wenn es fraglich werden könnte, ob ein Wort etwa zu Gunsten oder zu Ungunsten der Christen zu deuten sei, so werden wir, wenn wir dem Original uns nähern und nicht noch weiter von ihm uns entfernen wollen, im letzteren Sinn zu entscheiden haben.

Wie bereits erwähnt, steht das Reskript am Schluß der ersten Apologie Justins, und dieser Kirchenvater galt auf Grund dessen bis auf die neueste Zeit allgemein, selbst Keim in seinen „Bedenken" und Overbeck nicht ausgenommen, als der erste Zeuge desselben. Erst im Jahr 1873 erklärte Keim[3] dasselbe für den Zusatz einer späteren und fremden Hand, und bald darauf gelangte Aubé[4], wie es scheint, unabhängig von ihm,

---

[1] Studien S. 136 Anm.　　[2] Aus dem Urchristentum S. 185.
[3] Protestant. Kirchenzeitung Nr. 28 S. 623.
[4] Histoire des persécutions p. 272 sq.

zu derselben Ansicht. Beide lassen die Apologie mit dem kräftigen ὅ φίλον θεῷ τοῦτο γενέσθω (c. 68) schließen, und es unterliegt keinem Zweifel, daß dieser Schluß schöner und würdiger wäre als der gegenwärtige. Allein ebenso sicher ist, daß man mit derartigen Schlüssen sehr leicht in die Irre gerät, und dies besonders bei Justin, der in seinen Schriften bezüglich der künstlerischen Diathese so viel vermissen läßt. Oder wäre es so gar undenkbar, daß er von der Existenz des Reskripts erst erfuhr, nachdem er seine Arbeit bereits vollendet hatte, und daß er sich dann einfach darauf beschränkte, dasselbe an den Schluß seiner Arbeit zu stellen? Jene Ansicht ist daher, so lange nicht irgend welche äußere Zeugnisse für sie beizubringen sind, abzuweisen, und die Originalsprache des Reskripts giebt uns dazu noch einen besonderen Grund. Dasselbe war nach dem Zeugnis des Eusebius lateinisch abgefaßt, und man darf fragen, ob ein Falsarius, der, wenn er überhaupt anzunehmen ist, von Keim[1] schwerlich mit Unrecht in Kleinasien gesucht wird, es nicht vielmehr griechisch geschrieben hätte? Das Edictum ad Commune Asiae dürfte in dieser Sprache abgefaßt worden sein, da Eusebius von einer Übersetzung hier lediglich nichts berichtet.

Es soll nicht behauptet werden, daß damit die Zugehörigkeit des Reskripts zur Apologie förmlich bewiesen sei. Aber so viel ist sicher, daß die gegnerische These noch viel weniger feststeht, und eine Fälschung wäre selbst dann noch nicht sofort anzunehmen, wenn das Reskript nicht schon ursprünglich mit der Apologie verbunden gewesen wäre. Denn es läßt sich ja sehr wohl denken, daß Justin, wenn er von dem Reskript später Kenntnis erhielt, seine Arbeit durch die Aufnahme desselben ergänzen und vervollkommnen wollte. Ebenso läßt sich denken, daß ein Dritter in bestem Glauben den Zusatz machte, und unter allen Umständen müßte dieses sehr bald geschehen sein, da Melito von Sardes in seiner wahrscheinlich um das Jahr 170 an Mark Aurel gerichteten Apologie (Eus. H. E. IV, 26) das Reskript schon kennt.

Die äußeren Zeugnisse sind nach dem Angeführten dem Reskript eher günstig als ungünstig, und es ist namentlich kein hinreichender Grund zu dem Zweifel vorhanden, ob Justin dasselbe bereits gekannt habe. Sehen wir nun, wie es sich mit den inneren Gründen verhält.

Aubé[2] hebt vor allem hervor, daß der Vorgänger des Prokonsuls

---

[1] Theol. Jahrbücher XV, 400.
[2] Histoire des persécutions p. 263—267.

Fundanus, der das Reskript veranlaßte, in demselben Serenius Granianus
genannt werde, während er in Wahrheit Licinius Silvanus Granianus
geheißen habe, da ein Mann dieses Namens nach den Untersuchungen
von Waddington[1] im Jahr 106 Consul suffectus und 123 oder 124
Prokonsul von Asien war und da Minucius Fundanus in beiden Würden
je in dem folgenden Jahr als sein Nachfolger erscheint, und er findet es
befremdend, daß ein Prokonsul nicht wissen sollte und darum erfahren
wollte, ob man die Christen den Tieren überantworten sollte, wenn das
Geschrei des Amphitheaters es verlange, obgleich er als nicht unwahrscheinlich zugeben will, daß der Prokonsul von Asien den Kaiser von gewissen Ausbrüchen der Volkswut gegen die Christen in Ephesus und an
andern Orten in Kenntnis zu setzen hatte. Ob derselbe denn nicht gewußt
habe, daß die Menge kein Recht hatte, weder anzuklagen noch zu verurteilen noch freizusprechen; daß ihr leeres Geschrei verachtet werden
mußte und daß selbst da, wo mehrere gesetzlich eine Partei bildeten, durch
Delegierte zu handeln war! Man kann diese Bedenken teilen, und doch
braucht man nicht zu einem besonderen Zweifel an der Echtheit des
Briefes durch sie bewogen zu werden. Denn was die falsche Schreibart
des Namens zunächst anlangt, so liegt es auf der Hand, wie leicht ein
Licinius in einen Serenius übergehen konnte, und wenn man erwägt,
daß uns das kaiserliche Reskript nur in Übersetzung, nicht mehr im
Originaltext vorliegt, so wird man sich über jene Veränderung nicht im
mindesten wundern dürfen. Machte doch ein zweiter Übersetzer, Hieronymus[2], aus Serenius Granianus einen Serenus Granius und ein dritter,
der armenische Übersetzer der Chronik Eusebs[3], ließ das Wort Granianus
gänzlich weg und führt statt des Minucius Fundanus einen Armonicus
Fundius in die Geschichte ein! Hat selbst Rufin, der nach Aubé das
Original aufgenommen haben sollte, in den von Otto[4] eingesehenen
Handschriften beinahe einstimmig Fundanius statt Fundanus! Bedenken
aber, wie sie gegen die Anfrage des Prokonsuls geäußert wurden, lassen
sich in ähnlicher Weise so oft in der Geschichte des Altertums erheben,
daß ich glaube, über sie zur Tagesordnung übergehen zu sollen. Nur
das eine soll hervorgehoben werden, daß die Bedenken, die Aubé[5] gegen

---

[1] Fastes des provinces asiatiques 1872.
[2] Euseb. Chron. ed. Schoene II, 167.   [3] Ibid. p. 166.
[4] Vgl. die Note ad Iust. Apol. I, 68. Unter 8 Handschriften hat nur eine
Fundanus.
[5] Histoire des persécutions p. 210—218.

die bekannte Anfrage des Plinius und die Antwort Trajans vorzubringen
wußte, nicht geringfügiger ſind, und doch wurde jener Briefwechſel bis
zur Stunde allgemein als echt anerkannt, und mußte der Kritiker es
ſchließlich ſelbſt bei einem quoi qu'il en soit de ces doutes bewenden
laſſen!

Aber die Antwort ſoll noch befremdender ſein als die Anfrage, und
ſchon die Aufſchrift: Hadrianus Minucio Fundano, ſoll Anſtoß erregen,
da die Kaiſer in ihren offiziellen Beziehungen zu den hohen Würde-
trägern des Reiches die Etikette beſſer beobachteten und die Reſkripte,
Geſetze und Konſtitutionen im Codex Iustinianeus ſtets ein Imperator
oder, wenn es ſich um einen Verſtorbenen handelte ein Divus an ihrer
Spitze tragen.[1] Man könnte hier zu fragen verſucht ſein, ob denn die
Toten ſelbſt das Divus in ihre Erlaſſe einſetzten? Aber dieſer Punkt
möge völlig auf ſich beruhen, und nur das eine ſei gegen jenen Einwand
bemerkt, daß der Schuß auf eine ganz falſche Scheibe abgegeben wurde.
Wie ein Blick auf die oben mitgeteilten Texte des Reſkripts zeigt, lautet
die handſchriftliche Inſkription ganz anders, und was Aubé für die Aufſchrift ausgiebt, iſt nichts als eine Konjektur Ottos. Der Kritiker wende
ſich daher mit ſeinen Einwendungen ſtatt an das Reſkript an den neueſten
Herausgeber Juſtins, und er wird von ihm mit Verweiſung auf den
Briefwechſel zwiſchen Trajan und Plinius[2] zur Antwort erhalten, daß
ſeine Konjektur der römiſchen Sitte nicht einmal ſo zuwider ſei, wie
er wolle.

Nicht viel mehr Wert hat die Bemerkung, daß die Sprache des
Reſkripts mehr die eines chriſtlichen Apologeten wie Melito von Sardes
als die eines heidniſchen Kaiſers ſei, und daß der Stil vag, unbeſtimmt
und verquickt ſei und weder an die wahrhaft kaiſerliche Präciſion und
Kürze des Reſkripts Trajans an Plinius erinnere noch die Entſchieden-
heit der zahlreichen echten Edikte Hadrians beſitze[3]; denn ſie gründet ſich
hauptſächlich auf die Vorausſetzung, der lateiniſche Text ſei der echte und
der Originaltext liege überhaupt noch in unſern Händen.

Erſt die weiteren Bedenken, die ſich gegen den ganzen Tenor des
Reſkripts kehren, ſind beachtenswert, und auch hier wurden Schwierigkeiten hervorgeſucht, die entweder die ihnen zugeſchriebene Bedeutung nicht
haben oder weiter führen, als jeder beſonnene Kritiker zu gehen ſich

---

[1] Aubé, Histoire des persécutions p. 267.
[2] Vgl. Plinii epist. ed. Keil 1870 p. 270 sqq.
[3] Aubé, Histoire des persécutions p. 268—269.

entschließen wird. Denn wenn Aubé[1] z. B. das pro merito peccatorum
betonend fragt, ob der Verfasser des Briefes sagen wolle, die Christen
stehen unter dem gewöhnlichen Gesetz und seien im Falle einer Gesetzes=
übertretung gleich den andern Menschen zu bestrafen, und meint, das sei
einfältig (banal), und nach der Anerkennung des Christentums hätte auch
ein Konstantin und ein Theodosius so schreiben können; wenn er ferner
fragt, ob er die Sache so verstanden habe, das Bekenntnis des Christen=
tums als solches sei eine strafbare Verstoßung gegen das Gesetz, und
daran die Folgerung knüpft, in diesem Fall brauche man nicht erst über=
wiesen zu werden, daß man gegen das Gesetz etwas gethan habe, da das
bloße Geständnis, Christ zu sein, schon die Strafe nach sich ziehe: so ist
zu bemerken, daß jene Dummheit sich auch Plinius zu schulden kommen
ließ, indem er bei Trajan anfragte: nomen ipsum, etiamsi flagitiis
careat, an flagitia cohaerentia nomini puniantur, und schon dieser
Umstand hätte zu größerer Vorsicht mahnen sollen. So einfach mit dem
logischen Gesetz des Widerspruchs, wie man nach dem Angeführten glauben
sollte, ist unsere Frage nicht zu entscheiden, da das römische Gesetz in
Bezug auf die Behandlung der Christen selbst in einem gewissen Wider=
spruch befangen und da auch das Edikt Trajans, wie man es sonst er=
klären mag, von demselben nicht frei war, und man muß daher von
derartigen mehr sophistischen als wahren Einwendungen abstehen, wenn
man einer wirklichen Lösung näher kommen will. Die Frage, auf die
alles ankommt, ist einfach die, ob das Reskript den Trajanschen Rechts=
standpunkt aufgehoben habe oder ob es sich noch innerhalb der Trajanschen
Regel bewege, und indem wir zu ihr übergehen, lassen wir demjenigen
das Wort, der sie wie zuerst so auch am schärfsten ins Auge faßte.

„Daß das Reskript", bemerkt Keim[2], „nicht (wie man gewöhnlich
annimmt) ein tumultuierendes, sondern ein rechtliches (wie sich zeigen
wird, das Trajansche) Verfahren als bisher üblich voraussetzt, bezw.
bekämpft, ist schwer zu leugnen. Denn daß von einzelnen bis jetzt schon
gegen die Christen geklagt worden, liegt offen vor, nur daß der Äußerung
des Kaisers nach die Untersuchung nicht gründlich genug geführt wurde:
„„denn weit besser ziemte es sich, falls einer anklagen will, daß du die
Sache genau untersuchst""; und selbst die Stelle des Reskripts, „„wenn
nun die Bewohner der Provinz auf diese ihre Forderung hin mit Festig=
keit und Bestimmtheit gegen die Christen auftreten können, daß sie auch

---

[1] Ibid. p. 269 sq.   [2] Theol. Jahrbücher XV, 389—392.

Antwort geben vor dem Richterstuhl, so sollen sie sich dazu allein wenden, aber nicht mit einfachen Forderungen oder mit bloßem Geschrei"", selbst dieser der obigen (gewöhnlichen) Auslegung scheinbar günstige Satz beweist nicht für sie. Denn auch hier ist als die bisher bestehende Praxis das Auftreten vor dem Richterstuhl mit Anklagen, mit Petitionen (ἀξιώσεις, petitiones) gegen die Christen vorausgesetzt, nur daß der Ankläger keinem eingehenden Verhör, keinem ausführlichen Reden und Antworten unterworfen wurde, sondern das Seinige zu leisten schien, wenn er, wie dies unter Trajan und noch ein Jahrhundert lang nachher geschah, einfach vor Gericht die Delation machte, daß dieser oder jener ein Christ sei. Wie wenig an tumultuarisches Auftreten gegen die Christen, wie wenig an stürmische blutbegehrende Haufen gedacht werden dürfe, zeigt sich klar genug darin, daß allenthalben einzelne, nicht Volkshaufen als klageführend vorausgesetzt sind, daß insbesondere die ἀξιώσεις gegen die Christen, diese ganz normalen Delationen derselben als das Gewöhnliche wiederholt auf= gestellt und in den Vordergrund gestellt sind, während die βοαί nur nebenbei erscheinen, so zwar, daß nicht einmal eine Berechtigung vorliegt, wildes Volksgeschrei oder etwas dergleichen darunter zu verstehen (wie ἐπιβοήσεις Eus. V, 1 und acclamationes bei Rufin), und nicht viel= mehr nur unbewiesene verleumderische Gerüchte, die φῆμαι, δυσφημίαι, von denen so oft bei den gleichzeitigen Schriftstellern die Rede ist, z. B. Eus. IV, 7; Athen. Leg. c. 2, und von denen z. B. der seinen Aus= führungen nach mit dem Gedanken des Hadrianschen Restripts so nahe verwandte Verfasser des Antoninschen πρὸς κοινὸν Ἀσίας den umschrei= benden Ausdruck braucht: καὶ ἕτερά τινα ἐμβάλλουσιν, ἅτινα οὐ δύνανται ἀποδεῖξαι".... Das Restript, fährt er fort, trenne zwischen Christennamen und Christenverbrechen in einer Weise, die mit den sonstigen Zeitverhältnissen schwer zu vereinigen sei, und einige Ältere, wie Balduni (Edicta princip. Rom. de Christ.) und Böhmer (De cognitionibus de Christ.), denen neuerdings Bickell (Gesch. des Kirchenrechts II, 237) zugestimmt habe, haben offen anerkannt, daß nach ihm an und für sich das Christentum noch kein Verbrechen sei, während die gewöhnliche Ansicht der Neueren dahin gehe, daß die Christen nicht mehr mit rascher Justiz auf den bloßen Christennamen hin, sondern erst auf den jedesmaligen Erweis der mit dem Christennamen innig verbundenen Verbrechen zu verurteilen seien. Das sei aber nur ein neuer Notbehelf. Denn nicht allein habe eine solche Trennung nur dann einen Sinn, wenn die christliche Religion als solche nicht mehr als Verbrechen gelte; das Restript spreche

es sogar ausdrücklich aus: ein Christ als solcher sei nicht notwendig
ein Verbrecher. Es spreche ja aus, daß Christen verleumberisch eines
Verbrechens angeklagt werden können, daß unschuldige Menschen durch
diese Christenprozesse in Not gebracht werden; unter Beteurungen befehle
der Kaiser, daß die verleumberischen Anklagen der unschuldigen Christen
strengen Strafen unterworfen werden sollen, und die im Reskript als
strafwürdig bezeichneten Konflikte mit dem Staatsgesetz könnten daher
offenbar nicht direkt religiöse, sondern nur bürgerlich politische Bedeutung
haben. Mit einem Wort: die oben abgewiesenen Erklärungsversuche des
Reskripts wissen den eigentümlichen Schwierigkeiten desselben doch nicht
auszuweichen, welche darin kulminieren, daß es eine Anschauung vom
Christentum und vom Rechtsverfahren gegen das Christentum
voraussetze, die den damaligen Zeitverhältnissen und dem
Trajanschen Verfahren durchaus widerspreche. Letzteres sei, wie
nachgewiesen wird[1], durch das ganze zweite Jahrhundert nach Hadrian
in Geltung gewesen, und daß es auch unter diesem Herrscher sich behauptet
habe, sei nach mehreren Indicien als sicher anzunehmen. Das Reskript
mit seinen warmen Worten für die Unschuld der Christen sei für einen
Mann, der sich so ungünstig über dieselben ausgesprochen (Vopisci Sa-
turninus c. 8) und der die fremden Religionen ebenso sehr verachtete,
als er dem vaterländischen Kult ergeben war (Spart. Hadr. c. 22),
durchaus befremdend, im Munde eines Christen aber vollkommen begreiflich,
klar und verständlich.

Keim glaubt also, das Reskript laufe in der Hauptsache auf das
Verbot hinaus, die Christen als solche oder bloß ihrer Religion wegen
zu verfolgen, und er faßt, um seine These zu begründen, insbesondere
das Wort ἀξίωσις im Sinn von delatio auf. Ein Einblick in die Lexika
und namentlich den Thesaurus von Stephanus zeigt aber, daß diese
Auffassung schwerlich richtig ist, und auch der lateinische Text dient ihr
nicht zur Bestätigung; denn petitio bedeutet wohl Klage, aber nur in
Privat= und Civilsachen, und es wäre daher hier, wo es sich um ein
Staatsverbrechen handelt, ein anderer Ausdruck zu erwarten. Überdies
läßt der Kontext jene Übersetzung schlechterdings nicht zu. Die ἀξιώσεις
werden ja verpönt, und man kann daher unmöglich „ganz normale Delationen" in ihnen erblicken, wenn man nicht zugleich annehmen will,
Hadrian habe die Delation untersagt, eine Folgerung, welche die voraus=

---

[1] Theol. Jahrbücher XV, 392—395.

gehenden Worte verbieten, da hier die Anklage erlaubt, wenn auch zugleich geregelt ist. Daraus ergiebt sich aber ein Weiteres. Weder stehen die ἀξιώσεις den βοαί so ferne, als Keim geglaubt hat, noch „erscheinen die βοαί nur nebenbei"; jene sind diesen vielmehr nahe verwandt, und sie werden deshalb im Reskript mit ihnen ebenso zu der gemeinsamen Kategorie des Verbotenen zusammengefaßt, als sie mit ihnen dem Erlaubten gegenübergestellt werden, was bei der Keimschen Interpretation schwerlich geschehen könnte. Das Reskript hat demgemäß eine ganz andere Spitze, als man neuerdings annehmen wollte. Es kehrt sich so wenig gegen die Anklage eines Christen als solchen, daß es sie vielmehr unverkennbar zuläßt und nur eine Verfolgung auf Grund der ἀξιώσεις und βοαί verbietet, und daß es sich so verhält, hätte man deutlich erkennen können, wenn man die Worte näher angesehen hätte, in denen sich Eusebius (H. E. IV, 8) sowohl über das Reskript als über seine Veranlassung ausgesprochen hat. Mögen sie, was den letztern Punkt betrifft, auf dem Schreiben des Prokonsuls Licinius Granianus selbst oder, was wahrscheinlicher ist, einfach auf der Antwort des Kaisers beruhen, sie zeigen immerhin, wie Eusebius den ganzen Fall verstand. Nach seiner Darstellung nun enthält das Schreiben des Prokonsuls nur den Gedanken: ὡς οὐ δίκαιον εἴη ἐπὶ μηδενὶ ἐγκλήματι βοαῖς δήμου χαριζομένους ἀκρίτως κτείνειν αὐτούς (sc. Christianos). Er findet demgemäß zwischen den ἀξιώσεις und den βοαί eine solche Verwandtschaft, daß er erstere ohne Nachteil für die Sache übergehen zu dürfen glaubte; er zeigt überdies durch die Worte ἐπὶ μηδενὶ ἐγκλήματι und ἀκρίτως deutlich genug an, daß es sich keineswegs um das Verbot der Verfolgung des christlichen Namens überhaupt, sondern nur um das Verbot einer formlosen Verfolgung handelte, und daß das die obschwebende Frage war, erhellt auch zur Genüge aus den Worten, in denen die Quintessenz des Reskripts wiedergegeben wird: μηδένα κτείνειν ἄνευ ἐγκλήματος καὶ εὐλόγου κατηγορίας. Eusebius versteht also das Reskript ganz anders als Keim, und seine Auffassung fällt bei Entscheidung der Kontroverse über den Sinn des Reskripts nicht bloß sehr schwer ins Gewicht, sondern sie ist geradezu als ausschlaggebend anzusehen. Denn er hatte 1. den Originaltext vor sich; 2. rührt unser Text von ihm her, und er darf wohl sicherlich als der beste Ausleger seiner Worte bezeichnet werden; 3. ist ein Mißverständnis durch Flüchtigkeit durch den Umstand ausgeschlossen, daß er das Reskript nicht bloß zu lesen, sondern auch zu übersetzen hatte; 4. spricht, wenn eine Alterierung des Sinnes durch seine Übersetzung

erfolgt sein sollte, die Vermutung dafür, daß er die Bedeutung des
Restripts eher zu Gunsten der Keimschen als der andern Auffassung
veränderte.

Ist aber damit die Hauptschwierigkeit erledigt und die Tendenz des
Restripts festgestellt, so werden uns kleinere Schwierigkeiten in unserm
Urteil nicht mehr beirren dürfen. Keim will zwar in der Rede des
Restripts von verleumberischen Anklagen eine ausdrückliche An=
erkennung des Christentums als solchen finden, und er behauptet geradezu,
es könnte gar nicht klarer ausgesprochen sein, daß das christliche Bekenntnis
kein Staatsverbrechen sei.[1] Aber Glauben werden ihm wohl nur die=
jenigen schenken, welche seine erste und, wie ich glaube erwiesen zu haben,
unrichtige Behauptung gläubig angenommen haben. Oder konnte ein
Kaiser, der, um den tumultuarischen Angriffen auf die Christen ein Ziel
zu setzen, verlangte, daß die gegen sie erhobene Klage auch untersucht
werde und daß der Kläger den Beweis für ihre Strafbarkeit erbringe,
nicht auch von verleumberischen Anklagen reden? Konnte dieses nicht
um so mehr geschehen, da ja nicht wenige auf eine Anklage hin ihr
Christentum in Abrede zogen und da sicherlich auch manche Heiden auf
Grund scheinbarer Indicien und vielleicht auch nur aus gemeiner Rachsucht
als Christen denunciert wurden? Hat ja auch Trajan seinem si de=
ferantur ein et arguantur beigefügt, und sollte es nun erlaubt sein,
eine Verordnung seines Nachfolgers deswegen als unecht zu verwerfen,
weil in ihr von Sykophanten die Rede ist?

Größere Schwierigkeit scheint die Stelle zu bereiten, in der der
Profonsul angewiesen wird, κατὰ τὴν δύναμιν τοῦ ἁμαρτήματος zu
strafen, und wie wir oben gesehen, hielt sich hauptsächlich Aubé an sie,
um die Echtheit des Restripts zu bezweifeln. Auch Keim[2] findet sie nicht
römisch, sondern christlich, da das römische Gesetz für das Verbrechen der
nova religio, insbesondere des Christentums bis zu Ende des zweiten
Jahrhunderts in der Regel keine verschiedenartigen Strafen, keine Straf=
stufen, sondern einfach das supplicium mortis gekannt habe. Aber so
ganz gleichheitlich war das Strafverfahren wohl schwerlich, und wenn
im dritten Jahrhundert in dem Vorgehen gegen die Christen zwischen
Klerikern und Laien meist unterschieden und Knaben sogar freigelassen
wurden (Eus. H. E. VI, 41), so wird man auch im zweiten die Schuld
der Christen nicht in allen Fällen ganz gleich taxiert haben, und es läßt

---

[1] Theol. Jahrbücher XV. 391 f.   [2] Ebdas. S. 398.

sich zur Erklärung der fraglichen Schwierigkeit sehr wohl an die Frage
des Plinius: sitne aliquod discrimen aetatum an quamlibet teneri
nihil a robustioribus differant, sowie an die Antwort Trajans erinnern,
daß bezüglich des Verfahrens mit den Christen keine für alle Fälle gültige
Regel festgestellt werden könne. Ein Grund, wegen jener Stelle die
Echtheit des Reskripts in Abrede zu ziehen, liegt also nicht vor, und ich
schließe daher meine Erwägungen mit der Frage, ob man die Keimschen
Gründe auch noch ferner so ohne weiteres für unwiderleglich wird ausgeben wollen?

* * *

Das Edikt erfuhr inzwischen wieder eine mehrfache Behandlung. In
der Auffassung aber trat eine Wendung ein. Hatte die Kritik Keims
früher größtenteils Beistimmung gefunden, so gelangten die Späteren in
der Mehrzahl im wesentlichen zu der Ansicht, die im Vorstehenden vorgetragen ist. So die Franzosen Renan[1], Doulcet[2] und Allard[3], die
Engländer Lightfoot[4] und Ramsay.[5] Nur ist Lightfoot geneigt, den
Text Rufins als Originaltext anzusehen.

Th. Mommsen ging sogar noch einen beträchtlichen Schritt weiter.
Das Edikt enthält ihm das Verbot jeglicher Anklage wegen Religion,
und dennoch gilt es ihm als echt. In der Abhandlung über den Reli-
gionsfrevel nach römischem Recht[6] bemerkt er: „Ausgesprochen hat die
Rechtsgleichheit der Christen einzig derjenige Kaiser, der wie kein anderer
modern und kühl gedacht und von der Verehrung wie von dem Banne
der Vergangenheit sich gelöst hat, der Kaiser Hadrianus: indem er in
seinem berühmten Erlasse an den Statthalter von Asien anordnete, daß
der Christ nur wegen des ihm zur Last gelegten nicht religiösen Verbrechens zur Rechenschaft gezogen werden dürfe, und den falschen Ankläger
auch in diesem Falle unnachsichtlich die gesetzliche Strafe treffe, gab er
den Christenglauben geradezu frei." Eine nähere Begründung wird in-

---

[1] L' Église chrétienne 1879 p. 32 n. 2.

[2] Essai sur les rapports de l' Église chrétienne avec l' État romain 1883
p. 68—71.

[3] Histoire des persécutions pendant les deux premiers siècles 1885
p. 235—250.

[4] The Apostolic Fathers. S. Ignatius I (1885), 460—464.

[5] The Church and the Roman Empire 1893 p. 320—330.

[6] Historische Zeitschrift Bd. 64 (1890) S. 389—429; vgl. S. 420.

deffen für diefe Auffaffung nicht gegeben, fondern in einer Anmerkung nur allgemein gefagt: „Anders kann das Reskript an Minicius Fundanus nicht gefaßt werden, deffen grundlofe Verdächtigung der befte Beweis ift, wie wenig fich die Neueren in den Standpunkt der römifchen Regierung dem Chriftentum gegenüber zu finden vermögen."

Auf der anderen Seite blieb das Reskript nicht ohne Gegner. H. Veil[1] beftritt aufs neue feine Echtheit, ohne indeffen neue Gründe von Bedeutung beizubringen. Auch Hilgenfeld hält noch an der Un= echtheit feft. Wenigftens erklärte er[2] gegen Mommfen, daß grundlofe Verdächtigung fich eher bei ihm finde, der dem Hadrianus den höchft be= zeichnenden Brief an Servianus ohne weiteres zufpreche, als bei Th. Keim, deffen Bedenken gegen die Echtheit des Hadrianifchen Schriftenreskripts bis jetzt nirgends entkräftet, fondern nur verftärkt worden feien.

Die Unterfuchung über das Edikt Antonins führte jüngft auch A. Harnack[3] auf das Edikt Hadrians, und vor allem auf die bei beiden Edikten gleiche Frage nach dem Verhältnis der Texte bei Eufebius und Rufin, und während er bei jenem Dokument eine Überfetzung Rufins annimmt, erklärt er bei diefem umgekehrt, Rufin habe dem Briefe, den er bei Eufebius griechifch las, den Originaltext fubftituiert und ihn nicht felbftändig ins Lateinifche zurücküberfetzt. Doch bezeichnet er die Annahme nur als höchft wahrfcheinlich und fügt bei, daß nicht alle Gründe gegen fie bereits gehoben feien. Welche Gründe aber für fie fprechen, wird nicht angegeben; noch weniger werden die Bedenken, die ihr entgegenftehen, entkräftet, und fo bleiben jedenfalls zunächft die Argumente in Kraft, welche oben für die andere Auffaffung beigebracht wurden. Die Auffaffung ift überhaupt an fich die wahrfcheinlichere. Denn für ein fo kleines Schriftftück, wie das hier in Rede ftehende, bemüht fich ein Überfetzer nicht lange um den Originaltext. und daß diefer etwa Rufin zufällig gerade vorlag, ift wieder nicht ohne weiteres anzunehmen. Die Auffaffung erhält jetzt überdies noch eine befondere Stütze durch das andere Edikt. Denn wenn Rufin das längere Dokument überfetzte, wird er wohl auch bei dem kürzeren fo verfahren fein, und die paraphrafierende Willkür, die

---

[1] Juftinus' Rechtfertigung des Chriftentums 1894. Vgl. Harnack, Gefchichte der altchriftlichen Litteratur II, I (1897), 257 Anm., wo der Schrift eine kurze Widerlegung gewidmet ift.

[2] Berliner Philologifche Wochenfchrift 1895 S. 663.

[3] Texte und Unterfuchungen zur Gefchichte der altchriftl. Litteratur XIII (1895) 4a S. 6 Anm. 2. Gefchichte der altchriftlichen Litteratur II, 1, 256 Anm. 6.

dort seine Hand erkennen läßt, ist hier ebenfalls wahrzunehmen, wenn=
gleich nicht in demselben Umfang.

Die Untersuchung veranlaßte Harnack noch weiter, sich über die
Bedeutung und die Echtheit des Edikts auszusprechen, und er erkennt
nicht bloß diese an, sondern er vertritt auch in jener Beziehung eine
Ansicht, die der hier vorgetragenen entspricht, nur daß ein Moment zum
Ausdruck kommt, welches Mommsen in die Frage einführte, der Unterschied
zwischen kriminellem und polizeilichem Vorgehen gegen die Christen seitens
der Behörden. Nachdem er dargethan, daß in der ganzen Zeit von Trajan
bis Mark Aurel das standhafte Bekenntnis oder die standhafte Weigerung,
die Staatsgötter zu verehren, den Christen den Tod brachte, bemerkt er
mit Bezug auf die Ansicht von Mommsen[1]: „Wäre dies wirklich der
Inhalt des Hadrian = Edikts, resp. wäre diese Fassung Mommsens zu
pressen, so dürfte man nicht anstehen, das Edikt für unecht zu erklären;
denn es würde gegen das verstoßen, was sub 3 (d. h. in dem eben an=
geführten Satze) festgestellt ist. Allein weder ist von einem Freigeben
des Christentums im Edikt die Rede, noch von der Rechtsgleichheit der
Christen im allgemeinen, noch endlich ist der Satz, daß der Christ nur
wegen des ihm zur Last gelegten nicht religiösen Verbrechens zu be=
strafen sei, ganz genau. Die konkrete Situation ist bestimmter ins Auge
zu fassen: die asiatischen Provinzialen haben durch stürmische und wieder=
holte Petitionen den Statthalter aufgefordert, gegen die Christen einzu=
schreiten — wir dürfen bestimmt annehmen als gegen Atheisten. Der
Statthalter, unsicher gemacht durch die Aufregung in der Provinz, berichtet
an den Kaiser. Dieser reskribiert, den Provinzialen solle der Weg der
Accusation so wenig wie bisher verschränkt werden; aber — hier ist nun
der Unterschied — daß das nomen Christianum ipsum ein Verbrechen
bedeute, soll nicht als krimineller, sondern als polizeilicher Grundsatz
gehandhabt werden, d. h. (die Magistrate können von sich aus und
sollen, wo es ihnen im Interesse des Staates nötig erscheint, selbstver=
ständlich wie bisher die Christen als Christen bestrafen, aber) gegenüber
den Provinzialen, falls dieselben den Accusationsprozeß gegen die
Christen anstrengen, soll die Regel gelten, daß sie beweisen müssen, adversus leges quidquam (man beachte den allgemeinen Ausdruck, der das
Religionsverbrechen keineswegs bestimmt ausschließt) agere memoratos
homines, und daß sie bei falscher Anklage Strafe zu gewärtigen haben.“

---

[1] Texte S. 44 f.

XIV.

Der Kanon 36 von Elvira.[1]

Der Kanon 36 der Synode von Elvira: Placuit picturas in ecclesia esse non debere, ne quod colitur et adoratur in parietibus depingatur, hat zu den vielfachsten Verhandlungen Anlaß gegeben und die verschiedensten Deutungen erfahren. Gams[2] nennt die Zahl seiner Erklärer Legion. Es waren hauptsächlich konfessionelle Rücksichten, wodurch die Aufmerksamkeit so häufig auf ihn gelenkt wurde. Die Protestanten beriefen sich auf ihn, um ihre Stellung zur Bilderfrage zu rechtfertigen, und die Katholiken sahen sich dadurch zur Untersuchung veranlaßt, ob er denn wirklich die Bilderverehrung so unbedingt verbiete, als jene behaupteten. Wir führen, bevor wir den Kanon einer erneuten Prüfung unterziehen, zunächst die bemerkenswertesten der bisherigen Erklärungen an.

Die, wie es scheint, älteste Deutung, zu der sich u. a. auch der Kardinal Bellarmin[3] bekannte, ist folgende. Indem man die Worte in parietibus besonders betonte, erklärte man, die Synode habe nur die Wandgemälde verboten, sei es damit nicht durch das Abbröckeln der Wände die den heiligen Bildern schuldige Verehrung Not leide, sei es, damit sie nicht zur Zeit der Verfolgung den Heiden zum Gespötte dienen, da sie der Natur der Sache nach nicht entfernt werden können; Tafelbilder aber seien durch ihr Verbot nicht berührt worden.

Die Erklärung wird schon durch Baronius (Ann. 57, 124) berücksichtigt. Sie scheint ihn aber nicht befriedigt zu haben, und sie ist in der That schwerlich stichhaltig. Der erste Satz des Kanons schließt in seiner allgemeinen Fassung ebenso die Tafelbilder wie die Wandgemälde aus.[4] Der große Kirchenhistoriker suchte deshalb dem Kanon auf eine andere Weise beizukommen. Er erklärte ihn für eine spätere Fälschung, näherhin für das Produkt eines Schülers des ikonoklastisch gesinnten

---

[1] Aus der Theologischen Quartalschrift 1883 S. 271—278 erweitert.

[2] Kirchengeschichte von Spanien II, I, 95. Eine sehr eingehende, wenn auch nicht richtige Erklärung giebt Mendoza in der Schrift De confirmando concilio Illiberitano, abgedruckt von Mansi, Conc. coll. II, 57—397. Die Erklärung unseres Kanons steht S. 265—281.

[3] De imaginibus II c. 9.

[4] Cf. Natal. Alex. H. E. Saec. III. Diss. XXI. Ed. Paris 1677 p. 688 sq.

Bischofs Claudius von Turin. Doch befriedigte ihn auch diese Lösung nicht
ganz, da er beifügte: Sed esto, absit fraus et impostura; ecquam
tandem fidem meretur tam paucorum episcoporum canon, quem
totius catholicae ecclesiae usus contrarius continuo abolevit, immo
antequam nasceretur exstinxit?

Eine andere Deutung, bei der das Hauptgewicht auf das adoratur
gelegt wird, geht dahin: es seien wohl die Bilder des unsichtbaren
Gottes, nicht aber die Bilder Christi und der Heiligen verboten worden.
Sie beruht aber auf mangelhafter Kenntnis des altchristlichen Sprach-
gebrauchs, sie ist auch nicht einmal mit dem Wortlaut des Kanons zu
vereinbaren und deswegen so unhaltbar als die erste.[1]

Nach einer dritten Deutung[2] hat die Synode den Gebrauch der
Bilder wohl überhaupt verboten, aber nicht, weil sie etwa geglaubt hätte,
dieselben seien nicht zu verehren, da sie ihre Verehrung mehr voraussetzt
als untersagt, sondern weil diese Übung der christlichen Religion in jener
Zeit mehr schädlich als nützlich gewesen wäre, wenn sie in allen Kirchen
Eingang gefunden hätte, indem sie den Heiden zum Glauben Anlaß geben
konnte, die Christen hätten die Götterbilder eher gewechselt als verlassen.

Am Anfang des vorigen Jahrhunderts endlich wurde die erste
Deutung durch Buonarotti etwas modifiziert. Es wurde geltend gemacht,
in den gottesdienstlichen Lokalen über der Erde seien die Wandgemälde
verboten worden, weil sie hier den Heiden leicht zugänglich und so der
Zerstörung und Verunehrung preisgegeben waren, nicht aber auch in den
schwer zugänglichen und vor Profanation geschützten Katakomben, und zur
Begründung dieser Erklärung ward neuerdings auf die von de Rossi
gemachte Beobachtung hingewiesen, daß auch in Rom die über der Erde
gelegenen Oratorien und Cellä keine symbolischen, biblischen oder liturgischen Gemälde, sondern nur einfaches Ornament, allenfalls Weinranken,
als Dekoration erhielten.[3] Die Deutung fand, seitdem sich auch der
große Katakombenforscher ihr zuneigte, großen Anklang, und sie wird
gegenwärtig ziemlich allgemein als die allein richtige angesehen.[4]

Aber ist die Erklärung ebenso richtig, als sie allgemein ist? Wer

[1] Cf. Natal. Alex. l. c. p. 698. Die Deutung ist ebenfalls sehr alt. Bereits Bellarmin a. a. O. erwähnt sie. U. a. vertrat sie auch Aubespine in seiner
Erklärung der Kanones von Elvira. Vgl. Mansi II, 46.
[2] Natal. Alex. l. c. p. 691 sq.
[3] Vgl. Kraus, Roma Sotterr. 2. Aufl. S. 221 f.
[4] So bemerkt Kraus a. a. O., indem er auf de Rossis Roma Sott. III, 475
verweist. Unter denjenigen, welche die Erklärung adoptierten, ist auch Hefele, Kon-

den Kanon unbefangen betrachtet, wird die Frage schwerlich bejahen. Er
soll nur die Bilder in den unsicheren überirdischen gottesdienstlichen
Lokalen verboten haben. Man könnte dagegen zunächst fragen, ob denn
der Ausdruck ecclesia damals so sicher und unbedingt auf diese mit Aus=
schluß der unterirdischen Lokale sich bezogen habe. Indessen soll dieses
Moment nicht weiter betont werden. Die Deutung erscheint noch unter
einem anderen Gesichtspunkt als unhaltbar. Das Motiv der Verordnung
soll sein, eine Provokation der Heiden oder eine Verspottung der Bilder
durch diese zu vermeiden. Aber davon enthält der Kanon eben auch nicht
ein leises Anzeichen. Das Motiv lautet vielmehr: es soll verhindert
werden, daß das, was Gegenstand der Anbetung und Verehrung ist, auf
die Wände gemalt werde. So heißt es wörtlich. Die Fassung ist aller=
dings nicht ganz glücklich. Das darf aber bei der Sprache der Synode
von Elvira nicht befremden, und immerhin ist der Sinn des Kanons
klar genug. Man darf nur aus dem Finalsatz einen Kausalsatz machen,
und der Anstoß ist gehoben. Die Synode verordnete also näherhin, es
sollen keine Bilder in der Kirche sein, da das, was verehrt und ange=
betet werde, nicht auf die Wände gemalt werden solle, und der Kanon
ist, sobald man ihn an und für sich betrachtet und in der Erklärung sich
nicht durch anderweitige Momente beirren läßt, so klar als nur möglich.
Die Anfertigung von religiösen Bildern wird überhaupt verboten. Der
Wortlaut des Kanons läßt darüber keinen Zweifel aufkommen. Jene
Deutung ist daher abzulehnen. Sie ist durchaus grundlos, und es
stehen ihr ähnliche Schwierigkeiten entgegen wie der ersten, deren bloße
Modifikation sie ist. Baronius würde sich schwerlich mit ihr mehr be=
freundet haben als mit dieser.

Die Frage kann nur die sein, wie die Synode zu ihrem Verbote
kam. In dieser Beziehung läßt sich allerdings mit der oben in dritter
Linie angeführten Deutung an die Rücksichtnahme auf die Heidenwelt
oder an pädagogische Motive denken. Doch ist diese Deutung keines=
wegs sicher. In dem Kanon selbst ist sie nach keiner Seite hin ange=
deutet. Die Worte ne quod colitur etc. legen im Gegenteil die Auf=
fassung nahe, daß die Synode die Anfertigung von religiösen Bildern
in der Kirche nicht bloß als gefährlich, sondern vielmehr deswegen verbot,

_____

ziliengeschichte 2. A. I, 170. Er bezieht sich auf Roma Sott. I, 97. Indessen ist
an diesem Orte kaum von der Sache die Rede; der Kanon wird wenigstens gar nicht
genannt. An der anderen Stelle wird derselbe allerdings erwähnt. Aber eine ein=
gehendere Erörterung vermißt man auch dort.

weil sie in der Bilderverehrung an sich etwas Unzulässiges sah, und man wird sich dieser Deutung um so weniger entziehen können, als die Stellung, die die spanischen Bischöfe nach ihr zur Bilderfrage einnahmen, in der alten Kirche keineswegs etwas Vereinzeltes war.

Es darf als feststehende Thatsache gelten, daß es in den ersten drei Jahrhunderten keine Statuen von Heiligen gab. Gemalte Bilder gab es zwar, wie die Ausgrabungen in den Katakomben zeigen. Aber das bloße Vorhandensein von Bildern ist noch keineswegs ein Beweis für die Verehrung derselben. Nach dem, was wir aus der altchristlichen Litteratur erfahren, ist letztere für jene Zeit nichts weniger als wahrscheinlich, und wenn sie je an einigen Orten vorhanden war, so war sie jedenfalls keine allgemeine Übung. Die einschlägigen Aussprüche des Alten Testaments und die Stellung der Christen mitten in der Welt des bilderanbetenden Heidentums waren nicht geeignet, eine Bilderverehrung aufkommen zu lassen. Es lassen sich ja auch in der späteren Zeit, als die Verhältnisse sich bereits zu ändern angefangen hatten, noch Stimmen gegen die Bilder vernehmen. Es sei nur an drei Fälle erinnert. Als die Kaiserin Konstantia den Bischof Eusebius von Cäsarea um ein Bild Christi bat, erklärte dieser ihr Verlangen für verkehrt und für einen Rückfall in den Götzendienst des Heidentums, von dem wir doch durch das Blut des Erlösers befreit worden seien. Von Christus sei weder nach seiner göttlichen, noch nach seiner menschlichen Seite ein Bild zu gewinnen, in jener Beziehung nicht, weil nach seinen eigenen Worten (Matth. 11, 27) den Vater niemand als der Sohn und den Sohn niemand als der Vater würdig erkenne, in dieser nicht, weil die menschliche Gestalt von der Herrlichkeit der Gottheit durchdrungen und in ein unbeschreibliches und unaussprechliches Licht verwandelt sei. Auch von der in die Gottheit noch nicht verwandelten Gestalt sei kein Bild anzufertigen, da Gott im Gesetze (2 Mos. 20, 4) verordnet habe, man solle durchaus kein Bild machen weder von dem, was im Himmel droben, noch von dem, was auf der Erde unten sei. Er habe daher, als er bei einer Frau angebliche Bilder des Apostels Paulus und des Erlösers angetroffen habe, das Gemälde genommen und bei sich behalten, damit es nicht den anderen bekannt werde und wir nicht nach Art der Götzendiener unseren Gott im Bilde umherzutragen scheinen.[1] Ähnlich erklärt es der heilige

---

[1] Wir erhalten einen Auszug von dem Brief des Eusebius an Konstantia durch Nicephorus, Antirrhet. c. 9. Vgl. Pitra, Spicileg. Solesm. I, 383—386. Harduin, Coll. conc. IV, 406.

Epiphanius für schriftwidrig, in der Kirche ein Heiligenbild aufzu=
hängen, und durchdrungen von dieser Anschauung zerriß er das Bild,
das er in Anablatha in Palästina antraf.[1]   Der hl. Augustin endlich
spricht einmal[2] tadelnd von picturarum adoratores und erblickt in der
Bilderverehrung näherhin eine superstitio.   Darf es unter diesen Um=
ständen befremden, wenn die Väter von Elvira eine gleiche Mißbilligung
aussprachen, und dürfen wir uns bestimmen lassen, in ihrem Ausspruch
etwas anderes finden zu wollen, als was nach dem Wortlaut allein in
ihm liegt? Die Frage ist schwerlich zu bejahen. Die strenge Stellung,
die die Synode zur Bilderverehrung einnahm, ist um so weniger in
Zweifel zu ziehen, als dieselbe ja auch in anderen Dingen sehr strenge,
um nicht zu sagen überstrenge Grundsätze hatte. Daß man an manchen
Orten damals schon Heiligenbilder hatte, würde dagegen auch dann nichts
beweisen, wenn die Verehrung derselben für jene Zeit sicherer zu er=
härten wäre, als es thatsächlich der Fall ist, da die Praxis in dieser
Beziehung unbestreitbar verschieden war. Der Kanon setzt ja selbst für
einige spanische Kirchen bereits die Anfertigung von Heiligenbildern vor=
aus, da er sonst schwerlich erlassen worden wäre. Aber er zeigt auch
zugleich, daß die Mehrzahl der spanischen Bischöfe mit der Neuerung
nicht einverstanden war.[3]

Wenn der Kanon aber auch in der angeführten Weise zu erklären
ist, so ergiebt er doch keineswegs, wie er früher vielfach in Anspruch
genommen wurde, einen Beweis für den angeblichen Kunsthaß der alten
Christen.   Denn er verbietet nicht die Kunst überhaupt, sondern nur
das Anbringen von Gemälden in der Kirche. Er legt überdies nur für
die Praxis der spanischen Kirche Zeugnis ab, und welche Stellung man
in Rom zu der Kunst einnahm, zeigen zur Genüge die verschiedenen
noch in die vorkonstantinische Zeit zurückreichenden Bilder in den dortigen
Katakomben.

                    *   *
                          *

Neuestens kommt Kraus[4] auf den Kanon wieder zurück und be=
müht sich, die frühere Auffassung zu verteidigen. Dabei verrät er aber
nur zu deutlich, daß er den Kanon nicht genügend in seiner Bestimmtheit

---

[1] Ep. ad Ioann. Hieros. inter Hieron. ep. 51 c. 8.

[2] De mor. eccles. cath. I, 34 n. 75.

[3] Diese Auffassung vertrat, wie es scheint, früher auch Hefele. Vgl. Konzilien=
geschichte 1. A. I, 141; III, 336 und Kirchenlexikon 1. A. II, 519 f.

[4] Geschichte der christlichen Kunst I (1895), 64.

erfaßte; und der Mangel wurde sichtlich dadurch veranlaßt, daß Kraus noch immer gegen Gegensätze kämpft, welche für die Wissenschaft wenigstens heute nicht mehr bestehen. Schon die Frage ist nicht ganz richtig gestellt: ob denn der Kanon überhaupt und wirklich als ein generelles Verbot bild= licher Darstellung der Heiligen anzusehen sei? Um ein generelles Verbot handelt es sich gar nicht, sondern um ein Verbot der Bilder in der Kirche, und das bezügliche Verbot bezieht sich, wie die Betonung der Verehrung und Anbetung zeigt, hauptsächlich auf die Darstellung der göttlichen Personen; über eine Darstellung der Heiligen ist dem Kanon zunächst nichts zu entnehmen. Noch größeren Bedenken unterliegt die Ausführung. Es wird eingewendet, daß der Kanon nicht von der Ver= wendung der Kunst im allgemeinen rede, was aber auch kein ernstlicher Gelehrter behauptet. Es wird ferner geltend gemacht, der Kanon ver= biete nicht Bilder in den Grabanlagen oder auf Schmuckgegenständen, wie deren hundert Jahre vorher Klemens von Alexandrien beschreibe; er spreche nur von Versammlungsorten der Gläubigen, an deren Wände jene heiligen Dinge nicht gemalt werden sollen; und daraus wird ge= folgert, bei ecclesia habe man sich hier entweder die auf den Graban= lagen stehenden Memoriae oder Basilicae cimiteriales oder die innerhalb der Städte in den Häusern angelegten Kultstätten zu denken; durch positive christliche Bildwerke gekennzeichnet, seien die einen wie die anderen der Zerstörung ausgesetzt gewesen, welche das erste Edikt Diokletians kurz vorher über die Conventicula oder die Ecclesiae der Christen verfügt habe; es sei Grund genug vorhanden gewesen, dem Verfolger durch An= bringung solcher Bilder nicht geradezu den Weg zur Auffindung und Feststellung der als Conventicula gebrauchten Räumlichkeiten zu zeigen. Dagegen ist aber erstens zu bemerken, daß kein besonnener Gelehrter in dem Kanon ein Verbot von Bildern auf Schmuckgegenständen erblicken wird, wenigstens nicht von Bildern, wie sie Klemens erwähnt, und daß deshalb dieser Punkt unbedingt beiseite gelassen werden muß, da seine Herbeiziehung nur zur Verwirrung dienen kann. Zweitens beschränkte sich die diokletianische Verfolgung schwerlich auf die überirdischen Kult= lokale der Christen, wenn auch zunächst nur von diesen die Rede ist; sie erstreckte sich auf die Kultlokale überhaupt, soweit dieselben bekannt waren oder sich auffinden ließen, und so hat man schon unter diesem Gesichts= punkt keinen eigentlichen Grund, die Grabanlagen von dem Verbot bei der fraglichen Erklärung auszunehmen. Drittens hatten die Cömeterien als kirchliche Versammlungsstätten nur eine untergeordnete Bedeutung, und ſie brauchten in dem Kanon deshalb ſo wenig als in dem Edikt Diokletians beſonders erwähnt zu werden. Viertens brauchte die Synode die Grabanlagen auch deswegen nicht beſonders zu nennen, weil ihr Bilderverbot in dem Motive ausdrücklich ſo allgemein gehalten iſt, daß es ſich, ſoweit es gilt, von ſelbſt auf die Cömeterien erſtreckt. Denn wenn die Bilder in der Kirche verboten werden, weil, was zu verehren iſt, nicht auf die Wände gemalt werden ſoll, ſo bezieht ſich die Verordnung auf die Kultlokale im allgemeinen, und es iſt ſchlechterdings unerlaubt, einen Teil oder eine beſtimmte Art derſelben von dem Verbot auszunehmen. Eine Rückſichtnahme auf die Verfolgung und die leichtere Auffindung der Kirchen, wenn ſie mit Bildern geſchmückt ſeien, iſt im Kanon mit keiner Silbe angedeutet; ſie wird lediglich durch die moderne Erklärung in ihn hineingetragen. Fünftens iſt endlich von der diokletianiſchen Verfolgung bei Erklärung des Kanons abzuſehen, da nach der Ausführung Duchesnes[1] die Synode von Elvira der Verfolgung voranging, nicht aber in ihren Anfang fällt.

XV.

Die Zeit der erſten Synode von Arles.[2]

Die erſte Synode von Arles wird allgemein dem Jahre 314 zugewieſen. Die (oder einige) Handſchriften geben in der Subſkription zu den Kanones der Synode als Konſuln Boluſian und Annian an. Der Tag des Zuſammentrittes war nach dem Berufungsſchreiben des Kaiſers Konſtantin an den Biſchof Chreſtus von Syrakus[3] der erſte Auguſt. So ergiebt ſich als Zeit der Synode der Auguſt 314. Die Zuverläſſigkeit jener Überlieferung könnte zwar inſofern als zweifelhaft erſcheinen, als die Zahl der verſammelten Biſchöfe in der Subſkription zugleich, offenbar mit großer Übertreibung, auf 600 angegeben wird (Harduin 1, 266). Indeſſen wird das Datum durch dieſen Punkt doch nicht eigentlich in Frage geſtellt, und ſo einigte man ſich allenthalben auf das Jahr 314. Das Datum hat ſchon Baronius (Ann. 314, 51).

---

[1] Mélanges Renier 1886 p. 159—174.

[2] Aus der Theolog. Quartalſchrift 1890 S. 296—304 verbeſſert.

[3] Eusebius H. E. X, 5.

Tillemont[1] erhob zwar den Einwand, daß Konstantin, der ohne Zweifel noch vor dem Monat Auguft die Vorbereitung zu dem Krieg traf, den er im Oktober gegen Licinius führte, damals wenig Zeit hatte, um an die Angelegenheiten der Kirche zu denken, und daß er die Synode somit eher 315 veranstaltete. Indem er aber alles näher erwägt, giebt er doch dem Jahr 314 den Vorzug. Und fortan galt dasselbe als so sicher, daß der neueste Geschichtsschreiber der Konzilien die Zeit der Synode zu erörtern sich nicht einmal veranlaßt fand.

Jüngst tauchte indessen über die Zeit der Synode eine andere Ansicht auf. Indem O. Seeck in der Zeitschrift für Kirchengeschichte X (1889), 505—556 die Quellen und Urkunden über die Anfänge des Donatismus in Untersuchung zog, hatte er sich auch mit jener Frage zu beschäftigen, und er glaubte die Synode um zwei Jahre weiter herabrücken, ins J. 316 verlegen zu sollen.

Die Grundlage der neuen Chronologie bildet die Vita Constantini I, 44—45. Eusebius giebt, nachdem er den Sieg Konstantins über Maxentius dargestellt, eine Schilderung der edlen Thaten des Kaisers und seiner menschenfreundlichen und frommen Richtung. Er erzählt c. 41: wie die Beraubten durch sein Edikt ihre Güter, die Verbannten das Vaterland, die Eingekerkerten die Freiheit wieder erhielten; c. 42: wie er die Diener Gottes geehrt, sie an seinen Tisch gezogen und überall, wohin er sich begab, mit sich genommen, wie er den Kirchen sehr vieles zugewendet habe. In c. 43 spricht er weiter von seiner Wohlthätigkeit gegen die Armen und von seiner Freigebigkeit gegen alle, die ihm eine Bitte vortragen. In c. 44 fährt er dann fort: „So war er insgemein gegen alle. Besonders aber trug er für die Kirche Gottes Sorge. Da einige in verschiedenen Ländern mit einander stritten, veranstaltete er, gleichsam als von Gott zum gemeinschaftlichen Bischof bestellt, Synoden der Diener Gottes, und indem er es nicht verschmähte, mitten in der Versammlung derselben zu sein und zu sitzen, nahm er teil an den Beratungen, allen das Gut des Friedens Gottes verschaffend. Er saß mitten unter ihnen wie einer der vielen." Nachdem dann bemerkt worden, wie er diejenigen belobte, welche auf die bessere Ansicht eingingen, von den Hartnäckigen aber sich abwandte, wird c. 45 fortgefahren: „Ja er ertrug auch einige geduldig, die gegen ihn selbst sich heftig benahmen, indem er ihnen mit milder und sanfter Stimme befahl, sich gemäßigt zu ver-

---

[1] Mémoires pour servir à l' hist. eccl. Sur les Donatistes not. XV.

halten und keinen Aufruhr zu erregen. Von dieſen aber gingen die einen
hinweg, ſeine Ermahnungen fürchtend; diejenigen aber, welche gegen ver=
nünftige Erwägungen ſich verſchloſſen, entließ er, indem er ſie Gott
übergab und ſelbſt nichts Hartes gegen ſie verfügte. Daher kam es
wahrſcheinlich, daß die in Afrika Streitenden ſo weit im Aufruhr gingen,
daß ſie auch gewiſſe verwegene Thaten vollbrachten."

Zu dieſer Stelle macht nun Seeck die Bemerkung: Welches die ver=
wegenen Thaten waren, zu welchen ſich die Afrikaner infolge der kirch=
lichen Verſöhnungspolitik Konſtantins hinreißen ließen, ſei ſonſt nicht
bekannt. Man werde wohl an Volksaufſtände denken müſſen, die von
den Donatiſten angeſtiftet worden ſeien. Daß uns kein anderer Schrift=
ſteller von dieſen ſo aufregenden Ereigniſſen zu berichten wiſſe, ſei ein
Zeichen dafür, wie gänzlich zur Zeit des Optatus die lebendige Erinne=
rung an jene Vorfälle bereits erloſchen war. Noch wichtiger ſei die
Nachricht, daß Konſtantin einer Synode, welche bei irgend einer kirch=
lichen Uneinigkeit zur Herſtellung des Friedens zuſammenberufen war,
bald nach dem Siege über Maxentius perſönlich angewohnt habe. Da
dies die römiſche Synode, zu deren Zeit ſich der Kaiſer in Trier befand,
nicht geweſen ſein könne, ſo laſſe ſich dieſe Angabe nur auf das Konzil
von Arles beziehen, wie ſchon Baronius geſehen habe. Konſtantins An=
weſenheit bei demſelben ſei übrigens, auch abgeſehen von dem Zeugnis
des Euſebius, aus anderen Gründen ſehr wahrſcheinlich. Daß er die
Entſcheidung über den donatiſtiſchen Streit nicht inmitten des leiden=
ſchaftlich erregten Afrika fällen ließ, begreife ſich leicht. Warum er aber
die afrikaniſchen Biſchöfe gerade nach Arles beſtelle, wohin ſie Monate
zu reiſen hatten, ſtatt das Konzil in irgend einer näher gelegenen Pro=
vinz, z. B. Sizilien oder Südſpanien, zu verſammeln, das laſſe ſich
kaum erklären, wenn er nicht eben in Gallien weilte und ſelbſt an den
Verhandlungen teilnehmen wollte. Als er den Orient erobert hatte, habe
er die erſte Gelegenheit benützt, um ſich den Biſchöfen des neugewonnenen
Reichsteiles in Nicäa vorzuſtellen; wir ſehen jetzt, daß er nach Unter=
werfung von Italien und Afrika im Occident dasſelbe gethan habe.
Damit werde aber zum erſtenmal eine ſichere Zeitbeſtimmung für das
Konzil von Arles gewonnen. Daß dasſelbe am 1. Auguſt eröffnet wurde,
ſtehe feſt. Für das Jahr aber gebe es keine Überlieferung, außer daß
es ſpäter als 313 ſei. Am 8. Oktober 314 habe Konſtantin den
Licinius bei Cibalä in Pannonien geſchlagen; daß er kaum zwei Monate
vorher in aller Ruhe dem Konzil präſidiert haben ſollte, liege außer

aller Wahrſcheinlichkeit. Die Entfernung von Arles bis zum Schlacht=
feld betrage faſt 1500 Kilometer, und unterwegs ſeien zweimal die Alpen
zu überſchreiten. Daß ein Heer mit allem Gepäck dieſe Marſchleiſtung
in etwa 60 Tagen zu ſtande bringe, rühre dicht an die Grenze des
phyſiſch Möglichen. 314 könne alſo das Konzil nicht ſtattgefunden haben.
Ebenſo wenig 315, wo der Kaiſer den Auguſt in Rom zugebracht habe.
Dagegen ſei er im Anfang 316 in Trier; von da ziehe er bald ſüd=
wärts, und am 13. Auguſt, alſo gerade im Monat des Konzils, ſei er
in Arles. Dann ziehe er nach Illyrikum und ſei nie nach Gallien zu=
rückgekehrt. Wenn man alſo das Zeugnis des Euſebius nicht verwerfen
wolle, wozu gar kein Grund vorliege, ſo könne das Konzil nur in das
Jahr 316 geſetzt werden.[1]

Die Beweisführung unterliegt aber verſchiedenen Bedenken. Ich
ſehe von den untergeordneten Punkten ab und beſchränke mich auf Her=
vorhebung der wichtigeren.

Wie man ſieht, iſt es eine Hauptfrage, ob wir einen genügenden
Grund zu der Annahme haben, daß Konſtantin der Synode von Arles
perſönlich anwohnte, bezw. ob der angeführte Bericht nur auf die erſte
Zeit nach dem Sieg über Maxentius ſich bezieht. Seeck bejaht die Frage.
M. E. iſt ſie zu verneinen. Euſebius berichte, wird bemerkt, a. a. O.
von den edlen Eigenſchaften, die Konſtantin unmittelbar nach der Be=
ſiegung des Maxentius entwickelt habe (S. 507). Richtig iſt, daß der
Bericht zunächſt Züge aus der fraglichen Zeit bringt. Aber unverkennbar
iſt es andererſeits, daß er ſich nicht durchaus auf die Periode beſchränkt,
daß Euſebius, der Zeit vorgreifend, eine weitergehende Schilderung giebt.
Das verrät ebenſowohl die Geſamtdarſtellung als einige beſondere Punkte.
Oder geht es nur auf die nächſte Folgezeit, wenn c. 42 erzählt wird,
Konſtantin habe überallhin, wohin er gezogen ſei, Biſchöfe mit ſich ge=
nommen? Geht es nur auf jene Zeit, wenn c. 44 weiter berichtet wird,
er habe zur Erhaltung oder Wiederherſtellung des kirchlichen Friedens
Synoden berufen und denſelben perſönlich angewohnt? Welches ſind
denn dieſe Synoden in der fraglichen Zeit? Seeck weiß nur eine ein=
zige zu nennen. Euſebius ſpricht aber ausdrücklich im Plural, und wenn
Seeck ihn trotzdem nur von einer Synode berichten läßt, ſo zeugt das
zur Genüge für das Unzureichende ſeiner Beweisführung.

Freilich ſoll die Anweſenheit des Kaiſers auf der Synode noch aus

---

[1] Zeitſchrift f. KG. X, 508 f.

23*

anderen Gründen sehr wahrscheinlich sein. Schon der Umstand, daß er
die afrikanischen Bischöfe in das entfernte Arles berief, weise darauf hin.
Richtig ist, daß der Kaiser sich bei der Berufung wohl von der bezüg=
lichen Erwägung leiten ließ. Aber daraus folgt noch nicht, daß er auch
wirklich der Synode anwohnte. Zwischen der Berufung der Synode
und ihrem Zusammentritt lag etwa ein Vierteljahr, und in dieser Zeit
konnte sich die politische Lage leicht so verändern, daß der Kaiser sein
anfängliches Vorhaben, an der Synode selbst teilzunehmen, aufgeben und
auf den Kriegsschauplatz sich verfügen konnte. Zudem spricht ein An=
zeichen in der That dafür, daß er auf der Versammlung nicht zugegen
war. Es liegt uns noch das Schreiben vor, das die Synode an den
Papst Silvester richtete. Hätte nun der Kaiser die Versammlung mit
seiner Gegenwart beehrt, so dürfte das in dem Schreiben ebenso erwähnt
worden sein, als das später in einem ähnlichen Fall geschah, in dem
Schreiben der Synode von Nicäa an die Kirche von Alexandrien (Socr.
I, 9). Die bezügliche Erwähnung sucht man aber in dem Schreiben
vergebens.

Auf das Jahr 316 kommen wir übrigens noch nicht sicher, selbst
wenn wir Konstantin noch im August 314 in Arles weilen lassen. Er kann
trotzdem noch rechtzeitig auf den Kriegsschauplatz nach Pannonien gelangt
sein. Man muß ja keineswegs notwendig annehmen, daß er den Zug
mit dem ganzen Heere gemacht habe. Es läßt sich vielmehr sehr leicht
denken, daß er das Heer zum größeren Teil vorausschickte, und bei dieser
Annahme streift die Marschleistung nicht mehr so hart an die Grenze
des Möglichen, als behauptet wurde. Seeck dürfte insbesondere dagegen
um so weniger einzuwenden haben, als er selbst für das Jahr 316 eine
sehr strenge Reise annehmen muß. Im August war nach seiner Be=
rechnung Konstantin noch in Arles. Am 4. Dezember ist er in Sofia
nachweisbar. Die Strecke zwischen den beiden Städten war aber nicht
bloß einfach zurückzulegen. Konstantin muß zunächst noch nach Rom
ziehen und hernach in Mailand das bekannte Gericht über die Donatisten
abhalten (S. 523). Das ist eine Reise, welche der neuen Chronologie
gewiß auch nicht zur Empfehlung dient.

Noch ein weiterer Punkt mag hier gegen das Jahr 316 angeführt
werden. Unter den Bischöfen von Arles erscheint auch Merocles von Mai=
land. Nach Gams[1] starb aber derselbe bereits 315. Das folgende Jahr

---
[1] Series episcoporum 1873 p. 795.

kann daher für die Synode nicht mehr in Betracht kommen. Dabei besteht allerdings die Voraussetzung, daß das Todesjahr 315 richtig ist. Das Datum ist aber, so viel ich sehe, allgemein angenommen, und wenn es je nicht ganz sicher wäre, würde der Tod nach Ughelli (Italia sacra IV, 40) eher etwas früher als später anzusetzen sein. Seeck hat sich mit diesem Punkte nicht auseinandergesetzt, und doch ist er, so lange er feststeht, allein schon gegen seine Ansicht entscheidend.

Unsere Untersuchung ist indessen noch nicht zu Ende. Seeck glaubt für seine Chronologie noch einige andere Stützen zu haben. Es soll ihr der Brief Konstantins an Eumelius, Vikar von Afrika, zur Empfehlung dienen. Darin wird über das Konzil von Arles, die diesem folgende Appellation der Donatisten und die endgültige Entscheidung des Streites durch den Kaiser berichtet. Der Brief wurde am 10. November 316 erlassen, und das soll, wird bemerkt (S. 523), sowohl zu dem festgestellten Datum des Konzils von Arles (1. August 316) als auch zur Amtszeit des Eumelius passen, an welchen ein Gesetz des Codex Theodosianus vom 21. März 316 gerichtet sei. Der Brief paßt allerdings zu jenem Datum. Er widerspricht aber auch keineswegs dem anderen. Denn aus allem, was von ihm erhalten ist, ist nur zu ersehen, daß er nach der Synode von Arles geschrieben wurde. Wie lange aber nachher, darüber läßt er uns völlig im ungewissen.

Auch die Untersuchungsakten gegen Felix von Aptunga scheinen in Betracht zu kommen. Die Verhandlung fand nach der bestimmten Angabe Augustins (Ad Donatistas post Collat. 33, 56) Volusiano et Anniano consulibus XV Kalendas Martias, id est post menses ferme quattuor statt, also am 15. Februar 314, nach ungefähr vier Monaten, nämlich nach der römischen Synode, welche am 2. Oktober 313 abgehalten wurde. Diese Angabe, bemerkt aber Seeck (S. 516), sei offenbar falsch. So bald nach der römischen Synode habe die Untersuchung nicht stattfinden können, da der Kaiser damals in Trier sich befunden habe und bei dem Einbruch der Winterszeit der Schiffahrtsverkehr eingestellt worden sei. Es liege ohne Zweifel ein Versehen vor. Statt des Postkonsulatsjahres habe Augustin das Konsulatsjahr genommen. Es ist nun allerdings nicht zu verkennen, daß der kurze Zwischenraum zwischen den beiden Verhandlungen etwas Befremdliches hat. Aber so ganz unmöglich, wie Seeck sie darstellt, ist die Sache doch nicht. Die Schwierigkeiten des Verkehrs zur Winterzeit wurden durch ihn sichtlich übertrieben, und bei der ganz bestimmten Angabe Augustins, der nicht bloß die Konsuln nennt, sondern auch die Monate, müssen sie meines Erachtens zurücktreten. Wie es sich aber damit verhalten mag, ob wir die Verhandlung dem Jahr 314 oder dem Jahr 315 zuweisen, in jedem Fall ergiebt sich für das Jahr 316 als Zeit der Synode von Arles kein Beweis; wir müssen sie zunächst nur auf das Jahr 315 herabrücken, und bei den Schwierigkeiten, die dem Jahr 316 entgegenstehen, dürfen wir sogar nicht weiter gehen.

Nach dem Vorstehenden besteht somit kein Grund, die bisherige Chronologie zu verlassen. Es ist zwar möglich, daß die Synode erst 315 gehalten wurde. Aber Sicherheit kommt auch diesem Datum in keiner Weise zu. Und bei diesem Sachverhalt wird man am besten bei dem herkömmlichen Jahr 314 stehen bleiben.

XVI.

Der Basilides der Philosophumenen kein Pantheist.[1]

Über keinen Gnostiker brachten uns die Philosophumenen so viele neue Aufschlüsse wie über Basilides. Während aber unsere Kenntnis von der Lehre dieses Mannes bereichert wurde, ward das Verständnis derselben fast eher erschwert als erleichtert, und die widersprechendsten Urteile wurden über sie laut. Galt Basilides früher allgemein als Dualist, indem nur darüber eine Frage bestand, ob das Princip, das er dem Reiche Gottes oder des Guten gegenübersetzte, wie Neander[2] und die meisten anderen annehmen, ein selbständig thätiges Reich des Bösen, oder, wie Gieseler[3] behauptete, eine tote Hyle sei, so glaubte Jacobi[4] in dem Bericht der Philosophumenen zu finden, derselbe habe in betreff der Weltschöpfung keine andere Lehre gehabt als die katholisch-kirchliche, und ähnlich meinte Baur[5]: wenn auch die beiden gnostischen Hauptsysteme, das valentinianische

---

[1] Aus der Theolog. Quartalschrift 1881 S. 277—298 verbessert und etwas erweitert.

[2] Genetische Entwickelung der vornehmsten gnost. Systeme 1818 S. 36. KG. 3. A. I, 220 f.

[3] Hall. A. L. Z. 1823 S. 835. Studien und Kritiken 1830 S. 396.

[4] Basilidis philosophi gnostici sententiae 1852 p. 4. 10.

[5] Das Christentum und die christliche K. der drei ersten Jahrhunderte 1853 S. 193.

und basilibianische, ihre bualistische Grundlage nicht verbergen können, so
trete sie in ihnen doch so sehr zurück, daß man sie kaum für das Haupt=
kriterium halten könne; das System des Basilides scheine sogar den
gewöhnlichen Schöpfungsbegriff an ihre Stelle zu setzen. Die Ansicht
behauptete sich indessen nicht lange. Beinahe gleichzeitig wurden drei
Jahre später zwei andere ausgesprochen. Gundert[1] fand das System
schroff dualistisch, Uhlhorn[2] mehr pantheistischer als dualistischer Art, und
letztere Anschauung erhielt, soweit ich sehe, allgemeine Zustimmung, während
jene nicht weiter beachtet oder auch ausbrücklich abgewiesen wurde.[3] Baur[4]
trat ihr sofort bei, indem er erklärte, Uhlhorn scheine ihm im wesentlichen
so sehr das Richtige getroffen zu haben, daß das, was er selbst noch zu
bemerken habe, nur zur Bestätigung und Ergänzung seiner Ansicht dienen
könne, und neuerdings bekannte sich auch Jacobi[5] zu ihr. Der Basilides
der Philosophumenen, lautet die Parole, ist Evolutionist und Pantheist,
der des Irenäus und der an ihn sich anschließenden Häresieologen ist
Emanationist und Dualist.

Während aber in dieser Beziehung eine Einigung eintrat, gingen
die Urteile in der Frage auseinander, wo wir die ursprüngliche und echte
Lehre des Basilides zu suchen haben, ob bei Hippolyt oder bei Irenäus.
Jacobi, Uhlhorn, Baur sprachen die Priorität dem Bericht Hippolyts,
Hilgenfeld[6] und Lipsius[7] dem Bericht des Irenäus zu, und ich gestehe,
daß, wenn die Voraussetzung richtig ist, die auf beiden Seiten gemacht
wird, daß nämlich der Basilides der Philosophumenen Pantheist sei, gegen
die zweite Ansicht schwer aufzukommen ist. Denn der Verfasser der Acta
Archelai et Manetis[8] betrachtet Basilides (c. 55) unverkennbar als
Dualisten, und auch die beiden Fragmente, die er aus dem 13. Buche

[1] Zeitschrift für luth. Theologie und Kirche 1855 S. 209—220 (Einleitung),
1859 S. 37—74 (Basilides nach den bisher bekannten Quellen), S. 443—485
(B. nach Hippolytus, in Form einer mit Anmerkungen begleiteten Übersetzung).

[2] Das basilibianische System 1855 S. 34.

[3] So von Jacobi in der Zeitschrift für Kirchengeschichte I (1877), 482.

[4] Theol. Jahrbücher 1856 S. 122.

[5] Das ursprüngliche Bas. System, in Zeitschrift f. KG. I, 481—544. Vgl.
S. 482. 484. 489.

[6] Theol. Jahrbb. 1856 S. 36 ff., Zeitschrift f. wissenschaftliche Theologie V
(1862), 452 ff. XXI (1878), 228 ff.

[7] Allg. Encykl. von Ersch und Gruber LXXI, 271. 292. Zur Quellenkritik
des Epiphanius 1866 S. 100 ff.

[8] Routh, Reliquiae sacrae ed. II, V, 36—198. Hilgenfeld, Ketzergeschichte
des Urchristentums 1884 S. 207.

der Ἐξηγητικὰ des Gnostikers mitteilt, lassen diesen als solchen erscheinen.
Jacobi hat das Gewicht dieses Zeugnisses selbst anerkannt, sich seiner
freilich auch, um die Priorität des Berichtes aufrecht erhalten zu können,
auf exegetischem Wege zu entledigen gesucht. In den Worten des Verfassers der Acta: dualitatem istam voluit affirmare (sc. Basilides),
quae etiam apud Scythianum erat, meint er, sei keineswegs enthalten,
daß Basilides wirklich den Dualismus behauptete. Es sei nur gesagt,
daß er ihn behaupten wollte oder zu behaupten versucht war, und die
Absicht, dieses zu thun, sei eben nur die eigene Vermutung des Verfassers
der Acta.[1] Ich kann dieser Auffassung nicht beistimmen; das affirmare
voluit ist nach dem Zusammenhang zweifellos so viel als affirmavit,
und ebensowenig kann ich bezüglich des zweiten Fragments den Beweis
für erbracht erachten, daß Basilides in demselben nicht seine eigene Ansicht
habe aussprechen wollen. Offenbar hat Hilgenfeld[2] recht, wenn er den
Gnostiker in den Fragmenten als Dualisten erkennt.

Aber steht denn die Voraussetzung so unantastbar fest, als von
beiden Teilen angenommen wird? Hilgenfeld fand es früher[3] bedenklich,
das System des Basilides (mit den Philosophumenen) als pantheistisch
aufzufassen, weil nach seiner Überzeugung der principielle Dualismus zum
Wesen des Gnosticismus gehöre. Man kann aber mit dem gleichen Recht
bedenklich gegen die Ansicht sein, der Basilides der Philosophumenen sei
Pantheist; denn das in dieser Schrift dargestellte System kommt immerhin Gnostikern, näherhin den Schülern des Basilides zu, wenn es je nicht
von dem Meister selbst herrühren sollte. Ja man hat hier, das System
der Philosophumenen als das sekundäre vorausgesetzt, noch mehr Grund,
gegen diese Ansicht Bedenken zu tragen, weil ein schöpferischer Geist, der
Basilides immerhin war, noch eher den allgemeinen Standpunkt einer
Theorie zu verlassen im stande ist als unbedeutende und namenlose Epigonen. Ich will indessen auf dieser Argumentation nicht bestehen und
räume vielmehr ein, daß sie zu keinem sicheren Resultat führt. Denn
es ist ja als möglich anzuerkennen, daß unter den Gnostikern wenigstens
der eine oder andere seinen eigenen Weg ging, oder wenn man Gnosticismus und Dualismus als schlechthin korrelate Begriffe fassen will, so
könnte man immerhin noch fragen, ob der Basilides der Philosophumenen,
sei er nun der ursprüngliche und echte oder der sekundäre und umgebildete,

---

[1] Zeitschrift f. KG. I, 507.
[2] Zeitschrift f. wissenschaftl. Theol. XXI (1878), 228—250. Vgl. S. 234—241.
[3] Theol. Jahrbb. 1856 S. 88.

nicht etwa aus der Reihe der Gnostiker überhaupt zu streichen sei. Es ist vielmehr der Bericht der Philosophumenen selbst näher ins Auge zu fassen.

Der Bericht zerfällt in zwei Teile von ungleichem Umfang. Der eine handelt von der Schöpfung oder Entstehung, der andere von der Entwickelung der Welt, jener m. a. W. von der Setzung, dieser von der Entfaltung des Weltsamens, und es würde der Natur der Sache entsprechen, wenn wir auf jenen zuerst eingingen. Hier scheint indessen das entgegengesetzte Verfahren den Vorzug zu verdienen. Da die beiden Teile sich so scharf von einander abgrenzen, daß jeder gewissermaßen ein Ganzes für sich darstellt, so ist es an sich möglich, den zweiten vor dem ersten in Betracht zu ziehen, und die exegetische Regel, das Dunkle aus dem Klaren zu erklären und nicht umgekehrt, fordert dieses Vorgehen, indem jener Teil im wesentlichen ebenso klar als dieser dunkel ist. Diese Regel erleidet aber hier um so eher eine Anwendung, je genauer in den gnostischen Systemen oder in den Systemen, die, wie auch das in Rede stehende, mit einer ἀποκατάστασις πάντων abschließen, Anfang und Ende des Weltprozesses sich entsprechen, so daß dem dunkeln Teil aus dem klaren unbedingt ein gewisses Licht zufließt, sei er nun der erste oder der letzte. Wollten wir anders verfahren und wie Uhlhorn den dunkeln Teil ohne Rücksicht auf den klaren verstehen wollen, so könnte es uns leicht begegnen, daß wir beide mißverstehen.

Der Weltsame ist die Welt im Keime, indem er alles in sich enthält, was später ausgebildet hervortritt. Wie das Senfkorn, lehrt Basilides (Philos. VII, 21 ed. Duncker), alles zumal im kleinsten in sich begreift, die Wurzeln, den Stamm, die Zweige, die Blätter und die zahllosen aus der Pflanze entstehenden Samenkörner, oder wie das Ei den Vogel in der ganzen Mannigfaltigkeit und Verschiedenheit seines Wesens und seiner Gestalt enthält, so enthält jener Same das gesamte vielgestaltige und wesenreiche Gesäme der Welt in sich (πανσπερμίαν τοῦ κόσμου πολύμορφον ὁμοῦ καὶ πολυούσιον). Alles, was der künftigen Welt aus dem Samen zu seiner Zeit nach der Anordnung Gottes zuwachsen sollte, war im Samen schon aufgespeichert, und es ist ähnlich wie beim Menschen, bei dem die Zähne und andere Dinge, die bei dem neugeborenen Kinde noch nicht wahrzunehmen sind, später hervortreten (c. 22). Näherhin enthält der Weltsame zwei Substanzen, die dem nichtseienden Gott wesensgleiche Sohnschaft und die Materie, und der Weltprozeß besteht in der gegenseitigen Trennung dieser beiden Substanzen.

Die Sohnschaft ($\nu\iota\acute{o}\tau\eta\varsigma$) ist dreifacher Art, und sie scheidet demgemäß in einem dreifachen Stadium aus dem Weltsamen aus. Die feine ($\lambda\varepsilon\pi\tau o\text{-}\mu\varepsilon\varrho\acute{\eta}\varsigma$) wallte auf, sobald der Same gesetzt war, und eilte mit Gedanken= schnelle von unten nach oben zu dem Nichtseienden, nach dem wegen des Übermaßes seiner Schönheit die gesamte Natur, jede in ihrer Art, verlangt. Die zweite dichtere ($\pi\alpha\chi\upsilon\mu\varepsilon\varrho\varepsilon\sigma\tau\acute{\varepsilon}\varrho\alpha$) Sohnschaft vermochte den Flug nicht durch sich selbst zu bewerkstelligen, da sie jener an Feinheit nachstand. Um aber doch emporzukommen, schuf sie sich Flügel, d. i. den hl. Geist, und dadurch emporgetragen gelangte auch sie zu dem nichtseienden Gott und der feinen Sohnschaft. Nicht aber konnte der hl. Geist in dieses Reich eingehen, da er der Sohnschaft nicht wesensgleich ist und da jener selige unaussprechliche und über alle Namen erhabene Ort des nichtseienden Gottes und der Sohnschaft seiner Natur widerstrebt. Die Sohnschaft ließ ihn vielmehr in der Nähe dieses Ortes zurück, jedoch nicht ganz leer und von ihr getrennt, sondern gleich einem entleerten Salbengefäß ihres Geruches teilhaftig (c. 22), und seine Hauptbestimmung ist, als Feste zwischen dem Überweltlichen und der Welt zu dienen ($\sigma\tau\varepsilon\varrho\acute{\varepsilon}\omega\mu\alpha$ $\tau\tilde{\omega}\nu$ $\upsilon\pi\varepsilon\varrho\varkappa o\sigma\mu\acute{\iota}\omega\nu$ $\varkappa\alpha\grave{\iota}$ $\tau o\tilde{\upsilon}$ $\varkappa\acute{o}\sigma\mu o\upsilon$ $\mu\varepsilon\tau\alpha\xi\grave{\upsilon}$ $\tau\varepsilon\tau\alpha\gamma\mu\acute{\varepsilon}\nu o\nu$); denn, wird bei= gefügt, das Seiende wird von Basilides in zwei uranfängliche Haupt= gegensätze ($\varepsilon\grave{\iota}\varsigma$ $\delta\acute{\upsilon}o$ $\tau\grave{\alpha}\varsigma$ $\pi\varrho o\varepsilon\chi\varepsilon\tilde{\iota}\varsigma$ $\varkappa\alpha\grave{\iota}$ $\pi\varrho\acute{\omega}\tau\alpha\varsigma$ $\delta\iota\alpha\iota\varrho\acute{\varepsilon}\sigma\varepsilon\iota\varsigma$) geteilt, von denen er den einen Welt, den anderen Überweltliches nennt, und zwischen denen jener Grenzgeist ($\mu\varepsilon\vartheta\acute{o}\varrho\iota o\nu$ $\pi\nu\varepsilon\tilde{\upsilon}\mu\alpha$) sich befindet (c. 23).

Diese Worte lassen die Lehre des Basilides offenbar als dualistisch erscheinen. Denn das Seiende erscheint nach dem Kontext als das All oder der Inbegriff des Weltlichen und Überweltlichen, und das All zerfällt im ganzen in zwei Substanzen oder Principien, wenn auch innerhalb derselben wieder Gradunterschiede anzutreffen sind. Uhlhorn[1] behauptete zwar, $\tau\grave{\alpha}$ $\check{o}\nu\tau\alpha$ bedeute nur die materielle Welt, und das sei gerade das Eigentümliche des Basilides, daß, während sonst die Materie als das Nichtseiende, das Intelligible als das eigentliche $\check{o}\nu$ gefaßt werde, hier vielmehr umgekehrt die intelligible Welt die $o\grave{\upsilon}\varkappa$ $\check{o}\nu\tau\alpha$, die materielle Welt $\tau\grave{\alpha}$ $\check{o}\nu\tau\alpha$ enthalte. Allein diese Auffassung ist nicht richtig. Es werden ausdrücklich ja auch die $\upsilon\pi\varepsilon\varrho\varkappa\acute{o}\sigma\mu\iota\alpha$ unter den Begriff der $\tau\grave{\alpha}$ $\check{o}\nu\tau\alpha$ subsumiert, und sie können doch nicht zu der materiellen Welt gerechnet werden, da sie die dem nichtseienden Gott wesensgleiche Sohnschaft sind. Uhlhorn gelangte zu jener Ansicht nur, weil er zu sehr in der Voraus=

---

[1] Das basilidianische System S. 20.

setzung befangen war, das System des Basilides sei pantheistischer Natur, indem er, um diese Thesis zu halten, den absoluten Gegensatz, wo er sich ihm etwa darstellte, in einen bloß relativen umzusetzen hatte.[1] Wie wenig aber von Pantheismus bei Basilides die Rede sein kann, wird die weitere Entwickelung des Weltprozesses noch deutlicher zeigen.

Nachdem sich die beiden ersten Sohnschaften zu dem nichtseienden Gott emporgeschwungen, begann die Entwickelung des Kosmos oder der unter dem Grenzgeist befindlichen Welt, indem die dritte Sohnschaft als der Reinigung bedürftig vorläufig, Wohlthaten erzeigend und Wohlthaten empfangend, in dem großen Haufen der Samenfülle ($\tau\tilde{\omega}$ $\mu\varepsilon\gamma\acute{\alpha}\lambda\omega$ $\tau\tilde{\eta}\varsigma$ $\pi\alpha\nu\sigma\pi\varepsilon\rho\mu\acute{\iota}\alpha\varsigma$ $\sigma\omega\rho\tilde{\omega}$) zurückblieb (c. 22). Zunächst brach aus dem Weltsamen und dem Haufen der Samenfülle der große Archon hervor, das Haupt der Welt, eine unauflösbare Schönheit und Größe und Macht, da er unaussprechlicher ist als das Unaussprechliche, mächtiger als die Mächtigen, weiser als die Weisen, überhaupt über alle Vorzüge erhaben. Er erhob sich nach seiner Erzeugung bis zur Feste, und da er diese für das Ende nach oben hielt und andererseits auch die noch im Weltsamen liegende Sohnschaft nicht kannte, so glaubte er selbst der Herr und Herrscher und der weise Baumeister zu sein und begann die Welt im einzelnen zu bilden. Zuerst erzeugte er, um nicht allein zu sein, aus dem Zugrundeliegenden, d. h. aus dem Haufen der Samenfülle, einen Sohn; und mit ihm, der nach dem Ratschluß Gottes besser und weiser wurde, als er selbst, und den er deshalb zu seiner Rechten setzte, vollbrachte er die ganze himmlische oder ätherische Welt, genannt Ogdoas (c. 23) und bis an den Mond reichend (c. 24). Nach der Bildung der Ogdoas entwickelte sich sofort in der gleichen Weise eine zweite und geringere Welt, die Hebdomas. Endlich entstand ohne Archon und allein nach dem vernünftigen Plan, den der nichtseiende Gott bei der Schöpfung faßte, diese sichtbare Welt (c. 24).

Der Kosmos zerfällt somit in drei Stufen. Diese selbst aber sind, wie später bemerkt wird, verschiedentlich gegliedert, indem auf ihnen unendlich viele Kreaturen ($\varkappa\tau\acute{\iota}\sigma\varepsilon\iota\varsigma$), Herrschaften, Kräfte und Gewalten sowie 365 Himmel erwähnt werden (c. 26). Letztere gehörten wahrscheinlich den ätherischen Regionen der Ogdoas an.[2] Doch ist zu beachten, daß dieser Zusatz überhaupt als Doktrin der Basilidianer angeführt wird, während die übrige Lehre als die des Basilides selbst bezeichnet ist.

---

[1] Vgl. auch Zeitschrift für luth. Theol. und K. 1856 S. 462.
[2] Vgl. Zeitschrift für luth. Theol. und K. 1856 S. 467.

Als nun der Weltprozeß ſoweit gediehen war, mußte auch noch die
dritte Sohnſchaft geoffenbart und über den Grenzgeiſt hinauf verſetzt
werden zu der feinteiligen und nachahmenden oder dichteren Sohnſchaft,
ſowie zu dem Nichtſeienden nach den Worten der Schrift: Und die
Kreatur ſelbſt ſehnt und ängſtigt ſich, die Offenbarung der Söhne Gottes
erwartend (vgl. Röm. 8, 19). Die „Söhne Gottes“ wollten die Baſili=
dianer als die Pneumatiker ſelbſt ſein, und ſie erklärten, ſie ſeien hier
zurückgelaſſen worden, um die Seelen, die mit ihrer niederen Natur auf
dieſer Stufe zu bleiben haben, zu ſchmücken, zu bilden und zu vollenden.
Die Offenbarung findet ſtatt in der dritten Periode, nachdem in der
erſten oder in der Zeit des großen Archon tiefes Schweigen oder große
Unwiſſenheit geherrſcht und nachdem der Archon der Hebdomas, der zu
Moſes ſprach, nur ſich ſelbſt verkündigt hatte, und ſie vollzieht ſich durch
das Evangelium. Daſſelbe beſteht in der Erkenntnis des Überweltlichen,
des hl. Geiſtes, der Sohnſchaft und des nichtſeienden Gottes, des Schöpfers
aller Dinge (c. 27 p. 376 sq.), und es ging durch alle Herrſchaft, Macht,
Gewalt und allen Namen hindurch, der genannt wird (c. 25). Zuerſt
wurde es dem Sohne des großen Archon zu teil. Durch den Sohn
gelangte es an den Archon ſelbſt und die ganze Ogdoas, und der Archon
geriet durch die Offenbarung in Furcht und bekannte die Sünde, die er
durch ſeine Selbſtüberhebung begangen hatte. (Darauf bezieht ſich die
Mitteilung des Klemens von Alexandrien Strom., II, 5, 36 p. 448 über
die Erklärung des Schriftwortes: Der Anfang der Weisheit iſt die Furcht
Gottes, durch die Baſilidianer.) Dann kam es auf gleiche Weiſe in die
Hebdomas und ſchließlich in dieſe ſichtbare Welt, wo es zuerſt Jeſus,
dem Sohn Marias, zu teil wurde (c. 26). Seine Aufgabe iſt, das
Gemiſchte zu ſcheiden. Jeſus ſollte demgemäß der Erſtling der Scheidung
werden (ἵνα ἀπαρχὴ τῆς φυλοκρινήσεως γένηται τῶν συγκεχυμένων
ὁ Ἰησοῦς, p. 378, 16 sq.), und die Scheidung vollzog ſich durch ſeinen
Tod. „Denn da die Welt in eine Ogdoas, die das Haupt der ganzen
Welt iſt (das Haupt der ganzen Welt aber iſt der große Archon), und
in eine Hebdomas ... und in dieſe unſere Stufe, wo die Amorphia iſt,
zerfällt, ſo mußte das Vermiſchte notwendig durch die Teilung in Jeſus
geſondert werden. Es litt alſo das Leibliche an ihm, das der Amorphia
angehörte, und kam (ἀπεκατέστη) in die Amorphia zurück. Dagegen
erſtand ſein ſeeliſcher Beſtandteil, der der Hebdomas angehörte, und kam
in die Hebdomas zurück. Er erweckte ferner das, was der höchſten Stufe,
dem großen Archon, eigentümlich war, und es blieb bei dem großen Archon;

er trug bis oben hinauf, was dem Grenzgeist angehörte, und es blieb in dem Grenzgeist. Gereinigt aber wurde durch ihn die dritte Sohnschaft, die zurückgelassen worden war, um Wohlthaten zu erzeigen und Wohlthaten zu empfangen, und sie kehrte zu der seligen Sohnschaft zurück, durch all das hindurchgehend. Denn ihr ganzes System beruht auf Vermischung der Samenfülle, auf Sonderung und Zurückversetzung der gemischten Dinge in die ihnen eigentümliche Lage. Der Erstling der Sonderung ist Jesus, und sein Leiden hat keinen anderen Zweck, als das Gemischte zu sondern. Denn auf diese selbe Weise, auf die Jesus die Sonderung an sich erfuhr, sagt er, muß die ganze Sohnschaft, die zum Erweis und zum Empfang von Wohlthaten in der Amorphia zurückgelassen wurde, gesondert werden" (c. 27 p. 378), und die Welt wird so lange bestehen, bis die ganze Sohnschaft völlig durchgebildet Jesus nachfolgt und gereinigt in die Höhe eilt und so fein wird, daß sie gleich der ersten durch sich selbst hinaufkommen kann. Denn sie hat alle Kraft in natürlicher Verbindung mit dem Lichte, das leuchtete von oben nach unten (c. 26 p. 374).

Wenn aber das geschehen ist, wenn alle Sohnschaft über den Grenzgeist hinübergebracht ist, wird die Kreatur Erbarmen finden. „Gott", sagt er, „wird über die ganze Welt die große Unwissenheit bringen, damit alles der Natur gemäß bleibe und nicht nach etwas Widernatürlichem verlange. Es werden dann alle Seelen dieser Stufe, die vermöge ihrer Natur nur in ihr unsterblich bleiben können, verharren, ohne etwas zu verstehen, was verschieden von dieser Stufe oder besser als sie ist. Es wird weder ein Laut noch eine Kenntnis von dem Oberen zu dem Unteren bringen, damit nicht die unten befindlichen Seelen nach dem Unmöglichen strebend sich peinigen, gleich dem Fisch, der mit den Schafen auf den Bergen zu weiden verlangen würde; denn eine solche Begierde, sagte er, würde ihnen zum Verderben gereichen. Es ist also, sagt er, alles unvergänglich, was an seiner Stelle bleibt, vergänglich aber, wenn es seine naturgemäße Stellung überspringen und überschreiten will. So wird der Archon der Hebbomas nichts mehr von dem über ihm Liegenden wissen; denn es wird auch ihn die große Unwissenheit erfassen, damit Trauer und Schmerz und Seufzen von ihm weiche; denn er wird nach nichts Unmöglichem verlangen noch in Trauer versetzt werden. Ähnlich wird auch den großen Archon der Ogdoas diese Unwissenheit ergreifen und ebenso alle unter ihm stehenden Kreaturen, damit nichts nach etwas Widernatürlichem strebe noch Schmerz erdulde, und so wird sein die

Wiederherstellung aller Dinge (καὶ οὕτως ἡ ἀποκατάστασις ἔσται πάντων), die ihrer Natur nach von Anfang im Samen des Alls gegründet wurden, zu ihren bestimmten Zeiten aber werden wiederhergestellt werden" (c. 27 p. 374 sq.).

Das ist der Verlauf des Weltprozesses. Er stellt sich durchweg als dualistisch dar. Wie das All oder das Seiende in zwei Substanzen zerfällt, so sondern sich diese Wesenheiten, nachdem sie im Weltsamen mit einander vermischt und vermengt worden, und zwar für immer, indem es fortan zu keiner Vermischung mehr kommt. Das Ende ist demgemäß so dualistisch als nur immer möglich, es zeigt insbesondere eine unverkennbare Verwandtschaft des basilibianischen Systems mit dem Manichäismus, und angesichts dieses Thatbestandes mußte selbst Uhlhorn[1] einräumen, daß hier eine wesentliche Abweichung vom Pantheismus vorliege, indem nach dem pantheistischen Gedanken die Entwickelung mit derselben Notwendigkeit fortschreiten, alles, wie es sich aus Gott entwickelt habe, in Gott zurückkehren müßte, um dann wieder aus Gott herauszutreten und denselben Kreislauf in Ewigkeit weiter zu führen. Er hätte sagen sollen, daß diese Differenz die pantheistische Auffassung des basilibianischen Systems streng genommen unmöglich macht. Indessen mag dieser Punkt vorerst auf sich beruhen. Dagegen kommt noch ein Weiteres in Betracht. Das System entfernt sich nicht bloß in seinem Ende vom Pantheismus, sondern es ist auch in seiner ganzen Anlage das Gegenteil von diesem, da es zwei Substanzen in völligem Gegensatz statuiert, während der Pantheismus nur eine Substanz oder ein Princip hat, indem er überall ein und dasselbe Wesen erkennt, das, wie Zeller[2] von dem stoischen Pantheismus besonders bemerkt, mit dem Uhlhorn den angeblich basilibianischen näherhin verwandt findet, „als allgemeines Substrat gedacht die eigenschaftslose Materie, als wirkende Kraft gedacht der allverbreitete Äther, das allerwärmende Feuer, die allesdurchdringende Luft, die Natur, die Weltseele, die Weltvernunft, die Vorsehung, das Verhängnis, die Gottheit genannt wird". Wenn Uhlhorn[3] ferner zu Gunsten des Pantheismus den Punkt betonen zu sollen glaubt, daß der Weltprozeß sich bei Basilides mit Notwendigkeit vollziehe, und daß von einem freien Bösen im ethischen Sinn in dem System desselben keine Rede sein könne, so übersieht er, daß in dieser Beziehung zwischen gnostischem Dualismus und Pantheismus kein wesentlicher Unterschied besteht, indem bei beiden an die Stelle der ethischen

---

[1] Das basilibianische System S. 36.
[2] Die Philosophie der Griechen 2. Aufl. III, I, 132.   [3] A. a. O. S. 35.

die physikalische Weltauffassung tritt.   Daß endlich die Vermischung der
Substanzen im Weltsamen oder der Ausgangspunkt des Weltprozesses
nichts für den Pantheismus beweist, braucht kaum bemerkt zu werden.
Denn es handelt sich hier nicht um die Frage, ob die Substanzen zeitweilig mit einander verbunden und vermischt sind, sondern darauf kommt
es an, ob es in dem System eine oder mehrere Substanzen giebt und
welches deren endgültiges Verhältnis ist, und was Basilides darüber lehrte,
kann nicht zweifelhaft sein.   Seine Lehre über die Weltentwickelung ist
ausgesprochen dualistisch.   Sehen wir nun, wie es sich mit seiner Lehre
von der Schöpfung oder Entstehung der Welt verhält.

„Es gab eine Zeit", lauten die Hauptstellen dieses Teils, „da nichts
war.   Aber nicht einmal das Nichts war etwas von dem Seienden,
sondern im reinen Sinn des Wortes und ohne Hintergedanken und fern
von aller Zweideutigkeit war völlig nichts.   Und wenn ich sage, bemerkt
er: es war, so meine ich nicht, daß es war, sondern ich spreche nur so,
um das anzudeuten, was ich zeigen will, daß nämlich durchaus nichts
war.   Denn jenes ist nicht schlechthin unaussprechlich, was (unaussprechlich)
genannt wird; wir nennen dieses wenigstens unaussprechlich, jenes nicht
einmal unaussprechlich; denn was nicht einmal unaussprechlich ist, wird
nicht unaussprechlich genannt, sondern ist erhaben über jeden Namen, der
da genannt wird.   Denn nicht einmal für die Welt, sagt er, genügen
die Worte: so vielfach gespalten ist sie, sondern sie mangeln; und es ist
unmöglich, für alle Dinge die rechten Namen zu finden, sondern man
muß im Geist aus denselben Namen[1] die Eigenschaften der genannten
Dinge, ohne daß gesprochen wird, erkennen.   Die Gleichheit der Namen
nämlich hat bei den Hörenden Verwirrung und Verwechslung der Gegen-
stände veranlaßt (c. 20). . . . Als also nichts war, nicht Materie, nicht
Wesen, nicht Wesenloses, nicht Einfaches, nicht Zusammengesetztes, nicht
Unbegreifliches, nicht Unsichtbares (ἀναίσθητον), nicht Mensch, nicht
Engel, nicht Gott noch überhaupt etwas von den Dingen, die genannt
oder durch die Sinne wahrgenommen oder durch die Vernunft erfaßt
werden, sondern alles so und noch feiner völlig aufgehoben war, da wollte
der nichtseiende Gott (den Aristoteles die höchste Vernunft nennt, diese
aber den Nichtseienden) ohne Vernunft, Sinn, Willen, Wahl, Leidenschaft
und Begierde eine Welt schaffen.   Den Ausdruck „er wolle" gebrauche
ich, sagt er, nur der Darstellung wegen, da er es that ohne Willen und

---

[1] Der Text ist hier korrupt.   Ich folge der Konjektur Dunckers

ohne Vernunft und ohne Sinn; unter der Welt aber meine ich nicht die
Welt, wie sie später in der Breite und Sonderung geworden ist und sich
teilte, sondern den Samen der Welt. . . . So schuf der nichtseiende Gott
die nichtseiende Welt aus dem Nichtseienden (οὕτως οὐκ ὢν θεὸς ἐποίησε
κόσμον οὐκ ὄντα ἐξ οὐκ ὄντων), indem er einen Samen, der die
ganze Samenfülle der Welt in sich enthielt, hinabwarf und ins Dasein
rief" (ὑποστήσας, c. 21).

    Welches ist nun der Sinn dieser dunkeln Worte? Jacobi[1] glaubte
früher den christlichen Schöpfungsbegriff in ihnen finden zu sollen, und
wenn man dazu nimmt, daß Basilides an einer späteren Stelle, wie die
Idee einer Emanation aus Gott, so auch die Annahme einer Materie
als Substrat für das göttliche Schaffen ausdrücklich abweist, so scheint
jene Auffassung noch mehr an Grund zu gewinnen. „Denn wie sollte
Gott", lassen ihn die Philosophumenen c. 22 p. 360 sagen, „einer
Probole oder eines Grundstoffes bedürfen, um die Welt zu schaffen, wie
die Spinne ihre Fäden (hervorbringt) oder der sterbliche Mensch Erz
oder Holz oder sonst irgend einen von den Bestandteilen der Materie
zu seinem Werke nimmt? Er sprach vielmehr, sagt er, und es wurde,
und das ist, wie diese Leute sagen, der Sinn des von Moses gesprochenen
Wortes: Es werde Licht, und es ward Licht. Woraus, sagt er, entstand
das Licht? Aus nichts; denn es ist nicht geschrieben, sagt er, woher
(d. h. es ist nichts von einem Stoff gesagt), sondern nur das: aus der
Stimme des Sprechenden; der Sprechende aber, sagt er, war nicht, und
auch das Gewordene war nicht. Es ward, sagt er, aus dem Nichtseienden
der Weltsame, das Wort, das gesprochen wurde: Es werde Licht, und
das ist, sagt er, was in den Evangelien gesagt ist: Es war das wahre
Licht, welches jeden Menschen erleuchtet, der in die Welt kommt". Und
dennoch kann von einer Schöpfung aus nichts nicht die Rede sein. Basilides
bedient sich hier allerdings der in Betracht kommenden biblischen und
kirchlichen Ausdrücke. Aber er giebt andererseits nicht undeutlich zu verstehen, daß er einen anderen Sinn mit ihnen verbinde als die katholische
Kirche. Er bezeichnet Gott und die Welt als nichtseiend, erklärt das
Wollen Gottes für ein Wollen ohne Willen, den einen Teil des Ge-
schaffenen, die Sohnschaft, für wesensgleich mit dem Schöpfer.

    Wenn aber der christliche Schöpfungsbegriff in jenen Worten nicht
zu finden ist, wie sind dieselben dann zu verstehen? Ist vielleicht das

---

[1] Basilidis phil. gnost. sententiae 1852.

reine Nichts, wie Uhlhorn[1] meint, als Ausgangspunkt des Systems zu
denken? Diese Auffassung ist schwerlich richtig. Denn daß zunächst die
Worte „als nichts war" nicht von dem reinen Nichts zu verstehen sind,
zeigt ein Blick auf c. 27 p. 376, 95, wo sie als ἐν ἀρχῇ gedeutet sind.
Daß aber das Nichts selbst nicht als ein reines Nichts zu fassen ist,
zeigt die folgende nähere Erklärung. Indem es (c. 20) als ὑπεράνω
παντὸς ὀνόματος ὀνομαζομένου definiert oder indem zu dem folgenden
„als nichts war" (c. 21) beigefügt wird: nicht Materie, nicht Wesen=
heit ... und überhaupt nichts von den Dingen, die genannt oder mit
den Sinnen erfaßt oder mit dem Verstand begriffen werden, wird zu
verstehen gegeben, daß es nur das nicht sei, was in den Bereich unseres
Erkennens falle. Uhlhorn[2] setzt es in Parallele mit dem anfänglichen
Urwesen der Stoa, in dem noch alles ununterschieden in einander liege,
und findet in ihm näherhin beides, den Weltsamen und den nichtseienden
Gott. Gundert[3] erblickt in ihm das Wesen des überweltlichen Gottes,
der über allem Seienden stehe und eben deshalb nicht unter dem Seienden
mitbefaßt werden könne. Beide waren der richtigen Auffassung nahe,
ohne sie aber zu erreichen. Bei Uhlhorn wirkte der vorausgesetzte Pan=
theismus störend ein. Die Gundertsche Erklärung ist nicht umfassend
genug. In dem οὐδὲν liegt nicht bloß der οὐκ ὢν θεός, sondern auch
die οὐκ ὄντα, und diese (nicht der Weltsame) sind andererseits nicht in
unterschiedsloser Einheit mit jenem, sondern vielmehr in Gegensatz zu
ihm zu denken; denn das folgt nicht bloß aus dem Satz: der nichtseiende
Gott schuf die Welt aus dem Nichtseienden, wie man auch sonst über
ihn denken mag, sondern dafür spricht noch mehr die ganze Anlage des
Systems, während für die Annahme einer ununterschiedenen Einheit kein
Grund anzuführen ist.

. Im Anfang waren also, das ist das Resultat unserer bisherigen
Untersuchung, der οὐκ ὢν θεός oder der οὐκ ὢν, wie er bisweilen
(c. 21, p. 358, 95; c. 22, p. 362, 59; c. 25, p. 368, 75) einfach
heißt, und die οὐκ ὄντα, und sie sind demgemäß die Faktoren, aus denen
der Weltsame entstand. Die οὐκ ὄντα sind aber offenbar näherhin als
οὐκ οὖσα ὕλη zu verstehen. Dieser Ausdruck findet sich in der Hippo=
lytschen Darstellung allerdings nirgends vor. Allein schon die Analogie
von οὐκ ὢν θεός und ὁ οὐκ ὢν beweist seine Möglichkeit. Überdies
läßt sich sehr wohl der Grund vermuten, warum Basilides denselben

[1] Das basilidianische System S. 10.   [2] A. a. O. S. 15.
[3] Zeitschrift für luth. Theologie und K. 1856 S. 445.

verschmähte. Die Formel ἐξ οὐκ ὄντων sollte seiner Lehre einen kirch=
lichen Anstrich geben, und daß ihm daran wirklich gelegen war, zeigen
die Philosophumenen nicht bloß da, wo sie seine Schöpfungslehre darstellen,
sondern auch an vielen anderen Orten. Der Hauptgrund aber, aus dem
die οὐκ ὄντα in jener Weise zu verstehen sind, liegt in dem Verlauf
des Weltprozesses. Wenn dieser in einem vollendeten Dualismus endigt
und wenn das Ende eine ἀποκατάστασις πάντων oder ἀποκατάστασις
τῶν συγκεχυμένων εἰς τὰ οἰκεῖα (c. 27, p. 376, 94; 378, 34 sq.)
ist, d. h. wenn es darin besteht, daß die Substanzen in die ihnen eigen=
tümliche Lage zurückverseßt werden, so müssen dieselben schon anfänglich
und zwar in gegenseitiger Trennung vorhanden gewesen sein. Die Kon=
sequenz des Systems fordert dieses unbedingt, wenn man sich für dasselbe
nicht etwa zur Anerkennung des christlichen Schöpfungsgedankens verstehen
will, was aber nach dem Obigen nicht möglich ist.

    Wie ist aber endlich der Weltsame entstanden? Basilides antwortet
auf diese Frage mit den Worten: der nichtseiende Gott habe die nicht=
seiende Welt aus dem Nichtseienden erschaffen, indem er einen gewissen
Samen (σπέρμα τι ἔν) herabwarf und ihm Dasein gab. Ich verzichte
darauf, diese allgemeinen und den Sinn des Autors ebenso verhüllenden
als offenbarenden Worte näher zu deuten. Die Philosophumenen bieten
uns dazu zu wenige Anhaltspunkte. Doch läßt sich nach Analogie anderer
gnostischer Systeme mit Grund vermuten, und das zweite Fragment in
den Acta Archelai bestätigt dies, daß die beiden im Anfang sich ent=
gegenstehenden Reiche vermöge ihrer eigenen Entfaltung und Ausdehnung
sich einander näherten, daß bei ihrer gegenseitigen Berührung sich Teile
des einen mit Teilen des andern vermischten und so der Weltsame entstand.
Demgemäß ist, obwohl Basilides, wie in andern Dingen, so auch hier
das Gegenteil zu behaupten scheint, in Gott wenigstens in einem gewissen
Sinn eine Emanation anzunehmen. Anderseits ist die Bezeichnung des
Systems als Evolutionismus abzuweisen. Sie hängt mit der Charakteri=
sierung desselben als Pantheismus zusammen und beruht auf Verkennung
seines Anfangs. Was Evolution genannt wird, ist ja nicht so fast die
Entstehung als die Entfaltung der Welt, näherhin die Sonderung der
Substanzen und als solche ein Prozeß, der echt dualistisch ist.

    Ich beschränke mich bezüglich der Lehre von der Entstehung des
Weltsamens vorerst auf dieses Wenige. So lange der allgemeine Charakter
des basilidianischen Systems noch streitig ist, erscheint es nicht als rätlich,
jetzt schon weiter zu gehen. —

Hilgenfeld[1] erkannte neueftens wohl an, daß das Ende des Syftems dualiftifch fei; den Anfang aber glaubt er als moniftifch anfehen zu follen. Es wird mir vorgehalten, daß der oben S. 362 mitgeteilte Ausfpruch der Philofophumenen VII, 23 (p. 364, 10—14) über die Teilung der ὄντα in die Welt und das Überweltliche nicht für die dualiftifche Grundanficht oder den anfänglichen Dualismus beweife, indem alles diefes auf den nichtfeienden Gott als den Urquell zurückführe, alles Seiende, auch das Hyperkosmifche, aus dem Nichtfeienden ftamme, das Ziel des Weltprozeffes wohl die Scheidung des Gemifchten fei, alles Gemifchte aber auf den von dem nichtfeienden Gott niedergelegten Allfamen zurückgehe, der Pantheismus nur deshalb nicht ganz rein fei, weil er die Umbildung eines dualiftifch=emanatiftifchen Syftems fei. Allein fo klar ift die Sache keineswegs. Es ift eben die Frage, ob das Seiende aus= fchließlich und allein auf den nichtfeienden Gott als Urquell zurückzuführen ift. Der Wortlaut der einfchlägigen Sätze Philos. VII, 21 mag diefe Auffaffung infofern nahe legen, als der nichtfeiende Gott als der Schöpfer erfcheint. Aber der nichtfeiende Gott fchafft ja nicht einfach und fchlechthin; er fchafft ἐξ οὐκ ὄντων, und daß diefe Worte nicht ganz bedeutungslos find, daß der Monismus hier nicht fo klar vorliegt, wie behauptet wird, verrät Hilgenfeld felbft unwillkürlich, indem er, nachdem er den nicht= feienden Gott als den Urquell des Seienden bezeichnet, fofort alles Seiende aus dem Nichtfeienden abftammen läßt, er müßte nur, was aber wohl kaum anzunehmen ift, unter dem Nichtfeienden den οὐκ ὤν, nicht aber die οὐκ ὄντα verftehen. In der That hat man dem οὐκ ὤν oder οὐκ ὤν θεὸς für den Anfang οὐκ ὄντα an die Seite zu ftellen, wie ich oben dargethan habe. Dem fteht nichts entgegen; in dem Satz: Οὕτως οὐκ ὢν θεός ἐποίησε κόσμον οὐκ ὄντα ἐξ οὐκ ὄντων (Philos. VII, 21 p. 358, 6) ftehen die beiden Momente in der That neben einander, und wenn etwa der folgende Satzteil den Gedanken nahe legen könnte, der οὐκ ὢν θεός fei für den Anfang durchaus alles, fo muß uns der Verlauf des Weltprozeffes und die nachdrückliche Betonung einer ἀπο= κατάστασις πάντων von demfelben zurückhalten. Jedenfalls hat man an diefem Punkte zunächft einzufetzen, wenn man meinen Beweis wider= legen will.

Mit der Frage nach dem Charakter des Bafilides der Philofophu= menen hängt mehr oder weniger auch die nach der hiftorifchen Stellung des Syftems zufammen, und zum Schluß mögen über diefen Punkt noch

[1] Die Ketzergefchichte des Urchriftentums 1884 S. 206.

einige Worte folgen. Die Frage wird wie früher so noch neuestens
verschieden beantwortet. Hilgenfeld findet auch in seiner letzten einschlägigen
Schrift den echten Basilides bei Irenäus und den verwandten Häresieologen, bezw. in dem Syntagma Hippolyts, auf das die Späteren zurückgehen, und erklärt den Basilides der Philosophumenen für einen hellenistisch-
pantheistisch umgebildeten Spätling. Er stützt sich für die Ansicht darauf,
daß nicht einmal Theodoret (Haer. fab. I, 4) von dem Basilides der
Philosophumenen oder des Hippolytus II etwas wissen wolle, und er
meint auch, der Basilides des Hippolytus II zeuge selbst für den des
Justinus-Irenäus und des Hippolytus I, indem der „nichtseiende Gott"
ja von vornherein durch seine überschwengliche Schönheit, welche doch nur
einem ungezeugten Urvater eigen sein könne, alles an sich ziehe (Philos.
VII, 22 p. 262).[1] Wie aber das letztere der Fall sein oder etwas
beweisen solle, ist nicht einzusehen. Und was den anderen Punkt anlangt,
so erklärt sich das Verhalten der späteren Häresieologen gegenüber dem
Berichte der Philosophumenen vor allem zur Genüge durch den Umstand,
daß sie im allgemeinen der anderweitigen Überlieferung folgen. Auf der
anderen Seite fällt aber mehr als jener Umstand das eigene Verhalten
Hippolyts ins Gewicht, indem er in den Philosophumenen wohl schwerlich
ohne Grund die Traditionen ablehnte, denen er im Syntagma folgte.
Endlich darf man nicht unberücksichtigt lassen, daß die Fragmente und
Urteile, die bei Klemens von Alexandrien zu finden und nach allgemeiner
Annahme das Sicherste sind, was wir über Basilides besitzen, sich zum
Teil geradezu auffallend mit dem System der Philosophumenen berühren,
während sie im System des Irenäus kaum unterzubringen sind. Möller[2]
hat die Punkte neuerdings mit Recht wieder hervorgehoben. Dazu kommen
die Acta Archelai als weiterer Zeuge in dieser Richtung. Dieselben
stehen, wenn die vorstehende Ansicht über den Dualismus des Systems
in den Philosophumenen richtig ist, der Priorität dieses Systems nicht
nur nicht entgegen, sondern sie sprechen sogar für dieselbe. Denn wenn
der Verfasser der Acta Archelai unter den verschiedenen gnostischen
Systemen gerade das basilidianische mit dem Manichäismus verwandt
nennt, so wird er nicht bloß das allgemeine Moment des Dualismus,
sondern eine besondere Ähnlichkeit vor Augen gehabt haben, und diese
finden wir wohl in der Darstellung des Ausganges des Weltprozesses
in den Philosophumenen, nicht aber bei Irenäus und seinen Nachfolgern.

---

[1] Ketzergeschichte des Urchristentums S. 205 f.
[2] Lehrbuch der Kirchengeschichte I (1889), 147.

XVII.

Zur Frage nach dem Papstkatalog Hegesipps.[1]

Der älteste Papstkatalog wurde, soweit unsere Kenntnis reicht, durch Hegesipp angefertigt. Das Umsichgreifen der Häresieen bestimmte ihn, sich bei mehreren Kirchen über den christlichen Glauben zu erkundigen. Das Hauptziel seiner Forschungsreise war Rom, und den Weg dahin nahm er über Korinth. In einem Fragment, das uns Eusebius (IV, 22) bewahrte, erzählt er darüber selbst: „Und die Kirche der Korinther beharrte bei der richtigen Lehre bis zum Pontifikat des Bischofs Primus; ich besprach mich mit ihnen (ihm), als ich nach Rom schiffte, und ich verweilte bei den Korinthern geraume Zeit, während welcher wir uns der richtigen Lehre erfreuten. Als ich aber nach Rom kam, verfertigte ich eine Successionsliste (διαδοχὴν ἐποιησάμην) bis auf Anicet, dessen Diakon Eleutherus war. Und auf Anicet folgte Soter, auf diesen Eleutherus. In jeder Succession aber und in jeder Stadt wird so geglaubt (οὕτως ἔχει), wie das Gesetz es verkündigt und die Propheten und der Herr.“ Seine Absicht war dabei zweifellos, einen Beweis für die Wahrheit der katholischen Lehre zu erbringen, indem er in der bischöflichen Succession eine Bürgschaft der Kontinuität der Lehre erblickte, eine Auffassung, die wir kurz darauf mit aller Bestimmtheit bei Irenäus antreffen.

Durch Eusebius wurden uns zwar mehrere Stellen aus Hegesipps Denkwürdigkeiten vermittelt. Der Papstkatalog aber wurde von ihm nicht aufgenommen, und er schien verloren zu sein. Da lenkte der Bischof Dunelm von Durham oder J. B. Lightfoot, wie sein früherer Name lautet, unter dem er in der wissenschaftlichen Welt allenthalben bekannt ist, in der Londoner Academy 1887 Nr. 785 (21. Mai) das Augenmerk auf Epiphanius H. 27 c. 6, eine Stelle, in welcher der Katalog nicht unwahrscheinlich enthalten sei. Die Abhandlung ging dann, etwas erweitert, in die Apostolic Fathers, S. Clement I (1890), 327—333 über, und an diese Ausgabe werde ich mich im Folgenden halten.

Epiphanius erzählt an jener Stelle, die Karpokratianerin Marcellina

---

[1] Aus dem Historischen Jahrbuch 1888 S. 674—677; 1890 S. 77—80 verbessert und beträchtlich erweitert.

sei nach Rom gekommen und habe viele verführt zur Zeit des Bischofs Anicet, des Nachfolgers des Pius und der früheren Bischöfe, und nach dieser Bemerkung führt er alle bisherigen römischen Bischöfe auf, von Petrus und Paulus angefangen, die „Apostel und Bischöfe zugleich" waren, bis auf Anicet herab. Dabei erregt ihm der Umstand Bedenken, daß Klemens erst nach Linus und Kletus den bischöflichen Stuhl einnahm, da er doch ein Zeitgenosse der Apostel gewesen sei, wie denn Paulus im Römerbrief (vielmehr im Philipperbrief) seiner gedenke, und er bemüht sich, die Schwierigkeit zu lösen. Klemens, meint er, habe die Weihe vielleicht durch Petrus erhalten, aber die Würde wieder niedergelegt, da er in einem seiner Briefe sagt: Ich ziehe mich zurück u. s. w. (vgl. I Klem. 54, 2), wie er (Epiphanius) in gewissen Denkwürdigkeiten, ἐν τισιν ὑπομνηματισμοῖς, geschrieben finde; oder er sei nach der Succession der Apostel durch den Bischof Kletus geweiht worden. Noch zu Lebzeiten der Apostel aber haben andere zu Bischöfen bestellt werden können, weil jene vielfach auf der Mission abwesend gewesen seien. Klemens habe also vielleicht zunächst die Weihe empfangen, dann resigniert, endlich sei er, nachdem Linus und Kletus, jeder zwölf Jahre, den Episkopat verwaltet, nach deren Hingang veranlaßt worden, die bischöfliche Würde wieder zu übernehmen. Daß es sich wirklich so verhalte, will er zwar nicht behaupten. Dagegen hält er die ihm vorliegende Liste unbedingt als richtig aufrecht, und er fährt darum fort: „Dennoch (wie es sich nämlich mit der Stellung des Klemens verhalten mag) hat die Succession (διαδοχή) der römischen Bischöfe diese Reihenfolge: Petrus und Paulus, Linus und Kletus, Klemens, Evaristus, Alexander, Xystus, Telesphorus, Evaristus, Hyginus, Pius, Anicet, der oben in dem Katalog erwähnt worden ist."

Die Liste fand Epiphanius zweifellos in einem alten Schriftstück vor, und diese Schrift mit den Denkwürdigkeiten Hegesipps zu identifizieren, dazu bestimmten Lightfoot folgende Erwägungen:

1. Epiphanius citiere die Klemensstelle offenbar nicht aus dem Klemensbrief selbst, von dem er nirgends eine direkte Kenntnis verrate. Wie er selbst sage, habe er die Stelle in gewissen Denkwürdigkeiten gefunden, und diese seien die Denkwürdigkeiten Hegesipps, da Eusebius nicht bloß sie mit dem Ausdruck ὑπομνήματα (II, 23; IV, 22), sondern auch die Thätigkeit des Autors mit dem entsprechenden Worte ὑπομνηματίζεσθαι (IV, 8) bezeichne.

2. Eine andere und etwas spätere Stelle des Epiphanius, H. 29

c. 4, wo dasselbe Wort gebraucht sei, diene der Auffassung zur Bestätigung. Bei Bekämpfung der Nazaräer komme der Kirchenvater auf Jakobus, den Bruder des Herrn, zu sprechen, und dabei erwähne er, daß derselbe Priester war gemäß dem alten Priestertum, weshalb er jährlich einmal in das Allerheiligste habe eintreten dürfen, wie viele von ihm berichten, Eusebius, Klemens und andere, daß er auch die Mitra (τὸ πέταλον) tragen durfte, wie die erwähnten glaubwürdigen Männer in den von ihnen geschriebenen Denkwürdigkeiten (ἐν τοῖς ὑπ᾿ αὐτῶν ὑπομνηματισμοῖς) bezeugen. Wen anders könne Epiphanius mit den „anderen", welche „Denkwürdigkeiten" verfaßten, gemeint haben als Hegesipp? Derselbe werde bei Eusebius für manche der hier erwähnten und Jakobus betreffenden Dinge angeführt, auch für dessen Verwandtschaft mit Joseph (III, 11, 2; IV, 22, 4). Seine Fragmente verraten eine große Verwandtschaft mit der Erzählung des Epiphanius über die jüdischen und judenchristlichen Sekten. In einem Fragment (Eus. IV, 22, 5) spreche er von den Karpokratianern in Verbindung mit anderen gnostischen Sekten. Endlich habe er das Hebräerevangelium benutzt, das auch Epiphanius in unmittelbarer Nachbarschaft (H. 29 c. 9; 30 c. 3. 6. 13. 14) mehremal erwähne.

3. Hegesipp habe sich sicherlich bei dem Klemensbrief und den korinthischen Streitigkeiten, welche ihn veranlaßten, eine Weile aufgehalten. Eusebius verweise auf sein Zeugnis, betreffend diesen Brief, nicht bloß an dem angeführten, sondern auch noch an einem andern Ort (III, 16). Überdies begegne uns die Erwähnung des Klemensbriefes bei Hegesipp in dem gleichen Zusammenhang mit der Erwähnung der römischen Succession, in dem er uns bei Epiphanius entgegentrete. Auch werde die Stellung des Klemens bei Epiphanius ganz am unrechten Orte erörtert, und seine Einführung sei nur durch die Thatsache zu erklären, daß Klemens in seiner Vorlage einen breiten Raum eingenommen habe.

4. Hegesipp erzähle uns, daß sein Katalog bis Anicet ging. Die Liste des Epiphanius höre eben da auf, während der Katalog des Irenäus sich bis auf Eleutherus erstrecke. Der Bedeutung dieses Zusammentreffens thue zwar der Umstand einigen Eintrag, daß Epiphanius kurz zuvor von Marcellina spreche, die in Rom unter Anicet gelehrt hatte. Aber diese Thatsache bekräftige nur das Zusammentreffen. Denn

5. Es sei mit Grund zu vermuten, daß diese selbe Notiz über Marcellina aus Hegesipp genommen sei und daß in dem ursprünglichen Kontext bei dem älteren Autor die Beziehung auf die römische Succession

fie veranlaßte, gerade wie bei Epiphanius. Es fei fchwer, dem Anfangs=
fatz des ganzen Abfchnitts: Es kam zu uns eine gewiffe Marcellina, einen
annehmbaren Sinn zu geben, fo lange man vorausfetze, daß Epiphanius
in eigener Perfon fpreche. Die Stelle bereite Lipfius (Zur Quellenkritik
des Epiphanius S. 114), der es als möglich betrachte, daß fie wörtlich
aus dem Syntagma Hippolyts genommen fei, einige Schwierigkeit. Wie,
wenn fie wörtlich aus den Denkwürdigkeiten Hegefipps genommen wäre?
Dies würde alles erklären. Ein Teil des Textes, betreffend die Karpo=
kratianer und Marcellina, gleiche allerdings fo fehr der Sprache des
Irenäus (I, 25, 6), daß er von dem Berichte diefes Vaters nicht unab=
hängig fein könne. Wenn daher die Hypothefe richtig fei, fo müffe ent=
weder Irenäus aus Hegefipp, oder Epiphanius teils aus Hegefipp, teils
aus Irenäus gefchöpft, außerdem auch das Syntagma Hippolyts benutzt
haben. Keine der beiden Annahmen bereite Schwierigkeit.

6. An einem anderen Punkte übertrage Epiphanius jedenfalls die
Sprache einer Vorlage wörtlich in feinen Bericht, ohne fie feinem eigenen
Text entfprechend umzugeftalten. Er verweife zurück auf den „Katalog",
in dem Anicet bereits erwähnt worden fei. Im Vorausgehenden fei aber
kein Katalog mitgeteilt worden. Erkläre fich das nicht am beften als
nachläffige Einfügung der eigenen Worte Hegefipps durch Epiphanius,
der vergeffen habe, daß er die von Hegefipp entlehnte Stelle infolge der
von ihm getroffenen Änderung nicht weiter fich zu eigen gemacht habe?

Diefes Ergebnis werfe noch auf einen andern Punkt Licht. Statt
des Namens Anenkletus, den der Nachfolger des Linus bei Irenäus und
Eufebius führe, habe Epiphanius Kletus. Das zeige allein fchon, ·daß
er feine Lifte nicht von einem jener beiden Autoren entlehnt habe. Die
Form Kletus anderfeits müffe in irgend einer früheren Lifte geftanden
fein, da fie in mehreren Katalogen des 4. und 5. Jahrhunderts gefunden
werde. Im Weften fei fie häufig, wie der Kanon der lateinifchen Meffe,
der Liberianifche Katalog und die von ihm abhängigen Dokumente, die
Leoninifchen Kataloge und Rufin zeigen; im Often felten, fie komme aber
bei Epiphanius und in den Ancient Syriac Documents p. 71 vor.
In der Lifte Hegefipps, die fowohl zum Often als zum Weften Be=
ziehungen habe, zeige fich die Wurzel, von der aus die Form fich ver=
breitet habe.

Wenn aber Epiphanius fo feine Lifte von Hegefipp herleite, fo er=
gebe fich noch ein fehr wichtiges Refultat. Da er die Amtszeit von
Linus und Kletus auf je 12 Jahre angebe, fo habe der von ihm benützte

Katalog nicht bloß die Namen, sondern auch die Amtszeiten enthalten. Die Tradition der Amtszeiten lasse sich so bis auf Eleutherus (in dessen Zeit die Denkwürdigkeiten geschrieben wurden), wenn nicht gar bis auf Anicet zurückführen und verdiene darum die höchste Beachtung. Man möge annehmen, daß die zwölf Jahre, die den beiden ersten Nachfolgern der Apostel zugeteilt seien, einfach erfunden wurden, um den Zeitraum auszufüllen; aber vom Anfang des 2. Jahrhunderts an seien die überlieferten Zahlen im wesentlichen richtig. Lipsius nehme in seinen späteren Untersuchungen (Jahrb. f. prot. Th. VI, 233 ff.) unter den durch Eusebius benützten Auktoritäten ein antiochenisches Dokument aus der Zeit des Papstes Viktor, des Nachfolgers des Eleutherus, an, welches die Amtszeiten wie die Namen der römischen Bischöfe enthalten habe. In der Liste Hegesipps zeige sich eine etwas ältere Quelle, · aus welcher der antiochenische Autor (wenn er existiert habe) seine Information gewonnen habe — ein Katalog, aufgestellt unter Anicet, aber nicht veröffentlicht vor Eleutherus, verfaßt durch einen Autor aus Palästina, der lange in Rom sich aufhielt.

Die Beweisführung ist bestechend, und wenn sie sicher wäre, so würde die Kirchengeschichte ein nicht unbedeutendes Dokument wieder erhalten. Wir wüßten dann nicht bloß von der Anfertigung eines Papstkataloges durch Hegesipp, sondern wir besäßen das Schriftstück auch noch in der Hauptsache. Bei näherer Prüfung stellen sich indessen so erhebliche Schwierigkeiten ein, daß wenigstens von Sicherheit keine Rede sein kann.

1. Vor allem ist auf den Ausgangspunkt der Lightfootschen Argumentation kein Gewicht zu legen. Man kann zwar zugeben, daß Epiphanius das Citat aus dem Klemensbrief (54, 2) nicht diesem selbst, sondern dem Werke Hegesipps verdankte. Aber man hat keinen Grund zu der Annahme, daß er dieses Werk damals vor sich hatte, als er den Abschnitt über die Karpokratianer schrieb. Im Gegenteil, alles spricht dafür, daß er aus dem Gedächtnis citierte: die Einführung der Stelle mit dem Präteritum εὕρομεν, die Bezeichnung der Quelle als gewisse Denkwürdigkeiten, ἔν τισιν ὑπομνηματισμοῖς, die durchaus ungenaue Wiedergabe der Worte des Klemens, welche lauten: ἐκχωρῶ, ἄπειμι οὗ ἐὰν βούλησθε, καὶ ποιῶ τὰ προστασσόμενα ὑπὸ τοῦ πλήθους, während Epiphanius schreibt: ἀναχωρῶ, ἄπειμι, ἐνσταθήτω ὁ λαὸς τοῦ θεοῦ, endlich und hauptsächlich die falsche Anwendung, die er von den Worten des Klemens macht, als ob sie dieser mit Bezug auf seine Person und seine Angelegenheit gesprochen hätte, während sie in Wahrheit

den Wunsch ausdrücken, die Aufständischen in Korinth möchten so sprechen und handeln.

2. Dem Mangel wird auch durch die zweite Stelle des Epiphanius nicht abgeholfen. Hegesipp mag in den „anderen" Autoren, die hier nach Eusebius und Klemens angedeutet werden, inbegriffen sein. Eine Sicherheit besteht aber für die Annahme nicht. Das Wort ὑπομνηματισμοί gewährt sie nicht, da es auch und vor allem auf die mit Namen genannten Männer zu beziehen und demgemäß als ein allgemeiner Ausdruck zu fassen ist.

3. Verhält es sich so, dann hat auch das dritte Argument keine besondere Bedeutung. Es ist richtig, Hegesipp spricht bei Eusebius (IV, 22) von dem Klemensbrief im Zusammenhang mit der Erwähnung der römischen Succession, wie ähnlich beide Momente bei Epiphanius in Verbindung erscheinen. Das Zusammentreffen kann aber auch sehr wohl ein zufälliges sein. Bei Hegesipp erklärt sich die Verbindung der beiden Punkte aus der Erzählung seiner Reise, in die sie eingeflochten ist. Wenn er von seinem Aufenthalt in Korinth sprach, so lag es nahe, des Briefes des hl. Klemens an die Korinther zu gedenken, und wenn er dann weiter auf seinen Aufenthalt in Rom zu sprechen kam, so lag es nicht minder nahe, den Bischofskatalog zu erwähnen, den er daselbst anfertigte. Bei Epiphanius erklärt sich die Verbindung aus seinem eigentümlichen Versuch, die Reihenfolge der ersten römischen Bischöfe begreiflich zu machen, da Klemens, obwohl ein Zeitgenosse der Apostel, im Bischofskatalog erst die dritte Stelle einnimmt; denn nur aus diesem Anlaß wird von ihm der Klemensbrief erwähnt. Es besteht also kein Grund, hier ein Abhängigkeitsverhältnis anzunehmen, und zwar um so weniger, als, wie wir bereits gesehen, der verkehrte Gebrauch, den Epiphanius von dem Klemensworte macht, eine unmittelbare Quellenbenützung überhaupt ausschließt. Oder sollte etwa auch Hegesipp, der den Brief las, ihn so mißverstanden und unrichtig angewendet haben? Daß die Stellung des Klemens von Epiphanius am unrechten oder unpassenden Orte erörtert wird, mag man zunächst einräumen. Aber der Schluß ist noch keineswegs begründet, er sei zu dem Verfahren durch den Umstand veranlaßt worden, daß Klemens in seiner Vorlage einen breiten Raum eingenommen habe. Epiphanius kann auch ohne äußere Veranlassung zu der fraglichen Erörterung gekommen sein. Zudem ist jene Voraussetzung nicht einmal ganz stichhaltig. Epiphanius wollte bei Erwähnung der Ankunft der Marcellina in Rom ausgesprochenermaßen im Interesse einer größeren Sicherheit

und Bestimmtheit die Reihenfolge der römischen Bischöfe erwähnen. Er thut dies meines Wissens nur an dem fraglichen Ort. Wo anders hätte er bei solchem Sachverhalt die Frage nach der Stellung des Klemens besser erörtern sollen?

4. Der Katalog Hegesipps hört zwar eben da auf, wo der bei Epiphanius stehende endigt, nämlich mit Anicet. Aber Lightfoot mußte bereits selbst hervorheben, daß der Bedeutung dieses Zusammentreffens der Umstand einigen Eintrag thue, daß Epiphanius kurz zuvor von Marcellina spreche, die in Rom unter Anicet gelehrt hatte. Wie mir scheint, verliert der Punkt dadurch alle Beweiskraft. Epiphanius wollte mit Rücksicht auf eben diesen Umstand die Päpste offenbar selbst bis auf Anicet und nur bis dahin aufführen. Man beachte namentlich, wie er nach Anführung des Katalogs weiterfährt und wieder auf den Anfang des Kapitels zurückgreift, indem er schreibt: „Man wundere sich nicht, daß ich alles so genau anführe; denn darin zeigt sich immer die Sicher= heit. In den Zeiten Anicets also, wie wir gesagt, kam die oben er= wähnte Marcellina nach Rom" u. s. w.

5. Die Notiz über Marcellina ist allerdings nicht für eine eigene Bemerkung des Epiphanius zu halten, sondern auf eine ihm vorliegende Quelle zurückzuführen. Aber an Hegesipp ist doch schwerlich zu denken. Die Notiz mit dem εἰς ἡμᾶς verrät einen Autor, der sich als Ange= hörigen der römischen Kirche fühlte. Als solchen sah sich aber Hegesipp nicht leicht an, da er allerdings einige Zeit in Rom verweilte, allem nach indessen den Gedanken an eine Rückkehr in den Osten nie aufgab und demgemäß nicht wohl wie ein Römer oder Angehöriger der römischen Kirche sich ausdrücken konnte.

6. Freilich wird weiter geltend gemacht, Epiphanius verweise zurück auf den „Katalog", und das erkläre sich, da im Vorausgehenden kein Katalog mitgeteilt worden sei, am besten als nachlässige Einfügung der eigenen Worte Hegesipps durch Epiphanius, der vergessen habe, daß er die von Hegesipp entlehnte Stelle infolge der von ihm getroffenen Ände= rung nicht weiter sich zu eigen gemacht habe. Ein derartiges Versehen ist nun an sich Epiphanius wohl zuzutrauen. Wir haben soeben ein ähnliches kennen gelernt. Es ist aber auch stets im einzelnen Fall zu begründen, bezw. erst dann anzunehmen, wenn eine Stelle nicht anders zu erklären ist. Und eine andere Erklärung ist hier keineswegs unmöglich. Die Worte ὁ ἄνω ἐν τῷ καταλόγῳ προδεδηλωμένος, die Epiphanius nach Ἀνίκητος beifügt, der seinerseits den Schluß des Katalogs bildet,

laffen sich wohl auf den Anfang des Kapitels beziehen. Die Worte ἐν χρόνοις Ἀνικήτου ἐπισκόπου Ῥώμης, τοῦ κατὰ τὴν διαδοχὴν Πίου καὶ τῶν ἀνωτέρω, bezeichnen in der That einen κατάλογος. Sie deuten ihn wenigstens bestimmt an, wenn sie ihn auch nicht im einzelnen ausgeführt geben, und das reicht vollständig hin, um in den angeführten späteren Worten eine Verweisung auf jene zu erblicken. Der fragliche Dissensus ist also nicht vorhanden. Das Citat findet bei Epiphanius selbst seine Erledigung.

Die Argumente Lightfoots führen also für den Katalog nicht sicher auf Hegesipp zurück. Die Notiz über Marcellina führt, wenn sie mit dem Katalog verbunden wird, von demselben sogar hinweg. Unter diesen Umständen ist Hegesipp wohl schwerlich als Quelle für die fragliche Mitteilung des Epiphanius anzusehen. Jedenfalls besteht dafür keine Gewähr.

Woher stammt dann aber der Katalog des Epiphanius? Lightfoot glaubt von Irenäus (III, 3, 3) und Eusebius, der (V, 6) dessen Katalog wiederholt, schon deswegen absehen zu sollen, weil sie den zweiten Nachfolger des Apostels Petrus Anenkletus nennen, Epiphanius aber Kletus. Mir scheint diese Differenz eine so große Bedeutung nicht zu haben. Kletus war, allem nach schon seit dem vierten Jahrhundert, die römische Namensform, und wenn Epiphanius, was nicht unmöglich ist, von dieser Kenntnis erhielt, konnte er den Anenkletus des Irenäus leicht in einen Kletus verwandeln. Das Moment ist also schwerlich entscheidend. Auf der anderen Seite sind Gründe vorhanden, an Irenäus als Quelle zu denken. Die Schrift des Irenäus wurde von Epiphanius viel benützt. Die beiden Kataloge stimmen im wesentlichen durchaus überein. Außer der gedachten Differenz kommt nur noch in Betracht, daß Epiphanius den Evaristus zweimal aufführt, das zweite Mal nach Telesphorus, und das dürfte von seiner Seite ein Versehen sein, zumal der Fehler meines Wissens sonst in keinem Katalog vorkommt. Auch der Umfang stimmt in der Hauptsache. Irenäus führt nur noch die zwei ersten Nachfolger Anicets an, und daß diese bei Epiphanius fehlen, kann nach dem Zweck, zu dem er den Katalog aufnahm, nicht befremden. Irenäus ist daher nicht unbedingt als Quelle abzulehnen. Daß Epiphanius für Linus und Kletus auch die Amtszeiten angibt, über die Irenäus schweigt, bildet für die Annahme kein ernstliches Hindernis. Jene Angabe steht bei ihm nicht im Katalog, sondern geht diesem voraus. Wir dürfen sie deswegen auch nicht ohne weiteres auf das Schriftstück zurückführen, das ihm für den Katalog als Quelle diente, um so weniger, als sich sonst schwer begreift, warum er nicht alle Amtszeiten wiedergab, wenn er sie nur einfach der Vorlage entnehmen durfte, die er im übrigen abschrieb. Es folgt nur, daß das ganze Kapitel noch auf weiteren Quellen ruht, und für jene Amtszeiten genügt es, auf die Kirchengeschichte des Eusebius (III, 13. 15) zurückzugehen. Diese Schrift bietet freilich auch die Amts= zeiten der folgenden Päpste. Da dieselben aber zerstreut in ihr stehen, so begreift sich ihre Auslassung bei Epiphanius, wie umgekehrt das Auf= fallende der Erscheinung, daß die zwei ersten Päpste die gleiche Amtszeit hatten, die ausnahmsweise Erwähnung der Zeit hinlänglich erklärt, die eigentümliche Erzählung der Geschichte des Klemens sie fast fordert. Unter diesen Umständen läßt es sich auch denken, daß Epiphanius beim Nieder= schreiben des Katalogs sich an Eusebius hielt, der V, 6 die Liste des Jrenäus wiederholte. Wie es sich aber des näheren verhalten mag, in keinem Falle dürfte der Katalog des Epiphanius auf eine besondere und sonst nicht mehr bekannte Quelle zurückgehen.

* * *

Wenn es nach dem Vorstehenden zweifelhaft ist, ob wir den Katalog Hegesipps bei Epiphanius besitzen, so unterliegt es doch andererseits keinem Zweifel, daß Hegesipp einen Katalog verfaßte, bezw. daß seine Worte: διαδοχὴν ἐποιησάμην, von der Anfertigung einer Successionsliste zu verstehen sind. Der Punkt wurde indessen neuestens durch Harnack in der Geschichte der altchristlichen Litteratur bis Eusebius II, I (1897), 180—187 bestritten. Er ist deshalb noch besonders zu erörtern.

Harnack stellt die Sache so dar, als ob die Auffassung ganz neu und gewissermaßen ein Einfall Lightfoots sei. Wenigstens läßt er diesen die fragliche Übersetzung vorschlagen (S. 181). Dem ist aber nicht so. Die Auffassung muß sich mehr oder weniger aufdrängen, sobald man der Textesüberlieferung gebührende Rechnung trägt und auf strenge Inter= pretation hält. Ich habe sie bereits 1878 in meinen Patres apostolici I p. LXVII vorgetragen. Lipsius[1] bekannte sich gleichzeitig mit Light= foot zu ihr. Schon früher vertrat sie Pearson[2], und wenn man suchen wollte, würde man sie noch bei mehreren Autoren finden.

Beruht aber die Auffassung nicht vielleicht auf einem Jrrtum? Harnack glaubt dies mit Entschiedenheit annehmen zu sollen. Da Lightfoot

[1] Die apokryphen Apostelgeschichten II, I (1887), 16.
[2] De successione primorum Romae episcoporum p. 24—27, in Opp. posthuma 1688. Der Abschnitt steht auch bei Routh, Reliquiae sacrae I² 270

(S. 328) für die Übersetzung auf Eusebius H. E. V, 5, 9 verwies: Εἰρη-
ναῖος τῶν ἐπὶ ῾Ρώμης τὴν διαδοχὴν ἐπισκόπων ἐν τρίτῃ συντάξει
τῶν πρὸς τὰς αἱρέσεις παραθέμενος εἰς ᾿Ελεύθερον . . τὸν κατάλογον ἵστησι, so macht er geltend: hier stehe ἐπισκόπων neben δια-
δοχήν, durch das nachgebrachte κατάλογον werde der Sinn unzweifelhaft,
und endlich heiße es nicht διαδοχὴν ποιεῖσθαι, sondern παρατίθεσθαι.
Die vorgeschlagene Übersetzung sei daher aus Eusebius nicht wohl zu
belegen (S. 181). Der Einwand ist aber nicht zureichend. Vor allem
hat der Unterschied in den Zeitwörtern nichts zu bedeuten. Man kann
ebenso gut sagen: einen Katalog machen, als: einen Katalog vorlegen,
und wenn man die Stellen näher betrachtet, wird man finden, daß die
Ausdrücke je dem Kontext entsprechen. Da Eusebius den Katalog bei
Irenäus fertig vorfand, so sagte er mit Recht, der Vater habe ihn in
seinem Werke vorgelegt. Hegesipp aber konnte, da er von der Anfertigung eines Kataloges spricht, keinen anderen Ausdruck als ποιεῖσθαι
oder einen ähnlichen gleichbedeutenden gebrauchen. Das nachfolgende
κατάλογον sodann mag ein gewisses Licht auf das vorausgehende διαδοχὴν zurückwerfen. Das Licht ist aber für den verständigen Leser völlig
überflüssig. Der Ausdruck διαδοχή ist in der Stelle für sich allein
durchaus klar, und man würde Eusebius auch nicht mißverstehen, wenn
er, als ihm die Bezeichnung der Grenze des Katalogs dazu Anlaß gab,
einfach das frühere Wort wiederholt und nicht zur Abwechslung ein neues
eingesetzt hätte. Was endlich den ersten Punkt anlangt, so wurde übersehen,
daß ein Beisatz, nur ein größerer, als Harnack hervorhebt, bei Eusebius
ebenso notwendig als bei Hegesipp entbehrlich war. Da Eusebius im
Vorausgehenden von der Kirche von Lyon=Vienne und von Polykarp
handelte, mußte er, wenn er im unmittelbaren Anschluß von einer
römischen Bischofsliste reden wollte, dieses durch einen entsprechenden Bei=
satz zum Ausdruck bringen. Hegesipp dagegen konnte einfach von διαδοχή reden, weil es sich bei ihm bereits aus dem Zusammenhang ergab,
daß er eine römische Bischofsliste meinte. Die Bedeutung von διαδοχή
= Successionsliste ist daher vollständig gesichert. Eusebius V, 5, 9
gebraucht das Wort in diesem Sinne.

Indessen könnte man über den Sinn des Wortes bei Hegesipp auch
dann nicht im Zweifel sein, wenn wir jene Parallele nicht hätten. Lightfoot geht allerdings auf einen weiteren Beweis nicht ein, nicht aber, weil
eine weitere Begründung nicht möglich war, sondern weil er, wie er
nach der Bemerkung, daß an dem überlieferten Texte nicht zu rütteln

und die Emendation διατριβὴν für διαδοχὴν rein willkürlich sei, selbst
erklärt, jene Stelle zum Beweis für genügend hielt. Diese Annahme
erwies sich allerdings, wie der Zweifel Harnacks zeigt, als unrichtig. Es
sei deshalb der Sprachgebrauch noch etwas weiter erörtert.

Hören wir sofort Hegesipp näher. Nachdem er die Worte ange=
führt: διαδοχὴν ἐποιησάμην μέχρις Ἀνικήτου, fährt er unmittelbar
fort: οὗ διάκονος ἦν Ἐλεύθερος· καὶ παρὰ Ἀνικήτου διαδέχεται
Σωτήρ, μεθ᾿ ὃν Ἐλεύθερος· ἐν ἑκάστῃ δὲ διαδοχῇ καὶ ἐν ἑκάστῃ
πόλει οὕτως ἔχει, ὡς ὁ νόμος κηρύττει καὶ οἱ προφῆται καὶ ὁ
κύριος. Er bezeichnet also in der Stelle mit διαδέχεσθαι das Nach=
folgen von Bischöfen; er spricht von ἑκάστῃ διαδοχῇ, indem er unter
dem Worte die einzelnen Generationen sei es einfach oder besonders der
Bischöfe in ihrer Aufeinanderfolge, somit wiederum die bischöfliche Suc=
cession versteht, und da dem so ist, da διαδέχεσθαι und διαδοχή ihm
Succession = Nachfolgen oder Nachfolge bedeutet, so konnte er an der=
selben Stelle, an der er so spricht, mit διαδοχή wohl auch eine Suc=
cessionsliste bezeichnen. Nehmen wir ferner Eusebius. Er gebraucht das
Wort διαδέχεσθαι fast regelmäßig von bischöflicher und kaiserlicher
Nachfolge. Ich verweise nur auf H. E. III, 13. 14. 15. 21. 35. 36,
17; IV, 4. 10. 19. 20; V, 6, 2. 4; VI, 21, 1. 3; VII, 27, 1. Er
spricht wiederholt von διαδοχή im Sinne von apostolischer oder bischöf=
licher Succession, wie III, 11, 1; 37, 1; IV, 1, 2. Der Ausdruck
διαδοχή = Succession konnte bei diesem Sachverhalt für ihn nichts
Befremdliches haben, und wir dürften denselben als möglich bei ihm
annehmen, auch wenn wir nicht in der Lage wären, seinen wirklichen
Gebrauch bei ihm nachzuweisen. Die Sache ist auch für uns selbst nicht
anders. Wer in einer Schrift viel von Succession und Successionen
spricht, kann ohne Gefahr eines Mißverständnisses auch sagen: ich machte
(oder fertigte an) eine Succession = Successionsliste.

Aber bei Hegesipp soll der Kontext Schwierigkeiten bereiten. Nach
ihm erwarte man nicht, bemerkt Harnack weiter, daß Hegesipp hier so=
fort die Mitteilung über eine schriftstellerische Arbeit, die er in Rom
gemacht, bringen werde. Er konstatiere zuerst die Orthodoxie der korin=
thischen Gemeinde bis zum Bischof Primus und teile mit, daß er da=
mals, auf seiner Reise nach Rom, eine geraume Zeit in Korinth geblieben
sei und sich mit den Brüdern an der rechten Lehre erfrischt habe. Es
liege ihm also daran, sowohl die Zeit als die Orthodoxie zu markieren.
Man erwarte demgemäß, daß er auch über die Zeit seiner Ankunft in

Rom berichten und dann das Zeugnis für die Rechtgläubigkeit der Ge=
meinde bringen werde. Allein ftatt deffen folle er fofort gefagt haben:
„Nachdem ich nach Rom gekommen war, machte ich ein Succeffionsver=
zeichnis bis Anicet, deffen Diakon Eleutherus war." Das fei, von der
fprachlichen Schwierigkeit abgefehen, ganz unerträglich. Der Satz habe
nur dann einen Sinn und alles fei plan, wenn Hegefipp gefchrieben
habe: „Aber nach Rom gekommen, blieb ich bis (z. B. des) Anicet . . .
in jeder Succeffion aber und in jeder Stadt fteht es fo, wie das Gefetz
verkündet und die Propheten und der Herr" (S. 181).

Was aber hier von dem Bericht erwartet wird, das fteht auch bei
der Deutung des Wortes διαδοχή im Sinne von Succeffionslifte in
ihm, und dies noch beffer als bei der anderen Auffaffung. Wie Hegefipp
zu verftehen giebt, daß er in Korinth unter dem Pontifikat des Bifchofs
Primus ankam, wenn er berichtet, die korinthifche Gemeinde fei bis
Primus in der rechten Lehre geblieben und er habe mit den Korinthern
fich befprochen, ebenfo giebt er zu verftehen, daß er unter Anicet nach
Rom kam, wenn er erzählt, er habe nach feiner Ankunft in Rom eine
Succeffionslifte gefertigt, die bis zu jenem Pontifikat ging. Der Bericht
über die Succeffionslifte enthält alfo eine Angabe über die Zeit feiner
Ankunft in Rom, während wir über diefe nichts erfahren, wenn wir
ihn fagen laffen, er fei bis Anicet in Rom geblieben. Harnack fcheint
für die Ankunft in Rom eine direkte Zeitangabe zu erwarten. Allein
Hegefipp giebt eine folche auch für Korinth nicht, und Harnack überfieht,
daß bei feiner Auffaffung für die Ankunft in Rom nicht einmal eine
indirekte Zeitangabe übrig bleibt, alfo jede zeitliche Beftimmung fehlt.
Höchftens könnte man fagen, daß fo wenigftens das Ende des Aufent=
haltes in Rom ausdrücklich bezeichnet fei. Vor dem Ende ift indeffen
über den Anfang des Aufenthaltes zu berichten. Harnack erwartet felbft,
wie ein Blick auf feine Darlegung zeigt, vorerft nur eine Angabe über
diefen, und wenn er je feinen Standpunkt in diefer Beziehung künftig
ändern wollte, fo erhellt aus der vorftehenden Ausführung, daß man eine
direkte Zeitangabe überhaupt nicht zu fordern hat. Die Schwierigkeit,
von der Harnack redet, befteht hiernach für unfere Auffaffung in Wahr=
heit nicht. Sie trifft vielmehr die feinige, und zu ihr kommt fofort
eine zweite, wenn wir die Stelle in ihrem weiteren Wortlaut betrachten.
Die Worte: „Auf Anicet folgte Soter, auf diefen Eleutherus", find ent=
fchieden viel beffer an ihrem Platze, wenn im Vorausgehenden von einer
Succeffionslifte, als wenn von der Zeit des Aufenthaltes die Rede war.

Denn in jenem Falle mußte es bei der ſpäteren Abfaſſung der Denkwürdigkeiten dem Autor ſehr nahe liegen, die Erweiterung zu erwähnen,
welche die Liſte inzwiſchen erfahren hatte, während man im anderen Falle
für dieſe Bemerkung keinen eigentlichen Grund ſieht. Harnack findet die
Worte allerdings ſchon durch den Zuſatz: οὐ διάκονος ἦν Ἐλεύθερος,
hinlänglich begründet (S. 181 Anm. 1); und man kann allenfalls einräumen, daß ſie aus jenem Zuſatz zur Not ſich erklären laſſen. Eine
beſſere Erklärung aber ergiebt ſich, wenn dem διαδέχεται ein διαδοχή
voranging. Und zudem handelt es ſich nicht bloß um jene Bemerkung.
Es folgen noch die Worte ἐν ἑκάστῃ διαδοχῇ, und dieſe begreifen ſich
nur dann völlig, wenn Hegeſipp vorher von der Anfertigung einer
διαδοχή ſprach, während ſie mehr oder weniger unverſtändlich bleiben,
wenn man ihn einfach nur von einem Aufenthalt in Rom reden läßt.
Denn in jener Weiſe konnte er nur ſprechen, wenn er ſich zuvor
über jede einzelne διαδοχή unterrichtet, bezw. eine Succeſſionsliſte aufgeſtellt hatte. So vereinigt ſich alles in der Stelle, um das Wort
διαδοχή und ſeine Bedeutung ſicher zu ſtellen. Und bei dieſem Sachverhalt iſt auch wohl nicht leicht an der Richtigkeit der Texteüberliefe-
rung zu zweifeln.

Harnack iſt freilich auch darüber anderer Anſicht. Nachdem er die
Stelle in der beſprochenen Weiſe erklärt, bemerkt er weiter: daß Hegeſipp ſo und nicht anders zu verſtehen ſei, daß alſo — wenn διαδοχὴν
ἐποιησάμην μέχρις Ἀνικήτου nicht bedeuten könne: permansi usque
ad Anicetum — der Text verdorben und für διαδοχὴν etwa διατριβὴν zu leſen ſei, dafür ſeien Euſebius, Nicephorus und Rufin
Zeugen (S. 181). Und inwiefern dieſe Männer jenes Zeugnis ablegen, wird dann im einzelnen gezeigt, während in einer Anmerkung
zunächſt noch auf den Ausdruck τὰς διατριβὰς ἐποιεῖτο bei Euſebius
H. E. IV, 11, 11; VI, 19, 16 verwieſen und hervorgehoben wird,
daß an einigen Stellen alle griechiſchen Handſchriften des Euſebius,
wie längſt erkannt ſei, unzuverläſſig ſeien, indem ſie denſelben Fehler
haben.

Hätte Euſebius, wird erklärt, den Hegeſipp ſo verſtanden, daß
derſelbe von einer Biſchofsliſte geſprochen, ſo hätte er den Finger auf
die Stelle gelegt und dieſe älteſte und wichtigſte Nachricht hervorgehoben;
aber er gehe ſtillſchweigend über ſie hinweg. Ferner ſchon H. E. IV,
11, 7 habe Euſebius unſere Stelle, bevor er ſie einige Kapitel ſpäter
wörtlich citiere, benutzt. Er ſchreibe: κατ᾽ Ἀνίκητον Ἡγήσιππος

ἱστορεῖ ἑαυτὸν ἐπιδημῆσαι τῇ Ῥώμῃ, παραμεῖναί τε αὐτόθι μέχρι τῆς ἐπισκοπῆς Ἐλευθέρου. Eusebius scheine hier freilich aus Flüchtigkeit in einen Irrtum geraten zu sein; denn was er bei Hegesipp gelesen haben wolle, stehe (wenigstens jetzt) so dort nicht zu lesen. Allein durch=schlagend sei, daß er die Namen Anicet und Eleutherus lediglich als chronologische Daten für den Aufenthalt des Hegesipp in Rom ver=standen, bezw. im Gedächtnis behalten habe. Das διαδοχὴν ἐποιησά-μην habe Eusebius mit παραμεῖναι αὐτόθι wiedergegeben. An die Anfertigung einer Bischofsliste könne er also nicht gedacht haben. Er erinnere sich der Stelle, als laute sie: γενόμενος δὲ ἐν Ῥώμῃ κατ᾽ Ἀνίκητον τὰς διατριβὰς ἐποιησάμην αὐτόθι μέχρις Ἐλευθέρου (S. 182).

So mag Eusebius die Worte Hegesipps wirklich in Erinnerung ge=habt haben, als er H. E. IV, 11, 7 schrieb. Es läßt sich aber auch nachweisen, daß ihn sein Gedächtnis dabei täuschte. Man vergleiche nur die beiden Stellen einigermaßen sorgfältig und unbefangen, und man wird die Differenz sofort erkennen. Denn daß Hegesipp bis zur Zeit des Eleutherus in Rom geblieben sei, ist seinen Worten auch dann nicht zu entnehmen, wenn man διατριβὴν statt διαδοχὴν liest. Über die Dauer seines römischen Aufenthaltes sagt Hegesipp in dem Bruchstück überhaupt nichts, und wenn Eusebius das Ende des Aufenthaltes genau anzugeben weiß, so trägt er etwas in die Stelle hinein, was in dieser schlechterdings nicht liegt. Man kann auch nicht sagen, daß ihm Hegesipp mit einer anderen Stelle Grund zu seinem Bericht gab. Denn nichts spricht für diese Annahme, und auch Harnack wagt sie nicht zur Stütze seiner Erklärung in Anspruch zu nehmen. Es bleibt also, daß Eusebius IV, 11, 7 Hegesipp stark mißverstand. Der Fehler wird durch Harnack, freilich aus leicht begreiflichen Gründen, viel zu milde beurteilt. Es scheint nicht bloß, sondern es ist gewiß, daß Eusebius irrte, wenn sein Bericht IV, 11, 7 auf Hegesipps Worte IV, 22, 3 zurückgeht; es ist ferner gewiß, daß er bereits den Text in den Denkwürdigkeiten Hegesipps las, den wir heute noch haben, da er denselben sonst nicht an der späteren Stelle (IV, 22, 3) wiedergeben konnte. Bei diesem Sachver=halt ist es aber nicht durchschlagend, wie Harnack meint, sondern ein Beweis der Flüchtigkeit, die er sich beim Niederschreiben von IV, 11, 7 zu schulden kommen ließ, wenn Eusebius wie den Namen Anicets so auch den des Papstes Eleutherus als Datum für den Aufenthalt Hegesipps in Rom verwertet. Und die Behauptung Harnacks, Eusebius habe das διαδοχὴν ἐποιησάμην mit παραμεῖναι αὐτόθι wiedergegeben, ift offenbar unrichtig. Dem διαδοχὴν ἐποιησάμην IV, 22, 3 entfpricht in der Regefte IV, 11, 7 ἐπιδημῆσαι, und παραμεῖναι αὐτόθι ift ein Zufaß des Kirchenhiftorikers. Zu der Bemerkung fodann, daß Eufebius die Stelle, wenn er fie von einer Bifchofslifte verftanden hätte, als die ältefte derartige Nachricht hätte hervorheben müffen, ift ein Doppeltes zu be= merken. Fürs erfte wäre die bezügliche Erwartung nur begründet oder das Schweigen des Eufebius auffallend, wenn er den Katalog in der Stelle der Denkwürdigkeiten Hegefipps gefunden hätte, die er uns mit= teilt. Dort aber ftand der Katalog ficherlich nicht. Sonft hätte Hegefipp die zwei Pontifikate, die er nach dem Pontifikat Anicets erwähnt, nicht in der bekannten Weife angefügt, fondern vielmehr dem Katalog ange= reiht. Es ift fogar fehr fraglich, ob der Katalog in den Denkwürdig= keiten überhaupt eine Stelle hatte. Da indeffen Harnack felbft in diefer Beziehung mehr als einen Zweifel hegt (S. 183), fo ift darauf nicht weiter einzugehen. Zweitens dachte Eufebius, als er IV, 11, 7 fchrieb, wirklich nicht an einen Katalog. Die Sache ift aber von keiner größeren Bedeutung, weil und fo lange wir nicht wiffen, wie er zu dem Miß= verftändnis kam, das in jener Stelle enthalten ift, ob nur ein Flüchtig= keitsfehler vorliegt, oder ob Eufebius die Worte Hegefipps wirklich nicht von einem Katalog verftehen zu können glaubte. Dagegen ift entfcheidend, daß wir durch Eufebius erfahren, wie Hegefipp felbft fchrieb, und daß keinerlei Grund vorhanden ift, an den Worten διαδοχὴν ἐποιησάμην zu zweifeln. Die Worte werden nicht bloß durch fämtliche griechifche Handfchriften geboten, fondern auch durch die uralte und vielleicht gleich= zeitige fyrifche Überfeßung der Kirchengefchichte des Eufebius[1] bezeugt. Daß auch die fog. inneren Gründe für fie fprechen, indem der Kontext fie beftätigt, nicht aber in Frage ftellt, haben wir bereits gefehen.

Nicephorus Kallifti giebt in feiner Kirchengefchichte IV, 7, die auf dem Texte des Eufebius fußt, unfere Stelle fo wieder: ἀφικέσθαι τε ἐκεῖθεν (ἐκ Κορίνθου) εἰς Ῥώμην Ἀνικήτου ἐπισκοποῦντος, οὗ διάκονον τὸν Ἐλεύθερον λέγει, ὃς τὸν Σωτῆρα διεδέξατο, οὗτος δὲ τὸν Ἀνίκητον. Harnack bemerkt dazu: „Alfo auch Nice= phorus hat nicht an die Anfertigung einer Bifchofslifte gedacht oder etwas dergleichen verftanden. Entweder las er die Worte διαδοχὴν ἐποιησάμην überhaupt nicht, oder — was wahrfcheinlicher — er las

[1] Vgl. Lightfoot, S. Clement I, 154.

sie, hielt sie aber für unverständlich und erklärte sie nach Eusebius IV, 11, 7" (S. 182). Das Zugeständnis, das hier bezüglich der Textüber= lieferung gemacht wird, mag genügen. Es sollte zwar noch vollständiger und rückhaltsloser sein. In der That sieht man bei der durchgängigen Übereinstimmung der Handschriften schlechterdings nicht, wie Nicephorus einen anderen Text als den textus vulgatus gehabt haben sollte. Harnack ist aber hier nun einmal mehr als billig zum Zweifel geneigt. Ich will dies in Rechnung ziehen und statt der Sicherheit die zugestandene größere Wahrscheinlichkeit einsetzen. Sie ist für unsere Frage hinreichend. Nice= phorus hat also wahrscheinlich διαδοχὴν ἐποιησάμην gelesen. Nun, das ist es, worauf es für die Wissenschaft allein ankommt. Ob der späte Grieche die Worte etwa nicht verstand, oder ob er sie durch ein anderes ersetzte, weil ihm eine direkte Zeitbestimmung für die Ankunft in Rom wichtiger zu sein schien als die Nachricht über eine Bischofs= liste, ist für uns von keinem Belang. Wir haben uns einfach mit dem Originaltext auseinanderzusetzen.

Rufin endlich giebt in seiner Übersetzung der Kirchengeschichte des Eusebius die Stelle so wieder: Cum autem venissem Romam, per- mansi ibi, donec Aniceto Soter et Soteri successit Eleutherus; sed in omnibus istis ordinationibus etc. Lightfoot (S. 154) bemerkt dazu: The general looseness of Rufinus deprives his version of any critical weight, and his rendering of this very passage shows that he either misunderstands or despises the Greek. Harnack ist anderer Ansicht. Zunächst, meint er, sei zu bemerken, was Lightfoot entgangen zu sein scheine, daß Rufin einfach das ausgelassen habe, was im griechischen Text zwischen dem doppelten Ἀνικήτου steht, sei es weil es in seiner Handschrift nicht stand, sei es weil sein Auge bei der Lektüre abirrte. Übersetzt habe Rufin nur die Worte: γενόμενος δὲ ἐν Ῥώμῃ [διαδοχὴν ἐποιησάμην] μέχρις παρὰ Ἀνικήτου διαδέχεται Σωτήρ, μεθ᾽ ὃν Ἐλεύθερος. Aber was habe er an der Stelle der einge= klammerten Worte gelesen? Er übersetze: permansi ibidem. Das sei keine Übersetzung von διαδοχὴν ἐποιησάμην; vielmehr habe er aus IV, 11 jene Worte eingesetzt. Dort schreibe er: Cuius temporibus Egesippus refert semetipsum Romam venisse et permansisse inibi usque ad Eleutheri episcopatum, wie ähnlich Eusebius. Also habe er διαδοχὴν ἐποιησάμην zwar wahrscheinlich schon vorgefunden, aber mit Recht mit dem Ausdruck nichts anzufangen gewußt und ihn deshalb durch die andere klare Stelle ersetzt. An ein Successionsverzeichnis habe er ſo wenig gedacht, wie ſpäter Nicephorus, und beide haben denſelben Ausweg ergriffen, die verdorbene Stelle durch die andere (IV, 11) zu heilen (S. 182 f.).

Da Rufin ebenfalls als Zeuge für das διαδοχὴν ἐποιησάμην an= erkannt wird, wenn auch wieder nur als wahrſcheinlicher, ſo kann ich zunächſt auf das verweiſen, was in dieſer Beziehung bei Nicephorus bemerkt wurde. Rufin iſt zwar erheblich älter als dieſer. Aber ſeine Überſetzungsweiſe iſt uns bereits zu ſehr bekannt, als daß er für uns eine große Auktorität ſein könnte. Wenn er daher mit dem fraglichen Ausdruck etwa nichts anzufangen wußte, ſo iſt ihm noch keineswegs, wie Harnack meint, ohne weiteres recht zu geben; vielmehr fragt es ſich, ob wir nicht können, was er nicht vermocht haben ſoll. Im übrigen iſt es um ſeine Sache hier nicht ſo ſchlecht beſtellt, wie in den Fällen, die ſchon früher (S. 243. 253) zu beſprechen waren. Er erſetzte allerdings den Ausdruck διαδοχὴν ἐποιησάμην durch einen anderen, und er ließ ſich bei dem Verfahren ſichtlich durch einen Rückblick auf die verwandte frühere Stelle (IV, 11) beſtimmen. Aber er zeigt dabei wenigſtens in= ſofern Verſtand, als er den Widerſpruch zu beſeitigen ſuchte, den er in ſeiner Vorlage fand, indem Euſebius die Stelle Hegeſipps einerſeits einfach in ſein Werk aufnahm, andererſeits einen Bericht über dieſelbe gab, der mit ihrem Wortlaut unvereinbar iſt. Und dieſem Verfahren fielen allem nach auch die Worte zwiſchen dem doppelten Ἀνικήτου zum Opfer. Man hat keinen Grund zu der Annahme, er habe die Worte nicht vorgefunden oder durch ein bloßes Verſehen ausgelaſſen. Bei ſeiner Überſetzungsweiſe ſpricht vielmehr alles für Abſichtlichkeit. Indem er die Stelle in der bekannten Art umbildete, ſchien ihm die Notiz über den Diakonat des Eleutherus bei dem ſofort folgenden Pontifikat keine Erwähnung zu verdienen. Wie es ſich aber damit des näheren verhalten mag, jedenfalls hat der Punkt keine größere Bedeutung, und er wurde wohl aus dieſem Grunde von Lightfoot nicht beſonders erörtert, nicht aber infolge eines Überſehens, wie Harnack meint.

Das Ergebnis lautet hiernach für uns ganz anders als für Harnack. Rufin und Nicephorus haben für die Interpretation lediglich nichts zu bedeuten. Sie kommen nur als Texteszeugen in Betracht, und in dieſer Beziehung iſt es genug, daß ſie nicht gegen das διαδοχὴν ἐποιησάμην ſprechen. Was aber Euſebius anlangt, ſo darf man aus der Regeſte der Hegeſippſtelle, die er IV, 11 giebt, nicht folgern, wie Harnack thut, daß er höchſt wahrſcheinlich die Worte διαδοχὴν ἐποιησάμην nicht gelesen habe, sondern etwa διατριβὰς ἐποιησάμην, daß also διαδοχὴν, da es mit „Aufenthalt" nicht übersetzt werden könne, ein sehr alter Fehler sei (S. 183). Nach allen Regeln der Kritik hat man vielmehr umgekehrt von der Stelle auszugehen, in der Eusebius nach seiner ausdrücklichen Erklärung die Worte Hegesipps wiedergiebt und nach dieser als der primären Urkunde und dem Originaltext die Regeste zu beurteilen. Die Sache versteht sich so sehr von selbst, daß sie eines weiteren Beweises nicht bedarf. Es dient ihr auch noch ein anderer Punkt zur Bestätigung. Harnack muß für seine Auffassung einen alten Fehler in der Textesüberlieferung in Rechnung ziehen. Da drängt sich naturgemäß die Frage auf: wie weit geht dieser Fehler zurück? Nach Eusebius kann die angeblich falsche Lesart nicht wohl erst aufgenommen sein, da die ganze Überlieferung dagegen spricht. Sie wäre demgemäß auf Eusebius selbst zurückzuführen. Dieser Ursprung hat aber alle Wahrscheinlichkeit gegen sich. Da Eusebius in seiner Regeste einen von der Stelle abweichenden Bericht giebt, so müßte er, als er einige Kapitel später die Stelle selbst abschrieb, wenn er in diese den Ausdruck einsetzte, der den Widerspruch zwischen Regeste und Urkunde begründet, in einer ganz ungewöhnlichen Gedankenlosigkeit sich befunden haben. Das ist wenig glaubhaft, und wer es je annehmen will, darf nicht bloß sein subjektives Urteil einsetzen, sondern hat einen strengen Beweis dafür zu erbringen. So lange dieser Forderung nicht genügt ist, spricht für die Abfassung eines Papstkatalogs durch Hegesipp unbedingt die Überlieferung.

XVIII.

Ein Papſt- oder Biſchofs-Elogium.[1]

Das Bulletino di archeologia cristiana brachte uns im J. 1883 (IV, II, 1—2) ein bisher unbekanntes längeres Gedicht über einen nicht genannten Biſchof. Es findet ſich in einer Handſchrift aus dem 8. oder Anfang des 9. Jahrhunderts, die aus der Abtei Alt-Corvey in das Kloſter St. Germain-des-Prés in Paris und von da infolge der Stürme der großen Revolution in die kaiſerliche Bibliothek von St. Petersburg wanderte, und die vermöge ihres Inhaltes als eine Anthologie der chriſtlichen Dichter des 6., 7. und 8. Jahrhunderts ſich bezeichnen läßt, namentlich reich an epigraphiſchen Gedichten iſt.

Das Gedicht ſteht in der Handſchrift in einer Gruppe von Elogien und Epitaphien, die ſich auf die Cömeterien der beiden ſalariſchen Straßen beziehen, und zwar doppelt, indem die Handſchrift jene Gruppe zweifach bietet. Aber in beiden Exemplaren iſt es ohne Aufſchrift und ohne er- klärende Nachſchrift, und da es ſelbſt weder den Namen des Biſchofs enthält, dem es galt, noch den Namen der Kirche, der dieſer vorſtand, ſo iſt der hiſtoriſchen Kombination ein ziemlich weiter Spielraum er- öffnet. De Roſſi hat in der Abhandlung, in der er uns das Gedicht vorführt, die etwa möglichen Vermutungen bereits ausgeſprochen, und die Unterſuchung verdient ob des Scharfſinns und der Gelehrſamkeit, die in ihr entfaltet ſind, höchſte Anerkennung. Die Löſung, die er dem Problem gegeben, iſt indeſſen ſchwerlich ſtichhaltig, obwohl ſie in der Litteratur zunächſt nur Zuſtimmung gefunden hat.[2] Ich erlaube mir, für eine andere das Wort zu ergreifen.

Vor allem iſt indeſſen das Gedicht ſelbſt mitzuteilen. Daſſelbe hat ſich zwar nicht unverſehrt erhalten; doch iſt der urſprüngliche Text, eine

---

[1] Aus dem Hiſtoriſchen Jahrbuch 1884 S. 1—18; 1891 S. 757—763; 1892 S. 489—493 verbeſſert und erweitert. Da ich hiernach über den Gegenſtand dreimal nach einander handelte, könnte eine ganz neue und einheitliche Bearbeitung der Frage als angezeigt erſcheinen. Da indeſſen die gegebene Diſpoſition den Gang der Kontroverſe deutlicher hervortreten läßt, glaubte ich ſie belaſſen zu ſollen.

[2] Katholik 1884 I, 2. Theol. Litteraturzeitung 1884 S. 220 f. Pitra, Analecta novissima I (1885), 20—23. Vgl. auch Zeitſchr. f. kath. Theol. 1884 S. 451.

einzige Stelle ausgenommen, mit annähernder Sicherheit wiederherzu=
ftellen, und in der Hauptfache ift diefe Aufgabe bereits durch de Roffi
beforgt, der das Gedicht außer dem Bulletino auch in den Inscriptiones
christianae urbis Romae II (1888), 83—85 herausgab. Einer weiteren
Aufhellung bedürfen hauptfächlich noch die Verfe 39—40. Ich gebe
daher im wefentlichen feinen Text. Nur trage ich, ähnlich Bücheler,
dem neueften Herausgeber, der das Gedicht in die Carmina latina epigraphica I (1895), 373—375, den zweiten Teil der Anthologia latina,
aufnahm, der Überlieferung mehr Rechnung. Die Lesarten des erften
Textes der Handfchrift find je zu den Verszeilen mit A, die des zweiten
mit D, die gemeinfchaftlichen mit Codd., die Konjekturen oder Emen=
dationen de Roffis mit R, die Büchelers mit B bezeichnet.[1]

Das Epitaphium lautet:

> Quam Domino fuerant devota mente parentes,
> qui confessorem talem genuere potentem,
> atque sacerdotem sanctum sine felle columbam,
> divinae legis sincero corde magistrum.
> 5 Haec te nascentem suscepit eclesia mater,
> uberibus fidei nutriens devota beatum,
> qui pro se passurus erat mala cuncta libenter.
> Parvulus utque loqui coepisti dulcia verba,
> mox scripturarum lector pius indole factus,
> 10 ut tua lingua magis legem quam verba sonaret
> dilecta a Domino tua dicta infantia simplex,
> nullis arte dolis sceda fucata malignis
> officio tali iusto puroque legendi.
> Adque item simplex adolescens mente fuisti
> 15 maturusque animo ferventi aetate modestus
> remotus prudens mitis gravis integer aequus:
> haec tibi lectori innocuo fuit aurea vita.
> Diaconus hinc factus iuvenis meritoque fideli,
> qui sic sincere caste integreque pudice
> 20 servieris sine fraude Deo, qui pectore puro

---

[1] Weyman, Studien zu den Carmina latina epigraphica, in den Blättern
für das Gymnafial=Schulwefen, hg. vom Bayerifchen Gymnafiallehrerverein 31 (1895),
529—556, bietet zu dem Gedicht S. 552 zahlreiche dichterifche Parallelen.

* *ecclesia* Codd　　⁶ *devota* R, *dea* Codd　　⁷ *eras* R　　¹² *fugata*
Codd　　¹⁰ *qui* (vel *quam*) R, *quanta* Codd

atque annis aliquot fueris levita severus,
ac tali iusta conversatione beata
dignus, qui merito inlibatus iure perennis
huic tantae sedi Christi splendore serenae
25 electus fidei plenus summusque sacerdos,
qui nivea mente inmaculatus papa sederes,
qui bene apostolicam doctrinam sancte doceres
innocuam plebem caelesti lege magister:
quis te tractante sua non peccata reflebat?
30 In synodo cunctis victor superatis iniquis
sacrilegis Nicaena fides electa triumphat,
contra quamplures certamen sumpseris unus,
catholica praecincte fide possederis omnes.
Vox tua certantis fuit haec sincera salubris:
35 Atque nec hoc metuo neque illud committere opto.
Haec fuit haec semper mentis constantia firma.
Discerptus tractus profugatusque sacerdos
insuper ut faciem quodam nigrore velaret
nobili falsa manu portantes aemula caeli,
40 ut speciem Domini foedaret luce coruscam.
En tibi discrimen vehemens non sufficit unum:
insuper exilio decedis martyr ad astra
atque inter patriarchas praesagosque prophetas
inter apostolicam turbam martyrumque potentum,
45 cum hac turba dignus mediusque locatus
mitteris in Domini conspectum, iuste sacerdos.
Sic inde tibi merito tanta est concessa potestas,
ut manum imponas patientibus incola Christi,
daemonia expellas, purges mundesque repletos,
50 ac salvos homines reddas animoque vigentes

---

²¹ *levitate* Codd   ²³ *iure perennis* D, *per annis* A   ²⁶ *qui spe* Codd,
peccante D, *superatis victor* R   ³¹ *elata* A   ³⁵ *ne illud committereq. opto* A
³⁷ *prefugatusq.* Codd   ³⁹ *nobili* Codd, *nosset* R, *portantes aemula* Codd, *por-*
tante symbola R   ⁴⁰ *foedare* Codd, *foedaret* R, *foedarent* B, *corusco* Codd,
coruscam R   ⁴¹ *unum ego, annum* Codd   ⁴⁵ *locutus* Codd, *locatus honeste*
(vel *adoras*) R   ⁴⁶ *mitteris in Domini conspectum* R, *mitte* (*mile* A) *pium*
Domini conspectu (*conspecto* D) Codd   ⁴⁷ *sic* delendum censet R

per patris ac filii nomen, cui credimus omnes.
Cum tuo hoc obitu praecellens tale videmus,
spem gerimus cuncti proprie nos esse beatos,
qui sumus hocque tuum meritum fidemque secuti.

So der Wortlaut des Gedichtes. Hiernach ward der Ungenannte, dessen Leben uns in seinen Hauptzügen vorgeführt wird, an der Kirche, in der er getauft und erzogen wurde, frühzeitig Lektor (V. 9), später Diakon (18) und in Anbetracht seines reinen und lauteren Wandels sowie seiner gewissenhaften Pflichterfüllung zuletzt Bischof. Welches diese Kirche ist, wird nicht ausdrücklich gesagt. Wenn wir indessen die Stellung des Gedichtes inmitten von Epitaphien und Elogien in Betracht ziehen, die fast ausschließlich Mitglieder der römischen Kirche betreffen; wenn wir erwägen, daß der fragliche Bischofssitz tanta sedes Christi splendore serena (24) und der Bischof selbst summus sacerdos (25) genannt wird; wenn wir endlich die hervorragende Rolle berücksichtigen, die er als Vorkämpfer der Orthodoxie gegenüber der Irrlehre spielte: so haben wir allen Grund und alles Recht, zunächst an Rom zu denken. Eine andere Kirche könnte nur dann in Betracht kommen, wenn die Züge, die wir im Folgenden von dem Unbekannten erfahren, mit größerer Bestimmtheit und Sicherheit bei einem anderen Bischof sich nachweisen ließen. In diesen Versen wird derselbe vor allem gepriesen als Verkünder der reinen apostolischen Lehre und als tüchtiger Homilete, bezw. Bußprediger. Ferner erfahren wir, daß er, allein gegen viele stehend, auf einer Synode „dem auserlesenen nicänischen Glauben" zum Siege verhalf und daß er sich auch durch Drohungen von der Verteidigung der Wahrheit nicht abbringen ließ; daß Versuche gemacht wurden, ihn zur „Verunstaltung der lichtstrahlenden Gestalt des Herrn" zu bewegen (40), und daß er mißhandelt und seiner Gemeinde entrissen wurde; daß aber dieser eine Kampf für ihn noch nicht genug sein, daß er im Exil zuletzt die Krone des Martyriums erringen sollte.

Der unbekannte Papst ist also Martyrer, wenigstens insoweit, als er im Exil starb, in das er des Glaubens wegen geschickt wurde, und von diesem Punkte hat unsere Untersuchung auszugehen. Das Martyrium tritt uns in dem Gedicht mit aller Bestimmtheit und Sicherheit entgegen, und es ist auch insofern von höchster Wichtigkeit, als bei seiner

---

⁵² cum Codd, cumque R, tuo A, quo D. tuum R, obitu B, obitum Codd R
⁵⁴ merituum D, fideique fortasse A

Berücksichtigung der Kreis der Männer, die bei Lösung des Problems in Frage kommen können, sofort ein ziemlich enger wird. Wir haben uns einfach unter den Päpsten zu entscheiden, die im Exil als Martyrer gestorben sind.

De Rossi hat die Bedeutung dieses Punktes nicht erkannt; er setzt sich mit ihm erst am Ende seiner Untersuchung — der Schlußparagraph hat mit dem historischen Problem als solchem nichts mehr zu thun — auseinander, ist aber durch Unterschätzung desselben auch auf einen Irrweg geraten. Das Martyrium, das als unzweideutig ausgesprochene Thatsache den Ausgangspunkt der Untersuchung zu bilden hat, wird für ihn la croce dello storico problema (Bulletino p. 46), und er kommt aus dem Labyrinth, in das ihn sein Verfahren brachte, nur dadurch wieder heraus, daß er den Tod im Exil selbst in Abrede zieht. Die Art und Weise, wie er sich der Schwierigkeit zu entledigen sucht, ruft indessen nur neue Bedenken wach. Sehen wir seine Kritik etwas näher an.

Auf einem doppelten Wege soll dem Martyrium im Exil beizukommen sein. Einmal lasse sich V. 42 nach exilio ein Punkt setzen, so daß mit martyr ein neuer Satz beginne; sodann aber sei denkbar, daß der Text hier eine Lücke habe (Bull. p. 44—47). Im ersten Fall würde also der Dichter sagen: En tibi discrimen vehemens, non sufficit annum insuper exilio, und die zweite Hälfte des Satzes soll bedeuten: insuper annum (= im Laufe des Jahres) exulem esse. Wie gewagt aber die Konstruktion ist, erkennt de Rossi selbst an, indem er sofort beifügt: Ma troppo irregolare, duro e di oscura intelligenza suona siffatto costrutto. In der That kann von ihr nicht die Rede sein. Das insuper ist nicht mit annum zu verbinden. Es ist vielmehr Verbindungspartikel und bringt das Verhältnis zwischen den Versen 41 und 42 zum Ausdruck. Es steht näherhin im Gegensatz zu non sufficit, und die Bedeutung des Wortes ist daher die ganz gewöhnliche: überdies. Der Sinn der ganzen Stelle ist somit folgender: Ein großer Kampf (oder, wenn das handschriftliche annum beibehalten werden sollte, ein großer ein Jahr anhaltender Kampf) genügt dir nicht; überdies gehst du im Exil als Martyrer zu den Gestirnen. Die Auffassung steht so durchaus mit dem Wortlaut im Einklang, daß ihre Richtigkeit keinem Anstand unterliegen kann. Zugleich aber springt bei dieser Deutung sofort in die Augen, mit welchem Rechte das handschriftliche annum in unum emendiert wird. Die vorgeschlagene Interpunktion ist also unbedingt abzulehnen. Was aber die Annahme einer Lücke betrifft, so ist

sie nicht besser begründet. Es mag richtig sein, daß die Handschrift in
den Epitaphien Auslassungen darbietet. Aber es muß auch eingeräumt
werden, daß die bezüglichen Lücken anderer Art sind, indem sie in der
Regel am Anfang oder Ende eines Verses vorkommen und nur einen
geringen Umfang haben, während die Lücke hier in die Mitte der Verse
fallen und sich zum mindesten über einen ganzen Vers, höchst wahr=
scheinlich sogar über eine Reihe von Versen erstrecken sollte. Statt
martyr ad astra soll nämlich V. 42 ursprünglich gestanden haben:
victor ad Urbem, und was und wie viel außerdem noch ausgefallen
sei, darüber läßt sich nicht einmal eine ordentliche Vermutung anstellen.
Die Lücken in den anderen Teilen der Handschriften beweisen also für
unseren Fall nichts. Zudem haben wir überhaupt kein Recht, in unserer
Stelle eine Lücke anzunehmen, weil ein Textverderbnis, mit dem etwa
allein eine solche Annahme zu begründen wäre, nicht vorliegt. In V. 42
ist der Text durchaus korrekt, ebenso in den folgenden Versen. In V. 41
treffen wir zwar ein kleines Verderbnis. Dasselbe würde indessen die
Annahme einer Lücke, wie sie nach de Rossi vorhanden sein soll, auch
dann nicht rechtfertigen, wenn es nicht so gar leicht zu verbessern und
der ursprüngliche Text herzustellen wäre. Völlig widersinnig ist auch der
überlieferte Text nicht, und die vorgeschlagene Emendation thut dem
Schriftstück doch zu sehr Gewalt an, als daß sie vor einer konservativen
Kritik bestehen könnte.

Das Martyrium im Exil ist demnach unbedingt aufrechtzuerhalten,
und dieser Punkt genügt für sich allein, den Gedanken an Liberius bei
unserem Gedichte auszuschließen, da dieser Papst weder im Exil noch als
Martyrer gestorben ist. Die Kandidatur desselben ist indessen noch aus
einem anderen Grunde unmöglich.

Die Synode, von der V. 30 ff. die Rede ist, kann, wie auch de
Rossi annimmt, falls das Gedicht auf Liberius bezogen wird, nur nach
der Synode von Rimini stattgefunden haben, und da dem so ist, könnte
vor allem bemerkt werden, daß uns von einer Synode nach dem J. 359
nichts überliefert ist, auf der Liberius die im Gedichte erwähnte Rolle
gespielt haben könnte. Indessen soll dieser Einwand nicht erhoben werden,
da unsere Nachrichten über die fragliche Zeit sehr dürftig sind und die
Verse 30 ff. dem Verhalten, das Papst Liberius zur Synode von Rimini
und zur theologischen Frage überhaupt nach dem Jahre 359 beobachtete,
wenigstens nicht widersprechen, so daß es also wohl denkbar wäre, unsere
bisherige Kenntnis von dem Leben des Papstes werde durch das Gedicht

ergänzt. Allein es kommt noch ein Weiteres in Betracht. Die fragliche Synode folgt nicht bloß dem Konzil von Rimini, sondern auch dem Exil des Liberius nach, während sie im Gedicht diesem vorangeht. Es scheint sich zwar einwenden zu lassen, und die Verteidiger der Kandidatur des Liberius müssen den Einwand erheben, daß der Autor des Gedichtes hier eben die chronologische Reihenfolge verlassen habe (Bull. p. 40). Die Annahme ist aber nicht mehr begründet als die oben erwähnte, nach der an einem Orte, wo der Text völlig in Ordnung ist, eine Lücke bestehen soll. Das Gedicht ist durchaus chronologisch angelegt — auf Geburt und Erziehung folgen Lektorat, Diakonat und Episkopat; dann kommen die Kämpfe und Leiden für den Glauben, und zuletzt wird der Tod und die Wunderthätigkeit nach dem Tode erwähnt — und es besteht durchaus kein Grund, hier eine Umkehrung der gewöhnlichen Ordnung anzunehmen. Im Gegenteil, wenn das insuper (V. 38) nicht ganz überflüssig da= stehen soll, so kann seine Bedeutung nur die sein, der Hervorhebung des historischen oder chronologischen Gesichtspunktes zu dienen.

Von Liberius kann also keine Rede sein. Die Lebensverhältnisse des Helden des Gedichtes stehen mit den seinigen in zwei entscheidenden Punkten in unversöhnlichem Widerspruch, und wir dürften nicht an ihn denken, selbst wenn es uns nicht möglich wäre, das Gedicht auf einen anderen Papst zu beziehen. Indessen trifft dieser Fall nicht zu. Der Kirchenhistoriker wird durch den zweiten und wichtigeren Teil des Ge= dichtes sofort an zwei Personen erinnert, die beide des Glaubens wegen in schwere Kämpfe verwickelt wurden und beide im Exil, bezw. fern von Rom starben, an Vigilius und Martin I, und es wird sich fragen, auf welchen von ihnen das Detail des Gedichtes besser paßt. Die Ent= scheidung kann nicht schwer sein. Vigilius starb allerdings fern von seiner Kirche und somit gewissermaßen im Exil. Im Grunde genommen bestand aber das Exil gegen Ende seines Lebens nicht mehr; er erhielt noch die Erlaubnis, nach Rom zurückzukehren. Nur wurde er bereits unterwegs, zu Syrakus, vom Tode ereilt. Es läßt sich daher fragen, ob bei ihm der Tod im Exil so zu betonen war, als wir es V. 42 lesen. Noch wichtiger ist, daß die in V. 30 ff. erwähnte Synode in seinem Leben nicht unterzubringen ist. Die V. 36 mit Nachdruck her= vorgehobene mentis constantia firma endlich steht mit seinem Verhalten zu der dogmatischen Frage, die seine Zeit bewegte, geradezu im Wider= spruch. Er kann daher trotz der berührten allgemeinen Ähnlichkeit nicht ernstlich in Betracht kommen.

Anders dagegen ſteht es mit Martin I. Auf ihn paſſen nicht bloß die größeren, ſondern auch die kleineren Züge des Gedichtes. Die Geſchichte erkennt ihm vor allem die beregte mentis constantia firma zu. Die fragliche Synode ſodann iſt das große Konzil, das er 649 zur Verwerfung der Irrlehre ſeiner Zeit im Lateran veranſtaltete, und an dieſes Konzil ſchließt ſich ganz ſo, wie wir es im Gedichte leſen, ſeine Leidensgeſchichte an. Der Papſt wurde ſeiner Gemeinde entriſſen, ge= fangen nach Konſtantinopel geführt und nach längerer Einkerkerung und Mißhandlung nach dem Cherſonnes ins Exil geſchickt, wo er am 16. Sept. 655 nach vierzehn Monaten im Elend ſtarb; endlich wurde er nach ſeinem Tode durch zahlreiche Wunder verherrlicht. Die Übereinſtimmung iſt ſo ſtark, daß de Roſſi wiederholt ſich veranlaßt ſieht, ihrer zu ge= denken. L' ultima parte di questa storia, ſchreibt er nach kurzer Anführung der Geſchichte Martins I, dall' esilio d' un anno e poco più alla morte ed al sepolcro glorioso di sì illustre e venerato confessore, conviene esattamente con le parole del carme negli ultimi versi e nell' enfatico esordio. . . . . . La tela generale e l' ordine della narrazione concordano. . . . . . Dall' esilio poi alla fine già abbiamo notato l'esattissima concordanza tra la storia di Martino ed il testo del carme (Bull. p. 24 sq.). Gleich= wohl glaubt ſich derſelbe gegen Martin entſcheiden zu ſollen, da die Harmonie verſchwinde, ſobald man aus dem Gebiete des Allgemeinen in den Bereich des Einzelnen herabſteige. In den 54 Verſen, bemerkt er (p. 25 sq.), finde ſich auch nicht ein Wort über die Begebenheiten und Kontroverſen des Jahrhunderts Martins I: keine Anſpielung auf das Amt eines Apokriſiarius, das er während ſeines Diakonats in Konſtantinopel verwaltete; keine Erwähnung der Irrlehre des Monotheletismus; kein Anzeichen von dem Byzantinismus auf dem Höhepunkt ſeiner Entwickelung. Im Gegenteil weiſen der Stil, die Reminiscenzen und das Bild der chriſtlichen Geſellſchaft im Gedichte auf eine frühere Periode hin, auf die Zeit, in der die Arianer gegen den ausdrücklich genannten nicäniſchen Glauben ſtritten, auf das 4. Jahrhundert. Martin könne auch deswegen nicht in Betracht kommen, weil er in Verteidigung des Dogmas nicht unus contra quamplures geweſen, vielmehr der ganze Occident ſowie Afrika auf ſeiner Seite geſtanden habe, und weil die Verfolgung, die ihn getroffen, nicht auf Grund von religiöſen Differenzen, ſondern unter dem Titel einer ungeſetzlichen Wahl und eines Vergehens gegen den Staat eingeleitet worden ſei.

Indem wir zur Prüfung dieſer Bedenken übergehen, iſt vor allem
zu bemerken, daß eine ernſtliche Erwägung nur ein einziges verdient.
Das in letzter Linie erwähnte erledigt ſich einfach durch den Hinweis auf
die Thatſache, daß, wie auch die Byzantiner die Sache auffaßten, die
Anhänger des Papſtes die Urſache ſeiner Verfolgung jedenfalls in ſeiner
religiöſen Stellung erblickten. Wenn man ſodann den vorletzten Punkt
buchſtäblich nehmen und betonen will, ſo iſt zu bedenken, daß er dann
auch gegen Liberius zeugt, und zwar gegen dieſen noch mehr als gegen
Martin. Letzterer hatte doch wenigſtens nach dem Tode des Sophronius
alle Patriarchen des Orientes zu Gegnern. Lebte aber zur Zeit des
Papſtes Liberius der hl. Athanaſius, der erſte und bedeutendſte Vorkämpfer des nicäniſchen Glaubens gegenüber den Arianern, nicht mehr?
Und wenn wir auf den Weſten ſchauen, war denn, um nur einen Mann
zu nennen, Hilarius von Poitiers nicht mehr am Leben, der wegen ſeiner
Standhaftigkeit in Verteidigung und ſeiner Verdienſte um Erhaltung des
nicäniſchen Glaubens nicht ohne Grund der Athanaſius des Abendlandes
genannt wird? Übrigens bemerke ich, daß mir in B. 32 der Text
einiges Bedenken einflößt und contra quum plures zu leſen zu ſein
ſcheint, da auf dieſe Weiſe das fehlende quum gewonnen wird und doch
im weſentlichen nichts verloren geht, indem das unus auch gegenüber
dem einfachen plures ſeine Bedeutung behauptet. Was weiter die Nicht=
erwähnung des Apokriſiariats anlangt, ſo vermag ich nicht einzuſehen,
wie dieſem Punkte eine größere Bedeutung zukommen ſollte. Ähnlich verhält es ſich mit der Sprache und dem Bilde der chriſtlichen Geſellſchaft
in dem Gedichte. Wenn der Biſchof hier ſtets sacerdos (B. 3. 25.
37. 46) genannt wird, ein Ausdruck, der im 4. Jahrhundert häufig iſt,
während im 6. und 7. Jahrhundert die Worte praesul und pontifex
vorwiegen; wenn ferner der Schilderung des Lektorates ein ziemlich breiter
Raum gewidmet iſt, das in den Grabſchriften des 5. und der folgenden
Jahrhunderte nicht mehr erwähnt wird (Bull. p. 14—21): was hat das
zu bedeuten, wenn man erwägt, daß der fragliche Ausdruck im 6. und
7. Jahrhundert auch in anderen Dokumenten wirklich, wenn auch ſeltener
vorkommt[1], daß Grabſchriften von ein paar Zeilen ſchwerlich ſo ohne

---

[1] De Roſſi (p. 14) konſtatiert ihn ſelbſt bei Johann II (533—535) und Boni=
fatius V (619—625). Er ſteht ferner im Epitaphium Johanns V (685—686);
ebenſo auf dem Sarkophag des Biſchofs Hilarius von Arles († 449). Bgl. Duchesne,
Liber pontificalis I, 316, 367; Fastes épiscopaux de l' ancienne Gaule I (1894),
249. Man vergleiche auch die Lebensbeſchreibungen Martins I und Agathos im

weiteres mit einem Gedichte von 54 Hexametern zu vergleichen sind, und
daß auch der Liber pontificalis hier nicht als Zeuge aufzurufen ist, weil
derselbe im 7. Jahrhundert die früheren Ordines fast regelmäßig ganz
mit Stillschweigen übergeht. Prosodie und Metrum endlich ergeben ebenso
wenig einen Beweis für die Periode der arianischen Streitigkeiten. De
Rossi meint zwar, die Prosodie des Gedichtes stehe zwischen der klassischen
der Grammatiker und gebildeten Dichter der christlichen Zeit und der
gewöhnlichen der quasi versus eines Commodian und zahlreicher heid=
nischer und christlicher Inschriften des 3. und 4. Jahrhunderts in der
Mitte. Der zweite der Vergleichungspunkte ist indessen schwerlich glücklich
gewählt. Commodian dürfte als durchaus außerordentliche Erscheinung
außer Spiel zu lassen sein. Mit den schlechten Versen auf Inschriften
des 3. und 4. Jahrhunderts ist aber deswegen nicht besonders zu rechnen,
weil ihnen zahlreiche bessere gegenüberstehen, und der Verfasser des Ge=
dichtes durch den Inhalt seiner Arbeit verrät, daß es ihm keineswegs
gänzlich an Bildung gebrach. Das Gedicht ist hinsichtlich seiner Form
eher einfach mit den Arbeiten eines Juvencus und Prudentius Klemens
zu vergleichen, und wenn dieses geschieht, so geben uns seine häufigen
metrischen Verstöße allen Grund, ein Beträchtliches unter die Zeit jener
Dichter herabzugehen. Doch verhalte es sich damit so oder anders: in
allen Fällen liegt hier kein auch nur halbwegs sicheres Anzeichen des
4. Jahrhunderts vor. Von wirklicher Bedeutung ist in dieser Beziehung
nur die Nichterwähnung des Monotheletismus, bezw. die Nennung der
Nicaena fides in V. 31, und dieser Punkt ist näher ins Auge zu fassen.

Die Frage ist, ob die Nicaena fides nur im engeren und strengeren
Sinn, im Gegensatz zur arianischen Irrlehre zu fassen ist, oder ob es
nicht auch denkbar und annehmbar ist, der Ausdruck sei hier in einem
weiteren Sinn, zur Bezeichnung der Orthodoxie oder des wahren Glaubens
überhaupt gebraucht worden. De Rossi entscheidet sich für das erstere,
und er führt zur Begründung seiner Auffassung an, daß in den christo=
logischen Kämpfen von ihrem Anfang bis zum Schluß als Gegenstand
des Streites wohl die Synode von Chalcedon oder der Tomus Leos I
genannt werde, aber nicht ein einzigesmal die Nicaena fides; er weist

<hr />

Papstbuch bei Duchesne I, 386, 12; 350, 5 f. Umgekehrt fehlen die Ausdrücke
praesul und pontifex später nicht selten. Vgl. die Epitaphien Pelagius' I (556—
561), Bonifatius' IV (608—615), Deusdedits (615—618) bei Duchesne, Liber pont.
I, 304, 317, 320. Dafür begegnen uns die Worte pastor, pater, antistes u. dgl.
Man sieht deutlich, daß die Rücksicht auf das Metrum vielfach bestimmend war.

auch, und auf feinem Standpunkt nicht ohne Grund, auf B. 51 hin, wo
mit Auslaffung der dritten nur die beiden erften Perfonen der Trinität
genannt werden, diejenigen, um deren Verhältnis es fich in dem nicänifch=
arianifchen Kampfe vor allem handelte. Die Schwierigkeit, die hier für
die Beziehung des Gedichtes auf Martin I vorliegt, ift nicht zu ver=
kennen. Aber fie ift meines Erachtens doch nicht unüberwinblich. Was
zunächft den zweiten Punkt anlangt, fo werden die drei Perfonen der
Trinität auch fonft nicht immer alle und zufammen erwähnt[1], und das
Fehlen des hl. Geiftes dürfte an unferer Stelle um fo weniger zu be=
tonen fein, als es ja wohl auch durch metrifche Gefichtspunkte veranlaßt
fein kann. Auch der andere Punkt kann in der Auffaffung nicht ernftlich
beirren. Zu Nicäa wurde der Glaube der Kirche zum erftenmal auf
einer großen und allgemeinen Synode gegenüber häretifchen Behauptungen
feftgeftellt. Der nicänifche Glaube ift fo gewiffermaßen nicht bloß der
Anfang, fondern auch der Grundftein des kirchlichen und wahren Glaubens,
und könnte bei diefem Sachverhalt zur Bezeichnung des wahren Glaubens
nicht auch einmal der Ausdruck Nicaena fides gebraucht worden fein?

[1] Während Prudentius Klemens z. B. den Hymnus ad incensum lucernae
Cathem. V) mit den Worten fchließt:

> Per *Christum* genitum, summe *pater*, tuum,
> In quo visibilis stat tibi gloria,
> Qui noster Dominus, qui tuus unicus
> Spirat de patrio corde *paraclitum*.
> Per quem splendor, honos, laus, sapientia,
> Maiestas, bonitas et pietas tua
> Regnum continuat *numine triplici*
> Texens perpetuis saecula saeculis,

endigt er den Hymnus post cibum (Cathem. IV) mit folgenden Verfen:

> Nos semper Dominum *patrem* fatentes,
> In te, *Christe* Deus, loquemur unum,
> Constantesque tuam crucem feremus.

Sedulius ferner fchließt das vierte Buch feines Carmen paschale (Migne, PL.
19, 702) mit den Worten:

> Dicite, gentiles populi, cui gloria regi
> Talis in orbe fuit, cui palmis compta vel umquam
> Frondibus arboreis laudem caelestibus hymnis
> Obvia turba dedit, Domino nisi cum *patre Christo*,
> Qui regit aethereum princeps in principe regnum.

Auch Paulinus von Nola befchränkt fich in Carmen XXXII, 165—172
(ed. Hartel II, 335) auf die zwei erften Perfonen der Trinität.

Die Frage dürfte um ſo weniger zu verneinen ſein, wenn man erwägt,
ein wie großes Gewicht auch in den monophyſitiſchen Streitigkeiten auf
die Bewahrung des nicäniſchen Glaubens gelegt wurde, obwohl dieſer
mit den Glaubenskämpfen des 5. Jahrhunderts an ſich nichts mehr zu
thun hatte, letztere vielmehr einen ganz anderen Glaubensartikel betrafen
als die arianiſchen Streitigkeiten, einen Artikel, der zu Nicäa gar nicht
erörtert worden war. So reden z. B. die ägyptiſchen Biſchöfe und der
Patriarch Anatolius von Konſtantinopel in einer Weiſe vom nicäniſchen
Glauben, daß dieſer Ausdruck weniger den engeren antiarianiſchen als
vielmehr den fraglichen weiteren Sinn hat.[1] Die Hauptſtelle im Schreiben
der erſteren möge hier im lateiniſchen Text mitgeteilt werden, in dem
das Dokument auf uns gelangt iſt. Catholica siquidem intemerata
et apostolica fide, ſchreiben die Ägyptier dem Kaiſer Leo, in Nicæa
a sanctis tunc trecentis decem et octo patribus posita et ubique
firmata et apud omnes verbum veritatis recte prædicantes habita;
quam etiam unaquæque per tempora orthodoxorum episcoporum
ad peremptionem quidem saepius exortarum contra rectam fidem
vanarum quæstionum, custodiam vero recte confitentium patrum
firmavit atque roboravit; simili quoque modo et Chalcedone sanctum et universale concilium congregatum dudum sub sanctæ
memoriæ principe Marciano, hanc inviolatam incontaminatamque
servavit; abscindens quidem zizaniæ pestem a quibusdam rectis
superseminatam dogmatibus, confirmans autem venerabilis Nicænæ
fidei sicut diximus symbolum salutare et fingens inevulsibiles
terminos super eam, sicut gratia spiritus sancti dictabat. Ich be=
haupte nicht, daß hier der Ausdruck Nicæna fides durchaus und nur
im Sinne von recta fides gebraucht ſei. Aber es iſt klar, daß der=
ſelbe, wenn ihm auch ſeine urſprüngliche Bedeutung noch anhaftet, bereits
im Übergang zu einer weiteren Bedeutung begriffen iſt, und wenn wir
dieſen Sprachgebrauch in einem Dokument in Proſa antreffen, dann
dürfen wir die Möglichkeit und Wahrſcheinlichkeit ſchwerlich beſtreiten,
daß ein Dichter geradezu von Nicæna ſtatt von recta fides ſprach.

Die Nicæna fides bildet nach dem Vorſtehenden kein ernſtliches
Hindernis, das Gedicht auf die Perſon zu beziehen, auf welche die in
ihm erwähnten Lebensverhältniſſe ſo gebieteriſch hinweiſen. Ich glaube
daher im Rechte zu ſein, Martin I als Helden des Gedichtes zu be=

---

[1] Harduin, Acta concil. II. 692. 704.

trachten. Wie man aber von dessen Ansprüchen denken mag: Liberius
gewinnt in jedem Falle nichts, wenn sie auch niedriger gestellt werden,
da er aus den oben dargelegten Gründen überhaupt nicht in Frage
kommen kann. Wäre daher wegen der Nicæna fides je das 4. Jahr=
hundert festzuhalten, so müßten wir uns in dieser Periode nach anderen
Kandidaten umschauen, und in Rom ließe sich hier etwa an Felix II
denken, der nach der Verbannung des Papstes Liberius durch arianische
Bischöfe zu dessen Nachfolger geweiht wurde, ohne übrigens dem nicä=
nischen Glauben eigentlich zu entsagen, nach der Rückkehr des rechtmäßigen
Inhabers des Stuhles Petri aber bald aus der Stadt weichen mußte und
nach seinem Tode, sei es durch Sage, sei es durch absichtliche Dichtung,
ganz im Gegensatz zur beglaubigten Geschichte zu einem kirchlichen Helden
und Martyrer wurde.[1] Oder wenn wir über Rom hinausgehen, so
ließe sich an Paulinus von Trier, Dionysius von Mailand und
Maximus von Neapel erinnern, von denen der erste auf der Synode
von Arles 353 allein dem Ansinnen des Kaisers Konstantius widerstand,
Athanasius zu verdammen, darauf verbannt wurde und 358 im Exil in
Phrygien starb, die beiden anderen nach den Synoden von Mailand 355
und Rimini 359 ein ähnliches Schicksal erlitten. Bei näherer Betrachtung
befriedigen indessen auch diese Kandidaturen nicht. Bleiben wir bei dem
Felix der Geschichte, so finden, um nur die Hauptpunkte hervorzuheben,
die Verse 30 ff. keine Erklärung. Nehmen wir den Felix der Sage, so
geht das Exil verloren, wenn auch die Verfolgung und das Martyrium
bleibt. Jene Verse sind auch nicht leicht auf Maximus und Dionysius
zu beziehen, da jener schwerlich die in ihnen geschilderte bedeutende Rolle
spielte, dieser jedenfalls nicht unus contra plures oder quamplures war,
und wenn sie von Paulinus auch eher gedeutet werden könnten, so fragt
sich doch, ob die Kirche, von der im Vorausgehenden die Rede ist, als
die von Trier zu fassen ist. Die Bemerkungen, die in betreff dieser
Männer de Rossi gemacht hat (Bull. p. 30—35), verdienen vollkommene
Zustimmung.

Das Resultat der vorstehenden Zeilen ist daher: der Held des in
Rede stehenden jüngst ans Licht gezogenen Gedichtes ist entweder Papst
Martin I, oder er ist gar nicht näher zu bestimmen.

*   *

*

---

[1] Vgl. Hefele, Konziliengeschichte 2. A. I, 661. Döllinger, Papstfabeln
1863 S. 106 ff.

Stand ich anfänglich mit meinem Widerspruch gegen die Deutung des Epitaphiums durch de Roſſi allein, ſo haben allmählich auch andere ſich mehr oder weniger gegen dieſelbe erklärt.

Duchesne glaubt in ſeiner Ausgabe des Liber pontificalis I (1886), 210 das Dokument zwar mit dem Auffinder auf Liberius be= ziehen zu ſollen. In einem nicht unwichtigen Punkte aber weicht er von deſſen Deutung ab. De Roſſi verſetzt den Triumph, den der wahre Glaube nach Vers 30—36 infolge der Standhaftigkeit des Papſtes auf einer Synode errang, auf das Jahr 366, wo Abgeſandte einer großen Anzahl von aſiatiſchen Biſchöfen und Synoden bei Liberius ſich einfanden, das Symbolum von Nicäa annahmen und damit von dem arianiſierenden Symbolum von Nice ſich losſagten. Duchesne bezieht den Vorgang auf die Synode von Mailand 355, auf welcher der nicäniſche Glaube infolge des kräftigen Eintretens der päpſtlichen Legaten und des Biſchofs Euſebius von Vercelli einen wirklichen, wenn auch nicht nachhaltigen Sieg davon getragen habe, und die Deutung verdient den Vorzug, da ſie der Rede des Elogiums von einer Synode mehr gerecht wird. Aber es erheben ſich andere Schwierigkeiten, und eine wird von Duchesne ſelbſt bemerkt. Die zehn letzten Jahre des Pontifikates des Papſtes Liberius werden bei dieſer Auffaſſung im Elogium überſprungen. Duchesne findet das ſelbſt exorbitant. Dazu kommt, daß Liberius der Synode von Mailand nicht ſelbſt anwohnte. Duchesne meint zwar, daß auch das Elogium das nicht ſage, und es iſt richtig, daß die Anweſenheit des Papſtes auf der Synode nicht ausdrücklich erwähnt wird. Aber eben ſo richtig iſt auf der andern Seite, daß der bezügliche Abſchnitt ſie vorausſetzt. Die Liberius=Hypotheſe wird alſo durch die neue Erklärung nicht viel annehm= barer. Dazu bleiben die alten Schwierigkeiten. Das Elogium ſpricht insbeſondere von einem Martyrium, und de Roſſi nahm unter dieſen Umſtänden, um den Einklang mit der Geſchichte herzuſtellen, eine Textes= änderung vor. Duchesne glaubt über den Punkt hinwegzukommen, indem er hier die Redeweiſe eines überſchwänglichen Panegyriſten findet. Meines Erachtens iſt beides unzuläſſig. Das eine Verfahren iſt nicht mit den Geſetzen einer konſervativen Kritik, das andere nicht mit den Grundſätzen einer exakten Exegeſe in Einklang zu bringen.

Unter dieſen Umſtänden kann es nicht befremden, wenn die Theſe weiterem Widerſpruch begegnete. Griſar erklärte zwar im Kirchen= lexikon 2. A. 7 (1891), 1949: es dürfte jetzt nicht mehr fraglich ſein, daß die Inſchrift ſich auf Liberius beziehe, wiewohl ſein Name darin nicht genannt werde; auf keinen anderen paffen ihre Angaben, ihr Stil, ihr Ort. Gleichzeitig wurde aber die Deutung von zwei Seiten aus abgelehnt, von J. Friedrich bei Herausgabe der zweiten Auflage der Papft=Fabeln Döllingers 1890 S. 126 und in den Sitzungsberichten der phil.=hift. Klaffe der k. bayerifchen Akademie der Wiffenfchaften 1891 S. 87—127, von L. Traube in der Wochenfchrift für klaffifche Philo= logie 1891 S. 319.

Friedrich fpricht fich aber nicht bloß gegen die Beziehung des Ge= dichtes auf Liberius aus; auch die Deutung auf Martin I ift in feinen Augen nicht begründet, und zwar wegen der Rede des Elogiums von Nicaena fides, die fich in diefem Falle nicht begreife. Er räumt zwar ein, daß die Annahme fehr wahrfcheinlich gemacht wurde, und er gefteht, daß er ihr ohne Bedenken, wenn thatfächlich kein anderer Papft in Frage kommen könnte, den Vorzug vor der Liberius=Hypothefe geben würde, wenn auch ohne volle Überzeugung (S. 182). Aber er glaubt andererfeits einen befferen Kandidaten in Johannes I (523—526) entdeckt zu haben. Das Leben diefes Papftes, wie es durch den Anonymus des Valefius oder den Bifchof Maximian von Ravenna in wefentlicher Übereinftimmung mit dem Liber pontificalis dargeftellt wird, foll fich decken mit der Ge= fchichte des unbekannten Papftes in unferem Elogium. Die entfcheidenden Züge find folgende.

In der zweiten Hälfte des Elogiums, V. 30 ff., lefen wir: auf einer Synode habe der Bifchof oder Papft der Nicaena fides electa zum Siege verholfen; einer gegen viele, habe er den Kampf aufgenommen und, umgürtet mit dem katholifchen Glauben, alle geftärkt oder nach fich gezogen (possederis); er habe erklärt, er fürchte weder diefes, noch werde er jenes begehen, und fo fei er immer ftandhaft geblieben. Man habe ihn hinweggeriffen und in die Ferne gefchleppt, um ihn zur Verunftaltung der lichtvollen Geftalt des Herrn zu veranlaffen. Aber auch diefer eine (oder nach der Handfchrift: diefer ein Jahr andauernde) Kampf habe ihm noch nicht genügt; er fei im Exil als Martyrer geftorben. Nach feinem Tode habe er Wunder gewirkt und, was befonders deutlich hervor= gehoben wird, Dämonen ausgetrieben.

Über Johannes I erfahren wir: der Oftgote Theoderich habe ihn zu fich nach Ravenna befchieden und beauftragt, zu Kaifer Juftin nach Konftantinopel zu gehen und ihm zu fagen, er folle die rekonziliierten Häretiker nicht in die katholifche Kirche aufnehmen. Der Papft habe darauf erwidert: „Was du thun willft, König, thue rafch; fiehe, ich ftehe vor

deinem Angeſicht; dies verſpreche ich dir nicht zu thun, noch werde ich es
jenem ſagen; die anderen Dinge, welche du mir aufträgſt, werde ich mit
der Hilfe Gottes von ihm erlangen können.“ Erzürnt habe nun der
König ein Schiff in Bereitſchaft ſetzen und ihn mit anderen Biſchöfen
und einigen Senatoren darauf bringen laſſen. Gott aber, der ſeine treuen
Diener nicht verlaſſe, habe ſie glücklich geleitet. Juſtin ſei ihm wie dem
hl. Petrus entgegengegangen und habe ihm alles gewährt, einen Punkt
ausgenommen, die Zurückweiſung der bekehrten Arianer zu ihrem früheren
Bekenntnis. Bei der Rückkehr habe ihn Theoderich hinterliſtig aufge=
nommen, ihn, wie der Liber pontificalis beifügt, ins Gefängnis ge=
worfen, und nach wenigen Tagen ſei er geſtorben. Als man zu ſeiner
Beſtattung oder zur Überführung ſeiner ſterblichen Überreſte nach Rom
ſchritt, ſei plötzlich einer von einem Dämon erfaßt zu Boden gefallen;
als aber der Leichnam des Heiligen in ſeine Nähe gekommen, habe er
ſich wieder plötzlich geſund erhoben.

Die Berichte zeigen unverkennbar eine gewiſſe Verwandtſchaft. In
beiden Erzählungen tritt ein Papſt für den nicäniſchen Glauben ein,
erntet dafür Mißhandlung und findet, entfernt von ſeiner Kirche, einen
baldigen Tod. Es war daher angezeigt, ſie mit einander zu vergleichen
und zu prüfen, ob das Rätſel, das der eine Bericht darbietet, nicht durch
den andern ſeine Löſung finde. Ein Punkt läßt ſich ſo wirklich beſſer er=
klären als bei der Beziehung des Elogiums auf Martin I, die Nicaena
fides. In dem Konflikt zwiſchen König Theoderich und Papſt Johannes
handelt es ſich ja um die katholiſche Lehre im Gegenſatz zur arianiſchen,
alſo um den nicäniſchen Glauben. In den anderen Punkten tritt wenig=
ſtens eine nicht unbeträchtliche Ähnlichkeit zu Tage. Neben der Ähnlich=
keit iſt indeſſen auch die Verſchiedenheit nicht zu verkennen, und Friedrich
verhehlte ſich dieſe ſelbſt nicht. Nachdem ſich ihm ergeben, daß das Ge=
dicht auf Johannes I zu paſſen ſcheine, kann er nicht umhin, auf einige
Bedenken hinzuweiſen, welche der Erklärung entgegenſtehen (S. 110).
Dabei meint er zwar, dieſe Bedenken heben zu können. Ob ihm aber
dies zur Genüge gelungen iſt? Ich glaube nicht. Die Differenzen
wurden von ihm überdies nicht in ihrer vollen Bedeutung herausgeſtellt.

Sofort der Anfang bereitet große Schwierigkeiten. Der Anonymus
ſpricht nicht von einer Synode, wie das Elogium, und auch ſonſt iſt von
einer Synode des Papſtes Johannes I nichts bekannt. Friedrich glaubte
zwar dieſen Gegenſatz erklären zu können. Synoden, bemerkt er, zumal
wenn ſie keine Dekrete hinterlaſſen haben, werden auch ſonſt in Schriftſtücken

übergangen, wo eine Erwähnung zu erwarten wäre. Andererseits kommen auch Synoden von fünf oder sieben Bischöfen vor. Mit fünf Bischöfen werde aber auch Johannes I nach Konstantinopel geschickt. Sie und vielleicht noch einige andere seien ohne Zweifel schon bei den Verhand= lungen in Ravenna gewesen, an denen auch einige arianische Bischöfe teil genommen haben werden, und der Verfasser des Elogiums habe deshalb ganz richtig von einer Synode sprechen können. Ein Zeitgenosse des Papstes, der Dichter Arator, bezeichne sogar die Versammlung einer empörten Menge als concilium. Man kann das alles zugeben. Die Sache wird indessen dadurch nur zum Teil getroffen. Das Elogium meint sicher eine Synode, Verhandlungen über den Glauben auf einer Synode. Ebenso sicher ist aber auch, daß der von dem Anonymus ge= schilderte Vorgang nicht als Synode aufgefaßt werden kann. Nach ihm handelt es sich gar nicht um eine Beratung über den Glauben; der König beruft den Papst nur, um ihm einen Auftrag in betreff der Behandlung seiner Glaubensgenossen im Orient zu geben, und die Sache wird auch dadurch nicht wesentlich anders, daß demselben zu seiner Mission noch einige Bischöfe beigesellt werden. Friedrich deutet freilich auch das Elogium in diesem Sinne. Aus dem Vers 35 soll folgen, daß es sich auch hier nicht um einen Glaubensstreit und um Verdammung der Gegner, sondern, wie beim Anonymus Valesianus, um die Annahme, bezw. Ablehnung eines mit dem Glauben in Verbindung stehenden Auftrages handle (S. 107). Die Deutung ist aber zweifellos unbegründet. Der Vers des Elogiums ist ganz allgemein gehalten, und sein Sinn ist nach dem Kontext nur der: der Papst habe erklärt, er fürchte nicht dieses, nämlich womit man ihm drohe, und er werde jenes nicht begehen, nämlich was man ihm an= sinne, Verrat an seinem Glauben und Annahme der gegnerischen Lehre. Anders können die Worte nicht verstanden werden, und niemand wird, wenn er das Elogium für sich nimmt und in seiner Erklärung sich nicht durch fremde Rücksichten bestimmen läßt, dazu kommen, sie auf den speciellen Auftrag zu beziehen, von dem der Anonymus spricht. Friedrich selbst kam zu seiner Auffassung nur, indem er den Vers auf Grund des Be= richtes des Anonymus deutete, d. h. umdeutete. Sein Verfahren beruht also auf einer petitio principii. Er erklärt das eine Schriftstück nach Maßgabe des andern und setzt damit voraus, was erst zu beweisen ist, daß beide Berichte auf eine und dieselbe Sache sich beziehen.

Wie mit dem Anfang, so steht es mit dem weiteren Verlauf der Berichte. Die Verschiedenheit ist hier sogar noch größer. Nach dem

Elogium wird der Papst, da er standhaft bei seinem Glauben beharrt, discerptus tractus profugatusque, und zu der Verbannung kommt noch der Tod im Exil. Nach dem Anonymus wird Johannes durch den über seine ablehnende Erklärung erzürnten König zur Übernahme der Mission gezwungen; nach der Rückkehr trifft ihn Ungnade, und er stirbt in einigen Tagen im Kerker, wie der Liber pontificalis näherhin erzählt. Dies sind doch schwerlich die gleichen Züge. Dort wird ein Exil verhängt, hier die Übernahme einer Sendung verlangt. Dort stirbt der Verbannte im Exil, hier kehrt der Papst von der ihm aufgenötigten Mission zu dem Auftraggeber zurück und findet einen baldigen Tod. Johannes stirbt allerdings noch in Ravenna. Der Tod ereilt ihn also fern von seiner Gemeinde, und insofern kommt sein Ende dem im Elogium geschilderten einigermaßen nahe. Aber weiter geht die Ähnlichkeit nicht. Der Punkt beweist daher nicht viel, und man darf von ihm aus um so weniger vorschnell auf eine Identität der Personen schließen, als er zugleich mit einem Zuge auftritt, welcher den Schluß sofort in Frage stellt. Das Elogium spricht ausdrücklich von einem Tod im Exil. Das Exil nimmt in der Geschichte seines Helden überhaupt einen hervorragenden Platz ein. Der Anonymus spricht aber von ihm nirgends, und er gebraucht nicht etwa nur das Wort nicht, sondern er kennt auch die Sache nicht. Johannes I wurde ja keineswegs verbannt. Er ging in den Osten nicht ins Exil, sondern um einen königlichen Auftrag auszurichten. Er wurde auch nach der Rückkehr nicht verbannt; er starb vielmehr in Bälde. Von einem Exil kann also bei ihm nicht leicht die Rede sein. Johannes kam nur nicht mehr zu seiner Kirche zurück. Bei aller Ähnlichkeit zeigt sich dem= gemäß bereits in diesem Punkte eine erhebliche Verschiedenheit, und wenn sie allenfalls noch eine Erklärung zuließe, so ist bei den übrigen Punkten ein Ausgleich nicht möglich. Die Züge weichen, wie wir gesehen, wesentlich von einander ab, und die Verschiedenheit läßt sich auch nicht etwa mit Rücksicht auf den verschiedenen Charakter der Berichte erklären. Denn so viel man auch auf Rechnung der Redeweise des Dichters schreiben mag, so bleibt des Gegensatzes immer noch zu viel zurück. Oder wer vermag bei unbefangener Betrachtung in dem Elogium die Geschichte des Papstes Johannes I zu finden? Johannes I hatte es in seinem Konflikt mit niemanden als mit dem Ostgotenkönig zu thun. Trotzdem wird dieser im Elogium nie genannt; als Gegner des Papstes erscheinen hier vielmehr cuncti iniqui sacrilegi. Johannes erfreute sich im Orient seitens des Kaisers einer Aufnahme, wie sie nach dem Berichterstatter in

Prosa dem hl. Petrus nicht ehrenvoller zu teil werden konnte. Und auch für diesen Zug hat der Dichter nicht ein Wort, die Mission wird überhaupt nicht in erkennbarer Weise angedeutet. Der Papst erreicht vom Kaiser alles, was der König will, einen Punkt ausgenommen, der freilich von dem Anonymus allein ausdrücklich genannt wird, und trotzdem wird er von dem Auftraggeber ungnädig aufgenommen. Der Dichter schweigt darüber wiederum vollständig.

Das Angeführte genügt bereits zu dem Beweis, daß das Elogium Johannes I nicht gelten kann. Es ist deshalb auf den Einwand, der noch gegen die These erhoben werden könnte, nicht weiter einzugehen, daß nämlich der Papst des Elogiums als Martyrer stirbt, während der Anonymus kein Martyrium kennt, auch der Liber pontificalis in seiner ersten Ausgabe nur von einem Tod cum gloria spricht und erst in der zweiten Ausgabe, wie die Edition von Duchesne (S. 106, 107, 276) zeigt, den Beisatz martyr bringt. Der Punkt mag auf sich beruhen, obwohl die Erklärung, welche Friedrich (S. 111 f.) giebt, nicht ganz befriedigt. Ebenso soll der Umstand nicht betont werden, daß Johannes I im Liber pontificalis als Tuscier bezeichnet wird, während der Papst des Elogiums als Römer erscheint, zumal das gleiche Bedenken auch die Martinus= Hypothese trifft. Auf der anderen Seite braucht aber bei diesem Sach= verhalt auch nicht ausführlich dargethan zu werden, daß aus der Ähnlich= keit der Wunderberichte die Identität der Personen nicht zu folgern ist. Es genügt zu bemerken, daß das fehlt, was hier zu einem Beweis vor allem erforderlich wäre, das Zusammentreffen in dem speciellen Zug, welcher von dem Anonymus erzählt wird.

Unter den obwaltenden Umständen ist Martin I meines Erachtens immer noch der Papst, auf welchen das Elogium am besten bezogen werden kann. Gegen denselben kann mit einigem Grund nur die Rede von einem Kampf für die Nicaena fides eingewendet werden. Dieser Punkt war es auch hauptsächlich, welcher de Rossi bewog, von Martin bei seiner Untersuchung Umgang zu nehmen. Ebenso wurde durch ihn in erster Linie Friedrich bestimmt, nach einem neuen Kandidaten sich umzusehen. Und wenn in den arianischen oder nicänischen Streitigkeiten ein Papst sich fände, auf den das Gedicht auch mit den übrigen Zügen passen würde, so müßte Martin in der That zurücktreten. Aber auch nur dann. Völlig unmöglich ist seine Kandidatur wegen des fraglichen Ausdruckes keineswegs. Das Wort konnte, zumal in einem Gedichte, in weiterem Sinne gebraucht werden, im Sinne von fides recta oder

orthodoxa. Ich glaube das ſchon oben gezeigt zu haben. Indem ich
darauf verweiſe, füge ich der dort mitgeteilten Parallelſtelle einige weitere
bei, in denen der nicäniſche Glaube mit Nachdruck als die Grundlage der
Orthodoxie betont wird. In der vierten Sitzung des Konzils von Chal=
cedon, auf dem es ſich nicht um die trinitariſche, ſondern um die chriſto=
logiſche Frage handelte, erklärte der Archimandrit Karoſus: „Ich kenne
den Glauben der 318 in Nicäa verſammelten Väter, in dem ich auch
getauft wurde; einen anderen Glauben kenne ich nicht“; und im weſent=
lichen die gleiche Erklärung gaben nach ihm ab der Archimandrit Dorotheus,
die Mönche Barſumas und Helpidius, der Archidiakon Aetius von Kon=
ſtantinopel.[1] In einer Anrede derſelben Synode an den Kaiſer Marcian
treffen wir den Satz: es ſei nicht erlaubt, irgend eine Erklärung des
Glaubens zu geben, die im Widerſpruch mit dem Glauben der Väter
von Nicäa ſtehe; als ein Glaube, gleichſam als Grundlage oder Haupt=
ſtück ſolle die Lehre der 318 Väter gelten, wie das Geſetz der Kirche
wolle (μίαν μὲν ὡς κεφαλαίῳ τὴν τῶν τριακοσίων δέκα καὶ ὀκτὼ
διδασκαλίαν ὁ τῆς ἐκκλησίας εἶναι παρακελεύεται νόμος); und am
Schluß desſelben Dokumentes wird neben anderen Gründen zur Recht=
fertigung des römiſchen Biſchofs (der Epistola dogmatica Leos I) auch
der angeführt, daß er eine Verteidigung des nicäniſchen Glaubens ſei.[2]
Von Euthymius[3] wird berichtet, er habe als Grund ſeiner Zuſtimmung
zum Symbol von Chalcedon betont, daß die Synode erklärte, ſie folge
dem Glauben der Väter von Nicäa, von Konſtantinopel und Epheſus,
Cyrill u. ſ. w. Proklus von Konſtantinopel ſchließt ſein Schreiben an
die Armenier, eine Abwehr des Neſtorianismus, mit der Aufforderung,
die Überlieferungen zu bewahren, welche ſie von den heiligen Vätern
empfingen, die zu Nicäa den rechten Glauben darlegten (πατέρων τῶν
ἐν Νικαίᾳ τὴν ὀρθόδοξον πίστιν ἐκθεμένων).[4] Iſidor von Sevilla[5]
findet in dem nicäniſchen Symbolum geradezu den Inbegriff der ganzen
katholiſchen Lehre und eine Widerlegung faſt aller Häreſieen. Er ſchreibt
von ihm: Cuius verae fidei regula tantis doctrinae fidei mysteriis
praecellit, ut de omni parte fidei loquatur nullaque sit paene hae-

---

[1] Harduin, Acta concil. II, 427.
[2] Harduin, Acta concil. II, 643—650.
[3] Vita Euthymii c. 75 ed. Cotelerius, Ecclesiae gr. monumenta II (1681), 263.
[4] Harduin, Acta concil. I, 1735.
[5] De eccles. offic. I, 16.

resis, cui per singula verba vel sententias non respondeat; omnes enim errores impietatum perfidiaeque blasphemias calcat, et ob hoc in universis ecclesiis pari confessione a populo proclamatur. Bei einer solchen Auffassung könnte man den wahren Glauben gewiß allenfalls auch einfach den nicänischen nennen. Der Schritt konnte sicherlich leicht durch einen Dichter gethan werden. Jene Ausdrucksweise giebt daher keinen genügenden Grund, bei der Erklärung des Elogiums von Martin I abzusehen, und man wird das Gedicht so lange auf ihn zu beziehen haben, bis ein besserer Kandidat sich findet oder die Schwierig= keiten sich heben, welche der Deutung auf Liberius bisher entgegenstehen.

Wie das Bulletin critique 1891 Nr. 2 meldet, entdeckte der große Katakombenforscher in der letzten Zeit über der Katakombe der hl. Pris= cilla die Basilika des hl. Silvester, bezw. die Bruchstücke, welche sich von derselben erhalten haben. Die Basilika diente sechs Päpsten als Grab= stätte, darunter Liberius. Unter diesen Umständen hofft de Rossi, einige Fragmente unseres Elogiums zu finden. Wird sich seine Hoffnung er= füllen? Wenn ja, so erhalten wir ein Recht, mit ihm den überlieferten Text des Elogiums an der verfänglichsten Stelle zu ändern, und dann ebnet sich der Boden für seine Hypothese. Wenn nicht, dann unterliegt sie den alten Bedenken. Dazu kommen, wenn etwa zahlreiche Fragmente von Inschriften sich finden und kein Stück auf das Elogium paßt, neue Schwierigkeiten.

* * *

Die Erwartung, die sich an die eben erwähnten Grabungen knüpfte, ging, wie der Bericht im Bulletino V, I, 97—160 (1890) zeigt, nicht in Erfüllung. Es wurde nichts aufgefunden, was sich auf das Elogium beziehen ließe. De Rossi schreibt darüber S. 123: Ho osservato con minuta attenzione ogni briciolo di marmo scritto raccolto dalle macerie della basilica di s. Silvestro ed eziandio dalle gallerie sotterranee, per cercare se in qualche gruppe di lettere o sillabe mi fosse dato ravvisare alcuna reliquia del metrico elogio. Dall' attento esame ho raccolto responso negativo. Ich bemerkte für den Fall dieses Ergebnisses, daß dann die Deutung des Elogiums auf Liberius den alten Bedenken unterliege, daß sie, wenn etwa zahlreiche Fragmente von Inschriften sich finden und kein Stück auf das Elogium passe, noch schwieriger werde. Letztere Voraussetzung ist nun allerdings nicht eingetroffen. Es fanden sich überhaupt keine Inschriftenfragmente, welche auf die bekannten Epitaphien der in Betracht kommenden Päpste zu beziehen wären. De Rossi bemerkt S. 123 weiter: Come del predetto carme sepolcrale, cosi di quelli di Marcello, Siricio et di Celestino, dell' elogio dei martiri Felice e Filippo, trascritti dai collettori del secolo VII e delle epigrafi storiche da essi trascurate e non ancora rinvenute nelle loro sillogi, niuna reliquia è rimasta tra le macerie dello spogliato edificio. Die andere Behauptung behält aber ihr Recht. Die Schwierigkeiten haben sich für die fragliche Deutung nicht vermindert. Der Standpunkt bleibt der alte. Das Gedicht muß selbst darüber Aufschluß geben, wem es gelte.

Ich zeigte im Vorstehenden, daß der Versuch Friedrichs, das Gedicht auf Johannes I zu deuten, nicht haltbar ist. Auch de Rossi weist die Auffassung zurück. Andererseits wird aber auch aufs neue die Beziehung des Elogiums auf Martin I abgelehnt, die Beziehung auf Liberius aufrechterhalten und gegen meine erste Untersuchung S. 126 bemerkt, sie schwäche die Gegengründe ab und trage dem allgemeinen Präjudizialbeweis wenig Rechnung, demzufolge der Text des Elogiums in Hinsicht auf Stil und Geschmack (sapore) offenbar über das Zeitalter Martins I zurückreiche, da, wie er seine frühere Abhandlung geschlossen, i confronti filologici, epigrafici, archeologici, canonici sopra accennati, alcuni dei quali si potranno forse eludere, il loro complesso nò, escludono il secolo settimo.

Die Gründe, welche von de Rossi für ein höheres Alter des Elogiums vorgebracht wurden, sind in der That schwerwiegend, und wenn der verehrte Forscher auf diesen Punkt sich beschränkt hätte, so hätte ich mich bei seiner Ausführung beruhigen können. Mein Widerspruch galt in erster Linie der Beziehung des Elogiums auf Liberius, die mir als durchaus unmöglich erscheint, und erst, indem ich meinerseits dazu überging, die Kandidatur Martins I zu stützen, kam ich dazu, die volle Beweiskraft der bezüglichen Argumente in Zweifel zu ziehen. Ich will nun auf der fraglichen Kandidatur keineswegs unbedingt bestehen. Ich erkenne ihr zwar unter denjenigen, welche in Betracht kommen können, die größere Wahrscheinlichkeit zu. Aber ich verkenne auch die Gründe nicht, welche gegen sie sprechen; ich würdige insbesondere die Gründe, welche der berühmte Katakombenforscher für ein höheres Alter des Elogiums beibrachte. Nur finde ich diese Gründe nicht so durchschlagend, daß um ihretwillen durchaus von Martin I abzusehen wäre. Wie es sich aber damit verhalten mag, die Kandidatur des Liberius ist nach meinem Dafürhalten völlig unhaltbar. Die Biographie des Elogiums weicht zu sehr von der Geschichte dieses Papstes ab, als daß er als der Held des Gedichtes gefaßt werden könnte, und dieses Moment ist, weil völlig greifbar, von der höchsten Bedeutung.

Daß die Liberiushypothese in dieser Beziehung wirklich den ernst= lichsten Bedenken unterliegt, erkannte de Rossi selbst an. Er sah sich genötigt, um sie aufrecht zu erhalten, den überlieferten Text zu ändern. Statt der Worte martyr ad astra v. 42 wurden die Worte victor ad Urbem gesetzt. Das Verfahren beweist, wie schwer es ist, das Gedicht auf Liberius zu beziehen. Aber ein Eingriff in den Text ist eben nicht so ohne weiteres zulässig. De Rossi verschloß sich selbst dieser Erkenntnis nicht und ließ darum in der neuen Abhandlung die angeführten Worte stehen. Er glaubte, mit der Exegese und wenn auch nicht ohne jede Emendation, so doch mit einer leichteren und deshalb weniger anstößigen Textesänderung zum Ziele zu kommen.

Die Exegese betrifft das Wort martyr. Es wird betont, daß das= selbe im weiteren Sinne so viel als confessor bedeuten könne, und für die Zulässigkeit dieser Deutung in unserem Fall auf einen Brief des Papstes Anastasius I an den Bischof Venerius von Mailand verwiesen, in welchem die Verbannung der an dem nicänischen Glauben festhaltenden Bischöfe auf und nach der Synode von Mailand 355 erzählt und Liberius zwischen Dionysius von Mailand und Eusebius von Vercelli gestellt wird. Ecco, bemerkt de Rossi nach Anführung der Stelle S. 125, Liberio *sanctae recordationis* annoverato dal suo secundo successore tra i santi vescovi difensori della fede di Nicea, e posto in mezzo tra Dionisio di Milano ed Eusebio di Vercelli; ambedue venerati come *confessores* e quasi *martyres*. E pure Eusebio, reduce dall' esilio, mori nella sua sede in pace, come Liberio. Adunque non è ne= cessario cercare uno, che sia morto nell' esilio, perchè gli si possa applicare il titulo non solo di *confessor*, ma anche di *martyr*.

Das ist an sich richtig. Das Wort martyr bereitet der Liberius= hypothese keine unüberwindliche Schwierigkeit. Aber es handelt sich nicht bloß um dieses Wort, sondern noch um ein zweites. Die Verse 41— 42 lauten:

En tibi discrimen vehemens non sufficit annum (l. unum),
Insuper exilio decedis martyr ad astra.

Das Elogium spricht also nicht bloß von Verbannung; es läßt den

Verbannten auch ausdrücklich im Exil sterben, und dieser Zug paßt nicht auf Liberius.

Freilich scheint da mittelst einer kleinen Korrektur Abhilfe geschaffen werden zu können. Sozomenus kennt ein zweites Exil von Liberius, indem er H. E. IV, 19 erzählt, der Papst sei nach der Synode von Rimini wiederum aus Rom vertrieben worden, da er sich weigerte, das ihm vorgelegte arianisierende Glaubensbekenntnis anzunehmen, und dieser Bericht ließe sich in der fraglichen Angelegenheit verwerten. Cinti glaubte sich demgemäß berechtigt, wie wir durch de Rossi erfahren, in der mir nicht zugänglichen Historia crit. eccl. II, 130 das exilio in exilium zu verwandeln, und indem er nach vehemens und exilium interpungierte, ergab sich ihm der Sinn: Siehe, du hast einen heftigen Kampf, es genügt überdies nicht ein Exil, du erhebst dich als Martyrer (Konfessor) zu den Gestirnen. De Rossi ist S. 137 geneigt, der Emen= dation zuzustimmen. In der That ist die Änderung für die Liberius= hypothese notwendig. Mit dem überlieferten Text kann die Hypothese nicht bestehen, da Liberius in Rom starb, und nicht im Exil, wie das Elogium von seinem Helden sagt.

Ist aber die Emendation zulässig? Die Frage ist aus verschiedenen Gründen zu verneinen.

Fürs erste unterliegt die Erzählung des Sozomenus von einem zweiten Exil des Liberius erheblichen Bedenken. Sozomenus nimmt selbst für sie keine Sicherheit in Anspruch. Er spricht ausdrücklich von ver= schiedenen Berichten, die ihm vorliegen, und die hier in Betracht kommende Erzählung kann um so weniger als glaubwürdig gelten, als sie in betreff des Liberius durch den eingehenden und zuverlässigeren Bericht des Sul= picius Severus Chron. II, 41—75 nicht gestützt wird, in der Haupt= sache vielmehr mit demselben im Widerspruch steht. Die Sache mag sich übrigens so oder anders verhalten. Es handelt sich weniger darum, was über Liberius erzählt wird, als darum, ob der Text unseres Elo= giums zu ändern ist.

Die Korrektur ist allerdings unbedeutend; es handelt sich nur um einen Buchstaben, und insofern könnte sie hingenommen werden. Aber auch die kleinste Korrektur muß begründet sein, und hier liegt lediglich kein Grund vor, von dem überlieferten Texte abzugehen. Die Lesart ist doppelt bezeugt, und sie stimmt vortrefflich zu dem Kontext. Siehe, sagt der Dichter, nachdem er im Vorausgehenden die Wegreißung seines Helden von seiner Kirche erzählt: es genügt dir nicht ein heftiger Kampf; du

mußt überdies im Exil sterben. Umgekehrt wird das Gedicht durch die
vorgeschlagene Korrektur verschlechtert. Oder ist es etwa eine Verbesserung,
wenn man den Dichter gegenüber dem Angeführten sagen läßt: Siehe,
du hast einen heftigen Kampf, es genügt überdies nicht ein Exil, decedis
martyr ad astra? Ist anzunehmen, der Dichter habe so geschrieben?
Ist es wahrscheinlich, er habe ein zweites Exil so mit Nachdruck ange=
deutet, aber auch nicht ein einziges Wort über dasselbe gesagt, statt
dessen vielmehr sofort den Tod erwähnt? Ist in diesem Fall ferner die
Deutung des martyr als confessor aufrechtzuerhalten? Die ganze
Stelle enthält ja sichtlich eine Steigerung, und wo bleibt diese, wenn der
Tod im Exil hinwegfällt und ein Tod im Frieden an seine Stelle tritt?
Muß man dann nicht statt des im Tode im Exil bestehenden Martyriums
ein Martyrium im vollen Sinne des Wortes erwarten? Die Emen=
dation führt also nicht einmal zum Ziel, auch wenn sie als zulässig an=
erkannt wird. Nach dem Stand der Dinge kann sie aber gar nicht als
begründet gelten, und sie dürfte bei keinem Textkritiker von Ruf Anklang
finden. Was etwa allein für sie vorgebracht werden kann, ist, daß das
Gedicht sonst nicht auf Liberius bezogen werden kann, und dieser einzige
Grund kann im Ernste nicht geltend gemacht werden, weil er auf einer
offenbaren petitio principii beruht. Denn ob das Elogium von Liberius
handelt, steht ja gerade in Frage.

Der Vers 42 entscheidet hiernach gegen Liberius. Dazu kommt,
daß die im Vorausgehenden geschilderte Synode dieses Papstes nicht
unterzubringen ist, da, wie gezeigt wurde, weder die Erklärung de Rossis
noch die Deutung Duchesnes befriedigt. Der Punkt bereitet allerdings
nicht die gleiche Schwierigkeit wie der andere. Aber immerhin ist er
nicht gering zu schätzen, und er fällt um so schwerer ins Gewicht, als
der andere ihm zur Seite steht.[1]

*   *

*

Daß Liberius nicht in Betracht kommen kann, erkannte jüngst auch
Th. Mommsen in der Abhandlung über die römischen Bischöfe Liberius
und Felix II an, die er in der Deutschen Zeitschrift für Geschichtswissen=

---

[1] Der jüngste Vertreter der Hypothese scheint C. de Feis, Storia di Liberio
papa 1894, zu sein, nach dem aber, was ich über die mir nicht zugängliche Schrift in
der Deutschen Zeitschr. f. Geschichtswiss. N. F. I, 171 A. 6; 176 A. 2 erfahre,
nichts Neues beizubringen, sondern einfach de Rossi zuzustimmen.

schaft, N. F. I (1896/97), 167—179 veröffentlichte. Er bezeichnet den Versuch, das Epitaphium auf jenen Papst zu deuten, als schlechthin un= möglich, da derselbe wohl in die Verbannung geschickt worden, nicht aber, wie die Grabschrift sagt, im Exil gestorben sei (S. 177). Aber auch die anderen Lösungen erscheinen ihm als unbefriedigend. Die Erklä= rung Friedrichs wird gar nicht erwähnt, sei es daß er sie für noch weniger begründet hielt als die de Rossis, sei es daß sie ihm entgangen ist. Gegen die meinige wird eingewendet: schon de Rossi habe in be= friedigender Weise entwickelt, daß die Vorgeschichte des Toten und die Sprache der Inschrift auf das 7. Jahrhundert nicht passen und die Nicaena fides ebenfalls nicht auf die monotheletischen Händel dieser Epoche, sondern auf die Glaubensstreitigkeiten des 4. Jahrhunderts hin= weise: auch könnte, da Martin in Cherson starb, ein Hinweis auf den Tod fern von Rom in einer ihm gesetzten Grabschrift nicht wohl fehlen (S. 177). Die Gegengründe wurden indessen in ihrem größeren Teil bereits von mir gewürdigt, und ich brauche jetzt um so weniger wieder auf sie einzugehen, als sie nur in Form einer bloßen Behauptung er= neuert werden. Neu ist nur der in letzter Linie stehende Grund. Eine Beweiskraft kommt aber auch ihm nicht zu. Ob der Tod weniger oder weiter ferne von Rom erfolgte, fällt nicht besonders ins Gewicht. Die Hauptsache ist, daß er im Exil eintrat, und da die Bischöfe, welche diese Strafe im Altertum des Glaubens wegen traf, regelmäßig in entfernte Länder verbannt wurden, die Ferne also gewissermaßen sich von selbst verstand, so lag zur Hervorhebung dieses Momentes nicht einmal ein Grund vor.

Mommsen lehnt aber nicht bloß die bisherigen Erklärungen ab; er glaubt auch eine bessere bieten zu können, indem er Felix II, den Rivalen und Gegner von Liberius, als Kandidaten in Vorschlag bringt. Er kam auf denselben, indem er davon ausging, daß die Grabschrift nach der Umgebung, in der sie auftritt, auf einen römischen Bischof zu beziehen sei, die vorkonstantinischen Bischöfe durch die Nicaena fides ausgeschlossen, von den nachkonstantinischen, welche ins Exil gegangen, Liberius, Felix II und Martin I, der erste und der letzte bereits nach dem bisherigen Gang der Verhandlungen auszuscheiden seien, also nur Felix übrig bleibe (S. 177). Der Vorschlag ist nicht neu. Die Kandidatur des Felix wurde neben den übrigen etwa möglichen schon von de Rossi in Erwägung gezogen, sofort aber auch wieder fallen gelassen, da ihr sehr starke Gründe ent= gegenstehen. Vgl. Bulletino 1883 p. 33—35 und oben S. 403. Man könnte gegen den Verſuch inſofern ebenſo auf die Ausführung de Roſſis verweiſen, wie Mommſen mit deſſen Gründen ohne weiteres die Kandi= datur Martins I glaubt ablehnen zu dürfen. Da der Verſuch indeſſen mit einer Reviſion der Geſchichte des Papſtes Felix geſtützt wird, iſt eine nähere Prüfung angezeigt.

Es wird vor allem betont, daß die klerikale Laufbahn, von der das Gedicht ſpreche, bei Felix zutreffe, ſofern er von einem römiſchen Diakon zum römiſchen Biſchof aufgeſtiegen ſei (S. 178). Das iſt richtig. Es iſt aber nicht beſonders bedeutſam. Dieſelbe Laufbahn machten noch viele andere Päpſte durch.

Die Hauptſache bildet der folgende Teil des Gedichtes oder die weitere Geſchichte des Felix. Mommſen geſteht ſelbſt zu, daß das Bild, das man, namentlich Döllinger und Ducheſne, ſich von Felix zu machen pflege, allerdings ganz und gar nicht zu dem Epitaphium paſſe. Die Schwierigkeit ſcheint ihm indeſſen ſchon durch ſeine Unterſuchung über das Leben des Felix gehoben zu ſein. Ob es aber wirklich ſo iſt? Es wird betont, daß Felix als legitimer Biſchof betrachtet und ſtets in der offiziellen Liſte geführt wurde; ebenſo, daß er keineswegs Arianer war (S. 178). Man kann dies zugeben. Doch wird man in letzterer Be= ziehung bereits eine Reſtriktion zu machen haben. Da Felix von den Arianern oder den Gegnern des hl. Athanaſius die Weihe empfing und mit ihnen in Gemeinſchaft ſtand, kann ſein Ruf in weiteren Kreiſen nicht ein orthodoxer geweſen ſein, und wenn davon hier abgeſehen werden kann, da die Grabſchrift, wenn ſie ihm gilt, von ſeinen Anhängern aus= ging, ſo fällt ein anderer Punkt um ſo ſchwerer ins Gewicht. Es war bereits bei Prüfung der Kandidatur Johannes' I auf die Verſe 30 ff. und die hier geſchilderte Synode zu verweiſen. Vgl. S. 406 f. Auch hier erhebt ſich die Frage, wo die Synode iſt, auf der Felix die dort be= richtete Rolle ſpielte? Mommſen meint, man brauche für ſie nicht notwendig ein Zeugnis; es könne nicht beſtritten werden, daß während Liberius' Verbannung der römiſche Klerus, wenn er auch in der Biſchofswahl ſich gefügt hatte, recht wohl einen ſolchen Beſchluß habe faſſen können, und man wäre auch in Ermangelung eines Zeugniſſes nicht berechtigt, die Grabſchrift dem Felix abzuſprechen (S. 178). Kann man ſich aber bei dieſer Erklärung beruhigen? Die fragliche Synode bildet im Leben des Helden des Gedichtes gewiſſermaßen den Höhepunkt, und man ſoll das Gedicht auf Felix beziehen dürfen, ohne daß man im ſtande iſt, jenes wichtige Ereignis in ſeinem Leben nachzuweiſen! Dies könnte offenbar nur geschehen, wenn die Deutung des Gedichtes bereits feststände. Der Schluß beruht also auf einer petitio principii.

Indessen bleibt Mommsen selbst nicht ganz bei jenem Grunde stehen. Er glaubt ein Zeugnis für die fragliche Synode im Papstbuch zu finden, wo im Leben des Liberius berichtet wird: Et fecit concilium Felix et invenit duos presbyteros consentientes Constantio Augusto Ariano nomine Ursacium et Valentem et eregit (= damnavit) eos in concilio XLVIII episcoporum. Die führenden Hofbischöfe, wird bemerkt, seien hier durch die Unwissenheit des Abschreibers aller= dings unrichtig zu Presbytern gestempelt (S. 172); das Leben des Liberius gehe aber unleugbar auf eine gute historische Quelle zurück, und wie vieles auch im einzelnen entstellt und verdorben sei, so sei doch der ganze Bericht noch keineswegs Erfindung (S. 178). Das letztere mag richtig sein. Hier fragt es sich, ob die Notiz über die Synode richtig ist, wenigstens insoweit, als notwendig ist, um die Brücke zum Epitaphium zu bilden, und diese Frage ist eher zu verneinen als zu be= jahen. Die Notiz leidet nicht bloß an dem erwähnten Fehler; sie ist im ganzen unwahrscheinlich, da Felix nach allem, was wir wissen, die Gemeinschaft mit jenen Bischöfen nie abbrach. Die Synode steht daher in Frage. Und selbst wenn sie und die auf ihr vollzogene Verurteilung der Bischöfe Valens und Ursacius anzunehmen wäre, so würde dieses immerhin noch nicht hinreichen, um zur Synode des Epitaphiums hin= überzuführen, da es sich auf dieser nicht bloß um die Verurteilung von ein paar Bischöfen gehandelt haben kann, sondern vielmehr um ein be= deutsames dogmatisches Bekenntnis, da die Synode gleichsam als dog= matische Schlacht erscheint, in welcher der Held des Gedichtes contra quamplures stand, nicht bloß gegen zwei Personen. Dazu kommt ein Weiteres. Die Folge der Synode und der Entschiedenheit und Stand= haftigkeit, welche der fragliche Bischof auf derselben an den Tag legte, war nach dem Epitaphium, wenn nicht alles trügt, Mißhandlung und Verbannung. Die Synode bildet somit wie den Höhepunkt so auch einen entscheidenden Wendepunkt im Leben des betreffenden Bischofs, und auch das ist ein Zug, der in der Geschichte des Felix keinen Platz hat und über den im Papstbuch doch ebenso eine Andeutung zu erwarten ist wie über die Synode, da er nicht weniger wichtig ist als diese. Der Zug paßt überhaupt nicht in das Leben des Felix, soweit wir es kennen. Der Grund seiner Vertreibung aus Rom lag nicht in dem Glauben, sondern auf einem anderen Gebiete: man wollte nicht seine Verwaltung und seine

Gemeinschaft, da man bereits einen anderen Bischof hatte oder wieder hatte. Felix wurde auch nicht durch die Feinde des nicänischen Glaubens vertrieben, sondern durch den Senat und das Volk von Rom, wie in der Vorrede des Libellus precum von Marcellinus und Faustinus berichtet wird und wie mit Recht bereits de Rossi hervorhob.

In dritter Linie soll endlich der Tod des Felix im Exil, in praediolo suo, wie die Akten des Eusebius und das Papstbuch sagen, mit der Grabschrift übereinstimmen; ebenso die vorher erduldeten Leiden, wenn sie auch im einzelnen nicht zu belegen seien; sein Todestag sei begreiflicherweise nicht kirchlich gefeiert worden; aber seinen Anhängern habe er als confessor und martyr gelten müssen, und aus diesem Kreise sei die Grabschrift hervorgegangen (S. 179). Das letztere ist wirklich anzunehmen, wenn die Schrift auf Felix geht. Allein diese Beziehung bildet, wie aufs neue zu bemerken ist, eben die Frage, und das übrige ist nicht so zweifellos, wie es hingestellt wird. Man hat vielmehr Grund zu zweifeln, ob von Felix gesagt werden konnte, er habe im Exil geendet, wenn er auf seinem eigenen Grund und Boden in der Nähe von Rom starb. Man kann auch nicht so ohne weiteres sagen, daß er seinen Anhängern als Martyrer zu gelten hatte, da als Martyrer von den Alten nur diejenigen angesehen wurden, welche des Glaubens wegen Verfolgung und Tod litten, während die Leiden des Felix mit dem Glauben nichts zu thun hatten. Die Möglichkeit mag einzuräumen sein, daß seine Anhänger die Sache etwas anders anschauten. Ebenso mag man anerkennen, daß in einem Lobgedicht, wie es das Epitaphium ist, die Worte nicht streng zu nehmen sind. Mit bloßen Möglichkeiten kommt man aber nicht zu einem Beweis, wie er hier zu fordern ist.

Es fehlen hinreichende Gründe, das Epitaphium ernstlich auf Felix zu beziehen. Der Deutung stehen vielmehr erhebliche Schwierigkeiten entgegen.

Nach dem Vorstehenden wurden zur Lösung des Rätsels, welches die Grabschrift darbietet, vier Päpste in Vorschlag gebracht, und wenn wir die Verhandlungen schließlich auf ihr Ergebnis prüfen, so dürfte sich Folgendes bemerken lassen. Die Kandidatur des Liberius scheitert an dem Wortlaut des Gedichtes, da die Lebensverhältnisse nicht stimmen, und so beifällig sie anfangs aufgenommen wurde, so ist sie doch in Wahrheit unhaltbar, wie später auch mehr und mehr anerkannt wurde. Die Kandidatur Johannes' I hat, so weit ich sehe, eine Zustimmung überhaupt nicht gefunden. Wie es mit Felix II gehen wird, wird die Zukunft zeigen. Meines Erachtens ist die Kandidatur ebenfalls unbegründet. Es bleibt noch Martin I. Ich verkenne die Gründe nicht, die gegen ihn zu sprechen scheinen. Die Schwierigkeiten sind aber meines Erachtens nicht unüberwindlich, und wenn man, wie bisher allgemein geschah, die Lösung innerhalb der römischen Kirche sucht, so hat der Kandidat größere Ansprüche als irgend ein anderer. Die beiderseitigen Lebensverhältnisse, was die Hauptsache ist, stehen in vollkommener Über= einstimmung. Ich halte die Erklärung auch jetzt für die begründetste. Doch will ich auf ihr, wie bereits bemerkt wurde, nicht unbedingt be= stehen. Sie unterliegt ja thatsächlich auch einigen Schwierigkeiten, und vielleicht täusche ich mich über die Bedeutung, welche diesen zukommt. Wenn aber auch Martin fällt, dann wird man nach den bisherigen Ver= handlungen überhaupt auf eine Lösung innerhalb der römischen Kirche zu verzichten haben, es sei denn etwa, daß die neueste Kandidatur noch besser zu begründen ist, als es bisher geschehen ist und mir möglich zu sein scheint.

Wenn man aber von der römischen Kirche abzusehen hat, dann drängt sich die Frage auf, ob das Epitaphium nicht allenfalls auf eine andere Kirche geht. Unmöglich ist diese Beziehung nicht, und wenn sie bisher nicht ernstlicher ins Auge gefaßt wurde, geschah es offenbar haupt= sächlich nur deswegen, weil man eine sichere Lösung in der römischen Kirche zu finden glaubte. Das Schriftstück ist von Epitaphien nicht bloß auf Päpste, sondern auch auf andere Bischöfe umgeben, wenn gleich die Zahl der letzteren die geringere ist. Auch der Inhalt bietet in dieser Beziehung kein unbedingtes Hindernis. Die Worte tanta sedes Christi splendore serena (v. 24) konnten, in einem Gedichte wenigstens, von jeder hervorragenden Kirche gesagt werden. Daß der Ausdruck summus sacerdos (v. 25) im Altertum ein allgemeiner Bischofstitel war, ist zur Genüge bekannt. Und wenn man nach einer bestimmten Person sucht, wird man am ehesten auf Paulinus von Trier hingewiesen, auf den, wie bereits oben S. 403 bemerkt wurde, die Hauptpunkte des Gedichtes zutreffen, der Kampf unus contra quam plures mit Rücksicht auf seine Haltung auf der Synode von Arles 353, die Verbannung als Folge jener Haltung und der Tod im Exil. Bei ihm finden dann auch die Gründe ihre Erledigung, die auf den arianischen Streit und auf das 4. Jahrhundert hinweisen und die Kandidatur Martins I ausschließen sollen. Ich hebe dieses hervor, sofern der Gang der bisherigen Ver= handlungen den Schluß nahe legt. Die etwaigen ferneren Verhandlungen werden zeigen, ob in dieser Richtung weiter zu gehen ist.

XIX.

Zur Geschichte der altbritischen Kirche.[1]

Die altbritische Kirche, d. h. die Kirche auf den britischen Inseln im christlichen Altertum, soweit sie nicht, wie die Kirche der Angelsachsen, auf unmittelbarer römischer Mission beruht, samt den von dort aus= gegangenen kirchlichen Stiftungen auf dem Festlande, wurde schon frühe in konfessionellem Interesse in Anspruch genommen. Die schottischen Presbyterianer meinten, in der alten Kirche ihrer Heimat die kirchliche Verfassung nachweisen zu können, die sie für die ursprüngliche hielten. Die übrigen Protestanten liebten es, in Verwerfung des römischen Pri= mates sich auf die bezügliche Stellung der alten Briten zu berufen. Jüngst wollte man sogar finden, daß die altbritische Kirche nicht bloß romfrei gewesen, sondern dermaßen vor der übrigen Christenheit im Altertum sich ausgezeichnet habe, daß man ihr den Namen einer evangelischen Kirche beilegen dürfe.

Nach den Untersuchungen von Ebrard[2] soll nämlich die Bibel die alleinige Glaubensquelle der altbritischen oder, wie er sie nannte, der kuldeischen Kirche gewesen sein, und gleich dem Formalprincip habe die Kirche auch das Materialprincip des Protestantismus gehabt: der Cha= rakter ihrer Heilslehre sei durchaus evangelisch. Sie messe den Werken neben dem Glauben nicht bloß kein Verdienst bei, so daß sachlich die Rechtfertigung sola fide auf das bestimmteste in ihr zu finden sei, sondern sie halte auch den Glauben nicht um seiner selbst willen für verdienstlich, sondern für rechtfertigend aus dem Grunde, weil er es sei, der die Gnade Gottes ergreife.[3] Den Sakramenten werde nicht eine Wirksam= keit opere operato zugeschrieben, sondern sie gelten nur als Führer zu Christus. Die Abendmahlsfeier habe nicht den Charakter eines Opfers

[1] Aus dem Historischen Jahrbuch 1883 S. 5—44 mit einigen Kürzungen und Ergänzungen.

[2] Die kuldeische Kirche des sechsten, siebenten und achten Jahrhunderts, in Niedners Zeitschrift für hist. Theologie 1862 S. 564 ff., 1863 S. 325 ff. — Die iroschottische Missionskirche des sechsten, siebenten und achten Jahrhunderts und ihre Verbreitung und Bedeutung auf dem Festlande 1873. Ich citiere nach dieser Schrift, in der jene Abhandlung in erweiterter Gestalt vorliegt.

[3] Vergl. Iroschott. Missionskirche S. 78 ff,. 94, 99, 107.

gehabt; die Kommunion sei unter beiden Gestalten gespendet worden.[1]
Heiligen= und Reliquienverehrung ferner sowie der Glaube an das Feg=
feuer seien unbekannte Dinge.[2] Dem evangelischen Geiste der Dogmatik
entspreche der evangelische Geist der Ethik. Dieselbe sei von aller Äußer=
lichkeit und Gesetzlichkeit frei. Der Klerus insbesondere habe kein Cölibats=
gesetz gehabt, das Mönchtum keine lebenslänglichen Gelübde. Die Ehe
sei den Mönchen ebensowenig verboten gewesen als den Geistlichen.[3] Und
wie die altbritische Kirche in diesen Dingen von der übrigen Christenheit
und namentlich von der römischen Kirche abweiche, so auch bezüglich der
kirchlichen Verfassung. Die episcopi seien in ihr den presbyteri unter=
geordnet gewesen, während sonst das umgekehrte Verhältnis bestehe. Der
Presbyterat sei näherhin die geistliche Würde; Presbyter sei man durch
die Ordination geworden. Der Presbyter sei ferner als Abt der Vor=
stand eines Klosters gewesen. Sei aber durch die Missionsthätigkeit eines
Klosters die heidnische Umgebung zum Christentum bekehrt worden, und
haben sich Gemeinden im Lande gebildet, so sei daraus, sei es für den
Abt selbst, sei es für einen anderen Presbyter, den jener hiezu ernannte,
das Amt der seelsorgerlichen Leitung dieser Gemeinden, das Amt des
episcopus erwachsen. Der Bischof sei also einfach Gemeindepriester ge=
wesen, die bischöfliche Würde habe nicht einen höheren hierarchischen Grad,
sondern die pastorale Berufsthätigkeit bezeichnet.[4] Ähnlich habe es sich
mit dem Diakonat verhalten. Derselbe habe keinen Ordo gebildet. Der
Diakon sei nur der Almosenpfleger der Gemeinde gewesen.[5] Und diese
protestantische Urkirche habe nicht bloß Irland, Schottland und einen
Teil von England umfaßt, sondern auch zahlreiche Niederlassungen auf
dem Festlande gegründet. Im Anfange des achten Jahrhunderts habe
sie hier von den Pyrenäen bis zur Schelde, von Chur bis Utrecht sich
erstreckt.[6] Aber zu derselben Zeit sei ihr auf dem Festlande in dem
Kuldeerfeind Winfrid ein mächtiger Gegner erstanden. Auf den britischen
Inseln sei sie in den kommenden Jahrhunderten erlegen.[7]

Die Darstellung erregte begreiflicherweise Aufsehen. Aber die Ur=
teile lauteten verschieden. Der Herausgeber der Zeitschrift, in der die
Abhandlung zuerst erschien, fand in ihr eine entschiedene Bereicherung
der historischen Wissenschaft.[8] Der protestantische Kirchenhistoriker Plitt

---

[1] Ebend. S. 115 f.   [2] Ebend. S. 118, 132.
[3] Ebend. S. 134 ff., 194 ff., 206 ff.   [4] Ebend. S. 167 ff.
[5] Ebend. S. 180 ff.   [6] Ebend. S. 456.
[7] Ebend. S. 391 ff.   [8] Ebend. S. VI f.

dagegen sah sich veranlaßt, mehrere Aufstellungen als durchaus grundlos zurückzuweisen.[1] Ebenso wurden mehrere Punkte, nachdem die Theorie von Ebrard inzwischen in Kürze wiederholt worden war,[2] katholischerseits widerlegt, durch Greith,[3] Schwab[4] und Friedrich.[5] Schwab, der auch die übrigen kirchenhistorischen Arbeiten Ebrards einer Prüfung unterzog, fühlte sich bei der Lektüre derselben mitten unter die polemischen Streiter des 16. und 17. Jahrhunderts versetzt, und mit Rücksicht auf den von einem eifrigen Geistlichen gemachten Vorschlag, eine Art litterarischen Prangers zu gründen, an welchem die Verleumdungen gegen die Kirche und Entstellungen ihrer Geschichte zur Ausstellung gebracht werden sollten, bemerkte er am Schlusse seiner Ausführung, daß, falls dieser Plan je zu stande gekommen wäre, es schwer gefallen sein dürfte, zur Eröffnung der Ausstellung einen geeigneteren Gegenstand ausfindig zu machen, als das Urteil des Herrn Konsistorialrats Ebrard über den hl. Bonifatius. Friedrich fand in der Ebrardschen Arbeit einen wahren Urwald von Unrichtigkeiten und Verdrehungen, und er bezeichnet sie als den unkritischesten Dilettantismus, der ihm in der neuesten Zeit vorgekommen sei.

So gewichtig aber die Gründe waren, die gegen eine Reihe von seinen Aufstellungen vorgebracht wurden: Ebrard hielt seine Theorie völlig aufrecht und legte sie 1873 in erweiterter Gestalt aufs neue vor.[6] Er war überzeugt, daß, wenn bei fortgesetzter Forschung vielleicht auch manches in Einzelheiten sich berichtigen oder vervollständigen lasse, das Ergebnis im ganzen unumstößlich sei.[7] Die Sache hatte für ihn überdies nicht bloß einen wissenschaftlichen, sondern auch einen konfessionellen Wert. Nicht minder wichtig sei es, bemerkt er in der Vorrede zu der zweiten größeren Publikation, für die Kirchen evangelischen Bekenntnisses, sich um

---

[1] Zeitschrift für Protestantismus und Kirche 1864 Bd. 48 S. 261—309.

[2] Handbuch der christlichen Kirchen= und Dogmengeschichte 1865 I, 395—416.

[3] Geschichte der altirischen Kirche 1867 S. 403—462.

[4] Österreich. Vierteljahresschrift für kath. Theol. 1868 S. 55—72.

[5] Kirchengeschichte Deutschlands II, 1 (1869), 135—147. Der S. 138 in Aussicht gestellte Exkurs, in dem die Ebrardschen Aufstellungen im einzelnen widerlegt werden sollten, ist nicht erschienen, da das Werk über den ersten Teil des zweiten Bandes hinaus nicht fortgesetzt wurde.

[6] In dem bereits erwähnten Werke: Die iroschottische Missionskirche. Einen Nachtrag dazu bildet die Abhandlung: Die Keledei in Irland und Schottland, zuerst erschienen in der Zeitschr. für hist. Theol. 1875 S. 459—498, wieder abgedruckt in der Schrift: Bonifatius, der Zerstörer des kolumbanischen Kirchentums auf dem Festlande 1882 S. 217—252.

[7] Iroschott. Missionskirche S. VIII.

jene älteste, romfreie Urkirche Deutschlands näher zu bekümmern; denn in ihr besitze die Kirche der Reformation die beweiskräftigste Instanz für die auch historische Vollberechtigung ihrer Trennung von Rom und ihres selbständigen Bestehens; Deutschland sei nicht von Rom aus bekehrt worden; die römische Kirche sei von Anfang an in Deutschland ein unberechtigter Eindringling in eine vorrömische und romfreie Kirche gewesen.[1] Und jetzt wurde ihm noch größere Anerkennung zu teil als bei der ersten Publikation. Werner[2] adoptierte seine Anschauung über die altbritische Kirche, wenige Punkte ausgenommen, völlig. Herzog nahm[3] wenigstens einen Teil seiner Aufstellungen als gesicherte Resultate der Wissenschaft an. Ein Superintendent Förster[4] votierte ihm den Dank der evangelischen Kirche, für die Quellenmäßigkeit seiner Aufstellungen auch den Dank der evangelischen Wissenschaft.

Doch blieb auch jetzt der Widerspruch nicht aus. Durch verschiedene Gelehrte wurde gelegentlich vor den seltsamen Ansichten gewarnt.[5] Löning[6] unterzog dieselben einer eingehenden Prüfung. O. Fischer[7] verfaßte mit vorzüglicher Berücksichtigung des Ebrardschen Zerrbildes eine neue Monographie über Bonifatius. K. Müller[8] warf sogar die Frage auf, ob es sich lohne, einer Arbeit wie der Ebrards immer wieder eine Widerlegung zu widmen, indem er der Ansicht ist, daß „ein Buch, das so sehr allen Forderungen der Methode, der Kritik, der Sorgfalt und der historischen Wahrhaftigkeit ins Gesicht schlägt, höchstens in einer Anmerkung charakterisiert und im übrigen ignoriert werden sollte." Und als Ebrard zur Verteidigung seiner Anschauung über Bonifatius gegen Fischer eine neue Schrift[9] verfaßte, gab derselbe Gelehrte[10] sein Urteil dahin ab:

---

[1] Ebend. S. VI.

[2] Bonifatius, der Apostel der Deutschen und die Romanisierung von Mitteleuropa 1875. Vergl. namentlich S. 20, 28, 30 ff. Nur das Schriftprincip findet W. in der altbritischen Kirche nicht, und die Rechtfertigungslehre läßt er auf sich beruhen.

[3] Kirchengeschichte I (1876), 483 ff.

[4] Studien und Kritiken 1876 S. 668.

[5] Wattenbach, Deutschlands Geschichtsquellen 4. A. I, 97. Harttung, Diplomatisch-historische Forschungen 1879 S. 37, 39. Buß, Winfrid-Bonifatius 1880 S. 4.

[6] Gesch. des deutschen Kirchenrechtes 1878 II, 417—447.

[7] Bonifatius, der Apostel der Deutschen. Lpzg. 1881.

[8] Deutsche Litteraturzeitung 1882 Nr. 23.

[9] Bonifatius, der Zerstörer des kolumbanischen Kirchentums auf dem Festlande 1882. [10] Deutsche Litteraturzeitung 1882 Nr. 27.

„Das ganze Buch ist ein Hohn auf alles, was an wissenschaftlichem Anstand und Ernst, wissenschaftlicher Selbstbescheidung, Methode und Kritik gefordert werden kann."

Nach einem solchen, aus protestantischem Munde kommenden Verdikt könnte es gänzlich überflüssig scheinen, sich mit den Aufstellungen Ebrards noch weiter zu beschäftigen, und jedenfalls wäre dem Autor zu viel Ehre angethan, wenn noch einmal ein Angriff auf all die verschiedenen historischen Luftschlösser gemacht würde, die er aufbaute, nachdem ein Teil schon abgebrochen wurde. Das Zerrbild, das derselbe von dem hl. Bonifatius entwarf, soll daher völlig auf sich beruhen bleiben. Auch das angebliche Schriftprincip und die vermeintliche Sola-fides-Lehre der altbritischen Kirche sollen nicht weiter geprüft werden: Die Ebrardschen Behauptungen sind in dieser Beziehung so grundlos und willkürlich, daß sie, soweit ich sehe, bei keinem einzigen protestantischen Gelehrten von Bedeutung Anklang fanden. Es genügt vollständig die Widerlegung, die ihnen bereits widerfahren ist.[1] Und wenn es sich um Ebrard allein handeln würde, so dürfte es angemessen sein, auch über seine Behauptungen über die Disciplin und die Verfassung der altbritischen Kirche zur Tagesordnung hinwegzugehen. Denn wenn man mit so ungewöhnlicher konfessioneller Leidenschaft und mit so großer Leichtfertigkeit zu Werke geht, wie wir sie überall in seinen Schriften antreffen, hat man nicht das Recht, zu erwarten, in ernsthaften wissenschaftlichen Untersuchungen berücksichtigt zu werden. Aber auf dem berührten Gebiete wurde ihm eine nur allzureichliche Zustimmung zu teil, und die Zustimmung dauert vielfach sogar noch fort, da die bezüglichen Aufstellungen bisher zu wenig, zum Teil gar nicht näher geprüft wurden. Hier dürfte daher eine neue Untersuchung wohl angezeigt sein, und dies um so mehr, als sich in einigen Punkten Resultate ergeben werden, die nicht bloß der Ebrardschen, sondern auch der allgemeinen Ansicht der protestantischen Kirchenhistoriker entgegenstehen.[2]

---

[1] Vgl. Zeitschr. für Protest. und Kirche Bd. 48 S. 270 ff. Österreich. Vierteljahresschrift 1868 S. 50 ff.

[2] Einige Einschränkung erleiden diese Bemerkungen durch die Schrift: Antiquae Britonum Scotorumque ecclesiae quales fuerint mores, quae ratio credendi et vivendi, quae controversiae cum Romana ecclesia causa atque vis, quaesivit Fr. Loofs 1882. Die Untersuchung erschien aber erst, nachdem diese Abhandlung bereits vollendet war, und sie konnte daher nur noch in den Anmerkungen berücksichtigt werden.

Indem ich mich dieser Aufgabe unterziehe, bemerke ich ausdrücklich, daß ich in die Fußstapfen derjenigen nicht eintreten werde, die die Geschichte der altbritischen Kirche nur studierten, um aus ihr Kapital im Interesse der konfessionellen Polemik zu schlagen. Das einzige Ziel meiner Arbeit ist, der Wissenschaft, b. i. der Wahrheit, zu dienen. Ich wüßte nicht, warum ich mich etwa durch konfessionelle Vorurteile irgendwie sollte beeinflussen lassen. Die katholische Kirche steht auf zu festem Grunde, um etwaige Besonderheiten der altbritischen Kirche fürchten zu müssen.

1. Der Name der altbritischen Kirche.

Die Kirche, mit deren Eigentümlichkeiten wir uns hier beschäftigen, wurde bisher die altbritische genannt, und diese Bezeichnung wird auch im Folgenden beibehalten werden. Der Name beruht auf den Gebieten, welche die Kirche hauptsächlich umfaßte. Sonst wird sie vielfach keltische Kirche genannt, indem die Völker, welche sie repräsentierten, zumeist keltischen Ursprungs waren. Beide Bezeichnungen sind annähernd gleich begründet. Ich ziehe aber die erstere vor, da sie für einen weiteren Leserkreis die verständlichere ist.

Ebrard nannte die Kirche nach dem Vorgang von anderen[1] kuldeische und stützte sich darauf, daß die altbritischen Glaubensboten von ihren Biographen und den alten Historikern überhaupt nicht selten viri Dei genannt werden, indem er meint, diese Benennung sei eine Übersetzung des keltischen céli Dé oder der Keledei, bezw. Culdei, wie dieses Wort später latinisiert wurde. In den Titel zwar nahm er die Bezeichnung nur in seiner ersten Abhandlung auf. Die zweite Publikation betitelte er „Iroschottische Missionskirche". Aber der Wechsel beruhte nicht etwa auf einer Änderung seiner Ansicht über die Richtigkeit der Bezeichnung. Er wird vielmehr auf den Umstand zurückgeführt, daß der fragliche Name einem großen Teile des theologischen Publikums unbekannt sei. Überdies erklärt Ebrard mit ausdrücklichen Worten, der Name „kuldeische Kirche" sei der bündigere und schärfere, und er fügt bei, daß

---

[1] Die Bezeichnung wurde durch Hektor Boece in seinen Scotorum Historiae 1526 aufgebracht, und sie behauptete sich bis in die neueste Zeit. W. F. Skene bediente sich ihrer noch in seinem Werk: The Highlanders of Scotland 1837 I, 181 sqq. In seinem neuesten Werk: Celtic Scotland (3 Bde. 1876—1880) kommt der Ausdruck zur Bezeichnung der altschottischen Kirche nicht mehr vor. Ebrard suchte ihm eine neue und tiefere Begründung zu geben.

er im Laufe der Untersuchung von ihm wiederholt Gebrauch machen werde.[1] In Wahrheit ist die Rede von einer Kuldeerkirche unbegründet.

Der Ausdruck „Kuldeer" kommt erst im 16. Jahrhundert auf. Im Mittelalter heißen die mit ihm bezeichneten Leute in der Regel Keledei, keltisch céli Dé. Bisweilen kommt auch die Form Colidei vor, und diese Form gab zu einer Deutung Anlaß, aus der die „Kuldeer" erst erwuchsen. Anstatt aus dem Keltischen erklärte man das Wort aus dem Lateinischen und sah in den Colidei Leute, qui Deum colunt. Die Deutung findet sich zuerst bei Alexander Milne gegen Ende des 15. Jahrhunderts.[2] Hektor Boece läßt die fraglichen Personen schon am Anfang des 16. Jahrhunderts cultores Dei, vulgo Culdei, genannt werden,[3] und fortan war dieser Name der gewöhnliche. Die Bezeichnung ist aber, wie jetzt allgemein und auch von Ebrard anerkannt ist, unzulässig. Sie beruht nur auf einer falschen Deutung des Ausdrucks Keledei, bezw. Colidei.[4]

Man kann hienach höchstens von einer Kirche der Keledei oder céli Dé reden, und Ebrard will wirklich seine Anschauung insoweit aufrecht erhalten, auch nachdem er die Kuldeer als solche hat preisgeben müssen. Zeuge ist seine Abhandlung über die Keledei und deren un-

---

[1] Jroschott. Missionskirche S. 71. Über die Widersprüche, in die Ebrard sich dabei verwickelt, vgl. Hist. Jahrb. 1883 S. 11—12.

[2] Vitae Dunkeldensis eccles. episcoporum ed. Edinb. 1831 p. 4. Vgl. Reeves, On the Celi-dé, commonly called Culdees, in den Transactions of the R. Irish Academy. Vol. XXIV. Antiq. p. II (1864), 185.

[3] In den Scotorum Historiae v. J. 1526. Vgl. Reeves l. c.

[4] Die vielerörterte Frage, was die Keledei waren, kann hier auf sich beruhen bleiben, da sie mit unserer Untersuchung nichts weiter zu thun hat. Ich verweise auf die Abhandlung von J. von Pflugk-Harttung: Die Kuldeer (= Keledei) in Zeitschrift für Kirchengeschichte XIV (1894), 169—192. Nur eine sprachliche Bemerkung ist noch beizufügen. Skene (Celtic Scotland II, 238 sqq.) erklärt neuerdings die Form Colidei für die ursprüngliche, die Form Keledei für die abgeleitete. Allein nach dem Zeugnis der mittelalterlichen Litteratur verhält sich die Sache umgekehrt. Zudem ist die Erklärung, die Skene von der Entstehung und Bedeutung des Wortes giebt, offenbar unrichtig. Er sieht nämlich in dem Ausdruck Colidei eine Inversion des Ausdruckes Deicolae, und indem er in den Deicolae Eremiten erblickt, erklärt er, die Colidei seien ursprünglich Einsiedler gewesen, später aber einer kanonischen Regel unterworfen worden. Aber in den Stellen, auf die er sich beruft, sind die Deicolae keineswegs Eremiten, sondern vielmehr im allgemeinen Asceten und Mönche. In der vierten (p. 242 sqq.) wird der Ausdruck sogar auf die Geistlichen überhaupt angewendet. Bellesheim, Gesch. d. kath. Kirche in Schottland I (1883), 118—134; Gesch. d. kath. Kirche in Irland I (1890), 214—232, folgte in diesen Fragen zu vertrauensvoll Reeves und Skene.

veränderter Abdruck in seiner neuesten Schrift. Aber auch diese Auffassung ist unhaltbar. Nicht bloß die Form des Namens, sondern die
Bezeichnung selbst ist grundlos.

Was vor allem die Keledei als Abkömmlinge der kolumbanischen
Mönchsgesellschaft anlangt, so hat die historische Forschung ergeben, daß
in den alten Kolumbaklöstern Deer und Turiff in Buchan und Aberdeen-
shire die Keledei fehlten und daß sie in Jona selbst erst auftauchten,
nachdem das Kloster ein halbes Jahrhundert in den Händen der Nor-
mannen sich befunden hatte,[1] ein deutlicher Beweis, daß der von Ebrard
gewollte Zusammenhang nicht besteht. Gegen die Bezeichnung als solche
aber wurde gleich im Anfang eingewendet, daß sie auf schwachen Füßen
ruhe, da, wenn das Prädikat vir Dei nicht die persönliche Bedeutung
eines Mannes, sondern die Zugehörigkeit zu einer kirchlichen Gemeinschaft
bezeichne, nicht einzusehen sei, warum es auf die Oberen, speciell die
Äbte und Führer der Missionen beschränkt und nicht auch ihren Unter-
gebenen und Genossen erteilt wurde; da die Bezeichnung vir Dei sich in
den Lebensbeschreibungen finde, welche aus den Federn römisch gesinnter
Geistlicher geflossen seien; da das vir Dei in einzelnen Fällen ganz
evident nicht die kirchliche Gemeinschaft, sondern die sittliche Bedeutung
einer Person ausdrücke; da endlich auch Mitglieder der römischen Kirche
nicht selten so genannt werden.[2] Allein Ebrard sah sich noch nicht widerlegt. Er mußte zwar das Vorkommen der fraglichen Bezeichnung in
der römischen Kirche zugeben, meinte aber, daß zwischen dieser und der
altbritischen Kirche immer noch ein beträchtlicher Unterschied hier obwalte.
Dort finde sich der Ausdruck nur als gelegentliches zufälliges Prädikat,
während er bei den iroschottischen Missionären als stabile Bezeichnung
dieser bestimmten Kirchen- oder Cönobialgemeinschaft auftrete.[3] Beides
ist indessen durchaus unrichtig. Man gehe z. B. nur Adamnans Vita
Columbae durch, und man wird Kolumba, nächst dem hl. Patricius die
bedeutendste Erscheinung in der altbritischen Kirche, auch nicht ein einzigesmal mit dem Namen bezeichnet finden, der dieser Kirche besonders eigentümlich sein soll. Ein paarmal (II, 23; III, 3) heißt derselbe homo
Dei. Sonst aber wird er stets sanctus, beatus vir und dgl. genannt.
Das angeblich charakteristische vir Dei aber wird in der Lebensbeschreibung
vergeblich gesucht. Wie ist dies zu erklären, wenn der Ausdruck eine

[1] Skene, Celtic Scotland II, 360. 380 sq.
[2] Zeitschrift für Protest. u. Kirche Bd. 48 S. 266 ff.
[3] Vgl. Bonifatius S. 217 f.

ftabile Bezeichnung der iroschottischen Missionäre war? Man lese um=
gekehrt die Lebensbeschreibung Benedikts von Gregor d. Gr. im zweiten
seiner Dialoge, und man wird diesen Heiligen, der nach Ebrard ungefähr
der Antipode Kolumbans ist, in cap. 1. 3. 4. 6. 7. 8 ungefähr zwei
Dutzendmal vir Dei genannt finden, von servus Dei und ähnlichen
Ausdrücken, die mit jenem auch in der altbritischen Litteratur wechseln,
gar nicht zu reden. Man nehme weiter die Vita S. Severini von
Eugippius, und man wird dem vir Dei, bisweilen abwechselnd mit servus
oder homo Dei, fast in jedem Kapitel begegnen. Man lese ferner die
Vita S. Aridii, die unter dem Namen Gregors von Tours auf uns
gekommen ist, und man wird dem Ausdruck noch öfter begegnen. Man
lese endlich Greg. Tur. Hist. Franc. II, 36; IV, 26; VI, 6; Vit.
patr. c. 1, 1; c. 8, 2. 5. 7; c. 13, 3; c. 17, 3; c. 19, 3; c. 20, 4,
und man wird sehen, daß das vir Dei auch in der römischen Kirche
nichts weniger als ein bloß gelegentlicher und zufälliger Ausdruck ist.
Es ist also auch der Unterschied zwischen den beiden Kirchen, den Ebrard
zuletzt noch behaupten wollte, thatsächlich nicht vorhanden. Das vir Dei
ist ein beiden Kirchen gleich geläufiger Ausdruck zur Bezeichnung großer
Heiligen, und wie sollte es auch anders sein, da der Ausdruck aus der
hl. Schrift stammt, wo im dritten und vierten Buch der Könige die
Propheten fast regelmäßig viri Dei heißen, und dieses Buch der einen
Kirche so bekannt und so heilig war als der anderen? Findet sich ja
die Bezeichnung (ἄνθρωποι τοῦ θεοῦ) wie in der abendländischen ganz
ebenso auch in der morgenländischen Kirche. Die Ebrardsche Anschauung
über den Namen der altbritischen Kirche erweist sich soweit als völlig
grundlos, da der Punkt, auf dem sie beruht, durchaus keine Eigentüm=
lichkeit jener Kirche ist.[1]

2. Die altbritische Kirche und Rom.

Indem wir der Frage nach dem Verhältnis der altbritischen zur
römischen Kirche nahe treten, haben wir, um Mißverständnisse zu ver=
hüten, vor allem zu erwägen, daß die römischen Primatialrechte im
Altertum nicht die gleichen waren wie im Mittelalter und der Neuzeit,
indem damals viele Angelegenheiten, bei denen später der römische Stuhl
die Entscheidung sich vorbehielt, durch die betreffenden Kirchen selbst ge=

---

[1] Über die Rede von einem kolumbanischen Kirchentum in der letzten Schrift
Ebrards vgl. Hist. Jahrb. 1883 S. 14—15.

regelt wurden. Wir haben uns m. a. W., der Aufgabe des Historikers entsprechend, auf den Standpunkt der Zeit zu versetzen, um die es sich handelt, und da man behauptet hat, die altbritische Kirche sei schlechthin romfrei gewesen, so genügt es nachzuweisen, daß sie die römische Kirche als die Hauptkirche anerkannte. Denn wenn sie in dieser ihr Haupt sah, so war sie eben nicht romfrei, mag der Grad ihrer Unterordnung ein größerer oder ein geringerer gewesen sein.

Was zunächst die britische Kirche vor dem 5. Jahrhundert oder vor der Zeit anlangt, wo England eine römische Provinz war, so kann von einem Gegensatz zwischen ihr und der römischen Kirche schlechterdings keine Rede sein. Die britische Kirche stand damals in keinem anderen Verhältnis zu der letzteren als die anderen Kirchen des Westens und erkannte sie somit ebenso wie diese als ihr Haupt an. Daß England, wie verschiedene Indicien beweisen, nicht unmittelbar von Rom, sondern näherhin von Gallien aus das Evangelium erhielt, thut dem nicht bloß keinen Eintrag, sondern bestätigt es, indem es bei diesem Sachverhalt selbstverständlich ist, daß die britische Kirche die römische nicht weniger als Haupt der Gesamtkirche betrachtete, als die gallische Kirche, ihre Mutterkirche. Wie aber letztere in dieser Beziehung dachte, braucht nach den bekannten Worten des hl. Irenäus nicht weiter hervorgehoben zu werden.[1]

Daß die britische Kirche auch später, daß insbesondere die irische Kirche, die erst im 5. Jahrhundert entstanden ist, den gleichen Standpunkt einnahm, zeigt namentlich Kolumban,[2] einer der bedeutendsten Männer, welche die Insel der Heiligen hervorgebracht und als Glaubensboten auf das Festland geschickt hat. Wir sind so glücklich, von ihm drei Briefe an Bischöfe der römischen Kirche zu besitzen. In dem ersten, an Gregor d. Gr., bittet er um Aufschluß über die gallische Osterpraxis und um Belehrung, wie er sich zu den unkanonisch ordinierten Bischöfen zu verhalten habe. In dem zweiten bittet er Bonifatius IV um Bestätigung seiner Osterpraxis. Im dritten bittet er, da ihm die Mitteilung gemacht worden war, Eutyches und Nestorius seien durch die fünfte allgemeine

---

[1] Vgl. Duchesne im Bulletin critique II N. 14.

[2] Einige Neuere nennen denselben Kolumba, bezw. Kolumba d. j. im Unterschied von dem älteren Kolumba, dem Apostel von Schottland, da er in den Briefen seinen Namen selbst so schreibt. Ich belasse es indessen bei der herkömmlichen Schreibweise, um so mehr, da Kolumban in der metrischen Epistola ad Hunaldum die Form Columbanus gebrauchte.

Synode anerkannt worden, und der römische Stuhl sei mit Annahme
dieser Synode der Häresie verfallen, denselben Papst in erregtem Tone,
sich über die Angelegenheit zu erklären. Es ist also zu erwarten, daß
die Briefe auch darüber bestimmten Aufschluß geben werden, wie die
Kirche, der er angehörte, sich ihr Verhältnis zum apostolischen Stuhl
vorstellte, und diese Erwartung wird nicht getäuscht. Schon im ersten
Brief c. 3 bezeichnet er den Papst als den Inhaber des Stuhles Petri,[1]
und wenn man erwägt, welche Stellung dem Apostel Petrus in der alten
Kirche einmütig zugeschrieben wurde, so weiß man zugleich, daß er den
Papst mit jenen Worten als obersten Bischof und als Haupt der Kirche
anerkennt. Die Deutung kann umsoweniger einer Beanstandung unterliegen, als die Primatialstellung der römischen Kirche in den beiden anderen
Briefen ausdrücklich anerkannt wird. In dem ersten nennt Kolumban
die Päpste nicht bloß die Inhaber des apostolischen Stuhles, sondern
zugleich die Vorsteher aller Gläubigen (sedi apostolicae praesidentes,
dulcissimos omnibus praesules fidelibus).[2] Im zweiten begrüßt er
den Papst Bonifatius IV in der Überschrift als Haupt aller Kirchen
Europas; er nennt ferner die römische Kirche den Hauptsitz des orthodoxen Glaubens (c. 8) und Haupt der Kirchen des Erdkreises (c. 10);
er bezeichnet endlich (c. 10) als Grund ihrer Größe, bezw. ihres Vorranges, den Umstand, daß in ihr die cathedra S. Petri sei, indem er
bemerkt, daß er und die Seinigen diesem Stuhl und durch ihn der
römischen Kirche verbunden seien. Nos enim, sind seine eigenen Worte
an letzterer Stelle, devincti sumus cathedrae S. Petri; licet enim
Roma magna est et vulgata, per istam cathedram apud nos est
magna et clara.[3] Die Worte sind nicht mißverständlich. Daneben führt
er allerdings eine Sprache, die sich mit der Anerkennung des römischen
Primates nicht zusammenzureimen scheint. Allein diese Sprache erklärt
sich hinlänglich aus dem Schmerz, der seine Seele bewegte, da ihm die
römische Kirche, die fidei orthodoxae sedes principalis, der Häresie
verdächtigt worden ist, und eine ähnliche Sprache finden wir auch bei
Männern, über deren Verhältnis zu Rom kein Zweifel besteht, bei
Irenäus, bei Cyprian, ja sogar bei Bonifatius,[4] diesem Spion der römischen Kirche, wie ihn Ebrard nennt. Sie ist eben ein Beweis, daß
die Verfassung der Kirche nicht, wie ihre Gegner meinen, bloß Sklaven-

---

[1] Migne, PL. 80, 262.   [2] Migne, PL. 80, 268.
[3] Migne, PL. 80, 274, 278 sq.
[4] Vgl. Epp. 42, 49 ed. Jaffé.

finn erzeugt, und daß mit aller Hochachtung und Verehrung gegen die
kirchlichen Oberen auch ein edler Freimut vereinbar ist.

Ebrard meint freilich, das Gewicht der angeführten Stellen ab=
schwächen zu können. Die Aufschrift des zweiten Briefes ist in seinen
Augen, wenn auch nicht spöttisch, so doch satirisch; der Vorrang, den
Kolumban der römischen Kirche zuerkennt, soll sich auf die Ehre be=
schränken.[1] Allein was das erste anlangt, so zeigt er nur, wie wenig
er einer unbefangenen Auffassung fähig ist. So viel ich sehen kann, hat
außer ihm hier noch niemand eine Satire gefunden. Selbst der gewiß
nichts weniger als romfreundliche Theologe Plitt[2] erklärte sich gegen eine
solche Deutung. Und was den zweiten Punkt betrifft, so entsteht die
Frage, warum denn Kolumban um Belehrung sich stets nach Rom wendet,
wenn ihm die dortige Kirche, von dem Ehrenrang abgesehen, nicht mehr
zu bedeuten hatte als eine andere? Warum nennt er den Bischof jener
Kirche ferner spiritalis navis gubernator ac mysticus proreta sowie
ducum princeps, und warum mißt er ihm in erster Linie die Aufgabe
zu, die der Kirche drohenden Gefahren abzuwenden?[3] Mit der Annahme
eines bloßen Ehrenvorranges läßt sich das schwerlich zusammenreimen.
Die Worte beweisen vielmehr zur vollen Evidenz, daß Kolumban die
römische Kirche im vollen Sinne als Haupt der Kirche anerkannte, mag
nun die Primatialstellung, die er ihr zuerkannte, des näheren so oder
anders zu bestimmen sein. Die altbritische Kirche betrachtete sich demnach
im Anfang des 7. Jahrhunderts nicht als romfrei.[4]

In der nächsten Zeit, als die römische Kirche von den Angelsachsen
aus den Versuch machte, die Kirche von Wales zu einer größeren An=
näherung zu bewegen, zeigt sich das Verhältnis der beiden Kirchen aller=
dings in einem etwas veränderten Licht. Der Versuch mißlang und die
Folge war eine gewisse Entfremdung. Der Abt Dinoth von Bangor
soll bei jenen Verhandlungen sogar gesagt haben, daß er keinen anderen
Gehorsam gegen den Papst kenne als gegen jeden anderen wahren und
frommen Christen und daß er in dem Papst nicht den Vater der Väter
zu erblicken vermöge.[5] Allein die Worte sind nach dem Urteile der her=

[1] Froschott. Missionskirche S. 96 f.
[2] Zeitschr. f. Prot. u. Kirche Bd 48 S. 273.
[3] Ep. V, 2, 6. PL. 80, 275, 277.
[4] Vgl. Loofs a. a. O. S. 94—97. Löning, Gesch. des d. K.=R. II, 418—421.
[5] Aus altbritischer Sprache wörtlich übersetzt lautet die Stelle bei Wilkins,
Conc. M. Brit. I, 26: Notum sit et absque dubitatione vobis, quod nos omnes

vorragendsten Gelehrten in England und Deutschland eine spätere Fälschung. Selbst Gieseler[1] hat sie später aufgegeben. Indessen soll der Fall gesetzt werden, sie seien echt, was folgt daraus? Gesprochen im Zustande einer gewissen Erregtheit und vermutlich veranlaßt durch eine gewisse Animosität von seiten Augustins, sind sie schwerlich als adäquater Ausdruck des zwischen beiden Kirchen bestehenden Verhältnisses anzusehen. In der Hitze des Streites gefallen, enthalten sie vielmehr eine beträchtliche Übertreibung, und wenn wir sie ihrer falschen Zuthat entkleiden, so dürfte wohl nur das zurückbleiben, daß die Briten sich eben nicht verpflichtet fühlten, den damals beregten Forderungen der römischen Kirche sich zu unterwerfen, und im Unfrieden von dem Legaten derselben schieden. Folgt aber daraus, daß sie die Auktorität des römischen Stuhles überhaupt verwarfen? Kolumban vermag uns diese Frage zu beantworten. Auch er hielt an den Gebräuchen seiner Heimatkirche mit aller Entschiedenheit fest. Er beharrte bei ihnen trotz aller Versuche, die gemacht wurden, um ihn von denselben abzubringen, und er ging sogar soweit, daß er die entgegenstehende Osterpraxis, weil sie die Auktorität des hl. Hieronymus gegen sich habe, für häretisch erklären wollte.[2] Und doch erkannte er, wie wir bereits gesehen, die Oberhoheit der römischen Kirche aufs bestimmteste an.

Von einer Romfreiheit in dem Sinne, der gewöhnlich mit dem Worte verbunden wird, kann also trotz jener Differenzen nicht die Rede sein. Die bezüglichen Verhandlungen weisen im Gegenteil auf ein gewisses Band zwischen beiden Kirchen hin. Indem Augustin nur die

---

sumus et quilibet nostrum obedientes et subditi ecclesiae Dei et papae Romae et unicuique vero Christiano et pio, ad amandum unumquemque in suo gradu in caritate perfecta et ad iuvandum unumquemque eorum verbo et facto fore filios Dei. Et aliam obedientiam quam istam non scio debitam ei, quem vos nominatis esse papam, nec esse patrem patrum vindicari et postulari; et istam obedientiam nos sumus parati dare et solvere ei et cuique Christiano continuo. Praeterea nos sumus sub gubernatione episcopi Caerlionis super Osca, qui est ad supervidendum sub Deo super nobis, ad faciendum nos servare viam spiritualem.

[1] Kirchengeschichte 4. A. I, 2 S. 468. In der 3. Auflage I, 717 hatte er die Stelle noch als echt aufgeführt. Vgl. Döllinger, Handbuch der Kirchengesch. I, 2 S. 218. Montalembert, Mönche des Abendlandes, übersetzt von Brandes III, 400 Anm. 2. Selbst Ebrard hat die Stelle aufgegeben. Dagegen verwertet sie Werner (Bonifatius S. 26), ohne auch nur ein Wort beizufügen, daß sie zum mindesten sehr zweifelhafter Natur ist.

[2] Ep. I, 3. PL. 80, 262.

Annahme von einigen Gebräuchen der römischen Kirche und Unterstützung bei Bekehrung der Angelsachsen fordert, setzt er die Anerkennung der römischen Kirche seitens der Briten voraus, da er im anderen Falle diese als das Wichtigere zuerst hätte zur Sprache bringen müssen; und indem die Briten nur ihn als Erzbischof verschmähen, geben sie zu verstehen, daß sie wohl s e i n e Jurisdiktion, nicht aber auch die Autorität der römischen Kirche ablehnen. Diese Auffassung ist schwerlich mit Grund zu beanstanden. Sollten die Briten aber damals je weiter gegangen sein, als bisher angenommen wurde, und von der römischen Kirche sich auf einige Zeit völlig getrennt haben, so würde sich noch immer keine vollständige Romfreiheit ergeben. Denn früher erkannten sie die Autorität der römischen Kirche unstreitig an, und ihr damaliges Verhalten wiegt schwerer als das spätere, das mehr oder weniger durch Leidenschaft beeinflußt war. Eine derartige Kollision zeugt hier sowenig als anderwärts gegen das normale Verhältnis.

3. Klerus und Mönchtum.

Während Klerus und Mönchtum in der übrigen Kirche zwei besondere Stände bilden, die wohl unter Umständen in den Personen sich vereinigen, wenn nämlich ein Mönch die Weihe empfängt oder umgekehrt ein Geistlicher in ein Kloster eintritt, aber an sich strenge auseinander zu halten sind, sollen sie in der altbritischen Kirche an sich zusammengefallen sein. Ebrard[1] will aufs bündigste erwiesen haben, „daß es bei den Kuldeern einen Weltpriesterstand und ein davon unabhängiges Mönchtum wie in der römischen Kirche schlechthin nicht gab, sondern daß der Weg zur Ordination schlechthin nur durch den monachus-Stand hindurchging". An der Behauptung ist so viel richtig, daß der Ordensklerus in der altbritischen Kirche einen sehr großen Umfang hatte, und daß in Irland und Schottland eine Zeitlang vielleicht sämtliche Kleriker Mönche waren. Aber durchaus falsch ist es, daß die altbritische Kirche sich in dieser Beziehung in einem principiellen Gegensatz zur römischen Kirche befunden habe. Denn um davon gar nicht zu reden, daß auch in der angelsächsischen Kirche eine Zeitlang die Geistlichkeit vielfach aus Mönchen bestand, so war jenes Verhältnis ein bloß thatsächliches, nicht aber ein principielles; es war ferner nicht ein allgemeines, und da, wo es vorkam, war es kein immerwährendes. In Irland nahm der Ordens=

---

[1] Froschott. Missionskirche S. 210.

Klerus nach dem sogenannten Katalog der Heiligen erst im Laufe der Zeit überhand; in der ersten Periode nach Patricius war der Weltklerus vorherrschend;[1] und wie man auch über den geschichtlichen Wert jenes Dokumentes im einzelnen denken mag, so viel wird ihm immerhin zu entnehmen sein, daß es auf der Insel der Heiligen nicht bloß einen Ordensklerus, sondern auch eine Weltgeistlichkeit gab. Ebenso ist in der Kirche von Wales ein Klerus außerhalb des Mönchtums nachweisbar. Denn wenn Gildas um die Mitte des 6. Jahrhunderts seinen ersten Bußkanon mit den Worten beginnt: Presbyter aut diaconus faciens fornicationem naturalem sive sodomitam, prelato (prolato) ante monachi voto,[2] so giebt er zu verstehen, daß es in der altbritischen Kirche auch Presbyter und Diakonen gab, die das Mönchsgelübde nicht abgelegt hatten, und was er hier nur andeutet, spricht er ausdrücklich aus, wenn er im dritten Kanon bemerkt: Si vero sine monachi voto presbyter aut diaconus peccaverit, sicut monachus sine gradu sic peniteat. Dasselbe ist der Fall, wenn Kolumban verschiedene Bußen ansetzt, je nachdem der Sünder ein clericus, ein monachus vel diaconus, ein sacerdos oder episcopus ist,[3] und dieser Kanon zeugt zugleich für die weitere Verbreitung des Unterschiedes der beiden Stände in der altbritischen Kirche.

Es dürfte nicht notwendig sein, noch weiteres beizubringen. Die angeführten Stellen reichen bereits hin, um die Konstruktion Ebrards über den Haufen zu werfen.[4] Beizufügen ist nur noch, daß derselbe weder in dieser noch in anderen ähnlichen Fragen für gut fand, die Pönitentialien der altbritischen Kirche zu Rate zu ziehen. Das Pönitentiale Kolumbans wird mit leichten Gründen als unechtes Machwerk beseitigt.[5] Kein Wunder also, wenn sich seine Aufstellungen als so durchaus grundlos erweisen.

---

[1] Vgl. Skene, Celtic Scotland II, 12 sqq.
[2] Vgl. Wasserschleben, Die Bußordnungen der abendländischen Kirche 1851 S. 105.
[3] Poenitentiale c. 16 (4). Wasserschleben a. a. O. S. 355.
[4] Vgl. Loofs a. a. O. S. 61, 82. Hier wird gegen die Identifizierung von Klerus und Mönchtum insbesondere auf die Worte Kolumbans (Ep. II, 6) verwiesen: Sanctus Hieronymus . . . iussit episcopos imitari apostolos, monachos vero docuit sequi patres perfectos. Alia enim sunt et alia clericorum et monachorum documenta et longe ab invicem separata.
[5] Iroschott. Missionskirche S. 154 f.

4. Die Stufen des Klerikates.

Die Kirche weist gleich in ihrem Anfang mehrere geistliche Ämter auf. Schon Ignatius von Antiochien unterscheidet am Anfang des zweiten Jahrhunderts mit aller Bestimmtheit den Episkopat, Presbyterat und Diakonat. Einige Zeit später tauchen der Subdiakon, der Lektor, der Exorcist und der Ostiarius auf, und fortan lassen sich diese Stufen in der ganzen Kirche, namentlich im Abendlande, nachweisen. Nur die alt= britische Kirche soll eine Ausnahme gemacht haben. Ebrard behauptet, sie habe keine verschiedenen Ordines, sondern nur eine einzige geistliche Würde gehabt, den Presbyterat. Der Episkopat und der Diakonat seien bloße Ämter ohne eine Weihe gewesen. Die niederen Ordines haben ganz gefehlt. Es wird ihrer wenigstens bei Aufzählung der kirchlichen Grade und Ämter gar nicht gedacht.[1]

Prüfen wir zunächst den letzten Punkt. Eine kleine Umschau in der einschlägigen Litteratur genügt, um das Gegenteil von dem zu finden, was Ebrard behauptet. Kolumban beginnt einen Kanon mit den Worten: Si quis clericus aut diaconus aut alicuius gradus. Es ist also zu vermuten, daß er Stufen des Klerus auch unter dem Diakonat kannte, und wenn wir in einem anderen Kanon der Reihenfolge begegnen: cle= ricus, diaconus, sacerdos, episcopus, so ist die Richtigkeit der Ver= mutung außer Zweifel gestellt.[2] Bei anderen Schriftstellern erfahren wir auch die Namen der verschiedenen niederen Ordines. In dem Kloster Lindisfarne gab es nach Beda Venerabilis[3] außer dem Bischof, den Presbytern und Diakonen cantores, lectores ceterique gradus eccle= siastici. In dem Liber Davidis wird neben dem Lektor (c. 10) auch der Subdiakon (c. 11) erwähnt.[4] In der um das Jahr 700 ent= standenen irischen Kanonensammlung endlich werden alle niederen Ordines aufgeführt.[5] Man braucht also nur vor gewissen Quellen die Augen nicht zu schließen, um zu erkennen, daß die altbritische Kirche in dieser Beziehung keine Sonderstellung einnahm.

---

[1] Froschott. Missionskirche S. 167—183.

[2] Columb. Poenitent. c. 20 (8), 16 (4). Wasserschleben a. a. O. S. 355 f.

[3] Vita S. Cuthberti c. 16.

[4] Wasserschleben a. a. O. S. 102.

[5] Wasserschleben, Die irische Kanonensammlung 1874 (2. A. 1885) S. 10, 27 ff. Vgl. Mansi, Concil. Coll. t. 12 p. 119. Man wende nicht die spätere Entstehung dieser Sammlung ein. Nach der Art und Weise ihrer Anführung erscheinen die verschiedenen Ordines als etwas Herkömmliches und Altes.

Was den Diakonat anlangt, so soll seine Bedeutung als bloßes Amt der Almosenpflege daraus erhellen, daß nach der Regel Kolumbans c. 7 pro sacerdotibus et reliquis Deo consecratis sacrae plebis gradibus, postremo pro eleemosynas facientibus gebetet werde, sowie daraus, daß Calpurnius, der Vater des hl. Patricius, Besitzer einer Villa und Decurio und daneben auch diaconus gewesen sei.[1] Allein was vor allem letzteren Punkt betrifft, so ist das Wörtchen „daneben" eine reine Zuthat des modernen Kirchenhistorikers. Patricius selbst stellte in seiner Confessio den Diakon in erste Linie, und indem er seinen Vater ebenso als Diakon bezeichnete wie seinen Großvater als Presbyter, giebt er zu verstehen, daß ihm beide Ausdrücke etwas Gleiches bedeuten, wenn auch nicht das Gleiche, nämlich den Ordo in der verschiedenen Stufe des Presbyterates und Diakonates. Bei der ersten Stelle aber ist über= sehen, daß die eleemosynas facientes sowohl nach dem Zusammenhang als aus sprachlichen Gründen gar nicht als Diakonen zu fassen sind. Kolumban spricht ja neben den sacerdotes ausdrücklich von den übrigen Graden des Klerus im Plural. Wir müssen somit außer den sacer= dotes zum mindesten zwei Grade annehmen. Wir gelangen demgemäß, selbst wenn wir unter den sacerdotes nur die Presbyter und nicht, wofür die größere Wahrscheinlichkeit spricht, die Bischöfe und Presbyter erblicken wollten, jedenfalls bis zum Diakonat, und da hienach die Dia= konen schon in den reliqui gradus inbegriffen sind, so können sie nicht mit den eleemosynas facientes identifiziert werden. Diese Worte müssen vielmehr eine andere Bedeutung haben, und welches diese ist, kann nicht zweifelhaft sein. Die eleemosynas facientes sind in der lateinischen Litteratur nicht die Almosenpfleger, sondern die Almosengeber, mit anderen Worten die Wohlthäter der Gemeinde. Die Deutung Ebrards ist also durchaus falsch. Die Stelle beweist vielmehr das Gegenteil. Sie läßt den Diakonat, ohne ihn ausdrücklich zu nennen, ganz unzweideutig als kirchlichen Ordo oder, um mit Ebrard zu reden, als „unterste unter dreien Stufen priesterlicher Würde" erscheinen, indem sie mit dem Worte reliqui die weiteren Ordines in die engste Beziehung zu den sacerdotes bringt. Die Sache ist so zweifellos, daß ich glaube, mich nicht länger bei ihr aufhalten zu sollen. Nur sei noch kurz auf die Bußordnungen der altbritischen Kirche hingewiesen. Der Diakonat erscheint hier überall in derselben Bedeutung wie in der übrigen Kirche.

---

[1] Jrschott. Missionskirche S. 181.

Indem wir zur Ansicht Ebrards über den altbritischen Episkopat übergehen, ist vor allem die angebliche Unterordnung der Bischöfe unter die Priester zu prüfen, da beide Aufstellungen aufs engste mit einander zusammenhängen und die eine der Grund der anderen ist. Es ist leicht zu vermuten, wie Ebrard zu der fraglichen Anschauung kam. Der Abt von Jona hatte, obwohl er stets nur Presbyter war, eine Zeitlang die Jurisdiktion über ganz Schottland sowie das nördliche Irland.[1] Er stand also in gewisser Beziehung auch über den Bischöfen jener Länder, und dieses Verhältnis bildet den Grund der Ebrardschen Behauptung. Die Anomalie, die in dieser Beziehung in der schottisch=irischen Kirche vorhanden war, wurde zwar bereits durch Beda erklärt. Da Kolumba, der Apostel Schottlands, zeitlebens Presbyter blieb, so ließen sich auch seine Nachfolger in der Vorstandschaft des Klosters Jona stets nur die Priesterweihe erteilen, und doch verblieb ihnen das Recht der Ober= leitung der schottischen Kirche, das Kolumba selbstverständlich ausgeübt hatte.[2] Aber diese Erklärung wird von Ebrard als seltsam verworfen und auf Rechnung der römischen Anschauung Bedas gesetzt. Nicht aus dem angeführten Grunde soll der Abt von Jona Presbyter geblieben sein, sondern vielmehr deswegen, weil das kleine Inselchen außer der einzigen Klostergemeinde keine weiteren Gemeinden umfaßte, und somit für den episcopus, der nichts als der Seelsorger der bezüglichen Ge= meinden gewesen sei, kein Platz vorhanden war.[3] Sehen wir nun, wie es sich damit verhält.

Vor allem ist es durchaus unrichtig, wenn Ebrard[4] es Beda „als eine kuldeische Eigentümlichkeit anführen läßt, daß bei den Kuldeern die episcopi den presbyteris untergeordnet seien". Denn davon sagt Beda kein Wort. Im Grunde deutet er vielmehr das Gegenteil an und zeugt

---

[1] Beda, H. E. III, 3: Cuius (sc. insulae Hy d. i. Jona) monasterium in cunctis paene septentrionalium Scotorum (d. i. Iren) et omnium Pictorum (d. i. Schotten) monasteriis non parvo tempore aciem tenebat regendisque eorum populis praeerat.

[2] H. E. III, 4: Habere autem solet ipsa insula rectorem semper abbatem presbyterum, cuius iuri et omnis provincia et ipsi etiam episcopi, ordine inusitato, debeant esse subiecti, iuxta exemplum primi doctoris illius, qui non episcopus, sed presbyter exstitit et monachus.

[3] Iroschott. Missionskirche S. 169.

[4] Ebend. S. 167. Die vielen widersinnigen Behauptungen, die Ebrard bei diesem Anlaß noch weiterhin ausspricht, mögen auf sich beruhen bleiben, so weit sie nicht zur Sache gehören. Der Leser sei aber darauf aufmerksam gemacht.

somit für die Unhaltbarkeit der Ebrardschen Anschauung. Was er sagt,
ist das, daß dem Presbyterat von Jona die ganze Provinz und selbst
sogar die Bischöfe in ungewöhnlicher Weise untergeordnet seien. Er redet
also von der Unterordnung der Bischöfe nur unter einen Presbyter,
den Abt von Jona, keineswegs aber von der Unterordnung der Bischöfe
unter die Presbyter überhaupt. Im Gegenteil. Indem er es als etwas
Außergewöhnliches anführt, daß dem Presbyterabt von Jona die
Bischöfe untergeordnet waren, giebt er zu verstehen, daß sonst das Verhältnis der episcopi zu den presbyteri ein anderes war. Im allgemeinen
standen hiernach nach Beda in der schottischen Kirche die Bischöfe über
den Priestern. Nur gegenüber dem Priesterabte von Jona nahmen sie
eine andere Stellung ein: ihm waren sie untergeordnet. Die Stelle
enthält somit im ganzen das Gegenteil von dem, was Ebrard sie sagen
läßt. Es mag zwar vielleicht auch sonst noch vorgekommen sein, daß in
einem Kloster, dessen Abt Presbyter war, zur Ausübung der höheren
Weihehandlungen ein Bischof sich befand. Aber sicher war dieses nur
sehr selten der Fall. Beda hätte sonst die in Betracht kommende Eigentümlichkeit nicht so ausschließlich auf das Kloster Jona beschränkt, und
wir haben kein Recht, der Eigentümlichkeit eine weitere Verbreitung zu
geben, da sie in Jona einen ganz besonderen Grund hatte. Der Vorgang des Mutterklosters der schottischen Kirche mag indessen auch noch
so viele Nachachtung gefunden haben, so folgt für die Unterordnung des
Episkopates unter den Presbyterat noch nicht das mindeste. Das Verhältnis der Unterordnung, das hier vorhanden war, beschränkte sich, wie
auch die unbefangenen protestantischen Historiker anerkennen,[1] auf die
Jurisdiktion. Der Ordo wurde nicht berührt, und in dieser Beziehung
stand der Bischof trotz jener Unterordnung höher als der Priester. Die
Sache ist so klar und selbstverständlich, daß sie nicht hätte verkannt oder
mißdeutet werden sollen. Beda spricht ausdrücklich von Jurisdiktion (ius),
nicht von Ordo, und die übrige Kirche bietet zudem mehrere Analogieen
zu jenem Verhältnis dar. Der hl. Franz von Assisi blieb zeitlebens
Diakon, und doch hatte er als Ordensoberer eine beträchtliche Anzahl
von Priestern unter sich. Die Presbyter erscheinen hier somit dem Diakon
untergeordnet, und wenn das bezügliche Verhältnis im Franziskanerorden

[1] Skene, Celtic Scotland II, 42 sqq. Hier wird es indes für die zweite,
die sog. monastische Periode der irischen Kirche als Regel angenommen, daß der Abt
des Klosters nicht Bischof, sondern nur Presbyter war, und daß demgemäß ihm zur
Seite und unter ihm ein Bischof zur Vornahme der höheren Weihehandlungen stand.

sich ebenso wie im Kloster Jona fortgepflanzt hätte, so ständen in demselben heutzutage die Priester ganz ebenso unter dem bloß zum Diakon
promovierten Ordensoberen, wie ehemals die Bischöfe in Schottland unter
dem Presbyterabt von Jona. Im Kloster Fulda bestand die fragliche
Ordnung wirklich sogar Jahrhunderte lang. Der Abt des Klosters war
bis zum Jahre 1752, wo das Territorium desselben zu einem Bistum
erhoben wurde, regelmäßig Presbyter. Unter den Mönchen aber, die
ihm unterstanden, hatte einer gewöhnlich die bischöfliche Weihe, um im
Gebiete des Klosters die bischöflichen Weihehandlungen vornehmen zu
können.[1] Hier stand somit gerade wie in Jona der Bischof lange Zeit
unter dem Priester. In den Orden kann der Fall noch gegenwärtig
vorkommen, und doch steht in der römischen Kirche der Episkopat anerkanntermaßen über dem Presbyterat. Die Bedeutung des Primates
des Abtes von Jona über die schottische Kirche kann daher auch nicht
einem leisen Zweifel unterliegen. Er bezog sich lediglich auf die Jurisdiktion. Bezüglich des Ordo aber standen die Bischöfe in der altbritischen
Kirche ebenso wie überall, wo es eine christliche Hierarchie giebt, über den
Priestern. Man sehe, um das Verhältnis zu erkennen, nur die Kanones
jener Kirche durch.[2]

Die Ebrardsche Aufstellung darf schon nach dem Vorstehenden als
gerichtet gelten. Dieselbe wäre nur dann begründet, wenn nachgewiesen
worden wäre, daß die sonst dem Bischof zustehenden Weihehandlungen in
der altbritischen Kirche durch die Priester ausgeübt wurden. Denn dann
ginge der Grund des Episkopates als Ordo verloren; dann könnte man
vom Presbyterat allenfalls als einzigem Ordo reden, und dann könnte
man unter Umständen sich zu dem Nachweis versucht fühlen, der Episkopat
sei ein bloßes Gemeindeamt gewesen. Aber dieser entscheidende Punkt
wurde nicht bewiesen und ist nicht zu beweisen. Allerdings lassen sich
auch auf der anderen Seite nicht viele Stellen dafür anführen, daß
gewisse Weihehandlungen dem Bischof reserviert waren. Aber schon das
Schweigen der alten Schriftsteller ist hier Beweis genug, da es ganz
undenkbar ist, daß eine Eigentümlichkeit der altbritischen Kirche von solcher
Bedeutung sollte gänzlich unberührt geblieben sein, während wir doch
über weit geringfügigere Eigentümlichkeiten, wie die verschiedene Berechnung
der Osterzeit, das verschiedene Ceremoniell bei der Taufe, die verschiedene

----

[1] Vgl. Acta SS. Oct. VIII, 165. Skene l. c. p. 43.
[2] Vgl. Wasserschleben a. a. O. S. 101 (§ 7); 103 (§ 1); 140 f. (§§ 1.
4, 7, 8).

Form der Mönchstonsur, Nachrichten erhalten.[1] Ganz ohne Aufschluß läßt uns die alte Litteratur indessen auch hierüber nicht. In der Schrift Adamnans, des achten Nachfolgers des hl. Kolumba in Jona,[2] De vita Columb. I, 36 lesen wir, daß einst ein fremder Bischof zu dem Heiligen kam, ohne seinen geistlichen Charakter zu offenbaren. Am kommenden Sonntag aufgefordert zu celebrieren, habe derselbe Kolumba herbeigerufen, ut simul quasi duo presbyteri Dominicum panem frangerent. Indem aber der Heilige auf den Altar zugegangen sei, habe er den Fremdling als Bischof erkannt und ihn gebeten, er möchte solus episcopus episcopali ritu das Brot brechen. Zugleich habe er ihn gefragt, warum er sich habe nicht zu erkennen geben wollen, so daß ihm die gebührende Verehrung (debita veneratio) nicht habe erwiesen werden können.[3] Es wird hier also mit aller Deutlichkeit Bischof und Presbyter, bischöflicher und priesterlicher Ritus, bischöfliche und priesterliche Ehre unterschieden. Wir finden weiter, daß der Presbyter Findchan, der Stifter des Klosters Artchain, einen Bischof rufen ließ, um ein Mitglied seines Klosters zum Priester zu weihen, und die näheren Umstände dieser Ordination zeigen, daß die Priesterweihe nur durch einen Bischof, nicht auch durch einen Presbyter vorgenommen werden durfte.[4] Der Bischof feierte also in der altbritischen Kirche die Messe nach einem besonderen Ritus; er genoß gegenüber dem Presbyter eine höhere Ehre; er war allein befähigt, die Priesterweihe zu spenden, und bei diesem Sachverhalt will Ebrard behaupten, er habe keine besondere Weihe gehabt; der Episkopat sei ein bloßes Gemeindeamt und seine Inhaber den Presbytern untergeordnet gewesen! In der That, da ist ebenso sehr seine Kühnheit als die Leicht=gläubigkeit seiner Leser zu bewundern.

5. Das Mönchtum.

Der evangelische Charakter der altbritischen Kirche soll sich unter anderem auch darin äußern, daß sie keine lebenslänglich bindenden Mönchs=gelübbe gehabt, daß sie insbesondere das Gelübde der Keuschheit nicht

---

[1] Vgl. Beda, H. E. II, 2; V, 21.

[2] Über die Reihenfolge der Äbte von Jona vgl. Skene, Celtic Scotland II, 148 sqq.

[3] Migne, PL. 88, 740.

[4] Vita S. Columbae I, 29 ed. Reeves 1874 p. 135. Der Mignesche Text enthält diesen Zug nicht.

gekannt, sondern den Mönchen gestattet habe, in der Ehe zu leben. Zwar wird eingeräumt, daß nicht alle Mönche von dieser Freiheit Gebrauch machten. „Wir werden", bemerkt Ebrard,[1] „vernünftigerweise annehmen, daß aus praktischen Rücksichten auf den Missionszweck Brüder, die zu dreizehnt in eine Wildnis sich begaben, wohl im Hinblicke auf die bevorstehenden Entbehrungen als ledige Männer ausgezogen seien und um des Reiches Gottes willen vor der Hand auf das Glück christlicher Ehe verzichtet haben werden; wir werden ebenso begreifen, daß es einzelne Jungfrauen und Jünglinge gegeben haben kann (so gut wie heute noch in unserer evangelischen Kirche), welche freiwillig und aus eigener Wahl den Beschluß faßten, ihre ganze Lebenskraft ungeteilt dem Missionswerke und Erziehungswerke zu widmen." Aber diese Fälle sollen eben nur die Ausnahme gebildet haben. Principiell habe der Mönch zur Ehe dieselbe Stellung eingenommen, wie der in der Welt lebende Laie. „Denn es sei festzuhalten", erklärt Ebrard sofort weiter, „daß keinerlei Gelübbe der Ehelosigkeit von den unter die monachos Eintretenden gefordert wurde, daß, wer als Ehemann eintrat, Ehemann blieb, und daß auch dem anfangs ehelos Gewesenen jeden Augenblick, sobald die äußeren Verhältnisse es gestatteten, das Eingehen einer christlichen Ehe freistand."

Indem wir uns der Prüfung dieser Aufstellungen zuwenden, könnte es an sich als genügend gelten, die Verpflichtung des altbritischen Mönchtums zur Ehelosigkeit darzuthun, indem mit dem Nachweis des votum castitatis im Grunde die ganze Thesis umgestoßen ist. Doch mögen auch einige Bemerkungen über das Gelübbe überhaupt gemacht werden.

Ebrard kann dieses im altbritischen Mönchtum nicht in Abrede stellen, da es in der einschlägigen Litteratur zu häufig vorkommt. Es sei nur auf Kolumbans Ep. I, 4 und Ep. IV, 3, sowie auf die Vita S. Columbae von Adamnan (I, 18) hingewiesen.[2] Aber er sucht seine Bedeutung abzuschwächen. Es soll nicht auf Lebenszeit gebunden, sondern nur Gehorsam gegen die Regel auferlegt haben, da der Wiederaustritt aus dem Kloster den einzelnen stets freigestanden habe. Zum Beweis wird geltend gemacht, die altbritischen Mönche seien nicht wie die Benediktiner an ein bestimmtes Kloster gebunden gewesen, sondern häufig von einem Kloster in ein anderes übergetreten, und sie seien, wenn sie der

---

[1] Iroschott. Missionskirche S. 213 f.
[2] Migne, PL. 80, 263, 271; 88, 736 sq. Adamnan spricht nicht bloß allgemein von votum, sondern von votum monachicum und monachile.

Klosterordnung mit Hartnäckigkeit sich widersetzten, entlassen worden.[1]
Daß aber der erste Grund nichts zu bedeuten hat, erhellt daraus, daß
man sich ja wohl dauernd zum Mönchsstande verpflichten konnte, wenn
man sich auch nicht für immer an ein einzelnes Kloster band; und welches
Gewicht der zweite hat, erkennt man daran, daß die störrischen Elemente
auch nach der Benediktinerregel (c. 28) entlassen wurden.[2] Von einer
bedeutsamen Eigentümlichkeit kann also hier schwerlich die Rede sein, und
der Punkt darf als erledigt gelten, zumal er durch die folgende Untersuchung noch eine weitere Beleuchtung erhalten wird.

Ebrard verkennt nicht, daß seine Behauptungen über die Mönchsehe
vielfach mit Kopfschütteln werden aufgenommen werden. Und mit Recht.
Die Mönchsehe ist eine vollendete contradictio in adiecto. Das christliche Mönchtum ging aus dem Geiste der Entsagung hervor, und dieser
äußerte sich in erster Linie im Verzicht auf die Ehe. Wir finden daher
überall, wohin wir blicken, die Mönche unverehelicht, und wenn man in
Betracht zieht, daß unter den Mönchen eines Klosters in der Regel
Gütergemeinschaft bestand, m. a. W. daß das Privateigentum verpönt
war, so wird man diese Lebensweise als die einzig mögliche erkennen.
Denn die Familie setzt Eigentum voraus, sie kann ohne dieses auf die
Dauer nicht bestehen. Ebrard hätte dies erwägen sollen, und er würde
die altbritischen Mönche nicht so leichthin mit Weibern versehen haben.
Freilich könnte man einwenden, jene Mönche werden wie auf die Ehe, so
auch auf das Eigentum nicht verzichtet haben. Aber der Einwand ist
nicht statthaft. Die Mönche mußten in der altbritischen Kirche ebenso
wie anderwärts auf das Eigentum verzichten.[3] Ebrard scheint dies selbst
nicht bestreiten zu wollen. Sonst würde er nicht unterlassen haben, die
bezügliche Eigentümlichkeit seiner evangelischen Urkirche besonders hervorzuheben. Zudem würde sich mit Notwendigkeit die Frage aufdrängen:
worin denn, wenn die Ehe und das Eigentum gestattet war, jenes
Mönchtum noch bestand, und wodurch sich jene Mönche von den christlichen Laien und Weltleuten unterschieden? Man sieht, das Mönchtum
selbst geht verloren, wenn man ihm die Ehelosigkeit nimmt. Das Resi-
duum, das Ebrard[4] noch anerkennt, wird bei unbefangener Betrachtung
wohl niemand dafür gelten lassen.

---

[1] Iroschott. Missionskirche S. 194—197.

[2] Vgl. auch Reg. c. 58, wo ein Austritt einfach als solcher berücksichtigt ist,
und c. 29, wo von der Rückkehr eines ausgetretenen Mönches die Rede ist.

[3] Vgl. Mansi, Coll. Concil. XII, 133.   [4] Iroschott. Missionskirche S. 193 f.

Schon diese Erwägungen dürften hinreichen, um die Mönchsehe zu Fall zu bringen. Dieselbe ist ein solches Monstrum, daß man sie nur unbefangen anzusehen braucht, um sofort ihre Truggestalt zu erkennen. Indessen sollen derartige allgemeine Gegengründe nicht weiter betont werden. Wir wollen vielmehr die Gründe im einzelnen prüfen, auf die Ebrard seine Anschauung stützt.

Vor allem, bemerkt derselbe,[1] dürfe die Sache nicht von vornherein als pure Absurdität erscheinen, da selbst innerhalb der römischen Kirche Ehen von Mönchen nicht unerhört gewesen seien, wenn schon jene Kirche stets dagegen geeifert habe, und er beruft sich dafür auf die Synoden von Orleans 511 c. 21 und Tours 567 c. 15. Hier ist in der That von Heiraten von Mönchen die Rede. Aber gleichwohl kann von einer Mönchsehe im Ernste nicht die Rede sein. Denn die Personen, um die es sich handelt, sind offenbar nicht wirkliche, sondern ehemalige oder ab= trünnige Mönche, Leute, die wohl das Mönchsgelübde ablegten, in monasterio conversi sunt, wie der damals übliche Ausdruck lautet, nachher aber in die Welt zurückkehrten. Das liegt so sehr in der Natur der Sache, daß eine andere Auffassung vernünftigerweise gar nicht möglich ist, und wenn je noch ein Zweifel übrig wäre, so müßte er bei näherer Betrachtung der Verordnung der Synode von Tours schwinden. Hier heißt es ausdrücklich: der heiratende Mönch sei auf so lange exkommu= niziert, bis er wieder ins Kloster zurückkehre, donec revertatur ad septa monasterii; es ist selbstverständlich, daß die Frau nicht mit ins Kloster genommen werden durfte, sondern vielmehr in der Welt zurückgelassen werden mußte. Solche Ehen kamen in einzelnen Fällen immer vor. Sie lassen sich sogar in unseren Tagen nachweisen. Aber in unserer Frage beweisen sie nicht das mindeste. Denn hier handelt es sich nicht darum, ob einer, der das Mönchsgelübde abgelegt hat, allen= falls noch heiraten kann, beziehungsweise heiratet, sondern vielmehr darum, ob ein Mönch, wenn er heiratet, noch als Mönch anerkannt wird und ob er samt seiner Frau im Kloster bleiben darf.[2] Der erste Beweis, den Ebrard für seine Anschauung führt, ist also durchaus hinfällig und hat nicht einmal den negativen Wert, den er ihm glaubte zuerkennen zu sollen.

---

[1] Froschott. Missionskirche S. 206.

[2] Auffallenderweise hat dies auch Rettberg, Kirchengeschichte Deutschlands II, 657, mißverstanden.

Nicht beſſer ſteht es mit dem zweiten Beweis. Der ehelose Stand ſoll den Kuldeern nicht für heiliger gegolten haben als der eheliche. Es ſoll dies aus einem iriſchen Fragment hervorgehen, das in wörtlicher deutſcher Überſetzung ſo lautet: „Nicht genügt dir, daß du ſeiſt ohne Gattin, wenn du nicht thuſt gute Werke. Welcher Stand es ſei, in dem gelebt wird, entweder Eheloſigkeit oder Ehe, ſo iſt es not, die Gebote Gottes zu erfüllen darin."[1] Die Stelle enthält durchaus nicht, was Ebrard ſie ſagen läßt. Die Eheloſigkeit wird keineswegs der Ehe gleich= geſtellt. Es heißt nur, daß ſie für ſich allein zur Seligkeit nicht genüge und von der Pflicht, die Gebote zu erfüllen, nicht entbinde, und ähnliche Bemerkungen finden ſich in der katholiſchen Litteratur bei aller Hoch= ſchätzung der Virginität zu Tauſenden. Die Stelle beweiſt aber nicht nur nichts für Ebrard, ſondern ſogar gegen ihn. Denn derartige Aus= ſprüche finden ſich wohl da, wo die Virginität wirklich höher geſtellt wird als die Ehe, und ſie wehren eine ungeſunde Überſchätzung der Eheloſig= keit ab. In einer religiöſen Gemeinſchaft aber, welche Eheloſigkeit und Ehe principiell gleichſtellt, werden ſie kaum vorkommen, es ſei denn, daß von einigen Mitgliedern im Gegenſatz zur offiziellen Lehre ausnahms= weiſe einmal eine andere Anſchauung gehegt wird. Die Bedeutung jener Worte kann hienach nicht zweifelhaft ſein. Zu all dem aber haben ſich aus der iriſchen Kirche Dokumente erhalten, in denen die Eheloſigkeit ausdrücklich über die Ehe erhoben wird.[2]

Ebenſo wenig ſtichhaltig iſt ferner der Beweis, der aus den Ein= richtungen der altbritiſchen Cönobien geführt wird. Es ſollen hier fratres und sorores in einem Kloſter, und zwar, was wichtig ſei, nicht in einem Gebäude, ſondern in vereinzelten Hütten innerhalb einer gemein= ſamen Ringmauer beiſammen gewohnt haben, und daß die Schweſtern näherhin als die Frauen der Brüder aufzufaſſen ſeien, das zeige namentlich das Beiſpiel Cednoms, der als verheirateter Mann mit ſeiner ganzen Familie in das Kloſter Streneashalch aufgenommen worden ſei.[3] Der Fall ergebe freilich noch keinen ſtringenten Beweis, da Cednom beim Eintritt ins Kloſter mit ſeiner Frau ſich möglicherweiſe des ehelichen Umganges habe enthalten müſſen; aber er ſei immerhin bemerkenswert, da dieſe Annahme nicht geſichert ſei. Denn wenn ſich Cednom ſeines Weibes hätte enthalten müſſen, was hätten dann die Worte ſagen ſollen,

---

[1] Froſchott. Miſſionskirche S. 206 f.
[2] Vgl. Greith, Geſch. der altiriſchen Kirche S. 414, 423 f.
[3] Beda, H. E. IV, 24.

er sei cum omnibus suis aufgenommen worden, zumal er in lokalem
Sinne (er stand nämlich im Dienste des Klosters) schon vorher in dem
Kloster gewohnt habe.[1] So fragt freilich Ebrard. Andere aber fragen,
was denn die Aufnahme ins Kloster für den bedeutete, der zuvor schon
im Kloster wohnte, wenn er nicht zum mindesten auf die Ehe verzichtete,
und diese Frage hat sicherlich mehr Grund als die andere. Die Vermutung spricht also für die Auffassung, die Ebrard selbst als möglich
bezeichnen muß, und dies um so mehr, als wir über die omnes sui,
wenn anders dies als Nominativ vorauszusetzen ist, bei Cednom gar
nichts Näheres wissen. Ebrard versteht darunter ohne weiteres Weib und
Kind. Wenn man aber erwägt, daß Cednom mit all den Seinigen der
fratrum cohors des Klosters einverleibt wurde, so wird man mit mehr
Grund an lauter Männer, und wenn man weiter in Betracht zieht, daß
er durch seine geistlichen Lieder viele zur Verachtung der Welt und zu
einem höheren Leben bewog, und daß ihm viele in der Dichtkunst nachahmten,[2] wird man näherhin an einen Kreis von Schülern denken.
Indessen braucht man nicht einmal so weit zu gehen. Es steht gar nicht
fest, ob wir überhaupt an Personen zu denken haben. Wenn wir berücksichtigen, daß es in der Vita S. Eustas. c. 6 von Agrestius heißt:
omnia, quae possederat, relinquens et ad Luxoviam veniens se et
sua omnia supradicto patri tradiderat,[3] sind wir berechtigt, an die
Stelle des omnes sui ein omnia sua zu setzen. Der Fall beweist also
schlechterdings nichts für die Mönchsehe. Ebenso wenig wird man für
dieselbe daraus etwas folgern wollen, daß Männer und Frauen in einem
Kloster vorkommen, sobald man erwägt, daß es im christlichen Altertum
Doppelklöster gab, d. h. Klöster, die Mönche und Nonnen hatten, freilich
geschieden in besonderen Abteilungen.[4]

Was weiterhin die Folgerung aus der Regel Kolumbans (c. 6)
anlangt, indem man erklärt, daß hier die Ehelosigkeit als Erfordernis
der Mönche notwendig genannt und begründet sein müßte, wenn dieses
Erfordernis wirklich bestanden hätte, wie ja Kolumban jede seiner An-

[1] Jroschott. Missionskirche S. 207. [2] Beda l. c.
[3] Migne, PL. 87, 1049. Vgl. Loofs a. a. O. S. 80.
[4] Daß Ebrard (S. 190) den zur Bezeichnung des Maßes der Besitzungen
der Klöster bei Beda gewöhnlichen Ausdruck: monasterium quasi familiarum quinque
u. dgl. gröblich mißverstand, indem er meinte, damit werden Familien, Eltern und
Kinder als Bewohner der Klöster bezeichnet, soll nur kurz angedeutet werden. Vgl.
über den Ausdruck Beda, H. E. III, 4; IV, 13, 16; V, 19.

forderungen biblisch und ethisch begründe,[1] so hat sie schon als bloßes argumentum ex silentio wenig Wert. Wenn man aber bedenkt, daß der gleiche Punkt auch in den übrigen alten Mönchsregeln, insbesondere in der Benediktinerregel[2] sich nicht erwähnt findet, so wird man dem Beweise alle Kraft absprechen müssen. Es giebt eben Dinge, von denen man nicht besonders spricht, weil sie sich allzu sehr von selbst verstehen, und zu diesen gehört die Ehelosigkeit des Mönchtums. Ebrard scheint das allerdings nicht zu begreifen. Er kennt aber auch, wie das Angeführte zeigt, die alten Ordensregeln nicht. Es gebricht ihm also nicht bloß an Unbefangenheit des Urteils, sondern auch an der hinreichenden Kenntnis, um in dieser Angelegenheit ein Wort zu sprechen.

Die Beweise für die Mönchsehe sind indessen noch nicht zu Ende. Auch Bonifatius und Bernhard von Clairvaux sollen für sie zeugen, jener, indem er die Priester der iroschottischen Missionskirche als fornicatores, d. i. als verheiratet bezeichne, dieser, indem er es als einen stehenden Gebrauch in Irland und Schottland erwähne, daß die Kloster-Äbte verheiratet gewesen seien.[3] Der Leser wird sich freilich wundern, wie die angeführte Klage des Apostels der Deutschen einen Beweis für die Mönchsehe abgeben soll, da sie den Geistlichen, bezw. Weltgeistlichen, und nicht den Mönchen gilt. Aber Ebrard kann ihn eines Besseren belehren. Er weist auf die bereits oben beleuchtete Identität von Klerus und Mönchtum hin. Und wenn man weiter fragt, wo denn die als fornicatores angeklagten Geistlichen als Iren und Schotten bezeichnet werden, so verweist er auf die Schilderung, die Bonifatius (Ep. 42 ed. Jaffé) vom fränkischen Klerus entwirft.[4] Es werden also ohne weiteres die Geistlichen zu Mönchen, die Franken zu Briten gestempelt. So läßt sich freilich alles beweisen. Was aber die Worte des heiligen Bernhard anlangt, so hat sie Ebrard schwerlich selbst angesehen. Schon

---

[1] Iroschott. Missionskirche S. 208 f.

[2] Die hier c 4 n. 63 unter den instrumenta operum bonorum vorkommenden Worte: castitatem amare (1 Timoth. 5, 22) fallen nicht ins Gewicht, und dies um so weniger, als Kolumbans Regel c. 6 selbst noch mehr über diesen Punkt enthält. Die Worte: Quid prodest virgo corpore, si non sit virgo mente (c. 6) zeugen unbedingt gegen die Mönchsehe. Vgl. Löning, Gesch. des d. KR. II, 426.

[3] Iroschott. Missionskirche S. 209—211.

[4] Ich leugne nicht, daß unter den fraglichen Priestern auch Briten gewesen sein können. Aber sicherlich waren nicht alle fränkischen Geistlichen Briten, und ebensowenig dürfen sie, wie es durch Ebrard geschieht, ohne Beweis dafür ausgegeben werden.

die Art seiner Citation weist darauf hin.[1] Wahrscheinlich ist Vita S.
Malach. c. 10 gemeint,[2] und wenn dem wirklich so ist, so erhalten wir
einen neuen Beweis von der Gründlichkeit unseres Historikers. Denn
hier ist nur von dem erzbischöflichen Stuhl von Armagh, bezw. von seiner
langjährigen Besetzung durch verheiratete Männer die Rede. Nach seiner
Theorie von der Identität von Klerus und Mönchtum könnte allerdings
auch von verheirateten Äbten gesprochen werden. Aber auch so würde
sich noch schlechterdings kein Beweis für die Mönchsehe ergeben. Denn
die in Betracht kommenden Männer waren nach der ausdrücklichen und
wiederholten Bemerkung des Abtes von Clairvaux ohne Weihen, also
keine wirklichen Äbte, sondern bloße Laienäbte, und wie hier, so verhielt es
sich nach den gründlichen Nachweisen von Skene[3] überall, wo die höheren
Kirchenstellen von Vater auf Sohn sich vererbten.

Sind die bisherigen Beweise für die Mönchsehe allgemeiner Art,
so werden endlich noch specielle erbracht.[4] Es werden einzelne Fälle an=
geführt, in denen Mönche als verheiratet erscheinen sollen. Wie wenig
dieselben aber eine strengere Prüfung aushalten, zeigt schon der Umstand,
daß Ebrard selbst von dreien[5] ausdrücklich einräumen muß, daß sie nicht
viel beweisen, weil die in Betracht kommenden Personen beim Eintritt
ins Kloster möglicherweise sich des ehelichen Verkehres enthielten. Das
Eingeständnis ist bei einem Manne, der, wie wir bereits mehr als hin=
länglich erfahren, seine Beweise so leicht zu stande bringt, sehr beachtens=
wert. Es wäre nicht gemacht worden, wenn die Fälle auch nur einen
Schein von Sicherheit gewährten. Ein vierter Fall[6] entzieht sich leider
meiner Prüfung, da die ihn enthaltende Schrift mir nicht zu Gebote
steht. Indessen zeigt schon die Darstellung Ebrards, daß er nichts weniger
als einen Beweis ergiebt. Wie es sich aber mit den übrigen verhält,
dürfte aus Folgendem erhellen. In mehreren Fällen[7] ist von nichts
anderem als vom Sohne eines Presbyters oder Bischofs die Rede, und
es wird somit aufs neue ohne weiteres die Identität von Klerus und
Mönchtum vorausgesetzt. Daß der in Betracht kommende Bischof Arnulf
von Metz ein Kuldeer war, wird überdies außer dem nichts besagenden

---

[1] Vgl. Froschott. Missionskirche S. 208.   [2] Migne, PL. 182, 1086.
[3] Celtic Scotland II, 261, 268 sqq., 337 sqq. Vgl. auch Schöll in Herzogs
Real-Encyklopädie für prot. Theol. 2. A. Bd. 8 S. 354.
[4] Vgl. hiezu Loofs a. a. O. S. 99—102.
[5] Froschott. Missionskirche S. 214 f.
[6] Ebend. S. 212.   [7] Ebend. S. 216 f.

Umstand, daß er sich in seinem Alter in das Kloster Remiremont zu=
rückzog, mit seiner Ehe bewiesen. Es liegt also ein reiner circulus
vitiosus vor. Die übrigen Fehler in dem Beweis mögen ganz auf sich
beruhen bleiben. In dem weiteren Fall[1] ist es allerdings richtig, daß
Adelphius in seiner Vita[2] des hl. Amatus filiolus heißt. Wie wenig
aber noch mit einer solchen Bezeichnung anzufangen ist, zeigt der nächst
folgende Fall. Hier heißt der Mönch Daguin filiolus des hl. Bercharius[3],
und Ebrard sieht in ihm sofort einen leiblichen Sohn. Wer aber ge=
nauer nachsieht, wird zu einer anderen Ansicht gelangen. Nicht nur ist
in der ziemlich eingehenden Vita S. Bercharii auch nicht einmal ein leiser
Hinweis auf eine Heirat des hl. Bercharius zu finden, sei es vor Er=
wählung des Mönchsstandes, sei es nachher, sondern alles spricht viel=
mehr für das Gegenteil. Und was den Ausdruck filiolus insbesondere
anlangt, so zeigt ebenso das unmittelbar vorausgehende filiolae, unter
dem nichts anderes als die geistlichen Töchter des hl. Bercharius zu ver=
stehen sind, wie die nachfolgende Anrede Daguins mit frater, welchen
Sinn er hat. Er bedeutet den geistlichen, nicht den leiblichen Sohn, und
der Biograph gebraucht diesen Ausdruck, um das Ungeheuerliche des frag=
lichen Verbrechens, der Ermordung des Abtes durch seinen eigenen Mönch,
des Vaters durch seinen Sohn, recht hervorzuheben. An der zweiten
Stelle ist der filiolus insbesondere noch ein Patenkind, wie die Worte:
filiolum suum, quem de sacro fonte susceptum monachum esse
statuerat, nur allzudeutlich anzeigen, und diese Bedeutung hat das Wort
nach dem Sprachgebrauch des Mittelalters in der Regel.[4]

Ich glaube die Sache nach diesen Nachweisen nicht weiter verfolgen
zu sollen. Nur einige allgemeine Bemerkungen mögen noch beigefügt
werden. Mit all den Einzelfällen, die Ebrard aufzuspüren vermochte, ist
in unserer Frage schlechterdings nichts auszurichten. Denn wenn auch
dann und wann Söhne von Mönchen erwähnt werden, so ist doch in
keinem einzigen Fall mit Sicherheit zu beweisen, daß dieselben im Mönchs=
stande erzeugt wurden, und so ist, da die Mönche überall in der Welt
als unverheiratet erscheinen, das Gegenteil anzunehmen. Aber wenn
jenes auch der Fall wäre, so wäre die Mönchsehe noch nicht im geringsten
bewiesen. Denn es können ja auch Fehltritte von seiten einzelner Mönche

[1] Jroschott. Missionskirche S. 218.

[2] Act. SS. O. S. B. saec. II. ed. Paris. 1669 p. 608.

[3] Vit. S. Bercharii c. 18. Act. SS. O. S. B. saec. II. p. 842.

[4] Vgl. Löning, Gesch. des b. KR. II, 427.

vorgekommen sein, und so, wie die Angelegenheit nun einmal steht, spricht die Vermutung unbedingt für diese Annahme. Die Einzelfälle würden daher in unserer Frage auch dann nichts beweisen, wenn sie viel zahlreicher wären, als Ebrard sie beizubringen im stande war.

Ich habe mich bisher auf die Widerlegung der Ebrardschen Aufstellungen beschränkt. Bevor wir aber diesen Gegenstand verlassen, möchte ich den Verfechtern der Mönchsehe in der altbritischen Kirche noch einige Fragen vorlegen. Wenn wir die Lebensbeschreibungen der protestantischen Geistlichen durchgehen, so finden wir fast regelmäßig die Wahl einer Lebensgefährtin erwähnt, und mit Recht, da die Verehelichung einen bedeutsamen Abschnitt im menschlichen Leben bildet. Wenn wir aber die Lebensbeschreibungen der altbritischen Mönche (und wir haben deren sehr viele und sehr eingehende) durchgehen, so finden wir eine derartige Bemerkung auch nicht einmal. Wirft diese eine Thatsache nicht mehr Licht auf unsere Frage als sämtliche Ebrardschen Beweise zusammen? Bekanntlich machte ferner die römische Kirche, seitdem sie den Angelsachsen das Evangelium zu verkündigen angefangen hatte, Anstrengungen, die altbritische Kirche zu einem engeren Anschluß an ihre Disciplin zu bewegen, und unter den Punkten, auf welche dieselbe verzichten sollte, befand sich auch die eigentümliche Form ihrer Mönchstonsur.[1] Über diese unbedeutende und rein äußerliche Sache entspann sich also eine Kontroverse. Dagegen wurde die so hoch bedeutsame und so tief in das Leben eingreifende Frage von der Mönchsehe mit keinem Worte berührt. Beweist dieses Schweigen nicht wiederum mehr als sämtliche Zeugen, die Ebrard für seine These aufzustellen vermochte?

6. Cölibat und Priesterehe.

Indem wir zu der Frage übergehen, ob der Weltklerus der altbritischen Kirche in der Ehe lebte oder zur Enthaltsamkeit verpflichtet war, haben wir es nicht bloß mit Ebrard, sondern mit den protestantischen Kirchenhistorikern überhaupt zu thun, indem diese allgemein das Vorhandensein eines Cölibatsgesetzes bei den alten Briten leugnen.[2] Ja

---

[1] Beda, H. E. V, 21. Die Briten hatten den Vorderkopf von dem einen Ohr zum anderen geschoren, und man benannte diese Tonsur nach dem Apostel Paulus oder auch nach Simon Magus, während bei der s. g. Petrustonsur der Scheitel und der untere Teil des Kopfes geschoren wird, so daß noch ringsum ein Kranz von Haaren stehen bleibt.

[2] Vgl. Gieseler, KG. 4. A. I, 459. Rettberg, KG. Deutschlands I,

wir haben es mit diesen noch mehr zu thun als mit jenem. Denn Ebrard widmete der Frage keine besondere Aufmerksamkeit, indem er sie bei seiner Anschauung über das Verhältnis von Klerus und Mönchtum schon mit dem Beweis der Mönchsehe im Sinne der herrschenden protestantischen Anschauung gelöst zu haben glaubte.

Was nun die Priesterehe anlangt, so beruft man sich für sie hauptsächlich auf den Anfang der Confessio des hl. Patricius und den Kanon VI der ersten von Patricius abgehaltenen Synode. Dort nennt sich der Apostel Irlands selbst den Sohn eines Diakons und seinen Vater Calpurnius den Sohn des Presbyters Potitus. Hier wird eine Vorschrift für die Kleidung und äußere Erscheinung nicht bloß des Klerikers, sondern auch seiner Frau gegeben.[1] Die Stellen sprechen in der That stark für das Zurechtbestehen der Priesterehe in der altbritischen Kirche am Ende des vierten und am Anfang des fünften Jahrhunderts, und man kann um so eher geneigt sein, sie in diesem Sinne zu deuten, als zu derselben Zeit auch sonst in einem großen Teil der abendländischen Kirche der Priestercölibat noch keinen Eingang gefunden hatte. Ambrosius[2] bezeugt, daß in den meisten entlegenen Gegenden die Geistlichen in der Ehe lebten. Durch Papst Siricius[3] erfahren wir dies namentlich von Spanien. Gleichwohl muß bemerkt werden, daß jene Stellen einen stringenten Beweis für das Vorhandensein der Priesterehe noch nicht ergeben. Denn Söhne von Geistlichen kommen in der alten Kirche auch nach Einführung des Cölibatsgesetzes noch ziemlich häufig vor, und die Erscheinung begreift sich unschwer, da damals vielfach ältere und verheiratete Männer zu Geistlichen gewählt wurden, die dann freilich mit der Ordination auf den ehelichen Umgang verzichten mußten. Da aber diese Geistlichen andererseits nicht weiter von ihren Frauen getrennt wurden, so begreift es sich zugleich, daß auch ihre Frauen in den Bereich der kirchlichen Gesetzgebung gezogen wurden. Sicher ist also der Bestand der Priesterehe in Britannien auch zu jener Zeit nicht.

Wie es sich aber damit verhalten mag: gewiß ist, daß bald darauf die Geistlichen der britischen Kirche zur Enthaltsamkeit verpflichtet wurden. Es kommt hier vor allem in Betracht, daß bei den bereits erwähnten

---

321 f. Herzog, KG. I, 484. Schöll in Herzogs Real-Encyklopädie 2. A. Bd. 8 S. 343, 354. Eine Ausnahme macht nur Loofs l. c. p. 15 sq., 19.

[1] Harduin, Conc. Coll. I, 1791.

[2] De officiis I, 50.

[3] Ep. ad Himer. Tarrac. c. 7. Harduin I, 849.

Verhandlungen zwischen der römischen und britischen Kirche die Priester=
ehe unter den Differenzpunkten nicht berührt wurde. Ebrard[1] behauptet
zwar, Gregor I habe den Briten versprochen, „daß die bei ihnen all=
gemein bestehende Priesterehe auch ferner ungestört fortbestehen solle".
Allein die Worte des Papstes besagen das auch nicht im entferntesten.
Sie lauten: Si qui vero sunt clerici extra sacros canones constituti, qui se continere non possunt, sortiri uxores debent.[2] Sie
beziehen sich vor allem nicht auf die altbritische, sondern, zunächst wenig=
stens, auf die angelsächsische Kirche. Sodann wird die Ehe nur den
niederen Klerikern (denn diese sind unter den clerici extra sacros canones
constituti zu verstehen), nicht auch den höheren zugestanden. Von der
Priesterehe enthält die Stelle demgemäß nicht ein leises Wort. Noch
weniger ist in ihr ein Zeugnis dafür zu erblicken, daß die Priesterehe
bei den Briten damals eines allgemeinen Bestandes sich erfreute. Im
Gegenteil weist das Schweigen der römischen Kirche über diesen Punkt
darauf hin, daß die altbritische Kirche im siebenten Jahrhundert in dieser
Beziehung keine Sonderstellung einnahm.

Das argumentum ex silentio ist indessen nicht die einzige Stütze
für unsere Ansicht. Ein positiver Anhaltspunkt liegt für sie darin vor,
daß Gildas in seinem Pönitentiale[3] die geschlechtlichen Vergehen der
Geistlichen ganz ebenso behandelt, wie die der Mönche, ohne auch nur
entfernt anzudeuten, daß jene verheiratet waren. Der Schluß, den wir
hier ziehen, ist freilich nicht über jedes Bedenken erhaben. Aber eine ge=
wisse Wahrscheinlichkeit ist ihm nicht abzusprechen. Zudem ist unser
Beweis noch nicht zu Ende. In den Pönitentialien Vinnians' und Ko=
lumbans[4] wird den Klerikern die Ehe ausdrücklich verboten. Der ein=
schlägige Kanon, der in beiden Pönitentialien, geringe formelle Differenzen
abgerechnet, ganz derselbe ist, lautet bei Kolumban: Si quis autem
clericus aut diaconus aut alicuius gradus, qui laicus fuit in saeculo cum filiis et filiabus, post conversionem suam iterum suam
cognoverit clientelam et filium iterum de ea genuerit, sciat se
adulterium perpetrasse et non minus peccasse, quam si a iuventute
sua clericus fuisset et cum puella aliena peccasset, quia post votum

---

[1] Iroschott. Missionskirche S. 20. Werner, Bonifatius S. 26 schreibt ohne
weiteres nach.

[2] Beda H. E. I, 27.

[3] Wasserschleben, Bußordnungen S. 105 ff.

[4] Wasserschleben a. a. O. S. 114 (§ 27); 356 (c. 8 al. 20).

suum peccavit, postquam se Domino consecravit, et votum suum irritum fecit etc., und er besagt, daß nicht nur die unverheiratet, sondern auch die verheiratet in den Klerus Eintretenden fortan zur Enthaltsamkeit verpflichtet seien. Wir haben also dasselbe Gesetz vor uns, wie wir es seit dem vierten Jahrhundert in der römischen Kirche treffen. Wenn wir das Subjekt des Satzes näher ins Auge fassen, so erscheint die britische Verordnung noch strenger als die römische, indem sie den gesamten Klerus zur Enthaltsamkeit verpflichtet, während in der römischen Kirche das Cölibatsgesetz nur den Geistlichen vom Diakon, bezw. Subdiakon an aufwärts galt. Die Sache verhält sich demgemäß umgekehrt, als gewöhnlich angenommen wird. Nicht dadurch unterschied sich die altbritische Kirche von der römischen, daß sie das Cölibatsgesetz nicht hatte, sondern dadurch, daß sie die Strenge dieses Gesetzes noch steigerte, indem sie es von einem Teil auf den gesamten Klerus ausdehnte.

Ein skrupulöser Kritiker möchte vielleicht versucht sein, unsere Deutung zu bestreiten. Indem er die Worte cum filiis et filiabus betont, könnte er geltend machen, es sei wohl den mit Kindern bereits gesegneten, nicht aber auch den bisher kinderlosen Klerikern der eheliche Verkehr verboten worden. Ebenso könnte er einwenden, demjenigen, der von Jugend auf Kleriker war, sei wohl der Verkehr mit einer puella aliena, aber nicht mit seiner Frau untersagt worden. Allein letzterer Einwand ist schon deswegen nicht statthaft, weil vorauszusetzen wäre, daß der Betreffende nach der Ordination eine Ehe geschlossen hätte, ein Verfahren, das durch das ganze christliche Altertum einstimmig als unzulässig bezeichnet wurde. Der Ausdruck puella aliena ist zwar etwas auffällig; er erklärt sich aber hinreichend als Gegensatz zu der im Vorausgehenden erwähnten Frau des Klerikers, der clientela oder cleventella, wie Binnius schreibt. Was aber die Worte qui laicus fuit in saeculo cum filiis et filiabus anlangt, so bezeichnen sie offenbar nichts anderes als den vormals verheirateten Weltmann, und wenn je noch ein Zweifel bestehen könnte, so müßte er in Anbetracht des Umstandes aufgegeben werden, daß der Kanon vielfach, wenn auch mit Abstreifung seiner altbritischen Eigentümlichkeit, in Pönitentialbücher überging, welche für die Kreise der katholischen Kirche bestimmt waren, in denen das Cölibatsgesetz anerkanntermaßen in Kraft war.[1]

---

[1] Vgl. Wasserschleben a. a. O. S. 356, wo drei der bezüglichen Pönitentialien verzeichnet sind, sowie S. 892, wo zwei weitere stehen.

Man könnte allerdings noch die Echtheit der fraglichen Pönitentialien bestreiten[1], und in Anbetracht der Differenz zwischen c. 5 und c. 21 kann das kolumbanische in der That nicht unmittelbar dem irischen Glaubensboten zugesprochen werden.[2] Aber die Annahme wäre noch immer möglich, daß es sich bezüglich der Entstehung dieses Pönitentiales ähnlich verhält wie mit dem Ursprung des von Theodor von Canterbury, daß der Inhalt von Kolumban herrührt, wenn auch die Aufzeichnung, bezw. Zusammenstellung durch einen andern erfolgt sein sollte, und die Verschiedenheit ließe sich daraus erklären, daß Kolumban im Laufe der Zeit sein ursprüngliches Verfahren zu ändern, bezw. zu mildern sich veranlaßt sah. Wie es sich aber damit verhalten mag: in allen Fällen darf als sicher gelten, daß die Pönitentialien für die altbritische Kirche bestimmt waren, und ihre Beweiskraft bleibt somit für unsere Frage bestehen, wenn auch ihre Autorschaft und ihre Integrität einigermaßen zweifelhaft ist. Die Echtheit der Verordnung über den Cölibat der Geistlichen erhält zudem noch eine ganz besondere Bestätigung. Kolumban fragt in dem Briefe an Papst Gregor I c. 4 an, ob Geistliche post in diaconatu adulterium, absconsum tamen dico cum clientelis adulterium, zu Bischöfen geweiht werden dürfen, und indem er beifügt: quod apud nostros magistros non minoris censetur esse facinoris[3], zeigt er, daß die irische Kirche in Verwerfung der Priesterehe mit der römischen einig war. Man könnte zwar einwenden, daß unter clientela hier nicht die Frau und unter adulterium somit nicht die Fortsetzung des ehelichen Umganges durch den Diakon, sondern ein anderweitiger geschlechtlicher Verkehr zu verstehen sei. Aber der Einwand ist nicht statthaft, da der obenangeführte Kanon über die Bedeutung des Wortes clientela keinen Zweifel übrig läßt.[4]

Es ist hiernach nicht zweifelhaft, daß die altbritische Kirche ebenso wie die übrige Kirche des Abendlandes das Cölibatsgesetz hatte. Die Verordnung der altirischen Kanonensammlung: Qui autem ab accessu adolescentiae usque ad XXX annum aetatis suae probabiliter vix-

---

[1] Wasserschleben a. a. O. S. 10 hält den Binniaus oder Binnianus, unter dessen Namen das erste auf uns gekommen ist, für identisch mit dem Finianus Clonardensis um 500. Loofs a. a. O. S. 103 weist diesem Pönitentiale einen jüngeren Ursprung an.

[2] Vgl. Schoell, De eccles. Brit. Scotorumque hist. fontibus 1851 p. 60.

[3] Migne, PL. 80, 262 sq.

[4] Vgl. Loofs a. a. O. S. 103 f.

erit, una tantum virgine uxore sumpta contentus, IV annis sub-
diaconus etc.[1], hätte nie dagegen angeführt werden sollen, auch wenn
man nicht wußte, daß sie ursprünglich dem Papste Siricius angehört[2], da
man aus ähnlichen Kanonen leicht ihren Sinn ermitteln konnte. Ebensowenig hätte man sich dagegen auf die Verteidigung der Priesterehe durch
den Irländer Klemens im achten Jahrhundert[3] berufen sollen und zwar
um so weniger, als es sich bei diesem nur um die Rechtfertigung seines
eigenen gesetzwidrigen Verhaltens handelte. Von anderen offenbar unrichtigen oder gar widersinnigen Argumenten[4] soll ganz abgesehen werden.

7. Heiligen- und Reliquienverehrung.

Ebrard stellt sich überall in seiner Untersuchung über die altbritische
Kirche als Mann der Leidenschaft dar. Schon die vielen und ungewöhnlichen Verstöße, die er sich zu schulden kommen läßt, erweisen ihn als
solchen, da sie bei einem ruhig forschenden Mann wenigstens in so großer
Zahl rein unbegreiflich wären. Von seiner aufgeregten und vielfach
geradezu unanständigen Sprache soll gar nicht geredet werden.

Besonders leidenschaftlich aber tritt er in dem Abschnitt auf, in dem
er von der Heiligen- und Reliquienverehrung handelt. Schon der erste
Satz, mit dem er in dieser Beziehung den evangelischen Charakter der
altbritischen Kirche darthun will, ist ein lautes Zeugnis dafür. Daß
nämlich die alt-iroschottische Kirche keine Heiligen- und Marienverehrung
gekannt habe, soll schon aus der einen Thatsache hervorgehen, daß im
Mittelalter alle schottischen Kirchen einheimischen Heiligen, dem
Ninnian, Patricius, Kolumba u. s. w. geweiht gewesen seien.[5] Man
traut kaum seinen Augen, wenn man einer solchen Argumentation begegnet. Die Verehrung von einheimischen Heiligen soll also keine Heiligen-
verehrung sein, sondern nur die Verehrung von auswärtigen Heiligen.
Begreife das, wer kann!

---

[1] Wasserschleben, Die irische Kanonensammlung S. 10. Vgl. Mansi
XII, 119.

[2] Ep. ad Himer. Tarrac. c. 9. Cf. Harduin I, 850.

[3] Bonif. epp. 48, 50 ed. Jaffé p. 133, 140.

[4] Vgl. Rettberg, KG. Deutschlands I, 321.

[5] Iroschott. Missionskirche S. 118. Der Satz ist übrigens nicht Ebrards
eigene Weisheit. Er entnimmt ihn dem (mir übrigens nicht zugänglichen) Werke
M'Lauchlans, The early Scotish church 1865 p. 182 sq. Er eignet aber die
Bemerkung völlig sich selbst an, indem er sie „scharfsinnig" findet.

So unbegreiflich aber die Logik, so falsch ist der Satz, von dem der Schluß ausgeht, die Behauptung, daß alle altbritischen Kirchen ein= heimischen Heiligen geweiht gewesen seien. Als die römischen Glaubens= boten nach Canterbury kamen, fanden sie eine von den alten Briten her= rührende Martinskirche vor.[1] Wir begegnen ferner Petruskirchen in den Schottenklöstern von Lindisfarne und Streneashalch sowie einer Marien= kirche in Lastingham.[2] Der von Ebrard unter die Kuldeer gerechnete Bercharius allein errichtet einen Petrusaltar, eine Marienkirche, eine Peter= und Paulskirche, ein Kloster zu Ehren der seligsten Jungfrau und eines zu Ehren des hl. Mauritius.[3] Die Beispiele könnten leicht verdoppelt und verdreifacht werden. Aber ich fürchte fast, die Leser zu ermüden, wollte ich noch weitere Belege zum Beweis einer Sache bei= bringen, die offen vor Augen liegt. Nur das Ebrardsche Beweisverfahren möge noch etwas näher beleuchtet werden.

In der Vita Eustasii c. 18 lesen wir: Iamque beatum de hac vita exitum praestolans omni intentione ad contemplanda mysti= corum praeconiorum documenta desudat solique Deo mente in= tenta preces fundens dirigit preces.[4] Ebrard[5] sieht in der Stelle ein Zeugnis gegen die Heiligenanrufung. Er verbindet nämlich die Worte solique Deo nur mit dirigit preces, und Eustasius hätte hiernach nur zu Gott, wie zu ergänzen ist, mit Ausschluß der Heiligen, gebetet. Und es ist einzuräumen, daß dirigit auch auf Deo zurückweist. Daß es aber allein oder auch nur in erster Linie mit dem Worte zu verbinden sei, wird kein Philologe zugeben. In erster Linie bezieht sich das soli= que Deo vielmehr auf das unmittelbar folgende mente intenta, und daß es sich so verhält, zeigt der vorausgehende Parallelsatz mit aller Deutlichkeit. Der Behauptung, daß Eustasius, um sich auf ein glück= liches Ende vorzubereiten, sich mit ganzer Aufmerksamkeit der Betrachtung der heiligen Schrift gewidmet habe, entspricht hier der Satz, er habe mit einem Gott allein zugewandten Geiste gebetet. Der Gegensatz zu Gott ist also die Welt, nicht die Heiligen, und der Sinn des Satzes kann keinem Zweifel unterliegen, wenn die Fassung desselben auch etwas eigentümlich ist.

Die weiteren Beweise mögen auf sich beruhen bleiben, da sie offenbar nichtig, zum Teil schon in Obigem widerlegt sind. Nur eine mehr

---

[1] Beda H. E. I, 26.   [2] Beda H. E. III, 17, 23, 24.
[3] Vit. S. Bercharii c. 12—17. Act. SS. O. S. B. saec. II. p. 832 sqq.
[4] Migne, PL. 87, 1054.   [5] Iroschott. Missionskirche S. 119.

allgemein gehaltene Aufstellung möge noch hervorgehoben werden. In den auf uns gekommenen Resten der kuldeischen Litteratur, werden wir belehrt[1], geschehe der Heiligen nicht einmal Erwähnung. Kolumban spreche am Schluß seiner beiden Briefe an Bonifatius IV wohl die Bitte aus, der Papst möge in sanctis orationibus iuxta cineres sanctorum seiner eingedenk sein. Aber das beweise noch nichts für eine Heiligen-verehrung. Denn davon, daß die cineres sanctorum für ihn angerufen werden sollen, sage Kolumban kein Wort, und ebensowenig davon, daß dieselben einem Gebete größere Kraft verleihen könnten; sondern darum soll Bonifatius den Herrn für ihn bitten, damit er verdiene, Christus anzuhangen. Es soll nicht weiter untersucht werden, ob die angeführte Erklärung richtig ist, und ob denn Kolumban wirklich es verschmäht haben wird, die Heiligen um ihre Fürbitte anzurufen, wenn er den Papst zweimal um sein Gebet iuxta cineres sanctorum anging. Ebenso soll nicht weiter erörtert werden, ob der Sermo XV Kolumbans, in dem wiederholt der Heiligen gedacht ist, so leichter Hand für unecht er-klärt werden kann, wie es durch Ebrard geschieht, obwohl ich überzeugt bin, eine unbefangene Kritik werde in dieser Beziehung zu einem ganz anderen Urteil gelangen. Aber die Frage muß an Ebrard gerichtet werden, ob denn der Sermo I von Kolumban für ihn nicht existiert, an dessen Ende wir lesen: der allmächtige Gott müsse von uns oft und ohne Unterlaß angefleht werden, et per sanctorum suorum merita et interventus orandus est, ut vel aliquam sui luminis particulam nostris tenebris largiatur[2], eine Stelle, die mit voller Evidenz zeigt, daß die alten Briten zu der Heiligenverehrung keine andere Stellung einnahmen, als die übrigen Christen der damaligen Zeit. Und wenn er behaupten wollte, die Stelle sei ihm entgangen, so ist er daran zu er-innern, daß ihm dieselbe als entscheidendes Zeugnis gegen seine An-schauung gleich nach seiner ersten Publikation vorgehalten wurde.[3] Er muß sie also gekannt haben. Gleichwohl ließ er sie in seiner zweiten Publikation unberücksichtigt und wiederholte die unwahre Behauptung, die beiden Briefe an Bonifatius IV seien die einzigen Stellen, wo Kolumban das Wort Sancti gebrauche.

Die Reliquienverehrung soll den alten Briten gleichfalls durch-aus unbekannt gewesen sein. Als Gründe für diese Behauptung werden

---

[1] Jrofchott. Miffionskirche S. 119 f.

[2] Migne PL. 80, 233.

[3] Zeitschrift für Prot. u. Kirche Bd. 48 S. 281.

hauptsächlich angeführt, die Vita S. Galli und die Vita S. Adelphii, in denen eine Reliquienverehrung vorkomme, verdienten keinen Glauben, und das Martyrologium des Aengus im Leabharbreac[1] sage ganz aus= drücklich, daß erst durch Sechnall, d. i. nach Ebrard nicht vor der Mitte des 7. Jahrhunderts, Reliquien nach Irland gebracht worden seien.[2] Ich will mich hier kurz fassen und die Glaubwürdigkeit der Vita S. Galli in diesem Punkte gar nicht weiter erörtern. Was aber das Martyro= logium des Aengus anlangt, so handelt die in Betracht kommende Stelle[3] nicht von den Reliquien überhaupt; sie erzählt die Überbringung ganz bestimmter Reliquien, nämlich der Reliquien der Apostel Petrus und Paulus u. a., und aus diesen Worten zu folgern, daß erst durch Sechnall Reliquien nach Irland gebracht worden seien, ist gerade so verkehrt, als wenn man aus der Publikation der „Iroschottischen Missionskirche" im J. 1873 schließen wollte, Ebrard habe erst im genannten Jahre ange= fangen Bücher zu schreiben.[4] Was die Vita S. Adelphii betrifft, so ist es interessant, das Urteil zu vergleichen, das Ebrard an einem anderen Orte über sie fällt. Wie wir bereits gesehen, kommt er auch aus Anlaß der Mönchsehe auf diese Lebensbeschreibung zu sprechen, und dort wird gerade die Angabe, Adelphius sei ein Sohn des Amatus, wenn auch sonst viele Erdichtungen in dem Dokument angenommen werden, für durchaus glaubwürdig, und der Umstand, daß die Vita Amati keines Sohnes des Amatus gedenke, für nichts beweisend erklärt.[5] Hier wird dagegen die Vita auf Grund derselben Angabe, daß Adelphius ein Sohn des Kuldeers Amatus gewesen sei, mit Hinweis auf das Schweigen der Vita Amati ein betrügerisches Machwerk genannt.[6] Ebrard wählt also nicht bloß den Stoff, der zu seinen vorgefaßten Meinungen paßt, mit souveräner Willkür aus der Litteratur aus und beseitigt, was ihm nicht zusagt, ebenso willkürlich mit der Bemerkung, es sei eine spätere Fälschung; er erlaubt sich sogar, einen und denselben Punkt das einemal anzunehmen, das andere=

---

[1] Vgl. Todd, Book of hymns of the ancient church of Ireland 1855 p. 46.
[2] Iroschott. Missionskirche S. 129 ff.
[3] Ebend. S. 544.
[4] Diese verkehrte Folgerung ist Ebrard freilich sehr geläufig. Die Erzählung Bedas (H. E. V, 20), Acca habe zu Ehren der Apostel und Martyrer in der Andreas= kirche zu Herham Altäre errichtet, deutet er ohne weiteres so, Acca sei der erste ge= wesen, welcher in Northumberland angefangen habe, den Heiligen zu Ehren Altäre zu errichten. Ebend. S. 121.
[5] Iroschott. Missionskirche S. 218.
[6] Ebend. S. 131 f.

mal zu verwerfen, je nachdem er der bezüglichen Aufstellung zur Be=
stätigung dient oder ihr widerspricht. Ein Mann, der so verfährt, ver=
dient keine weitere Widerlegung, und die Arbeit sei daher hier abge=
brochen.

Nur eine Bemerkung soll zum Schluß noch beigefügt werden. Indem
ich mich mit der vorstehenden Untersuchung beschäftigte und den ebenso
zahlreichen als ungewöhnlichen Verstößen auf die Spur kam, die sich
Ebrard in seinen Arbeiten über die altbritische Kirche zu schulden
kommen ließ, drängte sich mir wiederholt die Frage auf, wie solche Fehler
zu erklären sind. Sollen wir bewußte Unwahrheit und absichtliche Fälschung
annehmen? Wir haben oben gesehen, daß dem Herrn Konsistorialrat
von seinen eigenen Konfessionsangehörigen Mangel an Wahrhaftigkeit
vorgeworfen wird, und wir haben in seiner Arbeit Proben kennen ge=
lernt, welche diese Annahme nahe legen. Ebrard hätte auch keinen Grund
sich zu beklagen, wenn wir einen solchen Vorwurf gegen ihn erhöben,
indem wir nur das Verfahren nachahmten, das er selbst gegen andere
zu beobachten liebt. Beschuldigt er ja Papst Gregor I wegen seines Ver=
haltens in der Reliquiensache ohne weiteres wissentlichen Betruges[1],
und läßt er den hl. Bonifatius ohne weiteres lügen oder den That=
bestand verdrehen.[2] Trotzdem will ich das nicht annehmen, da man
keinen Menschen ohne völlig hinreichenden Grund des Bösen bezichtigen
darf. Wenn wir aber auf diese Erklärung verzichten, so giebt es nur
noch eine, und diese liegt darin, daß wir das Urteil, das Ebrard über
den hl. Bonifatius fällte, auf ihn selbst anwenden. Der Mann, den die
Welt bisher mit dem Ehrennamen eines Apostels der Deutschen schmückte,
soll ein beschränkter Fanatiker gewesen sein.[3] Gerade als das er=
scheint der Herr Konsistorialrat selbst, und bei diesem Sachverhalt braucht
man sich über seine zahlreichen und groben Verstöße gegen die Wahrheit
nicht weiter zu wundern. Der Fanatismus ist ein Feind der geschicht=
lichen Forschung.

---

[1] Iroschott. Missionskirche S. 233.   [2] Ebend. S. 434, 440.
[3] Ebend. S. 452.

XX.

Das Papstwahldekret in c. 28 Dist. 63.[1]

Seitdem Muratori[2] das Papstwahldekret, das unter dem Namen eines Papstes Stephan in die Panormia Jvos (III, 1) und in das Dekret Gratians (c. 28 Dist. 63) Aufnahme fand, dem Nachfolger Leos III zusprach, Stephan IV (816—817) oder Stephan V, wie er auch genannt wird, nachdem es durch Baronius unter Zustimmung des Natalis Alexander[3], hauptsächlich wegen seines Widerspruches mit der Konstitution Ludwigs des Frommen v. J. 817, demselben aberkannt und für ein Dokument zweifelhaften Ursprungs erklärt worden war, gehen die Ansichten über das Dekret nach zwei Seiten auseinander. Die weiteren Hypothesen, die aufgestellt wurden und von denen unten am passenden Ort die Rede sein wird, erfreuten sich keiner oder nur sehr beschränkter Zustimmung. Auf die Seite Muratoris traten u. a. Richter[4], Jaffé[5], Floß[6], Hefele[7], O. Lorenz[8], Dove-Kahl[9] und mit der ausführlichsten Begründung Niehues[10]. Der Ansicht des Baronius schlossen sich hauptsächlich an Phillips[11], Hinschius[12], B. Simson[13], Hergenröther[14], P. Ewald in der zweiten Auflage der Jafféschen Papstregesten[15]. Auf beiden Seiten

[1] Aus dem Historischen Jahrbuch 1888 S. 284—299; 1890 S. 509—511.
[2] Rerum Italic. scriptores II, 2, 127 sq.
[3] Baron. Ann. 816, 115. Nat. Alex. Hist. eccles. Saec. IX. cap. I art. 2.
[4] Corpus iuris canon. (1833) ad c. 28 Dist. 63.
[5] Regesta Pontif. Roman. 1851 p. 221.
[6] Die Papstwahl unter den Ottonen 1858 S. 56.
[7] Konziliengeschichte 1. A. IV (1860), 7; 2. A. IV (1879), 7 f.
[8] Papstwahl und Kaisertum 1874 S. 40. 53 Anm. 1.
[9] In der 8. Auflage des Richterschen Lehrbuchs des kath. u. evang. Kirchenrechts 1886 S. 403 Anm. 6.
[10] Histor. Jahrbuch I (1880), 141—153. Kaisertum und Papsttum im M.-A. II (1887), 66, 193, 217.
[11] Kirchenrecht V (1854), 768 f.
[12] Das Kirchenrecht der kath. u. Protest. in Deutschland I (1869), 231.
[13] Jahrb. d. fränk. Reichs unter Ludwig d. Fr. I (1874), 66 f.
[14] Handbuch der allg. Kirchengeschichte 2. A. (1879) I, 580; 3. A. II (1885), 2.
[15] Regesta Pont. Rom. ed. II cur. Loewenfeld, Kaltenbrunner, Ewald I (1885), 316 sq.

trifft man also Namen von bestem Klang, und wenn man diese Er=
scheinung in Betracht zieht, möchte man zunächst zu der Annahme ver=
sucht sein, das Problem sei von der Art, daß es sich einer sicheren Lösung
entziehe. Bei näherer Betrachtung stellt sich die Sache indessen anders
dar. Der Grund der verschiedenen Auffassung liegt weniger auf Seite
des Dokumentes als auf Seite der Personen, die sich mit ihm beschäftigten.
Das Dekret ist keineswegs so unfaßbar, wie man nach dem Vorstehenden
glauben könnte. Aber die einen von denjenigen, welche in die Fußstapfen
Muratoris eintraten, zeigten für dessen Anschauung sichtlich eine solche
Vorliebe, daß bei ihrer Untersuchung die Gesetze der historischen Kritik
nicht zu ihrer vollen Geltung gelangen konnten; die anderen widmeten
dem Dekret nicht so viel Studium, um auf ein eigenes Urteil Anspruch
machen zu können, sondern sie ließen sich mehr oder weniger durch das
wissenschaftliche Ansehen des gelehrten Bibliothekars von Modena be=
stimmen, dessen Ansicht beizupflichten.

Indem nach diesen Vorbemerkungen die Frage aufs neue in Unter=
suchung gezogen wird, sind vor allem die Gründe Muratoris zu prüfen,
da die Späteren sich zunächst einfach an diese anschlossen. Die Argu=
mentation desselben ist folgende. Nikolaus I habe auf einer römischen
Synode, von der Papstwahl handelnd, bestätigt und eingeschärft, was
auf dem Konzil des seligen Papstes Stephan verordnet worden sei, quidquid in concilio beati Stephani papae statutum est. Also sei ein
einschlägiges Dekret ohne Zweifel von Stephan IV (V) vorangegangen.
Dieses habe aber kaum ein anderes sein können, als das von Gratian
angeführte, wobei jedoch nicht bestritten zu werden brauche, daß ihm
etwa von späteren Päpsten etwas hinzugefügt worden sei. Auch sei auf
der römischen Synode v. J. 898 eine bei der Papstwahl beobachtete
alte Gewohnheit bestätigt worden. Wenn die Gewohnheit aber damals
eine alte gewesen, so werden ihre Anfänge nicht mit Unrecht auf die
Zeiten Stephans IV zurückgeführt.

Die Beweisführung unterliegt aber gewichtigen Bedenken. Es soll
nicht betont werden, daß Muratori den Papst Nikolaus alles von seinem
Vorgänger Stephan über die Papstwahl Verordnete bestätigen läßt,
während es sich bei Nikolaus nur um einen einzelnen Punkt, das Ver=
bot, den berechtigten Personen das Wahlrecht zu bestreiten, handelt und
in seinem Dekret demgemäß nicht steht quidquid, sondern sicut sc. in
concilio beatissimi Stephani papae statutum est. Der Punkt kann
auf sich beruhen bleiben, weil er für unsere Frage von keiner Bedeutung

ist. Dagegen ist zu bemerken, daß die Herbeiziehung des römischen Konzils v. J. 898 (c. 10) durchaus grundlos ist. Der einschlägige Kanon desselben ist ja identisch mit unserem in Rede stehenden Dekret, dem Zwoschen, wie ich es der Kürze halber nennen möchte. Die antiqua consuetudo findet sich also nicht bloß dort, sondern auch hier, und wird demgemäß nicht etwa nur in die Zeit Stephans IV, sondern über diese hinaus zurückgeführt. Und was den Schluß anlangt, daß, weil Niko- laus I das Dekret eines Papstes Stephan bestätigt habe, dieser der nächst vorausgehende Stephan sei, so ist er einfach falsch. Offenbar konnte mit den fraglichen Worten auch auf das Dekret eines früheren Stephan Bezug genommen werden. Die Möglichkeit ist schlechterdings nicht zu bestreiten. Und wenn wir erwägen, daß es eine Papstwahlverordnung von Stephan III (IV) v. J. 769 giebt, die mit der von Nikolaus unter dem Namen eines Papstes Stephan angeführten formell und in- haltlich im wesentlichen zusammenfällt, so können wir auch darüber nicht im Zweifel sein, daß jene Verordnung von Nikolaus gemeint war. Die zwei Dekrete haben folgenden Wortlaut:

Stephan III.

Si quis resistere praesump- serit sacerdotibus atque prima- tibus ecclesiae vel cuncto clero ad eligendum sibi pontificem se- cundum hanc canonicam tradi- tionem, anathema sit.

Nikolaus I.

Si quis sacerdotibus seu pri- matibus, nobilibus seu cuncto clero huius sanctae Romanae ec- clesiae electionem Romani ponti- ficis contradicere praesumpserit, sicut in concilio beatissimi Stephani papae statutum est, anathema sit.

Wie diese Nebeneinanderstellung zeigt, decken sich die beiden Dekrete inhaltlich vollständig. Abgesehen von der Verweisungsformel sicut in concilio etc., die als solche hier nicht in Betracht kommt, hat das spätere Dekret nur ein einziges Wort mehr als das frühere, das Wort nobilibus. Die weitere Differenz, die Vertauschung der Worte resistere praesumpserit ad eligendum sibi pontificem secundum hanc canoni- cam traditionem mit den Worten (clero) huius sanctae Romanae ecclesiae electionem Romani pontificis contradicere praesumpserit, hat nur eine formelle Bedeutung. Die spätere Fassung ist nur eine andere und etwas bessere Stilisierung desselben Gedankens. Die beiden Dekrete sind also im ganzen identisch, und bei diesem Sachverhalte kann die Quelle des ſpäteren nicht zweifelhaft ſein. Das Dekret des Papſtes Nikolaus I bezieht ſich auf eine gleiche Verordnung eines Papſtes Stephan, und dieſe findet ſich bei Stephan III im J. 769.

Der Punkt wurde von Hinſchius mit Recht hervorgehoben. Hefele wollte zwar, als er in der zweiten Auflage der Konziliengeſchichte auf die Sache zurückzukommen hatte, die Beziehung des Dekretes auf Stephan III nicht zutreffend finden, und er meinte nicht hinlänglichen Grund zu haben, die Verordnung der Synode des Jahres 816 unter Stephan IV abzuſprechen. Die Bedenken ſind aber grundlos, wie ein vergleichender Blick auf die beiden in Betracht kommenden Dekrete zeigt. Eine andere Frage iſt dagegen, ob das Jvoſche Dekret mit Hinſchius weiter für eine und zwar das römiſche Konzil v. Jahre 898 benützende Erdichtung zu erklären iſt. Dieſe Auffaſſung lehnte Hefele ſeinerſeits mit Recht ab, und wenn ſeine Erklärung, das Dekret der Synode v. J. 898 ſcheine nur eine modifizierte Erneuerung des Dekretes Stephans IV zu ſein, auch ſelbſt nicht ganz richtig ſein kann, da die Gründe Muratoris für die Exiſtenz des letzteren durchaus hinfällig ſind, ſo kommt ſie dem Sachverhalt doch nach einer andern Seite hin näher.

Indeſſen iſt der Urſprung des Jvoſchen Dekretes ſelbſt noch nicht zu unterſuchen. Zuvor ſind die Gründe anzuführen und zu würdigen, mit denen der Gelehrte, der ſich am eingehendſten mit der Frage beſchäftigte, das Dekret Stephan IV glaubte zuweiſen zu ſollen.

Niehues erkennt einerſeits an, daß die einſchlägige Verordnung Nikolaus' I ſich eng an eine Beſtimmung des Wahldekretes Stephans III anſchließe. Doch ſei, meint er weiter, nicht zu überſehen, daß die Verordnung andererſeits von dieſer Beſtimmung ſehr verſchieden ſei, indem ſie den hier genannten drei Faktoren der Wahl, den sacerdotes atque primates ecclesiae vel cunctus clerus einen vierten, die nobiles, hinzufüge. Auch falle ins Gewicht, daß ſie ſich über das Verhältnis dieſer nobiles zu den drei anderen Wahlfaktoren nicht ausſpreche. Da ſie ſich aber trotzdem für eine bloße Wiederholung oder Erneuerung eines früheren, unter einem Papſt Stephan erlaſſenen Wahldekretes ausgebe, ſo könne ſie ſich nicht auf die Wahlverordnung Stephans III allein beziehen, ſondern es müſſe damals noch ein anderes, ebenfalls von einem Papſt Stephan erlaſſenes Wahldekret vorhanden geweſen ſein, aus dem ſie eben dieſe letztere Beſtimmung genommen habe, in welchem zugleich die Art und Weiſe der Beteiligung der Nobiles von Rom an der Papſtwahl kurz und bündig ausgeſprochen geweſen ſei, und dieſes weitere Wahldekret ſei das

Jvosche, von Stephan IV herrührende. Nachdem er dann die Dekrete
Stephans III, Nikolaus' I und das Jvosche in Parallele gestellt (Hist.
Jahrb. I, 145 f.), bemerkt er weiter: allen drei Wahldekreten sei die
Bestimmung gemeinsam, daß die Wahl des Papstes durch die Geistlich=
keit von Rom vorgenommen werden solle, und die beiden späteren haben
ihre Quelle in dem früheren, nur daß sie sich an die Dekrete verschiedener
Sitzungen des Konzils 769 unter Stephan III anschließen. Während
aber das Dekret Stephans III jede Teilnahme der Laien von Rom an
der Wahl unbedingt ausschließe, so nenne das Dekret des römischen Konzils
unter Nikolaus I die nobiles geradezu unter den wahlberechtigten Per=
sonen und Ständen von Rom. Letztere Bestimmung würde also, einfach
und nackt hingestellt, dem Sinn und Wortlaut der Wahldekrete Stephans III
direkt widersprechen, was bei der bekannten Vorsicht und Gewissenhaftig=
keit der Päpste in der Anerkennung und Festhaltung einmal ererbter
Rechte und Privilegien kaum glaublich erscheine. Aber der Widerspruch
sei auch nur ein scheinbarer; denn das römische Konzil unter Nikolaus I
setze zum richtigen Verständnis der von ihm erneuerten Wahlordnung
hinzu: sicut in concilio beatissimi Stephani papae statutum est,
was doch mit andern Worten besagen wolle, daß die im Dekret ge=
nannten Personen und Stände, die sacerdotes, primates, nobiles und
der cunctus clerus von Rom, bei der Wahl ungehindert nur diejenigen
Rechte ausüben dürfen, die ihnen durch das Dekret des Papstes Stephan
zuerkannt seien. Und da das Dekret Stephans III den nobiles in dieser
Hinsicht keine Beteiligung an der Papstwahl gestattet habe, so müssen
wir uns zur Erklärung der Wahlvorschriften der Synode unter Nikolaus
nach einem andern, ebenfalls von einem Papste Stephan erlassenen Wahl=
dekret umsehen, wenn man nicht etwa annehmen wolle, daß sich das Konzil
unter Nikolaus I betreffs des Inhaltes der Wahldekrete Stephans III
geirrt habe, und dieser weitere Papst Stephan könne nur Stephan IV
sein. Dessen Wahldekret belehre uns zugleich, von welcher Art die Be=
teiligung der nobiles an der Wahl sein sollte, indem er zu den aus
den Dekreten Stephans III herübergenommenen Bestimmungen die Ver=
ordnung hinzugefügt habe, daß die Wahl praesente senatu et populo
vor sich gehen solle. Also nicht ein aktives Wahlrecht sei den nobiles
zuerkannt worden, sondern das Recht der Präsenz am Wahlakt. Hin=
schius werfe freilich noch ein, für Stephan IV habe zur Erlassung eines
solchen Dekretes gar kein Grund vorgelegen, da die vorhergehenden Papst=
wahlen in Eintracht und ohne Verübung von Gewaltthätigkeiten verlaufen

seien, während der Eingang des Dekretes — Qui sancta Romana
ecclesia . . . a plurimis patitur violentias pontifice obeunte — auf
das Gegenteil hinweise. Aber der Einwand sei nur halb richtig. Die
letzten Jahre Leos III seien bekanntlich sehr unruhig gewesen. Dazu
habe man sich gegen etwaige Übergriffe sichern müssen, zu denen die eben
erst zum Kaisertum erhobenen Karolinger sich hätten versucht fühlen
können. Zu alledem trete uns das Wahldekret Stephans IV in der Geschichte der nächsten Jahre mehrfach entgegen.

So die Beweisführung von Niehues in ihren Hauptzügen. Der
Schwerpunkt der Deduktion betrifft das Verhältnis des Dekretes Nikolaus' I zu dem Jvoschen Dekret. Es fragt sich, ob außer dem Dekrete
Stephans III auch dieses zu Hilfe genommen werden muß, um jenes zu
erklären, und dieser Frage hat sich daher vor allem die Untersuchung zuzuwenden. Hier erregt aber sofort der Ausgangspunkt der neuen Beweisführung Bedenken. Niehues bemerkt, wie wir gesehen, die Verordnung
des Papstes Nikolaus gebe sich für eine bloße Wiederholung oder Erneuerung eines Stephanschen Wahldekretes aus (Hist. Jahrb. I, 144).
Mit dieser Behauptung ist aber zuviel in die Worte sicut in concilio
b. Stephani p. statutum est hineingelegt. Die Verweisungsformel konnte
gebraucht werden, wenn dem Dekrete Stephans auch etwa ein Wort beigefügt wurde, und zwar um so mehr, als das Dekret auch sonst nicht
ganz wörtlich, sondern mehr dem Inhalt nach erneuert wurde. Das
Dekret wollte eine Einsprache gegen oder einen Angriff auf die Wahl
der berechtigten Personen zurückweisen. Das ist sein Wesen und seine
Bedeutung, und demgemäß darf es nicht allzusehr betont werden, wenn
in seiner späteren Fassung der Kreis der wahlberechtigen Personen etwa
ein wenig erweitert erscheint. Es konnte dessenungeachtet wohl auf Stephan
zurückgeführt werden.

Freilich soll das in Rede stehende Wort noch einen weiteren und
besonderen Anstoß bereiten. Es begründe an sich, bemerkt Niehues (Hist.
Jahrb. I, 146 f.), einen Widerspruch zwischen den Dekreten Stephans III
und Nikolaus' I, und dieser Widerspruch löse sich nur, wenn als er-
klärendes Mittelglied das Jvosche Dekret angenommen werde. Die Erklärung könnte angehen, wenn das anstößige Wort oder ein anderes von
gleicher Bedeutung wirklich hier stünde. Allein das ist nicht der Fall.
In dem Jvoschen Dekret ist nicht von nobiles als Beteiligten an der
Wahl, sondern von der Wahl praesente senatu et populo die Rede.
Die beiderseitigen Ausdrücke „Senat und Volk" und „Edle" decken sich

in keiner Weise, und es ist daher auch nicht erlaubt, den einen ohne
weiteres ·auf den andern zurückzuführen.

Dazu kommt ein anderes. Um die nobiles überhaupt auf den
senatus et populus in dem Jvoschen Dekret zurückführen zu können,
muß Niehues die Worte sicut in concilio b. St. p. st. est interpretieren:
nach Maßgabe der Rechte, die ihnen durch das Konzil Stephans ein=
geräumt sind. Ist denn aber das der Sinn der Worte? Sicherlich
nicht. Die Worte besagen vielmehr einfach, daß das, was hier ver=
ordnet werde, bereits durch das Konzil des Papstes Stephan angeordnet
worden sei. Sie beziehen sich also auf den ganzen Satz. Und wenn
sie je auf ein einzelnes Satzglied sich beziehen sollten, so wäre dies eher
das letzte als das erste. Daß sie jedenfalls nicht in dem von Niehues
ihnen beigelegten Sinn auf den Anfang des Kanons zu beziehen sind,
zeigt die Fassung dieses Satzteils aufs deutlichste. Die Deutung wäre
allenfalls annehmbar, wenn das Satzglied so lauten würde: die Priester
und Primaten, Edlen und der ganze Klerus üben das Wahlrecht aus.
so (oder in der Weise) wie es auf dem Konzil des Papstes Stephan
bestimmt worden ist. Rein unmöglich aber ist die Deutung, wenn ein
Satz von der Art vorausgeht, wie er in dem Kanon Nikolaus' I steht.
Denn sonst wäre der betreffende Gedanke auf die denkbar unbeholfenste
und unnatürlichste Art zum Ausdruck gebracht, und eine derartige Aus=
drucksweise ist auch in einem mittelalterlichen Dokument nicht so leicht
anzunehmen.

Da hiernach keiner von den Gründen, mit denen das „nobiles" im
Dekrete Nikolaus' I auf das Jvosche Dekret zurückgeführt werden wollte,
die Probe besteht, so ist das Wort, wenn anders die Texte richtig über=
liefert wurden, worüber die Handschriften zu befragen sind, einfach für
eine kleine Ergänzung zu halten, die dem Kanon Stephans III bei seiner
Erneuerung durch die Synode Nikolaus' I gegeben wurde. Und daß
die Zuthat zwischen den Verordnungen Stephans III und dem Kanon
Nikolaus' I einen gewissen Widerspruch begründet, kann uns nicht ab=
halten, sie und zwar in ihrer ganzen Bedeutung anzuerkennen. Sie steht
nun einmal dokumentarisch fest. Zudem hat es auch Niehues mit seiner
abschwächenden Erklärung nicht vermocht, den Widerspruch zu beseitigen.
Denn wenn die Beteiligung der nobiles an der Papstwahl auch auf das
Maß zurückgeführt wird, das in dem Jvoschen Dekret mit den Worten
praesente senatu et populo angegeben ist, so bleibt zwischen der Ge=
setzgebung Stephans III und der Nikolaus' I immer noch Widerspruch

genug. Stephan entzog den Laien ja das Recht der bloßen Anwesenheit
bei der Papstwahl. Sed et hoc, heißt es in der dritten Sitzung des
Konzils vom Jahre 769, sub anathematis interdictione decernimus,
ut nulli unquam laicorum sive ex manu armata vel ex aliis ordinibus praesumant inveniri in electione pontificis; sed a certis sacerdotibus atque proceribus ecclesiae et cuncto clero ipsa pontificalis
electio procedat. Erst nachdem der Papst gewählt und in den Lateran
geleitet worden, sollten die verschiedenen Klassen der Laienwelt sich einfinden, um ihn als den Herrn aller zu begrüßen und das Wahlprotokoll
mit zu unterschreiben. Et postquam[1] pontifex electus fuerit et in
patriarchium deductus, omnes optimates militiae vel cunctus exer-
citus et cives honesti atque universa generalitas populi huius
Romanae urbis ad salutandum eum sicut omnium dominum pro-
perare debeat. Et in more solito decretum facientes, et in eo
cuncti pariter concordantes subscribere debent. In dem Jvoschen
Dekret aber heißt es: eligatur praesente senatu et populo. Ein
Widerspruch bleibt also, und er ist auch mit der Berufung auf die „bekannte Vorsicht und Gewissenhaftigkeit der Päpste in der Anerkennung
und Festhaltung einmal ererbter Rechte und Privilegien" nicht hinweg-
zuräumen. Er ist aber andererseits unschwer zu erklären. Die bezügliche Verordnung Stephans III war eben nicht durchzuführen.

Die Hauptargumente von Niehues halten also nicht stand, und unter
diesen Umständen ist es wohl nicht nötig, die untergeordneten Momente
alle einer Kritik zu unterziehen. Nur ein paar Punkte mögen noch erörtert werden, und vor allem einer, der mit den bisher besprochenen in
Zusammenhang steht. Niehues wandte sich selbst ein (Hist. Jahrb. I,
147 f.), daß, wenn das römische Konzil unter Nikolaus I wie auf das
Wahldekret Stephans III, so auch auf das Stephans IV Rücksicht nahm, der
Umstand Bedenken erregen könnte, daß es sich nur als Erneuerung eines
einzigen Konzilsbeschlusses ankündige, während es doch thatsächlich den
Inhalt zweier verschiedener Wahldekrete in sich zu vereinigen scheine, und

---

[1] Der überlieferte Text hat hier priusquam. Vgl. Harduin, Acta concil.
III, 2013. Der Kontext fordert aber unbedingt postquam. Hinschius, Kirchenrecht I, 228, suchte die Schwierigkeit, die der herkömmliche Text bereitet, dadurch zu
heben, daß er den Ausdruck electio mit „Feststellung des Kandidaten" übersetzte,
unter dem Verbum eligi aber die „definitiv vorzunehmende Wahl" verstanden wissen
wollte. Die Unterscheidung ist aber bei der wesentlichen Gleichheit der Ausdrücke
nicht gerechtfertigt.

er berührte damit ganz richtig einen Punkt, der seine Auffassung nicht
empfiehlt. Freilich meinte er auch die Schwierigkeit heben zu können.
Der Sachverhalt sei so zu denken. Das genannte Konzil habe nicht die
Absicht gehabt, neue Wahldekrete zu erlassen, sondern es habe nur die
Beobachtung der bestehenden sichern wollen. Die bestehenden Wahldekrete
seien zuletzt von Stephan IV zu einer einzigen Wahlordnung vereinigt
und den Zeitumständen gemäß erweitert worden. Auf diese, nach da-
maliger Sitte auf einem römischen Konzil unter Stephan IV beschlossene
Generalwahlordnung habe es daher in seinem Beschluß Bezug genommen,
und so habe es mit Recht von einem römischen Konzil sprechen können,
weil es seinen Inhalt nur diesem einen römischen Konzil entnommen
habe. Aber wer kann sich bei dieser Erklärung beruhigen? Was soll
diese Generalwahlordnung Stephans IV bedeuten? Soll sie etwa mit
der Wahlordnung identisch sein, deren Wortlaut wir besitzen? Das kann
sie aber nach dem Dekret Nikolaus' I nicht sein. Wir müssen Stephan IV
also eine zweite Wahlordnung zuschreiben, ein Dekret, das verloren ging,
und mit diesem Dekret, das sich unserer Berechnung gänzlich entzieht,
wollen wir ein anderes Dekret einer Person zuweisen, von der es aus
den verschiedensten Gründen nicht herrühren kann?

Um den Einwand zurückzuweisen, der schon früher gegen die Ver-
setzung des Jvoschen Dekretes in den Pontifikat Stephans IV erhoben
wurde, daß es in diese Zeit gar nicht passe, weil es unruhige und ge-
störte Papstwahlen voraussetze, während die vorausgehenden Wahlen einen
ruhigen Verlauf nahmen, erinnert Niehues (Hist. Jahrb. I, 148 f.) an
den unruhigen Charakter der letzten Jahre Leos III und an die Besorg-
nisse, welche die Karolinger einflößten. Aber jene Unruhen hatten mit
der Papstwahl lediglich nichts zu thun, und Stephan hatte insbesondere
um so weniger Grund, ihretwegen ein Wahldekret zu erlassen, als seine
eigene Erhebung durchaus in Ordnung erfolgt war. Ähnlich verhält es
sich mit den Karolingern. Sie hatten bis dahin in die Papstwahl nicht
eingegriffen, und den Papst unter diesen Umständen Stellung gegen sie
nehmen lassen, heißt ihm offenbar ein zu großes Mißtrauen zuschreiben.

Wie wir oben gesehen, will Niehues seine Ansicht noch auf historischem Wege erhärten (Hist. Jahrb. I, 150 ff.), und wir haben ihm
auch noch nach dieser Seite hin zu folgen. Denn wenn wirklich historische Zeugnisse für den Erlaß des Jvoschen Dekretes durch Stephan IV
beizubringen wären, könnten gegenteilige Beweisgründe von der Art, wie
wir sie bisher kennen gelernt, nicht wohl aufkommen. Zunächst wird

auf den Bericht über die Wahl Paschalis' I, des unmittelbaren Nach=
folgers Stephans IV, verwiesen mit dem Bemerken, die Wahl sei nach
dem Papstbuch genau in der von Stephan verordneten Weise vollzogen
worden; die Worte a cunctis sacerdotibus seu proceribus atque omni
clero nec non et optimatibus vel cuncto populo Romano einerseits
entsprechen den Worten convenientibus episcopis et universo clero
eligatur praesente senatu et populo andererseits. Und als der Wahl
gegen die Bestimmung Stephans unmittelbar die Konsekration gefolgt
sei, habe Paschalis es für nötig gehalten, sich beim Kaiser darüber zu
entschuldigen. Sodann wird ein Beweis für die Echtheit des Wahl=
dekretes Stephans IV und die Anwesenheit kaiserlicher Gesandten bei der
Konsekration in dem Umstand gefunden, daß die Römer seit Eugen II
in ihren Treueid gegen den Kaiser das Versprechen aufnahmen, nach
Kräften dafür zu sorgen, daß die Papstwahl in kanonischer Weise vor
sich gehe, und nicht zuzugeben, daß der Gewählte eher konsekriert werde,
„als bis er in Gegenwart des kaiserlichen Missus und des Volkes einen
solchen Eid geschworen, wie Eugen II ihn freiwillig zur Erhaltung aller
schriftlich geleistet habe". Die Ablegung dieses Eides setze die Anwesen=
heit des kaiserlichen Missus bei der Konsekration voraus, und da die
Konstitution Lothars vom Jahre 824 hierüber nichts enthalte, so könne
dieselbe nur aus der Wahlordnung Stephans IV erklärt werden. Von
Gregor IV, wird weiter bemerkt, werde ausdrücklich berichtet, er habe
nach seiner Wahl die Ordination nicht eher empfangen, als bis ein Ge=
sandter des Kaisers nach Rom gekommen sei und die Wahl geprüft habe.
Die Geschichte Leos IV beweise, wie es als Pflicht galt, die Konsekration
nur in Anwesenheit kaiserlicher Gesandten vorzunehmen, und Benedikt III
sei wieder thatsächlich nur so geweiht worden.

In der That nimmt das Kaisertum bald nach Stephan IV zu der
Besetzung des römischen Stuhles eine derartige Stellung ein, daß man
versucht sein kann, sein Verhalten aus dem Jvoschen Dekret zu erklären.
Die Frage ist nur, ob diese Erklärung notwendig ist, ob mit anderen
Worten die Geschichte der Nachfolger Stephans IV mit Sicherheit auf
das Jvosche Dekret zurückweist, und darauf darf mit einem entschiedenen
Nein geantwortet werden. Das Verhältnis kann im allgemeinen nicht
befremden. Das abendländische Kaisertum war ja selbst erst vor kurzem
entstanden, bezw. erneuert worden, und dem römischen Kaiser war die
Besetzung des römischen Stuhles naturgemäß keine gleichgültige Sache.
Daher ist daraus, daß das Kaisertum gerade jetzt eine nähere Stellung

zu der Papstwahl nimmt, lediglich nichts zu folgern. Ebenso ist aber auch den besonderen von Niehues geltend gemachten Punkten ein Beweis nicht zu entnehmen. Die angeführten Worte in dem Bericht über die Wahl des Papstes Paschalis I vor allem stimmen nicht so enge mit den analogen Worten im Jvoschen Dekret zusammen, daß das eine Dokument auf das andere zurückzuführen wäre; die allgemeine Übereinstimmung aber hat nichts zu bedeuten, weil sie sich von selbst versteht. Und was die Bemerkung noch besonders anlangt, Paschalis habe sich entschuldigt, weil er die Konsekration unmittelbar nach der Wahl empfangen habe, so steht darüber in der Quellenschrift, den Annalen Einhards (Ann. 817), lediglich nichts. Die Entschuldigung, mit der sich der Papst an Ludwig d. Fr. wandte, gilt im allgemeinen der Annahme des Pontifikates, nicht aber der vorzeitigen Weihe. Der in der Konstitution Lothars vom Jahre 824 erwähnte Eid ferner braucht um so weniger zu dem Jvoschen Dekret in Beziehung gesetzt zu werden, als sein Ursprung in der Quelle selbst hinlänglich angezeigt ist, wenn er als Eid Eugens II bezeichnet wird mit der Bemerkung, dieser Papst habe ihn freiwillig geleistet. Hiernach ist der fragliche Eid nicht auf ein päpstliches Dekret, sondern auf das Entgegenkommen Eugens II zurückzuführen. Ebenso wenig beweisen endlich die weiteren Punkte. Sie zeigen wohl, daß das Kaisertum schon zur Zeit Gregors IV und der folgenden Päpste eine ähnliche Stellung zur Besetzung des päpstlichen Stuhles einnahm, wie sie auch das Jvosche Dekret kennt. Aber deswegen ist dieses noch keineswegs als die Quelle des Rechtsverhältnisses zu betrachten. Ein derartiger Schluß ist um so weniger gerechtfertigt, als das Jvosche Dekret in der fraglichen Beziehung ja keineswegs etwas Neues anordnen, sondern nur Herkömmliches bestätigen und bekräftigen will.

Mit dieser Bemerkung kommen wir zu einer Seite des Jvoschen Dekretes, die bisher wohl nicht übersehen, aber doch nicht in ihrer ganzen Bedeutung gewürdigt wurde. Das Dokument nimmt wiederholt auf das Kaisertum Rücksicht. Es konstatiert und beklagt im Eingang, quia absque imperiali notitia et suorum legatorum praesentia pontificis fit consecratio; es bezeichnet sodann mit den unmittelbar folgenden Worten: nec canonico ritu et consuetudine ab imperatore directi intersunt nuntii, qui scandala vetent fieri, die Gegenwart kaiserlicher Gesandter bei der Konsekration des Papstes als eine hergebrachte Gewohnheit; es verordnet ferner im Interesse der Ordnung bei Besetzung des päpstlichen Stuhles, daß der Gewählte praesentibus legatis imperialibus geweiht werde; endlich verbietet es, von dem neuen Papste Versprechungen außer den von altersher üblichen zu erpressen, und dieses mit der Begründung, ne vel ecclesia scandalizetur et imperialis honorificentia minuatur. Also nicht weniger als viermal wird in dem kurzen Dokument das Kaisertum genannt. Dabei ist von Vergewaltigungen die Rede, welche die römische Kirche bei dem Hingang ihres Hauptes dadurch erleide, daß Wahl und Weihe erfolge ohne kaiserliche Kenntnis. Endlich wird die Anwohnung kaiserlicher Gesandter bei der Weihe ausdrücklich als herkömmlich bezeichnet. Konnte nun derartiges schon von Stephan IV oder im Jahre 816 gesagt werden? Damals bestand das erneuerte abendländische Kaisertum erst 16 Jahre. Innerhalb dieser Zeit kam nur eine einzige Papstwahl vor, eben die Stephans IV, und diese nahm einen ruhigen Verlauf. Ich glaube, man braucht nur diese Punkte unbefangen ins Auge zu fassen, um sofort mit dem Urteil darüber im klaren zu sein, daß das Ivosche Dekret unmöglich von Stephan IV herrühren kann.

Das Dekret weist aber nicht bloß selbst aufs entschiedenste auf eine spätere Zeit hin. Es liegt uns noch ein anderes Dokument vor, aus dem mit aller Sicherheit sein späterer Ursprung erschlossen werden kann, das sog. Privilegium Ludwigs d. Fr. vom Jahre 817.[1] Das Dokument ist in der Hauptsache eine Schenkungsurkunde. Am Schluß werden aber auch die Beziehungen zwischen Kirchenstaat und Frankenreich, Papsttum und Kaisertum kurz berührt und in letzterer Hinsicht ausgeführt: den Unterthanen des Kaisers, Franken, Langobarden oder welcher Nation sie sein mögen, sei es verboten, zur Zeit der Erledigung des päpstlichen Stuhles sich nach Rom zu begeben und sich in die Papstwahl zu mischen; den Römern solle es zustehen, ihrem Bischof das geziemende Begräbnis zu geben und denjenigen, den nach göttlicher Eingebung und auf die Fürbitte des hl. Petrus alle Römer einmütig und einträchtig, ohne irgend welches Versprechen, wählen würden, ohne Umschweif und Widerspruch (sine aliqua ambiguitate et contradictione) nach kanonischer Weise zu konsekrieren, und wenn er geweiht sei, dann sollen Gesandte an den Kaiser und Frankenkönig geschickt werden, um zwischen ihm und dem Papste einen Bund der Freundschaft, der Liebe und des Friedens zu

---

[1] Harduin, Acta concil. IV, 1286—88. Sickel, Das Privilegium Otto I für die römische Kirche v. 962 S. 174 ff.

schließen. Das war also der Stand der Sache im Jahre 817. Wahl und Weihe des Papstes galt als eine der römischen Kirche ausschließlich zustehende Angelegenheit, und daß es sich so verhielt, erfahren wir außerdem durch Florus Magister, der, wie bereits Natalis Alexander hervorhob, einige Jahre später schrieb[1]: In Romana ecclesia usque in praesentem diem cernimus absque interrogatione principis, solo dispositionis divinae iudicio et fidelium suffragio legitime pontifices consecrari. Wie kann man unter diesen Umständen ein Dokument, das die Vornahme der Weihe in Gegenwart kaiserlicher Gesandter anordnet, dem Jahr 816 zuschreiben, ein Dokument, das in sich selbst zweifellose Spuren eines späteren Ursprunges hat und für dessen Entstehung in dem fraglichen Jahr kein einziges auch nur einigermaßen haltbares Argument sich geltend machen läßt?

Nach dem Vorstehenden darf es als zweifellos gelten, daß das Zwosche Dekret nicht von Stephan IV herrührt. Ist es aber vielleicht einem der Päpste Namens Stephan am Ende des 9. Jahrhunderts zuzuschreiben? Sofern in dieser Zeit die päpstliche Konsekration im allgemeinen in Gegenwart kaiserlicher Legaten sich vollzog, wäre dagegen nichts einzuwenden. Das Dekret wurde dieser Zeit in der That von einigen Historikern zugewiesen, von Pagi[2] dem Pontifikat Stephans VI, durch Höfler[3] und Will[4] Stephan V. Die Datierung ist indessen aus anderen Gründen abzulehnen. Aus dem Pontifikat Stephans V (885—91) ist keine römische Synode bekannt, und die ihm vorausgehenden Papstwahlen verliefen nicht so stürmisch, wie nach dem Anfang des Dekretes anzunehmen wäre. Unter Stephan VI (896—97) wurde wohl ein Konzil gehalten. Dasselbe beschäftigte sich aber, soweit unsere Kenntnis reicht, ausschließlich mit der Angelegenheit des Papstes Formosus. Pagi (Ann. 897, 4 sq.) glaubt zwar einen Grund, das Dekret diesem Papste zuzu-

---

[1] De electionibus episcoporum. Vgl. Patr. Lat. ed. Migne CXIX, 14.

[2] Critica in Annal. Baronii (1705) ad ann. 816, 19; 897, 4 sq. Der Ansicht stimmte früher Hefele zu. Vgl. Konziliengeschichte 1. A. IV, 7 Anm. 7. Ebenso trat Pagi bei Damberger, Synchronistische Geschichte der Kirche und der Welt im M.-A. Bd. IV. Kritikheft (1852) S. 71.

[3] Die deutschen Päpste II (1839), 280.

[4] Die Anfänge der Restauration der Kirche im elften Jahrhundert I (1859), 136 Anm. 13. Daß Will an diesen Stephan denkt, verrät er dadurch, daß er ihn als Zeitgenossen Guidos von Spoleto bezeichnet. Daneben schreibt er ihm allerdings auch die Regierungszeit 816—817 zu. Die verschiedene Zählung der Päpste Namens Stephan konnte unschwer eine Verwechslung oder Verwirrung veranlassen.

schreiben, darin zu finden, daß es durch seinen dritten Nachfolger, Johann IX, im Jahre 898 bestätigt worden sei. Allein diese Annahme ist nicht richtig. Von einer Bestätigung des Dekretes durch Johann IX erfahren wir nicht nur nichts, sondern sie ist bei dem Gegensatz, der zwischen den bezüglichen Synoden besteht, auch durchaus unwahrscheinlich. Die Synode vom Jahre 898 erklärte ja c. 7 die Verordnungen der Synode Stephans VI alle für ungültig und ließ ihre Akten verbrennen. Auch an die Päpste Stephan im 10. Jahrhundert, Stephan VII (929— 31) und Stephan VIII (939—42), ist nicht wohl zu denken, da von römischen Synoden in deren Pontifikat ebenfalls nichts bekannt ist, unter Stephan VIII auch kein Kaiser vorhanden war. Aus dem letzten Grunde und weil das Dekret überhaupt nicht zu seiner Zeit paßt, ist endlich auch von Stephan IX (1057—58) abzusehen.[1]

Ist das Dokument ferner nicht etwa, wie viele wollen, als eine Er= dichtung anzusehen? Ich kann auch diese Ansicht nicht teilen, und ich werde durch den Umstand hauptsächlich bestimmt, sie abzulehnen, daß ein Zweck für die Fälschung schlechterdings nicht wahrzunehmen ist. Bei der Fälschung wäre, wie offen zu Tage liegt und wie von allen Ver= tretern der Hypothese angenommen wird, das einschlägige Dekret der römischen Synode vom Jahre 898 (c. 10) benützt worden.[2] Der Fäl= scher hätte aber als solcher auch noch etwas Bemerkenswertes hinzufügen oder etwas Bedeutsames auslassen müssen, um seinen Sonderzweck zu erreichen. Aber weder das eine noch das andere ist der Fall. Das Zvosche Dekret weist gegenüber dem der Synode Johanns IX weder eine Zuthat noch eine Streichung von Belang auf; es fällt in der Hauptsache mit ihm zusammen, wie eine Vergleichung des Wortlautes der Dokumente ergiebt. Ich lasse den Text der Synode Johanns IX nach Baronius (904, 13) und Harduin (VI, 489) und den Text des Zvosche Dekretes nach der Ausgabe von Migne (PL. 161, 1129) folgen:

---

[1] Theiner scheint das Dekret Stephan IX zugeschrieben zu haben. Er be= zeichnete es zwar als Decretum Stephani p. V. Cf. Disquisitiones criticae 1836 p. 205. Aber auf jenen Papst oder einen Papst nach der Mitte des elften Jahrhunderts weist die Stellung des Dekretes nach einem Dekret Leos IX (1048— 54) und anderes hin. Vgl. Höfler u. Will a. a. O.

[2] Baronius (Ann. 904, 4 sq.) schrieb die Synode dem Jahre 904 zu; der Irrtum wurde aber schon durch Pagi berichtigt.

Concil. Rom. 898.

Quia sancta Romana ecclesia, cui Deo auctore praesidemus, plurimas patitur violentias pontifice obeunte, quae ab hoc inferuntur, quia absque imperatoris notitia et suorum legatorum praesentia pontificis fit consecratio, nec canonico ritu et consuetudine ab imperatore directi intersunt nuntii, qui violentiam et scandala in eius consecratione non permittant fieri: volumus, id ut deinceps abdicetur et constituendus pontifex convenientibus episcopis et universo clero eligatur, expetente senatu et populo, qui ordinandus est; et sic in conspectu omnium celeberrime electus ab omnibus, praesentibus legatis imperialibus, consecretur. Nullusque sine periculo ... iuramentum vel promissiones aliquas nova adinventione ab eo audeat extorquere, nisi quae antiqua exigit consuetudo, ne . . . ecclesia scandalizetur vel imperatoris honorificentia minuatur.

Ivonis Panormia.

Quia sancta Romana ecclesia, cui auctore Deo praesidemus, a plurimis patitur violentias pontifice obeunte, quae ob hoc inferuntur, quia absque imperiali notitia et suorum legatorum praesentia pontificis fit consecratio, nec canonico ritu et consuetudine ab imperatore directi intersunt nuntii, quia . . . . . . scandala . . . . vetent fieri: volumus, ut cum . . . . instituendus est pontifex, convenientibus episcopis et universo clero eligatur, ex praesente senatu et populo, qui ordinandus est; et sic . . . . electus ab omnibus praesentibus legatis imperialibus consecratur; nullusque sine periculo sui iuramenta vel promissiones aliquas nova adinventione . . . audeat extorquere, nisi quae antiqua exigit consuetudo, ne vel ecclesia scandalizetur et imperialis honorificentia minatur.[1]

Wie man sieht, liegt keine Differenz vor, welche irgendwie als belangreich gelten könnte. Jvo hat nur einige Worte ausgelassen, die leicht als überflüssig gestrichen werden konnten: 1. violentiam et . . . in eius consecratione; 2. in conspectu omnium celeberrime; 3. ab

---

[1] Die beiden Dekrete sind oben genau nach dem überlieferten Wortlaut gegeben. Die Punkte sind deshalb nicht etwa so aufzufassen, als ob bei der Transskription etwas ausgelassen worden wäre. Sie sollten vielmehr die zwischen den beiden Dekreten oder Textesrecensionen bestehenden Differenzen andeuten.

eo; er schrieb ferner a plurimis statt plurimas, imperiali(s) statt imperatoris (zweimal), iuramenta statt iuramentum, vetent statt non permittant, ut cum instituendus est statt id ut deinceps abdicetur et constituendus, et statt vel; endlich fügte er gegen den Schluß ein sui und vel ein. An einzelnen Stellen kann er indessen das Ursprüngliche bewahrt haben, und dann trifft die Veränderung des Textes nicht ihn, sondern die Abschreiber der Akten der Synode v. J. 898. So viele Abweichungen aber auch auf seine Rechnung zu schreiben sein mögen: sie haben alle lediglich nichts zu bedeuten, und eben deshalb kann von Fälschung keine Rede sein. Das Jvosche Dekret ist einfach eine Kopie des Dekretes der Synode vom Jahre 898 mit einigen leisen stilistischen Änderungen.[1]

Ist dann aber nicht etwa die Überschrift oder die Zurückführung des Dekretes auf einen Papst Stephan als Fälschung anzusehen? Auch das wird sich nicht mit Grund behaupten lassen, da in keiner Weise abzusehen ist, wozu ein derartiger Betrug vorgenommen worden sein sollte.

Wenn aber nirgends ein Betrug anzunehmen ist, wie erklärt sich dann die Nennung eines Papstes Stephan in der Überschrift? Die Lösung dieser Frage liegt sehr nahe, wenn sie bisher auch noch von niemanden gefunden wurde. Die römische Synode vom Jahre 898 fällt, wie bekannt, in den Pontifikat Johanns IX. Die Akten der Synode

---

[1] Nach dem Vorstehenden sind also zwei Textesrecensionen zu unterscheiden: die ursprüngliche Gestalt des Kanons X der Synode 898, und die abgeleitete, von Jvo herrührende Fassung. Dazu kann als zweite abgeleitete und somit dritte Recension der Gratiansche Text gefügt werden. Bei der Herübernahme des Jvoschen Dekretes in das Dekret Gratians erfuhr nämlich der Text noch einige weitere kleine Veränderungen. Es fielen aus die Worte et suorum legatorum praesentia und das ex vor praesente; aus vetent fieri wurde fieri vetent; statt consecratur wurde consecretur geschrieben, wie Jvo ursprünglich wohl selbst hatte. Der Sachverhalt wurde mehrfach übersehen. So ließ ihn Pertz (MG. Leg. II App. p. 158) unbeachtet, indem er zu dem fraglichen Kanon die Varianten des Decretum Stephani nach der Edition von Theiner (Disquisitiones crit. p. 205) anführte, ohne zu bemerken, daß das Dekret textkritisch nicht ohne weiteres mit dem Kanon zusammenzustellen ist. Das Übersehen verleitete ferner Damberger (Synchronist. Gesch. Bd. IV Kritikheft S. 71) zu dem von Hefele (Konziliengeschichte 2. A. IV, 588) wiederholten Urteil, der Pertzsche Text sei sehr fehlervoll. Pertz will ja nicht das Decretum Stephani geben, das Damberger zum Abdruck bringt und zwar in der Gratianschen Form, sondern den Kanon X der römischen Synode 898, und er giebt diesen richtig nach Harduin; nur ließ er durch Versehen die Worte quae ob hoc inferuntur aus.

enthalten aber den Namen dieses Papstes nicht. Dagegen beginnen sie
mit den Worten: Synodum tempore piae recordationis sexti Stephani
papae etc. Konnte bei solchem Sachverhalt einem Kompilator, wie es
Ivo war, nicht das Versehen begegnen, daß er den an der Spitze der
Akten genannten Papst für denjenigen nahm, durch den die Synode ver=
anstaltet wurde, obwohl sie in Wahrheit gegen denselben gehalten wurde?
Wie mir scheint, braucht man diese Punkte nur zu nennen, um die be=
rührte Lösung der Frage als die weitaus wahrscheinlichste zu finden, die
gegeben werden kann.

* *

*

Vorstehende Abhandlung wurde in der Zeitschrift für Kirchengeschichte
X, 623 mit den Worten angezeigt: „Die Abhandlung von Funk: Das
Papstwahldekret in c. 28 Dist. 63, die im Historischen Jahrbuch (1888,
S. 284—299) erschienen ist, will das sowohl von Ivo in der Panormia,
als auch von dem Dekrete Gratians einem Papste Stephanus zuge=
schriebene, die Papstwahl regelnde Gesetz weder mit Muratori, Floß,
Jaffé, Hefele und Niehues in das Pontifikat Stephans IV (816—817),
noch mit Höfler und Will in das Stephanus' V (885—891), noch mit
Pagi in das Stephanus' VI (896—897) verlegen. Anderseits lehnt
aber Funk auch die von Phillips, Hinschius und Hergenröther geteilte
Ansicht des Baronius ab, der dieses Papstwahldekret für ein Dokument
zweifelhaften Ursprunges erklärte. Die Lösung, die Funk vorschlägt, ist
eine überraschend einfache: das, zuerst von Ivo und nach dessen Vorgang
auch von Gratian einem Papste Stephanus zugewiesene Papstwahldekret
ist eine Kopie des mit ihm inhaltlich völlig übereinstimmenden Dekretes
der Synode vom Jahre 898. Daß aber Ivo nicht Johannes IX, in
dessen Pontifikat die Synode vom Jahre 898 fällt, sondern einem Papste
Stephanus dieses Dekret zuschrieb, erklärt sich aus einem Versehen des=
selben. Da er nämlich in den Akten der Synode von 898 den Namen
Johanns IX nicht genannt fand, wohl aber gleich im Eingange auf die
Worte stieß: Synodum tempore piae recordationis sexti Stephani,
so nahm er den an der Spitze der Akten genannten Papst für den=
jenigen, durch den die Synode veranstaltet wurde, obwohl sie in Wahr=
heit gegen denselben abgehalten wurde."

Dieselbe Zeitschrift bringt XI, 173 aus der Feder des Historikers
Weiland in Göttingen folgende Erklärung: „Die überraschend einfache

Lösung Funks (vgl. Zeitschr. f. KG. X, 623, Nr. 81) habe ich schon 1884 in der Zeitschrift für Kirchenrecht XIX, 85 in einem kleinen Aufsatze: Das angebliche Wahldekret des Papstes Stephans IV, vorgetragen. Daß derselbe Funk entgehen konnte, muß füglich wunder nehmen."

Die Bemerkung überraschte mich. Ich bekenne, daß mir die angeführte Arbeit Weilands entgangen ist. Ich räume Hrn. Weiland auch das Recht ein, sich darob zu verwundern, obwohl das Übersehen bei einem Aufsatze von fünf Seiten erklärlich sein dürfte. Aber ich glaube, mich noch mehr über Hrn. Weiland verwundern zu dürfen, wenn er die „überraschend einfache Lösung" der Frage für sich in Anspruch nimmt.

Worin besteht denn diese Lösung? Offenbar nicht darin allein, auch nicht in erster Linie darin, daß das angebliche Dekret Stephans auf die römische Synode vom Jahre 898 zurückgeführt wird. Das hat allerdings Weiland gethan. Diesen Ursprung haben aber auch schon andere vor ihm erkannt, und er unterscheidet sich von seinen Vorgängern nur etwa in dem unwesentlichen Punkt, daß er nicht gleich ihnen wegen der kleinen Differenzen, welche die Texte, das Original und die Kopie, bieten, bei der letzteren von einer Fälschung sprach. Das Eigentümliche und die Hauptsache bei der Lösung ist vielmehr, wie ganz richtig und deutlich auch im ersten Bericht der Zeitschr. f. KG. hervorgehoben wird, daß erklärt wurde, wie es kam, daß das Dekret einem Papst Stephan zugeschrieben wurde. Gab nun Hr. Weiland eine solche Erklärung? Sein Aufsatz enthält davon kein leises Wort. Ja, Hr. Weiland schweigt nicht bloß völlig von diesem entscheidenden Punkt; was er vorbringt, schließt die fragliche Lösung geradezu aus. S. 89 wird behauptet, der fragliche Kanon habe, wie so manche andere Kanones, herrenlos, losgelöst von den anderen Genossen des Konzils von 898, umherkursiert. So ist aber nicht zu begreifen, wie Jvo dazu kam, dem Dekret den Namen eines Papstes Stephan voranzustellen. Bei jener Voraussetzung ist eine Lösung dieser Frage überhaupt unmöglich. Man kann sich höchstens in blassen Vermutungen ergehen. Die Lösung, welcher der erste Berichterstatter in der Zeitschr. f. KG. das Zeugnis ausstellte, sie sei überraschend einfach, beruht vielmehr auf der gerade entgegengesetzten Voraussetzung: daß der Kanon nicht herrenlos umherlief, daß Jvo ihn den Akten des Konzils vom Jahre 898 selbst entnahm; denn nur so erklärt es sich, wie der Verfasser der Panormia auf einen Papst Stephan kam; er fand diesen Namen eben in den Akten und zwar an der Spitze derselben. Wie mag Hr. Weiland bei solchem Sachverhalt den fraglichen

Anspruch erheben? Das Verdienst, die „überraschend einfache" und ebendamit wohl auch endgültige Lösung der vielverhandelten Frage gefunden zu haben, wird also wohl mir zu verbleiben haben.

Seit dieser Erörterung wurde die Frage nicht mehr untersucht. Gelegenheitliche Äußerungen haben keine größere Bedeutung. Zudem lautete die weitaus überwiegende Anzahl der Stimmen beifällig. Die Akten dürfen als geschlossen gelten.

———

XXI.

Die Entstehung der heutigen Taufform.[1]

Die Taufe vollzog sich anfangs in der Regel durch dreimalige Untertauchung, und diese Weise behauptete sich als ordentliche Form allgemein über ein Jahrtausend lang. Wenn aber wegen Mangels an Wasser oder wegen Kränklichkeit des Empfängers die Untertauchung nicht stattfinden konnte, galt die Begießung oder Besprengung als genügend. Es gab demgemäß in der alten Kirche eine ordentliche und eine außerordentliche Form, und da letztere bereits durch die Didache (7, 3) bezeugt wird, so waren beide von Anfang an üblich. So weit die Hauptform sich erhielt, behaupteten sich, da für gewisse Fälle die Nebenform notwendig ist, auch fortan beide neben einander.

Die griechische Kirche beharrte bei der ursprünglichen Praxis bis heute. Im Abendland begann aber im Laufe des Mittelalters eine Änderung sich zu vollziehen. Die außerordentliche Form gelangte allmählich regelmäßig zur Anwendung, und die ordentliche Form nahm in dem Maße, als dies geschah, ein Ende.

Der Wandel beruht nicht auf dogmatischen Gründen, sondern in der Rücksicht auf Gesundheit und Leben der Täuflinge. Bei der Kindertaufe war die Untertauchung mehr oder weniger mit einer Gefahr verbunden, und wenn diese auch Jahrhunderte lang nicht gewürdigt wurde, so mußte die Erfahrung doch zuletzt ernstlich zu der Frage drängen, ob es nicht gerechtfertigt sei, die Form, die zur Vermeidung von Unfällen bisher ausnahmsweise gestattet war, allgemein zur Anwendung zu bringen.

[1] Aus der Theol. Quartalschrift 1882 S. 114—126 neu bearbeitet.

Daneben mögen auch die klimatischen Verhältnisse des Abendlandes von
Einfluß gewesen sein. Doch ist dieser Gesichtspunkt, da auch in Rußland
die alte Weise bewahrt wurde, nicht besonders zu betonen. Und in An=
betracht des Verhaltens der griechischen Kirche im ganzen wird auch jener
Grund nicht als ein absolut zwingender anzusehen sein. Aber als hin=
reichend darf er sicherlich gelten. Die Begießung galt an sich niemals
als ungültig, und nachdem die Kindertaufe einmal allgemein üblich ge=
worden war, so lagen Gründe genug vor, um sie zur ordentlichen Form
zu erheben.

Der erste Zeuge der Neuerung ist Alexander von Hales († 1245)[1],
indem er Summa IV dist. 13 membr. 4 art. 1 als Grund für die
Zulässigkeit der Begießung nicht bloß Gebrechlichkeit des Priesters und
Mangel an Wasser, sondern auch die consuetudo patriae anführt, und
in Anbetracht seiner Zeit sowie der Art und Weise, wie er sich aus=
spricht, mögen die Anfänge derselben noch in das 12. Jahrhundert zurück=
reichen. Doch sind wir dafür auf eine bloße Schlußfolgerung angewiesen.
Zeugen begegnen uns erst im 13. Jahrhundert, und dem angeführten
reihen sich noch drei weitere an. Albertus Magnus bemerkt Sent. IV
dist. 3 art. 5 qu. 1: Quaedam ecclesiae non immergunt, sed semel
vel bis aqua perfundunt. Thomas von Aquin kennt die Neuerung,
indem er Summa III, 66, 7 die Untertauchung nicht bloß usus com=
munis, sondern zweimal usus communior nennt und mit dieser Aus=
drucksweise andeutet, daß neben ihr in gewissen Kreisen auch die andere
Weise oder Begießung als ordentliche Taufform üblich war. Bona=
ventura bemerkt Sent. IV dist. 3 p. 2 a. 2 qu. 2: Praesumitur,
quod apostoli baptizaverint aspergendo, et mos ille servatur adhuc
in pluribus ecclesiis et maxime in ecclesia gallicana.

Man[2] hat geglaubt, daß die Begießung durch die Synodalstatuten
von Lüttich 1289 und Cambrai 1300 bereits vorgeschrieben worden sei.
Allein mit Unrecht. Jene Statuten reden ausdrücklich von Immersion
und verordnen nur, daß der Kopf des zu taufenden Kindes wegen der
damit verbundenen Gefahr nicht untergetaucht, sondern dreimal mit Wasser
begossen werde. Sie zeugen also im wesentlichen für die alte Praxis.[3]
Die Synoden des 13. Jahrhunderts schreiben überhaupt alle noch die

---

[1] Vgl. Schanz, Die Lehre von den hl. Sakramenten 1893 S. 225 f.
[2] Augusti, Denkwürdigkeiten aus der christl. Archäologie VII, 234; Handbuch
der christl. Archäologie 1836 II, 407.
[3] Binterim, Pragmatische Geschichte der deutschen National=, Provinzial= und

Untertauchung vor oder reden von ihr allein als der ordentlichen Tauf-
form. Ich nenne die Synoden von London 1200 c. 3, Worcester
1240 c. 5, Clermont 1268 c. 4, Köln 1280 c. 4, Nimes 1284,
Exeter 1287 c. 2[1], Würzburg 1298 c. 2.[2] Ebenso kennt Durandus
Rationale divin. off. VI, 82, 12 nur die Immersion als ordentliche
Taufform; die Besprengung und Begießung, die er daneben erwähnt,
läßt er nur bei Kranken zur Anwendung kommen. Endlich spricht auch
Duns Scotus Sentent. IV dist. 3 qu. 4 ganz allgemein von der
Untertauchung und bezeichnet sie als de necessitate ministri.

Die Neuerung bestand hiernach im 13. Jahrhundert. Sie hatte
aber allem nach noch keine größere Verbreitung. Bonaventura erwähnt
sie wohl in mehreren Kirchen. In Anbetracht der übrigen Zeugnisse
darf man indessen in seine Worte nicht viel hineinlegen. Im Verhältnis
zur Gesamtkirche muß sie sich noch auf einen ziemlich kleinen Kreis beschränkt haben. Aus den Zeugnissen erhellt auch, daß sie weniger von
oben als von unten ausging. Schon die Synode von Calchut 816
c. 11 sah sich zu der Verordnung veranlaßt: Sciant etiam presbyteri,
quando sacrum baptismum ministrant, ut non effundant aquam
sanctam super capita infantium, sed semper mergantur in lavacro,
sicut exemplum praebuit per semetipsum Dei filius omni credenti,
quando esset ter mersus in undis Iordanis: ita necesse est secundum ordinem servari et haberi. Und wenn die Neuerung damals
noch keinen Erfolg hatte, die kirchliche Auktorität vielmehr die alte Praxis
aufrechterhielt, so behauptete sie sich nunmehr. Eine eigentliche Billigung
wurde ihr zwar auch jetzt nicht zu teil. Albertus Magnus Sentent. IV
dist. 3 art. 5 sagt von ihr: Non videtur mihi esse laudabilis consuetudo, sed immergendi consuetudo laudabilior est. Ähnlich nennt
Thomas von Aquin Summa III, 66, 7 den usus communior zugleich
laudabilior. Andererseits wird sie aber auch nicht verworfen. So vermochte sie jetzt sich zu erhalten, was ihr früher, so weit wir sehen, nicht
gelungen war, und die Gründe, auf denen sie beruhte, werden ihr im
Laufe des Jahrhunderts ein etwas größeres Gebiet erobert haben.

Diöcesankonzilien V (1843), 351, führt deshalb mit Unrecht den Ursprung der Neuerung auf jene Statuten zurück. Die Begießung war zudem schon vorher da und
dort üblich.

[1] Harduin, Acta concil. VI, 1958; VII, 332. 591. 822. 904. 1075.

[2] Mansi, Concil. coll. XXIV, 1187.

[3] Harduin, Acta concil. IV, 1224.

Für das 14. Jahrhundert ist noch ein weiterer Fortschritt anzunehmen. Doch kam die Begießung noch keineswegs in allgemeine Übung, wie Guericke[1] behauptet. Es stehen uns mehr Zeugnisse für die alte als für die neue Weise zu Gebot. Die Synode von Ravenna 1311 c. 11 läßt die Taufe sub trina aspersione vel immersione spenden[2], und vielleicht sind die Worte, wie Brenner[3] meint, so zu verstehen, es solle dem taufenden Priester freigestellt sein, sich der Form der Aspersion oder Immersion zu bedienen. Doch ist die Deutung nicht sicher. Es ist denkbar, daß die Aspersion auf den Notfall beschränkt sein sollte. Jedenfalls hält Durandus von St. Pourçain die beiden Formen noch nicht für gleichmäßig erlaubt, da er Sentent. IV dist. 3 qu. 3 wohl bemerkt: De necessitate baptismi non est, quod fiat per immersionem, sed fieri potest per aspersionem vel supereffusionem, aber auch beifügt: Congruentius tamen fit per immersionem et per trinam magis quam per simplam. Die Synode von Prag 1355 kennt sogar nur die alte Praxis. Ebenso ein Pontifikale von Bamberg, das nach Brenner[4] dem 14. Jahrhundert angehört.

Im 15. Jahrhundert hatte die Neuerung bereits so weit sich verbreitet, daß sie die Aufmerksamkeit der Griechen erregte, indem der Erzbischof Markus Eugenikus von Ephesus auf der Synode von Florenz sie zum Gegenstand einer Klage gegen die abendländische Kirche macht.[5] Die Herrschaft besaß sie aber auch damals und noch lange nicht. Sie wird wohl allein erwähnt oder vorgeschrieben in der Bamberger Agende 1491, in den Synodalstatuten von Regensburg 1512, in der Würzburger Agende 1564. Die Bamberger Agende 1587 erklärt es auch ausdrücklich als tutius et consultius, modica aqua baptizandum ter perfundere quam ipsum in aquam mergere.[6] Andererseits hat aber neben ihr die alte Form eine Stelle auf der Synode von Passau 1470 c. 30, in der Würzburger Agende 1482, auf den Synoden von Besançon 1571, Mailand 1576, Bourges 1584 de bapt. c. 3, Aix 1585, Benevent 1683 de bapt. c. 1—6.[7] Die Erscheinung beweist, daß an den ge-

---

[1] Lehrbuch der christlich kirchl. Archäologie 1859 S. 268.
[2] Harduin, Acta concil. VII, 1366.
[3] Geschichtliche Darstellung der Verrichtung der Taufe 1818 S. 44.
[4] A. a. O. S. XXIV; 39.   [5] Harduin, Acta concil. IX, 620.
[6] Brenner, Verrichtung der Taufe S. 45.
[7] Brenner a. a. O. S. 44—45. Hartzheim, Concilia Germaniae V, 483. Harduin, Acta concil. X, 841. 1478. 1521. Collectio Lacensis I (1870), 69.

nannten Orten noch beide Formen neben einander üblich waren. Und während die übrigen Zeugnisse nur allgemein von immersio vel infusio, effusio, aspersio reden, erfahren wir durch die Synode von Benevent auch, wie die beiden Formen, wenigstens in jener Diöcese oder Provinz, in den Besitzstand sich teilten. Die Wahl der Form wird nämlich von der Gestalt des Baptisteriums oder Taufbrunnens abhängig gemacht und von dem Baptisterium der Kathedrale von Benevent insbesondere bemerkt, daß es baptismum per immersionem requirit. Mehrere Dokumente aus derselben Zeit erwähnen endlich die Untertauchung allein: die Agenden von Basel 1520 und Minden 1522, die Synodalstatuten von Arras 1570, die 1614 in Caen erschienene Sacra institutio baptizandi.[1] Der hl. Karl Borromäus schrieb sie sogar mit Nachdruck vor, indem er verordnete: Ministratur baptismus triplici modo: immersione, infusione aquae et aspersione; sed immersionis modus cum antiquissimi in s. Dei ecclesia instituti ritusque sit idemque in ecclesia Ambrosiana perpetuo retentus, ab ea mergendi consuetudine recedi non licet, nisi imminens mortis periculum instet; tumque vel aquae infusione vel aspersione ministrabitur, servata illa stata baptizandi forma.[2] Die Verordnung galt näherhin wohl für die Diöcese Mailand oder den Bereich des ambrosianischen Ritus, nicht aber für die ganze Kirchenprovinz, da die bereits erwähnte Provinzialsynode von Mailand 1576 ihrerseits verfügt: Baptizandi ritus accurate servetur, nec vero ullo modo confundatur, ita scilicet, ut pro ecclesiae usu per episcopum probato vel aquae infusione vel immersione baptismus ministretur.[3] Endlich zeugt für den Fortbestand der alten Form im 16. Jahrhundert die Beibehaltung derselben durch einen Teil der protestantischen Welt, die schwerlich stattgefunden hätte, wenn dieselbe damals schon allgemein überwunden gewesen wäre. Es sind mir in dieser Beziehung zwei Erscheinungen bekannt, die Agende der Protestanten in Österreich v. J. 1571 und das Book of Common Prayer der anglikanischen Kirche. Jene schreibt die Untertauchung wenigstens bei der Taufe eines Erwachsenen[4], dieses

---

[1] Funcke im Pastoralblatt der Diöcese Münster 1875 Nr. 9—11. Brenner a. a. O. S. 48.

[2] Brenner a. a. O. S. 46.

[3] Harduin, Acta concil. X, 841.

[4] Wiedemann, Geschichte der Reformation und Gegenreformation im Lande unter der Enns I (1879), 369.

allgemein und auch bei der Kindertaufe vor, indem es die Begießung
nur bei schwächlichen Kindern gestattet. And them, lauten die ein=
schlägigen Rubriken des Gebetbuches[1], naming it after them (if they
shall certify him that the Child may well endure it) he shall dip
it in the Water discreetly and warily. But if the certify that the
Child is weak, it shall suffice to pour Water upon it.

Der Umschwung vollzog sich hiernach sehr langsam. Die alte Form
bestand im 16. Jahrhundert noch in einem ziemlich weiten Umfang. Im
nördlichen Frankreich und in der Kirchenprovinz von Benevent ist sie
selbst im 17. Jahrhundert noch nachweisbar, und für diese in einer
Weise, daß sie jedenfalls auch für einen Teil des 18. Jahrhunderts noch
anzunehmen ist. Wahrscheinlich erhielt sie sich bis dahin auch noch an
einigen anderen Orten. Daß wir darüber keine Nachrichten haben, be=
weist nichts dagegen. Die Quellen fließen für derartige Dinge sehr
spärlich, und was wir sonst erfahren, spricht für die Annahme. Die
ambrosianische Kirche hält an der alten Form wohl bis heute fest. Ebenso
gilt dieselbe wenigstens grundsätzlich wohl noch für die anglikanische
Kirche, wenn auch thatsächlich mehr die andere Form angewendet werden
mag. Insofern kam es also weder in der katholischen noch in der prote=
stantischen Kirche des Abendlandes zu einem ganz einheitlichen Ritus.
Abgesehen aber von jenen beiden Kirchen und den Sekten, welche die
Untertauchung als die allein gültige Form ansehen, dürfte heutzutage
überall im Abendland die Begießung üblich sein.

XXII.

Zur Bulle Unam Sanctam.[2]

Es ist nicht meine Absicht, in eine Untersuchung über die Bulle
Unam Sanctam im ganzen mich einzulassen. Bei der Leidenschaft, mit
der man sich, wie die neuesten Erörterungen zeigen, um das Dokument

---

[1] Oxforder Ausgabe 1820 S. 168.
[2] Aus der Theologischen Quartalschrift 1890 S. 640—647 etwas erweitert.
Vgl. F. Ehrmann, Die Bulle Unam sanctam des Papstes Bonifatius VIII nach
ihrem authentischen Wortlaut erklärt 1896. Das Schriftchen hat durch den Abdruck
der Bulle und das reichliche, aber nicht ganz vollständige Verzeichnis der neueren
Litteratur einigen Wert.

noch immer streitet, ist die Zeit zu einer Verständigung noch nicht ge=
kommen. Meine Auffassung sei nur kurz mit folgenden Worten bezeichnet.
Über ihre allgemeine Bedeutung läßt die Bulle selbst schwerlich einen
Zweifel bestehen. Sie enthält eine Erklärung über die Unterordnung der
weltlichen Gewalt unter die geistliche, wie sie neuestens auch mehrere katho=
lische Theologen verstanden haben, so in Deutschland Molitor in der
Schrift über die Dekretale Per venerabilem von Innocenz III 1876
S. 83—110. Der Schlußsatz: Porro subesse Romano pontifici
omni humanae creaturae declaramus, dicimus et diffinimus omnino
esse de necessitate salutis, spricht allerdings nur ganz allgemein von
der Unterordnung unter den Papst. Es ist aber schwer einzusehen, wie er
von der vorausgehenden Ausführung so durchaus sollte getrennt werden
können, daß von dieser bei seiner Deutung sollte ganz abzusehen sein.
Er ist ja durch die Partikel porro aufs engste mit ihr verbunden, und
die ganze Bulle läuft in ihm wie in ihrem Gipfelpunkte aus. Man
begreift auch nicht, wie die Bulle, wenn sie, wie sie vielfach gedeutet wird,
schließlich nur eine Unterwürfigkeit im allgemeinen oder in geistlichen
Dingen verlangte, in Frankreich auf so heftigen Widerspruch stoßen konnte;
denn jene Unterordnung verstand sich so sehr von selbst, daß auch ein
Philipp der Schöne nicht zu behaupten wagte, von ihr frei zu sein. Es
bleibt endlich unverständlich, wie Klemens V in dem bedeutungsvollen
Breve Meruit (c. 2 Extrav. commun. 5, 7) es unterlassen konnte,
auf diese angeblich selbstverständliche Bedeutung zu verweisen, da damit
der Anstoß, den die Bulle erregte, am einfachsten gehoben wurde, und
statt dessen vielmehr erklärte: Nos regi et regno (Francorum) per
definitionem et declarationem bonae memoriae Bonifatii Papae VIII
praedecessoris nostri, quae incipit: Unam sanctam, nullum volumus
vel intendimus praeiudicium generari. Doch will ich darauf nicht
weiter eingehen. In dem Kampf um die Bulle streitet nicht bloß der
Verstand, sondern auch das Herz, und dessen verschiedene Wünsche zu
befriedigen ist schwer.

     Nur ein ganz specieller Punkt soll klar gestellt werden. Derselbe
sollte zwar keiner weiteren Erörterung mehr bedürfen, weil er, wie wir
sehen werden, so durchaus klar ist, daß man kaum begreift, wie die An=
sichten über ihn auseinandergehen können. Da er indessen trotzdem auch
in der neuesten Kontroverse wieder unrichtig aufgefaßt wurde, so dürften
ihm wohl einige Zeilen gewidmet werden. Ich meine das Wort in=
stituere.

Das Wort bedeutet in erster Linie hineinstellen, einsetzen und ähn=
liches; es bedeutet aber auch unterweisen, belehren und dgl., und es fragt
sich, welchen Sinn es in der Bulle hat. Den erforderlichen Aufschluß
über die Frage giebt ebensowohl der Kontext als die Quelle, welcher der
bezügliche Abschnitt in der Bulle entnommen ist. Die Vorgeschichte der
Bulle kann außer Betracht bleiben, da diese für sich selbst deutlich genug
spricht. Wir beschränken uns daher auf jene beiden Punkte.

Die Bulle beginnt mit den Worten: Unam sanctam ecclesiam
catholicam et ipsam apostolicam urgente fide credere cogimur et
tenere, oder mit dem Bekenntnis der Einheit der Kirche; und nachdem
diese Wahrheit mit biblischen Stellen und Beispielen begründet worden,
kommt der erste die Lehre von den beiden Gewalten betreffende Haupt=
satz: In hac (ecclesia) eiusque potestate duos esse gladios, spiritualem videlicet et temporalem, evangelicis dictis instruimur. Nach=
dem dann die Schriftstellen Luk. 22, 38 (Ecce duo gladii hic: satis
est) und Matth. 26, 52 (Converte gladium tuum in vaginam) an=
geführt worden, werden beide Schwerter der Kirche zugesprochen: Uter-
que ergo est in potestate ecclesiae, spiritualis scilicet gladius et
materialis; aber mit dem Beifügen, daß die Kirche sie in verschiedener
Weise handhabe: sed is quidem pro ecclesia, ille vero ab ecclesia
exercendus; ille sacerdotis, is manu regum et militum, sed ad
nutum et patientiam sacerdotis. Dann folgt der zweite Hauptsatz,
in dem die zwei Gewalten in ihrem Verhältnis zu einander betrachtet
werden: Oportet autem gladium esse sub gladio, et temporalem
auctoritatem spirituali subici potestati; und nachdem auch er näher
erörtert worden, namentlich mit den Worten: Spiritualem autem et
dignitate et nobilitate terrenam quamlibet praecellere potestatem,
oportet tanto clarius nos fateri, quanto spiritualia temporalia ante-
cellunt; quod autem ex decimarum datione et benedictione et
sanctificatione, ex ipsius potestatis acceptione, ex ipsarum rerum
gubernatione claris oculis intuemur, fährt die Bulle unmittelbar fort:
Nam veritate testante spiritualis potestas terrenam potestatem instituere habet, et iudicare, si bona non fuerit. Sic de ecclesia et
ecclesiastica potestate verificatur vaticinium Hieremiae (1, 10):
Ecce constitui te hodie super gentes et regna, et cetera, quae
sequuntur. Ergo, si deviat terrena potestas, iudicabitur a potestate spirituali; sed si deviat spiritualis minor, a suo superiori; si
vero suprema, a solo Deo, non ab homine poterit iudicari, testante

apostolo: Spiritualis homo iudicat omnia, ipse autem a nemine iudicatur (I Kor. 2, 15).

Im zweiten Hauptsatz wird also die Unterordnung der weltlichen Gewalt unter die geistliche betont. Mit Rücksicht auf dieses Verhältnis wird der geistlichen Gewalt als der höheren der weltlichen gegenüber die Befugnis der Institution zugesprochen, und wenn zunächst noch unbestimmt bleibt, wie das instituere gemeint ist, wirft sofort das folgende iudicare ein helles Licht auf die Stelle. Dieses Wort selbst bedeutet, wie der Beisatz: si bona non fuerit, zeigt, nicht etwa urteilen, sondern richten, und wie das Richten näherhin zu verstehen ist, zeigen die mit dem et cetera quae sequuntur angedeuteten Worte des Propheten, die lauten: ut evellas et destruas et disperdas et dissipes, et aedifices et plantes. Es handelt sich also um ein Richten, das unter Umständen bis zur Absetzung des zu richtenden Inhabers der weltlichen Gewalt geht, und dem Absetzen gegenüber kann das instituere nur einsetzen bedeuten. Der Kontext läßt schon insoweit darüber keinen Zweifel. Dazu kommt noch ein Zweites. In dem vorausgehenden Satz wird, wie die oben angeführte Stelle zeigt, die Superiorität der geistlichen Gewalt über die weltliche unter anderem ex ipsius potestatis acceptione begründet. Beide Sätze stehen, wie die Partikel nam anzeigt, die den zweiten einleitet, in engster Verbindung mit einander, und bei diesem Sachverhalt ist, sofern es dessen bedarf, der eine zur Erklärung des anderen in Anspruch zu nehmen. Der acceptio potestatis entspricht im zweiten Satz das instituere.

Welche Bedeutung dieses Wort hiernach hat, ist klar. Es bedeutet einsetzen; es kann nach dem Zusammenhang nur dieses bedeuten, und eine andere Bedeutung ist dem Worte nur zuzusprechen, wenn man in der Deutung ·der Stelle statt durch die Regeln der Kritik und Exegese durch Willkür sich leiten läßt.

Nicht weniger deutlich ist die Quelle, welcher der Abschnitt über das Verhältnis der Gewalten in der Bulle entnommen ist, die Schrift Hugos von St. Bittor De sacramentis. Die entsprechende Stelle in diesem Werk (II, 2, 4), die später durch Alexander von Hales in seiner Summa theologica IV, 10, 5, 2 (vgl. Molitor a. a. O. S. 101) zum großen Teil wörtlich wiederholt wurde, lautet folgendermaßen: Quanto vita spiritualis dignior est quam terrena et spiritus quam corpus, tanto spiritualis potestas terrenam sive saecularem honore ac dignitate praecedit. Nam spiritualis potestas terrenam potestatem et instituere habet, ut sit, et iudicare habet, si bona non fuerit. Ipsa vero a Deo primum instituta est, et cum deviat, a solo Deo iudicari potest, sicut scriptum est: Spiritualis diiudicat omnia, et ipse a nemine iudicatur. Quod autem spiritualis potestas, quantum ad divinam institutionem spectat, et prior sit tempore et maior dignitate, in illo antiquo veteris instrumenti populo manifeste declaratur, ubi primum a Deo sacerdotium institutum est, postea vero per sacerdotium iubente Deo regalis potestas ordinata. Unde in ecclesia adhuc sacerdotalis dignitas regalem potestatem consecrat, et sanctificans per benedictionem et formans per institutionem. Si ergo, ut dicit apostolus, qui benedicit, maior est, et minor, qui benedicitur, constat absque omni dubitatione, quod terrena potestas, quae a spirituali benedictionem accipit, iure inferior sit. Der Abschnitt fällt mit dem Abschnitt der Bulle zusammen, der oben zuletzt angeführt wurde, bezw. mit den beiden letzten, da die Parallele schon bei den Worten Spiritualem autem beginnt, und es herrscht teilweise eine so weitgehende wörtliche Übereinstimmung, daß über das Verhältnis der beiden Abschnitte zu einander kein Zweifel bestehen kann. In der Quellenschrift kommt nun das Wort instituere, bezw. institutio in dem fraglichen Teil nicht weniger als fünfmal vor, und überall bedeutet es einsetzen. Zu beanstanden wäre die Deutung allenfalls nur an der letzten Stelle. Was aber dieser Stelle etwa Zweifelhaftes anhaften könnte, wird durch den klaren Sprachgebrauch gehoben, der im Vorausgehenden zu Tage tritt. An der ersten Stelle ist der Sinn des Wortes vollständig klar gestellt durch den Beisatz ut sit, an den weiteren Stellen durch den Inhalt derselben, indem deutlich von Einsetzung der geistlichen Gewalt oder des Priestertums die Rede ist.

Wir sind indessen noch nicht zu Ende. Da Bonifatius seine Vorlage sich nicht ganz wörtlich aneignete, da er das ut sit nach instituere und einiges andere ausließ und dem Ganzen eine etwas veränderte Fassung gab, so meinte man, der anderen Deutung des instituere den Vorzug geben zu können und geben zu müssen. Der Sinn der Ausdrücke, erklärte man, müsse zunächst nach der Form und dem Kontexte, den sie in der Bulle habe, sich feststellen, und Hugo sei erst subsidiarisch heranzuziehen. Warum denn der Papst, wenn er das instituere in dem gleichen Sinn wie sein Vorgänger verstanden wissen wollte, das bei Hugo folgende ut sit weggelassen habe?

Was jene Bemerkung betrifft, so soll sie hier keinen besonderen

Widerspruch erfahren. Es ist zuzugeben, daß die eine Schrift nicht ohne
weiteres für die Auffassung der anderen maßgebend ist, und daß, weil
sich beide nicht ganz im Wortlaut decken, das instituere in der zweiten
eine andere Bedeutung haben kann als in der ersten. Es fragt sich nur,
ob das Wort wirklich eine andere Bedeutung hat, und diese Frage ist
unbedingt zu verneinen. Die Bulle wurde oben ganz unabhängig von
ihrer Quelle geprüft, und es hat sich mit aller Sicherheit ergeben, daß
das instituere = einsetzen ist. Daß das ut sit in der Bulle nicht
dabei steht, wie in der Quelle, hat lediglich nichts zu besagen. Die erste
Bedeutung des Wortes ist einsetzen, und daß es in der Bulle diese Bedeutung wirklich hat, zeigt der Kontext aufs klarste. Unter diesen Umständen kann sich nur fragen, warum Bonifatius das ut sit ausgelassen
habe, und darauf läßt sich ein Doppeltes antworten. Die Worte wurden
nicht aufgenommen, weil sie an sich völlig überflüssig sind. Denn wenn
das instituere auch an und für sich eine zweifache Bedeutung hat, so
ist sein Sinn in der Bulle doch bereits durch den Kontext sicher gestellt.
Oder die Worte wurden weggelassen, weil unter den obwaltenden Umständen die mit ihnen gegebene starke Betonung der Einsetzung der weltlichen Gewalt durch die kirchliche nicht opportun zu sein schien, und an
eine derartige Rücksichtnahme läßt sich um so eher denken, da ja auch die
Jeremiasstelle nicht ganz angeführt, vielmehr die Hauptworte bloß angedeutet, zum Beweis aber, daß diese Worte keineswegs etwa als etwas
Gleichgültiges zu betrachten seien, ausdrücklich angedeutet wurden. Mir
scheint diese Erklärung durchaus genügend zu sein. Mag sie aber befriedigen oder nicht, die Sache d. h. die Frage nach dem Sinn des instituere wird durch sie in keiner Weise betroffen. Die Bedeutung dieses
Wortes steht fest, ob das ut sit folgt oder nicht.

Bei diesem Sachverhalt ist es auch gleichgültig, wie etwa spätere
Gelehrte des Mittelalters das instituere faßten. In einer wissenschaft-
lichen Untersuchung handelt es sich in erster Linie um Gründe, nicht um
Auktoritäten, und die Kritik und Exegese ist in unserer Zeit wohl stark
genug, um über eine Frage, wie sie in Rede steht, ein sicheres Urteil
fällen zu können. Insbesondere ist es gleichgültig, ob allenfalls Augustinus
Triumphus (De potest. eccl. qu. 1 a. 1) das Wort im Sinn von
Unterweisen nimmt. Man könnte dagegen halten, daß andere, wie der
Glossator Johannes Monachus, die Bulle anders verstehen. Indessen ist
diese Auktorität so wenig anzurufen als die andere anzuerkennen. Man
braucht auch nicht zu betonen, daß die fragliche Auffassung des Augustinus

Triumphus nichts weniger als sicher ist. Man kann einräumen, daß er dem Worte wirklich den gedachten Sinn beilegte. Aber steht denn das Mittelalter so hoch in der Kunst der Exegese und versteht unsere Zeit von dieser Wissenschaft so wenig, daß wir der entgegenstehenden Auffassung eines mittelalterlichen Gelehrten unsern Verstand und unser Wissen ohne weiteres zum Opfer zu bringen hätten? Das werden auch die Vertreter der anderen Ansicht nicht zu behaupten wagen. Man sollte sich aber nicht bloß scheuen, das auszusprechen; man sollte solche trügerische Auktoritäten überhaupt nicht, nicht einmal subsidiär, anrufen.

XXIII.

Martin V und das Konzil von Konstanz.[1]

Gegen Ende des 15. Jahrhunderts kam die Ansicht auf, Martin V sei von der Synode von Konstanz um Bestätigung ihrer Beschlüsse gebeten worden, und wenn der erste oder einer der ersten, bei denen uns die Ansicht entgegentritt, Turrecremata in seiner Summa de ecclesia II, 99, den Papst nicht eine Approbation, wohl aber wegen der Beschlüsse der 4. und 5. Sitzung in der Bulle Inter cunctas (gegen Wiclif und Hus; Harduin VIII, 905) eine Reprobation aussprechen läßt, sofern dort die verfassungsmäßige Stellung des Papstes dahin präcisiert sei: quod papa canonice electus . . sit successor beati Petri, habens supremam auctoritatem in ecclesia Dei, so nahm man bald gewöhnlich an, der Synode sei eine, freilich beschränkte Approbation zu teil geworden. So erzählt Raynald Ann. 1418, 2: Martin sei in der letzten Sitzung nach alter Weise von den Vätern gebeten worden, die Beschlüsse der Synode mit apostolischer Auktorität zu bestätigen, und er habe, wie man berichte (tradunt), geantwortet: er werde alle conciliariter erlassenen Dekrete in Glaubenssachen aufrechterhalten, und er bestätige, was so durch das Konzil zustande gekommen sei, und nicht anders noch auf andere Weise. Später erscheint die bezügliche Bitte gewöhnlich nicht mehr, und sie wurde wahrscheinlich deswegen weggelassen, weil sie in den Quellenberichten lediglich keinen Boden hat. Aber davon abgesehen, behauptete sich die Ansicht bis in die neueste Zeit herein. Man nahm also

[1] Aus der Theol. Quartalschrift 1888 S. 451—464 mit einigen Zusätzen.

an, daß die von Raynald angezogenen Worte Martins V sich auf das
Konzil und seine Beschlüsse beziehen und eine beschränkte Approbation
desselben enthalten. Vgl. Gieseler, Lehrbuch der KG. II, 4 (1835), 45;
Döllinger, Lehrbuch d. KG. II (1838), 351; Hefele, Konziliengeschichte
1. A. I (1855), 45. 53; Schwab, Johannes Gerson (1858) S. 514.
Hefele, um dessen Worte anzuführen, bemerkt dementsprechend (S. 45),
Martin V habe von den Konstanzer Beschlüssen nur das approbiert,
was in materiis fidei conciliariter et non aliter nec alio modo
dekretiert worden sei.

Die Auffassung ist aber unrichtig, wie zuerst durch Hübler in der
Schrift: Die Konstanzer Reformation 1867 S. 263 — 280, gezeigt
wurde. Die fraglichen Worte haben eine ganz bestimmte Beziehung, und
sie dürfen daher nicht ohne weiteres auf das Konzil als Ganzes übertragen werden. Der Sachverhalt ist kurz folgender. Aus Anlaß des
Krieges zwischen Polen und dem Deutschorden hatte der Dominikaner
Johannes von Falkenberg, wie man sagte, im Auftrag der Deutschherrn,
eine heftige Schmähschrift gegen Polen verfaßt, in der er behauptete, es
sei erlaubt, den König und alle seine Unterthanen zu töten. Die Schrift
führt den Titel: Satyra contra haereses et cetera nefanda Polo-
norum et eorum Regis Jagyel fideliter conscripta. Die Angelegenheit wurde in Konstanz verhandelt und die Schrift zunächst durch die
Versammlungen der Nationen verurteilt.[1]   Die Polen betrieben noch
weiter eine Verurteilung durch das Konzil als solches, da nur einem
derartigen Beschluß Gesetzeskraft zukam, und sie fanden dabei die Unterstützung der Franzosen, da der Franziskaner Johann Petit in Frankreich eine ähnliche Lehre vorgetragen hatte. Das Konzil, machte man
geltend, werde seiner zweiten Hauptaufgabe, der Ausrottung der Häresie,
nicht genügen, wenn es jener gefährlichen Lehre nicht entgegentrete, und
sich vielerlei Vorwürfe zuziehen. Da aber dem Antrag früher nicht entsprochen wurde, wurde er noch in der letzten Sitzung eingebracht, und
dies, nachdem mit der üblichen Entlassungsformel der offizielle Schluß
bereits verkündet war. Die Angelegenheit veranlaßte heftige Debatten;
einige erregten geradezu Tumult; die Sitzung drohte sich ungebührlich
in die Länge zu erstrecken; eben sollte ein einschlägiges Schriftstück vorgelesen werden, als durch das Eintreten des Papstes die Verhandlungen

---

[1] Vgl. B. Beß, Joh. Falkenberg und der preußisch-polnische Streit vor dem
Konstanzer Konzil, in Zeitschrift für Kirchengeschichte 16 (1896), 385—464.

abgeschnitten wurden. Martin gebot Stillschweigen und gab zuerst selbst, hernach durch den Konsistorialabvokaten Augustin von Pisa die im wesentlichen bereits bekannte Erklärung ab. Der Vorgang wird in den verschiedenen Berichten oder Handschriften in der Hauptsache durchaus übereinstimmend dargestellt. Einige Handschriften treffen auch in dem Wortlaut der päpstlichen Erklärung aufs engste zusammen; die Wolfenbüttler und Leipziger insbesondere gehen in der Ausgabe der Konzilsakten von H. v. d. Hardt t. IV, 1549—1559 nur in einigen untergeordneten Worten auseinander. Die Leipziger Handschrift, deren Bericht auch durch Harduin (VIII, 900) aufgenommen wurde, giebt aber die Erklärung allem nach am vollständigsten und getreuesten wieder, und demgemäß sei der Schlußsatz der einschlägigen Darstellung nach ihr hier mitgeteilt. Er lautet (Hardt S. 1558 f.): Quibus sic propositis, protestatis, requisitis et oblatis, praefatus sanctissimus dominus noster Papa, cum nonnulli alii multum dicerent et tumultum facerent, imposito omnibus silentio, dixit, respondendo ad praedicta: quod omnia et singula determinata et conclusa et decreta in materiis fidei per praesens sacrum concilium generale Constantiense conciliariter tenere et inviolabiliter observare volebat et nunquam contravenire quoquomodo. Ipsaque sic conciliariter facta approbat Papa, omnia gesta in concilio conciliariter circa materiam fidei, et ratificat et non aliter nec alio modo.

Die Worte des Papstes beziehen sich, wie man leicht sieht, auf die Falkenbergsche Angelegenheit, und indem Martin betont, daß er das in materiis fidei conciliariter Beschlossene festhalte und nur dieses, erklärt er, daß die in der Angelegenheit bloß nationaliter oder bloß von den Nationen gefaßten Beschlüsse für ihn nicht verbindlich seien; indem er ferner den Verhandlungen ein Ende macht, lehnt er die von den Polen gestellte Forderung eines konziliaren Beschlusses über die Falkenbergsche Schrift ab. Die Sache unterliegt keinem Zweifel. Hefele gab denn in der Hauptsache Hübler auch sofort recht, als er bei Behandlung der Geschichte des Konstanzer Konzils wieder auf den Punkt zu sprechen kam. Nur meinte er, die Worte gehen nicht lediglich, wie Hübler betonte, auf die Falkenbergsche Sache; sie haben vielmehr neben der speciellen noch eine weitere Bedeutung, und sie beziehen sich neben jener Angelegenheit auch auf das Konzil überhaupt. „Mit Ausnahme des Wortes ‚lediglich‘, schreibt er Bd. VII (1869), 369, können wir dieser Ansicht beitreten, indem uns scheint, daß der Papst bei obigen Worten allerdings in erster

Linie die Falkenbergsche Sache im Auge hatte, aber bei dieser Gelegen=
heit zugleich auch eine limitierte Approbation der Konstanzer Be=
schlüsse aussprach." Er suchte also zu vermitteln. Die alte Auffassung
soll neben der neuen doch noch einigen Platz behaupten.

Gründe für die Ansicht werden indessen nicht vorgebracht. Die
Ansicht selbst wird nicht einmal mit Entschiedenheit, sondern nur mit
Zurückhaltung vorgetragen. Man kann deshalb auch nicht mit Bestimmtheit
sagen, worauf sie sich stützen soll. Nur vermuten läßt es sich, daß sie
etwa durch die Worte omnia et singula determinata etc. veranlaßt
wurde. Denn diese Worte, könnte man geltend machen, zielen auf etwas
Weiteres als eine einzelne bestimmte Angelegenheit, sie beziehen sich auf
die gesamten Verhandlungen des Konzils. In der That erklärt Martin,
daß er alle conciliariter gefaßten Glaubensbeschlüsse anerkenne. Aber
er erklärte auch nicht weiter, und selbst jene Erklärung gab er nicht um
ihrer selbst willen ab, sondern im Interesse einer ganz anderen Angelegen=
heit. Er wollte mit ihr einfach seiner Stellung zur Falkenbergschen
Sache Ausdruck geben; er that dies aber nicht direkt, sondern indirekt,
indem er erklärte, welche von den Glaubensbeschlüssen er als gültig be=
trachte, welche nicht, und nur deswegen sprach er von omnia et singula
determinata etc. Bei diesem Sachverhalt kann aber von einem Aus=
spruch über das Gesamtkonzil neben und in der Erklärung über die
Falkenbergsche Sache offenbar nicht die Rede sein. Die Sache ist durch=
aus klar, und sie wurde in Bälde auch von Hefele so aufgefaßt. Denn
als er in der zweiten Auflage seines großen Werkes Bd. I (1873), 52
den Punkt zum drittenmal zu behandeln hatte, sprach er sich dahin aus:
„Wir haben schon im 7. Band der Konziliengeschichte S. 368 ff. (im
Anschluß an Hübler) gezeigt, daß sich die fragliche Äußerung Martins
lediglich auf die Falkenbergsche Specialangelegenheit, die zu Konstanz ver=
handelt wurde, beziehe". Das ist nun allerdings nicht ganz richtig. Wie
wir eben gesehen, steht im 7. Band vielmehr das Gegenteil, und mit
Rücksicht auf diesen Widerspruch könnte man zu der Vermutung sich ver=
anlaßt fühlen, vor dem „lediglich" sei ein „nicht" ausgefallen. Wird in=
dessen die weitere Ausführung berücksichtigt, so stellt sich diese Vermutung
nicht als gerechtfertigt dar. Folgt auch für die Zurücknahme der früheren
und die Aufstellung der neuen Ansicht keine eigentliche Begründung, so
wird doch eine Auseinandersetzung über die Stellung Martins V zum
Konstanzer Konzil gegeben, bei der jene Ansicht in Wahrheit nicht be=
stehen kann. Wir dürfen daher annehmen, daß Hefele zuletzt, wie seine

Worte besagen, der fraglichen Äußerung Martins V alle Beziehung auf das Konstanzer Konzil im ganzen nahm und sie nur als eine Erklärung des Papstes über seine Stellung zu der Falkenbergschen Angelegenheit faßte.

Merkwürdigerweise hat aber die neueste Ansicht des gelehrten Verfassers der Konziliengeschichte, wenn ich von meinem Lehrbuch der Kirchengeschichte (S. 340; 2. A. S. 364) absehe, keinen Eingang in die katholische Litteratur gefunden. Die mir bekannten Kirchenhistoriker nahmen entweder die von Hefele selbst aufgegebene zweite Ansicht auf, wie Brück KG. 4. A. (1888) S. 448, Jungmann, Dissertationes V, 312; oder sie drücken sich so über die Sache aus, daß man annehmen muß, sie halten noch an der ganz alten Ansicht fest, wie Kraus KG. 3. A. S. 444; Hergenröther KG. 2. A. II, 90, 3. A. II, 696. Woher diese Erscheinung? Ist etwa die spätere Hefelesche Auffassung gänzlich unbeachtet geblieben? Oder glaubte man ihr eine weitere Beachtung nicht schenken zu dürfen, weil ihr keine nähere Begründung gegeben wurde? Oder glaubte man gar, sie als unrichtig zurückweisen zu müssen? Wie es sich damit verhalten mag, das Folgende wird zeigen, daß die Ansicht die einzig haltbare ist. [1]

Vor allem steht die Annahme, Martin V habe mit jener Äußerung zugleich das Konzil bestätigen wollen, mit der hohen Bedeutung des Aktes einer derartigen Approbation durchaus in Widerspruch. Es soll nicht betont werden, daß ein Akt von so eminenter Wichtigkeit schriftlich und feierlich in einer Bulle, und nicht mündlich in ein paar flüchtigen Worten erfolgen sollte; aber man vergegenwärtige sich nur die Umstände, unter denen die Worte gesprochen wurden. Eben herrscht in der Versammlung wegen der Falkenbergschen Angelegenheit noch große und teilweise tumultuarische Erregtheit; da erhebt sich der Papst und giebt nicht bloß über die aufregende Streitfrage, sondern auch, und zwar, was wohl zu beachten ist, ohne über die weitere Tragweite seiner Worte nur eine leise Andeutung zu geben, über den ökumenischen Charakter des Konzils sein

---

[1] Inzwischen sprachen sich für die Beziehung der fraglichen Worte Martins V auf die Falkenbergische Angelegenheit allein aus Bidmar, Gesch. der christl. Kirche von M. Robitsch 4. A. I (1889), 482; Lübtle, Gesch. d. Kirche Jesu Chr. 2. A. 1890 S. 283; Knöpfler, Lehrbuch d. KG. 1895 S. 444. Die jüngsten Auflagen der Kirchengeschichte von Brück konnte ich nicht einsehen. Dagegen wiederholt Kraus auch noch neuestens in seiner Kirchengeschichte 4. A. 1896 S. 455 die alte und falsche Auffassung.

Urteil ab. Ist das wahrscheinlich? Ist das glaublich? Das wäre für=
wahr eine ganz außerordentliche Formlosigkeit, und ein so aller Ordnung
widersprechendes Verfahren ist gewiß nicht eher anzunehmen, als bis es
wirklich bewiesen ist. Von einem Beweis ist aber hier schlechterdings
keine Rede, wenn nicht etwa die seit dem 16. Jahrhundert bestehende
falsche Auffassung der Gelehrten dafür gelten soll. In den Quellen oder
Akten spricht alles für das Gegenteil, oder dafür, daß die Erklärung nur
mit Rücksicht auf die Falkenbergsche Streitfrage abgegeben wurde. Mit
den Worten: Quibus sic propositis etc. wird nach Darlegung der er=
regten Verhandlungen in der oben angeführten Stelle zu der Erklärung
übergeleitet; vor Anführung der päpstlichen Worte wird noch besonders
bemerkt, sie seien eine Antwort ad praedicta, d. h. eben auf die Falken=
bergsche Sache. Alles weist also auf diese Angelegenheit und nur auf
sie hin.

Dazu kommt ein Weiteres. Wie aus dem Obigen hervorgeht, fallen
die Verhandlungen über die Falkenbergsche Frage nicht in den Bereich
der Tagesordnung der Schlußsitzung des Konzils, sondern sie nahmen
erst ihren Anfang, nachdem mit den Worten: Domini, ite in pace,
das Konzil bereits offiziell geschlossen war. Die päpstliche Erklärung
fällt also ebenfalls außer den Bereich des ordentlichen Verlaufes der
Sitzung, und auch dieses Moment muß uns abhalten, sie auf das Konzil
überhaupt zu beziehen. Oder sollte etwa anzunehmen sein, denn anders
läßt sich unter diesen Umständen die Sache nicht denken, dem Papste sei
während des Streites über die Falkenbergsche Angelegenheit der Gedanke
gekommen, er wolle, indem er über diese sich ausspreche, zugleich nach=
träglich über seine Stellung zum Konzil überhaupt sich äußern? Da=
mit würde ihm nur eine neue und noch größere Formlosigkeit zuge=
schrieben.

Wollte man aber je über diese Schwierigkeiten hinwegsehen, so er=
hebt sich eine weitere und noch bedeutendere. Die thatsächliche Stellung
Martins zum Konzil entspricht nämlich der fraglichen Erklärung nicht
einmal halbwegs, und doch müßten beide wenigstens in der Hauptsache
in Übereinstimmung stehen, wenn die Auffassung auch nur einigen Grund
haben sollte. Das Konzil hatte bekanntlich drei Hauptaufgaben: die Her=
stellung der kirchlichen Einheit, die Ausrottung der Häresie und die kirch=
liche Reform. In der gedachten Erklärung ist aber ausdrücklich nur von
den materiae fidei die Rede. Also wären mit ihr, wenn sie auf das
Konzil überhaupt bezogen wird, alle Anordnungen der Synode betreffend

die Union und Reform der Kirche vom Papste als nichtökumenisch oder nicht verbindlich bezeichnet worden. Sollte das jemand heute noch, nachdem der Boden, auf dem ehemals diese Behauptung erwachsen ist, als ein durchaus trügerischer sich erwiesen hat, ernstlich zu behaupten wagen? Die Stellung Martins ruhte ja selbst auf den Unionsbeschlüssen der Synode. Ebenso hat er an dem Reformationswerk selbst einen bedeutenden Anteil. Die allgemeinen Reformartikel wurden in der 43. Sitzung in seiner Gegenwart veröffentlicht, und bei jedem stehen an der Spitze die Worte: Martinus episcopus servus servorum Dei (Harduin VIII, 873). Entsprechend dem Dekret Frequens wurde von ihm die Synode Pavia=Siena veranstaltet u. s. w. Hefele bemerkt deshalb sogar in Bd. VII, 372, wo er noch selbst die hier bekämpfte Ansicht vertritt, nicht bloß in 2. A. Bd. I, 52, mit vollem Recht: „damit (daß er mit den fraglichen Worten auch seiner Stellung zum Konzil überhaupt Ausdruck geben wollte) kann er jedoch nicht haben sagen wollen, daß er allen andern Beschlüssen, welche nicht Glaubenssachen betreffen, seine Bestätigung vorenthalte; denn er hätte ja sonst a) auch den Reformdekreten der 39. Sitzung (weil sie nicht de materiis fidei handeln) seine Bestätigung entzogen, und hätte b) recht ungeschickt sich selbst den Boden unter den Füßen weggenommen; denn auch die Dekrete, durch welche Johann XXIII und Benedikt XIII abgesetzt und eine Neuwahl angeordnet wurde, handelten nicht de materiis fidei. Dazu kommt, daß Martin V schon in seiner Bulle vom 22. Februar 1418 von jedermann die Anerkennung verlangte, das Konstanzer Konzil sei ein allgemeines, und was es in favorem fidei et salutem animarum verordne, müsse festgehalten werden. Er anerkannte sonach den allgemein verbindenden, also ökumenischen Charakter auch anderer Dekrete, als deren in materiis fidei." So ist es zweifellos. Und wenn es so ist, was folgt dann, wenn wir, die fragliche Ansicht festhaltend, Martin V am oder vielmehr nach dem Schluß des Konzils erklären lassen, er erkenne nur die conciliariter zu stande gekommenen Glaubensdekrete an? Die Folge liegt nahe. Dann müssen wir sagen: er habe nicht gewußt, was er that, oder er habe über die hochwichtige Angelegenheit in der denkbar ungeschicktesten Weise sich ausgedrückt, da er nur einen Teil der Dekrete der Synode anerkannte, die beiden andern Teile aber durch die Erklärung verwarf, obwohl er sie in der Hauptsache weder verwerfen konnte noch wollte. Das ist die Konsequenz, die sich mit unbedingter Notwendigkeit ergiebt, und so führt die Ansicht, die einem einseitigen kurialistischen Parteiinteresse den Ursprung, einer einseitigen und unbesonnen am Alten klebenden apologetischen Tendenz ihre lange Dauer verdankt, schließlich zu einer schweren Anklage gegen den Papst.

Etwas anders würde sich die Sache freilich stellen, wenn die Worte in materiis fidei in der Erklärung des Papstes zu streichen wären, und der Fall ist deswegen noch kurz zu berühren, weil die Worte in der Braunschweiger Handschrift bei v. d. Hardt (IV, 1552) fehlen und Hübler (S. 267 f.) von dieser bemerkt, sie habe den Vorgang am sorgsamsten registriert und sie verdiene besonderes Vertrauen, weil sie in Konstanz selbst, die beiden anderen aber etwas später entstanden seien. Die Echtheit der Worte ist aber nicht mit Grund zu bestreiten, und sie wurde, so weit ich sehe, bisher auch niemals im Ernste bestritten. Das Alter entscheidet für sich allein noch nicht über die Güte einer Handschrift, und hier kommt noch besonders in Betracht, daß die Braunschweiger Handschrift, wenn sie auch im übrigen den Vorgang am sorgfältigsten darstellen mag, doch gerade die Erklärung des Papstes nicht in ihrem Wortlaut, sondern sichtlich in abgekürzter Form giebt. Endlich fällt ins Gewicht, daß das Auslassen der Worte sich eher begreift als ihr Zusatz. Für die Falkenbergsche Angelegenheit hatten die Worte in der That nichts Wesentliches zu bedeuten; für sie lag der Hauptnachdruck auf dem Wort conciliariter. Um so leichter also konnten sie durch einen abkürzenden Referenten weggelassen werden, und um so weniger ist anzunehmen, daß sie, wenn nicht gesprochen, durch die andern Notare, die doch auch nichts Überflüssiges aufzeichnen wollten, aufgenommen worden sein sollten. Die Echtheit der Worte darf daher als sicher gelten. Wollte man sie aber je in Abrede ziehen, so würde nicht viel gewonnen. Denn wenn auch eine Schwierigkeit dahin fällt, so bleiben die beiden anderen vollauf bestehen.

Nach dem Vorstehenden dürften Sinn und Tragweite der vielbesprochenen Worte Martins V keinem Zweifel mehr unterliegen. Es ist indessen noch ein weiteres Wort des Papstes in Betracht zu ziehen. Unter den Fragen, die in der Bulle Inter cunctas den verurteilten Lehren Wiclifs und Hus' beigefügt sind und die an die der Häresie verdächtigten Personen gerichtet werden sollten, befindet sich auch die: Utrum credat, quod illud, quod sacrum concilium Constantiense, universalem ecclesiam repraesentans, approbavit et approbat in favorem fidei et ad salutem animarum, quod hoc est ab universis Christi fidelibus approbandum et tenendum etc. (Harduin VIII, 914), und hier ist die Frage, wie die Worte in favorem fidei et ad salutem animarum zu fassen sind. Hefele fährt in Bd. I (2. A.), 52, an der oben S. 495 angeführten Stelle mit den Worten fort: „Wiederholt bezeichnete er das Konstanzer Konzil als allgemeines, aber eine ganz allgemeine Be= stätigung desselben auszusprechen hütete er sich, und gerade seine Worte in favorem fidei et ad salutem animarum scheinen einen restringie= renden Charakter zu haben. Er deutete damit an, daß er einige Dekrete von der Approbation ausnehme, wollte sich aber offenbar im Interesse des Friedens nicht deutlicher aussprechen." Wie das „scheinen" andeutet, steht Hefele der restringierende Charakter der Worte nicht fest. Derselbe ist in der That auch nicht zu erweisen, obwohl er, wie das zu gehen pflegt, nachdem er einmal als möglich und bis zu einem gewissen Grad wahrscheinlich ausgesprochen wurde, durch andere sofort als mehr oder weniger sicher dargestellt wird. Die Worte können an sich ebenso gut als Apposition wie als Restriktion gefaßt werden, und der Standort und der Kontext der Worte sind jener Interpretation günstiger als dieser. Die Worte stehen in einem Dokument, das zur Überführung, bezw. zur Unterweisung der der Häresie verdächtigen Personen dienen sollte. Ist aber bei solcher Bestimmung des Schriftstückes anzunehmen, sein Verfasser oder Martin V habe auch nur leise andeuten wollen, Papst und Konzil seien in gewissen Fragen uneins? Der angeführten Frage geht unmittel= bar folgende voraus: Utrum credat, teneat et asserat, quod quod= libet concilium generale et etiam Constantiense universalem ec= clesiam repraesentet? Der Gefragte hat also vor allem das Konzil von Konstanz als Repräsentanten der Gesamtkirche anzuerkennen, und nachdem er dieses gethan, sollte man ihm sofort, wenn auch nur indirekte, zu verstehen gegeben haben, daß nicht alle Anordnungen desselben gültig seien, sondern nur die in favorem fidei et ad salutem animarum ge= troffenen? Man sollte ihm nahe gelegt haben, ein allgemeines Konzil könne Dekrete auch nicht in favorem fidei et ad salutem animarum erlassen? Das ist gewiß sehr unwahrscheinlich, und demgemäß giebt auch diese Stelle keinen Aufschluß über die Stellung Martins zum Konzil von Konstanz oder keinen Beweis, daß der Papst nicht alle Dekrete des Konzils anerkannt habe.

Wenn aber die Schriftstücke oder die schriftlich überlieferten Aus= sprüche des Papstes, die für die Ansicht, Martin V habe einige Dekrete des Konzils verworfen, zu sprechen scheinen, in Wahrheit sie nicht beweisen, ist dann etwa anzunehmen, er habe wirklich alle Beschlüsse der Synode anerkannt? Sicherlich nicht. Selbst wenn er etwa unter den Kardinälen sich befunden hätte, welche der 4. und 5. Sitzung anwohnten, was aber nicht der Fall ist, so würde er doch als Papst den damals ausgesprochenen Grundsatz von der Superiorität des Konzils über den päpstlichen Stuhl nicht anerkannt haben. Das that er so wenig als seine Nachfolger. Daraus folgt aber noch nicht, daß er seinem verwerfenden Urteil auch schriftlichen Ausdruck gab oder es sonst zu weiterer Kenntnis brachte. Und der Grund seines Schweigens liegt nahe. Die Zeitverhältnisse ge= statteten ihm nicht zu reden, und wenn er je gesprochen haben sollte, so kam von seinen Worten wenigstens nichts auf die Nachwelt. Wenn man daher mit Rücksicht auf die oben besprochenen Dokumente bemerkte, er habe „offenbar im Interesse des Friedens nicht deutlicher sich aussprechen wollen", so ist, da jene Schriftstücke die ihnen früher zugeschriebene Be= deutung nicht haben, vielmehr zu sagen, daß das gleiche Interesse ihn bewog, die Frage überhaupt nicht in die Öffentlichkeit zu bringen.

XXIV.
Epilog zu Abhandlung III.

Als der Druck dieses Bandes seinem Ende entgegenging, sandte mir Hr. Domkapitular Dr. Höhler in Limburg gütigst ein Schriftchen zu unter dem Titel: Die Berufung der allgemeinen Konzilien des Altertums 1897. Die Abhandlung, ein Separatabdruck aus dem zweiten Heft der Linzer Theologisch=praktischen Quartalschrift 1897, beschäftigt sich fast durchweg mit meiner Auffassung über den gleichen Gegenstand, und unter diesen Umständen empfiehlt es sich, noch am Schluß dieses Bandes auf sie einzugehen.

Das Schriftchen weckte in mir sehr verschiedene Gefühle. Inwiefern dieses geschehen konnte, wird sofort ein kurzer Bericht über den Inhalt zeigen. Im ersten Abschnitt wird der Ursprung und gegenwärtige Stand der Kontroverse gezeichnet und dabei mehr oder weniger Partei für die Männer ergriffen, welche meine Auffassung bekämpften. Höhler spricht auch von einem dogmatisch bedenklichen Punkt in meinen Ausführungen (S. 8) und sucht eingehend darzuthun, daß dieselben trotz meiner gegen= teiligen Versicherung auf eine Leugnung des päpstlichen Rechtes auf Be= rufung der allgemeinen Konzilien hinauslaufen. In den drei folgenden

Abschnitten bemüht er sich, bei mehreren Konzilien nachzuweisen, daß meine Ausführung, nach der die Rede von einer päpstlichen Anteilnahme an der Berufung derselben grundlos ist, sich nicht halten lasse, und dabei fehlt es wieder nicht an Bemerkungen über die erwähnte Konsequenz meiner Darstellung. Zuletzt aber ändert sich plötzlich das Bild. Indem Höhler den Charakter der allgemeinen Konzilien des Altertums erörtert, kommt er zu einem Ergebnis, das im wesentlichen völlig mit meiner Auffassung zusammentrifft. Daß er notgedrungen, wie er am Anfang des Abschnittes (S. 37) erklärt, dazu gelangt, thut der Zustimmung keinen Eintrag. Im Gegenteil, dieselbe erhält dadurch nur eine höhere Bedeutung. Die Erklärung verrät, daß er lieber eine andere oder die herkömmliche Auffassung vertreten hätte, daß aber die Gründe, welche für die meinige sprechen, so stark und so einleuchtend sind, daß man sich denselben nicht zu entziehen vermag. Es ging ihm in dieser Beziehung gerade so, wie mir selbst.

Indem er anerkennt, daß die allgemeinen Synoden des Altertums im wesentlichen nur Reichssynoden waren, bemerkt er: „Daß aber die alten Kaiser solche Synoden beriefen oder berufen konnten, ist ebenso wenig auffallend, wie es nicht auffallen kann, daß die späteren Kaiser und Könige dies in ihren Ländern gethan. Wir brauchen also bloß die ‚allgemeinen‘ Synoden des Altertums als das zu betrachten, was sie thatsächlich waren, als römische Reichssynoden, die erst durch den Beitritt des Papstes, bezw. durch dessen bestätigende Annahme ihrer Beschlüsse den juridischen Charakter der Ökumenicität erhielten, um die dogmatischen Schwierigkeiten ihrer Berufung durch die Kaiser, soweit solche noch verbleiben sollten, verschwinden zu machen" (S. 37). Und indem er im Anschluß hieran den Abschnitt aus meiner Untersuchung, der darüber handelt und oben S. 71 f. steht, wörtlich anführt, fährt er fort: „Wenn Hr. Funk sich damit einverstanden erklärt, daß ich das Wort ‚allgemein‘ im letzten Satze in dem von mir angedeuteten Sinne nehme, daß es eine Reichssynode bedeutet, welche durch die Sanktion des Papstes, gleichviel in welcher Form dieselbe erfolgte, den Charakter der Ökumenicität erlangte, dann habe ich seinen Worten nichts entgegenzusetzen" (S. 38). Ich kann ihm meine Zustimmung hierzu um so mehr erklären, als ich schon vor ihm den bezüglichen Charakter hervorhob und es mir stets mehr auf die Sache als die Worte ankam. Indem er dann weiter in Betracht zieht, daß die Kaiser die Päpste in weltlicher Beziehung als ihre Unterthanen ansahen, ergiebt sich ihm als „natürliche Folge, daß die

Einladungen zur Teilnahme an den Reichssynoden ihnen in ähnlicher
Weise wie den anderen Bischöfen zugingen", und daß es sich so erkläre,
„wie die Berufung der Synoden den Kaisern zugeschrieben werden konnte,
ohne daß einer päpstlichen Mitwirkung dazu erwähnt wurde" (S. 38).
Und über die Stellung, welche hierbei die Kaiser einnahmen, äußert er
sich näherhin: „Der Anlaß zu einem solchen Schritte, zur Veranstaltung
einer Synode, lag für sie darin, daß die religiösen Streitigkeiten auch
die politische Ruhe des Reiches auf das schwerste gefährdeten und letztere
ohne Beilegung der ersteren absolut nicht herzustellen war. Die Auf=
rechterhaltung des politischen Friedens im Reiche aber war eine Herrscher=
pflicht des Kaisers. Da trat also der naturrechtliche Grundsatz in Kraft,
daß, wer das Recht und die Pflicht hat, einen Zweck zu erstreben, auch
befugt ist, das einzige dazu führende und mögliche Mittel anzuwenden.
Dieses Mittel war im vorliegenden Falle die Einigung aller kirchlichen
Auktoritäten des Reiches über die bestrittenen Glaubensfragen, und diese
Einigung konnte nach Lage der Dinge nur auf einer allgemeinen Reichs=
synode bewirkt werden. Daher die Berufung einer solchen" (S. 39).
Indem er dann erörtert, was zu thun gewesen und wie es wohl ge=
gangen wäre, wenn es sich im Altertum um die Veranstaltung einer
wahrhaft allgemeinen Synode gehandelt hätte, und bemerkt, daß die Kaiser
in diesem Falle, da ihnen zur Berufung der Bischöfe außerhalb ihres
Reiches die Befugnis abging, ohne Zweifel den Papst als das Ober=
haupt der Gesamtkirche um die Berufung ersucht hätten, erklärt er ferner:
„Da es ihnen aber nur um eine allgemeine Reichssynode zu thun war,
so lag zu einer solchen Bitte kein Anlaß vor und konnten sie sich um
so mehr mit einer Einladung des Papstes begnügen, als eine bestätigende
Mitwirkung desselben zu den Beschlüssen der Synode für deren allge=
meine Gültigkeit ausreichte" (S. 39). Hernach wird der Hauptteil meiner
oben S. 70—73 stehenden Ausführung beifällig wiedergegeben (S. 40 f.),
und nach einigen kritischen Bemerkungen zuletzt mir das Verdienst zuer=
kannt, durch meine eingehenden Erörterungen die Lösung der Frage in
einem, wie es scheine, befriedigenden Sinne ermöglicht und herbeigeführt
zu haben (S. 42).

        Das ist ein Schluß, den man nach dem Anfang und größeren Teil
der Arbeit kaum erwarten würde. Es bleiben zwar auch hier noch
einige Differenzen. Aber die Hauptsätze meiner Untersuchung sind an=
erkannt.

        Woher diese eigentümliche Erscheinung? Der Punkt ist hier nicht näher zu erörtern. Nur ein paar Bemerkungen sind nicht zu umgehen. Höhler ist zu sehr Dogmatiker und zu wenig Historiker, um meinen geschichtlichen Ausführungen völlig gerecht zu werden. Auch beachtete er nicht hinreichend, daß in Anbetracht seines Schlußergebnisses, das insofern auch das meinige ist, als ich den Charakter der fraglichen Synoden als Reichssynoden bereits selbst betonte, sowohl die Kritik, die er an meiner Ausführung über die kaiserliche Berufung oder das kaiserliche Berufungsrecht übt, als der Versuch, in dem er seinerseits eine päpstliche Berufung nachzuweisen sich bemüht, alle höhere Bedeutung verliert. Ich bin weit entfernt, ihm jene Kritik zu verübeln; ich freue mich vielmehr, daß wir schließlich in der Hauptsache zusammentreffen. Ich darf aber wohl auch bei ihm auf eine freundliche Aufnahme rechnen, wenn ich seine Beweise einer Prüfung unterziehe. Es geschieht dies nicht aus Lust zum Kampfe. Es wäre mir vielmehr sehr angenehm, wenn die Frage endlich einmal zur Ruhe käme. Wenn ich aber erwäge, welche Haltung man in einigen Kreisen bis vor kurzem zu meiner Auffassung einnahm, scheint mir hinreichender Grund zu der Befürchtung vorzuliegen, man werde weniger auf sein Schlußergebnis, in dem er in der Hauptsache mir beistimmt, als auf die Beweise sehen, die er im Sinne der alten Theorie zu führen unternahm. Und man kann es den Anhängern dieser Theorie nicht einmal verübeln, wenn sie so verfahren. Denn wozu, muß man fragen, die allgemeinen Synoden des Altertums in Reichssynoden umsetzen, wenn bei ihnen die päpstliche Berufung als notwendig galt? Bleibt man so nicht besser bei der herkömmlichen Anschauung, nach der sie an sich ökumenischen Charakter haben? Die Sache erfordert es daher, auf seine Beweise näher einzugehen. Die Entscheidung liegt auf dem historischen Gebiete, und demgemäß sind hier in erster Linie alle Fragen zu erledigen.

1. Für eine Mitwirkung des Papstes bei Berufung der ersten Synode beruft man sich auf drei Zeugnisse. Ich zeigte, daß dieselben nicht beweiskräftig sind. Vgl. oben S. 57 f. Höhler bemüht sich, sie zu halten und meine Ausführung zu widerlegen (S. 14—20). Der Versuch ist aber nicht gelungen.

a) Die Aussage Rufins, Konstantin habe die Synode ex sacerdotum sententia berufen, ergiebt nun einmal, wie man sie auch pressen mag, nicht den erforderlichen Beweis. Der Papst ist in der Stelle nicht genannt, und der Versuch, selbst wenn er an sich berechtigt wäre, Silvester unter die befragten sacerdotes einzubeziehen, führt nicht einmal zum Ziel, da von der sententia mehrerer sacerdotes die Rede ist und demgemäß die einzigartige Stellung, welche der Papst nach der alten Theorie bei der Berufung einzunehmen hat, nicht zum Ausdruck gelangt. Höhler möchte allerdings die sententia für Silvester anders fassen als für die übrigen sacerdotes. Dazu muß er aber nicht bloß voraussetzen, daß Silvester wirklich zu den befragten sacerdotes gehört, was erst zu beweisen ist und mit den Zeugnissen des Liber pontificalis und der sechsten Synode noch nicht bewiesen ist, weil diese selbst in Frage stehen, sondern er muß auch dem Worte sententia in dem kurzen Ausdruck ex sacerdotum sententia eine doppelte Bedeutung geben, und das ist ein Verfahren, das kein besonnener Exegete billigen wird.

b) Was das Zeugnis des Liber pontificalis betrifft, für dessen Glaubwürdigkeit Höhler selbst nichts beibringt, von dem er vielmehr nur bemerkt, er sehe nicht ein, warum ich es bloß wegen der allgemeinen Legendenhaftigkeit des älteren Teiles des Papstbuches hier ohne weiteres verwerfe, so braucht man den bezüglichen Abschnitt nur anzusehen, um seine Unzuverlässigkeit sofort zu erkennen. Läßt er die Synode von Nicäa doch bereits auch Photinus verurteilen, der erst nach der Synode in die Geschichte eintritt und von dessen Verwerfung wir zum erstenmal durch die Synode von Sirmium 351 erfahren! Zudem wird seine Glaubwürdigkeit nicht bloß durch jenen falschen Zug in Frage gestellt. Der ganze Abschnitt berührt sich zu sehr mit den falschen Akten des angeblichen zweiten Konzils von Rom v. J. 324, als daß über seine Provenienz ein Zweifel bestehen könnte. Der einschlägige Satz des Liber pontificalis und der Anfang jener Akten[1] mögen im Wortlaut folgen:

Gesta Silvestri.	Liber pontificalis.
Temporibus sancti Silvestri papae et Constantini piisimi Augusti factum est magnum concilium in Nicea Bithiniae, et congregati sunt regulari eiusdem Silvestri papae vocatione in idipsum	Etiam huius (Silvestri) temporibus factum est concilium cum eius praeceptum[2] in Nicea Bithiniae, et congregati sunt CCCXVIII episcopi catholici, qui exposuerunt fidem integram

[1] Decretales pseudoisidorianae ed. Hinschius 1863 p. 449. Vgl. Harduin, Acta conc. I, 285.

[2] So liest der eigentliche Liber pontificalis bei Duchesne I, 171. Dagegen hat der Felicianische und Kononsche Auszug S. 74—76 cum eius consensu.

trecenti decem et octo epi- catholicam inmaculatam et dam-
scopi catholici, qui exposuerunt naverunt Arrium et Fotinum
fidem integram catholicam in- et Sabellium vel sequaces eo-
maculatam et dampnaverunt rum.
Arrium, Fotinum Sabelliumque
atque sequaces eorum.

c) Meine Ausführungen über den λόγος προσφωνητικός der
sechsten allgemeinen Synode scheinen Höhler bedenklich zu sein. Seine
Einwände haben aber zum größeren Teil so wenig Wert, zum Teil
treffen sie nicht einmal die Sache, daß ich glaube, die meisten auf sich
beruhen lassen zu sollen. Oder was soll es bedeuten, wenn für die Zuverlässigkeit des Schriftstückes geltend gemacht wird, daß die Vorgänge
bei den einzelnen Synoden ganz verschieden geschildert werden? Das
verstand sich doch zunächst von selbst, da jede Synode mit ganz bestimmten
Gegensätzen und mit einer ganz bestimmten Aufgabe es zu thun hatte,
die Litteratur, wie wir noch heute sehen, die bestimmtesten Aufschlüsse
darüber bot, die Schilderung der verschiedenen Synoden somit naturgemäß verschieden ausfallen mußte. Die Verschiedenheit, welche die Auf-
gaben der Synoden betrifft, hat also lediglich nichts zu besagen, und die
übrige ist gleichfalls nicht derart, daß auf sie ein Gewicht zu legen wäre.
Oder sollen wir daraus, daß beim Ephesinum einer Berufung nicht gedacht wird, etwa schließen, die Bischöfe seien zu dem Konzil von selbst
zusammengetreten? Was wollen wir mit der Bezeichnung der Synode
von Chalcedon als einer von Christus veranstalteten Versammlung anfangen? Konnte dasselbe nicht von jeder anderen allgemeinen Synode gesagt
werden? Wenn man die Punkte betonen will, so beweisen sie nur, daß
die Synode entfernt nicht daran dachte, über die Art der Berufung ihrer
Vorgängerinnen einen Aufschluß zu geben, und insofern bestätigen sie das
Urteil, das ich über das Schriftstück fällte.

Eine Berücksichtigung verdient nur, was zur Entkräftung des Grundes
geltend gemacht wird, den ich zum Beweis vorbrachte, daß die Acclamation
keine solche Gewähr biete, um ihre einzelnen Aussagen streng wörtlich
zu nehmen, die Rede von der Berufung oder Veranstaltung der ersten
Synode durch Konstantin und Silvester insbesondere von einer gemeinsamen Berufung zu verstehen. Ich wies zu diesem Behufe auf den Abschnitt hin, der von der Berufung der Synode von Konstantinopel 381
handelt, und ich hob hervor, daß es doch eine starke Zumutung stellen
hieße, wenn man verlangen würde, diesen Teil wörtlich zu nehmen, da

der eine von den beiden Männern, denen die Berufung oder Veranstaltung der Synode zugeschrieben wird, Nektarius, zur Zeit der Berufung noch nicht einmal Geistlicher war. Höhler bemerkt dagegen, dieser Umstand stehe nicht unumstößlich fest. In Wahrheit aber verhält sich die Sache so, daß zu einem Zweifel lediglich kein Grund vorhanden ist, ein Zweifel bis auf Höhler wohl auch von niemanden erhoben wurde. Sokrates (V, 8) und Sozomenus (VII, 8) sind dafür vollgültige Zeugen. Es besteht nicht einmal ein Grund, die weitere und besondere Angabe des letzteren zu bezweifeln, daß Nektarius bis zu seiner Bischofswahl bloß Katechumene war. Wenn man aber gegen alle historische Überlieferung einen früheren Eintritt in den geistlichen Stand bei dem Manne an= nehmen wollte, so wäre in unserer Frage immerhin noch nichts gewonnen, und indem ich dieses zeige, komme ich auf den zweiten Einwand, der gegen mich vorgebracht wird. Wenn die Acclamation von Gregor von Nazianz und Nektarius sagt, daß sie die Synode συνήϑροιϛον, so thut sie dieses offenbar mit Rücksicht auf den Umstand, daß sie zur Zeit der Synode Bischöfe von Konstantinopel und vermöge dieser Stellung Vor= sitzende und Leiter der Synode waren. Anders läßt sich die Sache nicht erklären. Der Gedanke, daß Nektarius nicht wegen der Stellung, die er als Bischof auf der Synode einnahm, sondern wegen etwaiger Beteili= gung an der Vorbereitung der Synode jene ehrende Erwähnung in der Acclamation erhielt, ist schlechthin abzuweisen, so lange man anerkennt, daß die Nebensache nicht höher steht als die Hauptsache, und so lange die Regel gilt, daß an die Stelle des Gewissens nicht eine rein willkür= liche Vermutung zu setzen ist, zwei Sätze, denen die Erklärung Höhlers zuwiderläuft, indem sie über die bedeutsame und historisch gesicherte Stellung des Nektarius auf der Synode hinweggeht und zu einer Thätigkeit vor der Synode ihre Zuflucht nimmt, die hinter jene an Bedeutung weit zurücktritt und die lediglich auf Vermutung beruht.

Ich beschränkte mich bisher, um mein Urteil über die Acclamation zu begründen, auf die Aussage über die Synode von Konstantinopel 381, da mir dieser Punkt dazu völlig hinreichend zu sein schien. Höhler ver= wertet aber das Schriftstück für seine Sache noch weiter, und indem er dessen Darstellung bei allen übrigen Synoden in Ordnung findet, fragt er, mit welchem Grunde man bei diesem Sachverhalt seine Angabe über die erste Synode als unrichtig erkläre. Es ist demgemäß auch diese Dar= legung zu prüfen, und indem ich zu ihr Stellung nehme, ist vor allem zu bemerken, daß die Frage schon nach der bisherigen Ausführung keine

Berechtigung hat, da der Satz der Acclamation über die Berufung der
Synode von Konstantinopel 381 sicher unrichtig ist und die Erklärungen
über die Synoden von Ephesus und Chalcedon so gehalten sind, daß sie
in der obschwebenden Frage überhaupt nicht ins Gewicht fallen. Die
Bemerkung der Synode über ihr eigenes Zustandekommen sodann ist
allerdings richtig, hat aber hier wiederum nichts zu bedeuten. Da sie
auf die unmittelbare Gegenwart sich bezieht, über die doch nicht so leicht
ein Irrtum entstehen konnte, bietet sie noch keine Gewähr für die Richtigkeit der übrigen Angaben, welche die Vergangenheit betreffen. Es bleibt
also noch die fünfte Synode. Höhler findet in dem ihr gewidmeten
Satze „das Verhalten des Papstes Vigilius ganz richtig charakterisiert".
Das Urteil hält aber wieder einer näheren Prüfung nicht stand. Der
Satz hat folgenden Wortlaut: Οὕτω γοῦν μετὰ ταῦτα Βιγίλιος
Ἰουστινιανῷ τῷ πανσεβεῖ συμπεφώνηκε, καὶ τὸ τῆς πέμπτης
συνέστη συνέδριον (Harduin III, 1420). Er besagt im ersten Glied
nur allgemein, daß Vigilius Justinian beistimmte; bei dem Zusammenhang aber, in welchem der folgende Teil mit dem vorausgehenden steht,
ist die Zustimmung auf die Veranstaltung der Synode zu beziehen. Und
wenn der Inhalt des Satzes so näher bestimmt wird, tritt zwischen ihm
und der Geschichte ein Widerspruch zu Tage. Die Verhandlungen zwischen
Papst und Kaiser über eine abzuhaltende Synode führten bekanntlich zu
keiner Einigung. Vigilius entzog sich der Synode, weil seine Vorschläge
über die Zusammensetzung derselben nicht die kaiserliche Billigung fanden,
und wie er bereits durch sein Fernbleiben gegen sie protestierte, so noch
mehr durch die Denkschrift, die er während derselben ausarbeitete, das
Constitutum, dessen Hauptsätze den Beschlüssen der Synode diametral
gegenüberstehen. Man könnte geltend machen, daß bei Erklärung des
συμφωνεῖν von dem folgenden Satzteil abzusehen ist. Der Einwand ist
aber zweifellos unbegründet. Zudem kann, selbst wenn er hingenommen
wird, von einer richtigen Charakterisierung des Verhaltens des Papstes
noch nicht die Rede sein. Vigilius stimmte Justinian wohl in dem
Judicatum bei; er nahm aber die Zustimmung wieder zurück, und dieser
Akt fällt für die Vorgeschichte der Synode weit mehr ins Gewicht
als jener.

Die Acclamation stellt sich hiernach an zwei von den drei Stellen,
in denen sie über die Berufung älterer Synoden sich wirklich ausspricht,
in einem sehr bedenklichen Lichte dar. Unter diesen Umständen können
wir ihrer dritten Aussage oder ihrer Erklärung über die Synode von

Nicäa unmöglich ein unbedingtes Vertrauen entgegenbringen. Die Stelle ist vielmehr an den anderen und besser verbürgten Nachrichten zu prüfen, die uns über die Angelegenheit zu Gebote stehen, und wenn dieses ge= schieht, kann sie nur in dem allgemeinen Sinne verstanden werden, den ich ihr gegeben habe.

2. Die Ausführung über die dritte allgemeine Synode (S. 23—26) enthält zwar eine Reihe von Aufstellungen, die einem begründeten An= stand unterliegen. Da aber Höhler selbst seine abweichende Ansicht nicht zu erhärten vermag, indem ihm diese nur festzustehen „scheint", und das Urteil seinen Lesern überläßt, so ist es genügend, wenn ich auf meine Ausführung S. 59—61 zurückverweise.

3. In dem Abschnitt über die Synoden von Ephesus 449 und Chalcedon 451 (S. 26—30) verdienen zwei Stellen hervorgehoben zu werden. Die Worte in dem oben S. 48 f. angeführten Schreiben Marcians an Leo I, in welchen der Papst eingeladen wird, in den Osten zu kommen und die Synode zu halten (τὴν σύνοδον ἐπιτελέσαι), will Höhler von einer Einladung an den Papst verstehen, „selbst das Konzil zu berufen und abzuhalten". Die Erklärung ist offenbar unstatthaft. Der Akt der Berufung ist rein willkürlich in die Stelle hineingetragen, und die Auffassung hat alle Wahrscheinlichkeit gegen sich, da eine Über= tragung der Berufung auf den Papst von dem Kaiser des Ostens und für die östliche Reichshälfte am wenigsten zu erwarten ist. Auch Hefele, Konziliengeschichte 2. A. II, 395, weiß von einer Berufung nichts. In den Worten des Briefes, den gleichzeitig mit Marcian seine Gattin Pulcheria an Leo I richtete: Et propterea tua reverentia quocumque modo prospexerit (καθ᾽ ὃν ἂν φανείη τρόπον) significare dignetur (σημᾶναι καταξιώσει), ut omnes etiam totius Orientis episcopi, Thraciae atque Illyrici, sicut etiam nostro domino piissimo im-peratori meo coniugi placuit, in unam civitatem velociter ab ori-entalibus partibus valeant convenire (παραγένωνται) et illic facto concilio et de catholica confessione et de his episcopis, qui ante hoc congregati sunt, sicut fides et christiana pietas exigit, te auctore decernant (Harduin II, 43), vermag Höhler ferner „keinen anderen Sinn zu finden als den, daß von der päpstlicherseits abzugebenden Erklärung das Zusammenkommen der Bischöfe, d. h. die Abhaltung der Synode abhängen solle", und wenn dem so sei, dann enthalte „dieser Brief, ebenso und vielleicht noch prägnanter wie der Marcians, eine ausdrückliche Anerkennung des päpstlichen Berufungsrechtes, bezw. des

Grundsatzes, daß eine allgemeine Synode nur mit Zustimmung des Papstes zusammentreten dürfe". Die Kaiserin drückt sich, wie man sieht, sehr allgemein aus. Ihr Schreiben bedarf somit einer Erklärung. Wie es aber zu verstehen ist, zeigt der neueste Geschichtschreiber der Konzilien, und wenn Höhler dessen Ansicht kannte, durfte er nicht unterlassen, sich mit derselben auseinanderzusetzen, da diese nicht mit einer bloßen Behauptung von seiner Seite außer Kraft gesetzt wird. Hefele erklärt II, 396 das allgemeine Wort der Kaiserin aus dem gleichzeitigen Briefe ihres Gatten, und da Pulcheria in dem betreffenden Satze ausdrücklich von dem Kaiser und seinem Konzilsplan spricht, so hat man genügenden Grund, seiner Deutung zuzustimmen. Die Ansicht Höhlers muß ihr gegenüber unbedingt zurücktreten. Es spricht auch alles, was wir über die alten Konzilien wissen, so sehr gegen sie, daß sie als bloße Behauptung ohne weiteres abzulehnen ist. Mit der Deutung fällt aber nicht bloß die Schlußfolgerung, die Höhler unmittelbar aus dem Briefe zieht, sondern auch die weiteren Reflexionen, die er daran anreiht.

4. Über die siebente Synode, die letzte, die zur Erörterung gelangt, wird an zwei Stellen gehandelt. Der erste Abschnitt (S. 20—22) kann hier auf sich beruhen bleiben, da er der eigentlichen Frage noch nicht näher kommt. Dagegen ist die zweite Darlegung (S. 30 f.) einer kurzen Prüfung zu unterziehen. Höhler bemüht sich hier, die Übersetzung, welche ich von dem Schreiben gab, mit dem Hadrian I zur Synode eingeladen wurde (vgl. S. 49), zu korrigieren. Es wird namentlich betont, daß in der Stelle ut det seipsum et nullam tarditatem faciat et ascendat huc, die Worte det seipsum nicht „erscheinen", sondern „nachgeben" (= zustimmen) bedeuten. Und es ist einzuräumen, daß sie diese Bedeutung haben können. Sicher aber ist auch, daß sie an sich ebenso den anderen Sinn haben können, und wenn man, wie in solchen Fällen zu geschehen hat, den Kontext zu Rate zieht, hat diese Übersetzung, die auch Hefele in der Konziliengeschichte 2. A. III, 446 hat, entschieden den Vorzug. Man wird sich also bei ihr beruhigen dürfen. Wollte man aber je für die neue Übersetzung sich entscheiden, so ist zu beachten, daß dieselbe noch nicht zu dem angestrebten Ziele führt. Es kommen auch, was Höhler übersah, die Worte: decrevimus, ut fieret universale concilium, in Betracht. Dieselben gehen der Einladung des Papstes zur Synode voran, und da sie ausdrücklich besagen, daß der Entschluß zur Veranstaltung des Konzils bereits gefaßt ist, so beweisen sie einerseits ebenso, daß man in Konstantinopel die Berufung als eine rein kaiserliche Angelegenheit ansah,

wie fie andererfeits ein Licht auf die nachfolgende Einladung Hadrians I
werfen und die neue Deutung ausfchließen. Man kann über jenen kaifer=
lichen Anfpruch denken, wie man will; feine Thatfächlichkeit ift unbeftreitbar.
Die Sache erleidet auch dadurch keine Änderung, daß man die Stelle
etwa mit Höhler überfetzt: „wir haben befchloffen, daß ein allgemeines
Konzil ftattfinde", und nicht, wie ich: „wir haben den Entfchluß gefaßt,
ein allgemeines Konzil zu veranftalten", oder wie Hefele III, 446: „wir
befchloffen die Berufung einer allgemeinen Synode". Der Sinn bleibt
ja im wefentlichen durchaus der gleiche.

Meine gefchichtlichen Ausführungen werden hiernach beftehen bleiben.
Höhler nahm an denfelben noch mehrfachen Anftoß. Der letzte Abfchnitt
feiner Abhandlung fteigert aber meine Hoffnung, man werde bald auch
auf der Seite, auf welcher man die Angelegenheit mehr mit dem Auge
des Dogmatikers als mit dem des Hiftorikers anfah, mit ihnen fich be=
freunden oder wenigftens fich zurecht finden.

Perſonen- und Sachregiſter.

Martyrer, Fürsprache für die Sünder
160. 176. 180 f.

Massuet 15.

Maximian von Ravenna 405.

Maximus von Neapel 403.

Mayer, J. 186. 211. 216. 221. 239. 257.

Michaud 96.

Micrologus 305.

Minden, Agende 482.

Minucius Fundanus 330—346, s.
Hadrian.

Missa praesanctificatorum 273. 277.

Mitstehende, Bußstation 183. 192. 199.
201. 204.

Möhler 73. 121.

Möller 241. 372.

Mommsen 309. 343 f. 415—419.

Mönchtum 441—450.

Mord, Mörder 162—165. 174—176.

Müller, K. 181. 424.

Muratori 460. 476.

Neander 186. 209. 332. 358.

Nektarius 58. 198.

Neocäsarea, Kanon 5 von N. 184. 210
—219.

Nicaena fides 393. 400—402. 405.
409—411. 416.

Nicephorus Kallisti 309. 387 f.

Nicephorus von Milet 203.

Riehues 460. 463—472. 476.

Nikolaus I 34. 116. 195. 269. 272.
277. 463—468.

Nikolaus II 35. 38.

Rilles 267.

Nilus 309.

Nirschl 17.

Novatus von Karthago 143.

Optatus von Mileve 81.

Ordines in der altbritischen Kirche 436
—441.

Origenes 18; über die Bischofswahl 25;
über den Cölibat 125; über Verzeihung
von Idololatrie und Unzucht 159.
175—177; ἀκροατaί 224; angebliche

Katechumenatsklassen 230. 233—235;
Osterfasten 252—255; Kommunion
293.

Osterfasten 241—278; nach Irenäus 242
—248; Tertullian 248—250; Apost.
Didaskalia 250; Dionysius d. Gr. 251;
Quartodecimanismus 256—258; s.
Quadrages.

Otto, K. Th. 332. 337.

Overbeck 331 f. 334.

Pagi 472 f. 476.

Paphnutius 144. 150—153.

Papstwahl, Dekret eines Papstes Stephan
460—478; Dekret Nikolaus' I 461—
468; Dekret Stephans III 462—467.

Paschalis II 305.

Paschasius Radbertus 302.

Paulinus von Trier 403. 420.

Pearson 8. 9. 381.

Petrus von Jerusalem 263.

Petrus Lombardus 306.

v. Pflugk-Harttung 427.

Phillips 88. 460. 476.

Philo De vita contemplativa 259.

Photius 272. 277.

Polykarp 18.

Preuschen 181.

Priesterehe 121—155; in der altbritischen
Kirche 450—455.

Probst 121. 126. 155. 183. 188. 231
—237. 238—241. 244—247. 267 f.
295 f. 300.

Proklus 410.

Pseudoignatius 262.

Pseudoisidor 39.

Pseudoklemens De virginitate 288.

Quadrages 258—278; umfaßt zuerst
sechs, im Orient, zuerst in einem Teil,
später allenthalben, sieben Wochen
(= 36 Fasttage) 261—266; Fasten
von drei Wochen 265; vierzig Tage
266—270: eine Woche Vorfasten im
Orient 270—272; innere Ordnung
273—278.

Lightning Source UK Ltd.
Milton Keynes UK
UKOW02f0008110214

226247UK00007B/713/P